GW00689510

Commentari Della Guerra Di Cipro E Della Lega Dei Principi Cristiani Contro Il Turco

Bartolomeo Sereno 16th cent

Nabu Public Domain Reprints:

You are holding a reproduction of an original work published before 1923 that is in the public domain in the United States of America, and possibly other countries. You may freely copy and distribute this work as no entity (individual or corporate) has a copyright on the body of the work. This book may contain prior copyright references, and library stamps (as most of these works were scanned from library copies). These have been scanned and retained as part of the historical artifact.

This book may have occasional imperfections such as missing or blurred pages, poor pictures, errant marks, etc. that were either part of the original artifact, or were introduced by the scanning process. We believe this work is culturally important, and despite the imperfections, have elected to bring it back into print as part of our continuing commitment to the preservation of printed works worldwide. We appreciate your understanding of the imperfections in the preservation process, and hope you enjoy this valuable book.

ARCHIVIO
CASSINESE

VOLUME PRIMO

COMMENTARI

DELLA

GUERRA DI CIPRO

E DELLA

LEGA DEI PRINCIPI CRISTIANI CONTRO IL TURCO

DI

BARTOLOMEO SERENO

ORA PER LA PRIMA VOLTA PUBBLICATI DA MS. AUTOGRAFO

CON NOTE E DOCUMENTI

PER CURA

DE' MONACI DELLA BADIA CASSINESE

VOLUME UNICO

PE' TIPI DI MONTE CASSINO

MDCCCXLV.

Ott 312.34

JUL 20

Prof A C Coolidge

A SUA MAESTA'

FERDINANDO II.

RE DEL REGNO DELLE DUE SICILIE

SIRE !

Offeriamo alla MAESTA' VOSTRA *questo primo volume dell' Archivio Cassinese. Esso contiene solenni documenti del come la vera virtù militare generatrice di vittorie, sia quella che si educa nei santuari della Fede; e come la spada de' veri battaglieri sia quella che si marita alla Croce.*

Sire, Ella che tanto potentemente muni-

sce i suoi popoli con la forza delle armi, e li
contiene con l' esempio nella Fede de' loro padri, bacerà queste pagine, quasi ad onorare
di fraterno amore que' forti, i quali combattendo nelle acque di Lepanto, caddero ai piedi
del gonfalone della Croce, che difendevano.

Sire, è ben povera l' offerta che le facciamo: ma agli occhi di un Re, che ama chiamar-

si Padre de' suoi popoli, anche la povertà è decorosa, e potente rivelatrice de' cuori. Degnisi la M. V. accogliere queste nostre fatiche con benigno animo; confortarci del suo patrocinio ne' nostri studi; e certificarsi della nostra corrispondenza alle cure di coloro, che ha V. M. preposti agli Archivi del Suo Reame.

Baciamo la mano alla M. V. con profondo rispetto e devozione.

Di Vostra Real Maesta'

Dalla Badia di Monte Cassino
Ottobre 1845

Umilissimi e fedelissimi sudditi
I MONACI DELLA BADIA DI MONTE CASSINO

PROLOGO

DEGLI EDITORI CASSINESI.

—

Molto e lungamente avevamo noi nell'animo rav-
volto il pensiero di recare in luce le scritture di
questo Archivio Cassinese, le quali non ancor conosciute per le stampe potessero arrecare qualche utilità ai cultori delle umane discipline. So-
linga alcerto è la stanza che abitiamo; ma se
punto non è turbata da quei cittadini rumori, che
rubano alla mente i nervi alla meditazione, è però sobriamente vivificata da certa notizia del come procedano gli umani ingegni nella ricerca della Verità; per cui leviamo gli animi e gl'indi-
rizziamo per quella via, che le adulte generazioni
di questo secolo si vanno aprendo. E fortemente
commosse l'animo nostro certo amore, che ci pare alcune volte avventato, alle antiche scritture,
per cui, come se alle Biblioteche avanzasse pochissimo di vita, fervorosamente raccogliesi e met-
tesi a stampa quanto vi ha in esse di sconosciuto. Invero non son tempi a temere, la Dio mer-
cè, di Goti e Vandali guastatori dell'antica sapienza confidata alle carte: il loro torrente passò
sopra all'italiano paese, lo purgò, lo ritemperò
nella scuola delle calamità; ora si giovaneggia, e

sembra duratura la vita. Perciò questi accesissimi studi non da timore, ma da purissimo amore della Storia debbonsi derivare. E se ci è dato a procedere nella investigazione delle ragioni di quello, sembraci essere unica e potentissima, cioè la necessità di fermare nel cuore umano le fondamenta della morale scienza; onde su di quelle più sicuro e più libero si levi l'umano intelletto alla scienza dello spirito e del soprannaturale.

Ora la maestra della vita, cioè de'costumi da ordinarsi secondo giustizia, essendo la Storia; e questa non essendo solo ne' libri che contano degli umani fatti, ma bensì anche ne'monumenti delle arti e della parola; è avvenuto che non solo le cronache, ma anche qualunque scrittura che rivelava le industrie de' nostri maggiori nel coltivare la sapienza, fosse obbietto de' teneri cercatori. Per la qual cosa pochi versi di un rozzo Longobardo, la leggenda di un Santo, un sacro sermone, un commentario di Salmi nello scorso secolo era tenuto per miserrima cosa; oggi è raccolto come gioiello: non perchè noi troviamo pregio o bellezza nelle forme, ma perchè nel pensiero che rivestono troviamo l'anima di quegli antichi. E mentre la Storia narratrice ne fornisce la materia degli andati tempi, i monumenti di quella ce ne forniscono la forma, in che è tutta la fonte dei morali documenti. Il giudizio dell'avvenire di questa umana progenie è nel passato: in lui è il magistero de' mezzi a conseguire il bene ed a fuggir il male. Più compiuta la sua notizia, meno fallibile il giudizio : ed a compiere la notizia non basta arrestarsi sulla faccia delle generazioni per vederne le opere, ma è mestieri penetrarle, a vederne anche il pensiero. Infatti a dì nostri non troviamo solo privati uomini che intendono a sporre e comentare le vecchie carte per privato conforto ; ma compagnie intere, deputate dal pubblico reggimento alle difficili ricerche ; quasi che coloro che stringono il freno de' popoli, bene conoscendo i bisogni de' tempi presenti, reputano salutevole l'anzidetta notizia de' passati. Così la Francia nobilmente ammendando le colpe di quel furioso travolgimento, per cui le proprie e le forestiere Biblioteche assai patirono, allarga il seno ad ogni maniera di aiuti perchè prosperi lo studio delle antiche scritture ; la Germania, l'Italia, come nel Piemonte, nella Toscana, e nel reame Napolitano, e fin la Russia, disseppellisce e spone ; parendo che il rimanersene sia argomento di animo schivo e poltro nel cammino della civiltà. Per la qual cosa ci è paruto che a coloro che sono messi alla custodia di antichi manoscritti, non ricercandoli, e non adempiendo al debito della propagazione della sapienza, possano a buon dritto accagionarsi o di corto vedere della mente, o di volontà inferma nel bene, o di gelosa superbia. Della qual colpa non volendo noi disonestare e la dignità delle persone e della monastica compagnia in che ci troviamo, con allegrissimo animo rechiamo ora ad effetto un' antico divisamento.

Tuttavolta non vogliamo tralasciar con silenzio, come non sia stato solo conforto al nostro animo questo universale avviamento alle antiche scritture : ma eziandio qualche domestica memoria , che ad un tempo n' è di stimolo e di premio nelle fatiche, in cui ci siamo messi in molta povertà di forze. Due grandi periodi abbiamo sempre dolcemente commemorati nella storia letteraria dell'Ordine di S. Benedetto; l'uno di conservazione e l'altro di propagazione della sapienza. Quello si chiude tutto nei secoli scuri per barbarie , che chiamiamo Medio-evo , questo ne' tempi di rinascenza e di perfetta civiltà. Del primo periodo non diciamo , e perchè notissimo , e perchè il ragionarne , per la grandezza de' benefici che arrecarono que' Monaci , potrebbe sembrare immodesta la lode in queste pagine. Del secondo diremo ; ma se una sola parola basti al dirne , non è a riputar povero il subbietto , ma troppo grandi coloro che lo formano. Noi accenniamo alla Congregazione dei Francesi Benedettini, detta di San Mauro. Essi formarono , e son pochi nella umana storia di questi formatori , la scienza Diplomatica e Cronologica, (1) fondamenti della Storia; e perchè veramente aveyano la mente feconda de'suoi canoni , nelle opere scritte dopo l'impero di Augusto fino al secolo della rinascenza tennero il magistero della critica. I Padri che illustrarono colla dottrina la Chiesa, (2) i Martiri che la confermarono col

(1) De Re Diplomatica — L'Art de verifier les Dates.
(2) Editio Patrum — Acta Martyrum. Ruinart.

sangue, ricevettero nelle loro scritture e ne' loro
fatti il suggello della autenticità per mano di
quei sommi : e de'Monaci di S. Benedetto usò la
Provvidenza a guarentire le fonti della Divina tradizione da' suoi nemici, cioè dalla superstizione e
dall' ignoranza. La Chiesa Francese ebbe per essi
una storia, (1) maravigliosa per ricchezza di documenti ed austerità di critica : e come se poco
fosse stato la illustrazione storica di quasi tutta
la Francia, per la Germania per l'Italia si scon-
travano i Mabillon i Montfaucon (2) cercatori di
scritture nelle biblioteche, e parevano uomini che
allora imprendessero qualche servigio per quelle
discipline, di cui avevano già tanto meritato bene
con opere che hanno del prodigio. Ed è bene avvertire come costoro in Francia fossero soli in quei
lavori, essendo le menti tutte volte ad una filosofia che sorgea sulle rovine di quella di Descar-
tes, terribile quanto i civili rivolgimenti che in-
generarono. In guisa che, se que' monaci non fossero stati, i presenti cultori della Storia avrebbero dovuto intendere a disperate fatiche in terreno
selvaggio e non tocco.

Basterebbero questi soli a formare l'anzidet-
to periodo di propagazione, e perciò taceremmo
degli altri, se non paresse che negli altri paesi i
monaci per ingloriosa ignavia si riposassero sulle
memorie de' loro maggiori, e non altro. La storia
della Badia Gotwicense, la grande Collezione di

(1) Gallia Christiana Sammartani.
(2) Iter Italicum — Bibliotheca Bibliothecarum.

antiche opere sconosciute fino a' suoi tempi del
Pez, (1) quella de' Concilii Spagnuoli dell' Aguir, il
Bacchini, il Quirini, il Gattola, il Federici, il de
Blasio, ed altri chiarivano gli uomini dello scorso
secolo, che se non era nelle Badie di Germania
di Spagna e d' Italia come in Francia quel moto
negli studi diplomatici, comune, perseverante e
concorde, appariva negl' individui quell' indole o-
perosa dell' Ordine di S. Benedetto in quella maniera di lavori. Della quale differenza, e singolari
condizioni de' monaci francesi è tutta la ragione
nelle morali vicende delle altre Badie. La rifor-
ma di Don Didier non si estese oltre la Francia;
perciò in Francia fu tutta una Congregazione di
dotti, ed altrove non furono che uomini eruditi.
Le signorie feudali dei monasteri Tedeschi eran
troppo pesanti e nemiche dell' alacrità delle menti: e queste signorie che se ne andavano da' Chio-
stri chiamate fuori dalle filosofie di Giuseppe II,
dalle intolleranze de' popoli, e da un secolo che
rinnovavasi, sviavano troppo le menti degl'italiani
monaci. Perciò, se quell'opera che ponevano, come era loro debito, a guarentire, a difendere la
feudalità monastica, che dai tribunali civili im-
plorava soccorso; avessero speso nei più severi
studi della Storia, forse più grande sarebbe stato
il loro numero e più reverendo. Ma da ciò appunto è a derivare il debito di onorare più altamente la loro memoria, perchè rotta la volontà

(1) Chronicon Gotwic. — Thesaurus Anecdotor.

dalla ragione del monachismo, pure ottimamente meritarono della Storia.

Questo periodo di propagazione che noi accenniamo solo, per addimostrare donde fosse venuto il domestico conforto, che ci cresce le forze, e ci leva a speranza di ben fare, nella pubblicazione che imprendiamo de' MSS. di questo Archivio, mirabilmente ha parlato ne' nostri cuori in quelle lettere autografe di molti valentuomini, che conserviamo, indiritte ai monaci di questa Badia nello scorso secolo, e trattanti appunto del fervido studio che si poneva, specialmente dai Francesi monaci, nella Diplomatica e nella Storia. Quel volgersi delle menti a Monte Cassino o per consiglio o per diffondere la notizia delle loro opere, accennava che oltre alle materiali risposte, che quelli ricevevano da' Cassinesi di que' tempi, si aspettassero una morale risposta, cioè di veder noi desti come essi e laboriosi, a non lasciare infecondo il tesoro della solitudine e delle memorie, che formano il germe di ogni bello operare degli umani intelletti. Ora ci poniamo a rispondere ai loro desideri: ma nell'alacrità delle nostre volontà non è chi non vegga come siam crudamente combattuti dalla pochezza del numero dei monaci nelle fatiche, dalla sottigliezza del censo e dalla povertà delle nostre menti. Ma a buon volere Iddio aiuta, e con Dio tutti i buoni ed i veri amatori della Sapienza.

Adunque messici a ricercare da gran tempo questo Archivio, abbiamo trovato che in esso siano molte cose pregevoli, e degne della pubblica luce sì tra le carte e pergamene, che tra i Codici MSS. Molto più ricco alcerto sarebbe stato il trovato, se questo bel tesoro di scritture conservato fino a' nostri giorni dalla tenera cura de' monaci, insidiato da' terremoti ed umane ribalderie, non fosse stato anche celatamente scemo di molti MSS. Perciò è bene, che tanto non si allarghi l'animo all'espettazione, ma sia questa temperata dalla non grata considerazione delle anzidette ragioni. Dalla distinzione di carte e di MSS. conseguita la distinzione de' nostri lavori, incominciando dalla pubblicazione de' MSS.

Primo tra questi, non per antichità o per pregio, ma per elezione si è il bellissimo MSS. in 4.° autografo, che ha questo titolo: *Commentari della Guerra di Cipro.* L'autore al tutto finora sconosciuto, e il pregio di questa storia ci conduce a satisfare al debito, che corre ad ogni primo editore di un libro, cioè a ragionare dapprima di esso autore e dell'opera che si reca a stampa.

Ed incominciando a dire dell'autore, ci duole che sì prestante scrittore povero di rinomanza siasene morto tra' silenzi del chiostro, senza che fosse stato alcuno raccomandatore ai posteri della sua memoria. Tuttavolta se pochissimo potremo contare de' fatti della sua vita, pensiamo che molto pur sia quello che possiamo attingere dalle sue scritture, perchè sappiano i leggitori essere stato il Sereno onoratissimo Cavaliere, e tra gli scrittori del XVI. secolo veramente nobilissimo per tutti que' pregi di giudizio e di scrivere, che fan me-

stieri perchè alcuno raggiunga il venerando mini-
stero della Storia. Non è dubbio che il Sereno sor-
tisse i natali in Roma , trovando ne' suoi MSS.
chiamarsi Romano : del tempo del suo nascimento
non possiamo che congetturare, affermandolo avvenuto in sul ventesimo anno del secolo, o ad un
bel circa , come sarà chiaro da quello che in processo diremo del tempo della sua entrata nel chiostro , e della sua morte. Il Marchese Giuseppe
Melchiorri illustre Archeologo, presidente del Mu-
seo Capitolino, adoperò molto studio a rinvenire
nell'archivio del Campidoglio qualche notizia, che
toccasse de' genitori del nostro Sereno; ma gli andò fallita la ricerca, imperocchè di que' Sereni che
trovò anche creati cittadini Romani, o deputati in
Roma a qualche pubblico ufficio , non è alcuno
che avanzasse Bartolomeo per antichità di tempo.
Bensì veniamo chiariti dalle notizie gentilmente re-
cateci dal Melchiorri, che la nobile gente de' Sereni abitasse anche la città di Recanati, avendo
trovato diploma indiritto nel 1638. *Illustri Viro
Petro Sereno Recanatensi ex nobili familia*, per
cui veniva ascritto alla Romana cittadinanza. I-
noltre risapemmo come un Francesco Maria Sereno fosse stato Maresciallo di Castel S. Angelo
nel 1638 ; Caporione del quartiere S. Angelo nel
1677 ; e Caporione del quartier Ripa nel 1685 ;
ed un Antonio Sereno Caporione del quartiere
Pigna nel 1686. Ambo Romani ; e perciò è a dire , che se costoro furono della stessa famiglia di
Bartolomeo , costui s'ebbe forse fratelli che ne

**

prolungarono la discendenza. In alcune scritture che sono nell'Archivio Cassinese toccanti certo negoziuccio di Bartolomeo intorno ad una parte di casa, che possedeva in Roma, trovammo, che sua madre fosse certa Francesca Pacina.

Non sappiamo de' primi anni di sua vita e de' suoi studi; ma ponendo mente in questi commentari come il cuore dell'autore fosse egregiamente temprato ad ogni generoso affetto di virtù, adorna la mente di molte lettere, e nudricato di maschia filosofia, intanto da entrare tra' primi storici del cinquecento, è chiaro che lo avessero amorevolmente educato ad ogni più nobile fatto. Fu Cavaliere, titolo del quale è così tenero, che non ne patisce l'abbandono sempre che di se ragiona. Ma a quale delle sacre milizie apparteneva? Non pare a quella degli Ospedalieri di S. Giovanni, perchè nella guerra di Cipro non sulle Maltesi, ma sulle papali galee combattette.

Egli nato di nobile gente si appigliò al mestiere delle armi come a quello, che nel XVI. secolo per le molte guerre che si esercitavano, apriva larga la via agli onori ed alle ricchezze. A mezzo del XVI. secolo, come Dio volle, eransi ben fermate le varie signorie italiane, come quelle dei Medici, de'Farnesi, e quelle più antiche degli Estensi, dei Duchi di Savoia; ed erano le pubbliche cose messe in certo ordine, tra per la robustezza di questi Principi, e la stanchezza dei popoli. Quelli imperavano, perchè forti e sostenuti dalle grandi Monarchie di Francia e di Spagna, che occupando le estreme parti dell'Italia, ne penetravano le interne , e le moderavano a lor talento; e perchè sicuri nel progresso del tempo per la fermata legge delle successioni. Questi, cioè i popoli , obbedivano perchè costretti , e scemi di spiriti malamente spesi nelle furie delle civili guerre, e nella vana resistenza ai Signori che li volevano sovrastare. Le ragioni di gentilizie dominazioni mutarono anche quelle della milizia italiana. Finirono i Capitani e le milizie di ventura, terribile generazione di uomini, alimento delle italiane discordie, perchè venderecci , dissoluti di disciplina , e per la natura delle armi impotenti a dar termine a qualche grave discordia con finali battaglie. A queste milizie successero le regolari e le disciplinate, come alle incerte dominazioni successero le stabili, e durature per successione. Laonde a mezzo di questo secolo XVI. lo entrar nella milizia non era un'impugnare spada per plebea cupidigia d' oro e di sangue , ma per tutelare la giustizia e per puro desiderio di gloria. In guisa che quell'antica virtù cavalleresca del medioevo si ridestava sotto altre forme. Quella si eccitava al pietoso pensiero della Religione e dell'amore, questa agli stimoli di una nobile ambizione di meritar bene del Principe e della Patria, onde venivano le ricchezze e gli onori. Tuttavolta poichè la potenza turchesca minacciava sempre da vicino la Cristianità, ed era spesso a guerreggiarsi infedeli , avveniva che di coloro , i quali si addicevano alle armi , alcuni entravano ai servigi de' Principi per onesto desiderio di onori e di ricchezze , altri poi accorrevano per più nobile conforto di pura gloria ove strepitavano le armi turchesche, andando ad oste per cagion di Dio: e questi ultimi tenevano colla pietà de' loro cuori, e la virtù delle loro braccia viva la memoria di que' valorosi, che ammogliando la Fede a generosi spiriti guerreschi, andarono un giorno a liberare il gran sepolcro di Cristo.

Fra questi ultimi possiamo noi collocare Bartolomeo Sereno, il quale, troviamo, non avere in altre guerre militato, che in quelle in cui era a difendere l'onor di Dio e la salute de' Cristiani contro gli infedeli e gli eretici. Rodeva le viscere del reame francese la maladetta razza degli Ugonotti. Carlo IX di Valois sentivasi un dì più che l'altro infermo a contenerla; paci disonorevoli e brievi manifestavale questo poco vigore; intanto abborriva dal chiamare stranieri armati a sorreggerlo. Pur si arrese alla necessità, e trovando Papa Pio V. paratissimo a tutto fare a sterminare eretici, lo richiese di oro e di soldati italiani, che venissero ad aiutarlo contro gli Ugonotti. S'ebbe i desiderati soccorsi. Il Papa assoldò quattromila fanti e mille cavalli; un'altro migliaio di fanti e centinaio di cavalli assembrò il Duca Cosimo di Firenze, Italiani tutti; e sotto la condotta del Conte di Santafiora furono spediti in Francia. La egregia difesa di Poitiers e la battaglia di Montcontour vinta da costoro contro tutto lo sforzo degli Ugonotti levarono altissimo grido della virtù di quegl'Italiani, che nelle pagine delle straniere storie spesso lasciarono il loro nome testimone di quel valore, che i forestieri tanto spesso in questo nostro paese sconobbero. Ventisette bandiere guadagnate furono dal Santafiora mandate in Roma, e sospese nella Basilica Lateranense a memoria di quei gloriosi fatti. Fra coloro che andarono ad oste in Francia contro gli eretici troviamo il nostro Sereno. Costui toccando nel primo libro dei suoi Commentari del zelo di Papa Pio contro gli eretici, recita queste cose » ....

» poichè non solo contra i Turchi, che nel suo pon-
» tificato più fieramente tentarono di opprimere la
» Cristiana Religione, ma contro i perfidi Ugonotti
» eretici nella Francia, a Dio ed al Re loro fatti ru-
» belli (di che non potremo fare, che molte cose
» in questi Commentari, non rammentiamo) con
» tanti affetti propugnatore di essa Raligione mo-
» strossi, che aggiunte le forze ecclesiastiche a
» quelle di Carlo IX. di Valesio, che allora cristia-
» nissimamente regnava; non meno memorabil vit-
» toria di essi Ugonotti in una general determinata
» battaglia, nella quale *io, come in questa nava-*
» *le* (di Lepanto) *che scriveremo, per singolar*
» *benefizio di Dio mi trovai a combattere ed a*
» *guadagnare nel piano tra Mirabello e Mont-*
» contorno; di quella che con la sua armata.... »

Ma un più grosso nemico metteva terrore in que'tempi a tutta la Cristianità, cioè il Turco. Dalla caduta del trono di Costantino fino ai tempi che discorriamo erano stati gli animi di tutta Europa assai trepidanti a guardare come smisurata crescesse la potenza de'successori di Maometto II. Costoro impadronitisi di Costantinopoli non erano più con-

tenuti dagl'imperatori Greci e da'Crociati e da quei
Principi che per ambizione e per odio alla loro setta andavano a combatterli. Quelli non erano più
tempi di Crociate; nè i Principi, cioè i grandi, avevano tanto poco a curare in casa própria, da pensare a'Turchi. Perciò potentissimi per ampiezza di
dominio, per animalesco popolo che imperavano, e
per perizia delle cose marittime che andavano acquistando, come prima furono assaliti dai Cristiani, ora i Cristiani assalivano nelle loro terre. In
questi assalti turcheschi Venezia, come più proceduta
ta ne' paesi di levante pel commercio e le sue pos-
sessioni, era più scoverta degli altri stati occidentali,
e prima ad accogliere gl'impeti degl'infedeli, se a navali spedizioni si ponevano, potendo questi sprolun-
garsi sui confinanti mari Adriatico e Jonio, e ferirne
le spiagge. Ma più pericolante anche della stessa
Repubblica Veneta era l'impero d'Austria; il quale era esposto all'impeto dello sforzo terrestre della
Turchia, più potente del navale, e perchè di genti e
di danaio abbondava il Turco, e perché nella perizia delle cose navali era avanzato dagli abitatori
delle coste italiane, antichi e provati maestri. A
questa dilatazione d'imperio erano condotti gli Ottomani non solo da quella ingenita ambizione dell'u-
mano cuore non contenuta dalla riverenza della giustizia; ma anche dall'opposizione della religione ma-
omettana alla Cristiana, accresciuta dalle tradizioni
domestiche delle antiche guerre de'Crociati, e da
certa esuberanza di popolo, che nel dilatarsi su'confinanti paesi offeriva una simiglianza alle impetuo-

se irruzioni de' Barbari sovvertitori del latino Impero. Quel continuo minacciare de' Turchi d'invadere l'Occidente era una minaccia terribile alla Religione e alla civiltà in tempi, in cui ristorata dalle calamità patite ne' tempi barbari, andava toccando l'età della sua virilità, per virilmente procedere. Laonde poichè i Romani Pontefici furono e saran sempre deputati da Dio a tutela della Fede e della morale de' popoli; più degli altri Principi, santamente opposero il pontificale petto al comune nemico. Dalla presa di Costantinopoli in poi troviamo specialmente quel Niccolò V. Callisto III. Pio II. e V, essere stati una maraviglia di vigilanza di prudenza e di zelo nel confederare i Principi contra i Turchi, e nel profondere ogni maniera di aiuti a sorreggere i combattenti per la Fede de' loro padri. Nè da altro è a derivare quella virtù tutta di Cielo di Alessandro Castreota, detto lo Scanderberg, di Giovanni Unniade, dei Vaivodi di Moldavia, per cui furono fulmini di guerra alla pontificale voce, che annestava alla Croce vincitrice dell'errore le loro spade. Tuttavolta la turchesca potenza soverchiando gl'intoppi che le opponevano i fedeli di Cristo; e nel XVI. secolo conquistata la munitissima Rodi, invasa l'Ungheria, stretta di assedio la imperiale Vienna, conquassato quel saldissimo propugnacolo della Cristianità, Malta, condussero in loro balia il reame di Cipro. Questo fu il più pericoloso conquisto: Venezia perdette un baluardo, che l'assicurava dalla Soria e dalla Cilicia; e si aprì il Turco le porte del Mediterraneo; pericolava la stessa Roma. Pio

V. tutto preso da quell'ardore, che rese a mò di dire onnipotente Urbano II. nel Concilio di Clermont, con tutti i nervi della papale potenza aduna e ferma i Principi in una Lega, per cui fu mossa la guerra contra i Turchi, contata dal nostro Autore.

Come furono bene stabilite le ragioni della Lega, e si venne in sull'assoldar gente per la difficile impresa, molti valentuomini illustri per chiarità di sangue e militari virtù, proffersero le braccia ed il cuore alla santa guerra. Cristo crocifisso ritratto sul gonfalone della Lega santificava, specialmente nei petti italiani, quel valore, che splendidissimo apparve di fresco nel francese reame: e quando gli occhi di un guerriero cristiano affisano quella immagine, che lo invita a combattere le guerre del Signore, egli non è rattenuto dagli agi domestici, non allettato dalla preda e dagli onori, ma corre alle battaglie portato dalla Fede, che gli sorregge il braccio, e gli fa sentire su la fronte la corona, che solo dispensa il Dio degli eserciti.

Fra questi fu il Cavaliere Bartolomeo Sereno, il quale con caldissimi spiriti e virtù intemerata durò in tutta la guerra ai servigi delle cose cristiane. Creato il veramente Romano Marco Antonio Colonna Luogotenente della Lega e Capitano delle galee del Papa; ed Onorato Gaetano signore di Sermoneta preposto alle milizie, Sereno ebbe da questo l'incarico di assoldar mille e seicento fanti, ripartiti in otto compagnie. Difficile deputazione, poichè tutti rifuggivano dal militare sulle galee per la morìa, la quale l'anno innanzi aveva disertata l'armata, o per la carestia delle vettovaglie. Tuttavolta tanto bene si adoperò il Sereno in questo negozio, che felicemente lo condusse a termine; e « con maraviglia di ogni uo-» mo, innanzi ai quindici di Giugno furono tut-» te le otto Compagnie in Corneto rassegnate e » pagate. E furono anche tanto bene armate, e » piene di buonissime genti, che rispetto alla bre-» vità e alla difficoltà grande del tempo, ne fu la » provvidenza di quel signore lodata.... » Se fu lo-data la provvidenza del Gaetano, è a dire che non dovette venire minor lode al Sereno, che condusse il negozio. (1)

Nella famosa battaglia di Lepanto il Sereno tenne le veci di Onorato Gaetano nel governo del-la Grifona; e in quella terribile fazione navale tanto virtuosamente combattette, che venuto a fie-ro scontro colla galea del famoso corsaro Caracog-gia e quella di Alì, entrambi costoro ammazzò, ed ottenne in suo potere le loro galee.

Quanto fu gloriosa a'Cristiani la vittoria che toccarono nelle acque di Lepanto, tanto fu sterile ne'suoi effetti, che certo avrebbero potuto essere di finale rovina all'Impero turchesco. Ciò è con tutta l'amarezza dell'animo contato dal Sereno, che affisando solo colla mente il bene delle cose Cri-stiane, non si avvedeva, che quella Lega non po-teva lungamente durare, e perchè il più potente di essa Lega, lo Spagnuolo Filippo, temeva di Fran-

(1) Lib. 1. p. 115.

eia, ed era turbato dalle commosse Fiandre; e perchè le gelosie di stato (e ve n'erano molte tra Spagna e Venezia) impedivano che gli animi de'confederati si tenessero in quella concordia che è fondamento delle Leghe; perciò mentre ancora risuonavano nelle corti le papali esortazioni a novelli sforzi contra il Turco, e Venezia faceva le viste di voler rinfrescar la guerra con nuovi militari apparecchi, il Sereno pieno di maraviglia riseppe della pace conchiusa nel Marzo dell'anno 1573. tra l'Impero Ottomano e la Repubblica veneta. Questa notizia gli andò proprio al cuore; e perchè vedeva sterilito il frutto della riportata vittoria, e falliti i disegni del Pontefice suo Signore, e perchè ne provava danni particolari. Aveva ricevuto incarico da Camillo di Correggio Capitano di quella Repubblica di levar tre compagnie di soldati nello stato papale; *alle quali, mentre con molta spesa per le mie piccole forze attendeva, ecco che la pace tra' Veneziani e il Turco si conchiude; ed a me resta il danno di avere i miei soldati presso a due mesi trattenuti.*

Purtuttavia egli non rimise dal proposito di armeggiare contra i Turchi; e andò come venturiere nell'esercito condotto da D. Giovanni d'Austria al conquisto di Tunisi, che nell'anno 1573. venne in suo potere. Ma nell'anno appresso ingrossata l'oste turchesca, precipitarono tanto malamente le cose cristiane in Africa, che il forte di Tunisi, con tanto magistero fatto costruire da Gabrio Serbellone, e la Goletta tornarono in balia de' Turchi con molta uccisione de' Cristiani difensori, e colla prigionia del valoroso Serbellone. Certo che fu avventurato il Sereno, campando dalla strage e dalle catene turchesche. Di che forse grato al Signore, e forse fastidito delle umane cose, vagheggiò la pace del Chiostro, e la venne cercando al cadere dell'infausto anno 1574, nella Badia di Monte Cassino.

Era in florentissimo stato questa Badia in quel tempo, e per vigore di disciplina, e per merito de' monaci che l'abitavano. Erano corsi non molti anni da che congiunta alla Congregazione di S. Giustina di Padova, erasi ringiovanita per novelle Costituzioni, e rinfrancata dai danni arrecatile dai Commendatari, e dalle morali infermità che sempre accompagnano una troppo prolungata e tempestosa esistenza. L'amore alle lettere ed alle arti, tanto carezzate da' Medici, erasi appigliato agli animi de' Cassinesi, che adoperando bene il pingue censo badiale, adornavano quella loro famosa sede di belli edifizi, di sculture e pitture quali si operavano in quel secolo veramente beato per le arti. Governava la Badia Angelo de' Faggis detto il Sangrino, riputato Poeta, e uomo venerando per dottrina e costumi. Egli accolse il buon guerriero di Lepanto, anelante il riposo dello spirito, che recava la rinomanza di valoroso cavaliere, e queste scritture, che ora pubblichiamo, narratrici di quella famosa guerra, in cui aveva egregiamente combattuto. Lo spogliò delle vesti cavalleresche, e lo vestì del saio monastico; e come è il costume tra' Benedettini, gli rimutò il nome di Bartolomeo in quello di Zaccaria, a significare la perfetta rinnovazione dell'uomo interiore.

Dopo un'anno di esperimento il Sereno si votò solennemente, cioé nell'anno 1576. E poichè anche prima dell'annuale pruova sogliono i venuti alla Religione tenersi nell'ospizio colle vesti di laico, è chiaro, come abbiamo affermato, che il Sereno appena terminata l'infortunata guerra in Africa, si recasse a Monte Cassino. Visse da perfetto monaco oltre l'anno 1604, e perciò è a dire che morisse in ben proceduta vecchiezza. Non sappiamo se sia alcun tempo dell'umana vita tanto giocondo, per chi vive della vita dello spirito, quanto gli anni del vecchio guerriero che deposta la spada, si asside a posare nel chiostro a' piedi della Croce; cui, commemorando lo strepito delle armi, e i pericoli della guerra, certo che vanno più addentro nel cuore i gaudi della vera pace.

Dette queste poche cose della vita del Sereno, facciamo ora passaggio alle sue Opere; e prima del secolo in cui le scrisse. Se è stato secolo che più degli altri abbia addimostrato come e quanto le lettere s'informino della ragione delle civili cose, questo si è appunto il XVI. Era una condizione che le favoriva, un'altra che le intimidiva. La cessazione delle guerre municipali e delle fazioni in Italia dava loro bell'agio a rifiorire; le guerre che vi esercitavano i due grandi dominanti spagnuolo e francese, le facevano paurose. Inoltre la ragion favorevole era anche accresciuta dalla protezione de' freschi Signori italiani, specialmente dei Medici; dal moto in che ponevano gli animi degli scrittori i molti fatti guerreschi di quel tempo, e da quell'agitamento di civili negozi, che sempre accompagna la composizione di novelle signorie, lottanti ancora co' vecchi reggimenti. E la contraria ragione anche ingrandivano i sospetti e la vigilanza di que' principi, che messi all'insolito governo dei popoli, più si guardavano dei vecchi e più potenti governanti. Questa contraria ragione più fortemente si opponeva agli Storici, i quali scrivendo dei fatti avvenuti ai loro tempi, più dei poeti e degli oratori dovevano urtare le moltiplicate ragioni de' principi italiani. Di ciò offeriscono esempio le storie del Nardi, del Nerli, del Segni e del Varchi state lungamente nascoste per paura. Purtuttavia non fu mai tempo in cui l'Italia più abbondasse di valorosi scrittori di Storie, come nel XVI. secolo, ed a quel torno. Gli avvenimenti erano molti e solenni; ed ogni uomo che aveva mente a vedere, sentiva il desiderio di ammaestrare i posteri colla narrazione del veduto. Erano gli eruditi, come il Panvinio ed il Sigonio, che molto chiarirono le antichità Greche e Latine, e la Cronologia: perciò su queste fondamenta ben fermate si potettero più sicuri levare gli storici. E possiamo affermare, che allora l'Italia, scorsi i secoli barbari, riprese il magistero della Storia (di cui le aveva conservate le ragioni il Villani ed il Compagni) ricevuto da' Greci, esercitato da Livio e da Tacito, continuato dal Macchiavello dal Guicciardini dal Pallavicini dal Bartoli, e dal Botta narratore dell'Americana indipendenza. Magistero che non potettero raggiungere gli stranieri, perchè quel narrare alla greca ed alla latina è proprio solo di quel popolo, che per tradizione domestica, e comunanza di cielo, comunque volgano gli umani casi, Latino è sempre.

Ma era un'argomento di storia in que' tempi tanto universale, quanto l'intera cristianità, cioè lo sforzo che questa faceva contro l'islamismo. Era questo un'avvenimento che sebbene successivamente si osservava in vari luoghi di Europa, pure per la grandezza e pertinacia del nemico ad ora ad ora richiamava su di se gli animi de' Principi più potenti, e prendeva certa unità, e solennità di sembianze, per la comunanza del pericolo, e per la unità della moral forza che v'infondevano i Papi. Quando si faceva presente e troppo universale il pericolo, la concorrenza de' difensori, la potenza di questi, e la santità della difesa, apriva la via a grandi avvenimenti guerreschi, che rimasero memorandi non solo nelle pagine della storia di un sol popolo, ma di tutto il mondo cristiano. Coloro che andavano a combattere i Turchi, sebbene non fossero più tempi di Crociate, apparivano agli occhi de' popoli più venerandi de' guerreggianti per ragione di stato, e le loro imprese si rivestivano di certa misteriosa luce, per cui negli andati tempi una battaglia combattuta in Terrasanta era ben'altra cosa, che qualunque altra fazione operata in altra parte del mondo. E la guerra commossa contra il Turco per la invasione del Reame di Cipro fu uno di que' grandi avvenimenti, che per le anzidette ragioni doveva concitare le menti degli scrittori a contarli, come avvenne.

E di questi alcuni ne han trattato, narrando le cose di qualche stato, che prese parte in quella guerra, come sono gli storici Veneziani, o Spagnuoli; altri particolarmente lo scelsero ad argomento di storia. Poichè Venezia più che ogni altro stato ebbe a resistere alla possanza Turchesca, nei suoi storici più ampiamente si conta di questa guerra di Cipro. Fra questi possiamo ricordare le storie del Morosini e del Paruta, che leggonsi nella Raccolta degli storici Veneziani, *i quali hanno scritto per pubblico decreto*, che sono i due anzidetti, Nani, Foscarini, Garzoni, Bembo, e Sabellico. Francesco Marosini scrisse con purgato latino delle cose Veneziane dall'anno 1512 fino al 1615: e i suoi libri furono la prima volta stampati in Venezia nell'anno 1623. in un volume in foglio, poi riprodotti nell'anzidetta Raccolta. In questi è molto della guerra di Cipro, e della battaglia di Lepanto. Grave ordinato è il suo racconto, e vivacissimo nel ritrarre l'anima de'personaggi di che parla, alla Liviana. Quell'acutissimo e senatorio Paolo Paruta in tre libri (che sono la metà della sua storia, che comincia dall'anno 1513 e finisce al 1573, pubblicata in Venezia nell'anno 1605 dal Nicolini) narra la guerra della Lega de' Principi cristiani contro Selimo Ottomano per occasione del Regno di Cipro, scrivendo con questo sapiente intendimento — « Onde come la presente guerra » contiene successi, i quali come per la varietà, e » grandezza loro prestar ponno quel diletto e quel » giovamento, che prestar suole la cognizione delle » cose fatte; così ho pensato di fare opera degna di » alcun pregio, raccogliendo con grandissima cura » e diligenza tutti i consigli, ed i fatti più importan- » ti, che nello spazio di tre anni, quanto durò la » presente guerra, seguivano......sperando tesserne » una particolare Historia per soddisfare pienamen- » te alla curiosità che dalla fama delle cose grandi » sarà eccitata in quelli che dopo noi verranno, d'in- » tendere con certo ordine e distinzione così grandi » avvenimenti; essendo che meglio da tale esempli » ammaestrati, possono traggere alcun precetto uti- » le alla prudenza civile ».

Fra Stefano Lusignano de'Predicatori Cipriot- to, scrisse una *Corografia e breve historia dell'iso- la di Cipro, principiando dal tempo di Noè per in sino al* 1572, stampata in Bologna per Alessandro Benaccia. In questa storia tocca solo il Lusignano in due pagine della presa di Cipro. Ma ben prezio- se e poco conosciute sono le narrazioni di Fra An- gelo Calepio Cipriotto, pur de'Predicatori, della op- pugnazione e difesa del Regno di Cipro, ed in par- ticolare di quella di Famagosta. Egli intitola con una epistola questi racconti al suo confrate Lusi- gnano.

Fra tutti gli scrittori di questa guerra finora conosciuti per le stampe ci è sempre paruto che

Monsignor Anton Maria Graziani vada a tutti innanzi per la peculiarità della trattazione, e pregi di storia. Il Graziani Vescovo di Amelia, nato nel 1537 e morto nel 1611, (1) perciò uomo maturo di anni al tempo della Lega e della guerra di Cipro, ne scrisse una storia, che il Tiraboschi chiama bella ed elegante (2) e di buon latino, stampata pur cura del suo nipote Carlo nel 1624. Il Graziani fu uno di quei cinquecentisti educato a severissimi studi, ed esercitato ai negozi della papale corte. Colto nelle buone lettere e nella filosofia da quel facondo e grave Giovan-Francesco Commendone, poi Cardinale; ebbe dal medesimo i documenti pratici a conoscere gli uomini de'suoi tempi, avendolo seco condotto nelle molte legazioni che esercitò. Fu segretario dell'austero Sisto V. fu deputato Nunzio da Clemente VIII. ai principi Italiani per collegarli contro il Turco; in breve, ebbe mente, ed abbondò di mezzi a sapere e narrare questa Guerra di Cipro. E come delle guerresche cose potè avere il Sereno più certa notizia, egli della condotta de'negozi che si agitarono nelle corti, ci pare che questi Commentari uniti alla storia del Graziani formerebbero una compiutissima storia de'tempi che discorriamo.

Non è dubbio che molti altri abbiano scritto di questa lega e guerra, i racconti de' quali rimangono ancora sconosciuti nelle Biblioteche. E giova quì ricordare di un Ms. che è nella Biblio-

---

(1) Di Costui ha pubblicato non ha guari dieci libri di Epistole l'Eminentissimo Cardinale Mai nel suo Spicilegio Romano. *Tom.* 8.
(2) Stor. della Lett. It. *Lib.* 3. *tom.* 7. *p.* 2.

****

teca Reale di Parigi, il quale dalla intitolazione
che porta sembra assai somigliare nella larghezza
del racconto a questo del nostro Sereno: è un
Ms. segnato n. 2. 32. con queste parole in fronte: « Principali cause, e principio della guerra mos-
» sa dal Turco in Cipro contro i Veneziani; e del
» Trattato eseguito della Lega fra il Papa, il Re
» Cattolico, e Veneziani; col negozio della con-
» clusione di essa Lega per il Signor Marco An-
» tonio Colonna in Venezia, quando fu mandato
» da Sua Santità per questo effetto a quella Re-
» pubblica; e di tutto il successo della battaglia
» e rotta data dall'armata dei Cristiani a quella
» dei Turchi, con diversi e pericolosi accidenti
» occorsi avanti — Comparázione di due battaglie
» navali memorabili, dei Romani con Cartaginesi
» appresso Sicilia ad Einomo; e l'altra dei Cristiani
» con Turchi appresso Lepanto a Curzolari a' 7
» Ottobre 1571 » Ed un altro Ms. nella stessa Biblioteca n. 10088. reca la descrizione della battaglia di Lepanto del Commendatore Romegas. Parimenti Ferrante Caracciolo Conte di Biscari, il
quale visse nel secolo XVIII. anche scrisse i *Commentari delle guerre fatte co' Turchi da D. Giovanni d'Austria, dopo che venne in Italia*, e la
Vita di D. Giovanni d'Austria. Ma più vicino agli
avvenimenti che conta, fu Ferrante Carafa, Marchese di S. Lucido, il quale nel XVI secolo lasciò un Ms. col titolo: *L'Austria: dove si contiene la vittoria della S. Lega all'Echinadi, del-
l'anno 1571, prieghi per la unione; gioie avu-*

te per quella; successi avvenuti dopo la vitto-
ria per tutto l'anno 1572.

Fra questi narratori sconosciuti per le stampe
era il nostro Sereno, che veramente a buon diritto
entra tra'primi storici del secolo XVI. Egli scrisse
i Commentari della guerra di Cipro , e della Lega de' Principi cristiani, nel tempo che personalmente intervenne a que'fatti. Sono contenuti in un
bel Ms. segnato 672 dell' Archivio Cassinese , in
foglio, di 516 pagine. Non cade dubbio di sorte,
se affermiamo essere autografo: e i molti penti-
menti, e la perfetta somiglianza della scrittura con
quella che vedesi in qualche privata carta del Sereno, sono argomenti certissimi di ciò che affermiamo.
Sembra che l'autore avesse in animo di rendere pubblici colle stampe i suoi Commentari, trovando in
fronte ai medesimi que'consueti epigrammi e so-
netti in lode dell'autore, coi quali nel sedicesimo
e decimosettimo secolo solevano le opere venire
in luce, argomento non sempre certo del valore
di quelle. Leggo nel Ms. un Epigramma di quel
buon verseggiatore latino Geronimo Catena. Possiamo quì recarlo, non sapendo se trovisi ne'suoi otto
libri di cose latine pubblicati in Pavia, nel 1577.

Ad Barth Serenum Io. Hieronimus Catena.
Scribere Trehicio respersum sanguine pontum
Tantaque victrici parta trophea manu ;
Insignes celebrare viros, heroas, et arma
Condere veridico gesta, Serene, modo;
Nec minus adversum ferro te currere in hostem
Haec referunt magni Caesaris acta ducis.

Le quali lodi poetiche se ci mostrano amico il Sereno del Catena, non lascian dubbio, che questi Commentari siano stati letti da questo illustre cinquecentista, al giudizio del quale solevano alcuni sottoporre le proprie scritture, come fece Muzio Manfredi innanzi dare in luce quella sua Tragedia boschereccia, che intitolò Semiramide, stampata la prima volta per Comin Ventura in Bergamo nel 1593. Nè sarebbe una congettura inverosimile che quello che ha recitato il Catena nella Vita di S. Pio V. della Lega de'Principi cristiani, e della guerra contro i Turchi, sia stato dal medesimo raccolto dai Commentari del Sereno. Poichè egli nella lettera con cui dedica a Papa Sisto l'opera sua, accennando alle fonti onde ha tratto le notizie intorno ai fatti di S. Pio V. afferma, averle attinte dalla *relazione in iscritto di coloro, che trattato hanno i negozi.* Ed il Sereno non prese poca parte nella esecuzione di quei negozi guerreschi.

Se noi vorremmo giudicare del pregio di questa scrittura, sarebbe un preoccupare la sentenza de' leggitori, che a loro bell'agio potranno porre ad esame. Purtuttavia non vogliamo passare con silenzio come questo sia lavoro assai ben condotto per larga e bene ordinata trattazione; le cose guerresche dal Sereno, perito militare, sono nella loro vera luce disposte agli occhi del leggitore; sobrio, ma giusto il giudizio; libero nel biasimo, pronto alla lode. Come testimone di veduta de'fatti, il Sereno descrive con verità, ed il descritto incolora di tutte quelle circostanze, che omesse, infermano l'effetto che vuol prodursi in chi legge; abusate, lo falsano. Ciò che affermiamo è mirabilmente chiarito dal racconto della oppugnazione e difesa di Famagosta, e di tutte quelle fazioni militari, le quali e per la perizia dello scrittore nelle cose della guerra e per lucidezza di stile, sono, anziché risapute, vedute dal leggitore. Ed è veramente singolare il Sereno tra gli Scrittori del suo secolo nell' acconcia significazione di quelle cose che s' appartengono all' arte militare e marineresca; in guisa che non ve n' ha alcuna, che non sia nettamente scolpita sulla pagina per propria appellazione: e di questo dovranno sapergli grado i filologi. Una nobile anima si rivela in questa scrittura, diciamo di quella nobiltà che è nello schietto abborrimento del vizio ed amore alla virtù, consegrato da una religione, che sta proprio nel cuore dello scrittore, e lo governa in tutta la condotta del racconto. E valga ad esempio quella generosa ironia con cui flagella taluni, che malamente provvidero a que' poveri, ma gloriosi soldati campati alla morte nella battaglia di Lepanto, i quali si vedevano tapinar nudi e digiuni; e quella eloquentissima descrizione che siegue di un falso militare, chiusa con quelle poderose parole: *Vinca il vero, e perisca il mondo. Sono sforzato di dire; perchè come soldato non posso non odiare coloro, che nemici de' soldati, mentitamente si chiaman soldati.* In tempo in cui pel largo imperio della Spagna, e per altre cagioni, che non diciamo, l'aristocrazia era reverenda per copia di ricchezze, e certe discendenze di sangue, è maravigliosa quella condanna del Portocarrero deputato a difficile impresa, perchè nato di razza superlativa : e quel contrapporre il costume de' Turchi stimati barbari, a quello de' Cristiani, i quali della virtù solo solleciti, non guardavano alle schiatte, quando era a scegliersi uomo per grave e scabro negozio. Non farsi vincere da' pregiudizi, è un' accennare a fortissima tempera di animo. Non loderemo quelle troppo prolungate dicerie messe in bocca a que' consiglieri di Selimo nel bel principio di questi Commentari. Era fallo in cui con piacere cadevano gli storici del XVI. secolo, forse per troppa imitazione di Livio, o per dare argomento di facondia. Tuttavolta non possiamo al tutto biasimarli, perchè in que' ragionamenti è certa gravità di modi di dire, de' quali non è bene che gli Italiani troppo si dilunghino per tener dietro alle forestiere maniere, che non sono così larghe e solenni come quelle che i Latini scrittori ci tramandarono. Noi certo non conforteremo alcuno italiano di mente, a mettere d' un canto, come esempio da imitare quelle, sebbene increscevoli per lunghezza, dicerie del Guicciardini, e le maschie orazioni del Della Casa e di altri per qualche aringa strepitosa per voci e concetti, ma scema dell' interiore nerbo; per cui alla tranquilla meditazione di chi le giudica ammiserisce e muore. Ed a finirla; questa scrittura del Sereno di purgato dettato, di bello stile, assai gra-

ta si appiglia all'animo di chi legge, per certa
ingenuità di racconto che non fa dubitare della
fede del narratore. Imperocchè questi e per can-
dore e modestia, che tanto apertamente appare in
queste pagine, e per le ragioni per cui trovossi
ai fatti che recita, chiude ogni via al dubbio
sulla veracità di quel che conta. Egli non serviva per mercede alcun Principe, ma come venturiere volle armeggiare nelle guerre da lui descritte. Non era negl'infimi gradi della milizia, ma
cavaliere, e deputato dal Gaetani ad orrevoli uffici, ed anche a tener le sue veci sulla Grifona:
perciò ebbe tanta levatura di stato da conoscere
non solo quello che interveniva tra la plebea milizia; ma anche de' negozi che agitavansi nelle tende de' supremi capitani e nelle corti de' Principi.
Inoltre quel talento di guerreggiar come venturiere
era sempre congiunto a quello di contare i fatti
dei quali era per esser parte, e perciò cura ed
intenzione d'animo a raccoglierli. E questa condizione di venturiere ponevalo al coperto da quel-
l'imperio dell'amore di parte, che in quella guerra amministrata da molti, disgiunti per patria,
per interesse, e per gelosie, fu grande e pericoloso alla verità delle cose. Potrebbe alcuno dubitare della verità delle cose turchesche che con
molti particolari descrive il Sereno. Ma egli stesso ci rafferma nella fede a prestargli, con queste
parole, con cui termina il Proemio ai lettori,
che troviamo premesso al primo libro de' suoi
Commentari, che solo leggesi nel picciolo Ms. an-

che autografo, segnato 708. « Nè paia strano a
» chi legge che de' fatti e consigli de' Turchi ab-
» bia potuto minutamente scrivere il vero; poi-
» chè da Mahemette Bei, Sangiacco di Negro-
» ponte, vecchio e prudente consigliero, e dal
» Segretario generale della stessa armata nemica,
» che nelle nostre mani sono stati lungamente pri-
» gioni, ho di tutto avuto pieno ragguaglio. »
Perciò tra i narratori di questa guerra non pare
che sia alcuno che entri innanzi al Sereno per
fedeltà di racconto.

Di due parti si compone questa storia: l'u-
na che tocca il negozio della Lega; l'altro quello della guerra. A meglio chiarirle, rechiamo
come documenti di esse la istruzione ricevuta
da Monsignor de Torres da' Cardinali preposti
al negozio della Lega, la *particolare* e la *privata* che gli dette Papa Pio V. colla Relazione
del trattato della Lega conchiusa, scritta e mandata da Michel Suriano ambasciatore di Venezia
appresso il Papa, a quella Repubblica; ed un'altra
Relazione delle cose dell'armata indiritta da Mar-
c'Antonio Colonna al Re Filippo II. di Spagna. (1)
Preziose scritture che ci concesse mandare in luce
il Marchese de Torres, uomo di molte lettere, e di
squisita cortesia. Egli gentilmente permise al Marchese Giulio Dragonetti suo nipote toglierle da'molti Ms. che possiede, che contengono originali documenti della vita pubblica di molti Prelati e Cardinali della illustre gente de' Torres, e mandarle a

(1) Vedi nota 11. ai Commentari.

noi. Di che non sappiamo onde rimeritare entrambi ; avvegnachè molto verranno essi gratificati dalla nostra conoscenza e da quella di tutti gli amatori delle cose storiche.

Ma a compiere questo ragionamento della vita e delle opere del Sereno, non possiamo passar con silenzio l'orazione recitata da lui ne'funerali di Filippo II. Re di Spagna, e la descrizione di questi; due scritture, che presso il Montfaucon (1) nella descrizione della Biblioteca Reale di Parigi, e nel Catalogo stampato de' Mss. di questa Biblioteca (2) han per titolo l'una: *Descriptio honorum qui Neapoli habiti sunt in funere Philippi II. Catholici Regis; ad Ascanium S. R. E. Cardinalem Columnam, auctore Bartholomeo Sereno.* L'altra: *Ejusdem oratio Neapoli habita in funere Philippi II. Catholici Regis. Is Codex decimo sexto saeculo videtur exaratus.* Ignoriamo se questi due Mss. abbiano vista la luce per le stampe. Ma maravigliamo, come in questo nostro Archivio non solo non trovisi copia di questa orazione e descrizione, ma neppur notizia che le abbia scritte. Nè può affermarsi essere queste scritture del Sereno fatte prima che si rendesse monaco, non portando il nome monastico di D. Zaccaria, ma quello secolare di Bartolomeo. Imperocchè non cadendo dubbio sul tempo della sua professione, che fu l'anno 1576 ed essendo morto Filippo II. nell'anno 1398 è a dire che da monaco lodasse il Cattolico, e ne descri-

(1) Biblioth. biblioth.
(2) *Tom.* 4. *Cod. Mss. B. R. tom.* 4. *p.* 210. *MCLXXV.*

*****

vesse le esequie, e che il nome di Bartolomeo fosse apposto al Ms. da altri, come quello per cui era più conosciuto lo scrittore.

Ultimo lavoro del Sereno nel chiostro fu la descrizione della vita de' Monaci di Monte Cassino, che fiorirono per santità di vita; alla quale opera fu condotto dalla ragione che egli stesso espone nel Proemio, cioè perchè *era desideroso, almeno nella tarda ora del viver mio, di fare qualche lavoro nella vigna del Signore; allettato dalla benignità, onde egli suole non men ben pagare gli ultimi lavoratori, che i primi.* È questo un grosso volume in 4° di 288 pagine scritto per lui stesso, e non ancor pubblicato. Incomincia colla vita di S. Benedetto, e finisce con quella di Gelasio II. la quale non giunse a compiere còlto dalla morte. Ed è bello qui rapportare le pietose parole del P. D. Antonino da Napoli Prefetto dell'Archivio in que' tempi, le quali a questa suprema scrittura del buon Sereno aggiunse, e che noi rechiamo in volgare « Qui prevenuto dalla morte per » pienezza di anni e prolungata vecchiaia, non » potè porre l'ultima mano all'opera sua. A te ba- » sti, o lettore, leggere le vite de' Santi qui descrit- » te, tener dietro ai loro esempi, glorificare i loro » miracoli, ed osservare la loro pazienza, umiltà » ed altre virtù. Però fa di pregare per l'anima di » esso Zaccaria, che quest'opera ti ha dato a legge- » re, e di tenere in pregio le sue fatiche, non solo » in questa, ma in altre opere che ha pubblicate ».

Dalla voce *edidit* che qui usa lo scrittore ci

fa pensare ad altre cose del Sereno messe a luce; ma non trovandosi il suo nome conosciuto per le stampe, ci rechiamo a credere aver voluto accennare ai Commentari , ed a quello che scrisse intorno a Filippo II.

Ma tornando ai Commentari; nel porci alla loro pubblicazione come di cosa inedita , fummo presi da forte incertezza sulla loro pubblicità per le stampe. La grande copia degli scrittori di storie nel cinquecento rendeva difficile la notizia se il Sereno fosse tra i conosciuti; nella quale sentenza eravamo anche tratti dal vedere come il Ms. fosse sufficientemente preparato pe'tipi, e per l'ordine de'libri, e per quelle poesie di rito che solevano precedere le opere stampate di que' tempi. Ma il Gattola, (1) che discorre del Sereno e di questi suoi Commentari, e l'Armellini(2)ed il Ziegelbaver (3) non dicono della loro pubblicazione; al quale silenzio aggiunto quello dell'autorevole Tiraboschi, e il non essere nella Libreria Cassinese il libro del Sereno stampato (che come di monaco Cassinese non poteva mancare)pensammo che fosse tuttora inedito. Tuttavolta poco confidenti nel nostro giudizio,come di uomini viventi in solitudine, e non aiutati dai consigli de'dotti, ci recammo a consultare gli eruditi in Bibliografia,e tra questi il chiarissimo Angelo Pezzana Prefetto della Ducale Biblioteca di Parma. Ed ecco come egli scriveva ad un monaco di questa Badia: « Mi è al tutto

(1) *Hist. Cas.*
(2) *Hist. Rei Lit. Ord. S. Ben.*
(3) *Bibl. Casin.*

» ignoto, che sia stato pubblicato per addietro, e
» non ho tralasciato diligenza per cercare e far cer-
» care in questa D. Biblioteca se fosse stato divolga-
» to fuori d'Italia, e divenuto così raro da esser-
» sene perduta la traccia. È avvenuto sì, ed av-
» viene soventi volte, che si dia pubblicità di stam-
» pa a scritture riputate inedite, quantunque fos-
» sero state altra fiata divolgate nel modo stesso.
» La P. V. il sa quanto io mel so. Non credo che
» questo debba temersi nel caso di cui si tratta:
» ciò nulla meno per ogni buona cautela, io sti-
» merei che nel preambolo si toccasse un mot-
» to sulla possibilità, che a malgrado d'ogni più
» diligente accortezza, a lei non meno che alle
» persone da lei consultate ne sia rimasta scono-
» sciuta altra edizione. La quale, se realmente e-
» sistesse, sarebbe certo di tal rarità da consi-
» derarsi qual codice inedito » Nè potevamo meglio porre ad atto il suo autorevole consiglio, che
usando le sue stesse parole.

Innanzi che poniamo fine a questo breve ragionamento della vita e delle opere del Sereno, è
bene che conoscano anche i leggitori certo moral
pregio che troviamo nel Ms. di questi Commentari, che mandiamo ora la prima volta in luce. Non
è dubbio che nel secolo XVI. non erano più
Crociati nè Crociate: tuttavolta è da riconoscere
certa relazione che ebbe questa guerra di Cipro
colle antiche Crociate. Queste, e diciamo di quelle
commosse per la liberazione di Terrasanta, cominciarono con quella eccitata da Pietro l'Ere-

mita al cadere del secolo XI. e fatta predicare da Urbano II. nel Concilio di Clermont, e finirono coll'ottava, intrapresa nel 1270 dal santo Re Luigi di Francia, sterile per la Terrasanta, e chiusa coll'infortunata presa di Tolemaide nel 1291 pel Soldano d'Egitto. In tutte queste Crociate uno era lo scopo a raggiungersi colle armi; cacciar gl'infedeli da' Luoghi santi, sebbene ambizioni molti, ed altre papali provvidenze a contenere in rispetto del Romano seggio i principi occidentali, accompagnassero tanto sforzo. Perciò quelle non erano che la lotta del Cristianesimo coll'Islamismo. Nel XV. secolo i Turchi assalirono i Cristiani; e questi sebbene si difendessero come da qualunque altro nemico, pure se non come scopo, almeno come sustanziale ragione della difesa era il pensiero religioso; principal nerbo morale di tutte le guerre amministrate contro i Turchi. Perlaqualcosa queste non perdettero mai certe sembianze che ebbero comuni colle antiche Crociate. Il Papa che agitavale, il Crocifisso in mano del B. Giovanni da Capistrano, e quello espresso sul gonfalone della Lega, di cui è parola in questi libri, ne è chiaro argomento. Laonde il periodo delle Crociate non è a terminarsi al tutto nel XIII. secolo, ma a prolungarsi fino al XVI. chiuso colla guerra di Cipro, non trovando più guerre di quella mole, e tanto sovranamente condotte dai Romani Pontefici contra i Turchi.

Quando i primi Crociati allo scorcio dell'XI. secolo mossero per Terrasanta, apparvero nella

Badia Cassinese Ugo il Grande fratello del Re di
Francia, Roberto Conte di Fiandra, Roberto Duca di Normandia, Eustochio fratello di Goffredo,
per venerare la tomba di S. Benedetto, innanzi
porsi alla difficile impresa(1). Le preghiere dell'A-
bate Oderisio e de' suoi monaci accompagnarono
que'campioni della Fede ; ed un monaco Cassinese, Gregorio da Terracina testimone di veduta, de-
scrisse le loro geste, e lasciò in questa Badia la
preziosa scittura , forse autografo , che conserviamo, (2) Quando l'ultima guerra mossa dal Papa
contra i Turchi a difesa della cristianità, chiuse
quel fortunoso, ma non infecondo di civiltà, periodo delle Crociate, un altro guerriero appariva in
questa Badia ; e sulla tomba su cui Ugo e gli
altri Baroni cinque secoli innanzi orò e mosse alla guerra, egli orò e ristette. Così sul sepolcro di
S. Benedetto nei misteri della preghiera si chiuse-
ro quelli delle Crociate, che due monaci narraro-
no ne' loro esordi e nella fine, Gregorio da Terracina e Bartolomeo Sereno. Le loro scritture non
saran solo pregiate come storici monumenti, ma
come espressioni di un gran pensiero, che solo rag-
giungono i veggenti negli umani fatti l'impero di
una Provvidenza che li governa.

---

(1) Storia della Badia di Monte Cassino *Tom. II. p.* 17.
(2) Item. *Note e docum. al IV. lib. P. p.* 86.

PROEMIO DELL' AUTORE

───────◆───────

Non dubito punto che di vaghezza, e d'ornamento molte scritture in ogni tempo si potran leggere, le quali di gran lunga avanzeranno la mia, forse nell'istessa materia, ch'io proposta mi sono. Ma nel raccontare con più verità, e con minor affetto di me, quel tanto ch'io presente ho (per singolar benefizio di Dio) potuto vedere e ricordarmi della guerra con Selim Ottomano Gran Signore de' Turchi, e della incomparabile vittoria, la quale i Cristiani ai 7. di Ottobre 1571. con l'armata della Lega, che per tal guerra si fece, ottennero in improvvisa ma determinata battaglia, senza di qua nè di là usar altro che la virtù e l'arme, niuno mi persuado che sia per levarmi vantaggio. Chè avendo io militato tra i soldati ecclesiastici, ed appresso alla persona di Onorato Gaetano, Generale delle fanterie del Papa, mi trovai quel dì a combattere sopra una delle dodici galere di Fiorenza, che a soldo del Papa servivano, la quale si chiamava la Grifona, e in ordine era la terza appresso alla reale di D. Giovanni D'Austria, a banda dritta, vicino la Capitana di Savoja. Le quali cose a parte a parte descriverò, dopo che avrò brevemente narrato le cagioni, sopra le quali il gran Signore de' Turchi si dice aver fondato la mossa di detta sua guerra di Cipro, ed insieme le cose, che il primo anno avanti che la Lega si concludesse, con molto danno de' Cristiani nel detto Reame di Cipro seguirono.

COMMENTARI

DELLA GUERRA DI CIPRO

LIBRO PRIMO

ULTAN Selim Ottomano XIII. Signore de' Turchi (1), benchè di cinque figliuoli maschi, che ebbe Solimano suo padre, in ordine fosse il quarto, onde poco per ragion naturale potesse sperare di pervenire all'Imperio; fu nondimeno aiutato mirabilmente dalla fortuna, che delle cose terrene a suo modo dispone. Perciò che dopo la morte di Maometto suo primo fratello, il quale di natural morte mancò, fè suo padre morire di morte violenta Mustafà secondo genito, e Baiazette, dopo al quale egli era nato, per colpa (come dicono) di ribellione. L'uno, cioè Mustafà, fu per commissione di Solimano strangolato con una corda d'arco in Gazibia, città della Persia, per avergli commosse contro l'armi de'Persi, insieme coi quali guerreggiando, era stato vinto dall'armi Turchesche, e fatto prigione. Ma più veramente la cagione di sua morte fu l'odio che a lui portava la Rossa, cara moglie di Solimano, che molte insidie gli avea tese (2). L'altro, cioè Baiazette, per aver lungamente tentato di sollevare l'Imperio, e di farsi Signore in vita del padre, con simil modo di morte in Tauris fu fatto morire. Nè dopo a questi restava, oltre ad esso Selim, altri, che Zeangir detto il Gobbo, che di tutti era il minore. Costui vedendo in così poco spazio di tempo il padre aver sì fieramente incrudelito nella morte di due suoi fratelli maggiori, con memorando ardire improverandogli la crudeltà di quel fatto, e giurando che gli occhi suoi non vedrebbono più l'uomo che con tanta fierezza nel sangue de' propri figliuoli vivesse insanguinato, intrepidamente da se stesso prese la morte; talchè solo erede dello Imperio rimase Selim. Or avendo Solimano a' danni del Romano Imperadore Massimiliano II. d'Austria condotto un potentissimo esercito nella Ongaria, ivi sotto Zegett, importante fortezza, mancò di vita, due giorni prima che Maomet Visir primo Bascià, suo genero, e Generale dell'esercito con crudelissimo assalto la espugnasse. Allora col mezzo della molta prudenza, e sagacità di esso Maometto, che la morte predetta opportunamente tenne celata fin tanto che a tutti i bisogni e dell'esercito, e dell'Impero non ebbe abbastanza provveduto, fu Selim facilmente e senza disturbo al detto Imperio assunto in Costantinopoli l'anno 1567.

In questo anno medesimo in Roma, vacando la Sede Apostolica per morte di Papa Pio IV. Milanese, della famiglia de'Medici, fu in essa creato Pontefice Fra Michele Ghislerio Cardinale Alessandrino, di nazione Lombardo, e dell'ordine de' Predicatori di S. Domenico, che mutato il nome, come si suole, fu chiamato Papa Pio V. Sebbene di non alta progenie, era egli nondimeno di dottrina irrefragabile, di vita santissimo, e di costumi esemplare ed irreprensibile, come in ogni sua azione, e particolarmente nella guerra che si descriverà, si fè chiaramente conoscere. Talchè con molta ragione potranno l'età future comprendere, che qual già l'antico Michele principe degli Angioli alla difesa delle celesti Gerarchie contro la ribellante setta di Lucifero fu mandato, tal questi al reggimento della chiesa militante di Gesù Cristo, nel tempo della maggior fluttuazione della nave di Pietro, contra gl'inimici del sacro vessillo della Croce fosse in terra opportunamente da Dio esaltato. Poichè non solo contra i Turchi, che nel suo Pontificato più fieramente che mai tentarono d'opprimere la Cristiana religione (di che trattare è l'intento de' Commentari nostri); ma contro i perfidi eretici Ugonotti nella Francia, a Dio e al Cristianissimo Re loro fatti ribelli (di che, se ben proprio soggetto non è dell'opera nostra, non si potrà fare che molte cose in essa non si rammentino) con grandi affetti ed effetti propugnatore di essa vera religione mostrossi. Chè aggiunte le forze ecclesiastiche a quelle di Carlo IX. Valesio, che allora regnava, ruppero essi Ugonotti in una general determinata battaglia nel piano tra Mirabello e Moncontorno seguita; nella quale io, come in questa navale che scriverò, per singolar benefizio di Dio mi trovai a combattere e guadagnare. Nè meno memorabil vittoria ottenne la sua armata, con quelle di Filippo II. d'Austria Re di Spagna, e della Repubblica di Venezia collegata, la quale ci dà ora materia di scrivere. Di modo che, quella stessa eresia, ch'egli co' suoi sacri studi aveva, ne' gradi minori con l'officio d'Inquisitore lungamente con molto ardore perseguitata, quando da Dio all'Apostolico gregge per sommo Pastore fu deputato, aveva già tanto depressa e punita, che se 'l temerario ardire di Sultan Selim, la cui spaventevole armata nelle viscere già dell'afflitta Cristianità aveva penetrato, non lo sturbava, facilmente della totale dispersione di essa in breve tempo avria conseguito il desiderato trionfo. Di che goderebbe forse oggi la misera Francia, insieme con tutta la Chiesa, quel santo riposo, del quale ogni giorno, per colpa di quella mortifera peste, va più disperando. (3)

Era Sultan Selim di sua natura fiero e bellicoso per lungo esercizio delle armi, in cui, mentre co' propri fratelli guerreggiò, perchè dell'Imperio del padre non si facesser padroni, fin dall'adolescenza era cresciuto ed assuefatto. Ma pure l'aver conseguito con tanta quiete l'Imperio, e il mostrarsi desideroso di riposare, e di goder la felicità di che

la fortuna l'aveva cumulato, e anche l'età della matura virilità in che si trovava, la quale con l'occhio della ragione i
propri affetti considerando, non facilmente si lascia dagli
sfrenati desideri trasportare, negli animi di tutti generalmente
opinione avevano prodotta, che quale il principio del dominio suo era stato, tale il mezzo e il fine dovesse seguirne.
Poichè subito ch'egli fu nell'Imperio entrato, con solenne
giuramento aveva la pace, che co'Signori Veneziani Solimano suo padre teneva, ratificata e di sua mano i capitoli di
essa sottoscritti. Nè da alcun altro lato si comprendeva che
movimenti d'armi potesser venire che lo sturbassero. Ma non
molto lasciò, che nel pensiero, che di esso aveva il mondo
concetto, continuasse. Era costui di complessione flemmatico
e sanguigno, e perciò nei suoi moti tardo ed irresoluto; di
membra corpulento e grieve, e di statura assai corrispondente; ma di animo rozzo, anzi bestiale. Dedito fuor di modo
alla crapula ed al vino, di che tanto immoderatamente be-
veva, che quanto gliene poteva tutta la Grecia somministra-
re, non lo sbramava. E se ben per la legge di Macometto
il berne gli apportasse infamia e grave delitto, curava egli
tanto poco di essa, che, come buono Epicureo, non conosceva altro Iddio che il genio e le delizie sue. Si godeva
però d'una sua natural fierezza, la quale con tanto affetto va-
namente ostentava, che per parere al cospetto de'risguardanti
più orribile e spaventevole, usava di tingersi le casse degli
occhi d'una negra tintura, e le mani con le braccia, che
ignude portava, di verzino o d'altra simil cosa rossa, perchè sanguinolenti sempre paressero. E per esser egli stato
nutrito in Maglasia città della Natolia, della qual provincia
ebbe anche il governo mentre visse suo padre, aveva costume di chieder di continuo molto imperiosamente ai nobili
Cipriotti e a'Rettori di quel Reame non solo vini e delizie
di cibi per la crapula sua, ma cavalli, falconi e cani in tanta
copia, che talvolta non si era potuto a voglia sua soddisfar-
nelo; di che non mediocre sdegno contra coloro nell'animo
suo concentrato serbava. E come le occasioni del mal fare
non mancano mai di rappresentarsi, dicono, che bevendo

egli al suo solito una sera allegramente d'un vino, che molto
gli piacque, dopo averlo più volte lodato, domandasse con
qualche istanza di dove fosse venuto, e che essendogli risposto di Cipro, allora principalmente di voler quel Reame
al suo Imperio soggiogare gli cadesse nell'animo. Di che
qualche estrinseco segno facendo, non mancò appresso di lui
uomo maligno, che dell'occasione valendosi, procurasse di
sfogare il veneno che contra la Signoria di Venezia lungo
tempo aveva nutrito nel cuore. Il quale, secondo che gli
stessi Turchi riferiscono, fu un Giovan Michel Marzano, di
nazione Portoghese, uomo molto sagace e facultoso, di cui
Sultan Solimano molto familiarmente costumò di servirsi. Costui, mentre Sultan Selim contra Baiazette suo fratello guer-
reggiava, e pochi o nessun amico della corte del padre seco
aderivano, ottenuta licenza da Solimano di andare a visitarlo,
un magnifico dono di cinquantamila zecchini in danaro, e di
altri trentamila in diverse vesti, armi e cavalli gli fece. Con
che talmente possessore dell'animo di esso divenne, che Selim
considerando che nessuno de' grandi, che servendo a suo padre signoreggiavano, avevano in quella fortuna mostrato di
ricordarsi di lui, com'egli aveva fatto, gli promise fin d'allora che sarebbe stato sempre ricordevole di quella sua buona
volontà, e ne lo avrebbe grandemente ricompensato, quando
in lui fosse per sorte pervenuto l'Imperio. E (forse in questo
sol atto virtuoso) essendo seguito l'effetto, non mancò mai
di tenerlo con la medesima familiarità, e per avventura con
maggiore, appresso di se, di quello che appresso a Solimano
suo padre soleva esser tenuto. Donogli anche per la promessa
ricompensa, nell'Arcipelago, presso a Gandia, le isole che vi
sono migliori, cioè Nixia, Andro, Milo, Baro, Santorino e
l'altre al Ducato di Nixia sottoposte, che già dal Duca di
Nixia, nobile Candiotto, erano possedute. Prese dunque il
Marzano l'occasione che dal caso gli fu presentata, come
colui che da' Veneziani si teneva aggravato per alcune male
soddisfazioni che aveva avuto da essi, quando in vita di Solimano egli fu in Venezia a negoziare; e perchè quando
mandò la Signoria a confermar la pace con Selim, avendo

fatto a tutti i Basoià donàtivi, a lui non ne fece. Con tutti quei modi che seppe procurò quindi persuadere a Selim, che il pensiero di occupar Cipro eseguisse.

Cipro altre volte chiamato *Atamante*, *Cerasi*, e per altri sì fatti nomi, fra tutti gli altri regni della Grecia nobilissimo, è nella felice regione di Levante situato. Dalla banda che il ponente risguarda (perciocchè d'ogni intorno dai più benigni mari è bagnato) dal mare di Panfilia è custodito; dal lato di mezzogiorno con l'Egiziaco si difende; da quel di levante il Soriano lo rende sicuro; e da settentrione, con lo stretto di Cilicia dalla Caramania (da cui per quaranta miglia è distante) vien separato. E per quanto di esso gli antichi scrittori riferiscono, non isola già, come oggi si trova, ma terra ferma si crede essere stata, con la provincia di Soria congiunta, dalla quale la inondazione dal mar Negro proceduta la dividesse. La sua grandezza in circuito circa a miglia cinquecento s'estende, misurandosi la lunghezza per la quarta di greco—levante fino a miglia dugento; di cui quel capo che l'oriente risguarda, da' nostri moderni capo di Bonandrea, dagli antichi promontorio di *Nazetra*, e da Tolomeo *Clides extrema* si chiama; e l'altro che al ponente si giace, capo di Drepano, e di S. Epifanio comunemente, benchè, secondo gli antichi, *Arcanana* vien nominato. Il paese, ch'è fertilissimo tra tutti gli altri di Levante, di tutte le cose al vitto umano necessarie abbonda. Non pur gran quantità di cotoni, o bambace produce, ma da infiniti ciambellotti (4), zuccari e sali copiosissimi, da diverse sorti di gemme preziose che vi si trovano, come cristalli, amatiste, diamanti, e anche da vene e miniere di rame viene arricchito. A' mercanti per cagione dei traffichi colla Soria, Caramania ed Egitto è commodissimo. E già quindici città gli antichi Re vi possedettero; ma di tutte esse, cinque sole al tempo de' più moderni vi si ritrovano, cioè: Nicosia, città Reale, Archiepiscopale e Metropolitana, dagli antichi chiamata *Tremito*, che sola assai dentro in terra situata, trenta miglia dal mare è distante; Famagosta, che anticamente fu forse la famosa Salamina, e poi così detta, quasi *Fanum Augustae* (5), per lo tempio e sepolcro, ch'ivi

molto celebre fu fatto ad Augusta; Salines, che col medesimo nome dagli antichi, forse per i sali che ivi vicino si fanno, s'è conservata; Limisso, che anticamente fu detto Cu-
rio, ovvero, come molti meglio stimano, Amato, di che
fan fede le gioie ch'ivi si trovano, chiamate Amatiste; e
Baffo, che sotto nome di Pafo non meno dalli moderni che
dagli antichi poeti, per lo tempio ch'ivi fu alla Dea Venere
sacro, in tanto vien celebrato, che da esso indifferentemente
da tutti Cipro patria e regno della madre d'Amore è riputato. E oltre alle dette città tutto il regno è diviso in undici
contadi da' propri nobili Cipriotti posseduti. Questo Reame
fu dalla Repubblica Veneziana lungamente posseduto, col
pagarne però ogni anno, in vece di tanti ciambellotti, che
solevano gli antichi Re pagare al Sultano di Babilonia, ottomila zecchini al gran Turco per tributo. Ma non essendoci
in tutto altra fortezza che Famagosta, la quale per la commodità del porto è scala di esso, considerarono i Veneziani
che senza qualche fortezza fra terra saria stato sempre in
potere de' Turchi di danneggiarlo e predarlo. Per la qual
cosa, e perchè dell'animo di Selim, che erede dell'Imperio
Ottomano conoscevano, poco fidavansi, aveano poco tempo
addietro, meglio riparato e provvisto il paese con la fortificazione, che con gli aiuti de' nobili Cipriotti fecero a Nicosia. La quale da Giulio Savorgnano (6) perito soldato e perfetto
ingegniero, a tale effetto mandatovi, circondata di buonissime mura e altissime fosse, che da undeci baloardi reali erano
guardate e difese, veramente il nome d'inespugnabile avrebbe
meritato, quando prima che alla perfezione l'avesse ridotta
non ne fosse stato Giulio richiamato; quando Niccolò Dandolo suo successore nell'opera il suo disegno avesse fornito;
e quando il debito numero di difensori non le fosse mancato,
ed opportunamente, secondo che il bisogno richiedeva, fosse
stata soccorsa. Poichè ogni fortezza, che da qualsivoglia possente esercito per tanto tempo si può difendere, quanto ragionevolmente può tardare il venirle soccorso, si può dire
inespugnabile. A questa fortificazione il Savorgnano lavorò
per lo spazio di dieci mesi, cingendola di cortine e baloardi

di terra e fascine, come si suole, con intenzione di farle di fuori le camicie di muro. Ma essendo mentre ciò faceva richiamato, non fu poi chi curasse di farla finire, nè di affondare le fosse tanto che i baloardi avessero potuto fare l'officio loro ; il che fu cagione che tutta quella opera inutile riuscisse. Perciocchè non potevano i baloardi guardar le cortine ; e non reggendo il terreno senza la debita crusta alla tempesta delle artiglierie, più tosto, cadendo, porse nel bisogno commodità a' nemici di salirvi, che non la città rendesse sicura.

Di questo Reame adunque procurava Giovan Michel di render bramoso l'animo di Selim suo Signore, che già n'era vago ; ma non vel potea così agevolmente disporre per le considerazioni, che la natural codardia a lui rappresentava. Imperocchè possedendo i Veneziani alle sue frontiere tutta la riviera di Dalmazia e Schiavonia e l'isole tante importanti di Corfù, Zante, Cefalonia, Cerigo e Candia con molte altre nel mezzo dell'Arcipelago, ed essendo essi in credito di potere ad ogni momento dall'arsenal loro cavare grandissimo numero di galere ed altri vascelli militari, e di armarli e munirli con molta facilità ; non senza cagione temeva, che mentre di toglier loro Cipro avesse tentato, qualche altra cosa fosse egli stato per perdere di non minore importanza. Ma il Marzano, come uomo che a nuocere altrui delle occasioni e del tempo costumava avvalersi, si rimase d'instigarvelo più fino a tanto, che da qualche nuovo accidente più opportuna materia gli fosse venuta. La quale non lasciando mai egli di procurare, avvenne poco dappoi che Selim (come ordinariamente suole avvenire di quegli uomini, che meno di valore posseggono, e più di quella gloria s'accendono, che vana ragionevolmente chiamiamo) invidioso delle memorie, che i suoi maggiori in Costantinopoli aveano lasciate, l'anno 1569, che fu dell'Imperio suo secondo, di suo proprio moto determinò di edificare in Adrianopoli, città principalissima in terra ferma, uno Almaratto a similitudine de' tre che dai Sultani Maometto II. Baiazette suo figlio e successore, e Solimano padre suo proprio furono eretti. Non mancò allora Giovan Michel di trattare col Muftì, al quale, come capo de'Sacerdoti Macomettani tocca la cura dell'osservazioni di quella legge, e da'Turchi si porta somma venerazione, per l'autorità grande che tiene anche in conto di Profeta, affinchè inanimasse esso Selim a quella grande opera pia; e mostrandogli come per la legge di Macometto non poteva poi dell'entrate che egli nell'Imperio aveva trovate dotarlo, a levar Cipro ai Veneziani lo persuadesse; acciocchè con quelle entrate che egli proprio con la sua spada acquistasse, il suo Almaratto di quelle spese che alla conservazione e uso di esso si richieggono, in perpetuo amplamente lasciasse provvisto. Gli Almaratti, secondo la relazione che i propri Turchi ne danno, sono quasi a nostra usanza grandi Ospitali di superbi edifici, con cupole tonde molto alte. Dentro di essi Moschee, scuole, e molte case per Sacerdoti si chiudono, oltre a numero infinito di stanze, parte all'ospitalità de' poveri della città destinate, a' quali ogni giorno pane ed un aspro in danari per testa si distribuisce, e parte all'albergo dei viandanti, che di qualsivoglia legge si siano vi son per tre giorni raccettati. Fatta da Sultan Selim tal risoluzione, e subito cominciato l'edificio con disegno molto più superbo e maggiore di tutti gli altri, con tanta avidità lo sollecitava, che visitando egli ogni giorno la fabbrica, e cominciando essa con la sua presenza a crescere e comparire di bellezza, seco un giorno determinatamente condusse il Muftì, perchè intorno ad essa il parer suo liberamente gli dicesse. Il quale e perchè così dal Marzano istrutto, e perchè egli medesimo con rabbia vedeva il Reame di Cipro nel mezzo delle forze Ottomane da' Cristiani esser tenuto, presa dal comandamento l'occasione, e tenendo la sua solita gravità, con la debita reverenza in questo tenore parlogli:

» Chiara cosa è, altissimo Signore, che essendo noi
» tutti da un padre mortale generati, ed essendoci dalla
» gran madre natura nella stessa creazione prefisso un li-
» mitato termine, che preterir non si può, non possiamo
» recusare di obbedire a quello, a che con legge da prin-
» cipio siamo stati obbligati, terminando al debito tempo

» questa vita caduca con la morte, fida restitutrice di quanto
» da essa natura in prestito ci è stato conceduto. Nè po-
» tendo noi dalla vita altro frutto ritrarre che quelle virtuose
» operazioni, che, malgrado di essa morte, nella memoria
» degli uomini per tutti i secoli onoratamente viver ci fac-
» ciano; non dobbiamo noi lasciare di far cosa alcuna, che
» buona fama e lunga ne possa acquistare. Donde è che gli
» antichi potenti Re dell'Egitto, col dirizzare quelle mara-
» vigliose Piramidi, che ancora si vedono, rimasero eterna-
» mente immortali. Gli eccelsi Imperadori Romani con le
» opere de' lor teatri, archi, colonne, acquedotti e altri
» superbi edificî danno delle grandezze loro altissimi testi-
» monî. E gl'invittissimi Principi Ottomani avoli tuoi e della
» suprema tua dignità predecessori, con le fabbriche, e in-
» stituzioni de' grandi Almaratti, non meno di quelli si sono
» fatti immortalmente gloriosi. Dalla qual gloria forse sti-
» molato il sublime animo tuo, ha ora felicemente dato prin-
» cipio alla fabbrica che già s'erge tanto superba, quanto,
» a giudizio mio, qualsivoglia delle antiche veduta si sia.
» La quale, benchè io veggia in ogni sua parte riuscir con-
» forme al molto merito tuo, e sufficiente per fare all'età
» future della magnanimità tua fede larghissima, vorrei non-
» dimeno, che risguardando tu con occhio prudente al suo
» fine, e considerando il modo con che possa nella riputa-
» zione e dignità sua conservarsi, accortamente provvedessi
» a quello che per tal conservazione necessario conoscerai.
» Acciocchè, dopo che avrai fabbricato un edificio di bel-
» lezza, d'architettura, e di grandezza incomparabile, non
» abbia ad esser dai posteri tuoi abusato, e convertito in
» altro, di quello che la mente tua altissima pensa. Questo
» dich' io, supremo Signore, perchè la spesa di più d'ot-
» tantamila sultanini l'anno, che si fa in mantenere ciascuno
» di quelli de' tuoi predecessori, mi sforza a ricordarti e
» ammonirti, che non comporta la legge di Macometto, che
» a costo dell'Imperio, il quale tu non hai acquistato, possi
» farti immortale, dotando il tuo Almaratto di quanto gli fia
» necessario. Sono gli Almaratti opere pie; sono imprese

» magnanime, e all'Imperio tuo di gloriosissimo nome : ma
» se ben consideri il fine, per cui da' prìmi institutori di
» essi sono stati inventati, troverai la mente loro essere stata,
» perchè giovando al pubblico, certa parte dell'entrate col
» proprio valore acquistate in augumento di questo Imperio,
» in essi piamente si impiegasse ; e non perchè l'entrate
» proprie dell'Imperio Ottomano si scemassero. De' tre che
» fino ad ora sono stati edificati, il primo lo fu dal gran
» Maometto II. per memoria di aver egli acquistato Con-
» stantinopoli e Negroponte, aver soggiogato la Morea,
» Trabisonda, e Tatizza, e aver fatte molte imprese degnis-
» sime di gloria eterna. Il secondo da Baiazette suo figliuolo
» per aver conquistato Moncastro e Cheli nella Vallachia ;
» aver dato il guasto a' Poloni, soggiogati i Cimeriotti, e
» aver più volte rotto il Re Mattias nell'Ongaria. Il terzo
» poi dal felicissimo padre tuo Solimano, che con tante vit-
» torie acquistò nell'Ongaria Belgrado e Filech, nella Persia
» Tauris, nell'Africa espugnato Adem, oltre al gran con-
» quisto di Rodi e di Castelnovo, e di molt'altri acquisti
» dopo alla perfezione di quell'edificio. Non meno adunque
» si conviene a te di ampliare i confini di questo Imperio
» sublime, e di acquistare col mezzo dalla tua invincibile
» spada l'entrate, che al tuo Almaratto suppliscano ; e mas-
» sime che tanto facile occasione ti viene dalla fortuna ap-
» presentata, quanto per tempo alcuno fosse lecito di desi-
» derare. Sopra di che, poichè il grado ch'io tengo me lo
» comanda, non voglio lasciare di aprirti liberamente il mio
» parere, desideroso che il tuo Imperio si augumenti, le
» tue forze si conoscano, e'l rito della legge di Macometto
» alla mia cura commessa si osservi. Ascolta tu volentieri,
» e renditi certo che non ti proporrò cosa che non sia per
» essere al nome tuo di gloria e alle forze tue felicissima.
» Poichè non veggio che possa essere alcuno sì di giudicio
» privo, che chiaramente non vegga con quanto danno del
» tuo Imperio, e obbrobrio dell'armi Turchesche hanno lun-
» gamente posseduto, e possedono i Veneziani l'importante e
» bellisimo Regno di Cipro su gli occhi nostri stessi, anzi

» nello stesso cuore e nelle viscere nostre. Sono principal-
» mente costretti i devoti pellegrini che alla Mecca da re-
» gioni lontane il sepolcro del nostro gran Macometto vo-
» gliono visitare, o di passare per quell'isola tra le forze
» de' Cristiani con mille pericoli e con mille vergogne del
» nome Turchesco, o di fare sì lontano viaggio per ischi-
» farla, che infiniti si restano di eseguire i lor voti. Poi
» debbono comportare i supremi Imperatori de' Turchi che
» da sì lontane regioni vengano i Cristiani a godere nel mez-
» zo delle lor forze quelle ricchezze, piaceri e delizie che
» propriamente alle loro inclite persone si convengono; cosa
» invero totalmente contraria alle potenze Ottomane, le quali
» hanno sempre nelle altrui regioni e regni cercate e ac-
» quistate le ricchezze, le comodità e' piaceri che tu oggi
» maggiori possiedi. Oltre di che chi del natural lume e
» discorso non è del tutto privo, ben chiaramente conosce
» qual cura di continuo prema gli animi Cristiani di tentare
» un giorno col mezzo di quel Reame la perniciosa impresa
» a questo Imperio di recuperare con l'armi la terra che
» sotto nome di Santa riveriscono, dove già il loro Cristo
» nacque e fu sepellito; al che quanto aiuto potessero avere
» da quello benissimo puossi da ciascheduno considerare.
» Conosci adunque le cagioni che hai; conosci il pericolo
» che all'Imperio tuo minaccia, e l'incomodo che i sud-
» diti tuoi sostengono. Risvegliati, non comportare nel do-
» minio tuo questa infamia, non sostenere più lungamente
» un tanto importante pericolo. Di far qualche impresa per
» augumento dell'Imperio sei sforzato, quando non vogli
» mancare di quello, a che la consuetudine de' tuoi anteces-
» sori t'ha obbligato, e dall'alta virtù loro non vogli de-
» generare, massime mentre non sei da altri principi mole-
» stato. Di occupar Cipro hai giusta cagione; chè non dirò
» della facilità; poichè chiara cosa è che ad un sol soffio
» del tuo volere si renderà tuo; non potendo contra la on-
» nipotenza tua dalle forze de' Veneziani lontanissimi esser
» difeso, ed essendo da ogni parte dalle tue circondato.
» Dirò solo dell'efficaci ragioni che vi ti debbono indurre,

» le quali quanto a te, bastano le predette, quanto a' Ve-
» neziani, l'arroganza e insolenza loro, il poco rispetto che
» ti portano, la cattiva vicinanza che servano teco, hanno
» da farti pronto a far loro ogni possibile offesa. Poichè
» abusando essi la tua benignità, e facendo contra ai capi-
» toli della pace, che per grazia tua hanno teco stabilita,
» danno continuo ricetto a'ponentini Corsari, tuoi infestissimi
» inimici; i quali predando il tuo stato, menando schiavi
» i tuoi sudditi, guastando ed abbruciando i casali e i na-
» vilì tuoi, se ne ritornano ogni anno carichi di preda e
» gonfi d'orgoglio per aver infestato i tuoi mari, e vilipeso
» le guardie e propugnacoli tuoi. Lo che tutto avviene,
» perchè dall'insolenza de' Veneziani in casa tua son fatti si-
» curi. Non tardar dunque più, potentissimo Signore, fol-
» gore e spada di Dio onnipotente; castiga l'ardire di co-
» storo, vendica col ferro l'ingiurie ricevute; renditi a'mari
» e alle terre de'tuoi nemici tremendo; non dare occasione
» mai, che lasciando le altrui insolenze impunite, crescano
» in modo, che facciano animo a macchinare contra il domi-
» nio tuo imprese maggiori. Considera quanto grata cosa fa-
» rai al nostro gran Macometto, assicurando i passi della
» peregrinazione del suo sepolcro, e che osserverai la legge,
» a che sei tenuto, di ampliare con l'armi l'Imperio che
» Iddio t'ha dato; e farai secondo l'istituto e costume dei
» gloriosi tuoi antecessori, dotando il tuo Almaratto non
» dell'entrate che altri hanno acquistate, non de' membri di
» questo felice dominio, ma di quello che con la propria
» tua virtù e valore della tua spada tu stesso acquisterai.
» Questo mi è paruto di doverti dire non solo per obbligo
» dell'officio mio; ma per l'amore ed osservanza che ho
» verso la tua persona beata; che soprammodo mi fa desi-
» derare, che la gloria che del tuo altissimo nome appresso
» a tutti i posteri avrà da serbarsi, sia talmente tua, che
» essendosi dal tuo valore acquistata, non abbia mai da es-
» sere ascritta alla fortuna, non all'Imperio, nè alla discen-
» denza continuata da tanti gloriosi Imperadori. E da quanto
» ho detto ti priego che l'animo mio a te devotissimo vo-
» gli considerare. »

Fu da Selim costui ascoltato, in modo, che non poco mostrò esser della sua persuasione commosso. Ma parendogli tuttavia strana cosa, senza nuova occasione di dar principio a tanta novità, in tutti quei modi che immaginar si seppe, a procacciarla si diede, e fu però la tolleranza de'Veneziani sì grande, che non mai di attacco alcuno cagione gli lasciarono. Onde noiosamente celando egli il mal concetto pensiero, andò pur anche destramente dissimulando fino a tanto, che uno importantissimo caso a'Veneziani accaduto, dal timore, che della loro armata nascosto teneva, gli rendè l'alma sicura. E fu, che l'anno stesso del 1569, a' 13 di Settembre fu di notte alla sprovvista messo fuoco in una delle torri della munizione dell'Arsenale, la quale gettando in aria il tetto con tutti i guardiani, con orrendissimo terremoto s'aperse, e penetrando il fuoco similmente alla seconda e alla terza, col medesimo empito si spezzarono in modo tale, che non pure in Venezia ne caddero molte case, edificî e monasteri, con segno che tutta la città quella notte dovesse sprofondarsi, ma dicono anche, che fino a Verona, che quaranta miglia di là giace lontano, il terremoto s'udisse. Nè potendosi ritrovare di che maniera tale incendio fosse avvenuto, da quello che poi ne seguì assai chiaramente s'è potuto comprendere, che per opera del Giovan Michel il fuoco vi fosse gittato col mezzo degli Ebrei che stanno in Venezia, con intenzione che tutto s'ardesse l'Arsenale con ciò che dentro v'era di vascelli e d'armamenti. Il che non lasciò però Iddio seguire, secondo il desiderio suo, perciò che tanto presto ed opportunamente vi fu rimediato, che quantunque l'incendio senza infinito danno estinguer non si potesse, non fu però tale che di quasi tutti i vascelli, e della maggior parte degli armamenti e di qualche munizione anche i Veneziani servir non si potessero. Aggiungesi a quest'infortunio, che fu quell'anno in Italia una carestia eccessiva, e in Venezia maggiore anche che in altro luogo di essa, di modo che sebbene per le buone provvisioni le vettovaglie mai non vi mancarono, vendevasi però il pane a due oncie per un soldo di nostra moneta. Onde con mirabil prestezza essendo il Marzano in

Costantinopoli dalli Ebrei levantini, che in Venezia abitavano, avvisato dell' incendio dell' Arsenale, e molto maggiore di quello che in effetto era seguito, ed anche del malo stato in che Venezia si ritrovava rispetto alla carestia, non mancò di portarne con allegrezza la nuova a Selim. La quale fu con molto piacere udita da lui ; e andava immaginandosi, che i Veneziani senza le vettovaglie di Levante fossero per morirsi di fame; e che di tal modo fosse l'Arsenale abbruciato, che di cosa alcuna di esso prevalere non si potessero; e che quando anche nuovi vascelli avessero fabbricati, per difetto delle vettovaglie in nessun modo armare li avessero potuto. Considerava inoltre che le forze del Papa non potevano esser tali , che di esse molto aiuto avessero potuto sperare , sì perchè egli nella medesima carestia si trovava, come perchè si aveva da molte conietture ch' egli affatto scosso e privo di denari si trovasse, e particolarmente dall'aver egli l'anno a dietro con buon numero di fanti e di cavalleria soccorso Carlo IX. Re di Francia, che da'suoi sudditi fatti Ugonotti era posto in grave pericolo, e da molt'altre spese alle sue entrate intollerabili, che poco prima gli erano occorse. Che il Re Cattolico malamente ad altri poteva porgere aiuto , mentre egli da' Mori di Granata ribellatisegli era in Ispagna gravemente molestato ; oltre alle novità che in Fiandra lo sturbavano , delle quali non ancora tenendosi sicuro grande ansietà si pigliava. E che di Cesare e del Re Cristianissimo per la tregua che teneva con l'uno, e la confederazione che aveva con l'altro, si poteva assicurare; trovandosi anche con l'occupazione, che suo padre fece dell'isola di Scio dopo l'assedio di Malta , avere a' Cristiani levata grandissima comodità sì da ricoverarvi ne'bisogni l'armata, come di avere molte munizioni e rinfrescamenti, e anche di danneggiarlo , per esser quell'isola vicina e quasi contigua alle sue forze nelle frontiere. Immaginossi perciò, che la più commoda e più a suo proposito occasione non gli potesse la fortuna portare.

Ma mentre che ancora in tanta fluttuazione di pensieri l'animo malamente travagliato teneva , ecco nuova occasione da farlo maggiormente titubare se gli appresenta. Vengongli

2

all'improvviso dai Mori di Granata ambasciadori, i quali piangendo ed esagerando le miserie loro, per le quali finalmente
erano stati costretti al Re di Spagna ribellarsi e scuoter con
l'armi il giogo dell'amarissima servitù loro, umilmente lo
supplicano che voglia a tanti lor mali porgere aiuto. Nè solamente gli porgono prieghi, anzi la gloria, che di avere i
suoi miseri devoti piamente sollevati acquisterà, proponendogli, e l'opulenza de' Regni di Spagna e le ricchezze di
quel Re magnificandogli, col promettergliene certa conquista,
quando con forze convenienti e con prestezza a tanta impresa
si muova, all'alto desiderio procurano d'accenderlo colla speranza. Dicono, che a farlo in brieve di tutti quei regni padrone, non sarà di poco momento l'opera loro; essi fino al
numero di sessanta mila avergli con l'armi valorosamente aperta l'entrata, ed essersi in luoghi muniti ad aspettar la sua
venuta ristretti; molto maggior numero ch'essi non sono
promettergli, che al comparire della gloriosa sua armata con
essi piglieranno l'armi; costoro nel regno di Valenza e nel-
l'altre province maremmali per timore di perder la roba con
grave tedio fino alla desiderata venuta contenendosi, gli animi loro virtuosi dissimulare. (7)

Questa ambasciata, comechè molto per ogni sua qualità
lo commovesse, non potè però l'animo suo, avidamente al
facile acquisto di Cipro applicato, alla difficile impresa di
Spagna disporre. Ma Mehemet Visir primo Bascià, di esso
Selim cognato, uomo in quello Imperio non meno di valore
che di autorità, vedendo che quattro Bascià emuli suoi, ai
quali erano ripartiti gl'imperii di tutta la guerra tanto per
mare quanto per terra, avrebbero riportato l'onore della conquista di Cipro, invidiando lor forse la gloria, e desiderando
di vederseli lontani dall'amministrazione ch'egli dei negozî
civili e degli stati teneva, non si lasciò fuggire l'occasione
dell'ambasceria de' Mori di Granata. Anzi con forza di doni
facilmente indusse il Muftì a procurare con ogni suo potere che Selim si appigliasse a quest'altra impresa, la
quale in Ispagna se gli offeriva; facendo così spontaneamente con lui un officio contrario al primo, quando nel par-

ticolare dell'Almaratto, richiesto del suo parere, gli avea consigliato l'impresa di Cipro. Nè molto stette il Muftì a porre
in esecuzione quanto gli aveva promesso; chè fattosi incontra
a Selim con accomodata orazione gli disse : che sebbene egli
l'impresa di Cipro poco innanzi caldamente persuaso gli aveva,
era nondimeno ciò proceduto dal non vedere, che occasione
alcuna più utile o più necessaria altrove s'appresentasse. Ma
poichè novellamente dai Mori di Granata, a' quali per zelo di
religione era tenuto, veniva richiesto di aiuto, troppo empia
cosa sarebbe il lasciar di sollevare i poveri Maomettani de-
pressi, che dalla sola potenza sua, alla quale rifuggono,
speran salute, per togliere a' Cristiani quel regno, che sempre ch'egli si risolverà di volerlo, con poco dispendio di
forze e di denari sarà suo. Però che essendo ciò debito, l'ammoniva, che non volesse mancare a quello a che principalmente era tenuto per la religione, di cui la potente sua spada
era da Dio stata deputata vindice e protettrice; e che tanto
maggiormente più a questa impresa, che a quella di Cipro
risolver si dovea, quanto la gloria maggiore, quanto i Regni
e le ricchezze in questa se gli proponevan maggiori.

Nulla potè però l'orazione di costui impetrar da Selim,
il quale già tutto nelle cose di Cipro immerso, mal volentieri comportava che d'altra cosa se gli trattasse. Sì che senza ritegno più di vergogna o di timore alcuno cominciò liberamente a dire, che non si conveniva a' Cristiani di possedere nel mezzo dell' Imperio suo un reame di tanta importanza, come era Cipro; e che perciò di toglierlo loro si risolveva. E fatta la risoluzione, volendo circa di essa udire
il parere di Mehemet Visir, primo Bascià, suo cognato;
e per questo da parte chiamatolo, che liberamente quel tanto
che egli ne sentisse nell'animo suo dir gli dovesse, gl'impose; il quale desideroso per que' rispetti che sopra abbiam
recati di divertirnelo, senz'altra replica, fatte le debite
riverenze, così disse: « Fu sempre inveterato costume dei
» gran Signori Ottomani tuoi antecessori, o Imperatore, di
» illustrare con qualche grande e ricordevol fatto gli stessi
» primi principî del dominio loro; e per questo, le cagioni

» delle guerre non dispregiando, le occasioni di dilatarsi
» da tutte le bande hanno cercate, nè mai però utile alcu-
» no che alla lor dignità ripugnasse abbracciando, ma tutti
» i loro studî ed azioni alla gloria indirizzando, nè ad alcuna
» opra bassa piegandosi, nessuna cosa se non magnifica,
» sublime ed eccelsa hanno pensato. Per la qual cosa e l'o-
» scuro nome de' Turchi in brieve chiaro divenne, e l'istesso
» augusto Imperio Ottomano da piccioli e poco noti principî
» alla celsitudine della potenza dove si trova, si è inalzato.
» Di questo instituto il glorioso Imperatore tuo padre, non
» solo ne' principî del suo imperio fu rigoroso osservatore,
» ma non sazio di adempirlo, tra le armi e gli eserciti il
» corso della sua vita volle gloriosamente finire. A te con-
» viensi, o Imperatore, non meno del valore de' generosi
» tuoi avi, che di tanti lor regni essere erede; nè trala-
» sciare per trascuraggine o per ignoranza la grande occasio-
» ne di accrescer gli stati tuoi, la quale dalla ribellione dei
» Granatesi ti s'offerisce; di cui nessuna di gloria più am-
» pia, di premio e di frutto maggiore, nè a finire intera-
» mente i gloriosi principî tuoi più alta devi aspettare. La
» rovina della casa d'Austria, la dispersione dei Regni di
» Spagna, con le ricchezze di cui la cristiana repubblica
» all'età nostra si sostenta, a sollevarti con la gloria al Cielo,
» ad acquistarti l'imperio di tutta l'Europa ti spiana la stra-
» da. All'incontro con nulla ovvero pochissima gloria e con
» minimo utile i Veneziani si vincono; e di molto maggior
» travaglio con più dubbia riuscita co' Veneziani, che col Re
» Filippo la guerra commetti; di che, ti priego, che non
» ti meravigli, prima che tutta la causa io t'abbia spianata.
» E prima, l'adito e la facilità dell'entrata, che fu sempre
» d'importante momento, e senza la quale nessun savio mai
» ha gli altri regni assaliti o tentati, e la fortuna compagna
» della famiglia Ottomana la fatica ti levano; essendosi sol-
» levati i Mori a tante novità, a tanti rumori, e te spon-
» taneamente chiamando. De' quali per nessuna cagione ti de-
» ve esser sospetta la fede e la costanza, la quale e la di-
» sperazione d'aver dal Re di Spagna perdono, e il timore

» de'supplicî, se nelle sue mani ricadessero, teco stabilisce
» e conferma. La prontezza degli animi pari ed i medesimi
» movimenti ne'Mori di Valenza e d'Aragona, che non sono
» di numero minore, la simil fortuna loro, e la medesima
» atrocità de'trattamenti, che quest'altri ha sollevati, ha da
» fare, che, tosto che l'armi tue vi compariscano, medesi-
» mamente in tuo favore si sollevino. Questa entrata stabi-
» lita, tutte le altre cose arrendevoli e facili sono per riu-
» scirti. Poichè un sol Filippo e una sola Spagna sei per
» avere inimica; la qual provincia, non come è grande di
» nome, difficile ed aspra ad essere espugnata si rende. Ric-
» ca veramente di danari, ma d'uomini d'armi di militari
» apparecchi poverissima, e anche per le spese eccessive che
» ha ora dalle armi che tratta, esausta e vuota. Molto più
» possente con le nazioni straniere che con se stessa. La
» quale da nessuna fortezza, da nessun luogo munito difesa,
» con nulla cosa può ripararsi dall'esser velocemente occu-
» pata, mentre che gli Spagnuoli non sospettando d'alcuna
» guerra che contra lor venga, avvezzi lungamente alla quie-
» te, ad ogni altra cosa più presto che a guardarsi si tro-
» vano intenti. I Regni che possiede Filippo piuttosto di
» gravezza e di danno, che di aiuto con tale occasione sono
» per essergli; ritrovandosi tutti i popoli a se soggetti per
» l'avarizia e crudeltà de'suoi ministri tanto esasperati, che
» mal sicuramente della fede loro poco sincera si può con-
» fidare. De'quali regni ancora vi sono, che per l'intestine
» lor sedizioni e tumulti piuttosto delle ricchezze di Spagna
» hanno bisogno ai rimedi loro, che non che essi al suo
» Re porgano entrate. Trovasi oltra di ciò Filippo con i suoi
» Spagnuoli dagli odi importantissimi di tutti i principi
» dell'Europa circondato; i quali desiderando la rovina di
» quella gente odiosa, non si dee credere che siano per aiu-
» tarlo. La Francia contra il nome Spagnuolo per tanti ol-
» traggi che n'ha lungamente ricevuti implacabile, e a noi
» con lega e amicizia congiunta, non solo volentieri la loro
» ruina vedrà, ma spontaneamente precorrerà le tue forze,
» e sotto i tuoi stendardi goderà del desiderio suo. Nella

» qual provincia, non è dubbio alcuno, che la possente fa-
» zione Ugonotta giungerà le sue armi alle tue, per liberar-
» si dal timore, che giorno e notte le soprasta di Filippo.
» Sarà essa per mostrarsi alla vendetta ardente di modo,
» che non solo dalle supplici preghiere de' Mori, ma dal
» comun desiderio dei Cristiani, vindicatore delle ingiurie
» loro, conoscerai di essere in Ispagna chiamato. Mostra so-
» lamente le tue armi, e credimi che ti cederà ben presto
» Filippo, da tanti terrori e pericoli circondato; e non po-
» tendo appena ora resistere, quando tu con sì gran mole ad-
» dosso gli cada, subito abbandonato da tutti, forza è che
» resti sepolto. All'incontro considera, che assalendo tu i
» Veneziani, tutte l'armi d'Europa, tutte le forze sue contra
» te irriti. L'Italia certo, tutta d'uomini d'armi di cavalli di
» denari di terrestri e di marittimi militari istrumenti, più
» che altra provincia che sia sotto al Cielo, ripiena, e con
» essa lo stesso Filippo, che volentieri co' Veneziani giunge-
» rà le sue armi, provochi. Il qual Filippo conoscendo che
» non possono i Veneziani cadere, che i regni e le pro-
» vince ch'egli in Italia possiede, con la lor caduta non ca-
» dano, non si farà pregare di collegarsi con loro, percioc-
» chè ben vede, che perduta l'armata de' Veneziani, e non
» potendo la sua con la tua competere, non potrebbe tampoco
» i regni suoi marittimi soccorrere, che con tutta la lor
» fortezza senza riparo a te cederebbero. Il qual pericolo,
» se assalti Filippo, non corri dai Veneziani, che quando
» da te non siano molestati, con esso mai contro di te non
» si muoveranno. Non si tratta dunque ora se il Re Filip-
» po t'hai da pigliare inimico, o nò; ma se con lui solo,
» e con la sola sua armata, ovvero se con essa e insieme con
» quella de' Veneziani con maggior difficoltà e con più pe-
» ricolo debbi combattere. Nè ti persuadere che Cipro sia
» picciola impresa; essendo Nicosia con gagliarda fortifica-
» zione, secondo l'uso moderno circondata, e Famagosta,
» emporio del Regno, per natura e per arte fortissima. L'una
» e l'altra di esse città con buono presidio guardate, come
» per la continua suspicione che debbono aver della guerra

» verisimilmente creder si deve, facilmente dall'esercito tuo
» lungamente si posson difendere, e forse ancora i tuoi sforzi
» far vani riuscire. Ma poi che a quel consiglio principal-
» mente dobbiamo attenerci, il quale, quando passata ne sia
» l'occasione, ristorar non possiamo, e lasciar quello, il quale
» di ripigliare sia sempre in nostro potere ; io ti domando,
» se l'occasione di assalire la Spagna, da Dio benignamente
» mandata, ti lasci dalle mani fuggire, quando mai altra
» volta pensiamo che dal Cielo abbia da volarti nel grem-
» bo ? Ora quantunque tutte queste cose sian grandi , e a
» destare gli animi grandi e valorosi per se stesse bastanti,
» non però pare che necessità di guerreggiare importino an-
» cora a chi con sano consiglio gli stati suoi cerchi di go-
» vernare. Ma la religione, ma la giustizia, ma la miseri-
» cordia de' tuoi devoti, e le offese per lunghi tempi con-
» tinuate, con lo sdegno che devi ragionevolmente tenerne,
» di necessità e piamente ti chiamano alle armi. La differenza
» della religione che abbiamo co' Cristiani, perpetua guerra
» ci somministra con essi ; poichè tutti i lor pensieri alla
» estirpazione totale della nostra legge da tutto il mondo
» si drizzano, e nessuna occasione di farlo tralasciano. Il
» che assai chiaramente ci hanno mostrato, costringendo
» i Granatesi con l'armi stesse con cui li avevano soggiogati,
» rinnegar la nostra fede. Ora questi medesimi Granatesi
» dalle lunghe e intollerabili asprezze costretti, finalmen-
» te si sono lor ribellati. Dai nostri inimici circondati,
» al tuo aiuto ricorrono ; e poichè con la tua sola spe-
» ranza han preso le armi, la tua fede e la pietà tua
» invocano. Questi se ora da noi abbandonati rimango-
» no, ivi converrà che dappoi cerchiamo gli amici, dove
» neppure il nome de' Granatesi più si ricordi ; i quali do-
» vendo solo la maestà del tuo nome render sicuri, nè pur
» dalle armi tue siano stati difesi. Ma dispreginsi pur le
» querele de' Mori ; nulla ti muovan le miserie loro : le in-
» giurie almeno fatte a te stesso e alla casa tua non t'ac-
» cenderanno di sdegno? Potrai, dico, soffrire con tanta po-
» tenza che gli Spagnuoli già tanti anni non pur dello

» imperio della costa dell'Africa con la tua casa com-
» battano, ma di muover contra di te stesso le armi deter-
» minatamente non abbian temuto? che su gli occhi de'glo-
» riosi Ottomani, di espugnare nel mezzo del Peloponneso
» e della Dalmazia le tue città e castella abbiano ardito? e
» che con tutto ciò tu ti creda d'avere alla fama e alla glo-
» ria tua assai abbastanza risposto, se solamente gli avrai
» fatti dalla impresa desistere, e da lasciare quello che
» t'avevano tolto gli avrai costretti? e che non temi quel
» che sia il mondo per dire di te, che nè anche con tanta
» grande occasione che Iddio ti dà di render loro la pari-
» glia, non abbi animo abbastanza da farlo? Anzi devi pur
» tu l'ottomanica maestà stabilire, con grave pena e ruina
» di quelli che di offenderla abbiano osato, e con ricorde-
» vol documento provvedere, che nessuno per alcun tempo
» mai più la gran Regia de'Turchi osi d'ingiuriare. Nè ti
» pensare che dalla viltà di non assalire con tanta occasio-
» ne la Spagna, sia alcuno per iscusarti, nè per chiamarti
» uomo d'animo retto, come che dell'altrui non ti mostri
» bramoso. Tutto il contrario mostrerà l'impresa che pigli
» contra i Veneziani, co' quali avendo tu la sacra confe-
» derazione firmata, sei stato da essi sempre riverito e
» onorato. Ma ben temo io che dican le genti, che reggen-
» doti tu secondo la fiacchezza della pusillanimità tua, non
» abbi ardito di pigliarla col Re Filippo, come che di com-
» peter seco non ti dia il cuore. A questo modo due gran
» cose saranno i primi recordevoli fatti, che al principio del
» tuo imperio dian nome. L'uno, che il nome Turchesco,
» a tutte le genti fin ora stato terribile, venga in dispregio;
» e che la riputazione (con cui i Regni e gl'Imperi si conser-
» vano) dagli avoli tuoi con tante fatiche e spargimento
» di sangue a poco a poco acquistata, in un punto tutta si
» perda. L'altra che la fede e 'l giuramento, le quali virtù
» nessuna nazione al mondo tanto fermamente quanto la no-
» stra suole osservare, sian violati. Dunque, poichè l'ono-
» re la gloria la giustizia la religione la misericordia la re-
» putazione gli esempi de'tuoi maggiori e la grandezza del

» premio che si propone, oltre di ciò lo sdegno delle in-
» giurie ricevute, e finalmente l'occasione, la quale non es-
» sendo mai solita di volgersi a dietro, non mai senza pen-
» timento si lascia passare, a quella guerra di Granata ti
» chiamano, donde tanta cecità di mente procede, che inve-
» ce delle cose grandi ampie facili certe sicure e pie le
» piccole basse difficili incerte pericolose e nefande vo-
» gliam seguitare? che di quella guerra facciamo più sti-
» ma, nella quale e con maggior vergogna (che Dio nol vo-
» glia) vinti esser possiamo, e con minore emolumento sia-
» mo per conseguire la vittoria? Non far che col comodo di
» Cipro l'appetito ti vinca. Giudica rettamente; risolviti a
» quello che alla maestà dell'Imperio tuo concerne; e ser-
» viti con prestezza della occasione che prontamente in ma-
» no ti dà la vittoria. »

Non lasciò l'animo appassionato di Selim che frutto
alcuno facesse l'orazione di Mahemetto contraria al desiderio
suo. Questi avvendutosene più volte ripigliò a proteggere i
Veneziani, e con tanta costanza che con malissima soddisfazione
fu da Selim il suo parlare ascoltato, anzi di collera oltre ogni
modo acceso, dicendogli che più tosto che Turco egli meritava
d'esser chiamato Cristiano, per gravemente ingiuriarlo, gli
comandò, che se gli levasse dinanzi. E risoluto di non far
cosa alcuna di quelle che egli di persuadergli si era sforzato,
co' quattro altri Bascià principali il suo pensier conferendo,
che furono Mustafà e Pertaù delle sue forze di terra capitani generali, e Pialì ed Alì, da' quali quelle di mare si
governavano, con esso loro molto più a suo gusto n'andò discorrendo. Perciochè essendo essi di guerra e di novità, per
lor proprio interesse, desiderosi, poichè nella pace poco
i lor gradi valevano, non mancarono con quei modi che sep-
per migliori e più efficaci di persuaderlo perchè lo mandasse
ad effetto. E dipingendogli quella impresa per necessaria,
con proporgli l'utilità grande che con pochissima spesa ritratto n'avrebbe, talmente glie la facilitarono, che incitan-
dolo con la gloria che n'otterrebbe a concorrenza delle vittorie dal padre suo ottenute, il tutto con la solita pusilla-

nimità de' Veneziani gli confermarono, perciò che rammentarongli che ogni volta che contra di loro l'armi Turchesche s'erano mosse, umilmente e con pagar molti tributi avevano sempre domandato la pace; come per esempio, a tempo di Solimano suo padre, al quale oltre due importanti città nella Morea, cioè Napoli di Romania e Malvasia, gran quantità di zecchini contanti per le spese della guerra d'accordo donarono; e che il simile fossero per fare qual volta con le stesse armi fossero molestati destramente argomentando, di tutto lo fecero a lor voglia risolvere, alla qual risoluzione si dice, che più d'ogni altro lo commovesse la persuasione di Mustafà Bascià, il quale seco cavalcando, e di questo negozio frequentemente trattando, avuto da Selim licenza, anzi comandamento di dire quanto glie ne occorreva, così liberamente parlogli: « Non solo l'utilità, con la quale
» le deliberazioni per lo più sogliono governarsi, ma l'onore
» insieme e la gloria, le quali confesso che nei nostri con-
» sigli si denno anteporre, a quel che io veggo, Impera-
» tore, il prudente animo tuo dall'applicarsi alle cose di
» Spagna ritarda. Imperciocchè, non l'abbracciar le gran
» cose, ma il condurre a buon fine quelle che avrai ab-
» bracciate, seco ne porta utile e lode. Che quando altra-
» mente seguisse, nulla differenza tra 'l dappoco e 'l valen-
» tuomo sarebbe, poichè e l'uno e l'altro egualmente le cose
» grandi appetiscono. Dalla qual cosa procede, che tutte
» quelle cose che delle nostre forze maggiori scorgonsi, o
» è nello imprenderle temerità, o nel deporle danno e vergo-
» gna ci apportano. Nè i grandi avoli tuoi più con l'ardire
» che col consiglio gloria sì grande, e tanto sublime imperio
» t'han partorito; i quali non meno in questo che in quello
» devi tu saggiamente imitare. Perciocchè, quando l'ardire
» vien dal consiglio abbandonato, è dannoso, e a precipitoso
» fine sempre conduce. Ma il consiglio, quantunque sia solo,
» non mai se non fruttuoso, se non utile e grande si scor-
» ge. Onde la maestra esperienza chiaramente ci mostra, che
» gl'imperî stessi ed i regni, se dagli sfrenati desiderî non
» s'astergono, quanto a maggior fastigio sono ascesi, tanto

» con maggiore vergogna rovinano. Quattro cose io odo
» spampanar da coloro, i quali per tirarti alle cose di Spa-
» gna, dall'impresa di Cipro tentano di divertirti. L'adito,
» il quale dai Mori di Granata sollevati s'apre; la quale
» occasione grande e da farne gran conto, in nessun modo,
» dicono, doversi lasciare uscir dalle mani. La fiacchezza di
» Spagna, come provincia vuota (com'essi dicono) d'uo-
» mini e d'armamenti. Il pericolo che, assalendo i Veneziani,
» tutti i Principi dell'Europa contra di te si irritino, in-
» sieme con lo stesso Re Filippo; all'incontro che, assalen-
» do Filippo, i Veneziani non siano per soccorrerlo. E per
» ultimo v'aggiungono la misericordia che deve aversi dei
» Granatesi, i quali dagl'intollerabili trattamenti necessitati
» a ribellarsi al Re di Spagna, a te per aiuto ricorrono;
» dicendo che brutta cosa saria alla grandezza del possente
» Imperio Ottomano l'abbandonarli. Le quali tutte cose ad
» una ad una spianiamo. Non sono io per negare, che
» l'adito nell'assalire le province ed i regni abbia gran
» parte; ma non perciò il tutto in esso consiste; il quale
» allora giova quando le altre qualità e circostanze porgon
» speranza di felice successo; e queste, quando non vi si
» trovano, non alle vittorie ed a'trionfi, ma alle uccisioni e
» alle vergogne l'adito stesso introduce. Oltre di ciò non
» veggio io come i Granatesi t'apran quell'adito, il quale
» dal mare, dal cielo e dalla natura, cose insuperabili con
» forze umane, ti vien chiuso e vietato. Ed essendo neces-
» sario (quando anche felicemente tutte le cose camminino)
» di mantenere a lungo una guerra di tanta qualità, con-
» verrebbe riprovvedere l'esercito tuo di nuove genti, di vet-
» tovaglie e di armamenti; le quali cose se a tempo non
» sono provviste, inutile, dannoso e di poca riputazione riu-
» scirà l'averlo mandato; perciocchè nelle guerre in poco
» spazio, anzi in un punto le occasioni si perdono. Ed aven-
» dosi a fare col mare, co'venti e con le fortune, delle
» quali nessuna cosa tanto certa si può promettere quanto la
» mutabilità, chi fia che ad essi ponga legge non veggio,
» se non sia quello che al mare, ai venti, ed alle tempeste

» comanda. Qual furor dunque, o qual leggerezza ne guida
» a stender le nostre ingordigie e le nostre speranze in quel
» Regno, al quale per esser da noi per tanto cielo e per
» tanti mari diviso, non che l'adito aperto ne fia, ma d'ar-
» rivarvi senza pericolo e senza molta difficoltà non possia-
» mo sperare? Essendo che nell'isola di Cipro posta negli
» occhi nostri, dai tuoi regni tutta circondata, con brevissi-
» mo traghetto appena di mezza giornata arriviamo. Molti
» esempi de' nostri tempi, se non ti fossero essi ben noti,
» ricordar ti potrei di coloro, cui essendo dalle fortune e
» dal tempo per molti mesi impedito un picciol varco di
» dugento miglia di mare, per le mutazioni dell'aere infer-
» mati, miseramente son morti. E noi di potere ogni anno
» le immense distanze senza impedimento varcare ci persua-
» diamo, e che le nostre armate, sole privilegiate dal cielo
» e dal mare, ricever danno non possano stoltamente sognia-
» mo? Ma poichè quelli che le ricchezze di Spagna vanno
» magnificando, voglion che quella provincia, come facile
» da espugnarsi agl'impeti primi, non possa esser cagione
» di avere a lungo da mantenervi la guerra, a loro stessi
» domando io che mi rispondano, perchè dunque un Regno
» sì fiacco all'età nostra a tutti i Re Cristiani che d'intorno
» gli sono, e particolarmente alla Francia, di cui son le ric-
» chezze grandissime, e le cui nazioni a tutte l'altre de' Cri-
» stiani nella guerra prevagliono, è stato così terribile, che
» con grandissimi dispendi siano stati costretti di procac-
» ciarsi l'amicizia nostra, la quale appresso de' Cristiani è
» loro di grave vergogna? Nè ancora con solo Filippo, e
» con tutti i Regni che possiede avrai da fare, se tu gli
» assalti la Spagna; ma con quasi tutta l'Italia, e con tutta
» la Germania, o almeno con quella parte di essa che alla
» casa d'Austria obbedisce apparecchiati di combattere. Delle
» quali ricche e bellicose provincie tutte le forze insieme con-
» giunte a fronte nella Spagna ti troverai, e a rispetto e pro-
» porzione di esse, dicamisi di grazia, di che momento sono
» i Veneziani? E s'io debbo anche concedere che la Spagna
» per le molte guerre che sostenta, di uomini da combattere

» molto esausta si trovi, perchè non ho all'incontro a ricordar-
» ti , che ha Filippo quell'altre provincie, le quali da nessuna
» cosa son più gravate, che dalla moltitudine della prole che
» di continuo vi nasce? Gli uomini delle quali non solo non
» s'ha difficoltà di cavare dalle provincie loro , ma quando
» ancora da nessuno siano richiesti , da se stessi per tutto
» dove lo strepito delle armi si senta spontaneamente concor-
» rono. Le quali provincie però, non dei pensare, che molto
» siano dalla Spagna disgiunte, poichè essendo Filippo del
» mar mediterraneo padrone, in un momento di tempo, con
» l' armata ch'egli ha, dalla Liguria, a ogni sua voglia, sen-
» za che impedir se gli possa, gli vengono trasportate. Co-
» loro che temono che assalendo tu i Veneziani ti tiri addosso
» la guerra di tutti i principi d'Europa, non hanno conside-
» rato che assalendo Filippo tanto più prontamente e più pre-
» sto gli stessi contra di te s'uniranno, quanto dalla oppres-
» sion di Filippo maggior pericolo e danno può loro avveni-
» re, che non dalla perdita dei Veneziani. Credimi, che molto
» differentemente la disposizione degli animi cristiani contro di
» te proverai assalendo Cipro, isola remota e da essi molto
» lontana, che poco o nessun momento alle cose loro importa,
» che penetrando nelle loro intime parti, e quel propugnacolo
» della libertà loro assalendo, il quale espugnato , tutte le
» cose loro ad un tratto son per cadere. E fino gli stessi Fran-
» cesi tanto più pronti a smorzar tanto incendio correranno,
» quanto più vicino sentendolo, e temendo che l'ardore per la
» contingenza sopra di loro si stenda, di nessun patto o d'ami-
» cizia che tengono teco ricorderannosi, mentre il timore del
» proprio esterminio in essi prevalerà. Che se la sospezione
» della propinqua potenza di Spagna ha potuto farli con noi,
» che di legge siamo diversi, collegare, quanto meno sono
» essi per soffrire, che le tue forze tanto maggiori e di con-
» traria religione tanto vicino a loro augumento ricevano? De-
» siderano i Francesi l'amicizia tua; ma la tua vicinanza abbor-
» riscono; quella utile conoscono, e questa dannosa e di molto
» pericolo stimano. Nè meno intendo io che Filippo dagli stessi
» Francesi nè dagli altri principi sia odiato , come ti per-

» suadono costor che mal ti consigliano. Poichè con esso
» ogni giorno nuove parentele ed amicizie si procacciano.
» Si è odiata la potenza sua, che a tutti loro formidabile e
» sospetto lo rende. Or quanto dunque più formidabili e
» sospette ti credi che siano per essere loro le tue forze
» molto maggiori? Quanto ai Granatesi, non più son essi
» degni della misericordia tua, che ne sarebbe colui che spon-
» taneamente da se stesso si gittasse in un pozzo. Nè so per-
» chè crudele debba altri esser chiamato, il quale dal dare
» aiuto a chi lo richiede s'astenga, perchè di dover seco
» col suo soccorso insieme precipitare conosce. Pazzamente
» e senza tuo consiglio si sono i Granatesi ribellati; così
» senza di te la lor pazzia devon pagare, nè debbon cer-
» care di far te compagno di quel furore, dal quale mal
» condotti si veggiono; perchè del consiglio non avendoti
» fatto partecipe, nessuna vergogna ti obbliga a difendere
» le lor temerarie imprese. Ma dicono altri, che abbando-
» nando tu costoro, la riputazione tua s'offende: e all'in-
» contro dico io che nessuna cosa più alla tua riputazione
» può esser contraria, che facilmente dai cenni di pochi
» Mori degenerati lasciarti permuovere, per sì lievi cagioni
» ad una impresa di tanta importanza obbligarti. Quelli che
» dicono che l'impresa di Cipro alla grandezza dell'impe-
» rio tuo sia poca, del tuo gran padre si son certo scor-
» dati, quale non poco pensò d'illustrare i principî dell'im-
» perio suo con l'impresa di Rodi, della quale egli stesso
» volle essere il generale. A te dunque parerà Cipro vil
» cosa, e la guerra co' Veneziani non degna della maestà
» tua, se al glorioso imperadore tuo padre la vittoria di
» Rodi, da nemici di tanto minor momento ch'essi non sono,
» riportata, riputazione e ornamento tanto accrebbe, che
» ne' degnissimi gesti suoi l'ha sempre per principalissima
» connumerata? Finalmente la religione del giuramento da
» servarsi ai Veneziani, sento che ti si oppone. Al che fa-
« cilmente in molti modi rispondo. Ma perchè allegar prima
« le cagioni di momento minore? Dico che il primo luogo
» in tutte le deliberazioni si deve concedere all'utile, il

» quale tutte l'altre cose seco si tira. Ritrovato che sia la
» nostra causa utile, qualche immagine di ragionevole ac-
» comodar gli potremo, e questa molto bene gli stessi Ve-
» neziani te la porgono, avendo essi primi ai capitoli della
» confederazion, che han teco, contravvenuto, con la perfi-
» dia loro hanno te dall'obbligo della fede liberato. E se
» ad alcuni paresse, che troppo leggiere siano le colpe dei
» Veneziani per meritar questa guerra, non devono essi avere
» imparato, che non tanto le ingiurie per le lor proprie
» gravezze, quanto per la comparazione della dignità, contro
» di cui si commettono, si sogliou pesare; di modo che una
» ingiuria di sua qualità picciolissima, se contro a persone
» di gran lunga superiori si faccia, diventa sopra ogni peso
» gravissima. Dirassi forse che con le satisfazioni e con le
» ambascerie si possono le ingiurie levare? Concedasi vera-
» mente; ma tra coloro che delle ragioni disputano, non
» tra quelli che le occasioni della guerra vanno cercando.
» La qual guerra per onestare assai basta, che con un titolo
» si ricopra, che qualche colore abbia di ragionevole; il
» qual costume a guisa di coloro che le Repubbliche gover-
» nano, non siamo noi i primi ad usurpare. Dunque lascian-
» do le vanità e le cose dannose da parte, io giudico, Im-
» peratore, che alle solide e utili attender ti convenga; e
» che di questo fermamente ti risolvi, che dalle vittorie tutte
» le cagioni giuste si fanno, e che questi nomi che chia-
» mano modestia, equità, ragione e simili, alle guerre dei
» nostri superiori sono stati sempre vani vocaboli. »

Questa orazione, come quella che il desiderio di Selim
ben secondava, fu molto volentieri udita da lui, e secondo
questo consiglio non pur fu l'impresa di Cipro deliberata,
ma di essa lo stesso Mustafà fu fatto general capitano, ag-
giungendogli per collega nelle cose appartenenti all'armata
Piali Bascià. A'quali subito comandò che di avere alla prima stagione grande armata di mare, ed esercito possente di
terra in ordine d'ogni cosa, con ogni diligenza si procurasse. Il che, sebbene con molta prontezza ad eseguire si cominciasse, tutto però con la presenza di esso Selim, che

ogni giorno l'arsenale, le maestranze e le fonderie delle
artiglierie, per dar prescia all'opera, personalmente visita-
va, velocemente s'andava facendo. E benchè i grandi apparecchi della guerra celatamente far non si potessero, i motivi de' Granatesi con quella loro ambasceria furono al tutto
tanto opportuna coperta, che non diedero mai cagione di
sospettare al Bailo Veneziano, che in Constantinopoli, secondo il rito dell'amicizia, risiedeva, e ch'era allora Marco Antonio Barbaro. Con tutto ciò intendendosi a Venezia
i gagliardi movimenti di Constantinopoli non si stette tanto
affatto a badare, che qualche provvisione di più per rifor-
nir Cipro non si facesse. Ma fu la fortuna a tutti i principî dei Veneziani molto contraria; perciocchè essendo il Conte
Girolamo Martinengo con grosso presidio mandato per governatore a Famagosta, poco dipoi alla sua partenza morissi;
e tutte le genti che seco conduceva di contagiosa infermità
similmente perirono di modo che Astorre Baglioni, alla cui
cura Nicosia era commessa, acciò che Famagosta di governatore sprovvista non si trovasse, fu costretto di lasciar Nicosia al tempo del maggior suo bisogno, e d'andarvi, senza
che più il ritorno conceduto gli fosse. Similmente Pallavicino Rangone in luogo del Martinengo con tremila fanti mandato, insieme con Sebastiano Veniero, provveditor generale
del Regno, per varî casi distratti tanto in Candia furono
trattenuti, che esso Rangone di sua infermità vi morì, e il
Veniero non potè mai nell'isola arrivare. Dalle quali cose
seguì, che quando Nicosia fu assediata, senza governatore
si ritrovò, e con debolissimo presidio di mille e cinquecento
fanti pagati, che in una città molto minore, e in caso di
molto manco importanza saria stato pochissimo.

Fra tanto il Turco avendo tutte le cose alla guerra necessarie apparecchiate, e parendogli opportuno di cominciare a dare effetto al proposito suo, sapendo quanto familiarmente Mehemet Visir col Bailo Veneziano soleva trattare,
a lui dà cura di scoprire a esso Bailo l'animo suo. Costui,
fattosi chiamare il Bailo, con lunga ambage di parole gli dice, che sforzato il suo Imperadore da molte indegnità e in-

giurie che continuamente soffre da Cipro, e risoluto di levarne a' Veneziani il dominio, domanda loro quel Regno, come cosa appartenente all'antico imperio di Menfi, del quale egli è signore. Allegagli di questo movimento molte cagioni, fra le quali due fa principali, l'una che i corsari ponentini avendo in quell'isola sicuro ricetto, di continuo tengono il suo dominio infestato; l'altra, che i sudditi suoi quantunque corsari, quando dalle galere Veneziane vengono presi, da poi che sono prigioni, son crudelmente uccisi da loro, essendo che non convenga farlo, se non mentre combattendo resistono. Spaventasi il Bailo della atroce ed imprevista domanda; lamentasi di essa, come ingiustissima, e alle cagioni allegate per li Veneziani risponde: Che nessuna memoria si trova che l'isola di Cipro sia stata mai a quell'Imperio soggetta, la quale con giusto titolo dai Veneziani acquistata, lungamente per tanto giro d'anni e pacificamente posseduta, con approvazione anche e consenso degli stessi Ottomani, l'uso continuo e mai non intermesso l'ha fatta loro. Il quale uso quando non debba servire, di tutte le cose il possesso bisognerà rivocare, e degli stessi Regni cotanti, che l'ottomanica potenza possiede, nessuna ferma ragione assegnare più si potrà. Che de' danni che s'allegano esser fatti da' Cristiani corsari non solo i Veneziani non sono consensienti, ma che del tutto ne sono ignoranti. E che se il Gran Signore, di cui la potenza e le ricchezze sono infinite, non ha mai potuto le correrie e l'insolenze de' suoi corsari vietare, non sia da maravigliare che lo stesso fare i Veneziani non possano, i quali d'ogni possanza sono a lui tanto inferiori. Che non perciò essi le ruberie de' Turchi, che di continuo molto maggiori soffrono, ad esso Gran Signore attribuiscono, ancorchè dagli stessi suoi ministri non solo non sono essi castigati, ma ricettati, ma fomentati e molto accarezzati, partendo anche con essi, come potrebbon provare le prede che portano. Quanto poi all'uccidersi dai capitani Veneti i corsari de' Turchi dappoi che son presi, ciò dice non solo non esser vero, ma nè pur verisimile; poichè in contrario apparisce l'effetto di molti presi, i quali

essi ai ministri Turchi hanno mandati, a fine che da loro
con debita giustizia fossero castigati; con tutto che sempre
tali ministri delle querele loro e delle lor miserie si fossero
burlati. Dice, che quando pure i misfatti de' corsari si vo-
glian considerare, assai chiaramente nelle capitolazioni della
pace tra loro son convenuti, che quando tali cose dall'una
parte o dall'altra occorrano, si debbano giustamente stimare
i danni, e quelli dai più prossimi ministri delle parti satisfare, restando sempre ferma e nel suo vigore la pace tra
loro. Il qual capitolo, quantunque molte volte dai Veneziani allegato, per essere de' danni ricevuti satisfatti, non ha
mai appresso de' Turchi potuto aver luogo. Dice finalmente,
che domandano i Veneziani che di tal querela si faccia giudicio secondo la capitolazione della pace. Il che quando non
voglia il Gran Signore accettare, nè voglia che alcuna ragione vaglia contro alla potenza sua, ricorre egli alla divina potenza, la quale della pace violata e del suo nome
spregiato sia vindicatrice. A queste cose Mehemetto, lasciando da parte la disputa della ragione, risponde, aver egli
in favor de' Veneziani gagliardamente al Gran Signore con-
trastato; ma che avendo esso così deliberato, quando egli
più ostinatamente si provasse di contraddirgli, con la vita gli
converrebbe portarne la pena. Ma confidando, ch'egli molto
bene abbia conosciuto la buona volontà sua verso il Senato
Veneziano, questo sol consiglio gli resta da dargli, esser
cosa da savi secondo i tempi accomodare i pensieri, e far
che gli animi siano uguali alla fortuna, poichè più oltre di
quello che ella comparte, non si può trapassare. Non volersi
l'ira di colui irritare, al quale guerreggiando, non si possa
sperare d'essere uguali; nè anche per cagione d'una picciola cosa, tutta la lor potenza precipitare. Risponde a queste cose il Bailo Veneziano, che non ha egli dal suo Senato
autorità di potere in cosa di tanta importanza disporre; e
che, poichè senza ordine espresso in tal negozio non può in-
gerirsi, per doppia cagione che alla sua Repubblica si faccia
per lettere questa domanda, giudica necessario. Sì perchè non
a sè, ma al suo Senato Cipro sì chiede; sì anche perchè facil-

mente esser potrebbe, che quella Repubblica, che di nessuna cosa tanto si pregia quanto dell'amicizia di quel gran Signore, o con raddoppiare il tributo che è solito di pagarsi, o con qualche grosso sborso di denari per una volta, di divertire l'intenzione del Gran Signore ottenesse. E dicendo, che di tale officio ad esso Mehemetto particolar obbligo sempre si terrebbe, a promoter finalmente l'indusse, che con ogni suo sforzo averia procurato, che prima che alcuna cosa s'innovasse, per certo ambasciadore la Repubblica di Venezia ne fosse avvisata.

Ma fatto di già impaziente Selim di tardar più a por mano all'impresa, e non parendogli ormai più tempo da tenersi celato, ai tredici di Gennaio del MDLXX con fare arrestare le navi Veneziane che in Costantinopoli si trovavano, e chiudere i passi a tutti i mercanti, con levar loro totalmente il commercio dei traffichi, e con mandar ordine ai suoi Sangiacchi e capi di cavalleria in Dalmazia, che da quei confini i Veneziani molestassero, cominciò a mostrarsi apertamente inimico. Nè fu sì tosto tal commissione mandata, che uno di essi Sangiacchi con tremila Turchi e con due pezzi di buona artiglieria a Dulcigno, che nella stessa Dalmazia, frontiera de' Veneziani, risiede, per impadronirsi del luogo, ove prima familiarmente solevano conversare, con molto orgoglio andossi a presentare. Ed avvedutosi presto del preparamento che quegli di dentro per la difesa loro facevano, credendo di poter facilmente impaurirli, mandò loro per alcuni de' suoi Turchi una frezza tutta insanguinata, di cruda morte e d'ogni aspra calamità, quando a lui non si rendessero, minacciandoli. Di che avvertito quel governatore, fatto destramente e con carezze nella terra que'Turchi introdurre, rivestitili di vesti da donne con una piastra d'argento per uno che fece lor donare, li rimandò. Talchè il Sangiacco non potendo con quelle forze supplire a quello che la molta collera gli dettava, in tal modo vilipeso, dall'impresa partissi. Questi furono i primi motivi di guerra che tra'Turchi e'Veneziani corressero, di dove ad accendersi, ed ingagliardirsi il fuoco ogni giorno più fieramente seguì. Perciocchè non tardarono i Turchi di Castel nuovo della Vellona ad uscire con alcuni brigantini a'danni degli abitatori di Perasto, i quali anch'essi uscendo con barconi armati erano spesso alle mani. Similmente in tutti i luoghi dove i Veneziani appresso a'Turchi qualche terra o fortezza possedevano, si facevano giornalmente risentimenti gravi ed uccisioni. In questo mezzo spargendosi la fama per tutta la Cristianità dei grandi apparati di guerra che faceva Selim, non avendosi ancora certezza dell'animo suo, sebben per molte conietture si credeva che fossero tutte quelle forze contro i Veneziani, non solo si prepararono alla difesa essi, ma il Re di Spagna per li suoi Reami e stati, i Cavalieri di S. Giovanni per l'isola loro di Malta, ed ogni altro luogo della Cristianità alle marine esposto si andava preparando e si armava, secondo consigliava il giustamente conceputo sospetto.

Alla fine risoluto Selim di far sapere ai Veneziani che egli voleva il Reame di Cipro, agli undici di Febbraro spedì un suo Chiaus, il quale con altre ambasciate era stato a Venezia altre volte molto accarezzato, il cui nome era Cubat, con lettere al Senato per tal negozio, e con commissione, quando alla richiesta gli fosse contradetto, d'intimare apertamente la guerra. Partissi costui dalla Porta del suo Signore insieme con Luigi Barbaro figliuolo del Bailo di Venezia, e con Luigi Bonrizo segretario del medesimo, i quali dai Turchi, per sicurezza del Chiaus, e dal Bailo per ragguagliare il Senato de'preparamenti fatti in Costantinopoli contra ad esso, e forse per liberarli dal pericolo di restare in perpetua servitù, d'accordo furono mandati. E arrivato molto presto a Ragusa per terra, di là a Venezia con una galera d'Angelo Soriano, che arrivò la mattina di Pasqua, fu condotto. Ove mandò la Signoria le barche del Consiglio dei Dieci ad incontrarlo a Lio, per guardia che con lui alcuno non parlasse, prima che l'ambasciata avesse esposto al Senato. Ed andati subito il figliuolo e il segretario del Bailo a informare il Senato di quanto passava in Costantinopoli, e della cagione di quella ambasceria, fu con prestezza ragunato il Consiglio. Ivi nacquero molti contrasti, e non mancarono Senatori vecchi e molto prudenti, che vedendo il furore di che generalmente gli animi s'accendevano per lo sdegno, maturamente consigliavano che nelle deliberazioni di tanta importanza l'ira e lo sdegno non dovessero aver luogo; e benchè l'ingiuria e l'ingiustizia non si possa soffrire, bisognava nondimeno ponderar le loro forze e le facoltà, considerando se alla guerra con un principe tanto potente valessero a resistere. Ricordavano ancora, che più sicuro saria di tentare d'espugnar l'animo del tiranno con quantità di denari, e guadagnarsi il favor de'Bascià coi doni, dei quali per esperienza sapevano essere essi avarissimi. Ma non fu il consiglio loro nè accettato, nè ascoltato; anzi gridando ognuno: Guerra guerra: il medesimo giorno ne fecero pubblica dimostrazione. Hanno costume in Venezia nelle processioni solenni, in cui la Signoria col Duca interviene, di portare avanti otto stendardi, de'quali due sono bianchi, due rossi, due verdi, e due violati; e di essi i bianchi in tempo di pace si portano primi, i rossi in tempo di guerra, i verdi mentre con sospensioni d'armi trattano accordi, ed i violati quando da qualche grave travaglio d'infermità o di simili accidenti si trovano afflitti. Però dovendo il Duca con la Signoria, come è di costume in tal giorno, solennemente visitare al Vespro la Chiesa di S. Zaccaria, con far precedere i rossi in loco dei bianchi, che fino allora avevano preceduto, fecero in tutta la città universal commovimento; la quale godendo tranquilla pace, per molti anni a dietro non aveva turbazione di guerra sentito. Ragunatosi poi il giorno seguente il pubblico Consiglio maggiore, e di comun volere creato di tutte le forze di terra Capitan Generale Sforza Pallavicino Marchese di Corte-Maggiore, il quale in tempo di pace era lungamente di tutte l'armi del dominio Veneziano stato Governatore, nel medesimo Consiglio il bastone e l'insegne del generalato gli furono date, ordinando che con ogni prestezza si facessero le provvisioni per mare e per terra, che al bisogno fossero opportune. Finalmente il martedì il Chiaus, essendo all'udienza ammesso nel gran Consiglio, accompagnato da quattro Turchi e dal secretario Bon-

rizo con un Dragomanno comparve, e fatto sedere appresso
a Pietro Loredano principe e duce della Repubblica, poichè
alquanto fu stato pensoso e sospeso, vedendo in sè solo tutti
gli occhi rivolti, ebbe in somma questo ragionamento « S'io
» non sapessi, serenissimo Principe, ed illustrissima Signo-
» ria, quanto a Vostra Serenità e alle chiarissime Signorie
» Vostre sia chiaro, che io sempre di questa Repubblica sia
» stato buono e amorevole amico, procurando con ogni mio
» potere il commodo e la utilità di essa, non mi sarei quasi
» arrischiato di comparire oggi in questo Senato per far
» seco l'officio che dall'altissimo mio Signore Re dei Re,
» dominatore de' mari e della terra, spada e braccio del-
» l'immortale Iddio, e solo al mondo supremamente beato,
» m'è stato commesso. Ma poichè son certo che da molti
» passati negozi, e particolarmente da quello degli Ebrei,
» non molto addietro per opera mia acquistato, in servizio
» e util loro, l'hanno tutti potuto sapere; vengo ora, ancor-
» chè con sommo mio dispiacere, arditamente però, ad ob-
» bedire al detto mio soprano Signore; sperando tuttavia,
» che come prudentissimi consiglieri, i quali col buon governo
» vostro siete continuamente cresciuti in istati, riputazione,
» e onore, considererete molto bene l'importanza del negozio,
» che io ora ho da notificare. E conosciuto di quanta im-
» portanza vi sia il conservarsi amico e favorevole esso po-
» tentissimo Signore; non meno prudentemente in questo sa-
» rete per governarvi, di quello che, già tanto tempo, con
» tante occasioni già governati vi siete. Avendo in tutte le
» lor deliberazioni sempre risguardo a me, che mandato da
» chi me lo può comandare, sono sforzato con questo modo
» ad obbedirlo; e così mi conceda Iddio che con soddisfa-
» zione di tutti io possa por fine a quest'ambasciata, come,
» dopo il servizio dell'unico mio beato Signore, sommamente
» il piacere e contento di questa Repubblica bramo e desi-
» dero. »

Queste poche parole del Chiaus con molta pusillanimità
esposte fecero ben chiaro segno del timore ch'egli per la sua
persona aveva; poichè prima ch'egli fosse ammesso a parlare,

i preparamenti della guerra s'erano cominciati. Finito il suo dire, diede la lettera di credenza al Senato, e poi con infinite cerimonie e riverenze la lettera di Selim, che dal turbante si trasse, appresentò. La quale oltre a molti titoli, onde di quanta superbia la Turchesca barbarezza sia gonfia si comprendeva, parole molto insolenti e imperiose conteneva, dicendo che molti de'suoi Musulmani erano venuti alla sua eccelsa Porta a querelarsi de'danni ricevuti da'ponentini Corsari, i quali essi Veneziani assicuravano nel reame di Cipro contra i capitoli della pace. Onde egli, e per sicurtà de'suoi popoli, e perchè esso Reame a sè propriamente apparteneva, come membro già dell'Imperio da'suoi maggiori con la vittoriosa spada acquistato, aveva risoluto di non comportar più, che da loro si possedesse; ma che voleva esserne egli assoluto padrone. Che in esecuzione di questa sua volontà comandasse il Senato a'suoi ministri, che levando i presidî, con le persone di quelli che non avessero voluto restarvi, e le robe, artiglierie e munizioni, ad esso liberamente detto reame cedessero; il che facendo nell'antica amicizia seco continuerebbe. Ma quando di compiacergli pur ricusasse, egli con la sanguinosa sua spada sopra il dominio Veneziano verrebbe, e con morte e destruzione di tutti, non solo quel Regno, ma ogn'altro stato da lui posseduto gli torrebbe. Diede con questa lettera anche un'altra de'Bascià generali, la quale con insolenza, non solo pari ma maggiore, queste parole conteneva. « Noi vi domandiamo Cipro, il » quale voi ci darete o per amore o per forza; e guardatevi » d'irritarvi contra la orrenda spada, perchè vi faremo guerra » crudelissima da tutte le bande; e non vi fidate punto nel » vostro tesoro, perchè lo faremo passare e correre come un » torrente. » Insieme anche diede un'altra lettera di Mahometto Visir, primo Bascià, il quale scriveva, che essendo buon amico della Signoria di Venezia, non aveva mancato di fare ogni opera per rimuovere il Gran Signore dalla sua volontà; ma non avendo gli amorevoli officî suoi potuto far frutto, come per il comandamento di sua Celsitudine avrian veduto, aveva preso per espediente, con l'occasione di quel

Chiaus di esortarla, che non volesse per un sasso pigliarsi per nemico il suo gran Signore; poichè avria potuto levare dall'isola le persone e gli averi, e continuare nella antica amicizia, seguitando gli usati traffichi, e conservando i beni a tanti suoi sudditi che erano là, a' quali fino al ritorno di esso Chiaus non si saria fatto oltraggio nè danno. Lette e interpretate le lettere nel Senato, e domandato al Chiaus se aveva altro che dire, rispondendo egli, che altro non gli occorreva, gli fu intrepidamente detto da quei Signori, che quanto a Cipro, essi lo possedevano bene e giustamente, e che intendevano di difenderlo contro tutti coloro che di levarlo dalle lor mani si fosser provati, sperando che il suo Signore, come violatore della pace, ben presto potrebbe pentirsi di aver commesso tal fallo, e tutto gli fu detto con queste parole: « Noi non avremmo creduto mai che il vostro » Signore senza alcuna cagione vera nè verisimile, avesse » rotto questa pace, la quale non è molto che egli ha con- » fermata e stabilita con solennissimo giuramento. Ma poi- » chè gli è piaciuto di far così, noi ci difenderemo ga- » gliardemente, confidandoci in nostro Signore Iddio, che » con effetti dimostrerà quanto le cose mal fatte gli spiac- » ciano. Quanto a Cipro, come giustamente lo possediamo, » così animosamente con la grazia di Gesù Cristo lo guar- » deremo. Facciamo risposta con la medesima costanza alle » lettere del vostro Signore e de' suoi Bascià, acciocchè sen- » za esser trattenuto un momento, ve ne torniate con que- » sta risposta. »

Così licenziato e fattogli segno che se n'andasse; egli che non poco temeva, che dal popolo in gran moltitudine concorso per vederlo, qualche oltraggio fatto gli fosse, sup- plicò al Senato, che per le scale secrete rimandar lo voles- se. Ma essendogli risposto, che sicuro per tutto avria po- tuto passare, dai medesimi che ivi l'avevano accompagnato, alla medesima galera fu ricondotto, la quale il mercordì sera partendo, lo riportò sano e salvo a Ragusa, ma molto mal- contento. Poichè avendo ne' Veneziani maggior costanza tro- vato di quella che egli immaginato s'aveva, non poco temeva che il suo Signore, udito la risposta che gli portava, subito l'avesse fatto morire, essendo solito egli di trattare in tal modo coloro che con novelle spiacevoli gli tornavano avanti, assegnandone per cagione, che eran essi uomini mal fortunati, e perciò era ben fatto di tor loro la vita. Dal medesimo timore preso il Dragomanno non volle più ritornare a Costantinopoli, quantunque moglie e figliuoli v'avesse, come nè anche il segretario nè il figliuolo del Bailo vi tornarono. Giunto il Chiaus in Costantinopoli, e rese le lettere e fatta la relazione, di ordine di Selim andarono dodici Chiaus in Pera a sequestrare il Bailo Veneziano e gli altri Cristiani che v'erano. Donde poco prima essendo fuggito Vincenzo Alessandri cittadino Veneziano, e avendo alla Signoria dato pieno ragguaglio delle cose Turchesche, fu dal Senato spedito al Sofi Re de' Persi per dargli conto degli apparati che a danno del Turco in Venezia si facevano, e per indurlo anche a muovergli guerra per terra, mentre dall'armata per mare saria stato molestato. Furono in Venezia con medesimo modo sequestrati i Turchi e gli Ebrei levantini con tutte le lor mercanzie; e con diligenza ad armar vascelli e assoldar fanterie per mandar fuori l'armata, s'attendeva.

Frattanto era ogni cosa piena di rumore e d'armi nel contado di Zara, dove mentre il Provveditore de' cavalli Bernardo Malipiero con molto ardire e valore gl'impeti e correrie dei Turchi reprimeva, con chiaro testimonio della virtù sua di un colpo di lancia si morì, e fu per suo successore da Venezia mandato Fabio da Canale. Non mancava il Senato di far le provvisioni per mare e per terra gagliardissime; e vedendosi in termine da poter mandar fuori una parte dell'armata che di tutto punto era provvista, elesse e creò di tutta l'armata che avessero fuori mandata Capitano e Governator generale Girolamo Zane, e fece provveditore a Corfù Sebastiano Veniero, e in Dalmazia Provveditor generale Francesco Barbaro, il quale essendo poco dipoi venuto a morte, ebbe per successore Giovanni da Legge Cavaliero e Procuratore di S. Marco. Nella Schiavonia per guardia di Zara, Sebenico, Spalato, Canaro ed altri luoghi mandarono Gover-

natore Giulio Savorgnano, prode soldato, con cinquecento
fanti, ma con potestà di assoldarne quanti avesse ricercato
il bisogno; e si era già prima mandato in Candia Provveditor generale Marco Quirini, cognominato Stenta, e ogni
altra provincia del dominio di buoni governatori provvista.

Dall'altra banda in Costantinopoli, ove con molta fretta
l'armata si sollecitava, essendo già in ordine e armate venticinque galere, Selim che degli apparati Veneziani aveva
avuto informazione; temendo che prima che la sua armata
uscisse, qualche presidio sì grosso in Cipro giungesse, che
poi la impresa se gli facesse difficile, espedì Amurat Rais,
che con esse venticinque galere all'isola di Rodi con ogni
prestezza n'andasse, e di là che nessun vascello Veneziano
in Cipro passasse, con ogni suo potere proibisse. Poco dipoi al quale, anche i Bascià Piali e Bertà con ottanta galere e trenta galeotte uscirono fuori, i quali con poco intervallo dai Bascià Mustafà e Alì seguitati con altre trentasei galere, dodici galeotte, sei navi, un galeone di Mahometto Visir, otto Maone, quaranta Passacavalli, e molti
Caramusali carichi d'artiglieria, di munizioni e di tutte le
cose alla guerra appartenenti, a Negroponte espeditamente
n'andarono. Di dove avendo spalmato, e fatto caricare molte
munizioni, il primo di Giugno a Rodi si trasferirono. Nel
qual viaggio avendo insieme congiunta tutta l'armata, diedero nel passare il guasto a Thine isola de' Veneziani nel-
l'Arcipelago, e saccheggiato e arso quanto aveva di buono,
in estrema miseria la lasciarono. Indi ai quattro di Giugno
alla Fenica navigarono, vicino a Cipro nella Natolia, ove i
cavalli Giannizzari, e le fanterie, che nell'Isola disegnava-
no di porre, s'avevano a ridurre. Fra tanto tra i consiglieri
di Selim molti dispareri circa il passare l'armata in Cipro,
nascevano; parendo bene ad alcuni di aspettare fino a Settembre, per ischifare la mortalità, alla quale evidentemente s'andava in incontro quella stagione per colpa dell'eccessivo caldo,
che per ordinario si patisce in quell'isola; e altri contendendo che il meglio fosse di farvi passare l'esercito quanto
prima, per esser a tempo di fare il raccolto di tutto il

reame, che prima di mezzo giugno colà si suol fare, e con tal modo affamando quelli delle Città, facilitare l'impresa.

In Venezia non mancava il Senato di tutte le provvisioni convenienti. E ricorrendo prima alla Divina bontà, con processioni, orazioni, e limosine a' luoghi pii, procurava d'impetrarne favorevole aiuto. Perciocchè nelle necessità a nessun miglior protettore che a Dio si può ricorrere, massime quando ingiustamente si ricevon l'offese, essendo egli della giustizia e dell'innocenza prontissimo difensore. E poi a tutti i Principi Cristiani significando la grandezza del pericolo in che si ritrovavano, e notificando i preparamenti che dal Dominio si facevano per reprimere la perfidia di tanto inimico, ciascheduno, con i migliori modi che poteva, a muoversi contro di quello invitava. Il Papa, inteso dall'ambasciador di Venezia quello che se gli chiedeva, e l'occasione della richiesta, si dolse veramente del travaglio de' Veneziani; ma levando al Cielo le mani, si rallegrò che gli avesse Iddio mandato occasione di recar ad effetto quello che da principio del suo pontificato era suo grave pensiero, di fare una lega tra' Principi Cristiani per far guerra potentissima al comune inimico della nostra Religione. Poichè gli animi de' detti Principi che senza occasione stimava difficili a muovere con le sue persuasioni, ora vedendo il pericolo, che dopo la perdita de' Veneziani a loro minacciava, avendo essi i regni e le provincie al mare esposte, più facilmente sperava di persuadere, non potendosi dare ad intendere, che nelle cose alla lor salute toccanti fossero essi per tanto pigramente dormire, che comportassero che, destrutti i Veneti, le cui forze marittime alla Turchesca voragine son propugnacolo, breve ed aperta strada a dissipare quant'essi possiedono, all'inimico restasse. Fra tanto con la diligenza e con l'ardor suo precorrendo il desiderio de' Veneziani, acciò che di presentaneo aiuto non rimanessero privi, con Nunzi Apostolici e Brevi efficacemente si adopera con Filippo Cattolico Re di Spagna. E perchè conosceva che facilmente a sentire i danni del commune inimico nello stato ecclesiastico avria potuto esser de' primi; e perchè era animato da vero paterno zelo verso tutta la Cristianità. come colui che apertamente vedeva, che l'esser Cipro in mano de'Cristiani era un tenere viva la speranza nella Chiesa cattolica di poter un giorno col mezzo di quel Reame por mano alla debita impresa di ricuperare con l'armi quando che sia la santa terra, ove nostro Signore Gesù Cristo nacque e fu sepellito, la quale con tanta vergogna del nome Cristiano possedono i Turchi; e che perdendosi quello, si veniva anche a perdere affatto la speranza di tanto bene; e per molt'altri degni rispetti, senza farsi molto pregare, con le sue forze maggiori volentieri si mosse in aiuto de'Veneziani, anzi in favore della Cristiana Religione.

Ma a poco potevano estendersi le sue forze, ritrovandosi egli veramente per allora molto scosso di denari, e con poco modo anche da poterne trovare. Perciocchè, avendo l'anno a dietro, come da principio accennai, Carlo IX Re di Francia determinato di far con le armi uno sforzo maggiore, che dal suo potere avesse il mondo aspettato, per porre una volta fine alla pestifera e lunghissima guerra intestina, con la quale gli Ugonotti, ribelli non meno di Dio che suoi, lo avevano in tal modo consumato, che non molto si vedeva lontano dal perdere affatto insieme con la corona la vita sua e di tutti i buoni del suo Reame, avea chiesto per tale effetto aiuto da'principi Cristiani, e particolarmente dagl'Italiani. A tale impresa s'era con grandissimo ardore applicato il Pontefice, come colui che per vera innata virtù e santo zelo della Religione, fin da'primi anni si può dire dell'età, o almeno degli studi suoi, era stato sempre acerbissimo persecutore dell'eresie, e con la scala del santo Officio, da Inquisitore era pervenuto al supremo grado di dignità, nel quale si ritrovava. Ma non potè co'caldi suoi prieghi, e le sue pie esortazioni muovere alcuno de'principi Italiani a mandar soccorso in Francia, eccetto che Cosmo de'Medici Duca di Fiorenza, il quale, essendo stato a ogni cenno della sede Apostolica ossequentissimo, in tale occasione prontamente gli diede mille fanti e cento cavalli pagati. Co'quali avendo formato uno, sebben piccolo, pure fioritissimo esercito di sei mila fanti e sei cento cavalli sotto il governo di Sforza, Conte di Santafiore, lo mandò in Francia. E così opportunamente, che quasi nell'arrivare esso, s'acquistò a Dio e a quel Re in una general giornata una segnalatissima vittoria con morte di circa sedici mila Ugonotti e di pochissimi de' nostri; dalla quale ormai la totale estirpazione di quella contagiosa e pestifera setta insieme col riposo e quiete di quel Reame s'aspettava. Or ciò al Pontefice era stato cagione di spese sì gravi, che non avendo potuto con l'entrate ordinarie supplire, aveva aggravato i popoli dello stato ecclesiastico a contribuire di modo, che non s'aveva quasi via da poter così presto provvedere a' bisogni d'una spesa sì grande, quale quest'altra impresa mostrava di ricercare. Pur vedendo l'importanza de' pericoli, che fieramente in quel tempo minacciavano, non declinando punto da quel santissimo zelo, col qual le cose di tutta la Cristianità indifferentemente dallo stato suo proprio risguardava, non solo egli prontamente ad aiutare i Veneziani si mosse, ma con caldissimi ed efficaci prieghi si diede a muovere anche Filippo II. d'Austria Re di Spagna, che più d'ogn'altro principe Cristiano possente e dell'onor di Dio zeloso conosceva. A lui per questo effetto mandò Monsignor Lodovico de Torres, Chierico della Camera Apostolica; uomo prudente, molto destro negoziatore, e nella corte di Roma riputato d'assai, con un'amplissimo Breve; col quale, per le viscere di Gesù Cristo priegava esso Re, che posponendo ogn'altra cura, in favore di questa impresa così santa si muovesse, nè risguardasse in ciò ad altro interesse, che al pubblico bene della Cristiana Repubblica, la quale in pari pericolo si saria tutta ritrovata, se dal perfido potente inimico fossero stati espugnati i Veneziani, che primi e più possenti ostacoli gli erano. Fu questo negozio dal detto de Torres con molta destrezza trattato; poichè avendo indotto il Papa a concedere al Re non so se decime, o altre cose ecclesiastiche, da cui molti proventi si cavavano, con intenzione anche di concedergli l'anno seguente la Crociata (come poi gli concedette); la quale in quei paesi, per la quantità di danari che se ne cavano, è d' inestimabile profitto, indusse anche il Re a prometter quel tanto di che il Papa lo richiedeva (8). E perchè non aveva il Papa sorte alcuna di vascelli navigabili fabbricati, nè dalla brevità del tempo comodità da fabbricarne poteva sperare, sapendo egli che i Veneziani avevano nel lor arsenale gran quantità di arsili di Galere, a' quali non mancava altro che d'essere armati, s'offerse loro di armarne dodici a sue spese, pagando quanto per esse fosse stato bisogno; il che appunto per l' una e l'altra parte comodamente si fece.

Creò adunque Sua Santità General Capo di S. Chiesa Marc' Antonio Colonna Duca di Tagliacozzo e di Palliano, gran Contestabile del Regno di Napoli, Romano Barone principale, e sollecitollo con molta ansietà alla spedizione di quanto toccava al carico suo. Agli 11 di Maggio del 1570, dopo aver il Cardinal Colonna solennemente cantato la messa pontificale dello Spirito Santo nella solita Cappella papale, gli diede di sua mano le insegne del generalato con lo stendardo grandissimo di damasco rosso, nel quale era l'immagine di nostro Signore Crocifisso nel mezzo, e quelle dei Santi Apostoli Pietro e Paolo da' lati, col motto già da Dio: mandato per mano dell'Angelo a Costantino Imperadore, cioè *In hoc signo vinces*. E subito con ogni santa imprecazione e buon augurio il Generale da Roma partissi, per andare ad armare a Venezia dette galere, e provvedere ad ogni bisogno di esse, menando seco con grado di suo luogotenente Pompeo Colonna, al quale egli poco prima aveva fatto avere dal medesimo Papa il titolo di Duca di Zagarolo.

Arrivato in Venezia il General Colonna nel pubblico Consiglio fu ricevuto e regalmente onorato. Ove con tanta facondia di dire, e con sì efficaci modi espresse l'affetto del Papa e suo verso quella Repubblica; tanto buona speranza le diede degli aiuti del Re di Spagna; e discorse con tanta prudenza e gravità dell'impresa da farsi, che non pur mirabilmente rincorati i Veneziani, ma stupiti rimasero di tanto suo sapere, e della bella maniera del trattare. Nè sapendo con che maggior dimostrazione esprimere la stima che di esso facevano, e giudicando che il valore e il sapere di tanto cavaliero fosse sempre per essere di molto decoro e d'utile al lor Senato; per pubblico decreto gentiluomo di quella patria lo chiamarono, e a tutti i gradi e dignità della Repubblica loro l'ammisero. Significarongli inoltre con molto onorate parole, che benchè essi della loro armata particolar Generale fossero per mandare, la somma però di tutta l'impresa volevano che dipendesse da lui, ai comandamenti del quale il medesimo lor Generale avrebbe sempre obbedito.

Fra tanto per mantenere essi gagliarde le provvisioni che giornalmente per l'impresa andavano crescendo, a nuove invenzioni e modi da trovar denari tutte le strade s'apersero. Crearono di nuovo otto Procuratori di S. Marco, ciascheduno dei quali ventimila scudi contanti in nome di prestanza alla Signoria sborsarono. Ai giovani nobili, maggiori di anni, dieciotto che, senza tentar la prova della ballottazione, pagando cento scudi potessero entrare nel Consiglio grande, concessero. Molti campi di terre, botteghe, traghetti e altre cose del pubblico, che altramente sariano stati difficili a vendersi, per via di lotti o venture venderono con molto avvantaggio; e molte gabelle e altre entrate pubbliche crebbero. Avendo con tali modi cavato di contanti fino a trecento mila scudi, e posto buon ordine alle cose necessarie, diedero il bastone del generalato e lo stendardo a Girolamo Zane Cavaliero e Procurator di S. Marco, ponendo sotto il governo suo un'armata di cento trentasette galere, non comprendendo in esse le dodici che aveva armato il Papa, undici galeazze, un galeone, quattordici navi, e sette fuste. E gl'imposero che col parere di Sforza Pallavicino Generale di terra e di Giacomo Celsi e Antonio da Cauale, Provveditori generali dell'armata, in quel modo che bene avesse giudicato il Colonna Generale del Papa, governasse la guerra. E perchè in Cipro non si trovava altro Capitano d'importanza che Astorre Baglione governatore generale, il quale non poteva in un medesimo tempo, bisognando, guardar due fortezze; acciocchè entrando egli in una, l'altra priva di governatore non rimanesse, mandaronvi il Conte Girolamo Martinengo con una banda di due mila fanti per suo coadiutore ; acciocchè insieme procurasser di difender quel regno dall'impeto de' nemici.

Mentre che a queste cose in Venezia si provvedeva, il Duce di quella Repubblica Pietro Loredano, senza che pria s'intendesse che fosse ammalato, repentinamente morì. La qual morte negli animi di tutti universalmente fu giudicata, che da que' Senatori e governanti con veleno fosse stata procurata ; avendo già divulgato la fama che quando in quel Consiglio si trattò la deliberazione di questa guerra, egli insieme con altri gravi Senatori molto ben pratichi delle forze della loro Repubblica e di quelle del Turco, con ogni suo potere si sforzasse di persuadere che, piuttosto che perder l'amicizia del Gran Turco, fosse stato espediente di dargli Cipro che domandava. Questo atto non meno di prudenza fu commendato, per essere così segretamente passato, che per severità ammirato, per non aver perdonato al proprio principe, il quale in tanto bisogno della Repubblica una cosa tanto vergognosa avesse tentato di consigliare. Nel grado suo fu assunto Luigi Mocenigo Cavaliere e Procuratore di S. Marco, il quale per tutti i gradi e magistrati della Repubblica essendo onoratamente passato, col pervenire a quella suprema dignità che può dare la patria sua, aveva comunemente gli animi di tutti, che dalla comune calamità si trovavano oppressi, rallegrati.

Frattanto il Generale Zane avendo ogni cosa spedito, con tutti i detti vascelli molto ben in ordine, insieme col Generale Pallavicino ed i Provveditori Celsi e Canale con ogni buon augurio si partì da Venezia, dove il Colonna per finir di provvedere le galere del Papa, e per aver nuova dell'armata che il Re di Spagna aveva promesso di mandare ad istanza del Papa, per allora restava, e sino a Zara pervenne. E mentre egli colà per aspettare il complimento delle munizioni e vettovaglie, che con l'armata doveva levare, per andar poi al viaggio che dal Senato gli fosse stato imposto, si tratteneva, il Provveditore Veniero di valore e di ardire maraviglioso per l'età di settantacinque anni in che si trovava, impaziente di star più con tanto ozio a Corfù aspettando l'armata, volle mostrare a'nemici, che i Veneziani non solo erano bastanti a difendersi da loro, ma che ad assaltarli anche dentro alle lor fortezze erano buoni. Il perchè avendo seco Manoli Murmuri Greco, uomo di valore e di gran pratica in quei paesi, deliberò di andare a conquistar Soppolò, fortezza de'Turchi nella costa dell'Albania, da Corfù poco distante; sì per cacciarsi da torno i nemici vicini, come per farsi con tal modo la strada da entrare con maggior forza e riputazione in quella provincia da essi generalmente occupata e posseduta. Laonde rinforzando per tale effetto dieci buone galere, ed ai sette di Giugno da Corfù muovendosi, passato che ebbe il canale, e le genti sbarcate e l'artiglieria, con tanto impeto per tre giorni continui battè la fortezza, che vedendo i Turchi la risoluzione del capitano e la prontezza de'soldati, temendo di perdere con la fortezza la vita, senza aspettare l'assalto nascostamente fuggendo l'abbandonarono. Il che intendendo il Veniero, postovi dentro Murmuri con conveniente presidio, pieno d'allegrezza e di buona speranza dell'imprese da farsi se ne tornò a Corfù. Stavano intanto i Generali Veneziani a Zara aspettando le genti che mancavano, l'armi, le vettovaglie, il resto dell'armata e l'ordine del Senato. Nè, mentre che vi stettero, di far in quei paesi impresa alcuna tentarono; non già perchè ad alcuno di essi l'animo o il desiderio mancasse, ma perchè le genti erano disarmate, e i castelli de'Turchi in quel contado fra terra; ed essendo gl'inimici per la moltitudine della loro cavalleria padroni della campagna, il volere con fanteria sola tentar fazione non saria stato altro che porre le genti a manifesto periglio, senza speranza di buon successo. Senza che non potendo essi sperare di pigliar luoghi de'Turchi senza batteria, non solo il condurvi l'artiglierie per l'asprezza del paese era difficile, ma per difetto del bestiame era impossibile giudicato. Stette dunque quivi l'armata fino ai dodici di Giugno senza poter mai tentare alcuna benchè piccola fazione, e con molta noia. Anzi per la strettezza e carestia del vivere causata dalla moltitudine delle genti e dal guasto dato dai nemici a tutto il contado, non

poteva resistere e sommamente pativa , sì per essere i soldati e galeotti genti nuove, nutriti e avvezzi alla campagna,
e non al mare, sì anche perchè regnarono in quei tempi per
tutta l'Italia alcune infermità pestilenti e contagiose, onde ne
morivano ogni giorno infiniti. Ciò vedendo i Generali, si
partirono finalmente da Zara, e di là se n'andarono a Lesina, e indi alla bocca di Cattaro. Nè perciò nel passare vollero tentar Castelnuovo , per non esser loro per ancora arrivate le munizioni all'espugnazione necessarie, e anche per
timore che l'armata nemica, di cui non si aveva certa nuova, vi sopraggiungesse ; e insomma per obbedire al Senato ,
il quale, volendo tenere l'inimico lontano, aveva da principio
ordinato, che nessuna impresa nel golfo di Venezia si tentasse. E fu certo divino volere, che l'armata nemica nel tempo che andò alla Fenica, non tirasse alla volta del golfo di
Venezia ; perchè, essendo l'armata nostra nuova, inferma e
sbandata, ritrovandosi solo settanta galere in esso golfo, e
il resto parte in Candia e parte a Corfù, non essendo ancora le galere del Papa in ordine, e quelle che doveva mandare il Re di Spagna ritrovandosi molto lontane, non solo
la Dalmazia, la Puglia e la Marca avria molto danneggiato,
ma a tutta l'Italia avria portato infinito terrore ; e avria facilmente potuto ne'contorni di Venezia far qualche importante impresa, acquistando forse anche tutte l'isole circonvicine, le quali, non avendo speranza di soccorso, non avrian
potuto lungamente all'impeto di essa resistere. Ma non ha
Iddio per nostro bene voluto a tanto poter del nemico una
sì fatta prudenza accompagnare , dalla quale troppo gran
ruina all'afflitto popolo suo saria risultato. Partironsi poi
anche dalla bocca di Cattaro i Generali Veneziani con settanta galere, ed ai ventitrè di Giugno a Corfù, dove era il Veniero con un'altra buona squadra di galere, arrivarono. Frattanto il Re di Spagna, per adempire quanto al Papa aveva
promesso per servizio di Dio e della Cristiana Repubblica,
aveva mandato ordine a Giovanni Andrea Doria a Genova,
che con tutte le galere ch'egli si ritrovava in Italia, andasse
quanto prima ad aggiungersi alle galere del Pontefice, per

dar con esse aiuto alla Signoria di Venezia. In esecuzione del qual ordine il Doria con quarantanove buone galere e molto bene armate a Otranto si condusse; dove avendo trovato il Generale Colonna con le galere del Papa, seco si congiunse, e quivi a provvedere i vascelli delle vettovaglie, e dell'altre cose al viaggio necessarie si diede. Ma il Pontefice in questo mezzo prevedendo che malamente con l'entrate sue ordinarie avria potuto supplire alla spesa delle galere, che aveva armate, e che pensava d'armare, secondo che il bisogno richiedeva, si diede a vendere alcuni Chiericati della Camera Apostolica, i quali per la nuova creazione di alcuni Cardinali ch'egli aveva fatti, erano vacati e a lui ricaduti, per prezzo di ducati trentamila l'uno. Vendè parimente l'officio del Sommista, che similmente gli era pervenuto, a Ferdinando Cardinale de' Medici per ventimila ducati. Accrebbe poco di poi il numero dei Chericati predetti da sei ch'erano fino a dodici, i quali subito si venderono; e parimente fece del collegio de' Protonotarî participanti. Oltre di ciò alle congregazioni degli ordini monastici, impose un taglione di quattrocento mila scudi. E non contento ancora, per accumulare il più che poteva in servizio di così santa impresa, essendo l'anno addietro per morte del Cardinale Vitellozzo Vitelli, vacato l'officio del Camerlengato di S. Chiesa, il quale (come cosa solita a darsi da' Pontefici al più prossimo Cardinale de' suoi parenti per la dignità e per l'utile che d'esso si trae) aveva avuto Fra Michele Bonello Cardinale Alessandrino suo nipote; con infinito stupore del mondo e chiaro testimonio del santo animo, spogliato di tutti gli affetti carnali, e posposto l'interesse del sangue al ben comune della Cristianità, ad esso suo nipote levollo, e per prezzo di settantamila ducati a Luigi Cardinal Cornaro lo diede. (10) Dopo questo, volendo con ogni effetto mostrare quanto a cuore gli fosse il patrocinio della Cristiana Republica, e conoscendo quanto incitino al ben oprare i premî e gli onori, che da' superiori alle meritevoli operazioni degli inferiori si danno; e vedendo anche che lo stato di Toscana, per la sua potenza e per la vicinanza che ha con lo Stato

Ecclesiastico può in ogni occasione esser di grande aiuto alla Sede Apostolica, deliberò con una chiarissima azione di ampiamente rimunerare Cosmo de' Medici Duca secondo di Fiorenza; il quale con la prontezza che in perseguitar gli eretici aveva mostrata, con la limpidezza della buona coscienza che procurava, e con molte azioni significative della affezione e obbedienza ch'egli portava ad essa santa Sede, l'animo gli aveva cattivato. E volendo con l'esempio di lui invitar gli altri principi a fare il medesimo ch'egli faceva, e finalmente esso Duca e posteri suoi alla difesa e divozione dello stato Pontificio obbligare, chiamatolo a Roma nel solenne Concistoro pubblico con l'intervento di tutti i Cardinali ch'erano in corte, lo coronò di corona regale. E datogli potestà e autorità regia, il titolo di Serenissimo e 'l nome di Gran Duca di Toscana gli concesse. (9) Giurò all'incontro esso Cosmo a Sua Santità e suoi legittimi successori per sè e per suoi eredi il sacramento di fedeltà; obbligandosi a difendere in qualunque occorrenza la Santa Sede con la propria persona e con tutte le forze sue. Spiacque molto alla maggior parte de' principi la nuova dignità di Cosmo; in segno di che l'Imperadore Massimiliano d'Austria secondo, per suo interesse, in nome suo e dell'Imperio protestò la nullità di quell'atto. Il Re Cattolico, quantunque apertamente non ricusasse, non volle però acconsentirvi. Ma più d'ogn'altro se ne dolse apertamente Alfonso d'Este Duca di Ferrara, il quale per esser nato di sangue regale, e avendo lungamente litigato nella Corte Cesarea e nella Pontificia la precedenza come Duca più antico, con malissimo animo sopportava di veder Cosmo apertamente pretendere di farsegli superiore, sicchè con poco rispetto del Papa nel pieno Concistoro protestò il suo ambasciadore la nullità di quell'atto, come espressamente pregiudiciale alle sue pretensioni. Nè senza cagione si temeva, che gli Alemanni sotto pretesto di vendicar l'ingiuria fatta al Romano Imperio, incitati dalla speranza della preda, e forse per qualche altra cagione di maggior importanza, fossero per venire a porre l'Italia in maggiori miserie. La quale opinione anche maggiormente si corroborava dal vedere che Cosimo già vecchio, avendo per nuora Anna sorella di esso Imperadore, moglie di Francesco suo figlio, essendo nuovamente acceso d'amore di Elisabetta Martelli cittadina di Fiorenza e sua vassalla, per obbedire al Papa che lo voleva trarre di peccato, e per godere il suo bene, s'era maritato con essa. La quale, con questo titolo di Gran Duchessa, pareva che volesse far maggiore della Principessa, e aveva colore di dispregio del sangue imperiale. Si teneva quindi per certo, che sotto colore di vendicar Cesare venisse dalla Germania guerra in Italia, la quale si sapeva che i Principi protestanti per l'odio della Religione con ogni occasione avrebbero cercato. Pur tutti questi tumulti in brieve s'acquietarono, sì per le discordie e divisioni de' Principi Alemanni, le quali rendono il sacro imperio debolissimo, come perchè ben era conosciuta la difficoltà di macchinare contro lo stato di Cosmo, per cagion della fortezza sua propria, e per il governo mirabile di esso, col quale egli si faceva non meno temere che rispettare, e anche per gli offici che il Papa vi fece. Ma sopra tutto per la guerra che crudelmente si vedeva accesa fra Turchi e Cristiani, la quale non lasciava pensare ad altro, che a resistere all'orgoglio e alla potenza di così fiero inimico, dal quale ogni Principe Cristiano poteva sentire gravissimi danni.

Ma ritorno ai Bascià Generali dell'armata Turchesca Pialì ed Alì. Poi ch'ebbero costoro in gran parte posto ad ordine le forze, che Mustafà e Bertà Generali di terra giudicavano esser necessarie per l'espugnazione di Cipro, ed aggiunto alla loro armata seimila Giannizzeri, archibugieri, e grosso numero di cavalleria, ai ventisette di Giugno partendo dalla Fenica, dove erano stati ventotto giorni, alla volta di Cipro s'inviarono. Le forze con le quali essi oppugnarono quel reame furono per mare trecentoquarant'otto vele, cioè cento sessanta galere, sessanta fra galeotte e fuste, otto maone, sei navi, un galeone, tre palandre, quaranta passacavalli, caramusali trenta, e fregate quaranta. Le quali sebbene per combattere a' fatti d'arme son poco utili vascelli; a traghettar genti, portare artiglierie e munizioni, e a mantenere gli eserciti forniti di quanto richiede l'espugnazione delle fortezze e delle città, sono attissime. Per terra, quattromila cavalli, seimila Giannizzeri e novanta mila fanti; la qual gente sebbene non tutta la prima volta fu posta in Cipro, in diverse partite però dall'armata vi fu traghettata. Quelli che in Cipro per li Veneziani governavano, erano Niccolò Dandolo Luogotenente, o vogliam dire Vicerè; Astorre Baglioni Governatore generale; il Conte di Roccas baron principale dell'isola, Collateral generale; il Colonello Palazzo da Fano con duemila e cinquecento fanti italiani, e oltre di ciò vi si trovava un nervo di cinquecento cavalli de' gentiluomini feudatarî, cinquecento cavalli Stradiotti, e qualche numero di gente delle battaglie, con molti gentiluomini e soldati italiani venturieri, e molti anche dell'isola. Queste erano le genti che in Cipro si ritrovavano quando l'armata nemica vi giunse; forze in vero poco bastanti alla difesa di quell'isola contr'uno esercito tanto possente. Pure avendo il Baglione veduto i disegni de'Turchi, fu di parere, che il Conte di Roccas con la Cavalleria andasse alla guardia delle marine, acciocchè nello smontare, che non si può fare se non disordinatamente, desse qualche disturbo e danno a'nemici. Ma, allegando il Conte altre ragioni in contrario, ricusò di farlo, e non volle obbedire.

Nel medesimo tempo il Provveditore Marco Quirini in Candia avendo armato dodici buone galere, ai vent'otto del medesimo mese si partì per Corfù a fine di trovarsi col suo Generale. Ed arrivato ai ventinove al porto delle Quaglie nella Morea, facilmente espugnò la fortezza del Braccio di Maina, la quale soprastando ad esso porto, era sempre d'impedimento a'Cristiani, che co'lor navigli cercavano d'entrarvi. E avendone cavato l'artiglieria con tutta la preda, sì de'schiavi, come d'ogn'altra cosa, la spianò; e indi il suo viaggio seguendo allegramente, pervenne a Corfù. Dove essendo già ridotta tutta l'armata Veneziana, e desiderando il Generale Pallavicino di far con le sue genti qualche impresa a danno de'Turchi, si propose l'espugnazione di Margaritini nella Albania , non molto fra terra , la quale dagli uomini del paese gli era dipinta per assai facile impresa e di qualche importanza. Fatto perciò una scelta di cinquemila fanti buoni , e preso artiglieria e ogni cosa a ciò necessaria , ai quattro di Luglio si partì da Corfù con cinquanta buone galere. Ma arrivato al luogo destinato , e riconosciuto ben la fortezza , non parendogli che meritasse la spesa di condurvi l'artiglieria , le abrugiò solamente i borghi ; e senza batterla , nè pur sbarcarvi le genti , ai sette se ne tornò a Corfù. Ivi lungamente essendosi già aspettate le galere del Papa e quelle del Re di Spagna , preso alla fine partito di andare ad aspettarle in Candia , si partirono a quella volta i Generali con tutta l'armata. La Turchesca intanto il suo viaggio seguendo , il primo dì di Luglio in Cipro alla città di Limisso era arrivata. E avendo alcune genti sbarcate per aver lingua de' preparamenti del Reame e del numero de' difensori , pienamente ottenne l'intento ; poichè avendo fatto molti prigioni , seppe tutto quello che volle. Partita di là , arrivò a Salines ai tre , dove , non trovando contrasto , sbarcò tutte le genti , artiglierie , vettovaglie e munizioni , con le bagaglie de' soldati , con molta commodità e allegrezza ; poichè , non come suole accadere a chi negli altrui Regni cerca d'entrare come nemico , con l'armi , con morte , ferite e travagli s'avevano guadagnato lo smontare ; ma come se alle lor proprie case fossero giunti , non solo non ebbero alcun contrasto , ma nè anche viddero pur una faccia d'armato nemico , che lor minacciasse. Perciocchè il Conte di Roccas , che con pochi cavalli era a Salines , considerando che sebbene ai primi smontanti avesse fatto alcun danno , non avria però potuto proibire lo smontare a tutto l'esercito , onde non avendo poi egli dove ritirarsi co'suoi , manifestamente s'anderebbe a perdere , per miglior partito si ritirò a Nicosia. Smontato Mustafà con l'altro Bascià di terra a Salines , fatto gli alloggiamenti muniti con fossi , trinciere e ripari , mandò Pialì cento galere , venti passacavalli e dodici maone nel golfo dell'Aiazo a levare altri cavalli , Spahi , e Giannizzari , e Alì col resto dell'armata nel golfo di Settelia, a imbarcare le genti di quel paese, non volendo prima partire da Salines che intieramente non avesse la massa di tutte le genti. Astorre Baglioni che in Nicosia si ritrovava, intendendo che i Turchi erano smontati a Salines, e giudicando che prima fossero per andare ad assalire Famagosta; lasciati in Nicosia gli ordini necessari, con le provvisioni che potè fare maggiori, acciocchè Famagosta non fosse trovata sprovvista, v'andò. Ma essendo ai ventuno ritornati Pialì ed Alì, portando le genti che i Generali di terra aspettavano, lo stesso giorno con tutto l'esercito s'incamminarono verso Nicosia, che di là, come dissi, era trenta miglia distante. Era quell'esercito allora, quattro mila cavalli, quattro mila Spahi, sei mila Giannizzeri, ed una gran moltitudine di venturieri, dei quali non si sa il numero. Seguì dunque l'esercito il suo viaggio, non senza timore d'essere per cammino da qualche imboscata assalito, come coloro che non potevano credere che o per timore o per sciocca deliberazione si stessero i Cristiani dentro ai lor muri rinchiusi, sperando più nelle fosse e ripari, che nell'armi e valor loro. Ma non trovando alcuna sorta d'impedimento, con infinito strepito ed orribili gridi, ai venticinque del mese predetto una gran parte della fanteria, che fu la vanguardia, arrivò sotto la città, senza cavalleria e senza artiglieria. Laonde vedendo il Colonnello Palazzo quanta e quale occasione gli mandasse Iddio da mettere in rotta gl'inimici, efficacemente esorta il Luogotenente e il Collaterale, che non lasciassero perdere tanta occasione, ma che con tutta la cavalleria e fanteria che avevano dentro uscissero fuori, perchè essendo i nemici per il cammino e per l'eccessivo caldo stanchissimi, e non avendo sussidio d'artiglieria, nè soccorso di cavalleria, nè luogo alcuno dove ritirarsi, potevano ragionevolmente sperare di metterli tutti in disordine, e tagliarli a pezzi per quelle campagne. Ma o fosse l'imperizia loro, o 'l timore, o pure che quell'infelice successo fosse al Reame di Cipro destinato, non fu accettato il suo prudente, utile e salutifero consiglio; il quale quando fosse stato seguito, s'avventuravano i difensori di finire in quel giorno stesso quella guerra, senza pericolo loro; potendo essi sempre sotto alla fortezza ritirarsi sicuri, la quale con l'artiglierie spazzando quella campagna aperta, avrebbe in ogni bisogno tenuto gl'inimici lontano. Il giorno seguente vi giunse l'artiglieria con tutto il restante dell'esercito, da cinquecento cavalli in fuori, i quali da Mustafà ad assediar Famagosta furon mandati, acciocchè di là qualunque soccorso a Nicosia non andasse. S'alloggiò senza alcun contrasto una parte dell'esercito alla campagna, una sopra i monti di Mandia, che sovrastanno alla città, dove fu posto il padiglione di Mustafà, e furonvi cavati molti pozzi profondissimi, da' quali s'ebbe copia d'acqua; una parte ai casali di Galangia e Acalassa, lontani dalla città cinque miglia; e il restante, specialmente la cavalleria, sotto a S. Clemente, dove sorge l'acqua della cittadella. Cominciarono dunque nei primi giorni i cavalli turchi a scorrer la campagna e farsi vedere appresso alla città, invitando tuttavia i difensori a scaramucciare; ma quantunque la cavalleria de' Stradiotti, e la nobiltà con la gioventù desiderassero sommamente d'uscire, non fu però da' governatori lor conceduto. Perciocchè prudentemente consideravano essi, che quantunque maggior numero degl'inimici fosse morto che de'difensori, essendo nondimeno essi senza comparazione più numerosi, non poteva se non molto danno risultare per ogni uomo che perduto si fosse. Pur crescendo ogni giorno più l'importunità de' volonterosi cavalieri di dentro, nè potendo più i capi resistere alle gran lamentazioni che facevano, un giorno finalmente a lasciarli uscire si risolverono. I quali, benchè nel primo incontro facessero molta strage e uccisione dei nemici, essendosi nondimeno dal soverchio ardore lasciati trasportare troppo lontani dalla città, e sopraggiungendo loro contra gran quantità di cavalleria, furono sforzati a ritirarsi con qualche danno, restandone morto tra gli altri il Capitano Cortese. Dalla quale improvvisa sortita gl'inimici fatti prudenti e accorti, la notte seguente, con mirabil celerità lavorando, quattro forti di terra per ripararsi con essi dall'artiglierie della città e per offendere i difensori fabbricarono ; dei quali uno nel monte di S. Marina dugentosettanta passi dal baluardo Podocattaro discosto ; uno a S. Giorgio di Mangana ; uno nel monticello detto Margariti, e l'altro nel mezzo della collina de' monti di Mandia situarono. Ma vedendo che da essi forti, per essere troppo lontani, dal rovinare, in fuori alcune poche case eminenti, poco danno facevano ; con miglior avviso alle fosse e rovine della città vecchia s'accostarono, e di là per via di trinciere, ai baloardi Podocattaro, Costanzo, d'Avila e Tripoli si fecero vicini. Incontro a ciascuno d'essi alzarono subito un forte reale, ottanta passi dalle fosse lontani, e ad una impetuosa ed assidua batteria dieder principio. Alla quale dalla città essendo francamente risposto, molti de' lor pezzi scavalcati e molti imboccati rimasero. Onde vedendo Mustafà il danno che vi riceveva, e conoscendo che con la batteria di quattro giorni continui non aveva fatto alcun profitto, poichè ficcandosi le palle e morendo nei terreni di Nicosia non facevano ruina, giudicò la spesa del battere soverchia, e pose tutto il suo fondamento nell'armi più possenti de' guastatori, le quali dovunque adoperar si possano, non ingannano mai la speranza della vittoria. Cominciò dunque con zappe e con pale cavando, a far profondissime fosse, di modo che inalzando quanto volle il terreno, con sì buone trinciere dall'artiglieria si rese sicuro, che lavorando continuamente con molta prestezza si condusse alla controscarpa del fosso della città. Quivi intorno cavando una molto larga e spaziosa trinciera, il terreno della quale faceva nella fossa gittare, per servirsene a far le traverse, gran numero di vigilanti archibugieri vi pose, i quali succedendo nelle guardie una parte agli altri scambievolmente, non lasciavano mai che di giorno o di notte alcuno su le muraglie comparisse, bersagliando continuamente con l'archibugiate. Discesi frattanto i guastatori dentro alle fosse della città, col terreno che dalle trinciere cavate avevano gittato, e con altro delle fosse che ivi entro cavarono, insieme con le fascine, che da luoghi lontani portava la cavalleria, fecero così forti e gagliarde traverse, che levarono a fatto le difese de' fianchi, nelle quali

è posta la difesa e sicurezza delle fortezze ; perciocchè senza
esse le cortine e le facce de' baloardi poco posson resistere. Per tal modo sicuramente , non potendo essere offesi ,
cominciarono a tagliare le fronti e le punte de' baloardi.
Di che cominciando i rettori di dentro con molta ragione
a temere, astretti dalla necessità, che molte volte suol partorire effetti stupendi, risolverono pure che la cavalleria dei
Stradiotti, con mille fanti, parte Italiani e parte Greci, ad
assaltare il campo nemico uscissero fuori. Assai buono e salutifero questo espediente stato sarebbe ; ma dolendosi estremamente i cavalieri nobili dell'isola , che il Luogotenente
negasse loro la parte che ragionevolmente dovevano avere
nella fatica e periglio di quella impresa , la quale per comun salute si faceva, e perciò instando con intollerabile importunità d'esser lasciati uscire insieme con gli altri; il Luogotenente, che aveva risoluto di riserbarli per la difesa più
necessaria della città , per allora mutò quell'ordine che aveva
dato. Pure ai venticinque d'Agosto uscì finalmente quella fanteria destinata sull'ora del mezzo giorno , sotto governo del
Conte Alberto Scotto , e del Capitano Cesare Tiene , con
intenzione però e promessa, che attaccata che fosse la zuffa,
la cavalleria de' Stradiotti appresso si sarebbe mandata. E
ritrovandosi i Turchi a quell'ora per l'eccessivo calore disarmati e stracchi , senza sospetto alcuno d'essere allora
sturbati , arrivando loro sopra all'improvviso con bravura
memoranda gli assediati , uccise le guardie e fatto impeto
valoroso, di due de' lor forti migliori si fecer padroni. Con
che di tanto terrore li percossero , che tutti sbigottiti, invece di difesa, con grandissimo disordine si fuggirono; non
sì destramente però, che dovunque gli usciti si ritrovavano,
non fosse ogni cosa piena di morti, di feriti e di prigioni;
e ne' luoghi più lontani ogni cosa piena di timore e di confusione , i Capitani loro tutti attoniti e sbigottiti, e gli stessi
soldati dalla fuga e dallo spavento mezzo morti. Di modo che
se la cavalleria , secondo l'ordine preso , in favore de' Cristiani usciva , facilmente quel giorno con la liberazione di
Nicosia una felice vittoria si sarebbe acquistata. Ma con

troppo danno fu l'ordine perturbato, perciocchè avendo il
Luogotenente risoluto che per modo nessuno i nobili non
uscissero, ed essendo egli andato al portello per mandar
fuori li Stradiotti, vedendo alcuni che colle visiere basse
mischiati fra essi cercavano di uscire, ed avendovi alcuni
nobili conosciuti, di tanta collera si accese, che facendo
chiudere esso portello, non volle che nè anche gli Stradiotti
uscissero più. Laonde quei fanti, che già alla vittoria avevano aperta gran porta, essendo dalla cavalleria turchesca
assaltati, nè veggendo la loro comparire, d'abbandonare la
ben cominciata impresa furono costretti, e rimanendovi il Capitano Tiene morto, e il Conte Alberto prigione, con morte anche
di più di cento soldati, ritiraronsi nella città. Dal qual fatto i
Turchi racquistato l'ardire, si fecero scala piana a dare gli assalti, poco già o nulla più gli assediati stimando. Il Colonnello
Palazzo all'incontro, preparandosi intrepidamente alla difesa,
come uomo del mestiero bene instrutto, nei baloardi Podocattaro e Costanzo fece le ritirate ampie, serrando le gole di essi, e
nei baloardi d'Avila e Tripoli furono fatte solo semplici
ritirate, senza lasciar punto di piazza a' nemici; che fu secondo il consiglio dato da Giovanni Solimeno nobile Cipriotto, molto ingegnoso estimato. Il quale anche saggiamente
propose, che ritrovandosi nella città mille e più cavalli da
guerra, e gran numero di ronzini, buoni per archibugieri,
ed essendo dentro alle mura un'ampia piazza, capace di
grossa battaglia di cavalleria a venti e più per fila, non si
astringessero i cavalieri a smontare negli assalti, ma a cavallo in ben ordinata battaglia si stessero; allegando, che
essendo essi inesperti al combattere a piedi, maggior danno
potevano fare a' nemici urtandoli per la fronte, e per tutti
i lati, e con l'impeto de cavalli loro atterrandoli e calpe-
standoli. Ma quando vidde Mustafà aver i guastatori fatto a
pieno l'officio loro, cominciò a dare gli assalti, ora ad un
baluardo, ora a due, e finalmente a tutti quattro con tanta sollecitudine, che in poco spazio diede fino a quindici assalti.
Ne' quali essendosi da ambedue le parti fatto ogni possibile
sforzo, con ogni sorte d'armi e d'instrumenti soliti d'ado-

perarsi in simili occasioni, vi morirono de' Turchi infiniti,
ma de' nostri ancor tanti, che rimase la città con sì poco
numero di difensori, che quando l'ultimo assalto si diede,
non si trovarono più di quattrocento soldati, la maggior
parte italiani, a sostenerlo. Scrissero dunque i rettori di
Nicosia una lettera agli uomini delle montagne paesani, e
una a Famagosta, chiedendo instantissimamente soccorso. Ma
furono i messi parte fatti prigioni da' Turchi; i quali, perchè la città si risolvesse a rendersi, innanzi alle mura legati
li mostravano; e parte n'andarono, tra' quali fu il Capitano
Gian Battista SanColombano, ma senza alcun profitto tornaronsi. Perciocchè da Famagosta assediata non si poteva mandar gente, se non a perdersi manifestamente; e dalle montagne e casali dell'isola non volevano esporsi a periglio i
paesani per difender la nobiltà, dalla quale erano essi tanto
male trattati, che ogni altro severissimo imperio avriano sostenuto più volentieri che il loro. In fatti a tanto era il dominio dei nobili Cipriotti sopra ai contadini cresciuto, che
non che un minimo podere o villa posseder li lasciassero,
ma nè li figliuoli, nè anche le vite lor proprie libere ad essi
lasciavano; anzi nel medesimo modo che altrove degli schiavi
suol farsi, da un gentiluomo ad un'altro per prezzo erano venduti. Le quali cagioni facevano che di dover esser
da' Turchi dominati non solo non dispiacesse loro, ma per
veder i detti nobili maltrattati, desiderassero. Dall'altro
canto Mustafà vedendo la risoluzione de' difensori di non rendersi mai se non alla mera forza, e la bravura che mostravano in sostenere gl'impeti suoi, fece intendere a Piali essere impossibile che con le genti ch'egli aveva a quell'assedio l'intento si conseguisse, e strettamente pregollo, che
da ogni galera dell'armata il maggior numero di soldati che
si potesse cavando, con prestezza il più gagliardo soccorso
che fosse possibile gli mandasse. Piali che con cento galere
aveva scorso fino a Rodi, e di là mandato quattro galeotte
in Candia a pigliar lingua dell'armata de' Cristiani, da' prigioni presi nell'isola aveva inteso che l'armata Veneziana
era alla Suda in Candia molto male in ordine, sfornita di

genti sì da combattere come da remo , e che non era per
muoversi di là fino a tanto che le armate del Papa e del
Re di Spagna non v' arrivassero. Perciò parendogli di non dover di essa armata temere, fatta una general descrizione delle sue genti di mare , mandò Alì Bascià con ventimila di
essi, il quale agli otto di Settembre circa alle ventidue ore arrivò al campo. E non volendo Mustafà perdere un momento di tempo , fatto che l' ebbe rinfrescare e riposar quella
notte, la mattina seguente nell' alba diede l' assalto generale
più impetuoso e più fiero che da umane forze aspettar si
potesse. Del quale ebbero cura ai baloardi d' Avila e Tripoli egli stesso in persona , al Podocattaro Alì , e al Costanzo Caraman Bascià con Mustafer che aveva le genti della
Caramania. I difensori de' baloardi d' Avila , Tripoli e Costanzo si portarono con tanto valore , che ributtando gl' i-
nimici con infinita uccisione , di franchissimo ardire e coraggio mostravano segno ; quando quelli , che a difendere
il Podocattaro si trovavano , essendo molto pochi rimasti,
furono sforzati a ritirarsi cedendo a' nemici la piazza e le
ritirate. Non già che i soldati italiani però e li nobili Cipriotti di combatter valorosamente e con ardire incredibile
cessassero mai, ma furono dagli uomini delle battaglie abbandonati. I quali vedendo i Turchi cominciare ad entrare, con
viltà degna di loro , per esser contadini e poco esperti,
impauriti si posero in fuga , e calandosi giù per le cannoniere e fuori delle cortine della città , procurarono di salvarsi. Levossi all'entrare de' Turchi uno strepito e un rumore incredibile di voci orribili e spaventevoli, dalle quali
commosso il Conte di Roccas insieme co' suoi fratelli , e
molti altri gentiluomini, corse per ovviare alla perdita della
patria; ma il numero de' nemici che già era grandissimo, e
tuttavolta diveniva maggiore , oppresse il valore di essi, i
quali combattendo con quel valore che a nobili cavalieri, che
insieme con la patria, la libertà e la vita loro difendono, si
conviene, rimasero tutti morti. Per tutte le strade e luoghi
della città si combattè crudelissimamente , desiderando quei
cittadini di piuttosto con l'armi in mano valorosamente mo-

rire, che di vivere vilmente soggiogati da'nemici. Morivano
i Greci separati, e infiniti de' Turchi nel mezzo della vittoria vi lasciavan la vita; perciocchè altri con l'armi trafitti
vomitavano bestemmiando l'anime insanguinate, ed altri dai
sassi e legni che giù dalle finestre a guisa di spessa gran-
dine eran gittati in un medesimo tempo restavano morti e
sepolti. Quei poveri soldati, che gli altri balovardi con virtù
memoranda difendevano, essendo da' nemici da tutte le bande
circondati, furono tutti uccisi; e di essi si trovarono alcuni
di tanta bravura, che con grandissima strage de'nemici, facendosi per mezzo di essi con l'armi proprie fare la strada,
fino alla piazza maggiore della città si condussero, quantunque ivi finalmente con gli altri lasciasser la vita. I contadini che non solo avevano mai voluto far testa contro gl'i-
nimici, ma con l'armi si rivoltarono a coloro che della brutta
fuga li riprendevano, parte con molta effusione di sangue le
meritate pene portarono, e parte gittando l'armi e domandando mercede a'vincitori, vilissimamente preda di essi rimasero. Al Luogotenente Dandolo fu da un Giannizzero tronca
la testa, e'l Vescovo di Baffo nella moltitudine della piazza
fu ucciso. I vecchi, i fanciulli e le donne, che ai santi
tempî di Dio eran ricorsi, furono parte uccisi, e parte spogliati e con ogni disonestà violati. Le chiese dalla barbara
avarizia saccheggiate, dalla libidine contaminate, e dalla
crudeltà insanguinate. La città fu ripiena di miserie, di
pianti e di cadaveri; per le strada corsero i rivi del sangue
de'poveri e miserabili cittadini. Durò l'uccisione fino alle
sei ore del giorno; e allora essendo Mustafà alla piazza arrivato, e vedendo che i Greci, risoluti di piuttosto morire,
che di rimettersi alla barbara crudeltà, ostinatamente combattevano, con le più amorevoli parole che seppe gli esortò, che volessero rendersi, e sperassero d'essere accarezzati e ben trattati; poichè altro schermo nessuno alla salute loro sperar non potevano. Per le cui parole insomma
fino a venticinque nobili, e alcuni pochi cittadini si renderono. Indi si voltarono i Turchi ingordamente alla preda,
la quale non fu punto minore di quello, che di una città

metropolitana, opulentissima, abitata da tanti signori e cavalieri nobili, avvezzi a vivere con tutte le delizie possibili in lunghissima e felicissima pace si può immaginare. Questo fu il fine dell'infelice città di Nicosia, ma non già il
fine delle miserie de' suoi cittadini, i quali essendo condotti
a Costantinopoli, e massime i nobili, soliti di vivere e ve-
stire lautissimamente, con gran quantità di servitori, cavalli,
e ogni desiderabil commodità, erano astretti con gl'innocenti
figliuoli al collo di andar miseramente mendicando; senza
che molti di essi per viaggio, in una nave che per fortuna si
ruppe, s'affogarono. Ma non posso io qui senza grandissima compassione e venerazione dell'animo virtuoso d'una
gentildonna principale raccontare il caso, che di lei avvenne per opera sua propria, insieme con molt'altre gentildonne e cittadine bellissime. Avendo Mustafà risoluto di
mandare al suo Gran Signore un dono delle cose migliori
e più importanti che in Nicosia s'eran trovate, aveva sopra
una nave, una galera e un brigantino fatte caricare molte
donne giovani d'aspetto bellissime e di nobiltà principali,
insieme co' più ricchi ornamenti, gioie e gran quantità di
denari, e alla volta di Costantinopoli inviatele. Considerando una di esse gentildonne la miseria che da sì grave e perpetua servitù se l'appresentava, e conoscendo che nessuno
schermo avrebbe potuto trovare per resistere alla sfrenata libidine di ciascuno a chi in mano fosse capitata, con animo veramente da celebrarsi, ed esempio molto degno della virtù delle
nobili e onorate matrone, non solamente deliberò di morire essa,
ma volle anche con l'opera della gloriosa sua morte privar gl'inimici del tesoro e delle delizie, che da sì ricca e tanto nobil preda
aspettavano. Perciocchè essendo i tre ricchi vascelli di conserva partiti di Cipro, e già cominciando a farsi lontani, sebbene
espressamente con qual astuzia lo facesse saper non si potè,
certa cosa è però, che accese intrepidamente il fuoco nella
munizione della nave. La quale con le proprie fiamme, senza
che riparar vi si potesse, anche i vascelli minori arse, a vista ancora della cara e infelice patria sua. Cosa che anche
negl'animi crudelissimi de' Turchi trovò molta compassione

e stupore, quando da alcuni pochi uomini, che nuotando si
salvarono, di ciò furono certificati. In questo mezzo le galere del Papa e del Re arrivarono in Candia, dove delle
cose di Nicosia nulla si sapeva, e con grandissima festa alla
Suda con l'armata Veneziana si giunsero. E tanta fu la speranza che dalla congiunzione di quelle armate ne' cuori·dei
Cristiani ad un subito nacque, che non pur di poter il Reame di Cipro difendere, e ad ogni impresa del nemico resistere si confidavano, ma di far anche in breve il Turco dolente di aversi con tanta insolenza l'ira di tali Principi con-
citata credettero. E come nelle guerre ordinariamente più
con la riputazione, che con la forza dell'armi si veggiano i
Principi guadagnare, la riputazione, che di quegli apparati
così insieme ridotti acquistossi, tali e tanti effetti subitamente
produsse, che molti popoli degli Uscocchi e de' Poliziani,
insieme co' Cimeriotti e gran parte degli Albanesi dalla devozione del Turco ribellatisi, spontaneamente alla Signoria
di Venezia si diedero, e alla protezione di essa si racco-
mandarono. Ma qui mi bisogna alquanto a dietro tornare,
per dire l'intiero dell'armata Veneziana, quando da Corfù
fece risoluzione di partire per andare in Candia. Il General
Zane vedendo che senza le galere del Papa e del Re, e
senza le galeazze e le navi, che aspettava da Venezia, non
poteva sicuramente andare alla volta di Cipro, stante che
della armata nemica non avendosi nuova particolare, non era
bene di porsi in periglio d'essere da maggior forza soprappreso; mandò il Generale Pallavicino insieme col Provveditor Celsi a riconoscere le fortezze della Prevesa e di Santa
Maura, con disegno, quando quelle forze fossero state bastanti, di far qualcuna di quelle imprese; sì per non perdere inutilmente quel tempo, col quale era necessario che
desse comodità a tutt'i vascelli che aspettava, che giungessero, come per dar caldo e riputazione a quella prima
uscita delle forze di Venezia. Mandò frattanto lettere a' Rettori dell'isole della Cefalonia e del Zante, che con ogni
diligenza lo provvedessero del maggior numero di galeotti
che per loro fosse possibile, per rimettere in luogo di quei

5

tanti, che per colpa dell'infermità, nelle sue galere continuamente morivano. Ma essendo ritornati il Pallavicino e'l Celsi
con relazione , che l'espugnazione di Santa Maura o della
Prevesa maggiori forze richiedeva di quelle ch'egli in essere
si trovava, seguitò il destinato viaggio fino in Candia; avendo però prima mandato innanzi quattro galere, due perchè
il Provveditor Veniero in Cipro portassero, a fine che a'bisogni di quel regno avesse provvisto ; e due perchè fino a
Scarpanto scorressero, e di là con qualche nuova certa del-
l'armata nemica tornassero. Ma tal commissione non ebbe
effetto, perciocchè dal tempo sforzato il Veniero fu costretto
di correre a Nixia , e non potè seguitare il viaggio; e l'altre
due galere , senza poter mai aver dell'armata certa lingua ,
tornarono. Onde arrivò il Generale Zane nell'isola di Candia
ai ventitrè di Luglio nel porto della Suda, avendo alquanto rinfrescato l'armata con le genti, che dal Zante e dalla Cefalonia quei Rettori gli avevan mandato ; benchè a'danni ricevuti malamente e poco con esse supplire potesse, essendo
già nella sua armata sì de'galeotti, come de'soldati, morto
numero infinito , e continuando tuttavia a morirne in grandissima copia. Di che egli molto afflitto si ritrovava, e molto
più per essergli morto per viaggio il Conte Geronimo Martinengo, che con duemila fanti al presidio di Cipro era destinato. Non mancò però di procurare d'avere anche in quel
regno rinfrescamento di gente. Lasciando perciò nel porto
della Suda tutta l'armata, egli in persona con quaranta galere andò a Candia, per far ivi le provvisioni maggiori e
con più comodità ; e diede commissione al Provveditor Quirini che con venti altre galere andasse nell'Arcipelago a far
prigioni , come poco dappoi al medesimo effetto vi mandò
anche il Provveditor Canale, il quale molto presto ritornò
con dugento Turchi prigioni. Il Quirini nel medesimo Arcipelago fece anch'egli trecento schiavi, ma non potè ritenere i soldati che non rovinassero l'isola d'Andrò e che non
violassero molte giovani donne cristiane, saccheggiando i beni
non solo degl'isolani privati, ma delle stesse chiese pubbliche sacrate. Il che dispiacque infinitamente a tutti i buoni,

offese gli animi de' Candiotti, e totalmente alienò i Greci di quei paesi dalla divozione de' Veneziani. Tanto possono le scorrezioni de' dissoluti soldati, quando con severo imperio de' governatori non vengono raffrenati! Essendo poi all'ultimo di Agosto il Zane ritornato alla Suda, cominciò a trattare con gli altri Generali circa a quello che con esse armate avessero avuto da fare; ma non fu nel primo consiglio risoluto cosa alcuna, perchè il General Pallavicino e 'l Provveditor Celsi furono di parere che non s'andasse in Cipro, per esser colà il nemico con grosso esercito padrone della campagna. Allegavano ancora non potersi astringere l'armata a combattere, nè meno assediare l'esercito di terra, sì per l'abbondanza che aveva delle vettovaglie, come perchè per li tempi contrarî, e per la commissione che diceva il Doria di avere dal suo Re di partirsi con le sue galere, passato il mese di Ottobre, non potevano essi fermarsi lungamente in quei mari. All'incontro mostrò il Generale Zane una lettera della sua Repubblica, nella quale gli ordinava che, seguita la congiunzione delle armate insieme, e rinforzato la sua di genti da combattere e da remo, s'andasse in busca dell'armata nemica, e si facesse forza di liberar Cipro dall'assedio. Fu dunque solamente consiglio del Colonna e del Doria che si spedisse Marco Quirini in Cipro, con ordine che in ogni modo de' progressi de' nemici certa nuova portasse; il che essendo eseguito, e per tale effetto tutta l'armata alla città di Candia ritiratasi, di là furono medesimamente mandati Luigi Bembo, Angelo Soriano e Vincenzo Maria Prioli con le loro galere e con l'ordine stesso di non tornarsene senza certissima nuova. Indi di nuovo ridotto il consiglio, vedendo il Colonna e 'l Doria e 'l Marchese di Santa Croce, che alle galere di Napoli comandava, e D. Giovanni di Cardona di quelle di Sicilia Generale, che il Generale Zane e il Provveditore Canale risoluti perseveravano nel voler obbedire al Senato, tutti unitamente s'offersero di far quanto essi volevano. Onde vincendo la parte maggiore, fu fatto delle genti dell'armata rassegna generale, che senza i marinari e' galeotti furono ritrovati sedicimila fanti da com-

battere, e de'vascelli, che furono cent'ottantaquattro galere, undici galeazze, un galeone, e quattordici navi, che poco
prima da Venezia eran venute. Ed ai diciasette di Settembre
circa alle cinque ore di notte si levò tutta l'armata dal porto
di Sithia per andare in Cipro; e l'ordine che tenne nel viaggio fu tale: per antiguardia navigava il Provveditor Quirini
con dodici galere, nella battaglia il Colonna con le dodici
del Papa, il Doria con quarantanove, il Zane con trenta, il
Pallavicino con venticinque, il Celsi con venti, e 'l Canale
con venti; le quali tutte si ripartivano anche ne'corni di
essa battaglia. Per retroguardia Sante Trono governatore
de'condannati con sedici galere, Francesco Duodo con dodici
galeazze, computatovi il galeone, e Pietro Trono con quattordici navi. Ed ebbero tutti convenientissimi ordini da servarsi sì nella navigazione, come nel combattere. Con tal ordinanza essendo già l'armata arrivata nella Caramania appresso a Castelruzzo, e ritornando ai ventidue Luigi Bembo, portò
la trista novella dell'infelice successo di Nicosia, la quale
da alcuni cristiani sudditi a'Turchi, ch'egli aveva presi in
quel corso in un caicco, aveva intesa. Quanto quella dolorosa
nuova attristasse non solo quei Generali, ma ogni cristiano
soldato, ciascuno può immaginarlo. E mentre la comune
perdita gli animi di tutti non egualmente premeva, perciocchè chi più e chi meno secondo gl'interessi, o gli affetti
più gagliardi se ne doleva, ecco che all'improviso e quasi
nel medesimo tempo si leva un assai gagliardo e cattivo
temporale che menò seco aspra fortuna, dalla quale tutta
l'armata fu sparsa e disunita, cercando ciascuno di salvarsi
chi in uno e chi in un altro porto al meglio che seppe. Il
che fece, che quelli, che agli altri nel resto non erano eguali
del dispiacere, in quel particolare almeno si pareggiassero.
Ma se ben tutti gli altri ai più vicini e più comodi porti
prestamente si rifuggissero, non volle però fare il medesimo
Giovann'Andrea Doria, il quale con le sue galere tutta la
notte in alto mare volteggiando e resistendo alla burrasca,
si stette. Quietato poi il tempo e il mare abbonacciato, il
giorno seguente tornarono a riunirsi l'armate, e quivi nuo-

vamente il consiglio adunato, non pochi dispareri e discordie nacquero in esso. Perciocchè pareva ad alcuni che si dovesse fare una scelta de' soldati migliori, e con essi rinforzare il maggior numero di galere che si fosse potuto per passare in Cipro al soccorso di Famagosta, acciocchè, come Nicosia, per mancamento di difensori non fosse debellata; allegando e contendendo che si saria anche potuto far forza all'armata nemica e combatterla, se fosse venuto il bisogno. Altri all'incontro dicevano, che poichè Nicosia già era perduta, non saria stato bene di mettere in compromesso ancora l'armata con numero tanto inferiore di vascelli. Poichè non avendo più i Generali inimici bisogno d'esercito in terra, avriano potuto, con lasciar solamente conveniente presidio in Nicosia, rinforzare l'armata loro tutta, quando lor fosse piaciuto. Ed anche essendo Famagosta fortissima, e assai convenientemente munita per resistere ad ogni forza per qualche tempo, avria potuto aspettare, che più sicuramente se le fosse mandato soccorso. Al qual parere accostandosi più conformemente la maggior parte, ed essendo nata contenzione e rissa di parole altercatorie tra Marco Antonio Colonna, e Giovann' Andrea Doria, non si potendo altra cosa deliberare, fu conchiuso di ritornarsene ad isvernare ciascheduno ne' suoi porti. Tornavasene già tutta l'armata molto melanconica, quando ai ventisei da un gagliardissimo vento da scirocco di nuovo fu molto aspramente molestata e disunita. Ma essendosi poco dipoi nel porto di Tristano riunita nell'isola di Scarpanto, si fece apertamente intendere il Doria di volersi partire; di che sebben tutti infinitamente si dolsero, più di tutti il Colonna ne fece risentimento. Poichè essendo quel soccorso mandato dal Re ad istanza del Papa, per esser egli Generale della Chiesa, pretendeva di poterne disporre; ma non perciò alla sua risoluzione si potè riparare. Sicchè avendo egli cominciato a restare alcuni giorni a dietro, l'armata del Papa, e de' Veneziani in breve alla città di Candia si condussero. Ove dovendo il General Zane alcuni giorni fermarsi, per provvedere al soccorso che destinava di mandare a Famagosta, e alla convenevol sicurezza del Reame di Candia, ritenuto seco alcune poche galere, ordinò all'altre che nel porto della Suda si trasferissero. Le quali poco dipoi, essendo partite ai sei di Ottobre, mentre al detto porto navigavano, furono assalite da tanto aspra fortuna generale da tramontana, che non poterono tanto schermirsi che undici di esse non dessero nella spiaggia, le quali tutte si ruppero, essendone anche pochi giorni prima rotte due altre di quelle del Papa nel porto di Candia. Mentre che questi così disventurati accidenti occorrevano, avendo il Generale Zane col suo consiglio di guerra determinato la quantità e qualità del soccorso che a Famagosta si doveva mandare; e anche stabilito i presidi che per guardia della città di Candia e della Cania a lasciare s'avevano, con le galere che seco aveva ritenuto, ai ventuno di Ottobre anch'egli alla Suda si trasferì. (11)

Or mentre che quell'armata dalle infermità lacerata, dalle fortune conquassata, e dagl'infelici successi sbigottita, in tanta afflizione si ritrovava, Caracelebino in Candia per pigliar lingua delle azioni de' nostri, da Pialì fu mandato. Al ritorno del quale, Pialì del tutto informato insieme con Alì, in terra smontato, a trovar Mustafà a Nicosia se n'andò; e pregollo che circa la deliberazione che con l'armata dovesse pigliare gli desse consiglio; mostrandosi tuttavolta inclinato a schifar la battaglia con l'armata cristiana, la quale aveva avuto notizia essere in Candia, rinforzata d'uomini da remo e da combattere, e anche molto possente divenuta per gli aiuti che il Papa e il Re di Spagna avevan mandati. Mustafà gli rispose, che alla grandezza e riputazione del suo Gran Signore non conveniva di mostrare di temer gl'inimici, e che pertanto animosamente andassero a procurar la battaglia, sicuri che la lunga e continuata fama dei trionfi turcheschi avria loro dato felice vittoria. Dalla qual persuasione commosso Pialì, con tutti i vascelli da remo che aveva si mosse alla volta di Limisso, per fare di là la partenza, e andare a trovare l'armata cristiana. Gli altri vascelli più gravi e navili tutti lasciò alli giardini di Famagosta, mandando innanzi due galere fino al capo Sant'Epifani per

farsi scorta. Ma non avendo mai cosa alcuna scoperta, ai
ventisei di Ottobre partì da Cipro, lasciando alla guardia di
quell'isola sette galere, e venne a Castelruzzo e a Rodi,
dove intese essere stata l'armata in quei porti, e dipoi essersi disunita da quella di Spagna, e dalla fortuna di mare
essere stata molto travagliata e maltrattata. Laonde consul-
tando insieme essi Bascià Piall e Alì se fosse stato bene
di arrivare in Candia, fu risoluto di nò, per timore di esser
spinti contra lor voglia a terra e rotti dalla fortuna da tramontana. Navigarono dunque a Stampalia e indi a Longò
e poi al porto Soassera nell'Arcipelago; nel quale per potervi star comodamente e sicuri ad invernare, fecero cavar
molte seccagne che facevano bassi fondi, preparandosi alla
svernata. Ma mutatisi poco dipoi di proposito, lasciando
solamente le guardie ordinarie nell'Arcipelago, con tutta
l'armata a Costantinopoli ritiraronsi. Nello stesso tempo ai
danni de' Cristiani spesso qualche tristo e infelice successo
occorreva, che s'aggiungesse; perciocchè navigando al corso
loro ordinario quattro galere di Malta in quei mari ed essendo da diciotto galere turchesche assaltate, con gran fatica
due di esse nel porto della Suda in Candia si salvarono; e
l'altre due alla maggior forza cedendo, in mano de'nemici
restarono. Similmente nell'Arcipelago, trovandosi due galere
Veneziane sopra a Pario, una di Vincenzo Maria Prioli e
l'altra d'Angelo Soriano, ai quattro di Novembre da cinque
galeotte turchesche furono incontrate, ed avendo il Soriano
temuto il maggior numero e per tanto con la fuga salvato-
si, circondato il Prioli da'nemici da ogni lato, dopo lunga
ed onorata difesa restò morto con tutti i suoi. Il General
Zane frattanto, avendo fatto la descrizione sopraddetta delle
genti che al soccorso di Famagosta voleva mandare in Cipro,
e vedendo che i Capitani di esse facevano segno d'andarvi
mal volentieri, per consiglio del Pallavicino gli cassò tutti,
e in luogo di essi ne fece altrettanti di nuovi. Indi intendendo che l'armata nemica era a Stampalia con disegno di
passare in Candia per combattere seco, non si trovando in
ordine, come conveniva, pensò per allora di schifarla. Onde

lasciando in Candia il Provveditor Quirini con le galere di quel Reame e con le sforzate, insieme con duemila e cinquecento fanti, dei quali mille e settecento si mandassero in Cipro, e gli altri restassero al presidio di quella città, si ritirò con l'armata alla Cania, e indi se ne tornò a Corfù. Di dove il Colonna e'l Pallavicino da lui si partirono, ma da venti contrarî ritenuti, nel porto di Casoppo nell'isola stessa di Corfù, contra lor voglia circa a un mese si stettero. Alla fine quando pure di là partirsi poterono, nel golfo di Venezia sopra la bocca di Cattaro pervenuti, da una fierissima fortuna furono assaliti, il fine della quale fu che la galera capitana del Colonna percossa da una saetta nell'arbore s'abbrucciò tutta, salvandosi nondimeno la gente di essa parte in terra, e parte con la persona di esso Colonna nella galera di Francesco Trono; la quale anche non molto dappoi, per ristoro dei passati travagli, dalla violenza de'venti e dall'orgoglio del mare fu nella spiaggia rotta e fracassata. Ma pur da' Ragusei furono cortesemente raccolti e accarezzati; i quali, avendo i Turchi fatte gran cose per aver nelle mani essi Generali con le lor genti, costantissimamente sempre li negarono loro; anzi rinfrescatigli, e rimessi alquanto in ordine i lor vascelli, salvi al lor viaggio gli mandarono. In questo mezzo in Candia il Provveditor Quirini, considerando quanto necessario fosse di mandar prestamente in Cipro il destinato soccorso per Famagosta, non lasciava di far cosa alcuna, perchè secondo l'ordine lasciatogli da' Generali Zane, Colonna e Pallavicino, si caricassero quattro navi che erano alla Fraschia di vittovaglie, e soldati per tale effetto descritti, e si partissero sotto la cura di Marco Quirini Capitano del golfo, uomo molto pratico e intendente delle cose marittime; poichè Pietro Trono, sotto il cui carico erano state lasciate, era già morto; e dei soldati, a quel soccorso destinati, era capo Luigi Martinengo. Il quale Quirini essendo già in ordine per partire, molto prudentemente discorrendo sopra quello che avvenir gli poteva, pose in considerazione al Provveditore, che dovendo per ragione qualche numero di galere turchesche essere alla guardia di Cipro

rimaste, facilmente da esse si saria potuto vietare il mettere il soccorso in Famagosta; e che perciò pareva che necessario fosse di mandare con esse navi qualche buon numero di ben armate galere. Per il che essendo il suo buon
parere accettato, sotto la sua cura partirono le dette quattro navi, con tredici molto ben rinforzate galere da Candia
ai ventisei di Gennaro del 1571. Ma non potè secondo l'ordine proposto andar con esse Sebastiano Veniero, eletto generale Provveditore di Cipro; perciocchè volendo Iddio ch'egli
a maggior uopo fosse riservato, poichè sì male le cose di
Cipro dovevano finire, fece che in quel tempo di grave infermità impedito si ritrovasse.

Giunto il Quirini a Capo Salamone con detto soccorso, e
vedendo che una di quelle galere ch'egli conduceva aveva
i soldati e la ciurma talmente deboli per le malattie, che
malamente saria stata atta a fare alcuna fazione opportuna,
la rimandò in Candia. E con l'altre seguendo il suo viaggio, giunse ai ventisei sopra all'isola di Cipro alquanto dopo alle navi che intentamente seguiva; sicchè la notte seguente con allegrezza inestimabile entrarono esse navi in
Dromo di Famagosta. Ma non contento il Quirini di questo,
poichè coll'aver condotto il soccorso sicuro, e postolo dentro
aveva pienamente conseguito l'intento proposto; deliberò di
tentare ancora di prender sette galere turchesche, le quali
aveva inteso essere state lasciate alla guardia di quell'isola.
Si stette dunque la notte nascosto con disegno, se la mattina esse galere andavano a far prova di sturbare che'l soccorso entrasse in Famagosta, di uscir loro all'improvviso addosso, e farle prigioni. Venuto il giorno, s'inviarono le galere nemiche verso le navi; ma scoprendo le cristiane, e
non essendo molto allargate da terra, subito per salvarsi al
lido ricorsero, dove gran quantità di genti per difenderle
s'adunarono. Talchè vedendo il Quirini che in altro modo
offendere non le poteva, a furia di colpi d'artiglieria ne
ruppe e gittò in fondo tre, e l'altre, sopraggiungendo la notte,
si salvarono. Perciocchè avendo veduto il Quirini incominciare
a levarsi fortuna, per rimburchiar le navi nel porto, le ave-

va abbandonate. Sbarcato il presidio e scaricato le munizioni e vettovaglie, il giorno seguente uscì il Quirini in mare con le sue dette galere, e incontrando una maona turchesca carica di munizioni e vettovaglie con trecento soldati, combattutala francamente e ucciso la maggior parte di essi, la prese: e l'altro giorno appresso prese anche similmente una nave nella quale era il Bascià di Damasco, il quale avuto commodità d'una fregatina, si salvò. Con le quali prede arricchì le sue genti e diede tanto terrore agl'inimici, che mentre egli stette in paese, non ardirono mai di navigare per quei mari; e anche in terra, dove spesse volte smontò, trovò pochissima resistenza; di maniera che a grand'agio disfece alcuni forti che i Turchi sopra alli scogli della Gambella avevano fabbricati, e il molo che avevano fatto alla Costanza per sicurezza delle galere loro. Ma vedendo poi di non far più col suo dimorare in Cipro profitto; avendo esortato Astorre Baglioni Governator generale e Marc'Antonio Bragadino Capitano e Rettore a diportarsi valorosamente, con certissima speranza di dar loro opportuno soccorso, con le quattro navi e con tre altre, che prima erano in quel porto, se ne tornò in Candia.

Intanto i Generali Colonna e Pallavicino con grandissimi travagli, miracolosamente salvati, si condussero al fine il Pallavicino a Zara, dove gravemente cadde ammalato, e il Colonna a Roma ai piedi del Papa. Il quale con paterno amore teneramente lo accolse, con dolore incomparabile dei progressi turcheschi, che fino allora con tanto danno erano seguiti; i quali diedero certo a tutta la Cristianità, ma particolarmente all'Italia, grave cagione di pianto, di dolore e di timore gravissimo. Poichè, oltre a quelli che del danno comune dell'afflitta Cristianità si dolevano, e che vedendo quanto le cose a' nemici prospere e a noi contrarie succedevano, anche di mali molto maggiori temevano. V'erano anche coloro che mentre la morte de' figli, fratelli, mariti e d'altri parenti piangevano, de' proprî danni loro maggiormente s'affliggevano. E fra tutte anche le afflizioni d'Italia, quelle di Venezia certo il luogo di miseria supremo tenevano, poichè avendo i Veneziani nel principio di quella guerra avuto speranza, non solo di potere dal furor de' nemici francamente difendere lo stato e dominio loro; ma avendo posto in mare la maggiore armata, che mai per l'addietro avessero cavata, e con essa fioritissimo esercito governato da Capitani famosi e valorosissimi, accompagnato dagl' importantissimi aiuti del Papa e del Re di Spagna, avevano anche pensato di poter acquistare parte dell' Imperio turchesco, rifarsi con molto avvantaggio de' danni nelle passate guerre dal nemico ricevuti, e finalmente con infinita lor gloria reprimere e abbassare l'orgoglio turchesco. E vedendo poi così infelicemente perduta la città principale e metropolitana del bel Reame di Cipro, l'armata deserta e rovinata non dalle armi nemiche, ma dalle infermità, colle quali più di sessantamila uomini erano già mancati; e posta in pericolo d'essere dall'armata nemica rotta e cattivata; e finalmente un successo fino allora tutto a'primi pensieri e speranze contrario; mesti, stupidi e sbigottiti, come negli importanti accidenti suole avvenire, giacevano. Erano tutte le case piene di pianti e d'afflizione; non si vedevano, per lo più, altro che vesti lugubri. Chi per la perdita delle facoltà si rammaricava, e chi la morte de' suoi congiunti amaramente piangeva. La plebe, per il mancamento de' traffichi essendo in somma povertà e miseria ridotta, si doleva; ciascheduno finalmente, temendo che l'inimico fatto più ardito e possente, con maggiori forze la vittoria più vigorosamente seguisse, era dal timore della propria e della pubblica salute e libertà oppresso e travagliato. Nè pareva che le impaurite genti sapessero, o in modo alcuno potessero sperar cosa alla sollevazione e al refrigerio loro opportuna. Ma non restava il Senato però di fare quei maggiori e convenienti preparamenti per rinforzare la guerra, che nel seguente libro, con la grazia di Dio, m'apparecchio di scrivere. E tanto più minutamente e bene saranno i fatti seguenti descritti, quanto per la lor descrizione non ho avuto bisogno della relazione d'alcuno, poichè il tutto con l'intervento e presenza mia essendo passato, non ho lasciato cosa alcuna ad essi appartenente, che diligentemente non abbia notato.

COMMENTARI
DELLA GUERRA DI CIPRO

LIBRO SECONDO

ɪᴛʀᴏᴠᴀᴠᴀɴꜱɪ le cose de' Veneziani e de' Turchi nello stato che ho detto; e vedevasi la Repubblica Cristiana tutta in manifesto periglio, se con maggiori e più possenti propugnacoli non si cercava di reprimer l'orgoglio del fiero inimico. Ma non cessavano i Veneziani di far palesi le forze, con le quali s'apparecchiavano di uscire alla prima stagione; e invitando i Principi Cristiani, con maggior caldezza che prima, ad allegarsi con esso loro, ciascheduno per la proporzione delle sue forze, facevano saper loro, che quantunque avessero perduto Nicosia, e gran parte delle genti dell'armata per la mortalità mancata lor fosse, non volevano però essi mancare di continuare per beneficio universale di difendere e liberare il Reame di Cipro, e di far anche contra il comune inimico qualche utile impresa. Per cagione di che avrebbero al primo tempo una potentissima armata di vettovaglie, d'armamenti e di ogni cosa necessaria provveduta.

Più di tutti mostravasi il Papa della Lega desideroso ; non tanto per proprio particolare interesse, quanto per vero paterno zelo del ben comune della cristiana Repubblica, di cui continuo pensiero lo stimolava.

Per il che riscaldando più gagliardamente il negozio , lo fece per mezzo del medesimo Monsignore de Torres (che già al Re di Spagna l'anno a dietro aveva mandato per impetrare aiuto ai Veneziani, e ancora a quella corte si ritrovava) con tanta destrezza e tal'efficacia trattare, che si dispose il Re d'entrarvi, e mandò commissione ad Antonio Perenotto Cardinale Granuela , e a Francesco Cardinal Pacecco, che con D. Giovanni Zunica suo ambasciadore in Roma trattassero, siccome per li Veneziani anche Michele Soriano la trattava. Ma benchè apertamente la Lega necessaria si conoscesse, e cercasse il Papa che quanto prima alla conclusione di essa si venisse , non pareva però che l'accordarne le condizioni potesse facile riuscire. Cercavansi tra il Re e i Veneziani molte cautele e sicurtà, per colpa della poca confidenza , che per molti rispetti tra di loro si vedeva.

Però chiamatisi il Papa essi Cardinali ed ambasciadori nel pieno concistorio, con una flebile orazione affettuosamente mostrò la miseria dello stato delle cose de' Cristiani. Riprese severamente la dappocaggine e la pigrizia de' nostri Principi, la quale l'imminente pericolo non bastasse a svegliare, nè lasciasse loro considerare che l'ingordigia del Turco tant'oltre si stendeva, che tutto quanto possedea la cristiana Repubblica non bastava a sbramarlo. Aggiunse anche, che non solo questo pensiero non lasciava l'animo suo di giorno o di notte quietare , ma che dappoi che s'intese che il Turco con potente esercito il regno di Cipro aveva assaltato, egli da grave cordoglio trovavasi trafitto. Perciò che non solo la perdita di quell'isola era di molto momento per quello che valeva, ma dovea ancora alle menti de'Cristiani esser sempre lugubre, come quella, la quale perduta, ogni adito e ogni possibilità veniva loro affatto levata alla debita guerra della Terra Santa e dell'Imperio Costantinopolitano, alla quale voleva la Religione che si dovesser forzare. Aver egli perciò di continuo con lettere e con Nunci particolari esortato e pregato il Re Filippo di Spagna e la Repubblica di Venezia, a' quali due potentati il fatto presente più importava per li pericoli a che prima s'esponevano i regni e gli stati loro, che con ogni sforzo alla potenza del fiero inimico si fossero opposti. Ringraziare Iddio, che la religione di essi buoni Principi non avesse consentito che vane fossero riuscite le sue preghiere; poichè ad essi che erano loro agenti appresso alla Sede Apostolica, aveano dato commissione di trattare il modo e le condizioni della santa unione. Sperar ancora di trovare la medesima prontezza negli altri Principi cristiani, poichè a tutti toccava il negozio; nè dubitare che, seguita appena la capitolazione della Lega, e dato principio a trattar l'armi da vero, fossero per aggiunger ciascuno quella porzione di forze che potessero; al che prometter lui con ogni sorte d'officio e di paterne esortazioni di persuaderli. Desiderar di più egli stesso di personalmente intervenire alla santissima guerra, esponendo il suo corpo ai comuni pericoli per servizio di Dio. Alle quali cose, vedendo tutti gravemente commossi, aggiunse, che per effettuare opra sì santa, nessuna cosa più poteva giovare che la prontezza e la buona intenzione di essi ministri, i quali pregava che in esecuzione della volontà de' lor Principi fossero diligenti e fedeli. Non attendessero alle litigiose sottigliezze, le quali il negozio potevano allungare; ma con ogni lor cura l'espedizione procacciassero, di che non pur da Dio, il cui servizio si trattava, sarebbero ampiamente remunerati; ma dal mondo anche avrebbero somma lode ed onore. Ciò detto, una scrittura lor diede delle capitolazioni ch'egli con intervento di uomini periti avea fatta, secondo che per il giusto gli pareva che convenisse, la quale colla presenza di quattro altri Cardinali ch'egli al negozio della Lega aveva destinati, trattassero ed esaminassero. Furono i Cardinali aggiunti Giovanni Cardinal Morone decano, Michele Bonello Cardinale Alessandrino nipote d'esso Pontefice, Cardinale Carlo de' Grassi, in luogo di cui, essendo mancato per morte, fu eletto Giovanni Paolo Cardinale Chiesa, e Giovanni Cardinale Al-

dobrandino, uomini tutti di valore e di giudicio eccellenti.
Di essi sei Cardinali adunque e degli ambasciadori predetti
fatta una congregazione d'ogni giorno in casa dello Alessandrino, assai presto convennero, che a similitudine dell'altra
lega tra i medesimi Principi fatta nel pontificato di Papa
Paolo Terzo, questa si stringesse; alla quale non giudicarono che fosse bene di dar termine di tempo, ma perpetua
la chiamarono. Nè meno fu facile d'accordare la quantità
delle forze con che dovessero guerreggiare; avendo tutti
giudicato essere abbastanza dugento ben fornite e ben armate galere, con cento navi; e cinquanta mila fanti; e quattro mila e cinquecento cavalli. Ma ben fece qualche tardanza l'elezione del Generale supremo che a tutte esse forze dovesse comandare. Perciocchè avea ciascuno de' confederati
eletto il suo proprio Generale; cioè il Pontefice Marc'Antonio Colonna principal Barone romano, Duca di Tagliacozzo e di Palliano, e gran Contestabile del Regno di Napoli, che con somma lode da principio aveva questa guerra guidata; il Re di Spagna D. Giovanni d'Austria suo fratello, che per la gloria della fresca vittoria, che della guerra
di Granata avea riportato, splendeva; e il Senato di Venezia il medesimo Geronimo Zane, che dal principio aveva
creato. S'era convenuto ch'essi con pari autorità nella deliberazione delle cose procedessero, con dichiarazione che la
concordia di due bastasse per tutti. Ma era anche necessario che ad essi tre un capo si desse, il quale le deliberazioni fatte eseguisse; e a lui ognuno nell'esecuzione senza
contrasto obbedisse. Nominavansi per tal grado diversi, e
ciascheduno de' Principi grandi d'Italia con differente concorso veniva proposto. Ma ognun s'accordava che Emanuel
Filiberto Duca di Savoja per l'esperimentato valore, per
l'autorità e per l'età fosse a tutti preferito. Non poteva egli
però senza pericolo dallo stato suo, che poco prima con tanti
travagli aveva ricuperato, lontanarsi, nè dai movimenti, che
nella Francia vicina sotto pretesto di religione si facevano,
assecurarsi. Per il che contrastando gli agenti del Re, che
a D. Giovanni, come fratello del Re, nessuno doveva esser

preferito ; e parendo che al sangue regale non si potesse
negar quell'onore, di comun consenso, capo di tutti supremo esso D. Giovanni fu dichiarato. E perchè si prevedeva
che molti casi sariano potuti succedere, per li quali non sempre esso D. Giovanni l'officio suo avesse potuto esercitare,
perciò necessario si giudicava d'eleggere un'altro, che in assenza sua con la medesima autorità avesse governato. Questa elezione, come molto importante, fu anche di molto travaglio ; perciocchè non pur pretendevano gli Spagnuoli che
allo stesso D. Giovanni toccasse l'imperio di sostituire chi
a lui fosse piaciuto in suo luogo ; ma ostinatamente dicevano che non avriano mai comportato che alcuno, che non dipendesse da D. Giovanni, avesse quel luogo tenuto. Ma per
contrario il Papa non lo soffriva, e i Veneziani a viva voce
l'impugnavano, come coloro che del nome odioso di Giovanni
Andrea Doria per Luogotenente temevano, ovvero di qualche
Spagnuolo, da cui nessuna soddisfazione nelle cose a loro
appartenenti speravano d'ottenere. Consigliati nondimeno che
non volessero essi coll'aperta repugnanza dar cagione agli
Spagnuoli di ritirarsi dalla Lega , risolvettero di rimettere
in tutto e per tutto la volontà loro in questo particolare a
quella del Papa, il quale sapevano che dell'autorità sua non
avria punto ceduto. Ma il Papa veduto l'ostinazione in ciò
degli Spagnuoli, virilmente risolve : che quantunque facciano essi quanto sanno fare , non vuol'egli permetter loro
quello che a sè tocca ; e costantissimamente dice, che per-
derà più tosto la vita che in un minimo punto lasci far torto
alla dignità del Pontificato. Scrive dunque caldissime lettere
subito al Re, nelle quali gli dice, che quantunque la potestà del grado supremo del Generalato di ragione toccava al
Pontefice, e a chi fosse stato della sua armata Generale, poi-
che così non pur le leggi degli uomini comandano, ma le
divine; egli nondimeno, avendo tanto risguardo al nome generoso di D. Giovanni figliuolo di tale Imperadore e di
tanto Re fratello, aveva stimato che fosse bene di dare a
lui quell'onore. Ma se caso avvenisse, che nel proceder delle
cose, alcuna volta non si trovasse egli presente. allora non

soffrirebbe egli che alcun luogotenente da lui fosse sostituito. Ma che da ora pretende di nominare e di eleggere un altro, che in assenza di D. Giovanni avrà la stessa autorità da tutta la Lega. E che in questo è sì ferma la volontà sua, che se pensano di sturbarnelo i suoi ministri, quanto s'è fatto nel negozio della Lega ben può disfarsi. Molto differentemente dalla pertinacia de' suoi agenti risponde il Re a quelle lettere, e pieno di molta cristianità dice: che come in tutte l'altre cose era stato a Sua Santità obbedientissimo figlio, così in questa non era per contradire al voler suo. Con la medesima risposta gli manda una nominazione di tre persone, le quali dice che di tutti altri stima più atte a quel grado; acciò che di esse qual più gli fosse piaciuto eleggesse. Sapeva molto bene il Re quanto valeva Marc'Antonio; conosceva che per la dolcezza e rare maniere sue, accompagnate da gravità veneranda, non si potea trovar uomo più di lui atto a comandare, nè a chi più volentieri avesse ogni uomo obbedito; e meglio di tutti intendeva che non avria il Papa d'altra persona fatta elezione. Però volendo anche in qualche cosa a' suoi ministri dar soddisfazione, fece la nominazione per sua parte di due altri ancora oltre a Marc' Antonio; e furono D. Luigi de Regnesenes, Commendator maggiore di Castiglia dell'ordine di S. Jacopo, e Giovanni Andrea Doria; dicendo che parimente ciascuno di essi gli sarebbe piaciuto. Rallegrasi il Papa del buon procedere del Re tanto da quello de' suoi ministri differente, e fatto elezione di Marc' Antonio, accresce a D. Giovanni il grado e gli onori, sottoponendo all'imperio suo non solo le forze di mare, ma quelle di terra ancora, delle quali lungamente s'era trattato di creare altro Generale; e le medesime sottopone anche a Marc' Antonio, come quelle di mare, in assenza di D. Giovanni.

Accordata che fu questa differenza, un'altra subito ne risorse di molto momento. Facevano instanza gli Spagnuoli che si dichiarasse che la Lega e le sue forze avessero a servire contra tutti i nemici del nome cristiano, e apertamente si facevano intendere degli Africani. Resisteva l'ambasciadore

Veneziano, e negava l'imprese d'Africa essere a proposito per questi tempi, quando nessun timore possono gli Africani vilissimi ed imbelli dare alla Repubblica cristiana; mentre essi per lo contrario, non solo a far guerra ad altri atti non sono, ma nè per difender sè stessi, che all'ingiurie di quanti vi vanno non siano esposti, sono bastanti. Instava che le forze della Lega, e tutto il nervo della guerra in Cipro e nei regni che il Turco possiede in levante s'impiegassero; e che ciò nelle capitolazioni cautamente s'esprimesse. Allegava che a questo effetto aveva il Papa tanti Nunzî e tanti brevi a'Principi cristiani spediti; a questo essi per concludere la santa Lega, di commissione de'Principi loro, si trovavano ivi adunati. S'accostava a queste ragioni il Cardinale Morone e gli altri colleghi, e dicevano, che quantunque il Sofi fosse Macomettano, era però tanto del Turco inimico, che non solo di lui in questa guerra non si doveva temere, ma anzi s'andava seco trattando che nella stessa Lega de'Cristiani s'obbligasse, mentre che il Turco per mare coll'armi cristiane fosse assalito, di stringerlo egli con le sue gagliardamente per terra. Il che non era cosa che non si dovesse ragionevolmente sperare da uomo, il quale sapevasi che poc'altra strada da sottrarsi alle perpetue ingiurie del fiero inimico poteva ritrovare. Rispondevano gli agenti del Re, che almeno non si poteva negare, che contra que'Macomettani fosse la Lega, che dominati dal Turco, sotto giuramento di fede, nella sua milizia spontaneamente si scrivono; e domandavano con questo, che nelle imprese della Lega offensive Tripoli, Tunisi e Algieri s'includessero. A queste cose sì che non poteva star saldo il Veneziano; a queste gridava, che alla Repubblica sua non era tal Lega per esser d'aiuto, la quale altro che danno e che rovina non era per portarle; se mentre con la speranza degli aiuti de'collegati, a spese intollerabili si mette; e quando più di speranza sia piena di ritorre il suo dalla voracità del Turco, e di ritenere il Regno di Cipro a pubblico beneficio dei Cristiani, deve stare a periglio non solo d'essere abbandonata, ma d'esserle le proprie forze smembrate, lasciando le provincie, e le cose sue tutte prive di difensori ad esser preda del possente inimico. A che proposito, diceva, al rovescio si tratta di questa guerra? Chi non sa che percosso che sia il Turco, le fortezze di Tripoli, di Tunisi e d'Algieri, senza opera d'armi si renderanno? Chi non conosce che crescendo al Turco l'ardire e la possa, vana riuscirà ogni impresa contra di esse? Ma non volendo con tutto ciò i ministri del Re dal proposito loro distorsi, affermano che quando le imprese predette nella Lega non s'includessero, nè anche il Re sarà mai per accettar nessuna confederazione. Risponde il Veneziano, che di questa particolar condizione, non ha egli dal suo Senato autorità di trattare. Ed essi con maggiore instanza domandano, che quanto prima se la faccia mandare. Mentre che in queste cose si contradicono, un'altra controversia ancora non minore si rappresenta. Dicono gli Spagnuoli, che la Lega non deve obbligarsi ad essere offensiva; ma solamente difensiva; il che non può il Veneziano con pazienza ascoltare. Dice, che con questa proposta altro non s'inferisce, se non che solo alla Repubblica sua tocchi ogni spesa, e sola a tutti i danni esposta rimanga. Perciocchè bastano al Re per difendere i Regni suoi le ordinarie galere che tiene: ma non così avviene ai Veneziani, che dall'eccessive spese continue straordinarie, in pagamenti de' soldati, di vettovaglie, di munizioni, d'armamenti e di galere a gran fretta si sentono rovinare. Dice, che porta seco molti mali la Lega quando non sia se non a difesa; e pare che mentre alle forze di tali Principi unite non dà cuore d'assalir gl'inimici, non poco della reputazione al nome Cristiano si scema, che tacitamente par che conceda i Turchi esser più forti. Di che e ad essi di ragione può crescer l'ardire, e ne' miseri Cristiani, che solo nelle forze di questa Lega confidano, disperazione e viltà generare; massime mentre senza speranza d'acquisto alcuno mantenendo gli eserciti e le armate, s'andranno colle spese consumando. Aggiungeva, che l'ardore dei Greci cristiani, che con sommo desiderio aspettano di veder che contra il Turco si faccia impresa per sollevarsi a scuotere il giogo della lor misera servitù, con la freddezza d'armarsi solo a difesa s'estinguerà, e ogni altro buon disegno riuscirà vano. Che bisogna pertanto arditamente e valorosamente armarsi per assalire il Turco negl'intimi regni suoi di levante ; per reprimer coll'armi l'arroganza sua, la quale tanto tempo della pigrizia e negligenza de' Cristiani è venuta crescendo. Che si deve pur una volta provare di far sì, che non sempre il Turco per occupare l'altrui, ma per difendere il suo qualche volta abbia a combattere. Crescevano i contrasti e i dispiaceri, mentre ciascuno di difendere l'opinion sua si sforzava, tal che poca speranza lasciavano avere che a buona e presta conclusione la Lega si conducesse.

Stavasi il Papa nell'animo travagliato, e non poco temeva, che d'una in un'altra controversia tanto le cose si allungassero, che, a guisa dell'anno passato, il tempo delle fazioni di guerra passasse. E tanto più che avendo il Senato di Venezia cominciato a temere che Michel Soriano suo ambasciadore per troppa volontà che mostrava d'avere della Lega, qualche cosa nella conclusione d'essa avesse accordato che gli fosse di pregiudizio, per raffrenarlo gli avea mandato per compagno Giovanni Soranzo, senza di cui non potesse far cosa alcuna. Desiderando esso Pontefice d'affrettare il negozio, nè conoscendovi altro espediente, che l'autorità del Re, manda a lui con grandissima fretta Pompeo Colonna Signore di Zagarolo, uomo che oltre alla esperienza militare, era destrissimo e pratico negoziatore, e per lo splendore del sangue, come congiunto di Marc'Antonio, che dal Re era amato in estremo, e per molte qualità sue era anche al Re grato. Gli ordina, che informi il Re pienamente dello stato in che le cose si trovano; e che gli dica, che non ostante che tutto il mondo conosca la buona volontà sua, e che molto ben sappia egli che non ha bisogno di stimoli per la santa opera della Lega, se non comanda prestamente a' suoi ministri, che lasciando le dispute e le cavillazioni, s'affrettino alla conclusione, e ch'essi in effetto lo facciano, sarà necessario di lasciar totalmente di più trattarne; poichè per poco tempo che ancora si differisca, non potrà più buon effetto produrre. E che di più faccia in suo nome al Re calda instanza, che gli piaccia d'esortare l'Imperadore suo fratello ad entrare anch'egli nella medesima Lega, perciocchè grandemente spera che l'autorità della sua persuasione in questo debba giovare.

Con mirabil prestezza arriva Pompeo per le poste alla corte, ed efficacemente espone l'ambasciata del Papa; e ottiene dal Re questa risposta: Che quanto sia il zelo ch'egli ha della Religione e il desiderio d'esaltarla, non solo le azioni di tutta la sua vita passata; ma la presente guerra ch'egli ha nella Fiandra deve abbastanza chiarirlo; poichè con essa i sudditi suoi, non per altra cagione che di Religione da lui discordanti, con intollerabili spese e col più forte nervo di tutti i regni suoi perseguita; essendo che col concedere loro solo un poco di libertà di coscienza, tuttti uniti e pacifici potria avere obbedientissimi. E che molto ben questa guerra dall'entrare nella confederazione di nuove imprese e di tanto momento l'avrebbe potuto scusare. Ma che il zelo della Religione a tutte l'altre cose avendo in lui prevaluto, per servizio di Dio e della Santità del Pontefice, le cui esortazioni han seco forza di divini precetti, per non parere che solo di parole voglia aiutare, oltre all'armata delle sue galere, che con fretta fa mettere in ordine, gran quantità di navi e di vascelli da carico in molte parti ha fatte adunare. E oltre di ciò dieci mila Tedeschi, otto mila Spagnuoli, e altrettanti Italiani per uso della guerra della Lega ha fatti assoldare; e che quanto prima è per mandare in Italia D. Giovanni suo fratello con espresso comandamento, che unite che abbia le armate degli altri confederati, con ogni celerità procuri di fare il sommo sforzo nella santa guerra. Ma che si dica che i suoi ministri senza cagione vadano le cose allungando, non esser sua colpa; poichè molto contra la volontà sua lo fanno. E che però scriverà e comanderà loro, che, resecando tutte le cose superflue, attendano solamente a spedire quanto prima la santa conclusione, e a dare al Pontefice piena soddisfazione con obbedire i suoi comandamenti. Ma che (quantunque suo malgrado lo dica) teme egli non poco, che in-

darno si prenda il santo Pontefice tanto travaglio, perciocchè non crede, che sinceramente e daddovero i Veneziani
trattino la Lega. Nella quale opinione lo fa cadere non solo la conoscenza che ha della natura de' Veneziani, che la
guerra e il trattar le armi abborrisce; ma l'aver egli certa
notizia, che non hanno essi mai ancora lasciato di trattar
col Turco la pace, che da principio negoziavano; per cagion della quale innanzi e indietro tra loro vanno di continuo ambasciadori. Che giudica egli pertanto, che non ad
altro fine essi s'infingano, che di spaventar col nome della Lega il Turco sì fattamente, che migliori lor faccia le condizioni della pace. Ma sia come si voglia l'animo loro, che
non perciò mancherà egli di fare quello che deve, per aiutare i popoli cristiani de' quali Dio l'ha fatto Re; e per
mostrarsi al Pontefice obbediente figliuolo. Che in quello
che gli dice di Cesare, può egli come suo fratello securamente
prometter molto della volontà sua e della prontezza; ma non
che perciò possa dare speranza d'alcuno effetto. Non perchè
così santa impresa più degli altri volontieri non abbracciasse,
e che non si gloriasse d'esserne capo; ma per la debolezza
delle sue forze e per la povertà dell'Imperio a cui non mette
conto di provocar l'ira del Turco tanto potente; mentre
con esso godendo la pace, vivono i regni e i popoli suoi
quieti e securi. Con tutto ciò, per obbedire al Pontefice
non mancherà d'esortarlo, ancorchè quando egli sopra di ciò
gli domandasse consiglio, non saria per confortarcelo.

Con questa risposta licenziato Pompeo, comanda il Re
a' suoi capitani e a chi ha cura delle armi sue, che s'affrettino a ridurre insieme tutte le genti che hanno assoldate; perciocchè se pur la Lega non andasse avanti, ha risoluto di
prestamente servirsene nelle imprese di Tunisi o di Algieri, che in ogni modo vuol fare. Oltre di ciò gran quantità
d'armamenti e d'instrumenti da guerra da Genova e da Napoli fa condurre in Sicilia, e le galere del Regno di Napoli,
che non erano allora più di quattordici, fece che s'accrescess-
sero fino a trenta. Ritornato dunque Pompeo, e dato le lettere
agli agenti del Re, si attese a stringere le capitolazioni che

appressso diremo. Ma perchè nella Lega prossima passata erano i pesi della spesa in modo tra i Principi ripartiti, che la metà giusta ne faceva l'Imperadore, e del rimanente due parti a' Veneziani e una al Papa ne toccava; mentre che questa vogliono con la medesima condizione legare, il Papa si fa sentire e dice, che si trova la sede apostolica tanto esausta di danaro, che non può in modo alcuno regger quel peso; e che della parte che a lei tocca non pretende egli di pagar più d'un terzo; intendendo che agli altri due terzi il Re ed i Veneziani per rata suppliscano. Non ricusarono molto gli Spagnoli, che sapevano che i pesi della Chiesa il Re voleva essere il primo a portare. Ma i Veneziani incominciarono a lamentarsi e a dire: che non pagherà il lor Senato niente più di quello che s'era trattato, il quale aveva prima risoluto di non voler pagare più della quarta parte, e a forza di prieghi e di contrasti a pagarne la terza difficilmente s'era disposto, benchè non in minore strettezza di denari che il Papa si trovasse. Dicevano, che troppo il Papa le forze della Chiesa avviliva, volendo di tanta lunga agli altri essere inferiore nella spesa: che era cosa di burla il dire, che al Romano Pontefice mancasser denari, il quale più di tutti i Principi cristiani ha commodità di farne quanti ne vuole; e che per proverbio tuttora si dice, che nulla entrata si trova al mondo maggiore di quella della penna del Papa, la quale ad ogni tratto grandi somme di denari partorisce. Queste cose gli ambasciadori veneziani col Cardinal Morone sfogavano, a' quali egli costantemente rispondeva: Che per colpa de' mali successi dopo la Lega passata, due gran ferite ha ricevute la Chiesa, di che non può medicarsi. Una è l'alienazione di Parma e di Piacenza, tanto ricche città; e l'altra l'avere sminuito dall'entrate dello stato temporale quattrocento mila scudi ogni anno. Che la strada ch'essi accennano da far denari con la penna, non è a questo Pontefice tanto facile, quanto per avventura è stata a molti altri; essendo che per non offendere di un minimo punto la sua coscienza, per non abusare l'autorità pontificia, e per non abbassarla, lascerebbe più tosto che tutto il mondo andasse in rovina, come colui che non per umani discorsi, nè per ragioni di stati, come si dice, le cose governa, ma da tutt'i pensieri abborrisce che nelle leggi di Dio non sieno fondati. Onde avverrà molto certo, che più tosto lasci di trattar più della Lega, che tanto gli è a cuore, che non per superare le difficoltà d'essa sia per piegarsi a quel che non deve. Soggiungeva, che non si poteva con verità dire, che poco il Papa, e meno degli altri, nella Lega spendesse, il quale più veramente si può sostentare, che più di tutti in essa sia liberale. Perciocchè se vero è che le decime ed altre entrate ecclesiastiche sieno tanto sue, come di ciascuno degli altri Principi i dritti de'loro stati temporali; concedendole egli tanto copiosamente per questa occasione al Re ed alla Republica di Venezia, si può dire che del suo tutta la spesa si faccia. A questo i Veneziani prontamente rispondono: se pensa il Papa che alla parte che a lui tocca, e del suo e non del nostro proprio noi dobbiamo supplire, sarà molto ben ragionevole che in tal modo questa spesa tra il Re e noi si riparta, che chi più utile riceve dal Papa, quello più spenda per lui. Nè possono gli Spagnuoli negare infinitamente esser più quello che dalla liberalità del Papa lor si concede, tanto delle decime, quanto della crociata, ed altre cose ecclesiastiche, per la grandezza de'Regni di Spagna, che quello che noi in poco paese, e poca giurisdizione ne cacciamo. Disputandosi, contrastandosi tra le parti queste ragioni, decide il Papa con molta equità, che si divida quello che a lui tocca in cinque parti, delle quali due paghino i Veneziani, e il Re tutto l'altro. Al che non molto contrastarono a consentire i confederati; come quelli che conoscevano, non tanto per la spesa la confederazione del Papa esser lor necessaria, quanto per mantenere unita la Lega opportuna; per mantenere in fede i collegati, e per decidere e terminare con l'autorità pontificia le discordie che tra di loro alla giornata nascessero, di che di comun parere ad esso l'arbitrio e la potestà pienissima diedero.

Tutte queste differenze terminate e conchiuse, riduce il Papa tutto il collegio de'Cardinali, gli ambasciadori de'Principi, e la frequenza della nobilità e del popolo Romano nella chiesa della Minerva per il giorno di S. Tommaso di Aquino a' sette di Marzo per pubblicar la nuova desiderata della santa unione. Essendosi ivi con ogni solennità cantata la Messa, pria che alla stipolazione si venisse, ecco che il Cardinale Granuela per parte del Re e de' suoi procuratori produce uno scritto, nel quale si dice: che per esser già la stagione tanto avanti non potrà il Re per l'anno presente dare il promesso numero delle galere, delle quali non più di settanta può mettere in ordine. Ma acciocchè non si lasci di fare, contra il comune inimico l'impresa accordata, si desidera da' confederati, e particolarmente da' Veneziani, che hanno commodità di vascelli, che non si manchi d'armare quel maggior numero di galere che sarà possibile; tanto che in ogni modo s'arrivi a dugentocinquanta. Di queste per la sua rata parte, pagherà il Re gli armamenti, le vettovaglie, i remieri e quanto vi correrà di spesa; dando ad essi Veneziani potestà di pigliare i remieri e marinari da' regni suoi, da poi che avrà egli finito d'armare le sue, le quali di tutte le cose provviste e ben armate darà prima ch'esca il mese del prossimo Maggio. La inaspettata novità dal pensiero di ogni uno lontanissima, empiè tutti di mestizia e di stupore. Gli ambasciadori Veneziani da principio s'ammutirono; e poco da poi riavutisi risponderono: che non avendo essi dal Senato autorità di trattare se non delle cose accordate, non possono nelle cose di nuovo prodotte convenire, senza che nuova commissione da esso lor venga. E il Papa dolente di veder vane tante fatiche sue riuscire, non senza lagrime e grave afflizione a Palazzo tornossene. La qual cosa non prima a Venezia s'intese, che varie alterazioni e movimenti negli animi di quella Repubblica produsse. Quei che per l'addietro della Lega erano stati ardenti, si raffreddarono; e gli altri che sempre l'avevano abborrita, tra' quali era l'istesso Duca Luigi Mocenigo, che con ogni sforzo procurava la pace, e cui una gran mano de' Senatori aderivano, e che per non impugnar quello che la moltitudine infinita mostrava di volere, s'eran fino allora taciuti, alla scoperta già parlavano, e gli animi titubanti s'andavano guadagnando. Fino a quando dicevano, soffrirem noi d'esser dagli Spagnuoli o uccellati o gabbati? Ecco pur che non più con le solite stratagemme, ma alla scoperta ci mostrano di non voler dare gli aiuti promessi. Ecco del pattuito numero delle galere la metà hanno scemato, prima che abbiano cominciato a mandarle. Con quali forze adunque pensiamo noi di resistere al Turco potentissimo, che con tutte le sue ne viene ad assalire in tutte le parti? Già l'anno addietro con varie maniere di scherni siamo stati distratti e di vane speranze nutriti. Eccoci al secondo; e mentre vediamo le cose nostre andare in rovina, non pur non ci provvediamo, ma ci lasciamo ancora dalle fallaci promesse e finti modi di trattare la Lega, nell'abbisso delle miserie precipitare. Ormai pur chiaramente vediamo che non prima i nostri confederati sono per muoversi a porgerci aiuto, che la final rovina nostra abbian veduta. Perciocchè presupposto che il Re con vera e buona intenzione proceda, che giova a noi il buon animo suo, se stando egli in parte tanto remota, necessariamente le cose della guerra si trattano per mano di tali ministri, che come del nostro male si godano, a tutte le cose che ci possono aiutare ce li troviamo contrari? E chi non sa che la maggior sete degli Spagnuoli è l'imperio assoluto d'Italia, il quale altra potenza non è che lor vieti che i soli Veneziani? I quali non parendo lor bene di scopertamente assaltare, con le finte promesse di far con essi consorzio di Lega, cercano astutamente di trattenere tanto che, del tutto consumati, non sieno più atti a difendersi. Che perciò nulla cosa ad essi può essere espediente quanto la pace col Turco; che quella a dritto e a torto si deve cercare; che quella è solo il refugio della salute loro. Nel medesimo tempo avendo in Constantinopoli Mahemet Visir, come amico de' Veneziani, detto al Bailo che ivi stava ritenuto, che quando la Repubblica si risolvesse di domandare umilmente la pace al Gran Signore, egli avria speranza di farla conseguir loro con poco gravi condizioni; e perciò avendo esso Bailo di là mandato a Venezia il suo segretario, in compagnia d'un Dragomanno, che colà d'interprete lo serviva; fu occasione tanto maggiore, che dicessero quei che desideravan la pace, che una tanta occasione non si doveva lasciare. E poterono tanto questi susurri, che fingendo il Senato che necessario fosse di mandare alla corte di Costantinopoli un uomo per trattare i ricatti degli uomini perduti nella guerra, vi mandarono prestamente Jacopo Ragazzoni, uomo pratico delle cose turchesche e da' Turchi ben conosciuto, a cui secretamente diedero commissione, che la pace co' migliori modi che potesse, trattasse. Non vollero però che la pratica della Lega, mentre questo occultamente si trattava, si dismettesse. Ma raffreddati dalle caldezze che prima facevano, gli ambasciadori in Roma lentamente negoziavano. A tutte le cose che si proponevano davan lunghezze. Di nulla davano risoluta risposta, se prima fino a Venezia non mandavano a pigliarne commissione.

Il Papa di questi andamenti tanto si crucciava, che con lagrime e con infinito dolore della miseria de' Cristiani si querelava. Mentre de' disegni de' Veneziani non poco temeva, le fatiche che per essi aveva egli fatte in questa confederazione loro rimproverava. Pregava che per privati interessi la pubblica causa della Cristianità non s'abbandonasse, e con evidenti ragioni mostrava quanto errore si facesse da coloro, che potendo con le forze congiunte de' confederati all'inimico resistere, vilmente si vogliono alla tirannica voragine sottomettere. Con tutto ciò vedendo che nulla sua persuasione a far che gli ambasciadori si mostrasser più caldi bastava, risolvè di mandare a Venezia un uomo d'autorità, della cui presenza avesse quel Senato a vergognarsi, quando dalla Lega tanto lungamente trattata si volesse ritrarre. Nè molto ebbe a pensare chi dovesse a tanto officio eleggere; perciocchè sapeva molto bene che Marc'Antonio Colonna non solo era tale, ma per le qualità sue era tanto da' Veneziani riverito e amato, che il desiderato successo poteva col suo mezzo sperare; e confidava che con la rara maniera di trattare, e con l'acconcio modo di dire poteva sicuramente persuadere quanto voleva. E dall'effetto che molto presto a sua voglia successe, conobbe quanto buona fosse l'elezione.

Arrivato Marc'Antonio a Venezia, la maggior parte de' più vecchi Senatori e tra essi il proprio Duca, totalmente dalla Lega alieni ritrova. Ma ricevuto gratamente nel consiglio de' Dieci e sommamente onorato, con ogni efficacia comincia ad esortar quel Senato, che non voglia ritrarsi da quella Lega, la quale a' suoi prieghi, con tanti travagli del Papa e de' suoi ministri, se per essi non resta, è maturata. Prega che in cosa di tanto momento non voglia mostrarsi incostante. Dice, che non conosce il Pontefice occasione, che sia stata lor data, per la quale dall'ardore che da principio della reputazione e del ben loro hanno mostrato si raffreddino, a tempo che ogni cosa sta preparata all'impresa, nella quale essi più di tutti gli altri Principi cristiani hanno interesse. Che non possono essi negare, che di consenso loro con intervento de' loro ambasciadori tutte le cose della Lega sono state trattate e accordate. Che se ben la scrittura dal Cardinal Granuela prodotta ha dato qualche disturbo, non è però la difficoltà di tanto momento, che in man loro non sia di rimediare al tutto senza lor danno. Poichè offerendo il Re di pagare tutte le spese che si faranno in armare non solo le galere che mancano al numero ch'egli ha promesso, ma anche la sua parte di tutte quelle che oltre al numero delle convenute si armassero, di che egli faceva istanza grandissima e desiderava che fossero molte, non possono con ragioni essi dolersi, che con pochi vascelli si tratti di fare l'impresa. Anzi che avendo essi di vascelli tanta commodità, devono più tosto aver caro che occasione lor venga d'armarne quanti a lor piace, poichè vanno in beneficio loro, e delle spese vengono sgravati.

Queste cose avendo Marc'Antonio con gravi e sostanziose parole nel Senato trattate, da uno di essi, che più di tutti la Lega abborriva gli fu risposto: Che gravemente a tutti que' Senatori doleva, ch'egli, che con la loro Repubblica ha meriti sì grandi e cui, conforme agli obblighi che professano d'avergli, desiderano essi sommamente di dare ogni soddisfazione, indarno abbia presa la fatica di quel viaggio. Poichè a trattare un negozio disperato lo vedono

esser venuto ; perciò che ogni pensiero che per l'addietro
hanno avuto della Lega, hanno già del tutto lasciato. Di
che, dice, esser cagione il vedere e conoscer chiaramente ,
che dopo alle morti e alle rovine dell'anno passato , dopo
l'aver perduto Nicosia, e creder già d'aver affatto a perdere
tutto il Regno di Cipro, di nessuna utilità, nè di commodo
può esser loro una Lega tanto debole e difettosa ; nella
quale Cesare, da cui per le imprese da farsi tanto speravano, e di cui gl'interessi col Turco non sono minori de'loro,
non è per entrare. Il Re di Francia , non si deve sperare
che per cosa che al suo Regno non tocca, l'amicizia che da
lungo tempo tiene col Turco sia per lasciare. E il Re di
Spagna una minima parte delle sue forze è per impiegarvi,
mentre nella continua guerra della Fiandra, che tanto gl'importa , le tiene occupate. Qual pazzia dunque sarebbe, le
picciole forze d'una debolissima Lega, la quale per mille discordie che nascono a tutte le ore non fia mai per unirsi,
alla tremenda potenza di quel Principe opporre, a cui,
quando di tutt'i Principi cristiani tutte l'armi ben unite s'oppongano, non posson resistere? E questa cagione ancora,
sebbene è grande ed orrenda, non avria però gli animi loro, già risoluti a far con l'armi lo sforzo maggiore, fatti
mutare. Ma il vedere che gli Spagnuoli, non per offendere
il Turco, nè per far guerra, ma per difendersi solamente
e per resistere, la Lega cercassero, questo ha fatto tutti gli
animi ben disposti ritrarre. E che essi a questo sol fine si
muovano chi può dubitare? Non è il Re, non solo per andare alla guerra ; ma nè per venire in Italia, ove alle cose
ad essa necessarie possa provvedere, e i negozi di tanto
momento coi collegati consultare ; sì che d'ogni difficoltà
che nasca, fin dall'estreme parti del mondo bisognando le
risoluzioni aspettare, indarno il tempo alle fazioni opportuno andrassi sempre perdendo. Ovvero darà egli agli agenti
suoi in Roma l'autorità piena ; ma quali agenti? se chiaramente si sono essi scoperti, che non ad altro fine vogliono
la Lega, che per assicurare i Regni di Spagna dalle continue molestie degli Africani. La Lega dunque qualunque ella

si faccia, che non sia per offendere, e per assalire il Turco negl'intimi Regni suoi di levante, nessuna cosa più certa contiene, che l'esterminio totale e la rovina loro. Perciocchè nel far la guerra arditamente non solo la ricuperazione del Regno di Cipro e di tutt'i dominî, ch'essi nelle parti di levante hanno perduti, consiste, ma l'assicurare ancora, che non possa il Turco nelle sue viscere ferito, gli altrui Reami nel ponente o in altra parte assaltare. Dice di più che troppa disuguaglianza di spesa e d'acquisti è quella degli altri confederati con loro. Perciocchè il Papa per poca cosa che spenda, la maggior gloria che possa un Sommo Pontefice conseguire riporta; che è di collegare le forze dei Cristiani contra il nemico della fede di Cristo. Il Re si passa coll'ordinaria spesa, che fa in mantenere le sue galere, e quello che negli armamenti e nelle genti spendesse di più, non solo non gli è di danno, ma chi facesse buon conto di quello che cava delle cose ecclesiastiche nella Spagna, che perciò il Papa gli ha concedute, troveria, che più tosto ci avanza che non ci rimette. Ma essi, sebbene hanno dal Papa le medesime concessioni, quando dal picciol dominio loro centomila scudi l'anno voglion dalle chiese cavare, rovineranno talmente i preti, che non potranno più attendere al culto divino. E intanto di spese tanto eccessive si gravano, che in breve, senza che dall'inimico altro danno ricevano, da sè stessi si consumeranno. Dice alla fine, che poichè difensiva dev'esser la Lega, e a difender quello ch'essi possiedono le forze ch'essi hanno lor posson bastare, a nessuna cosa lor deve servire l'allegarsi, se non a vender la libertà loro. Sì che quando lor piaccia di far col Turco la pace, alla quale finalmente avranno a venire, senza offendere i confederati non possono, da' quali facendola senza saputa loro, saranno chiamati infedeli e pergiuri. Che pur la necessità de' tempi in che si trovano deve lor persuadere, che la pace col Turco, per molto che costi, è quel solo rifugio, in che può sperare di conservarsi la Repubblica loro.

A queste cose Marc'Antonio, avendo lungamente trattato della perfidia del Turco, la quale a niuna nazione più

che ai Veneziani, che con tanto lor danno la provano, de-
v'esser nota; con vere e potenti ragioni mostra quanto poco
si può fidare della pace con uomo, che non fa stima di religione o di fede, e che la maggior ingordigia che abbia
è d'ingolarsi tutto quel che i Veneziani nel levante possiedono. Prova poi con effetto che non possono i Veneziani con
le lor forze sole dalla voracità del Turco gli stati loro difendere. Dice esser molto differenti questi tempi da quelli,
in che solevano i Veneziani coi Turchi guerreggiare; perciocchè le forze turchesche non solo per terra sono infinitamente cresciute, e le Veneziane mancate, ma nelle stesse armate marittime, di che più Venezia si pregia e dove è
tutta la sua possanza, di gran lunga prevalgono. Ricorda
che non ha la Repubblica porti nè luoghi, ove sicuramente
in levante tener possa lungamente l'armata sì numerosa, che
a quella del Turco basti ad opporsi, nè a guardare i suoi
luoghi, che per terra non sieno da' Turchi assaliti. Dice,
che non possono essi con le forze di mare sole, le quali di-
vider non possono, dalle molestie, che il Turco lor dà in
diverse parti, ad un tempo difendersi; perciocchè se in
Candia terranno l'armata, di niuno aiuto potrà essere ella
ai danni del mare Adriatico e alla stessa Venezia, quando
venga assaltata. Dice che il porto di Corfù, il qual solo,
come mediocremente distante, sarebbe opportuno, di tutta la
loro armata non è capace; e quella parte ancora che capir
vi potesse, per la vicinità dello scoglio eminente di Butin-
zio, donde con artiglieria si può battere, non potria dimo-
rarvi. Che il medesimo difetto hanno i porti della Dalmazia;
ne' quali essendo i Turchi della terra padroni o possono
vietare l'entrarvi, o i vascelli che vi fossero entrati affondare. Conclude insomma, che poco o nulla può l'armata
di mare servire. E delle fortezze di terra molto meno posson
fidarsi, che all'impeto del Turco possan resistere, essendo
che tanto è inespugnabile ogni fortezza quanto con gagliardi
soccorsi si difende, i quali essendo in mano del Turco d'impedire per mare e per terra, non conosce in che cosa fon-
dino tanta speranza. Alla fine domanda qual cagione abbia-

no finta i generosi Veneziani, per la quale dalle cose accordate e concluse tra i confederati si debban ritrarre; essendo che in Roma si è stabilito, con intervento de' loro ambasciadori, che le deliberazioni di fra la guerra, o difensiva ovvero ad offesa, solo in potere dei tre Generali dei confederati rimangano. I quali, secondo i tempi i luoghi e le occasioni, quello che sarà più espediente conoscendo, come lor parerà così potranno eseguire. E dovendo di pari autorità essere il voto di ciascuno dei tre, de' quali la concordia di due si dovrà seguire; mentre, diceva, dei tre voi siete uno, e un'altro son io, il quale quanto ogni vostro bene procuri, da tutte le mie azioni avete potuto conoscere, che occasione avete voi da temere che contra la dignità e contra al ben vostro cosa alcuna si faccia? Dovete per ogni ragione gli aiuti, che il Papa e il Re liberalmente v'offeriscono, non solo allegramente accettare, ma con essi rincorarvi alle imprese, che ardentemente avete mostrato al mondo di voler fare. Dovete sopra tutto la fama e la reputazione di questa Repubblica procurare; la quale, questi aiuti ricusando, con infinito vostro danno affatto perderete; essendo che da qualche tempo in qua sieno i Veneziani in opinione delle genti, d'esser tanto della pace e del riposo divenuti amatori, che nè anche l'atrocissime ingiurie di vedersi togliere i Regni, bastino a fargli risolvere a trattar l'armi e a guerreggiare. E pur molto bene sapete nessuna cosa ai Re e alle potenti Repubbliche esser più di tal nome dannosa. Dice ancora che oltre che le forze di essi confederati con le loro congiunte non sono sì poche, che non solo a resistere al nemico, ma ad assaltarlo con speranza di buon profitto sieno bastanti; non è ancora che non si debba sperare, che ben presto sia Cesare per entrare nella medesima Lega. Poichè a lui più che ad ogni altro importa di cacciar dall'Europa il potente inimico, dal quale eccessivi danni di continuo riceve, e a cui, con molta indegnità del nome Cesareo, è costretto di render tributo. Ma che nessuna cosa fin ora lo ritiene, che il timore che ha della irrisoluzione o della incostanza dei confederati. I quali se una volta ve-

drà, daddovero aver cominciata la guerra e di cuore se-
guirla; chi dubita che con tutte le forze sue, con ardore maggiore di tutti vorrà della gloria e dell'acquisto
della Lega farsi consorte? Il quale collegato che sia e
cominciando ad infestare il Turco per terra, come l'armata
farà gagliardamente per mare, chi non sa che non potrà
egli resistere, avendosi a difendere da diverse guerre in
levante e in ponente, ove non fia gran cosa che anche il
Re di Polonia suo vicino, aiutando la nostra causa, l'assalti? Che devono per tanto lasciare di pensare a cose poco
animose, e ad una splendida e generosa guerra risolversi,
con la quale non solo al Turco rendano l'ingiurie, le stragi
e le uccisioni, ch'essi n'hanno patite; ma che valorosamente
e potentemente liberando i Cristiani dalla fiera tirannide,
fin dentro l'interne parti dell'Asia lo faccia nascondere.

Queste e molte altre cose diceva Marc'Antonio, e non
solo in Senato, ma nei continui ridotti che in casa sua si facevano de' Senatori principali, da' quali era fuor d'ogni credenza visitato e frequentato. E avevano tanta forza le sue
ragioni e le parole con che le diceva, che gli animi più
alla pace col Turco inclinati, alla conclusione della Lega si
andavano infiammando; sebben quelli che ostinatamente la
pace difendevano, dicevano, che in conto alcuno non conveniva di cominciare una impresa sì grande con numero tanto
picciolo di galere, poichè il Re non era per darne più di
settanta. Al che rispondeva Marc'Antonio, che s'obbligava
egli di fare (come poi veramente lo fece) che n'avria dato
il Re fino ad ottanta; e che non conosceva che cosa importasse che le galere fossero più tosto del Re che della Repubblica, mentre si contentava il Re di contribuire alla spesa
di qualsivoglia numero che armate si fossero, ed insieme
esortava e pregava che se n'armassero più di dugento. Due
cose a questo rispondevano i Veneziani. Una, che sebbene
avevano essi gran quantità di galere, non avevano però potere d'armarle per mancamento dei remieri che l'anno passato avevan perduti. L'altra, che si desse lor sicurtà, che
fosse il Re per pagare le spese che prometteva; poichè di

presente non correva il danaro. A tutte due prontamente trovava il rimedio Marc'Antonio, dicendo, che alla prima difficoltà, la quale il Cardinale Granuela avea preveduto che si dovesse allegare, s'era provvisto con la propria scrittura ch'egli aveva prodotta, contentandosi il Re, che da' suoi regni le ciurme e i marinari si cavassero. E alla seconda diceva, che cosa più brutta non si poteva sentire, che la Repubblica di Venezia di tanto splendore, da un tanto Re e sì potente, che viene per benefizio commune a collegarsi con essa, altra sicurezza ricerchi che la regia parola, a cui niuna sicurezza si puote agguagliare. E perciò da una domanda sì vile, per l'amore ch'egli le portava, le consigliava che si astenesse.

Nè questo ancora fu il fine delle dispute, perciocchè ancora allegavan coloro, che almeno per quell'anno, non era espediente di concluder la Lega; poichè era già il mese di Maggio, e non solamente le cose non erano in ordine, ma nè anche Don Giovanni era pur venuto in Italia per provvederle; nè che tampoco della sua venuta ci era nuova; sì che prima che le armate insieme si giungessero, il tempo da far l'imprese e l'occasione sarebbe necessariamente passata. Non lascia Marc'Antonio che tampoco questa difficoltà forte si faccia; ma dice e promette, che a carico suo si prende, che tutto quello che al Re si appartiene per l'impresa, prima che il mese di Maggio presente finisca, sarà pronto e apparecchiato, purchè non ritardino essi la conclusione della Lega. E dice oltre di questo, che non per queste tardanze si deve lasciare di seguitar le cose bene incamminate. Perciocchè non è cosa nuova, che le cose di questa grandezza non hanno per esquisita diligenza mai tanto potuto affrettarsi, che prima della venuta dello Autunno si sia potuto venire alle mani; e che nè anche nella Lega passata, di cui essendo Generale Andrea Doria con ogni esquisitezza s'apparecchiaron le cose, prima che a detta stagione poteron le armate condursi che si vedessero. Finalmente un'altra difficoltà si mette in campo, non pur delle altre non minore, ma che senza faccia di cavillazione pareva che contenesse giustizia. Dicono i Veneziani, che dovendo far lunga, e sempiterna guerra col Turco, sono essi costretti a spese molto maggiori che nella pace non fanno, in mantener raddoppiati i presidî e armate le fortezze di terra. Che a ciò non potendo lungamente resistere, domandano che dai confederati per rata a quel danno si contribuisca. E a questo non manca di dar loro soddisfazione Marc'Antonio e dice, che promette di fare al Papa conoscere la ragione che hanno in questa domanda. Che essendo ad esso dagli altri confederati libera potestà lasciata di terminare e di decidere tutte le differenze, che tra di loro nascessero, li prega che non vogliano con questa nuova domanda allungare la conclusione necessaria per provvedere alle cose, poichè egli si obbliga che di questo farà che restino soddisfatti.

Tutte queste cose si erano molto ventilate, con dispute e contrasti continui, non solo nel Senato, ma nelle piazze e ridotti, non meno che in casa di Marc'Antonio, il quale esortava, pregava, ammoniva e molte volte alla libera riprendeva, che la Lega, che a' prieghi loro s'era effettuata, non impedissero. Mentre faceva instanza che gli fosse risposto, e mentre in Roma il Pontefice insieme con gli agenti del Re s'erano protestati cogli ambasciadori Veneti, che se dentro a una giornata che prefissero, la Repubblica non rispondeva, a nulla cosa di quanto s'era per la Lega trattato non volevano più esser tenuti, il Duce e il Senato il consiglio de' Pregati ragunano. Ad esso propongono essere comun parere del collegio loro, che la pace col Turco, la qual sola stimano alla Repubblica salutifera, si procuri con ogni caldezza; e che mentre che l'effetto ne segue, la pratica della Lega non si sconcluda, ma d'una in altra difficoltà tanto si vada allungando, che in ogni evento, o all'una o all'altra parte appigliar si potessero; e con la medesima arte ch'essi vengono dagli Spagnuoli burlati, far prova di burlar loro. Che per tanto domandano che questa proposta loro a forza di voti da quel consiglio s'approvi. Contra della quale, essendo dato potestà che ciascuno il suo parere dicesse, Paolo Tiepolo, uno di coloro che la Lega desideravano, così dicono che parlasse:

« Se nel medesimo modo che il far Lega coi Principi
» cristiani è in nostra mano, il far la pace col Turco ancora
» vi fosse, dubbia deliberazione sarebbe, o Senatori, a qual
» de'due partiti appigliar ci dovremmo. Ma mentre nulla spe-
» ranza della pace ci si porge, e tutte le cose fin'ora certis-
» sima guerra ci mostrano; già non mi pare che tra il risol-
» vere la pace o la guerra dobbiam consigliarci, ma se da
» per noi soli o pur con gli aiuti potenti de'Principi colle-
» gati abbiamo da far la guerra col Turco. Nè vedo io che
» gran differenza ci sia, che di nulla maniera abbiamo la pa-
» ce, ovvero di tal sorte l'abbiamo, che di essa non possiamo
» in modo alcuno fidarci che non sia per esser ferma, e che
» non solo alle miserie e danni nostri fine non ponga, ma
» con l'obbrobrio principale di molte perpetue insanabili ferite
» di nuovo c'impiaghi. Della infamia dico prima; ch'essendoci
» stato tolto un Regno di tanta importanza, senza che per
» ricuperarlo cosa alcuna abbiamo tentato, senza aver fatto
» cosa degna de'nostri maggiori, spontaneamente supplichiamo
» il nemico per averne la pace; e che l'ingiurie e' danni sì
» grandi non abbiano una minima forza di punger gli animi
» nostri e d'accenderli alla vendetta. Dico della perdita che
» della reputazione facciamo, con la quale principalmente i Re-
» gni e gl'Imperi si mantengono, e del credito che suole
» avere la nostra Repubblica della potenza navale. Poichè bur-
» leransi di noi per l'avvenire i forestieri, che verranno a Ve-
» nezia, vedendo che abbiamo il maggiore e più copioso ar-
» senale, di tutte le cose a guerra marittima atte pienissimo,
» che sotto al cielo in altro luogo si veda; e che tanto poco
» in sì fatti bisogni ci serva. Le quali cose a che proposito
» da noi con tanta spesa si tengono, se di servircene mai, se
» di vestirci le armi, nè anche per poco tempo, non ci dà il
» cuore? Certissimo questo da tutt'i Principi cristiani farà
» dispregiarci; questo dal nostro barbaro inimico coi piedi
» farà calpestarci. Perchè quando in effetto s'accorgerà, che
» per la viltà nostra, nè anche della Lega de'maggiori Prin-
» cipi cristiani ci siamo fidati, tanto che dalle forze loro aiu-
» tati non abbiamo pur ardito di alzar gli occhi contro di lui,

» Ohimè! quanto gran porta alle sfrenate sue voglie apriamo
» in noi stessi! Quanto a chiederci ogni giorno cose maggio-
» ri e più ingiuste l'invitiamo! Abborrivamo ora la Lega,
» perchè difensiva e non offensiva procuravano gli Spagnuoli
» di farla, come cosa che con continui danni ci verria con-
» sumando. Perchè non molto più dovremo abborrire l'infede-
» lissima pace, che molto maggiori danni costandoci, perpe-
» tuamente d'una in altra domanda, che non sarà possibile di
» soddisfare, divoreracci? Ma dicamisi di grazia, che cosa è
» a noi venuto di nuovo, che di questa pace speranza ci dia?
» Le parole, dicono, e l'esortazioni di Mahemetto Bassà. Sì
» leggiermente dunque è fondata la nostra deliberazione in cosa
» di tanto momento? Da tanto leggier vento gli animi nostri
» sono agitati? E le parole di coloro terremo per pegno si-
» curo, la fede de' quali niuna religione di solenne giuramento
» può stringere? Ma, di grazia, che pensiamo noi? che più
» l'utilità nostra, che quella del suo Principe procuri questo
» Bassà? che più presto la nostra salvezza, che la sua gran-
» dezza vada cercando? o non crediamo che tutto lo faccia
» per separare in modo da noi gli aiuti de' Principi cristiani,
» che quando del tutto abbandonati ci veda, possa a sua vo-
» glia sicuramente inghiottirci? Finalmente questa pace sap-
» piamo che non può farsi, se non con lasciare affatto ogni
» pensiero del Regno di Cipro; e se questo ancora bastasse
» a far che il Turco dai perpetui travagli che ci dà una volta
» cessasse, potremmo col privarci di questa nobilissima parte
» del dominio nostro un lungo riposo comprarci? Ma come
» abbiamo noi con l'esperienza che avemmo per tanti secoli
» del costume de' Turchi, sì poco imparato, che non sappia-
» mo, che con così grande e vergognoso prezzo niente altro
» da essi compriamo, che, con grave offesa di tutta la Cri-
» stianità, una brutta e dannosissima pace, la quale ad ogni
» lor voglia, vil preda in perpetuo ci esponga? Essendo che
» ad ogni minima aura di lieve sospetto, che come piacerà
» loro si fingeranno, si faranno lecito di non la osservare. E
» sempre noi avremo da ricomprarla, ora con uno or con un
» altro membro di questo dominio, fin che l'ultimo sangue

» ne abbian succhiato ; senza che i Principi cristiani mai
» più si muovano ad aiutarci nè ad averci compassione.
» Anzi con piacere ci befferanno, e della miseria nostra si
» prenderanno gusto, poichè l'aver noi la confederazione,
» a che essi per nostra cagione si sono mossi, ricusata e
» sprezzata, ad estrema pusillanimità nostra ascriveranno.
» Ma potrammisi dire, che nè anche la Lega possiamo fare
» senza molti incomodi e danni. Chi sarà che questo vi nie-
» ghi? Non sono nè anch'io di quelli a cui in tutte le cose
» piaccia la Lega ; e che maggior caldezza e più sincera
» volontà non desideri negli agenti del Re. Niente di meno,
» dovendo coi nostri consigli accomodarci alle cose, mentre
» che le cose alle volontà nostre aggiustar non possiamo,
» e non potendo i voleri degli uomini a nostro modo for-
» marci, dobbiam sempre giudicare esser cosa prudente, quan-
» do le cose migliori non possono aversi, a quelle che sono
» manco male appigliarci. Nè conosco però che tanto difetto
» abbia questa Lega, che non sia per noi buona e sicura,
» o calda o fredda ch'ella riesca, purchè noi a servirci della
» caldezza e della freddezza sua ci prepariamo. Perciocchè
» se le cose a voglia nostra cammineranno ; cioè che gli
» Spagnuoli prontamente e con sincerità nel trattar l'armi
» procedano ; nessuno potrà negarmi, che non avremo noi
» mai di tal Lega a pentirci. La quale non solo l'impeto del
» fiero inimico può raffrenare, ma a fargli lasciar Cipro e
» l'altre cose che a noi nel levante ha mal tolte costringerlo;
» e quando intanto Iddio le imprese cristiane favorisca,
» che qualche notabil rotta si dia alle sue forze di mare
» (di che non so perchè noi non dobbiamo sperare) di tal
» maniera risvegli gli animi degli addormentati Cristiani, che
» tale sforzo contra gli facciano, che nelle più riposte parti
» da noi lontanissimo lo faccian fuggire. Di che mi dà non
» poca speranza la felicità della casa Ottomana, la quale,
» poichè al colmo della ruota di fortuna è giunta, come
» tutte le altre cose umane, necessariamente al basso ha da
» cadere; ed anche la terribilità di quel nome, che a tutte
» le genti esoso è divenuto. E se la fortuna alle imprese

» nostre non vorrà favorire , e gli Spagnuoli vedremo non
» sinceramente con noi camminare, nè per questo la Lega a
» noi senza utile sarà stata. Poichè mentre delle forze dei
» confederati armeracci, non poco ci servirà ad aver mi-
» gliori condizioni della pace, che sempre potremo fare, e
» che anco sarà più stabile e più fedele. Perciocchè veden-
» do il Turco , che ne' bisogni contro di lui siamo dagli
» altri Principi aiutati, assai più penserà per l'avvenire a
» darci occasione d'armarci; poichè non meno ci conoscerà
» atti di far a lui danno, di quello che per l'addietro ha
» egli a noi fatto al securo. Finalmente gli animi e le vo-
» lontà de' Principi cristiani ci conserveremo benevoli ; le
» quali, se ora facciamo sì brutta risoluzione, senza che
» alcuna cosa in difesa del nome cristiano abbiamo tentata,
» ci faremo odiose. E per lo meno questo ne acquisteremo,
» che la stessa pace, che ora senza irritarci l'odio dei Cri-
» stiani non possiam fare , perchè la confederazione da noi
» procurata avremo spregiata, allora che tutte le cose avre-
» mo provate , con lode di tutti e con molta compassione
» delle necessità nostre, faremo. Alle quali tante commodità
» e utili, che dalla Lega sono per venirci, poco prezzo è
» la spesa, che per mantenerla, siamo per farci. E come
» saggiamente Marc'Antonio Colonna ci ha fatto conoscere,
» che gran cosa di nuovo è questa che proposta ci viene,
» che per essa dalle condizioni, che nella Lega abbiamo ac-
» cordate, dobbiamo ritrarci? Poichè l'avere gli Spagnuoli
» scemato il numero delle galere che promesse n'avevano,
» non solo non ci fà danno , ma utile commodo e riputa-
» zione ci accresce ; mentre che, pagando essi le spese, a
» noi si dà facoltà di uscire con quante galere ci piace a ri-
» cuperare le cose nostre. Anzi bramerei io sempre , che
» non ci avessero gli Spagnuoli vascelli, acciò che a noi fos-
» sero più soggetti. Io adunque ributtando e biasimando il
» pensiero della brutta e dannosa pace, dico e consiglio, che
» la santa confederazione con tutto il cuore si debba abbrac-
» ciare.

Aveva questo ragionamento del Tiepolo siffattamente

commossi ed alla Lega disposti gli animi di tutti, eccetto che di quei Senatori del magistrato de' dieci che nel voler la pace stavano pertinaci, che conoscendo che nel ballottare quel partito avria vinto, Nicolò da Ponte, uno di essi dieci, a cui per la molta prudenza e autorità, congiunta con somma eloquenza, sommo rispetto da tutti si doveva, per ritenerli in freno, acciò che più maturamente la deliberazione facessero, alzatosi dal suo luogo parlò di questa maniera:

« Due mortifere pesti, che agli uomini sogliono esser
» cagione, che non pur le lor cose private, ma le pubbliche
» insieme rovinino, cioè il non conoscer sè stessi, e il non
» conoscer coloro co' quali a trattar hanno, tutte due al pre-
» sente si trovano in noi. Noi come che di noi stessi non
» abbiamo notizia, con gli animi e coi discorsi le guerre
» e le imprese grandi trattiamo; e come che grande sia la
» nostra possanza e felici i nostri successi, con maggiori
» parole le nostre cose ampliamo, non aggiustandosi punto
» a questi animi tanto gagliardi la debolezza della fortuna
» nella quale ci troviamo. Nè minor peste è quest'altra, che
» come degli Spagnuoli e degli agenti del Re Filippo gli
» animi e le intenzioni non conosciamo, così, dando più
» fede alle parole che ai fatti, di lor ci fidiamo, i quali
» non so se più dannosi e più pericolosi nemici ci sieno,
» che Turchi stessi non sono. Perciocchè il Turco pro-
» fessandosi nostro nemico alla scoperta, almeno che da
» lui ci guardassimo ci ha fatti avvertiti. Ma essi sotto
» colore di amicizia e di confederazione la nostra ignoranza
» vanno uccellando. E con tutto ciò il Turco, che alla pa-
» ce, ch'è sol refugio della speranza e della salute nostra,
» c'invita, non ascoltiamo; e gli Spagnuoli, che con lunga
» e pestifera guerra di rovinarci procurano, seguitiamo. Al
» Turco, che con sincerità tratti nosco la pace non crediamo,
» perchè una volta, assaltandoci Cipro, ci ha rotta la fede;
» di che, se non vere, almeno verisimili cagioni ha preteso
» d'avere. Agli Spagnuoli, la falsità de' quali e la sfaccia-
» taggine da niun pretesto velata per lunga esperienza sap-
» piamo, non avendoci cosa alcuna nella Lega precedente

» osservata, ed i quali nel trattar le condizioni di questa
» Lega presente tanti chiari segni d'animi maculati ci hanno
» mostrato, diamo ancor fede. Rifiutiamo la pace col Tur-
» co, come poco stabile e infedele; quantunque sappiamo,
» che non meno ad esso che a noi importa d'osservarla; poi-
» chè altro più certo mezzo da tener noi dal Re di Spagna
» divisi non può avere, di che nessuna cosa fa più al pro-
» posito suo. La Lega con gli Spagnuoli spontaneamente
» andiamo cercando, ai quali non solo non importa d'os-
» servar le condizioni di essa, ma anzi certo sappiamo es-
» ser queste contrarie all'intenzioni loro; come quelle che
» tirandoli a guerreggiare in levante, dalle imprese di Tri-
» poli, di Tunisi e d'Algieri, e dal soggiogar la costa
» dell'Africa, che solo hanno a cuore, li diverte. Queste
» sono le città, o Senatori, che ad essi stanno negli occhi.
» Fuori di queste, ogni altra impresa vana e che a loro
» non importi reputano. Sappiamo questo essere antico lor
» desiderio. Sappiamo che nella Spagna non solo i consi-
» glieri, ma il volgo fa al Re continua instanza, che faccia
» impresa contra queste città, le quali sono i nidi de'va-
» scelli e delle armate nemiche. Dalle quali le lor marine
» da continui corseggiamenti tormentate, agl'incendi, alle
» rapine, alle uccisioni soggette, patiscono ogni giorno che
» le persone e le robe lor sieno predate, le navigazioni
» a' marinari quasi fatte impossibili, i commerci tra la Spa-
» gna e l'Italia impediti. E quello che sopra tutto lor pre-
» me, è che conoscono molto bene quanta commodità da quei
» luoghi avrebbe il nemico, quando a far impresa contra i
» Regni disarmati di Spagna si risolvesse. Questa paura che
» non li lascia giorno nè notte dormire vorriano con que-
» ste armi cavarsi. Chè il perseguitar l'inimico commune in
» paesi lontani, acciocchè con nuove forze non divenga mag-
» giore, molto lontano è dalla cura loro; il che dovendo
» toccare non meno agli altri Re e Principi cristiani che
» ad essi, non vediamo che altri ad aiutarci ne'nostri bi-
» sogni si muovano. Perciocchè a ciascheduno le cose sue
» proprie importano, quando a pericolo vicino soggiaccio-

» no; e a quelle che alla commune utilità risguardano non
» è chi voglia pensare. Sono dunque i pensieri degli Spa-
» gnuoli non d'ovviare o di provvedere al commune perico-
» lo, non d'estirpare il commune inimico per beneficio pub-
» blico ; ma alle cose che ad essi particolarmente importano
» sono intenti. E a questo effetto la confederazione con noi
» cercano, la quale cercheranno di mantenere con pochissima
» spesa loro ; per assicurarsi almeno, che mentre da noi sarà
» il Turco cacciato , non avrà tempo a pensare di dar lor
» noia in Ispagna. E quelli che pensano che patti, promesse
» e giuramenti che facciano sieno bastanti a mantenerli in fede
» se non quanto tornerà bene ai loro interessi, da vero mi par
» che non sappiano i costumi e la consuetudine degli uomini
» di questa età; o che gli andamenti dei Principi, e di coloro
» che trattano le cose di molta importanza non abbiano pra-
» ticato, ovvero che di come con noi gli stessi Spagnuoli nella
» Lega passata si portassero sì sieno scordati. Tanto poco
» adunque degli esempi d'infiniti tempi passati e de' nostri
» abbiamo imparato, che ancor non sappiamo qual forza abbia
» nelle Leghe la religione de' giuramenti, quando l'utile e il
» comodo non le conserva, con che negli animi de' Principi
» la fermezza e l'inconstanza si governa, i quali tutte l'altre
» cose tengon per nulla? Il che (o bene o male che facciano)
» tanto poco dissimulano, che anzi scopertamente professano,
» che per ragione di stato, la fede e il giuramento secondo
» i loro interessi si debba osservare. L'utilità adunque a
» questi tempi, non il giuramento e la fede è quella che fa
» i patti e le condizioni osservare, nè pegno alcuno altro si
» può nelle Leghe creder che vaglia. E se questa via oggi a
» tutte le nazioni è comune, non abbiamo tanto da biasimare
» gli Spagnuoli, che per essa camminano, mentre la semplicità
» nostra cercano d'uccellare. Ma non sapendo noi co' nostri
» consigli guardarcene, almeno l'esempio di Cesare dovrebbe
» farci prudenti; il quale non avendo di noi minori occasioni
» col Turco, pur ora ci ha saviamente insegnato , quanto poco
» sia da' fidarsi di queste Leghe, le quali non il bene co-
» mune unisce , e non la carità o la fede , ma gl' inte-

» ressi particolari. Nè ha voluto essere emulo delle nostre
» pazzie; nè i fumi e le spampanate, alle cose solide e uti-
» li anteporre ; nè irritando un tanto Principe, ha voluto
» la pace che seco tiene stabilita guastarsi. La qual pace,
» chi pensa che quando ci s'accordi con quelle condizioni
» che la presente fortuna nostra ci porge, cioè di lasciar
» Cipro, il quale già abbiamo perduto, non sia per dura-
» re, non ha l'esperienza osservato della pace, che dell'an-
» no 1500 col Turco accordammo, la quale intiera e in-
» violata fino al 1537 ci è stata osservata ; nè meno del-
» l'altra si deve ricordare, la quale dal 1539 fino all' an-
» no prossimo passato non ci è stata turbata. E pure in
» questo Principe Turco, non è più feroce o più bellicosa
» natura, che negli altri sia stata, che anzi fin da prima
» che ascendesse all'Imperio, del riposo s'è mostrato ama-
» tore, abborrendo sempre le guerre e i tumulti. Nè l'am-
» bizione dev'esser in lui sì grande, che la grandezza in
» che si vede non gli abbia soddisfatto, non avendo con
» deboli principî cominciato a regnare. Quanto a coloro poi
» che dicono, che ci dobbiamo vergognare, che a pusilla-
» nimità e a prigrizia ci debba essere imputato il non
» guerreggiare, meglio guarderebbono assai, che a teme-
» rità sciocca e audacia vana non ci venga con ragione at-
» tribuito il non aver paura di pigliarci sopra tal peso,
» che tutto il mondo cristiano con le forze unite appena
» può sostenere. Ma quanto al giovamento che debba farci
» la Lega per farci aver migliori condizioni di pace, questo
» tutto dipende dal sapere, che sorte di Lega e che qualità
» di guerra con essa speriamo di fare. Perciocchè s'io con-
» fidassi che con potente guerra dovessimo il Turco assa-
» lire, sarei anch'io di parer che giovasse. Ma se lenti e
» freddi saranno i nostri progressi, credetemi, Senatori,
» che gonfierà infinitamente l'arroganza de' Turchi, il cre-
» dere che nè anche con le forze della Lega siamo atti a
» difenderci. E quanto pigra e debole debba esser la guerra
» di questa Lega, da questo comprender si puote, che so-
» lendo sempre i principî delle grandi imprese esser ga-

» gliardi e impetuosi, come quelli che con processo di
» tempo, col tedio delle fatiche e colla grandezza delle
» spese s'indeboliscono, che possiamo noi di questa sperare,
» di cui i principi con tanta freddezza e tanto debolmente
» si trattano? Minacciando adunque più tosto di far la Lega,
» che facendola, possiamo il Turco tenere in timore, che
» non segua a farci danni maggiori; e a questo modo del-
» la Lega, che altrimente inutile e dannosa ci saria, ci po-
» tremo con molto utile servire. Finalmente, oh Dio! niun
» rispetto de' tanti nostri cittadini ci deve commuovere?
» Niente le calamità loro sono da considerarsi, le facoltà
» de' quali ne' tempi felici ci han dato splendore, nei cala-
» mitosi aiuto tanto gagliardo, ch'essendo le pubbliche en-
» trate venuteci meno,. con le private lor cose ci han sol-
» levato; de' quali ogni sostanza e ogni avere nei continui
» marittimi commerci, e nelle mercanzie che nell'Asia e
» nella Soria esercitano, consiste? Le quali negoziazioni man-
» cando, essi per forza convien che rovinino. Sicchè oltre
» alla miserabile condizione di tanti nostri cari cittadini, a
» che dobbiamo rimediare, chi non vede quanto stabili fon-
» damenti alla nostra Repubblica sia per levar questa guer-
» ra? Risolvetevi dunque, o saggi Senatori, e tra voi stessi
» rettamente giudicate (poichè alla pace se non la ragione
» e la volontà, il tempo almeno e la necessità ci ha da con-
» durre) se maggior prudenza sia di farla ora con le cose
» nostre salve o poco dannificate, o dappoi che tutte saran
» rovinate. Io per tutte le ragioni stimo che al buon parere
» del magistrato, che saggiamente giudica, dobbiate acco-
» starvi, e secondo quello dobbiate deliberare. »

Benchè per la molt'autorità sua fosse Niccolò da Ponte
con molto silenzio ascoltato, non mosse però col suo dire i
Senatori, che per la maggior parte al contrario parere erano inclinati. Laonde vedendo il magistrato dove quasi tutti
pendevano, essendo già tardi, per il seguente giorno inti-
mano al medesimo Senato che si raguni; e mutato la proposta di determinare se la pace col Turco era da seguitar di
trattarsi, o da romper la pratica, la conclusione della Lega

proposero. Il che giudicarono dover essere più utile a così fare, per non iscoprirsi a' confederati di star tanto ambigui tra la pace col Turco o la Lega con essi, che fosse poi cagione che più lentamente e con manco ardore l'imprese si facessero. Con poco contrasto adunque si concluse che si facesse la Lega. Onde subito che Marc'Antonio a Roma fu ritornato, la santa Lega fu accordata e conclusa; e fu il tenore di essa di questa forma:

—Assaltando Selim gran tiranno de' Turchi l'isola del Regno di Cipro, la quale per essere al Sacrosanto Sepolcro di Cristo nostro Signore vicina, non senza grave infamia del nome cristiano, e de' suoi Principi perder si puote; in Roma Pio Quinto Sommo Pontefice, nel pieno concistoro dei Cardinali ed essi presenti ed approvanti; Filippo di Spagna Re Cattolico per mezzo di Francesco Cardinal Pacecco e D. Giovanni Zunica suo ambasciadore, che da lui hanno mandato, essendo Antonio Perenotto Cardinal Granuela (medesimamente mandatario) assente col governo del Regno di Napoli; Luigi Mocenigo Duce di Venezia per mezzo di Michele Soriano e Giovanni Soranzo patrizi Veneziani, della Repubblica ambasciadori, che hanno mandato; l'anno del Signore 1571, a' ventitrè di Maggio, nella corte, fanno Lega e compagnia d'armi con queste condizioni:

I. Che la Lega fra il Santo Pontefice, il Re Cattolico e la Signoria di Venezia sia perpetua, difensiva ed offensiva, contra a' Turchi e gli stati da loro posseduti, compresovi anche Trìpoli, Tunisi e Algieri, città della Libia che sotto la protezione sua vivono.

II. Che le forze di essa sieno in dugento galere, cento navi, cinquantamila fanti fra Italiani, Spagnuoli e Tedeschi, e cavalli quattromila e cinquecento, con artiglieria, munizioni e altre cose.

III. Che Sua Santità e la Sede Apostolica dia per quella impresa dodici galere ben provvedute d'ogni cosa necessaria, e per le forze di terra ferma tremila fanti, e dugento settanta cavalli. Il Re Cattolico contribuisca per tre sesti di tutta la spesa; la Repubblica Veneziana per due, e il Papa per uno ; al quale non potendo supplire, sia esso sesto diviso in cinque parti, e di esse tre ne paghi il Re, e due la Signoria.

IV. Che quello che uno de' confederati contribuirà di più della porzion sua, o sia in galere o navi o genti o altro di che avesse maggior comodità, sia dagli altri rifatto in altre cose.

V. Che le vettovaglie si cavino dagli stati de' confederati dove sono con onesto prezzo ; e che le tratte stiano aperte a benefizio dell'impresa ; e che non si conceda tratta a niuno, se prima non saranno provveduti i confederati per il bisogno degli eserciti e dell'armate. Ma che sia sempre in potere del Re di provvedere a' suoi Regni, e ai bisogni della Goletta e di Malta, oltre a quelli della sua armata.

VI. Che il pagamento delle tratte, dove è imposto ordinario, non si possa alterare, e dove suol essere ad arbitrio, come nel Reame di Napoli, non possa passare quindici ducati di quella moneta per carro, e in Sicilia due ducati per salma.

VII. Che le forze sopradette sieno in essere ogni anno il mese di Marzo, o al più lungo d'Aprile, nei mari di levante, e ad arbitrio dei Capitani per maggior danno del comune inimico, e per maggior utile della Repubblica cristiana.

VIII. Che se mentre si facesse impresa in qualche luogo del Turco, fossero da esso assaliti luoghi de' Cristiani, i Capitani provvedano alla difesa di quelli con le forze che saranno necessarie, ancorchè bisognasse abbandonare l'impresa incominciata.

IX. Che ogni anno nell'autunno si deliberi in Roma l'impresa da farsi l'anno seguente.

X. Che se il Re Cattolico sarà assalito da' Turchi dalle parti d'Algieri o Tunisi o Tripoli, in tempo che non si facesse alcuna impresa comune, la Signoria di Venezia sia tenuta di mandare in suo aiuto cinquanta galere ben armate ; e se la Signoria fosse assalita in simil caso, debba il Re mandarle il medesimo aiuto ; e questo s'inten-

de sempre, che quello, a chi s'avrà a dare l'aiuto, abbia
messo insieme forze maggiori, che l'aiuto che domanderà.

XI. Che se il Re facesse l'impresa d'alcuno di detti
luoghi qualche anno, che non si facesse impresa comune,
o che i Turchi non avessero fuori armata dalla quale la Signoria potesse temer danno, Sua Maestà abbia l'aiuto di
dette cinquanta.galere ben armate; e che lo stesso faccia il
Re, quando la Signoria volesse far qualche impresa nel golfo
dalla Velona fino a Venezia; e'l primo aiuto si dia al Re,
e il secondo alla Signoria, eccetto, se non volesse il Re
l'aiuto e la Signoria lo domandasse; nel qual caso ella sia
la prima ad averlo.

XII. Che se fosse assalito qualche luogo dello stato
ecclesiastico, tutti i confederati sieno tenuti a soccorrerlo
con tutte le forze, bisognando.

XIII. Che nei consigli, quello che sarà parere della
maggior parte de' tre Generali, s'intendesse essere deliberazione di tutti, e sia eseguito da quello di loro che avrà
nome di supremo Generale, che sarà Don Giovanni d'Austria fratello di sua Maestà Cattolico, e in sua assenza Mar-
c'Antonio Colonna, così dell'armata, come dell'esercito che
la seguisse; e lo stendardo suo sia comune di tutta la Lega. Ma se si facesse impresa più particolare, sia Generale
quello che sarà nominato da lui per cui l'impresa si facesse.

XIV. Che la divisione dei luoghi che s'acquistassero
con l'armi della Lega, si faccia tra'confederati, come fu accordato l'anno 1537. Ma acquistandosi Algieri, Tunisi o
Tripoli, sieno del Re; e le artiglierie e munizioni si divi-
dano per rata.

XV. Che i Ragusei non sieno offesi da alcuno de'confederati, eccetto se per qualche cagione non paresse altrimenti al Papa.

XVI. Che le controversie, che per qualunque cagione
potessero nascere, appartenenti alla Lega, non possano tur-
bare la continuazione di essa, ma tutte si rimettano al Papa.

XVII. Che niuno de'confederati possa trattare accordo
col Turco, senza scienza e consenso degli altri collegati.

XVIII. Che tutte le cose dette sieno da' confederati osservate *bona fide*, e senza alcun difetto. Obligando ciascuno sè e i suoi successori e beni di qualunque sorte presenti e futuri.

XIX. Che sia ratificata essa Lega, e le convenzioni sopradette dal Re Cattolico e dalla Signoria, in termine di quattro mesi prossimi da venire.

XX. Che s'intenda riservato luogo onoratissimo in essa Lega a Cesare, al Re Cristianissimo e al Re di Portogallo e di Polonia; e la spesa che essi contribuissero sia in augumento delle forze comuni; e che dal Papa sieno esortati Cesare ed i suddetti Re e tutti i Principi cristiani; al quale effetto s'adoperi anche il Re Cattolico e la Signoria. —

Fatta e pubblicata la Lega con tanta allegrezza temporale e spirituale, quanta per negozio di tanta importanza si richiedeva, dal quale meramente la salute di tutta la cristianità si sperava; fu secondo i capitoli dichiarato e pubblicato supremo Generale di essa D. Giovanni d'Austria figliuolo dell'Imperadore Carlo Quinto; e in assenza di esso, Marc'Antonio Colonna Generale di Santa Chiesa, il quale per mare e per terra avesse la medesima autorità che esso, e il suo grado fosse di Luogotenente generale della Lega. Maestro di campo generale fu Ascanio della Corgna, e Generale di tutta l'artiglieria Gabrio Serbelloni. Indi conoscendo il Santo Pontefice quanto importava di fare che la debita ratificazione convenuta al suo tempo seguisse, e che egli per la sua parte le esortazioni agli altri Principi d'entrarvi effettuasse, in angustie gravi e urgente timore si trovava, di non solo non poter dare maggior incremento alla Lega; ma di essere anche con importantissimi impedimenti sturbato, sì che quello, che con tante fatiche aveva stabilito e concluso, eseguir si potesse. Perciocchè aveva il Re di Francia, dopo la vittoria che ottenne con gli aiuti ecclesiastici de'suoi ribelli Ugonotti, invece di perseguitarli fino alla totale estirpazione, fatto con essi una pace tanto vergognosa e dannevole, che non pure a Re vittorioso e cristianissimo, come egli era, ma nè a vinto e perseguitato ca-

8

pitano convenirsi pareva. E anche accarezzava fuor di modo tutti i capi di quella pestifera setta ; e di più trattava di dar Madama Margherita sua sorella per moglie al Re di Navarra, nato e allevato tra gli Ugonotti e persecutore dei Cattolici , sebbene il tutto faceva con altro pensiero. Non potevasi però l'intenzione sua penetrare , e non potevano quelle apparenze far credere altro che male. Tanto più che faceva pubblica dimostrazione di volere aiutare gli eretici, che in Fiandra avevano fatto sollevare gli Stati e ribellarsi al Re Cattolico, lor natural Signore, cominciando anche di già a mandar qualche aiuto e calore al Principe d'Oranges, che di essi era capo. Erano queste cose cagione che'l Papa ragionevolmente temesse, che avendo il Re di Spagna a difendersi per conservazione del patrimonio suo, dalla Lega conclusa si ritirasse. Desideroso pertanto di ovviare all'importante periglio, con quelle più efficaci maniere che il santo suo zelo gli dettava, con amplissima legazione a Latere espedì Fra Michele Bonello Cardinale Alessandrino suo nipote al Re di Spagna, perchè da esso la ratificazione della Lega e la sottoscrizione de' capitoli di essa pigliasse ; al Re D. Sebastiano di Portogallo, perchè , desiderando che il matrimonio tra la sorella del Re di Francia e il Re di Navarra non si facesse, fosse esso Re di Portogallo pregato , non solo d'entrare nella Lega , ma di domandar anche la medesima per moglie , non ricercando dal Re di Francia altra dote , che solo si contentasse d'entrare anch'egli seco nella santa Lega; e finalmente al Re di Francia, per rimuoverlo da fare il parentado col Re di Navarra , eretico Ugonotto , inimico di santa Chiesa, per proporgli la parentela del Re di Portogallo e per invitarlo ed esortarlo a collegarsi co' Principi cristiani già collegati contra il Turco. Le quali cose di poter facilmente effettuare si sperava , sì per essere il Re di Portogallo sommamente dell'onore di Dio e del bene della Cristianità desideroso , come perchè ritrovandosi il Re di Francia penuriato di denari per dotar la sorella , ragionevolmente pareva, che piuttosto il parentado di Portogallo, che di Navarra , anche per maggior sua riputazione , dovesse aver caro. Sicchè spedito che ebbe il Pontefice il detto Legato, prevalendo in lui il desiderio del servizio di Dio ad ogni cura carnale, quantunque teneramente, come figlio, amasse il nipote, volle nondimeno, senza punto di risguardo alla cattiva stagione, che subito cominciasse il lungo e pericoloso viaggio. E dopo questo volendo anche essere il primo esso che per le forze della Lega quanto aveva promesso adempisse, assoldò col convenuto stipendio dodici galere del Gran Duca di Toscana, come quelle che più vicine e più comode gli erano, per essere in ordine e provvedute d'ogni cosa, eccetto che delle genti da combattere. Ne era Generale Giacomo Sesto Aragona d'Appiano Signore di Piombino, il quale vedendo che per non essere il Gran Duca nella Lega confederato, il suo stendardo non v'avea luogo, per non patire indegnità, ricusò egli d'andarvi personalmente, ma le fè governare da Alfonso suo fratello e Luogotenente. E volendo il Papa con brevissimo intervallo di tempo assoldare le genti da combattere, elesse e creò generale Capitano di esse Onorato Gaetano Barone romano e Signore di Sermoneta. Il quale fè subito spedizione per mille e seicento fanti in otto compagnie ripartiti; benchè paresse impossibile di trovare in quei tempi soldati, per esser tutti sbigottiti dalla mortalità, che l'anno addietro era stata nel l'armata, e dall'eccessivo patimento del vivere, senza che pur una volta avessero veduto la faccia degl'inimici; per le quali cose sentendo nominar le galere impauriti fuggivano. Con tutto ciò aiutato dall'opera del Cavalier Bartolomeo Sereno, che scrive, a cui ne diede la cura, avendo a' Capitani prefisso il termine e destinato il luogo, dove s'avessero a rassegnare, con maraviglia d'ogni uomo, innanzi ai quindici di Giugno furono tutte le otto compagnie in Corneto rassegnate e pagate. E furono anche tanto bene armate e piene di buonissime genti, che, rispetto alla brevità e alla difficoltà grande del tempo, ne fu la provvidenza di quel Signore lodata, di modo che il dì diciassette si trovarono quelle genti in Civitavecchia, dove le galere assoldate dal Papa stavano aspettando, in ordine per imbarcarsi. Se non che da una grossa restìa di mare furono disturbati; ma ai diciannove essendo già finito d'imbarcare il biscotto e le munizioni, che aveva fatto provvedere colà Monsignor Domenico Grimaldi, Referendario Apostolico, il quale con carico di Commissario generale aveva cura di pigliar le rassegne dei soldati, dar loro le paghe e provvedere le vettovaglie, munizioni e altri bisogni per essi, ed essendo levato buon tempo, s'imbarcarono insieme con Onorato lor Generale, per commissione di Marc'Antonio Colonna. Era con lui, oltre a molti gentiluomini e cavalieri principali, Michele Bonello nipote del Papa e fratello del Cardinale Alessandrino, il quale alla cura di lui, come venturiero, era stato raccomandato dal Pontefice, che non potendo egli personalmente intervenire ai pericoli ecclesiastici, come pur avrebbe voluto, voleva che le cose sue più care v'intervenissero. Quivi medesimamente imbarcossi Gabrio Serbelloni Generale dell'artiglieria della Lega.

Partite dette galere con vento freschissimo di tramontana, arrivarono il giorno seguente circa alle ore venti a Gaeta, dove fu il Colonna incontrato da due galere di Napoli con Antonio Carafa Duca di Mondragone, suo genero; il quale con onorata compagnia e con lustro degno di sè, come venturiero, aveva risoluto di seguitarlo nell'armata; e fu dalla città salutato con bellissima salva di tutta l'artiglieria e universal concorso del popolo e de' primati. Qui stette quella notte e il giorno seguente per imbarcare alcuna sorte di vettovaglie per essi signori. E partitosi la sera dei ventidue, ai ventitrè arrivò a Napoli, essendo prima stato incontrato sopra a Procida da tre galere della Religione dei Cavalieri di S. Giovanni Gerosolimitano di Malta; i quali s'erano offerti al Papa di seguitare l'armata come venturieri e senza stipendio a divozione sua, e di essi era generale Capitano Fra Pietro Giustiniano Priore di Messina, e gentiluomo Veneziano di molto valore.

Non si potria narrare con quanta festa e allegrezza fosse Marc'Antonio Colonna ricevuto in Napoli non solamente da tutta la nobiltà e da tutto il popolo e dalla stessa città, la quale avendolo con infinito numero di cannonate e con ogni altro segno di festa salutato, tutta universalmente era uscita sul molo e intorno a tutto il porto, per vedere la sua entrata; ma particolarmente anche dal Cardinal Granuela, Vicerè di quel Regno, e da D. Geronima sua Sorella, insieme col Duca di Monteleone suo consorte, in casa de' quali fu suntuosamente alloggiato. E perchè appunto in quell' arsenale si fabbricava allora un fusto di galera, il quale donava il Re alla Religione di S. Giovanni, per rimettere in luogo d'una delle sue galere, che per esser vecchia poco e mal'atta era a' servizî di guerra, fu ciò cagione che Marc'Antonio con le dette galere e genti ventitrè giorni in Napoli si fermasse. Nel qual tempo tra' soldati dell' armata e gli Spagnuoli del presidio di quella città, occorsero questioni e rumori di tal qualità, che un general tumulto ne nacque di molta importanza. Perciocchè essendovi morti alcuni degli Spagnuoli e alcuni altri degli Italiani feriti, e perciò essendosi dall' una parte e dall' altra prese le armi generalmente, non poco pericolo si corse, che qualche cosa di scandalo maggiore ne succedesse; come senza dubbio ne succedeva, se dalla prudenza del Colonna non si fosse opportunamente rimediato. Ma seppe egli sì destramente negoziare col Cardinal Vicerè, al quale gl'Italiani senza portare alcun rispetto erano andati fino in suo palazzo a vendicarsi con l'armi degli Spagnuoli, da' quali erano stati oltraggiati, che con pace d'ognuno fu in un subito ogni cosa acquetata e sopita. Al fine essendo pur quella galera che aspettava finita e armata delle ciurme e de' soldati, che nella vecchia si trovavano, si partì con tutte le dette galere per Messina ai venticinque di Luglio, accompagnato anche da sette galere di Napoli; le quali sì tosto che a Messina arrivarono, addietro se ne tornarono, per aspettare a Napoli la venuta di D. Giovanni d'Austria.

Fu l'arrivata del Colonna a Messina con le dette forze del Papa ai venti di Luglio, e quantunque fosse quel luogo destinato, dove tutta l'armata della Lega unir si dovesse, non v' erano però per ancora comparsi altri vascelli, nè forze di nessun altro de' collegati. Ma il ricevimento, che ivi ebbe il Colonna, e le dimostrazioni dell' allegrezza che ne ebbe quella città fu in ogni cosa mirabile. Or mentre quivi si stava aspettando che gli altri ministri de' collegati con gli altri vascelli si riducessero, gli Spagnuoli soldati che al presidio di quella città si trovavano, forse perchè avevano udito che la quistione seguita in Napoli tra quelli della lor nazione e i soldati Italiani del Papa fosse con disvantaggio dei loro terminata, e perciò sperando di vendicarsene, volessero farne risentimento; o per qualsivoglia altra cagione lo facessero, assaltarono una notte con abbominevol soverchieria alquanti dei soldati di quelle galere, i quali senza sospetto, il fresco della terra sicuri godendosi, chi qua chi là d'intorno al porto per tutto sparsi dormivano. E avendone alcuni così all'improvviso feriti, con disonesta vigliaccheria molte spade e cappe di essi rubarono. Il che non parendo agl'Italiani che fosse da comportarsi, quantunque di lor mano la mattina seguente ne castigassero alcuni, avevano nondimeno risoluto di far loro un tal gioco, che con molta uccisione terminandosi, avria senza dubbio gli animi di quelle due nazioni sì gravemente concitati, che facilmente grave disturbo alle cose dell'armata recare avrebbe potuto. Ma fu da Marc'Antonio con tanta prestezza rimediato, che avendo fatto pigliare alcuni di quelli Spagnuoli, che il delitto avevano commesso, e condannare alla catena in galera, e alcuni altri impiccare, si acquetò di tal sorte il tumulto, che non fu dipoi alcuno dell'una parte o dell'altra, che di tal fatto osasse più di parlare.

Similmente anche a non meno importante tumulto, quasi nel medesimo tempo, provvide. Essendosi ammutinate tre compagnie delle fanterie di Venezia, delle quali due erano del Cavalier Sorrentino, e una del Capitano Ascanio di Civitavecchia, tutte tre però sotto il colonnellato di Pompeo Giustini della città di Castello, si ritirarono con l'insegne dentro a una chiesa, risolute di andarsene unitamente, sfogando l'ira che avevano, per cagione che tre paghe servite e promesse di pagarsi in Messina, non si pagavano loro; ovvero di far qualche impeto corrispondente a quella tumultuazione. Egli solo con la presenza, con dolci parole e con picciole soddisfazioni accordò quietamente ogni cosa, e ritennele in fede, senza che ne seguisse morte d'alcuno; cosa che non si saria forse fatta da altri senza notabilissimo danno.

Frattanto i Veneziani, che poco erano soddisfatti del governo del loro Generale Zane, del quale i sinistri progressi lo facevano odioso, e contra del quale molte querele nel Senato eran comparse, fin dal mese di Decembre del 1570 avevano eletto nuovo Generale e successore nel medesimo luogo suo il Provveditore Sebastiano Veniero, del valore della prudenza e del buon governo del quale vedendo continuamente effetti migliori, erangli molto affezionati. Ed avendo mandatogli per suo Provveditor generale di mare Agostino Barbarigo, uomo prudentissimo e di governo mirabile, con commissione che subito pigliando in consegna l'armata e il possesso dell'officio suo, mandasse loro a Venezia con buona custodia esso Girolamo Zane suo antecessore, il tutto egli diligentemente eseguì. Onde essendo in Venezia carcerato il Zane, sotto pretesto di volere il Senato discuter la causa della sua amministrazione, il fine suo fu poi, che del mese di Settembre del 1571 di sua infermità, come dicono, si morì nella detta prigione, prima che la causa sua fosse intieramente conosciuta. Castigò il Senato nel medesimo tempo molto severamente alcuni Capitani delle loro galere, quantunque de' suoi proprî nobili fossero, per le querele che de' lor mali portamenti udì; cercando pure con questi esempi di giustizia di mantenere in fede i soldati forestieri, che dal servizio della Signoria non si partissero (12). Il General Veniero avendo in Candia preso il possesso dell'armata e del carico suo, con gran diligenza diede ordine a quanto s'apparteneva per la guardia di quell'isola, e per armar le galere di quel Regno. Indi ai diciassette di Marzo s'imbarcò per la volta di Corfù, accompagnato da Marco Quirini con sette galere. Nel qual viaggio essendo sopra al Zante verso castel Tornese, prese una fusta de' Turchi con tutte le genti. E giunse a Corfù il primo giorno di Aprile;

di dove subito rimandò detto Quirini in Candia, perchè se'e-
spedisse di armar con prestezza quelle galere, e le cose appartenenti al suo carico provvedesse. Il qual Quirini arrivato in Candia, trovò ivi Niccolò Donato con due navi cariche di soldati e di munizioni, che dal Senato si mandavano
in Cipro per soccorso di Famagosta. Il quale quantunque
avesse commissione che, senza toccar Candia, con ogni diligenza seguisse per la più espedita via il suo viaggio, nondimeno per desiderio d'aver nuova dell'armata turchesca
aveva contravvenuto. Da che seguì forse la perdita di Famagosta e di tanti valorosi capitani; perciocchè sopraggiunto
ivi dai tempi cattivi, non potè mai partirsi, talchè il soccorso non ebbe il suo effetto. E volendo pure il Generale
Veniero provvedere, che quanto prima le galere di Candia
col resto dell'armata a Corfù si conducessero, mandò a posta
in Candia il Provveditor Canale con quindici galere, sì per
sollecitare il negozio, come anche per fare che sicuramente
tutte insieme di conserva passassero. Trovò il Canale che
tutti in quel Regno erano stati lenti e pigri ad armare, eccetto Luca Michele Provveditore della Cania; il quale diligentemente aveva già in essere ridotte le galere alla sua
cura commesse: onde si diede con gran sollecitudine a procurare ed instare, che le altre ancora a perfezione si conducessero. E desideroso poi insieme con gli altri Provveditori
di mandare a Famagosta quel destinato soccorso, insieme
deliberarono di mandar quelle navi di Niccolò Donato, subito che avessero nuova che l'armata nemica da quei mari
si fosse partita, e di mandar trenta galere insieme con esse
per sicurezza e per rimburchiarle anche, quando fosse stato
bisogno. Per il che il Provveditor Quirini fece istanza al
Canale, che quanto prima vedesse l'occasione sicura, gli
mandasse tutte le galere ch'egli in ordine si trovava. Il quale
in persona dalla Cania passò in Candia, di dove subito che
egli fu giunto, il Quirini si partì per osservare il cammino
e l'intenzione de' nemici, che fu il secondo giorno di Luglio.
Ai ventitrè ritornò con la nuova che già i Turchi verso
ponente con l'armata loro erano passati, dimodochè si attese

subito a spedir quelle navi, che il soccorso di Famagosta portavano. Ma accadde disgraziatamente, il giorno dopo al suo ritorno, che essendosi levato una molto gagliarda e repentina fortuna, una di esse navi, essendo già carica delle genti e delle munizioni, dal travaglio del mare sferzata e dall'impeto de' venti sospinta, nel medesimo porto ruppe e affondossi; parendo, che appunto così l'infelice destino di Famagosta portasse, per l'ultima miseria del Regno di Cipro; il quale quando pur Famagosta conservata si fosse, facilmente in tutto dalla barbara fierezza sottratto, con poco spazio di tempo liberato si saria. Or mentre le genti e robe di quella nave rotta in un'altra si passavano, desideroso il Quirini d'intender qualche cosa di Famagosta, di nuovo ritornò fino al canale di Rodi; e avendo scorso quei mari senza poter mai aver lingua di cosa alcuna, senza profitto se ne tornò in Candia. Frattanto il Generale Veniero da Corfù aveva mandato alla volta di levante Giovanni Loredano e Collane Drasio da Cherso con due galere, per aver nuova dell'armata nemica; i quali avendo inteso alla Cefalonia, che i Turchi con tutta l'armata si trovavano al Zante, dove tutta quell'isola a fuoco e fiamma mettevano, con tal nuova se n'erano ritornati. Avendo poi detto Generale rimandato il medesimo Collane e Francesco Trono con due altre galere, per intendere qualche altro particolare, il Trono da dieci galere nemiche fu preso, salvandosi Collane nel canale di Corfù.

Laonde parendo al Veniero, che avvicinandosi l'armata nemica, fosse egli necessitato a partire e a congiungersi quanto prima con l'altre armate de' collegati, avendo spedito la galera Benedetta in Candia con ordine a' Provveditori Canale e Quirini, che con la maggior prestezza possibile s'inviassero con tutte quelle galere alla volta di Messina, perciocchè ivi gli avrebbe aspettati, egli con cinquanta galere, sei galeazze e tre navi, insieme col Provveditor generale dell'armata Agostino Barbarigo alli ventuno di Luglio si partì, e con felice viaggio ai ventitrè arrivò a Messina, dove con infinita allegrezza fu da Marc'Antonio ricevuto,

ma certo con maraviglia maggiore del mondo ; il quale a-
vendo per l'addietro osservato, quanto poca confidenza fosse
tra il Re ed i Veneziani per l'interesse degli stati della Lombardia , non v'era chi creder volesse , che così facilmente
si fosser ridotti a fidarsi di mandare scambievolmente i vascelli
da guerra ne'porti sospetti , sì che fu questo il primo segno di confidenza tra essi , senza la quale era impossibile
che buono effetto avesse la Lega.

Non così presto però poterono da Candia quei Provveditori spedirsi, perciocchè non parendo lor bene di partirsi
di là se prima Famagosta non avesser soccorso , la quale,
senza buon aiuto, vedevano al certo essere per perdersi; si
risolverono di trattenersi ancor tanto, che il detto soccorso
il suo effetto avesse sortito. Ma essendo ai ventitrè di Agosto arrivato loro nuovo ordine dal Senato, che, posposto o-
gni altra cosa, procurassero di trovarsi quanto prima a Messina col lor Generale , furono sforzati di abbandonare l'impresa , la quale sebben anche avesser seguita , saria stata
inutile; poichè fino a quel tempo Famagosta era stata espugnata , ancorchè nuova alcuna di ciò non si fosse saputa.
Nelle cinquanta galere , galeazze e navi , che seco il Generale Veniero aveva condotto a Messina, erano pochissime
genti da combattere, non essendovi in tutto più di sei compagnie di fanterie, e quelle malissimo fornite, mal soddisfatte,
e peggio in ordine, sotto il Colonnello Pompeo Giustini da
Castello. Di che parendo male al Colonna, volle prestamente
fare espedizione d'assoldare altri soldati di nuovo per rin-
forzarle e armarle. Ma o che il Veniero malagevolmente si
recasse a ricevere nelle sue galere soldati, che dalla sua Repubblica non dipendessero , o che altro ne fosse cagione,
pregò egli Marc'Antonio , che desistesse da quella fatica;
perciocchè diceva d'esser sicuro che con le galere che gli
verrebbono da Candia ne sarebbono venuti tanti, che avrebbono anche supplito al difetto che n'avevano quelle. Di che
Marc'Antonio per allora tenendosi soddisfatto, si rimase di
provvederle.

Stavasi poi in Messina necessariamente aspettando la

venuta di D. Giovanni d'Austria con le galere del Re e il restante dell'armata Veneziana ; e mentre s'andava consumando quel tempo tanto opportuno, senza pur intender nuova di D. Giovanni, erano tutti i soldati mestissimi e pieni di mal talento , disperandosi quasi , che più per quell'anno alcuna fazione buona far si potesse , poichè troppo pareva che passasse della stagione atta da fare l'impresa.

Prima ch'io passi più avanti , mi conviene anche di ritornare a dire di Mustafà ; il quale avendo in Cipro , a viva forza, in quarantacinque giorni espugnato Nicosia , città di tanta importanza , ottenne anche a patti la montagna , e diede facoltà a ciascuno di ritornare alla città, e di lavorare i campi e terreni. E avendo lasciato per guardia e governo di Nicosia Mustafer , egli con quattromila fanti e mille cavalli s'inviò verso Famagosta, della qual città, che di tutto quel Regno era sola in potere de'Veneziani rimasta , il sito era tale. Dalla parte del mare , che verso la Soria risguarda , ha uno capacissimo porto a Tramontana rivolto ; del quale è cagione una sirte , ovvero secagna , che alla terra ferma di mezzodì si congiunge. Per più d'un miglio di mare essa si stende ; ed una parte, cioè quella che è più fuori, si lascia vedere; e l'altra più verso la terra dalle onde è coperta e secata nel mezzo da un'altra sirte minore, che va contra al castello. Alla estremità, dove è una fortezza, tra sè e'l castello lascia la bocca del porto, il quale è molto buono e da tutti i venti sicuro. Il circuito della città, di circa a due miglia, ha forma quadrata; la quale, con atte fosse e buone mura da tredici torrioni e un baloardo è difesa , con alcuni cavalieri , che guardano l'arsenale e anche il medesimo porto. Arrivatovi brevemente Mustafà , per il primo saluto mandò a presentare a Marco Antonio Bragadino la testa del Dandolo , che con fine miserando aveva difeso Nicosia, acciocchè dallo esempio spaventato, se gli rendesse. Ma quando intese, esso Bragadino esser uomo intrepido, di molto valore, prestamente fece dar principio alle trinciere e fosse, per condurre l'artiglierie alla prefissa batteria. Le quali piantate , cominciò da prima a

tirare alle navi che erano nel porto e allo sperone del castello, con frequentissimi colpi; ma vedendo che per lo spazio di tre giorni, senza far danno, aveva perduto il tempo
e la fatica , fece di nuovo essa batteria far più vicina, risoluto di battere il torrione dell' arsenale per una parte, e
con un'altra ancora la scala del cavaliere della porta di Limisso. Nè così tosto furono le due batterie piantate, che
fin dal primo giorno dai buoni bombardieri della città gli
furono i pezzi dell' una e dell' altra imboccati e scavalcati;
onde diede subito ordine a' suoi che abbandonassero le trinciere e i forti; i quali, presi da'nostri, furono subito rovinati. Così chiaritosi affatto, che a prender Famagosta erano
necessarie forze maggiori, per allora partissi, con risoluzione
però d' oppugnarla l' anno seguente con maggiore apparato.

Fra tanto in Costantinopoli avuto nuova Selim del soccorso che in Famagosta era entrato, e giudicando che molto
danno alle cose fosse per apportare, per eccesso di sdegno
contra a' suoi, che in vietarlo erano stati negligenti, fece tagliar la testa al Beì di Scio, e al Beì di Rodi fece levare
il fanale, acciocchè dallo esempio loro imparassero gli altri
a star vigilanti nelle cose di tanta importanza. Mandò anche
ordine al Beì di Negroponte, che tutte le galere delle guardie raccogliesse, e insieme le unisse. E ben presto spedì
Alì Bascià con quaranta galere, perchè con esso Beì di Negroponte congiunto, mentre che il resto dell' armata in ordine si metteva, insieme nel Regno di Cipro scorressero.
Partitosi dunque Alì con diligenza, e ritrovato a Scio il
Beì di Negroponte con ottanta galere, unitosi seco, di compagnia al principio d' Aprile arrivarono in Cipro. Ove sbarcati diciotto mila combattenti, con ogni provvisione lor necessaria, e vedendo che alla espugnazione di Famagosta e-
rano necessarî molti lavoratori con zappe e pale, le quali,
ove possono lavorare, sono la potissima espugnazione delle
fortezze, vi traghettò dalla Ghiazza, luogo della Caramania,
quaranta mila guastatori. E per consiglio di Mustafà, che
non vedeva d' aver più di bisogno d'armata, ai venticinque
di Maggio se ne partì, lasciandovi per la guardia Rampa-

mati con altri tre fanali, insieme con molte maone, palandre, caramusali, passacavalli e fregate; acciocchè da'luoghi vicini le genti, munizioni e altre cose necessarie portassero; e anche perchè, bisognando, vietassero che altro soccorso più in Famagosta pervenisse.

Or mentre in Messina con molta noia la unione delle
armate i nostri aspettavano, ogni giorno qualche infelice
novella lor veniva apportata, con molta felicità de'progressi
turcheschi. Si seppe dall'Albania, che avendo i Veneziani
mandato per governatore di quella provincia Giacomo Malatesta, soldato di molto valore, con tre mila fanti; era egli
andato appresso a Cattaro per abbruciare tutto il paese,
dove solevano i Turchi imboscarsi e con gli agguati fare a'Cristiani spessissimi danni. Aveva perciò mandato per
la montagna dugento archibusieri con ordine, che giunti ad
un certo villaggio, nel passo l'aspettassero, ed egli con
dugento cinquanta altri imbarcossi sopra due galere. E tosto
che fu ad un casale sbarcato, sperando di trovare i suoi al
luogo assegnato, diede principio ad arder la montagna; ma
fu dagli uomini del paese e da alcuni pochi Turchi nella
stessa montagna assaltato, e con pietre tanto seguitato e
maltrattato, che avendo le sue genti marciato gagliardamente,
e non avendo al luogo assegnato trovato gli altri suoi, i
quali erano andati a riconoscere Risano, che poco prima
era stato preso da'Turchi, si volsero in fuga. E quelle
poche genti che erano seco, non sapendo resistere all'impeto
della moltitudine de'nemici, da'quali già molti n'erano stati
uccisi ed egli gravemente ferito, con una gamba dislocata,
onde era sforzato a farsi portare, fu con dodici de'suoi fatto
prigione. Furono anche in quei giorni prese da'Turchi due
navi Veneziane cariche di soldati, che andavano a trovare
l'armata; nelle quali era Colonnello di cinquecento fanti
Giovanni Tommaso Costanzo giovanetto, figliuolo di Scipio,
condottiero d'uomini d'arme della Signoria, uomo di molta
autorità e di molto valore, e seco molti altri gentiluomini
Veneziani. Le quali navi, essendo state da'nemici soprappre-
se tra la Velona e Corfù, e combattute lungamente con molte

galere, quantunque una di esse, vedendo la necessità, si rendesse, l'altra combattè con tanto valore, che avendo con l'artiglieria affondato otto vascelli nemici, ancora facilmente non si saria perduta, se o un poco di vento l'avesse aiutata, o non l'avesse Uccialì con ottanta galere combattuta.

Partitosi intanto Alì da Cipro ai quindici di Maggio, come sopra dicemmo, a Castel Rosso nell'isola di Negroponte con le sue galere trasferissi. Ivi trovò Bertà Bascià nuovamente eletto Generale di terra per seguitare l'armata; e quivi venutogli nuova della elezione della sua persona al Generalato del mare, da esso Bertà ricevette in consegna tutta l'armata. Della elezione di Alì nel luogo di Pialì, diversamente da molti molte cagioni si assegnavano. Non mancava chi dicesse, che dai prieghi della figlia del Gran Signore, che era sua moglie, la quale della sua salute, vedendolo vecchio, temeva, ne fosse mosso esso Selim. Altri piuttosto a sdegno di Selim contra di lui l'attribuivano, perchè della occasione non si sapesse servire di prendere tutta o parte dell'armata Veneziana, quando, tornando da Cipro da quella del Re disunita, nell'isola di Candia mal trattata si trovava. E di più soggiungevano, che se l'amor di sua figlia l'ira di Selim non avesse frenato, l'avrebbe anche di avvantaggio fatto morire. Alì, poichè dell'armata ebbe preso il possesso e del Generalato l'insegne, fino ai tredici di Giugno in provvederla d'ogni bisogno a Negroponte fermossi; e di là poscia partendosi fu a Milo, e da Milo in Candia, con prospero vento, arrivando di notte, nel porto della Suda pervenne. Ove subito posto in terra le genti, empiendo ogni cosa di fuoco di morte e di spavento, molti casali disfece. E fatto molti di quegli isolani prigioni, fu da loro ragguagliato, come nel porto di Candia trenta galere, e alla Cania altre tante se ne trovavano. Mandò pertanto quaranta galere a circondar l'isola e danneggiarla, con ordine, che a nessuna sorte di crudeltà si perdonasse. Ma non ebbe però effetto l'intenzione, essendogli da grave fortuna e da tempi contrarî vietato il partirsene. Mandò similmente Uccialì Re d'Algieri e Governatore di un corno della sua armata, con la sua squadra a Rettimo, e meglio gli succedette. Perchè essendo il luogo poco atto a difendersi da tanto impeto di nemici, e però dai difensori abbandonato, assai presto lo prese, lo abbruciò, ruinollo, e con l'intento se ne tornò all'armata. Quando, non volendo Iddio abbandonar Candia, che in tanto pericolo si trovava, vi trasse miracolosamente, si può dire, tre navi Veneziane, con una delle quali il Conte Pietro Avogadro, e seco buon numero di valorosi soldati veniva, e l'altre due erano cariche di mille soldati Corsi, sotto la condotta del Colonnello Francesco Giustiniani, dei quali era Sergente maggiore il capitano Pietro Maria da Casta Corso. Grandissima ventura fu riputato l'arrivo a salvamento di quelle navi; le quali non sapendo che l'armata nemica vi fosse, a tre miglia vicino erano passate alla Suda, e da una spessissima nebbia la mattina per tempo coperte, non furono vedute. Sbarcati dunque detti soldati alla Cania, parve al Provveditor Luca Micheli di mandar subito i Corsi ad infestare l'armata nemica, la quale aveva quella mattina mandato gran quantità di Turchi per terra a danneggiare i Casali. Costoro da' soldati Corsi incontrati, in gran parte vi rimasero morti, necessitati gli altri con molto disordine a rifuggirsi alle galere. E fu questo cagione che l'armata nemica dalla Suda a Turlurù si trasferisse, benchè far non lo potesse senza molto travaglio e danno patire dall'artiglieria della Cania, che con un tiro tra gli altri portò via tutto lo sperone della galera di Caurali corsaro. Sbarcati i Turchi a Turlurù, molti danni vi fecero. Ma ben lo pagarono alcune delle lor compagnie, le quali per desiderio di preda essendo alquanto dentro all'isola penetrate, dal mare allontanatesi, dagli stessi isolani con alcuni ben pochi soldati furono tutti in pezzi tagliate. E mentre questo successe, dodici di quelle galere, che andavano danneggiando, dal tempo e dal mare combattute, furono ad investire nella spiaggia costrette. Delle quali tre ve ne restarono del tutto rotte e fracassate, e le altre, non senza molto danno, malamente ricuperarono. Per questi accidenti avendo i Bascià risoluto di partirsene con l'armata, spararono per ciascuno un pezzo

di artiglieria, e alle loro antenne poser le fiamme, facendo
segno ai loro che ad essi si ritornassero. Ma quando viddero che dopo a due giorni ancora non comparivano, suspi-
cando pur quello che in effetto loro era avvenuto, fecero
di tutte le genti diligente rassegna. E conoscendo per essa
d'avere in quell'isola perduto tremila e settecento soldati,
di non più molestare i Candiotti si risolverono; e in effetto
partendosi, di prima se ne andarono a Cerigo, la qual isola
a lor modo dannegiata, finalmente lasciarono, e per commodità di spalmare, al Zonchio si condussero. Spalmato che
ebbe Alì e rinfrescato l'armata, per la prima si diede a
saccheggiare e abbruciare i borghi del Zante e della Cefalonia, non sì però che punto quelle fortezze tentasse. Ma
giunto a Buttintrò nell'Albania, si diede a rifare i soldati
che in Candia gli erano stati scemati; e perciò mandò quaranta galere per quella costa, a fine che tutti gli Spahì
che adunar potessero, gli avesser condotti. Queste avendo
scoperte due galere de' Veneziani, impresero a dar loro
gagliardamente la caccia. Ma mentre rifuggiano elle alla volta
di Corfù, che solo speranza allo scampo loro porgeva, disgraziatamente con dieci galere d'Uccialì si scontrarono; dalle
quali prese a man salva e al Bascià condotte, dierongli
occasione di festa e di piacere. Onde determinato di voler
riacquistar Soppotò, da indi a poco tutta l'armata vi trasse;
e avendo più volte in varî modi tentato quella fortezza, gli
diede al fine un gagliardissimo assalto. Al quale vedendo i
bravi difensori di non poter più resistere, diedero fuoco ad
un tratto alla munizione, e uscinne danno sì fatto, che più
di cinquecento Turchi vi rimasero bruciati. Ma rifattisi poi
con impeto maggiore di nuovo all'assalto, non avendo più
schermo i difensori di ributtarli, gittando in terra le armi, si
renderono; e ne furono molti nel principio uccisi, molti altri
ancora insieme con Manolì lor capitano fur fatti prigioni.

Dopo questa vittoria si diede Uccialì con diciotto galere a scorrer la Dalmazia, per infestarla. E scopertasegli
la galera di Santo Trono, che da Venezia se ne veniva,
gli diede tal caccia, che fuggendo ella con molta velocità

verso Ragusa, e trovando la bocca di quel porto chiusa con una grossa catena, con l'impeto che menava spezzolla, e dentro a quel porto salvossi. Fece ivi Ucciali molta istanza ai Ragusei perchè quella galera come da lui fuggita gli dessero, ma non vollero essi però, benchè lui con molti presenti e carezze onorassero. Intese egli quivi la grandezza de' preparamenti de' Principi collegati, e le forze delle loro armate molto appuntino ; onde mostrò di molto temere, che i Bascià poco esperti delle cose marittime, imprudentemente conducendosi, a far battaglia precipitassero. E perciò pregò quella Repubblica che ad essi Bascià, facendo anche maggiori le cose de' Cristiani, gli stessi ragguagli con lettere significassero. Navigò intanto tutta l'armata a Dulcigno nella Dalmazia, il qual castello già quindici giorni combattuto da Bertà Bascià, e valorosamente difeso da Sciarra Martinengo Governatore di quella provincia e da Marco Veniero Rettore del luogo, quando vidde che all'impeto di tutta l'armata non poteva resistere, mandò a trattare col Generale di essa, che quando si contentasse di lasciar la vita e la roba de' paesani, e ai soldati concedere che con li lor Capitani e con le armi se ne uscissero senza offesa, gli avrebbono ceduto la piazza. Il che fu da Alì accettato e promesso ; ma tosto che i soldati con i lor capi usciti ne furono, allegando il Bascià di terra che quella impresa era sua, non del Generale dell'armata, e che perciò non aveva potuto promettere, abbruciò crudelmente quella città, e de' cittadini uccise gran parte, e quelli che restarono con le donne e fanciulli fece tutti miseramente schiavi. Da Dulcigno trasferissi l'armata ad Antivari, e senza combatterla mandò subito ambasciadori alla città ad esortare i cittadini a rendersi, poichè si prometteva loro di lasciar andare salvi i forestieri, e di non fare a' paesani alcun trattamento peggiore di quello che solevano aver da' Veneziani. Era la città ben munita, e per molti giorni avria potuto onoratamente difendersi, ma Alessandro Donato Conte Rettore di essa, molto pusillanime, senza replica alcuna accettando le condizioni, render si volle. Il che veduto da' cittadini, s'ingegnarono di fare agli am-

9

basciadori molte carezze, e come lor nuovi padroni con bellissimi cavalli riccamente di velluto e d'argento guerniti li rimandarono. Ma nè anche ad essi fu perciò la fede osservata, essendo i poveri soldati in vece della promessa libertà, tutti miseramente legati alla catena. Erasi con queste cose passato fino ai cinque d'Agosto, quando in Messina insieme intendendosi le nuove infelici della perdita di Giacomo Malatesta, delle due navi e delle galere Veneziane con li danni del Zante e della Cefalonia, la perdita di Soppotò, di Dulcigno e d'Antivari, oltre a molti incendî e crudeltà dall'armata nemica commesse; e non intendendosi per ancora di D. Giovanni cosa certa; cominciò il Veniero, che non poco anche dubitava dell'animo del Re di Spagna, assai liberamente a dire, che piuttosto che consumare così inutilmente quel tempo, si saria risoluto d'andare a trovare le sue galere che di Candia venivano; e, giunta insieme tutta la sua armata, avrebbe procurato di far da sè qualche impresa; affermando anche, che quando con l'armata nemica si fosse incontrato, non erano le sue forze sì poche, che di combatterla avesse temuto. Ma fu da Marc'Antonio non pure con l'autorità ritenuto e acquietato, ma disposto anche a fare quanto ad esso fosse piaciuto. In questo mezzo a Zara era concorso tanto numero di Turchi, che gagliardamente combattendola, con non poco sospetto della perdita se ne stava in Venezia; ma l'avervi prestamente mandato al soccorso Galeazzo Farnese Colonnello con grosso numero di buoni soldati, e la fortezza del luogo, che è una delle più belle e ben intese fortificazioni che abbiano i Veneziani, in breve l'assicurò. Ma intendendo ogni giorno come i corsari turchi avevano scorso fino a Curzola e Lesina isole, dove saccheggiando e bruciando avevano dato il guasto, sebben le terre murate erano salve; e che nell'Albania l'armata loro aveva preso Dulcigno e Antivari, di che appena s'era salvato Sciarra Martinengo Governatore della provincia ed i Rettori Veneziani a Ragusa; e che ultimamente l'armata tutta s'era condotta a Cattaro, il quale combattendo non avevano chi lo soccorresse; e sapendo che in poco più d'un giorno, quando l'armata si fosse determinata, avria potuto condursi a Venezia, stavano con tanto timore, che nella propria città condussero quattromila fanti delle lor battaglie, distribuirono le armi a' cittadini con ordine, che a un suono di campana si riducesse ciascuno alle case di coloro, che avevano loro assegnati per capi. E non solamente la città con queste diligenze provvidero, ma ai propugnacoli di essa da più bande uomini di valore ed esperti mandarono. Prospero Colonna, il Contino da Ravenna e Giovanni Galeazzo Bentivogli Colonnelli con le lor genti furono posti alla difesa di Lio e di Malamocco; Sforza Pallavicino Generale, a Chioggia, come luogo di maggiore importanza; e gran quantità di cavalleria tennero in arme da tutte le bande, con molti vascelli pronti e atti a traghettarla dove il bisogno l'avesse richiesto.

Or mentre che in tante angustie più fieramente si trovavano oppressi, ecco che D. Michele de Moncada v'arriva, il quale da D. Giovanni d'Austria mandato, loro la nuova dell'esser esso arrivato a Genova con quarantaquattro galere apporta; e da sua parte li consola, con certificarli della volontà che egli ha di trovarsi con ogni brevità a Messina, per risolver quanto prima con quei Generali qualche cosa a beneficio loro. Questa nuova rallegrò gli animi mesti, rincorò gli sbigottiti, diede speranza a tutti di felice progresso; e maggiormente l'accrebbe il vedere, che subito inteso da' Turchi la raunanza di tante galere cristiane in Italia, abbandonarono l'impresa di Cattaro, partissi l'armata totalmente dal golfo di Venezia, si restrinse insieme, e andò poi sempre più cauta.

Aveva D. Giovanni necessariamente tardato tanto la sua venuta per la difficoltà che in Ispagna s'aveva di mettere insieme soldati, de' quali per la guerra di Granata fortemente si trovava sprovvista; e le galere che d'Italia erano andate per condurlo, essendo da Barcellona state mandate a Cartagena e più oltre, ad imbarcare tremila fanti che soli erano avanzati da quella guerra, tardarono molto a spedirsi. Menava seco D. Giovanni in Italia due figli maggiori del-

l'Imperadore, Ridolfo ed Ernesto, i quali lungamente alla
corte di Spagna avevano dimorato, e ora dal padre nell'A-
lemagna richiamati, restando colà i due minori Alberto e
Ladislao, ad esso se ne tornavano. Aveva di più un consiglio di uomini principali datigli dal Re come maestri, e
oltre di ciò gran numero de' Cavalieri e de' primi guerrieri
di Spagna conduceva. Di modo che quelli, che o per disgusto con quella corona passato, come Cosmo de' Medici
con l'occasione del nuovo titolo di Gran Duca di Toscana;
ovvero per gelosia della libertà, come la Repubblica di Genova, che vedendo tanto apparato di forze, e conoscendo
D. Giovanni giovane glorioso nelle armi, senza stato nè cosa
sua propria, non poco de' casi loro temevano, con molta ansietà si stavano armando. Le diligenze del Gran Duca non
si potrian contare; avendo in tutte le sue frontiere e di mare e di terra e in tutti i porti raddoppiate le guardie. Ma
de' Genovesi non si basteria certo ad immaginare, non che
a descrivere l'eccessivo sospetto. Avevano determinato, che
nella lor città non entrasse forestiero, eccetto che D. Giovanni con pochi de' suoi, e per tutta la città al popolo dato
l'armi, con gli ordini da servarsi in caso di tumulto, sotto
a quei capi che a tale effetto avevano destinati. Ma poichè
si vide Giovanni Andrea Doria, che per alloggiare in sua
casa fuori della città tanto Don Giovanni, quanto quei Principi, con gran diligenza con una galera avanti se n'era venuto; e che poi effettualmente alloggiatovi, si diede Don
Giovanni con molta prestezza a spedire e mandare alla volta
di Messina le fanterie tedesche, che per la Lega assoldate
alla Spezia aspettavano d'imbarcarsi; e che nessuna cosa egli
maggiormente sollecitava che l'espedirsi per partirsene presto; tutti i sospetti cessarono ne' Genovesi; benchè qualche
piccolo tumulto ne fosse nato più volte tra il popolo armato
ed i soldati Spagnuoli. E depose il Gran Duca parimente
il timore che il Re di Spagna sdegnato ad istanza dell'Imperadore volesse tentare di ritorgli lo stato di Siena, come
non mancavano sofistici che ne andassero discorrendo. Di che
anche maggiormente accertossi, quando venuto il Principe di

Fiorenza Francesco suo figlio a visitar a Genova quei gran Signori, tanto da Don Giovanni, quanto dai due Principi d'Austria vi fu con ogni gentilezza e cortesia accarezzato.

Giunse parimente a Messina la nuova tanto aspettata dell'arrivo in Genova di Don Giovanni con quelle galere. Nè guari si stette a sapersi più d'appresso, che ai nove di Agosto con ogni diligenza, tendendo verso Messina, in Napoli era arrivato. Quivi necessariamente, ancorchè pochi giorni, per ricever i doveri, che regalmente da quella città se gli facevano, fermossi; e più per ricevere lo scettro e lo stendardo della Lega dal Cardinale Granuela Vicerè(13). E benchè in Messina gli altri Generali e tutti gran contento di tal nuova sentissero; benchè di già cinque grosse navi cariche di soldati tedeschi, che al numero di tremila sotto il Conte Alberico di Lodrone Colonnello il Re aveva fatto assoldare, vi arrivassero; e che altrettanti in Palermo sotto il Conte Vinciguerra da Arco, il passaggio con le galere di Sicilia per venirvi procurassero; ancora la noia della tardanza malamente si lasciava soffrire. Erasi fino a quel tempo atteso in Messina a spalmar le galere, a provveder le vettovaglie, ad esercitare i soldati, quando intendendosi che alcune fuste de' Turchi intorno all'isola danneggiando, alcuni barconi di grano ben presso a Melazzo avevan predato; mandò Marco Antonio prestamente Onorato Gaetano, Generale delle genti del Papa e suo cognato, con le dodici sue galere, perchè cercasse di pigliar esse fuste; ed insieme perchè le galere a Melazzo di vino provvedesse; e di là poi due galere a Palermo mandasse al Conte di Landriano Straticò di Messina, per comodità di ricondur la corte del Marchese di Pescara, il quale in quei giorni, Vicerè di quel Regno, v'era morto (14). Il che tutto prontamente da Onorato eseguito, sebben le fuste con diligenza cercate non avesse trovato, a Messina se ne tornò. Quando intendendo il General Veniero, che a Tropea di Calabria buona condizione di vino s'aveva, con trentacinque delle sue galere in persona vi volle andare, per provvedernele. Ma da un aspro temporale all'improvviso assalito, in grave pericolo fu di perderle tutte.

Perciocchè il suo Ammiraglio Uraena schiavone, per altro molto sufficiente e famoso nelle parti più oltre in levante, non avendo per avventura di quei mari cognizione, non prima delli scogli si avvidde, che otto galere dentro vi rompessero. Delle quali il giorno seguente, essendosene due con molta fatica ricuperate, una di esse mentre il bombardiero sparava un tiro, come si suole, in segno di partenza, avendo incautamente dato fuoco a quantità di polvere che era su le Rambate per asciugarsi, miseramente abbruciossi. Due altre galere de' Veneziani ne' medesimi giorni perderonsi, le quali andando il Provveditor Barbarigo a Melazzo per la stessa cagione di vini, e avendo corso burrasca, di notte in terra investirono, ove tutte si ruppero. Questi avvenimenti sì tristi accrescevano la comune melanconia, con il corrotto che il Colonna faceva per la morte di Donna Giovanna sua figliuola, Duchessa di Mondragone; per la quale non pur la sua famiglia e guardia, ma le galere ancora coperte di negro, davano a tutti cagione di cordoglio e augurio cattivo.

Fu nondimeno assai presto ogni tristezza sbandita, quando finalmente con somma allegrezza e festa incredibile ai ventitrè d'Agosto D. Giovanni vi giunse. Erano seco, la sua Reale e la padrona computandovi, venticinque buone galere. Di queste eran di Spagna quattordici; delle quali quattro comandava D. Luigi di Requesenes, Commendator maggiore di Castiglia, suo Luogotenente e principal consigliero; col quale veniva Stefano Mottino, che avendo servito al Re nella guerra di Granata, con carico degno di sè, veniva, provvisto da S. Maestà di onorato stipendio, per assistere alla persona di D. Giovanni. Altre quattro comandava Giovanni Basques di Coronado Capitano della Reale. Quattro Gil d'Andrada Cavaliero e Commendatore dell'abito di S. Giovanni. Due Luigi d'Acosta Capitano della padrona Reale. Tre di Savoja in governo di Monsignor de Lyuì, le quali, come venturiere, servivano ad istanza de' Veneziani. Tre della Signoria di Genova, comandate da Ettore Spinola Cavaliero d'Alcantara, Generale di esse, le quali medesimamente venturiere la devozione del Re seguitavano. Quattro di Pier Battista Lomellino, e una di Bendinello Sauli. Erano con quelle galere molti Signori e Principi venturieri, i quali in servizio di Dio e della santa Lega, per essere a parte nella gloria di tante onorate e giuste fatiche, D. Giovanni accompagnavano. Tra' quali erano principali il Cavalier Francesco Maria, figliuolo di Guido Ubaldo Duca d'Urbino, e seco Alderano Cibo Marchese di Carrara, figliuolo di Alberico Principe di Massa, e suo cugino; Principe Alessandro Farnese figliuolo di Ottavio Duca di Parma, di Piacenza e di Castro; Paolo Giordano Orsino Duca di Bracciano, e con ciascheduno di essi gran numero di Cavalieri e Signori delle case principali dell'Italia. Eravi anche, oltre a' venturieri, Ascanio della Corgnia Maestro di campo generale della Lega, Pompeo Colonna Luogotenente di Marc'Antonio; Sforza Sforza Conte di Santa Fiore Generale della fanteria italiana al servizio del Re; Paolo Sforza suo fratello, Colonnello di due mila fanti; e una parte delle sue genti. Arrivovvi anche il giorno seguente Don Giovanni di Cardona con dieci galere di Sicilia, delle quali era Generale, e su cui i Tedeschi del Conte Vinciguerra da Arco condusse; e vennero seco anche dodici altre galere de' particolari Genovesi assoldate dal Re. Delle quali quattro erano di Giovanni Ambrogio di Negrone; due di Niccolò Doria; due di Stefano dei Mari, Cavaliero di Calatrava; due di Giorgio Grimaldi, e due di David Imperiale. Nè molto stettero a giungervi anche i Provveditori Veneziani Canaletto e Quirini con settantaquattro galere; le quali dall'armata nemica lungamente in Candia assediate, tosto che per la partenza di essa libere si trovarono, con somma diligenza avevano fatto il viaggio. Dipoi ad essi vi arrivò anche Giovanni Andrea Doria con undici galere sue a soldo del Re, e una della Religione di S. Giovanni, che per accomodarsi e armarsi già a Marsiglia era stata lasciata; e finalmente Don Alvaro di Bazan Marchese di Santa Croce con trenta galere di Napoli, delle quali egli era Generale, vi giunse; e con esse galere, le fanterie italiane del Conte di Santa Fiore, e gli Spagnuoli del

terzo di Napoli vi condusse. Fu cosa da vedere e curiosa
l'apparato e la pompa con che la città di Messina in un
ricchissimo ponte a posta nel mare fabbricato d'architettura
bellissimo, pieno di vaghe pitture, e di dotte non meno che
sagaci iscrizioni, per onorarlo, Don Giovanni ricevette. Era
il ponte tutto di damaschi cremisini e di velluti guarnito,
e di sei quadri, che diverse invenzioni rappresentavano; e
anche sopra alla porta reale della città e sopra la porta
del palazzo si leggevano distici. E non fu meno pomposa la
cavalcata, con la quale dalla porta reale fino al palazzo,
per tutta la città passando, fu accompagnato. Il quale di
età giovanetto, d'aspetto bellissimo, di fatti chiaro, di
grado altissimo, e di aspettazione sopra tutto grandissimo,
più gli occhi e gli animi di tutti traeva, che nè gli uni
nè gli altri rendesse satolli, per molto che d'affisarsi in
lui si stancassero. Mostrossi Don Giovanni fin dal primo
consiglio del ben pubblico ardente, di sodisfare a'Veneziani
pronto, di combattere l'armata nemica desideroso, e soprattutto di Marc'Antonio Colonna tanto osservante, che con
molto onorate parole si fece intendere, che di quanto al
governo e alle deliberazioni di quell'armata appartenuto
si fosse, non avrebbe mai cosa alcuna trattato nè risoluto,
se non quanto dal suo consiglio fosse stato approvato. E
se il conosciuto valore e l'autorità di Marc'Antonio egli
osservava, la virtù certo e l'animo intrepido, che nel General Veniero scorgeva, gli recava meraviglia e stupore; il quale
in età decrepita con tanto ardore le battaglie e i pericoli proponeva, che d'altro non soffriva che si trattasse, che d'andare in
levante, che di cercare il nemico, che di combatter l'armata.

Il Provveditor Barbarigo con gli altri due Provveditori
Veneziani ultimamente da Candia arrivati, con luculente o-
razioni ed acconcia maniera di dire sì bene l'affetto della
Repubblica loro e la speranza, che nella virtù di esso D.
Giovanni aveva riposta, esponevano, che a commuovere tutti
gli animi essi soli eran bastanti. Già si facevano giornalmente
consigli e pubblici e privati, ben discutendo e ponderando
ogni cosa. Ma dell'armata nemica, dappoi che dall'assedio di

Cattaro senza profitto o con suo danno s'era ritirata, non più cosa certa si sapeva. Fu quindi per decreto di essi, con due bene spalmate e ben rinforzate galere il Commendator Gil d'Andrada e seco Cecco Pisano, esperto pilota, mandato; perchè alla volta di levante investigando, tanto s'avanzasse, che di essa armata, del luogo ove si ritrovasse, e d'ogni qualità sua, sì de' vascelli come delle genti, certa lingua ne riportasse. Ma prima che i Provveditori Veneziani da Candia in Messina arrivassero, tentando Don Giovanni con ogni diligenza di scoprire quali fossero gli animi dei capi consiglieri e officiali dell'armata, e pregando con molta istanza ciascuno a dir liberamente il suo parere, diversamente da molti si fecero sentire molti discorsi. Perciocchè poco certi di quel che consigliar si dovessero, parte che si dovesse cercare l'armata nemica e combattere, e parte che si schifasse e che piuttosto qualche impresa a' danni del Turco con sicurezza di felice successo si facesse proponevano. Allegavano questi, che non era bene di esporre a pericolo l'armata cristiana, come si saria fatto, venendo a battaglia; poichè solo importantissimo propugnacolo era essa di tutta la cristiana Repubblica contra il Turco armato, invincibile in mare, al quale, quando questa armata avesse guadagnato, con nessuna cosa più si poteva resistere. Questo non volevano in modo veruno intendere i Veneziani, e con ogni sorte di persuasioni affermavano, ogni altra impresa vana o di poco momento essere per riuscire, se prima l'orgoglio dell'armata nemica non si fosse represso; la quale non trovando scontro che l'avesse frenata, con l'impeto che menava, di tutto il mare saria sempre stata padrona. Comandò per tanto Don Giovanni ad Ascanio della Corgnia Maestro di campo generale della Lega, come a soldato più vecchio, per lunga esperienza stimato, molto saputo delle cose di guerra, che senza aver riguardo a cosa che detta si fosse, nè a particolare interesse che alcuno ci avesse, liberamente mirando il pubblico bene, il suo parere ne dicesse; e che tutto quello che era il suo consiglio in iscritto gli desse. Il che egli prontamente eseguendo, il giorno seguente una scrittura presentògli di questo tenore:

« Avendo Vostra Altezza comandatomi, che io le dia in
» iscritto il parer mio sopra quello che si potria fare di
» presente con le forze ch'ella si trova pronte; presuppo-
» nendo di avere in armata cento quarantasei galere, sei
» galeazze, venti navi e venti fuste, e che si aspettino al-
» tre sessanta galere da Candia, delle quali però son molti
» giorni che non si ha nuova; e presupponendo dall'altra
» parte, che l'armata turchesca sia in numero dugento cin-
» quanta vele da remo, e che si trovi in Dalmazia; dove
» sia ancora un'esercito di Turchi in terra di quaranta o
» cinquantamila uomini; dico, che stando i presupposti so-
» pradetti, Vostra Altezza non ha forze bastanti per andare
» a trovar l'armata nemica, nè per tentare impresa alcuna
» a diversione o ad altro effetto, senza porsi a manifesto peri-
» colo di perdersi malamente. Troppo siamo noi disuguali di
» numero all'armata del Turco, la quale si può ancora ra-
» gionevolmente giudicare che si trovi ben in ordine tanto
» di uomini da remo, quanto di soldati. Poichè con le genti
» di tre galere e tre navi, e con molti altri che hanno pre-
» si, tutti marittimi, si sarà rimediata di ciurme, se ne
» aveva qualche difetto, e dall'esercito di terra può pigliare
» ad ogni ora quanti soldati vuole. Se Vostra Altezza po-
» tesse condursi fino a Brindisi senza pericolo d'incontrare
» l'armata turchesca, io, rimettendomi di ciò al giudizio
» di questi Signori esperti nell'esercizio del navigare, giu-
» dicherei, che fosse molto ben fatto. Si daria così qualche
» calore alle cose de' Veneziani, i quali credo che si tro-
» vino in grandissima confusione: e potria essere ancora,
» che stando Vostra Altezza in quel luogo così vicino ai
» nemici, Iddio prestasse occasione di fare qualche bene.
» Ma quando ciò non possa farsi senza pericolo di incon-
» trare l'armata nemica, io non vedo che Vostra Altezza
» possa far altro che aspettar la venuta delle galere di Can-
» dia, ovvero avviso certo che non sieno per venire. In tal
» caso (che Iddio ce ne guardi) io sarei d'opinione, che
» Vostra Altezza rinforzasse quel maggior numero di galere
» che potesse, facendole tali che potessero torsi davanti al-

» l'armata nemica; e lasciasse quell'altre o le navi che an-
» dassero al medesimo Brindisi. Perciocchè con queste così
» rinforzate, che potrebbero essere almeno al numero di
» settanta in ottanta, si potrebbe, credo io, dar molto aiuto
» a quella provincia di Dalmazia, che si trova assalita per
» mare e per terra, senza (si può dire) aiuto alcuno; e
» potriasi ancora dar molti impedimenti a' nemici; oltrechè
» si staria alla posta per ogni occasione, che potesse na-
» scere. Vedria con ciò il mondo che per Vostra Altezza
» non si mancheria di far quanto fosse possibile in servizio
» di Dio e di questa santissima Lega. Rimettendomi sem-
» pre, come ho detto, ad ogni miglior giudizio, prego Id-
» dio che in ciò metta il suo buon consiglio ed aiuto. »

Il desiderio che aveva ciascuno che si andasse a cercare e a combatter l'armata nemica, mentre si vedeva la nostra con tante forze, che mai più per l'addietro ne avevano
i Cristiani tante insieme adunate, fece parere il consiglio di
Ascanio e men risoluto e più freddo di quello, che dal suo
conosciuto valore si attendeva. Sicchè giovando poco le ragioni e' fondamenti ch'egli allegava a così dire, non solamente i Veneziani se ne tenevano offesi, ma generalmente
ognuno, fino ai minimi soldati, pareva che glie ne mostrassero mal viso. E quelli che andavano sottilmente sofistican-
do, assai acremente lo mordevano, con attribuirgli lesione
aperta di coscienza, per colpa di proprio interesse. Argo-
mentavan costoro che avesse egli consigliato altramente da
quello che realmente sentiva, per compiacere al Gran Duca
di Toscana; dal quale sperava (e dicevano esserne seguita
promessa) che nella prima Sede vacante fosse per fare, che
tutti i Cardinali della sua divozione dessero i voti al Cardinal di Perugia suo fratello, per farlo Papa. E dicevano,
che il Gran Duca dovea delle volontà dell'Imperio e della
corona di Spagna temere, per le pretensioni di Siena l'uno,
e l'altra di Fiorenza, che ambedue dovevano intendersi ri-
cadute, con l'aver egli preso titolo maggiore da altro Principe che ci avesse che fare. Che perciò per interesse di stato
gli conveniva di procurare che lungamente il Re con tante

forze nell'armata della Lega fosse occupato, e che anche l'Imperadore nella medesima Lega s'armasse; acciocchè in essa occupati, non avessero luogo di fare a lui danno. Fu dunque con nuovo consiglio determinato, senza che risoluzione delle cose proposte si prendesse, di non innovar cosa alcuna, finchè Gil d'Andrada col suo ritorno qualche certezza riportasse dell'armata nemica. La quale, posto che ebbe buon presidio in Antivari, a Castelnuovo se n'era ita per ispalmare; ed ispalmato, ritornò a Budua per l'ultima rovina di quella città, che con poco contrasto fu presto saccheggiata, arsa e distrutta. Di là se ne andò alla Velona, ove Uccialì e Caracoggia al Bascià ritornarono; i quali con sessanta galere, la maggior parte del golfo di Venezia danneggiando avevano scorso, e abbruciato i borghi di Lesina, avevano anche con molto sforzo d'impadronirsi di Curzola procurato. E già ella da' soldati e dai propri paesani impauriti abbandonata, era per esser lor preda, quando le valorose donne del luogo, meritevoli di sublime corona, a confusione de' vilissimi uomini loro, avendo con eterna lor gloria, risoluto di morir piuttosto con chiaro testimonio della virtù loro, che di dar sè stesse co' loro figli e beni alla crudeltà, alla libidine, alla rapina de' fieri inimici, armate e unite alla muraglia concorsero, donde a guisa di rabbiose pantere, che con denti e unghie l'entrata delle lor tane a' cacciatori divietano, con pietre, fuochi e armi valorosamente s'opposero a quelli stessi nemici, a' quali i cittadini d'Antivari vilmente s'erano resi. Del qual fatto meritò veramente l'onore il Vescovo della città, il quale fu cagione che le donne alle mura corressero armate, e vedendole i Turchi in tanto numero, credendo che fossero soldati, non vollero combattere. Dalla Velona mandò il Bascià otto galere verso Messina, e Uccialì con cinque altre galere e quindici galeotte verso Calabria, per intender certa nuova dell'apparato, unione, forze e progressi dell'armata cristiana; ed egli con l'armata a Soaseno trasferissi, ed indi a Butintrò, e di là a Corfù navigossene. Dove sbarcate le genti, avendo saccheggiato e abbruciato intieramente la città, che non può esser dalla fortezza difesa, e similmente i convicini casali, fece grandissimo danno. Di che diede però in gran parte quella gente le debite pene; perciocchè, essendo dalla fortezza uscito Camillo d'Austria Signor di Correggio, il quale a sue spese serviva la Signoria con duemila fanti, co' suoi capitani, lance spezzate e soldati migliori, non solamente molti de' Turchi vi uccisero, ma se ne rimenarono anche nella fortezza prigioni molti de' principali, tra' quali fu un Corfuotto rinegato detto il Baffo, persona ardita e molto pratica delle cose di mare, e tra i Turchi corsaro molto pregiato. Era costui insieme con Ucciali e Caracoggia smontato in terra, per riconoscere e spiare il presidio che in Corfù si trovava, e avendo la carica dai soldati del Correggio, sbandati che si furono i suoi, toccò a lui di rimanervi prigione, salvandosene pochi, che meglio furono in gambe, alle galere. E per esso mandò poscia il Bascià ad offerire al Bailo qual volesse prigione cristiano, e buona quantità d'oro d'avvantaggio, quando restituirglielo avesse voluto. Il che fare non volle il Bailo per conto veruno.

Non è da maravigliare che nel porto di Corfù molti giorni potesse fermarsi l'armata nemica, essendo che esso porto in tal modo si trova situato, che da uno scoglio molto alto che lo ricuopre dietro, non può nè anche dall'alta cima della fortezza esser veduto. Con tutto ciò fu per avviso del Correggio l'artiglieria nella fortezza di Corfù talmente livellata, che sparando in aria spessissimi tiri, andavano le palle a cadere a piombo in tutte le parti del porto. Di modo che sebbene, come è proprio dei tiri di fuoco, non poteva ciascuno far molto danno, la gragnuola però di tante palle di ferro e di pietra infestava talmente quelle galere, che avendone sfondate già tre e postele a fondo, fu per la meglio preso partito dal Bascià di partirsene, senza aver punto tentato d'assalir la fortezza. La quale con le porte aperte, con continue sortite, con bravissime scaramucce, non mancò di provocare, di travagliare, di danneggiare i nemici mentre vi stettero. Partitosi in effetto l'armata giunse alla Parga

nell'Albania, dove da Costantinopoli un Chiaus del Gran Signore, apposta mandato ai Bascià, portò nuova della presa
di Famagosta e del totale acquisto del Reame di Cipro, per
cui s'era cominciata la guerra ; acciocchè ne facessero festa ;
ed insieme portò loro ordine espresso, che con gli auspici
d'una tanta vittoria , essi in tutti i modi l'armata cristiana
trovassero, e che la prendessero. Al che i Bascià di obbe-
dir risoluti , subito alla volta di Lepanto con l'armata si
mossero, essendo già i ventisei di Settembre ; disegnando di
caricar ivi le vettovaglie, di rinforzarsi di gente, di provvedere a tutti i difetti che in essa sentivano. Ove giunti che
furono, non tardò punto Alì a mandar Mahemet Beì con
sessanta galere a Negroponte e ad Aspropitti a caricar le
cose necessarie e a condurre le genti. Il quale avendo senza
dimora caricato le vettovaglie e le munizioni, condusse anche seco diecimila Giannizzeri, due mila Spahi e due mila
venturieri, gente valorosa e di combatter co' Cristiani molto
bramosa.

In questo mezzo , già in Messina tutte le forze della
Lega ridotte , ai quattordici di Settembre Gil d'Andrada
ritorna , il quale non avendo trovata l'armata nemica , una
lettera in cifra riporta di Paolo Orsino Signore di Lamentana , Governatore di Corfù , e con essa s'intende esser
quell'armata stata colà e aver posto in terra gran genti ;
soggiornando essa nel porto aver bruciato e danneggiato gran
parte dell'isola, e senza tentar la fortezza essersene partita
con qualche danno ; ed essere in essa armata tra galere e
vascelli minori fino al numero di trecento vele , ma molto
mal fornita di gente da combattere , per esser la maggior
parte di essi infermi e mal trattati. Eransi prima che Gil
d'Andrada tornasse in Messina, più volte i consigli adunati,
de' quali uno fu pubblico, ove non solo i consiglieri , ma
tutti i capi ed uomini esperti dell'armata furon chiamati ;
nel quale per esser nate molte controversie e dispareri, non
fu cosa alcuna stabilita. Ma dava cagione di temere al Generale Veniero il consiglio di Ascanio, e la ostinazione dei
consiglieri Spagnuoli, che apertamente si facevano intende-

re che si doveva sfuggire il combattere ; di che tante ragioni allegavano , che quando con men risoluto animo di quello di Don Giovanni avessero avuto a trattare, senza dubbio avrebbero avuto l'intento. Aggiungevasi l'occasione di Amida Re di Tunisi , che instantemente domandava aiuto per ricuperare il suo regno, del quale già da Carlo Quinto investito , novellamente da' Turchi era stato spogliato. Nella quale impresa ei sospettava che si risolvesse d'impiegar le forze della Lega; avendo ella colore di ragionevole, e conoscendosi per la riputazione al Re onorevole , e per l'interesse della Goletta , che con gelosia e spesa grandissima si guardava, necessaria. E tanto più che Amida con promettere molte genti di quel Reame e un numero di Alarbi infinito, che a sua divozione avria preso l'armi, la facilitava; e con un tesoro , che diceva di aver egli nel suo giardino fuori di Tunisi riposto , per pagare le spese della guerra , gli animi v'allettava, e con la sua presenza importunando commoveva (15). Pertanto con ansietà incredibile andò il Veniero a trovare il Colonna , e seco divisando sopra i pareri nel consiglio precedente proposti, gli aprì il timore della deliberazione che lo molestava. E ricordandogli la necessità che per ben pubblico s'aveva di reprimere l'armata nemica, proponendogli sempre la fede che la sua Repubblica aveva in lui solo, più che in tutta la Lega, e aggiungendo prieghi e scongiuri caldissimi operò tanto , che insieme uniti, ambedue risoluti di vincer la parte che a combatter s'andasse, a trovar Don Giovanni n'andarono. Col quale come colui che di gloria desideroso, alle vittorie grandi, ai trionfi regali ben uso , dal principio alla fine non s'era mai mosso da questo istesso pensiero , poco ebbero a travagliare per disporlo. Ben volle, che ancor essi vedessero quello che per la contraria opinione , oltre a quello che aveva detto in voce la maggior parte del suo consiglio, glie ne avevano presentato con la scrittura. Diceva questa e affermava , non dover mettersi a rischio un'armata di tante forze e di tanto momento, che, quando perduta si fosse, a pena in molti anni si saria potuta rifare. Che con essa, perduta che fosse, i bellissimi regni, che il Re possiede in Italia, di Napoli, di Sicilia e di Sardegna non pur medesimamente si perderebbono, ma ai nemici vincitori amplissime vettovaglie, cavalli e armamenti per la guerra contro tutta la Cristianità ministrerebbonsi. Affermava non esser pari i perigli e gli interessi del Re con quelli del Papa e de'Veneziani, che alla battaglia inanimavano. Che avrebbe il Papa con poco pericolo esposto solamente dodici galere con pochissime genti. Che i Veneziani, per natura nemici di combattere, avvezzi molto nei perigli d'altri di starsi in pace a vedere, ora per necessità, mutando natura, ne' lor proprî perigli stimolavano gli altri alla battaglia, poichè ridotti in estrema miseria, si veggono rovinati. Che conoscendo essi quello che loro importi l'aver guerra col Turco, saranno sempre per antiporre la pace, quantunque disonorata, quantunque di condizioni intollerabili, a quanta riputazione, a quanto commodo la guerra possa dare alla Lega; sebben ora dalla necessità costretti persuadano i primi di combattere. Che non così deve fare il Capitano generale del Re, il quale avendo i suoi regni fuor di periglio, avendo forze da difenderli sempre che molestia gli venga, non ha da entrare, per compiacere ad altri, nelle disperate battaglie. Che cercano i Veneziani di combattere più per desiderio della morte, la quale negli animi e nelle facce portano ritratta, che per isperanza della vittoria, essendo molto ben certi che con la terza parte di galere manco delle turchesche consigliano d'affrontarsi con esse. Che non occorre che si vogliano con lo schermo delle navi contrappesare; poichè le passate occasioni hanno chiaramente mostrato quello che di esse si possa sperare, avendo il favor loro da proceder dal vento, di che nessuna cosa è più fallace. Allegava di più poco potersi dei soldati di questa armata promettere, dicendo essere gli Spagnuoli e gl'Italiani per la maggior parte bisogni (*), che mai altre volte avevano trattato le armi, esser di essi gran par-

_____

(*) *Bisogni* sono i soldati giovani, che di fresco vengono a militare, que' che noi diciamo volgarmente *reclute*.

te delle battaglie per forza e non per elezione venuti alla guerra, poveri, disarmati ed inesperti. I Tedeschi, freddi, pigri e del tutto inutili al mare; i quali non come soldati con numero pari atti a combattere, ma come pecore da lasciarsi senza contrasto scannare, non daranno altro che impaccio. Che per contro l'armata nemica di perfetti e ben esperti soldati si troverà ripiena, i quali nati nelle armi, nel mare assuefatti, alle battaglie esercitati, dal naturale ardire incitati e dalla opinione che hanno della dappocaggine dei nostri, saranno per combattere con tutta bravura, quanta altrove si vedesse giammai. Concludeva finalmente che saria stato pazzia di condurre a perdita manifesta volontariamente quell'armata con la riputazione della quale non pur i Regni predetti, ma tutta la Cristianità si teneva difesa. Finiva col dire, che non potevano con ragione dolersi i Veneziani di questo non consentire alle lor voglie disperate, poichè assai doveva loro bastare per quest'anno il vedere che dagli aiuti del Re avevano avuto i Turchi tanto spavento, che già, levato l'assedio di Cattaro, avevano lasciato libera quella importante città.

Alle quali cose con molta veemenza e ardore fu risposto dai Generali Colonna e Veniero, e domandato che fosse lor detto qual da principio sia stato lo scopo e la mira di questi sì grandi apparati, se non era per combatter l'armata; e a che segno finora sia arrivato il frutto di tante spese e travagli. Affermarono di non potersi sentir dire senza vergogna, che l'esser l'armata nemica partita dallo assedio di Cattaro sia degna mercede di tante fatiche. Domandarono se paresse bene, che l'obbrobrio e vitupero de' Cristiani con questo chiarissimo segno s'imprimesse nelle menti degl'inimici e del mondo spettatore di queste azioni; che avendo finalmente la maggior parte delle forze cristiane insieme ridotte, non abbiano osato pure di vedere, non che d'appressarsi, non che di combattere, l'armata sola del Turco. Se solamente per vedere con gusto la strage e le morti de'miseri Veneziani, con l'esterminio totale e la rovina di quella opulenta città, piuttosto che per soccorrerli, che per aiutarli, che per difenderli, il

10

Papa e il Re abbiano quivi mandato le armate e le genti, in quel
maggior numero che dalle forze loro si sia potuto cavare. Non
consentì Don Giovanni che più oltre dicessero, ma con molta
prontezza, avendo sempre avuto in animo di combattere, con essi
appuntò e risolse di fare ogni sforzo per trovar l'armata nemica
per chiarire il mondo di quello che possano fare le forze unite di
tali Principi cristiani. Stabiliscono dunque la partenza da Messina, e risolvono di andarsene a dirittura alla volta del Zante ;
acciocchè se pure l'armata nemica ritirarsi avesse voluto, il
pensiero di combatterla non andasse fallito.

Con le galere che ultimamente da Candia vennero, tanto
poca quantità di soldati v'aveva, che non che a supplire alle
altre galere de' Veneziani, che mal fornite ne stavano, ma
nè per loro armamento bastavano. Di che non potè Don Giovanni non dolersi col Veniero, che per parole sue fosse egli
rimasto di farne quella provvisione, la quale allora per la
brevità del tempo si mostrava impossibile. Ma non per questo mancossi di provvedere, che tutte le dette galere ragionevolmente fossero armate ; perchè fatta la descrizione di
tutte le genti, che in armata si trovavano, cinquemila soldati deputò Don Giovanni per le galere de' Veneziani, ripartiti in duemila e cinquecento Italiani, mille e cinquecento Spagnuoli, e mille Tedeschi. Ebbe nondimeno questo
negozio qualche difficoltà, perchè non volentieri riceveva il
Veniero nelle sue galere quelle genti, che tanto aveva per
sospette alla sua Repubblica. Niente di meno, considerato il
bisogno e consigliato da quelli officiali della Signoria che
erano seco, ne accettò finalmente tremila, che furono in
parte compagnie di Colonnelli, che erano in armata a soldo
del Re, e parte d'un nuovo Colonnellato, che a tale effetto
a Don Gaspare Toraldo fu dato. Arrivò in quel tempo a
Messina Prospero Colonna, il quale aveva a Venezia condotti due mila fanti, e di essi la Signoria s'era servita per
armare le galere e galeazze che ultimamente per guardia del
golfo aveva messe fuori ; e ricevuta nuova espedizione di
altri due mila, seco li conduceva. Sicchè ebbe il Veniero
tante genti, che con esse e con quelli tremila che gli diè

Don Giovanni restò l'armata sua ben provvista e in ordine.
Così essendo già tutto in ordine per partirsi, per far note
le deliberazioni del Consiglio secreto a tutti i capi e a chi
toccava, per tentare anche di nuovo quali fossero gli animi
loro, di nuovo convocò il Consiglio maggiore; nel quale si
viddero molti altramente parlare, da quello che per l'addietro avevano consigliato. Tra' quali essendo principale Ascanio della Corgnia, e come official principale di nuovo comandato da D. Giovanni di dargli in iscrittura il suo voto,
gli porse un'altro foglio di questo tenore:

« In due o tre casi soli, Serenissimo Signore, io ten-
» go che un Capitan generale debba fuggire il combattere.
» L'uno è quando il danno della perdita sia maggiore, e di
» maggior peso che non possa essere il beneficio della vit-
» toria; come, per esempio, quando Monsignor di Guisa
» venne ad assalire il Reame di Napoli, saria stato poca
» prudenza del Duca d'Alba di dargli la battaglia, nella
» quale i Francesi non potevano perdere altro che quello
» esercito, e noi l'esercito e il Regno insieme. L'altro è
» quando si vede che l'esercito, o armata nemica non possa
» durar lungo tempo, e che necessariamente sia per disfarsi
» senza combattere, e di questo darò l'esempio in persona
» della gloriosa memoria dell'Imperadore, padre di Vostra
» Altezza, il quale nella guerra di Sassonia non volle mai
» combattere con l'esercito de' Protestanti, vedendo che quel-
» la Lega non poteva durar lungo tempo, e che quell'eser-
» cito senza combattere era per disfarsi presto. L'altro caso
» nel quale un Capitano non deve combattere per sua ele-
» zione, è quando si trova con forze tanto minori del ne-
» mico, che non può con ragione sperar la vittoria. Or l'Al-
» tezza Vostra non si trova al presente in alcuno de' due
» primi casi; perchè sebbene la perdita dell'armata cristia-
» na saria di grandissima importanza, come bene e pruden-
» temente hanno discorso questi Signori, che hanno parlato
» prima di me, nondimeno avendosi a presupporre che dal
» canto nostro si combatta come si conviene, si può cre-
» dere, che l'armata nemica, ancorchè restasse vittoriosa,

*

» saria talmente debilitata, che il Turco non la potria ri-
» mettere così presto. Intanto i nostri Principi non sono
» così deboli, che non abbiano modo da rimediarsi almeno
» per la difesa. Ma quando la vittoria fosse dal canto no-
» stro, si potria forse sperare e la sollevazione della Gre-
» cia, e altri avvenimenti maggiori. Oltre che non credo
» (come altre volte ho detto) che con le forze presenti e
» future di questa nostra Lega si possa far molto danno al
» Turco, se non se gli rompe prima l'armata di mare, la
» quale non possiamo sperare di vincere per istracchezza,
» nè che debba disfarsi per mancamento. Anzi, credo io,
» che dal canto nostro si corrano simili pericoli; e però
» ritrovandosi Vostra Altezza con forze tali che possa, com-
» battendo, sperar la vittoria, a me pare che debba pro-
» curar di combattere in ogni modo, e non perdere l'occa-
» sione : e questo è il mio voto. Bisogna adunque solamente
» vedere se abbiamo forze abbastanza. E perchè quelle con-
» sistono nelle genti, nel numero e qualità de' vascelli,
» io, quanto alle genti, sebben confermo quello che ora
» hanno detto questi Signori, e confesso che gli Spagnuoli
» sono la maggior parte nuovi e poco esperti, gl'Italiani
» il medesimo, e i Tedeschi poco utili in mare, e hanno
» poca archibugeria ; tuttavia non veggo che gl'inimici pos-
» sano aver gente molto buona, nè miglior della nostra,
» per la mortalità che s'intende essere stata tra loro l'anno
» passato, ed il presente per lo esercito grosso che ten-
» gono in Cipro. Quanto poi al numero e qualità de' legni
» dell'armata turchesca, sono sì differenti gli avvisi, che io
» non so giudicare, se ella è superiore o inferiore alla
» nostra. Oltrechè per non esser molto esperto delle cose
» di mare non intendo bene che contrappeso facciano le no-
» stre galeazze alle navi, alle galeotte e fuste che hanno i
» Turchi più di noi. Di questo mi voglio rimettere a que-
» sti Signori, più pratici di me in questo esercizio ed in
» ogni cosa. Quello che a me pare che Vostra Altezza deb-
» ba fare è, che commettendosi in qualche parte alla for-
» tuna, poichè le cose di guerra non si possono governare

» tanto cautamente, che la fortuna non ne voglia la parte
» sua, si lasci subito di qua, e procuri di condursi con
» quest'armata quanto prima a Brindisi o a Corfù; dove
» essendo così vicini a' nemici, avremmo avviso certo dello
» stato loro, e potremmo con più ragione fare la risoluzio-
» ne, che ne paresse migliore. E se qualche rispetto di
» vettovaglie o di altro, ch'io non abbia considerato, non
» osta, a me piacerebbe molto più Corfù che Brindisi, per
» esser più nel passo e cammino, che ha da fare l'armata
» nemica al suo ritorno verso levante. Avvertendo che par-
» tendo di qua, ci partiamo con risoluzion ferma di com-
» battere, incontrando gl'inimici per cammino, e conforme
» a questa deliberazione Vostra Altezza dia e ponga tutti
» gli ordini suoi. Perchè se anderemo irresoluti e (come
» si dice) con due cuori, e avremo da consultare e pi-
» gliare il partito sul fatto, ci troveremo in grandissima
» confusione, e facilmente ci perderemo, incontrando gl'ini-
» mici all'improvviso. Questa è la mia opinione, rimetten-
» domi sempre a chi sa più di me. »

Fu questo parere e discorso approvato e laudato. E
perciocchè da Don Giovanni con molta istanza era proposto
in consulta, diede a molti materia di pigliarne la difesa, e
di discorrervi sopra sensatamente, dicendo: per nessuno
dei casi da Ascanio saggiamente proposti doversi restar di
combattere. Perciocchè quanto al primo, quando l'armata
nemica (che Dio ne guardi) fosse nel conflitto alla nostra
superiore, non potria però senza grandissima strage, senza
infinite morti, senza perdita di gran parte de' suoi vascelli
della vittoria godere. Di ciò pure far amplissima fede l'ardore e la prontezza di tanti valorosi ed esperti guerrieri,
da' quali l'armata cristiana è governata; il zelo e l'onore di
tanti Principi e cavalieri che volontariamente procacciandosi
gloria, in essa espongon la vita; l'ultima necessità di combattere di che si dovranno ricordare i soldati, che non avendo speranza di fuga, e avvedendosi tra la vittoria e la morte
non poter quivi aver mezzo, forzatamente dalla virtù e dalle
armi bisognerà che domandino aiuto. Da che sarà per se-

guire, che avendo poco avvantaggio i vincitori da'vinti, molto bene potranno i nostri assicurarsi che non possano gl'inimici tanto debilitati, tanto diminuiti, i forti e gran Regni d'Italia e delle isole sue assalire; i quali ben guardati, ben muniti e dalla natura e dall'arte, non temono facilmente gl'impeti de'più possenti eserciti che il mondo possa cavare. Ma ben doversi da'Cristiani sperare (quando la desiderata vittoria Dio ne conceda) di possedere in breve col frutto di essa tutto quello che il Turco con ignominia del nome cristiano nel mare possiede. Perciocchè da nessuna fortezza, da nessun castello, da nessun luogo munito è difesa la Grecia, da nessuno l'Epiro, da pochi il Peloponneso. Essere esse provincie tutte da' Greci, (cristiani come noi) abitate; i quali bramando d'uscire una volta dalla misera servitù in che vivono, prontamente piglieranno l'armi con noi. Quanto al secondo caso, dicevano: molto bene aver Ascanio considerato, che anzi l'armata cristiana che la turchesca patisca pericolo d'esser disfatta dal tempo, dipendendo essa da più collegati, di cui quanto sia per durar l'unione, non si può sapere; e che perciò prudentemente l'occasione del combatter presto procurar si dovrebbe. Circa alla considerazione dell'ultimo caso, più diffusamente fu disputato da quelli, che non solo che la nostra armata fosse di forze inferiore non credevano; ma che di molto anche fosse superiore andavano provando. Perciocchè, dicevano, quando con giusta bilancia l'una e l'altra si ponderi, rispetto alla qualità de'vascelli, alle difese delle Rambate pavesate, che portan le nostre galere, all'avvantaggio delle armi de'nostri soldati, in ogni cosa si conosce che leviamo lor tanto vantaggio, che è per esser di poco momento quel numero che i Turchi hanno maggiore di vascelli, i quali anche sono piccioli e poco da temere. Che quanto poi alla qualità de'nostri combattenti, sebben del tutto non sieno buoni ed esperti, non si conosce però che migliori gli possano aver gl'inimici; poichè oltre all'esser essi generalmente tutti disarmati, si sa per certo di nessuna cosa aver essi per ordinario più carestia che di buoni soldati. Tanto mag-

giormente ora, che con le fazioni di terra, con l'esercito di
Cipro, con le mortalità sull'armata patite tanto numero ne
hanno perduti, si debbono stimare molto ai nostri inferiori.
Eccitavano oltre di questo l'animo di D. Giovanni alla gloria, con l'esempio di Monsignor d'Angiò fratello del Re di
Francia, il quale con sublimi penne all'immortalità poggian-
do, le commodità e gli ozî, che la sua Regal prosapia gli
porgeva, dispregiando, non mai inutilmente il tempo consumando, ma tra l'armi e le lance, tra i perigli e le morti,
con molte battaglie agl'inimici date, e con sublimi vittorie
di essi riportate, nel fiore ancora della sua gioventù per tutto
il mondo celebre avea fatto il suo nome. A cui non essendo egli di dignità, nè di grado inferiore, non era ragione,
che di ardire cedesse, nè di valore; poichè la fortuna tanto
maggior occasione a lui porgeva d'onore, quanto è maggior
gloria d'aver le forze maggiori del più potente Principe del
mondo superate, che non di avere i tumulti e le sedizioni
del Regno de' suoi padri represso (16). Tutte queste cose allegate, e con efficacia espresse dalla parte di quelli, che il
combattere persuadevano, erano da D. Giovanni, come dagli altri Generali con gusto ascoltate; ma non così però dai
Consiglieri spagnuoli, tra' quali principalmente il Commendator maggiore di Castiglia, e Giovanni Sotto Secretario
dell'armata del Re, e il Conte di Pliego maggiordomo di
D. Giovanni recalcitrare s'udivano. Però avendo un pezzo
nell'animo generoso di D. Giovanni insieme combattuto l'osservanza ch'egli doveva alle cose del suo gran fratello, per
le quali da' suoi Consiglieri se ne facevano a lui tanti protesti; e lo stimolo della gloria d'avere ad un tempo con
singolar beneficio della cristiana Repubblica una vittoria a
riportare, la quale tutte l'età future gli avessero ad invidiare; finalmente al più gagliardo sforzo della gloria cedendo, tutti i Consiglieri dell'una e dell'altra opinione presenti,
inclina egli il suo voto in favore de' Veneziani, e ne rende
queste ragioni. Che avendo sotto l'imperio suo tutte le forze
marittime che da' Principi cristiani cavar si possano adunate, penserebbe egli di commettere scelleragine grave, se in

tanti e sì urgenti pericoli de' Veneziani gravemente afflitti,
mentre sono compagni nella Lega confederati, d'ogni opportuno aiuto loro non soccorresse. Per tanto aver risoluto
insieme con gli altri Generali di andare e di far ogni diligenza per trovare l'armata nemica, e se la divina volontà
sarà che l'incontri, di combatterla. Adunque esortare egli
e pregare ogni uomo, che gli animi e le forze generosamente apparecchino a una splendida e determinata battaglia.

Fu questa risoluta sentenza di D. Giovanni, anche dagli stessi regî Consiglieri, che con tanto ardore dal combattere lo sconsigliavano, con molto applauso approvata e seguita, sì per la vergogna di esser soli essi notati, che fra
tanti Principi e degni guerrieri l'esperimento delle armi
fuggissero, come perchè non si potevano persuadere che
l'armata del Turco vittoriosa, che con felici progressi aveva la gran provincia della Dalmazia e il ricco Regno di
Cipro all'Imperio Ottomano acquistato, fosse per facilmente commettersi alla sorte della battaglia determinata, e che
per ciò non dovesse seguirne l'effetto. Nè meno a credere
si potevano disporre, che quelli che caldamente il combattere persuadevano (forse per più coraggiosi mostrarsi) così
nello intrinseco veramente sentissero : onde quando le cose
vedesser vicine ad eseguirsi, facilmente con altri consigli
e con meglio considerate ragioni, gli ardori giovanili raf-
freddassero.

Or poichè D. Giovanni con general consenso e con tanta allegrezza di tutti vidde il suo voto approvato, con molta sollecitudine alla spedizione e all'esecuzione si diede. Ebbe
però nel proprio Consiglio molte dispute e diversità di pareri
circa la disposizione dell'ordinanza delle galere e del luogo che
ciascuna avesse da tenere tanto nella navigazione, quanto nel-
l'occasione del combattere. Al fine furono stabiliti da chi ne
aveva l'autorità, e pubblicati gli ordini infrascritti: Che di
tutte le galere dell'armata si facessero tre parti, cioè il corno destro di cinquantatrè galere, sotto la cura di Giovanni Andrea Doria con insegna verde; la battaglia di mezzo
di sessantasei, guidate da esso D. Giovanni e dagli altri due

Generali con l'insegna azurra ; e il corno sinistro di cinquantacinque, comandate dal Provveditor Barbarigo con l'insegna gialla. Le quali tre squadre marciassero tutte al paro; lasciando trenta galere a cura del Marchese di Santa Croce con l'insegna bianca, le quali venissero un miglio dietro alle altre, per retroguardia e soccorso; e di tutte le squadre insieme scegliendo da parte dieci galere, le quali alle poppe della Reale e degli altri Generali assistessero, per rinfrescarle di soldati e per li casi che nel combattere fossero occorsi. E in esse squadre furono le galere mischiate e tramezzate, tanto quelle de' Veneziani, quanto quelle del Re e del Papa. Fu ordinato in prima, che i Capitani generali e particolari delle galere e altri vascelli dell'armata, Maestri di campo, Colonnelli, Capitani, altri officiali e soldati, che con essa armata andavano, avessero a tener cura particolare che ciascuno andasse sotto il suo carico con religione; dando lor animo di confidare in Dio, che essendo tanto giusta e santa l'impresa per servizio suo, fosse per dare il Paradiso a quelli che vi lasciassero la vita, e molto bene ed onore a chi rimanesse vivo. Che quando con l'aiuto di Dio e buona ventura venissero ad incontrarsi con l'armata nemica, le otto galere che aveano da andare avanti con D. Giovanni di Cardona, e star lontane venti o trenta miglia, scoprendo tanto numero di vascelli che potesse giudicare essere l'armata nemica, avessero da ricoverarsi nella nostra, con dar conto al Generale di quanto avessero veduto, e porsi poi ai luogi ad esse assegnati. Che ciascun Capitano delle dette squadre procuri di tener le sue galere tanto ristrette, che fra esse non possa passare alcuna di quelle de' nemici. Che si pareggiassero tutte le galere alla battaglia, al quale effetto si manderiano fregate con uomini di ricapito, che andassero ricercando le squadre, che avessero da porsi in battaglia; lasciando tra la battaglia di mezzo, corno destro e sinistro, lo spazio di tre o quattro corpi di galera; acciochè ciascuna squadra potesse muoversi da un luogo ad un'altro, come l'occasione mostrasse loro, senza che convenisse fare imbarazzo. Che poste le dette squadre

in battaglia, andasse l'armata pian piano, a voga larga, finchè arrivasse l'inimica; avendo grandissima cura di non im-
barazzare l'una con l'altra. Che avanti a tutta l'armata andassero le sei galeazze un miglio o più, e di esse due innanzi a ciascuna squadra, di maniera che coprissero tutta quella fronte della battaglia, che potessero coprire. Che avvertisse Francesco Duodo Capitano di esse galeazze di condur-
le di maniera che non venisse alcuna di esse a restar fuori della fronte dell'ordinanza del nemico; ma che si andassero spingendo, come vedessero di poter offendere maggiormente. Che allo sparare delle artiglierie, stessero avvertiti
i Capitani di fare sparare quando conoscessero di poter far
maggior danno, avvertendo di serbare due tiri almeno, per
quando avessero da investire il nemico, incontrate che si
fossero le armate. Che il Marchese di Santa Croce, a carico
del quale restava la retroguardia e soccorso, avvertisse molto bene in qual parte la battaglia andasse più franca per
li nostri, e dove convenisse di esser presto a soccorrere,
e con quante galere. E perchè di questo non si poteva dar
regola, poichè la risoluzione aveva da nascere secondo la
necessità delle occasioni, si rimetteva alla prudenza sua, che
ben sapria avvertire se il nemico avesse galere di soccorso,
e quante, per vedere se gli paresse a proposito di investire l'armata nemica. Che se le navi fossero tanto vicine che
potessero combattere con essa, e avessero vento, procurassero d'investire in quel luogo, ove paresse loro di poter far
maggior danno; e mancando il vento, e parendo a Don
Cesare d'Avalos Generale di esse di non poter valersi del-
l'artiglierie, ciascuna nave armasse la sua barca con quella
quantità d'arhibugieri che vi capisero, mandandole per poppa
alle squadre delle galere; chè saria detto loro quello che
avessero a fare. Che le fregate che fossero in armata avessero da stare alle poppe delle galere, e al tempo della battaglia si avesse da metter sopra ad esse due smerigli e dieci
archibugieri con un capo per ciascuna, e si mandassero a
combattere con li vascelli piccoli de' nemici. Furono questi
ordini indifferentemente dati scritti a tutti i Capitani di ga-

lere e a tutti coloro che nell'armata avessero carichi di governo.

Era frattanto in Messina arrivato Monsignor Paolo Odeschalchi Vescovo di Civita di Penna, mandato Nunzio dal Papa per esortare e sollecitare i Generali a partire quanto prima per andare a combatter l'armata nemica, e per munire Don Giovanni, anzi tutta l'armata, d'uno Agnusdei di cera sagrata, per sicurezza de' gravi perigli. Questi fu eletto dal Papa, come uomo molto discreto, eloquente e d'autorità, perchè con vive ragioni, con prieghi affettuosi e con efficaci maniere persuadesse a Don Giovanni particolarmente e al suo Consiglio spagnuolo, di cui solo il Papa temeva in servizio de' Veneziani, che a nessun'altra impresa si volgesser le forze, che ad espugnar quell'armata, con la quale principalmente il Turco nuoceva. E di vero fece egli e disse ogni cosa opportuna a disporre i cuori, e ad accender le voglie di procurar la battaglia. Nè solo in particolare con li Generali e Consiglieri gagliardamente trattonne; ma con un pubblico sermone nella maggior chiesa di Messina molto efficacemente esortò tutti i guerrieri dell'armata, che confidati negli aiuti e favore di Dio e dell'Unigenito suo Figliuolo Gesù Cristo, non temessero di andar francamente a quella battaglia, della quale esso nostro Signore Crocifisso sarebbe stato campione; e che, quando il proprio valore loro non fosse mancato, prontamente l'avrebbon provato alle corone ai trionfi alla gloria promotore. Che questo stesso con certa speranza ne prometteva loro lo stesso Vicario suo, il quale con le continue orazioni coi santi digiuni coi sinceri sacrificî ogni giorno ne impetrava infallibil promessa. Che non mancassero essi a cominciar di già a pigliare il possesso del celeste tesoro, il quale aperto con le chiavi di Pietro, veniva loro da Sua Santità mandato per le sue mani. E qui, pubblicato amplissimo Giubileo per tutti i fedeli che seguitassero l'armata, commosse tutti i cuori a prepararsi di ricever degnamente la grazia divina.

Aveva Don Giovanni già fatto pubblicare gli ordini dal Consiglio stabiliti, i quali generalmente, per tutto scorrendo, da tutti sommamente laudar si sentivano ; del ripartimento delle squadre a sì buoni maestri date in governo; della considerazione del soccorso di tanto buon nervo; della situazione delle galeazze, nelle quali grande speranza della vittoria era riposta, poichè dovendo di un miglio precedere alla battaglia, esse prime gli ordini de' nemici avevano a rompere, esse i primi empiti sostenere, e, come eminenti castelli, le galere inimiche offendere e dominare; della distinzione d'una squadra dall'altra, per le insegne di variati colori, acciochè dovendo di tutte le nazioni essere intramezzate, senza confusione sapesse ciascuna in un momento trovare il suo luogo ; e soprattutto della prudenza con che s'era provvisto che non d'una medesima qualità di galere ogni squadra consistesse, tanto che molte membra distinte rappresentassero, ma che di tutta l'armata un solo corpo molto ben conglutinato si fosse composto, di che molti beni che ne seguivano si andavano distinguendo; perciocchè con l'interporre tra le galere Veneziane le Ponentine, s'aggiustavan le squadre che tutte fossero egualmente gagliarde, si toglieva il pericolo delle ammutinazioni e delle sedizioni, che molte volte, più che le forze de' nemici, rompono gli eserciti e le armate; poichè non potendo i capi delle medesime nazioni insieme ridursi, non potevano nè anche tentare per li privati interessi di perturbare il pubblico bene; e finalmente ogni speranza di sottrarsi al periglio della battaglia con la fuga si negava a ciascuno, trovandosi nel mezzo dei non confidenti, da'quali forse, quando tentato l'avesse, non gli saria stato permesso.

Non perdeva però tempo D. Giovanni, il quale avendo tutte le galere dell'armata diligentemente visitate, e conosciuto che le galere venturiere di Savoia e di Genova, erano poco armate di soldati, medesimamente come quella di Venezia le provvidde; e a tutte quelle che trovò deboli di vettovaglie e munizioni, poichè egli gran provvisione fatto ne aveva, ripartì delle sue. Nè restandogli altro da provvedere quanto alle cose terrene, conoscendo i Generali che tutte le diligenze e tutti gli sforzi umani, quando da

Dio non sono favoriti, o almeno tollerati, facilmente riesco-
no vani, unitamente s'accordarono di placar prima l'ira celeste, domandando perdono delle lor colpe col mezzo di sa-
cramental confessione. Procurarono con D. Giovanni Retano
Arcivescovo di Messina, che, ragunato il Clero e tutti gli
ordini sacri, una solenne processione per tutta la città si
facesse; la quale accompagnando con molta riverenza essi e
i Principi venturieri e tutti i capi dell'armata, tanta devozione in tutti universalmente commosse, che non vi restò
uomo dal minimo al maggiore, che con esempio di vera
fede e umiltà con la santa Eucaristia del pan del cielo pa-
sciuto, non pigliasse devotamente il santissimo Giubileo dal
Papa mandato; sperando da Dio ottenere per mezzo del
valor loro, della giustissima causa la bramata vittoria. Essendo poi per quattro giorni continui una importuna tempesta di acqua di venti e di tuoni durata, ed ai quindici
di Settembre abbonacciato, vedendo D. Giovanni le navi
difficilmente poter con le galere navigare, spedì D. Cesare
d'Avalos, di cui erano a carico le navi, perchè con esse si
mettesse in viaggio; e se dal vento favorito si vedesse,
senza punto arrestarsi, arrivasse a dar fondo nel Golfo di
Taranto, e quindi, senza nuova commissione di quanto avesse a fare, non si partisse. Egli la mattina seguente da tutta
l'armata seguito, nello spuntar del giorno, dal medesimo
porto levossi. Quivi alla bocca di esso, in un picciol brigantino postosi il Nunzio, e contando ad una ad una due-
centonove galere, sei galeazze e settanta fregate, andò di
mano in mano con la pontificia autorità benedicendole tutte,
secondochè dal porto usciva ciascuna; e così perfettamente
compito l'officio suo, velocemente alla volta di Roma in-
viossi, per dar al Papa quanto prima la nuova desiderata
di quella partenza.

L'armata alla Fossa di San Giovanni nella costa di Calabria assai per tempo giungendo, per dar commodità alle
navi che agiatamente fuori a pigliare il vento s'allargassero,
vi diede fondo. E posto in terra una tenda incontro alla
poppa della Reale, una solenne Messa dello Spirito Santo

cantossi ; e con ogni santa imprecazione, chiamando Iddio, la gloriosa Vergine e tutti i Santi in aiuto, si fece una salva di quanta artiglieria e di quanta archibugeria v'aveva. Le genti che nell'armata erano assoldate, fra Italiani, Spagnuoli e Tedeschi arrivavano al numero di trentacinque migliaia, e i venturieri di due mila e cinquecento. Quanto agli Italiani, perciocchè parte di essi erano al soldo del Papa, parte del Re e parte de' Veneziani, di quelli del Papa era Generale Onorato Gaetano; di quelli del Re, il Conte Santafiore, e sotto di lui Colonnelli Paolo Sforza suo fratello, il Conte di Sarno e Sigismondo Gonzaga; di quelli de' Veneziani non era alcun determinato Generale sopra l'armata, essendo Sforza Pallavicino per cagione di grave infermità rimastosi in terra; ma v'erano ben Colonnelli Prospero Colonna, Don Gaspare Toraldo, il quale per le genti ultimamente assoldate in Sicilia e in Calabria era stato sostituito da lui, e Pompeo Giustini detto da Castello. Dei Tedeschi erano Colonnelli il Conte Alberico di Lodrone e il Conte Vinciguerra da Arco. E degli Spagnuoli v'aveva quattro Maestri di campo al modo loro, che al nostro sono pur Colonnelli. Del terzo di Napoli Don Pietro di Padiglia; del terzo di Sicilia, Don Pietro Enriques; del terzo di Sardegna Don Michel de Moncada; e d'altri due mila fanti Don Lopez di Figueroa. Dalla Fossa di S. Giovanni primo il Doria con la sua squadra su l'alba ai diciassette levossi, e poco di poi levata la Reale con tutta l'armata, tutte le navi, assai larghe in mare però, sopra al capo delle armi si viddero. Navigossi quel giorno quietissimamente, e la sera al capo di Spartivento il Doria prima di tutti diè fondo, e due miglia appresso fece il simile la Reale; poco lungi da quella il Barbarigo e il Marchese di Santa Croce; dopo di lui ciascuno con la sua squadra si fermarono, essendo prima di tutti il Cardona con la sua, come vanguardia, posatosi. Quivi riposatosi alquanto, non essendo ancora più tardi che ventidue ore, desiderosi di fare il viaggio con ogni prestezza, di levarsi di nuovo tentossi, ma imburrascatosi il tempo, non molto stette a farli risolvere di ritor-

nare a dar fondo ciascuno nei medesimi luoghi. Essendo poi
la notte abbonacciato, un ora dopo la prima guardia tutta
l'armata di nuovo levossi : e navigando tutto il restante della
notte a remi e vela, allo spuntar dell'alba sopra a Pace trovossi, di modo che così continuando la sera dei diciotto, più
di trenta miglia lontani da terra, il capo Squillo passossi,
e il giorno de'diciannove assai a buon ora al capo delle
Colonne si venne. Perciocchè essendosi messo il vento a segno di greco assai ben gagliardo, per forza convenne d'accostarsi alla terra. E avendo il Doria dato fondo al capo
di mezzo, la Reale più addietro posatasi, seco tutta l'armata, che assai addietro seguiva, fermossi. Ma quando la
mattina dei venti per seguire il viaggio levossi, tanto gagliardo il vento da tramontana si pose, che al medesimo
capo delle Colonne convenne tornare. Ma scoprendosi su le
quattordici ore venti galere, da venti o trenta miglia nel
mare lontane, e sospettandosi che fosse Uccialì Re d'Algieri,
il quale s'intendeva dall'armata star separato, dato all'arme
e ogni cosa provvista, con trentacinque galere si levò Don
Giovanni alla volta loro ; ma poco andò innanzi, che certificatosi, quelle galere esser de'nostri, che a rimurchio le
galeazze conducevano, e addietro tornato, alla cala delle
Castella fermossi. Dove essendo per ordine di Don Giovanni cinquecento fanti delle battaglie di Calabria venuti,
s'imbarcarono. Arrivovvi poco dipoi un brigantino armato
che veniva da Corfù, con nuova che l'armata nemica s'era
ritirata alla Prevesa, di dove non si sarebbe partita prima
che dal Gran Signore nuova commissione le venisse di quanto
aveva da fare ; poichè di quanto sino a quell'ora avevan
fatto i Bascià l'avevano mandato ad informare. Ciò fu cagione che il General Veniero co'suoi Provveditori, ottenuto
di ragunare il Consiglio, con grandissima istanza domandas-
sero, che si facesse decreto che senza toccar Corfù, a dirittura alla Prevesa si tirasse con tutta l'armata, prima che
la nemica se ne partisse, acciocchè di combattere non avesse
sfuggito. Parve questa proposta sì poco ragionevole a tutti,
che lo stesso Marc'Antonio, dal quale principalmente erano

favoriti, lor contradisse liberamente. Perciocchè poca prudenza stato sarebbe, andando per combattere determinati, di lasciar di levare seimila buoni soldati, che in Corfù avevano detto i Veneziani che avevano; e troppo male parso sarebbe, ove una sì grande armata s'avesse a condurre al paragone dell'inimica, alla fierezza de' gagliardissimi venti commetterla, i quali nè anche di uscir da quella cala concedevano; sapendosi bene, fra tanto numero di galere esserne molte non ugualmente atte alla navigazione e alla vela, nè potersi con corso tanto espedito insieme condurvi le galeazze che a forza di rimburchio si trascinavano. Ben chiaro quindi si conosceva, che con molto disavvantaggio s'andavano a trovar i nemici; i quali se di tal venuta fossero stati avvisati, con ordinata battaglia, e con ogni buona provvisione avriano potuto rompere il nostro disordine. Così risòluto in tutti i modi d'andare a Corfù, mentre dal vento soverchio di navigare sono impediti, cosa mirabile e prodigiosa in quella cala la notte seguente sopra l'armata si vidde. Era il Cielo molto sereno, e da gagliarda tramontana d'ogni nube purgato, ed ecco nel mezzo di esso nell'aere una fiamma di fuoco sì grande e sì chiara comparve, che in forma d'una colonna ch'ardesse, per lungo spazio fu da tutti con maraviglia veduta. Che prodigî, o Dio, che evidenti segni son questi della celeste protezione di questo popolo fedele! Chi fia, che leggendo quello che poco appresso felicemente successe, non conosca e confessi, che, come già il popolo diletto d'Israello, così l'armata cristiana Iddio nella colonna di fuoco precedesse? E perchè non fia lecito di dire, che quell'ardore che tanto splendeva, da quella stessa gran Colonna venisse, la quale avendo con l'altezza della sua prudenza congiunta la santissima Lega, con la fortezza del suo consiglio la sostentava, e con l'ardore che aveva del pubblico bene innanzi a tutti, come celeste lampada riluceva? Ma sia come si voglia, non poteva un fatto sì grande al mondo avvenire, che da molti segni maravigliosi prevenuto non fosse. Quest'anno stesso in Ferrara, nobilissima parte d'Italia, fece Iddio sì fattamente scuoter la terra per le maraviglie che dovevano uscir dell'Italia; che con orribil terremoto, in molte parti rovinando la bella città, con una parte del muro che con maestrevole fortificazione la cinge, il proprio Duca e sua moglie spaventati, con tutto il popolo insieme, non trovando più in essa luogo sicuro, per cinquanta giorni continui furono astretti di stare alla campagna sotto alle tende. Caddero dal cielo in diversi luoghi notabili e principali molte saette, e particolarmente in Roma la punta del campanile di S. Pietro da una di esse fu rovinata; e in Fiorenza da un'altra la gran cupola della Chiesa di Santa Maria del Fiore fu percossa ed aperta. Ma in Costantinopoli sull'ora di mezzo giorno un prodigio di molta importanza da tutti chiaramente si vide. Perciocchè nella cima della gran Chiesa di Santa Sofia, che oggi è la principal moschea che abbiano i Turchi, apparvero tre croci di fuoco lucidissime, le quali appunto sopra alla luna, insegna del Gran Signore, si posarono sì lungamente, che sparsane la fama, non poca speranza di futuro bene addusse alle afflizioni del popolo cristiano.

Ma ritornando all'armata, mentre da gagliardissimi venti di tramontana alla cala predetta si riteneva, e fra tanto nuova certa dell'armata nemica non si sentiva, se non che dopo che fu detto ch'ella era alla Prevesa, con più verità che intorno al Zante e alla Cefalonia fosse ita si diceva; fu dai Generali provvisto di rimandar di nuovo il medesimo Gil d'Andrada con quattro buone galere, perchè fino alla Prevesa e dove più veramente fosse l'armata arrivasse, e molto bene informato del tutto, prestamente ne ritornasse. Costui ai ventuno partissi, e facendo D. Giovanni lo sforzo che poteva magggiore per partirsi, anch'egli con l'armata dai medesimi venti di greco e tramontana troppo gagliardi fu ritenuto; e la Capitana di Malta che s'era levata, tocco lo scoglio detto Cavore con qualche suo danno, ebbe bisogno di tutto quel giorno per racconciarsi; ed anche tutto il medesimo giorno che rimaneva, in condurre a rimburchio le galeazze nella medesima cala si travagliò. Quindi furono anche da Don Giovanni e dal Veniero il Marchese di

11

Santa Croce e il Provveditor Canale con quaranta galere, l'uno a Taranto e l'altro a Gallipoli mandati; perchè mille Spagnuoli dei presidî del Regno di Napoli e le battaglie di Puglia, le quali conduceva Tiberio Brancaccio, e le fanterie Italiane, per ordine de'Veneziani venute a quelle marine, espeditamente a Corfù conducessero. E fu parimente una fregata ad avvisar le navi mandate, che nel medesimo porto di Corfù con ogni prestezza si trasferissero. La notte seguente, tornati i venti a segno di ponente maestro, e il mare abbonacciato, l'armata levossi, e la mattina dei ventitrè circa quaranta miglia in mare sopra a Rocca Imperiale trovossi; di modo che la sera del medesimo giorno con venti di mezzodì e libeccio fu sopra a capo Sautalleria, e la mattina dei ventiquattro, mentre dirottamente pioveva lampeggiava e tuonava, scoprendosi l'isole del Fanò, Merlare e Corfù, arrivò una fregata dal Zante, con nuova che l'armata nemica, avendo fatto gran danni in quell'isola, combatteva quella città. Alle ventidue ore poi arrivati al Fanò, a'ridossi de'scirocchi si diede fondo. E poste due galere di guardia fuori verso levante, ivi la notte si stette. E ai venticinque regnando venti di mezzodì e di libeccio, per molta forza che facesse l'armata per seguitare il viaggio, non potè partirsi; pur levatasi al fine, ancor quella sera a due ore di notte incontro a Santa Maria di Casopo andò a dar fondo. Questo medesimo giorno Gil d'Andrada non avendo per li tempi contrarî passato Corfù, e inteso ivi che l'armata nemica era passata verso levante, ai Generali tornossi. Ai ventisei circa alle ventun'ore si giunse a Corfù, dove tanta fu l'allegrezza che si fece nell'entrar di quel porto, che non rimase in Corfù pezzo alcuno di artiglieria che non fosse sparato; di modo che non fu uomo alcuno sull'armata, che di sì gran quantità d'artiglieria non si stupisse. Le accoglienze e gli onori fatti quivi da'Veneziani a Don Giovanni, a Marc'Antonio e agli altri ministri dell'armata furono grandi, le dimostrazioni della confidenza in tutto grandissime. Ed essendo ai ventisette ritornati il Marchese di Santa Croce e il Canaletto con quelle genti, che non furono molte però, giudicandosi che l'armata nemica dovesse dal Zante andarsene verso levante, fu Gil d'Andrada fatto partire all'officio impostogli. E di nuovo adunato il Consiglio, vi ebbe molti discorsi circa diverse imprese che intorno a Corfù, mentre altra nuova certa dell'armata s'avesse, con brevità e con sicurezza di buon successo far si potessero. Fu trattato di Margariti, di Castelnuovo fu disputato, e la Velona e altri luoghi nel golfo di Venezia furono considerati. Ma ributtata ogni altra proposta da chi ardeva di trovar l'armata nemica, fu risoluto d'andar con ogni prestezza alla volta del Zante, di dove quando l'armata partita si fosse, si saria poi risoluto o d'assalir Negroponte, o di fare l'impresa di Santa Maura o della Prevesa, o qual altra più utile, commoda e onorevole si giudicasse. A questo effetto adunque fu deliberato d'imbarcare sei pezzi di cannoni da batteria grossi, con ruote e casse da rispetto, polvere abbastanza, e seimila palle, per servirsene bisognando in terra a muraglie e simili cose; ed imbarcare anche le genti che erano a Corfù sotto Paolo Orsino, che, come più vecchio Colonnello, in vece di Generale comandava a tutta la fanteria de'Veneziani, e sotto i Colonnelli Camillo di Corregio e Filippo Ronconi, lasciando in guardia e governo di quel luogo Giovanni Antonio Acquaviva, medesimamente Colonnello di duemila fanti. Era carico di Gabrio Serbelloni di caricar l'artiglieria e quanto bisognava per essa, e per tutto il giorno ventotto fu imbarcata; come furono anche imbarcati i detti Colonnelli con le loro genti. Ma v'ebbe in questo fatto qualche disturbo e mala sodisfazione per il Correggio. Poichè avendolo il Bailo e Provveditor di Corfù provato nei bisogni di quell'isola, quando vi fu l'armata nemica, sebben egli con espressa condizione d'andare a suo tempo con l'armata fosse andato a servire a Corfù, volevano nondimeno ad ogni modo ch'egli restasse del luogo Governatore. Il che determinato egli di non voler fare, fu cagione che affatto lasciasse il servizio della Signoria, e come venturiero nell'armata s'imbarcasse. Quel Baffo rinnegato, che fu preso quando vi venne l'armata, interrogato un tratto,

mentre io v'era presente, sopra la quantità, qualità, disegni
dell'armata turchesca, diceva, quanto al numero de' vascelli,
che arrivava fino a trecento vele; quanto alla qualità, che
centosessanta erano buone galere, e il resto tutte fuste e
brigantini di privati corsari; ma che si trovavano tutte malissimo armate, essendovi morta gran quantità di genti, non
meno da remo che da combattere. Che il maggior nervo che
avessero di soldati era di quattromila e cinquecento Giannizzeri. Quanto a quello che fosse per fare, che non poteva egli credere, ch'ella fosse mai per risolversi di combattere con la cristiana, essendo bene informata della qualità e
quantità de' vascelli di essa, e del modo con che andava
provvista; ma che vedeva più presto che dalla Prevesa, dove partendo da Corfù aveva determinato d'andare, se ne
anderebbe a Costantinopoli, tostochè dal Gran Signore, al
quale avevano per questo mandato, ne avesse licenza. Poichè
assai si poteva trovar contenta d'avere abbruciato e danneggiato tanti luoghi de'Cristiani, senza aver mai trovato contrasto. Espedito poi quanto in Corfù si aveva da fare, avendo
D. Giovanni risoluto di partire, su le ventun'ora si levò
il Doria con la sua squadra, e poco dipoi con la sua lo seguì la Reale, e alla Molina nella istess'isola, cinque o sei
miglia lontano dalla città si diè fondo. Ivi arrivò la sera una
fregata dalla Cefalonia, da Gil d'Andrada mandata a dar nuova
che l'armata nemica era a Lepanto, e che il Venerdì, che fu
ai ventitrè di Settembre, per quanto gli dicevano gl'isolani,
erano passate sessanta galere, che in diverse squadre andavano alla volta di levante rimburchiando due navi; e che si
andavano immaginando che fosse Uccialì, che portando con
quelle navi la preda al suo Signore, andasse per aver commissione di quanto gli fosse piaciuto che facesse l'armata.
Stettero dunque D. Giovanni e il Doria con le loro squadre il giorno seguente alla Molina; di dove verso la sera,
vedendo che le galeazze e il resto dell'armata da Corfù
speditosi venivano, se ne andarono di compagnia tutte a dar
fondo nella costa dell'Albania, nel porto delle Gomenizze,
che dagli antichi fu detto Pelode, il quale d'ogni grossis-

sima armata capace è sicurissimo da ogni motivo di mare.
Quivi il primo giorno d'Ottobre ritornò Gil d'Andrada, e
confermando quello che con la fregata aveva avvisato, disse,
che certificatosi al Zante l'armata nemica essere nel golfo
di Lepanto, e non potendo egli entrar colà per la guardia
de' castelli che sono alla bocca di esso, non aveva potuto
più lungamente trattenersi alla posta, dove per notare gli
andamenti de' nemici si era messo; poichè, conoscendo dalle guardie che andavano attorno, d'essere stato scoperto, si
vedeva in pericolo manifesto di perdersi. Che delle sessanta galere che eran passate, i giudici che si facevano colà
erano diversi; dicendo alcuni, che con esse Ucciali per le cagioni dette ne andava in Levante; ed altri che in Barbaria a
Tunisi portava vettovaglie, per rimediare alla penuria che
colà se ne aveva, con l'abbondanza che ne dava il Peloponneso.

Non potè per quel giorno, per essere il tempo cattivo,
e il vento da scirocco gagliardo, di là partirsi l'armata.
Dal medesimo impedimento ritenuta il giorno seguente, volle
Don Giovanni vedere in arme tutte le galere che in armata
si trovavano. Sicchè essendosi tutte impavesate ed allestite,
come quando combatter dovessero, di tutta l'armata si fece
generalissima mostra. E andando D. Giovanni stesso in alcune galere principali a rassegnare i soldati, mandò per fare il medesimo nelle altre il Commendatore maggiore e Giovanni Andrea Doria. Questi quando di visitar le galere
Veneziane credette, non fu da' Capitani di esse nè accettato nè lasciato entrare in alcuna di esse; di che forse
fu colpa l'antica inimicizia tra le nazioni Genovese e Veneziana, che ancora nelle memorie odiosamente si nutrisce.
Perciocchè andatovi dipoi il Commendatore, quietamente da
esso si lasciarono visitare e rassegnare. Quivi, secondo quello che dell'armata riferiva l'Andrada, fu dal Consiglio determinato d'andare a dirittura a Lepanto. Ma perchè l'entrare
in quel golfo era impossibile, assicurandonelo due castelli
che nella angusta bocca di esso molto forti s'oppongono; e
perchè l'armata nemica si teneva per certo, che, mancan-

dogli le sessanta galere, che con l'Uccialì se n'eran partite, avrebbe fuggito il combattere, fu risoluto di presentar la battaglia, e con tiri di cannonate e con ogni modo possibile provocar gl'inimici ad uscire. Il che, quantunque succeduto non fosse il combattere, avrebbe per lo meno fatto conoscere l'ardire e la risoluta bravura, la quale nelle cose future avrebbe partorito riputazione alle forze de' Cristiani. Ma nacque ivi un disordine di tanta importanza, che se dalla bontà di Dio con la prudenza di Marc'Antonio non fosse stato rimediato, non solo non si poteva sperar più profittevole impresa, ma con grandissimo danno e vergogna e forse ruina totale del Cristianesimo tutta l'armata in più parti divisa, tra sè stessa combattendo, si saria annichilita e sconfitta. E questo fu, che essendo sopra una galera Veneziana, tra le genti che D. Giovanni vi aveva mandate, un Capitan Muzio da Cortona della famiglia degli Alticozi, con una parte della sua compagnia sotto il Colonnellato di Paolo Sforza, venne costui a rumore e alle armi con qualche gente della galera. Di che querelatisi essi al General Veniero, ed avendo egli mandato alcuni compagni di stendardo (chè così chiamano i Veneziani i loro agozini) perchè lo pigliassero, fece esso Capitano gagliarda resistenza con l'armi, perchè aveva inteso quel Generale esser tanto severo, che per una parola di poco rispetto, aveva poco prima fatto impiccare un soldato. Nè bastando un'altra galera dal Generale mandatavi, a fare che si rendesse prigione, alla fine con la sua Capitana lo stesso Veniero v'andò in persona. Ed essendo il Capitano d'archibugiata ferito, così mezzo morto fu preso e subito senz'altro processo, senza che Don Giovanni cosa alcuna n'intendesse, all'antenna della galera impiccato, insieme con un suo caporale e due soldati (17). Di che querelatosi Paolo Sforza a D. Giovanni, e pretendendo questi che a sè solo l'amministrazione della giustizia e delle cose dell'armata s'appartenesse, incitato da alcuni che dicevano essergli stato portato poco rispetto, di tanto sdegno contra il Veniero s'accese, che avendo risoluto di volere in ogni modo farne risentimento, si vide quel giorno un chiaro preparamento d'aversi a combattere tra sè stessa l'armata. Perciocchè ristrettesi tutte insieme le galere Veneziane e le galeazze, con li cannoni alle prue, con le rambate calate, stavano con l'armi in mano aspettando che D. Giovanni le assalisse con la forza. Quando, non volendo Iddio mandare al popolo suo tanto flagello, mosse opportunamente il Colonna, il quale avendo da parte le sue galere poste in sicuro, con ordine che per cosa che succedesse, senza suo mandato, non si muovessero, andò con molta prestezza a trovar D. Giovanni. E (come quello che con diligentissima cura tutto era intento a levar le sospizioni, a concordar le discordie, a conciliar le benevolenze tra que' due Generali) a tanti benefici egregiamente fatti alla cristiana Repubblica, questo gran testimonio di valore e di prudenza incomparabile aggiunse, che quel fuoco, il quale dall'altrui precipitosa temerità e da natural malignità nel gentil cuore di D. Giovanni con tanto pericolo s'era acceso, con la sua lenità, con la forza delle ragioni, con l'autorità che aveva appresso a quel buon Principe, fu sopito. Perciocchè con gravi ammonizioni, con saggi consigli, con espressi protesti e con efficacissimi prieghi nessuna cosa lasciò, che per sedar l'animo perturbato non vi adoprasse. Ammonivalo, che non per causa leggiera gli apparati sì grandi di tre potentissimi Principi al suo imperio commessi vani render doveva; non la speranza di tutta la Cristianità in lui riposta frustrare; non la gloria d'una incomparabil vittoria che lo aspettava spregiare; e così giocondo spettacolo agli occhi de' Turchi vicinissimi appresentare, come sarebbe se le armate cristiane insieme combattendo, nelle lor mani senza fatica venissero. Consigliavalo non dovere i gran Principi a sì gran cose preposti leggermente e senza molta considerazione eseguire gli affetti dell'animo, che con la frettolosa esecuzione a grave precipizio facilmente conducono; e che le ferite al misero corpo della Repubblica cristiana dalla altrui ignoranza fatte, non dalla sua fierezza inacerbire, ma dalla prudenza linire e dal maturo consiglio medicar si dovevano. Mostravagli non avere il fatto del Veniero in sè tanto di male

quanto i maligni e gl'invidiosi della gloria sua gli avevano persuaso. Perciocchè sebben egli quel fatto non approvava,
non era però dal General veneziano da pigliarsi ad ingiuria, come se da qualsivoglia altr'uomo proceduto si fosse;
poichè essendo tutto il corpo dell'armata a lui come a capo
commesso, ogni eccesso che dai membri si faccia ad esso si riferisce; e perciò avendo un tale eccesso punito, ha egli l'ingiuria del suo capo vendicato. Protestavagli, non tanto i Principi cristiani aver le forze all'ardire, quanto alla prudenza e al
consiglio di lui sottoposte; le quali se precipitosamente ad abusare s'induce, si farà reo di tutto il pubblico danno. Pre-
gavalo che vincendo l'animo irato, ogni sua passione al ben
pubblico, alla fama e alla gloria, che di lui resterà, per
essersi saggiamente governato volesse donare. Con l'efficaci
parole e coi saggi ricordi del Colonna commosso Don Giovanni, non pur di soprassedere a quella sua subita risoluzione s'indusse, ma arrossissi di avergli data occasione di
venir seco ad umili supplicazioni; perciocchè nelle ultime
affettuose parole per abbracciargli le ginocchia se gli era
inchinato. Sicchè solo si contentò di ordinare che il Veniero non s'impacciasse per lo avanti di trattar seco più cosa
alcuna; ma che in sua vece il Provveditor Barbarigo, che
per l'acconcia maniera che aveva nel negoziare generalmente
era amato da tutti, nei consigli intervenisse. Egli intanto
ad eseguire quanto nelli passati consigli determinato s'era si
diede. Nè volle Marc'Antonio in tutta quella notte lasciarlo, (perchè il caso più verso la sera era seguito) finchè di
partirsi da quel porto per andare a Lepanto non lo vide
ben risoluto.

Ma prima che da quel porto partisse, cosa v'avvenne
che molto fece ai Turchi bramare di venire con i Cristiani
a determinata battaglia. Perciocchè mandandosi in terra schiere di archibugieri per iscorta degli schiavi, che si mandavano a far acqua, alcuni di essi sbandatisi e volonterosi di
trovare qualche foraggio dalla truppa allontanatisi, con alcuni Albanesi a cavallo convennero a scaramucciare; e avu-
tane la peggio, pigliando la larga, alcuni di essi che di na-

zione erano Spagnuoli, vi rimaser prigioni. Costoro condotti a Lepanto dove l'armata nemica sedeva, interrogati con
diligenza della quantità della nostra armata, per molto che
sopra tal deposizione fossero tormentati, non seppero mai dir
altro, se non che dell'armata cristiana mancavano quaranta
galere, le quali con Canaletto s'erano partite. Soggiunsero
che credevano che fosser ite alla volta del golfo di Venezia a prender soldati; che le galeazze e le navi medesimamente mancavano, sebben altra cagione render non ne sapevano, se non che impedite dal tempo, non avesser potuto
seguire. E credevano veramente essi che così stesse la cosa;
perchè le galere avendo veduto partire, non le videro poi
quando furon tornate: e le galeazze navigando sempre lontane dalle squadre delle galere per valersi del vento, essi
che altro non ne sapevano, non potevano dirne altra cosa.
Però ne' detti separati ritrovati conformi, furon cagione di
dar animo a' Turchi di procurar di combattere, mentre la
nostra armata tanto diminuita delle sue forze intendevano.

Ai tre di Ottobre, col nome di Dio, tutta l'armata,
con la risoluzione predetta, dalle Gomenizze partissi, ed
essendosi in mare allargata, tutta in ordinata battaglia si
pose; e servando ogni squadra e ogni galera il suo luogo,
cosa che ancora per viaggio non s'era fatta, lasciò diligentemente considerare quanto tutta la fronte di essa si sten-
desse; quanto spazio ciascuna squadra occupasse; quanto
i corno di fuori nell'alto mare allargar si dovesse, per dare alle altre squadre luogo opportuno, che troppo in terra
non si stringessero; e finalmente in che modo ciascuna il
suo officio ordinatamente facesse, acciocchè dal caso improvviso assalite, tra loro non s'intricassero. Con la quale ordinanza che fu di molto gusto a vedere, fino all'isola del
Paxo, che fu detta Ericusa, si giunse. Ove arrivando una
barca di Greci, che da levante veniva, e di nuovo la partenza d'Uccialì con sessanta galere dall'armata turchesca affermando, tutta la notte seguente a secco navigossi. Ma essendo i venti a segno di ponente e maestro troppo gagliardi, e con una sorda marcita facendosi poco cammino, il

giorno seguente, che fu la festa di S. Francesco, nel canale, che la maggior Cefalonia dalla minore divide, fermossi; e quivi la nuova certa s'intese che ai diciotto d'Agosto
Mustafà in Cipro aveva preso Famagosta. Che eransi i difensori, dopo esser restati in pochissimo numero, per estrema necessità di fame resi a patti; ma che i Turchi non
servando la data fede, con crudelissimi modi il Governator
Baglioni avevano ucciso, il Luogotenente Bragadino scorticato, e tutti i soldati fatti schiavi. Quanto facesse costui
nella espugnazione di questa tanto importante città, sebben
colà a quel tempo non mi trovai, non mancherò di scriver
con diligenza, secondo la vera relazione che il Conte Nestore Martinengo, che al tutto fu presente e nel fine vi
rimase prigione, dipoi al suo ritorno ne diede al Senato di
Venezia. Ma trovandomi ora tanto vicino a scrivere la suprema e sempre memoranda vittoria dell'armata cristiana
contra a quella de' Turchi, e non potendo aver pazienza di
farvi in mezzo una sì lunga parentesi, con buona grazia dei
lettori ho risoluto di trattarlo da parte. Dico che attristò
questa nuova tanto gli animi d'ogni cristiano soldato, quanto
si può giudicare dalla perdita totale d'un tanto Reame come è Cipro, nel quale dopo a Famagosta nessuna altra fortezza rimaneva, che pur una minima difesa fare avesse potuto. Maggiormente era anche il dispiacere accresciuto dalla
morte del valoroso Astorre Baglioni, dapoi al quale pochi
soldati di tanta esperienza alla nazione italiana restavano.
Fu nondimeno quel santo giorno ultimamente dal Consiglio
confermata la già presa deliberazione, e con tanto ardire e
bravura, che mentre si temeva, che gl'inimici per le cagioni predette non avesser voluto combattere, tanto quelli
che dicevan da vero, quanto quelli che lo fingevano, ogni
uno se n'attristava. Ma non potendo la nostra armata il giorno seguente uscire dal detto canale, come desiderava, per
essere i venti da levante e scirocco gagliardi, nel porto di
Val d'Alessandria si ritenne. Dove essendo Caracoggia con
due galere mandato a riconoscerla, ed essendo da' nostri
scoperto, sebben la maggior parte di essa d'appresso contò,

non potendo però tutta intieramente scoprirla, ch'ella fosse assai minore di quello che era in effetto fece relazione. Ed essendo i Bascià co' lor consiglieri e tutti i capi dell'armata in Lepanto ragunati, per consultare la deliberazione, che contra l'armata cristiana in quel punto dovevano fare, poichè tanto vicina se la sentivano; udita la relazione di Caracoggia, e stando tuttavia nella informazione che dai soldati presi alle Gomenizze avevano avuta, diedero a tutti i capi d'essa loro armata ampia licenza, che ciascheduno sopra tal fatto liberamente il suo parere dicesse; il che fu cagione che molte controversie tra di loro s'udissero. Perchè sebbene i più erano desiderosissimi, non dico di combattere, ma di pigliar l'armata cristiana, la quale già tenevano per guadagnata, v'erano nondimeno alcuni, che maturamente discorrendo, il vincerla facilmente non tenevano per cosa leggiera. Eransi già sopra di ciò molti dispareri sentiti; quando l'ardito e valoroso Hassan Bascià figliuolo di Ariadeno Barbarossa, presa licenza di favellare, così prontamente espresse il suo concetto:

« Benchè fino ad ora più valorosi ed esperti guerrieri,
» felicissimi schiavi della maestà dell'Altissimo Signore no-
» stro, abbiano prudentemente discorso alla presenza di voi,
» Signori sopra tutti i potenti amati e altamente onorati da
» Sua Gloriosa Eccelsitudine, sopra tutti i casi che ragio-
» nevolmente a questa potentissima armata, tremenda, vit-
» toriosa ed invincibile avvenire potessero; ed abbiano evi-
» dentemente dimostrato l'augumento della gloria e della fe-
» licità, che col mezzo di essa alla suprema Sua Maestà
» acquistar si potrebbe; veggo io nondimeno non so che di
» ambiguità e di irresoluzione negli animi di alcuni di voi,
» circa al deliberare di andare a pigliare questa armata ne-
» mica. La quale indubitatamente vien ora per far pruova,
» se col distender per questi mari una confusa moltitudine
» di mal governati vascelli, e con minaccevoli modi, potes-
» se da lontano ne' valorosi cuori di voi, supremi e invitti
» Governatori, contra il vostro costume, far nascer timore
» non mai conosciuto da voi, giudicando i vostri formida-

» bili petti dalla pusillanimità e viltà sua ordinaria. Ho preso
» perciò ardire di far anch'io palese a voi, Signori Gene-
» rali e prudentissimi Consiglieri , che immediatamente la
» gloria e l'altezza del nostro detto Signore rappresentate,
» quanto l'animo mio fedelissimo instrutto e persuaso da ben
» fondate ragioni mi detta ; supplicandovi umilmente che le
» mie parole, quali elle si siano, con lo stesso affetto che
» da me saranno pronunziate , vogliate considerare. Dico
» adunque che queste genti cristiane , le quali con questa
» loro infelice armata si sforzano di farci spavento sono della
» medesima qualità e con lo stesso modo ragunate , come
» furono già trent'anni fa, quando dal padre mio Ariadeno,
» di cui avete conosciuto il valore, senza alcuna sorte di
» contrasto furono fugate , rotte e fatte prigioni in questi
» medesimi mari, e in questi stessi contorni. Poichè solo
» col mostrar loro gli sproni delle nostre galere , confusi
» e spaventati dai forti gridi e impeto valoroso de' nostri
» soldati, si posero in fuga, lasciando a noi perpetuo te-
» stimonio della viltà delle lor pusillanime nazioni, che dal
» nostro nome solo impaurite si fuggono. Sono queste genti
» tra sè stesse odiose e senza alcuna sorte d'amore ; anzi
» l'uno all'altro inimici e del tutto contrarî , per esser di-
» suniti e a diversi Principi soggetti. Laonde non hanno
» nè obbedienza nè modo alcuno di regolata milizia , che
» pur sappiamo esser la fortezza insuperabile degli eserciti
» e delle armate. Sono uomini molli ed effeminati , ricchi
» solo di magnifici vestimenti, carichi di delizie e di squi-
» site vivande. Sono inesperti e non usi al combattere, sono
» poco o niente atti alle fazioni di mare , sono soprattutto
» arroganti e insolenti , non sapendo nell' ira loro far con
» altro vendetta, che col bestemmiare il nome di Dio. Le
» galere poi e vascelli della loro armata sono di diversi Si-
» gnori, con molto stento congregate e malamente unite
» per iattanza solamente e per vana ostentazione di forze
» apparenti e non vere, e non sono qui per combattere ,
» essendo molto vecchia l'usanza loro di fuggir sempre dalle
» voci, non che dalle facce e dalle armi nostre vittoriose.

» Siamo noi all'incontro tra di noi tutti concordi e uniti,
» alla obbedienza di voi, eccelsi Governatori potentissimi,
» per servizio d'un solo Signor nostro potentissimo, che sem-
» pre fu e sarà sempre vittorioso. Siamo alle fatiche e alle
» battaglie usati; siamo delle galere pratichi ed esperti;
» siamo qui solo per valorosamente combattere, sicuri di
» riportare al nostro supremo Signore la desiderata vittoria.
» Non sappiamo che cosa sia crapula, non conosciamo de-
» licatezze; non parliamo bestemmie. Conoscete adunque,
» Signori, la grandezza dell'occasione, conoscete il vantag-
» gio. Ma, dato anche che con genti di valore, d'esperien-
» za, d'unione, e d'ogni qualità eguali a noi avessimo da
» combattere, non abbiamo noi in armata dugento ottanta
» vascelli, tra i quali sono dugento galere e cinquanta
» galeotte armate convenientissimamente? Se a queste vit-
» toriose forze, per maggior sicurezza nostra e per maggior
» terrore de' nostri nemici, aggiungerete voi, Signori, il
» compartire in esse i quattordicimila combattenti, per vo-
» stro comandamento ultimamente ridotti a queste marine,
» e similmente i levantini, che sono su le nostre fuste pic-
» cole, chi dubita non sieno da noi presi, dissipati e scon-
» fitti, quanto prima gli avremo veduti? Massime non aven-
» do essi più di centocinquanta galere da combattere, co-
» me l'esperto nostro Caracoggia ne ha certificati; non aven-
» do l'orgoglio delle galeazze, con le quali da Sicilia si
» sono partiti; ed essendo già fuor di speranza di poter
» più delle loro navi servirsi senza lunghezza di tempo,
» poichè da contrarî venti sospinte, sono state costrette a
» tener da loro troppo diverso viaggio, come da più lin-
» gue, che della loro armata abbiamo prese, conformemente
» siamo stati fatti sicuri. Aggiungasi a questo, che risol-
» vendo così voi, beati Signori, troverete i nostri nemici
» in Val d'Alessandria, alle lor solite delizie e alla crapula
» dediti, attendendo piuttosto a ristorarsi e ammorbidirsi
» con li piacevoli spassi della terra, che ad alcun valoroso
» esercizio di guerra; parendo loro di aver fatto troppo
» miracoloso progresso, con l'essersi senza contrasto tanto

» avanti condotti. Ove tosto che inopinatamente ci vedran-
» no, e che le voci del nostro conosciuto valore udiranno,
» cercando di salvarsi col fuggire in terra, come coloro che
» ne' proprî lidi si troveranno, piuttosto che di difendersi
» col ricorrere all'armi, con poco contrasto e senza pericolo
» alcuno nelle nostre mani prigioni verranno, non avendo
» grazia di salvare pur un solo vascello. Nè gioverà lor
» punto l'opulenza, non i ricchi vestiti, non le diverse vi-
» vande ; le quali cose tutte meritata preda de' nostri va-
» lorosi e trionfatori soldati saranno. Ecco che il numero mag-
» giore delle nostre galere, l'avvantaggio degli armamenti,
» l'esperimentato valore de' nostri soldati e l'opportunità
» d'una tanta e sì facile occasione, mi dà certa speranza,
» che voi, saggi e prudentissimi Consiglieri, non vi lasce-
» rete uscir dalle mani una tanta vittoria, contra gente di
» numero, di valore, di vascelli e di esperienza militare
» molto a' nostri inferiori. Dovendosi massime in questo
» punto eseguire l'ordine e comandamento di Sua Eccelsa
» Maestà, la qual viva per tutti i futuri secoli gloriosa.
» Essendo anche con tal deliberazione conformi all' offerta
» di non tornare senza aver preso l'armata de' Cristiani,
» che con giuramento faceste nelle mani di esso nostro Si-
» gnore, quando, oltre a tanti onori, vi diede la dignità
» del grado, nel quale oggi vi ritrovate, con l'imperio di
» tanto felice e potentissima armata. A voi sta ora, Signori
» Generali felici, poichè vi appresenta la fortuna occasione
» da farvi con tanta felicità i più gloriosi guerrieri, che
» mai sotto l'augusto Imperio Ottomano abbiano trionfato,
» a voi sta di procurare, che la subita vostra deliberazione
» sia di tanta vittoria esecutrice, prima che le quaranta ga-
» lere dal Canaletto guidate, le quali sappiamo ora dall'ar-
» mata nemica esser separate, a riunirsi con essa ritornino.
» Perciocchè tanto sarete voi di tal vittoria eternamente lo-
» dati, quanto con la prudenza ed intelletto vostro, la fa-
» cilità di essa avrete saputo procurarvi, col valervi oppor-
» tunamente de' tempi e delle occasioni, le quali dalla for-
» tuna per vostra esaltazione vi vengono appresentate. »

L'eloquenza di Hassan e la prontezza de' modi, co' quali espose questa sua diceria, commosse talmente gli animi
de' molti principali, come lui volonterosi , che subito del
medesimo parere scopertamente dimostrandosi, diedero prontamente i lor voti in confermazione di tale opinione. Ma come che alcuni più vecchi, a' quali l'ardore del sangue giovanile non tanto predominava, meglio considerassero, e con
più maturo discorso fondatamente la ragione bilanciando, con
più sani giudicî bersagliasssero il vero, se gli mostrarono
senza intervallo di tempo apertamente contrarî. Da che commosso Mahemet Beì Sangiacco di Negroponte , soldato vecchio e prudente, il quale coi più saggi contra l'opinione di
Hassan sentiva, levatosi in piedi alla presenza de' suoi Generali, con la seguente orazione fece lor nota l'intenzion sua :

    « Non si può dire, prudentissimi Signori, che i ricordi
» e pareri di Hassan non sieno arditamente discorsi, e da
» soldato coraggioso, obbediente all'invittissimo Signor nostro
» Re dei Re, dominator de' mari e delle terre , felice ese-
» cutore del volere infallibile di Dio, che viva e regni su-
» premamente beato tutti gli anni futuri. Ma poichè così pia-
» ce a voi, Signori Bassà Generali, che dalla eccelsa mano
» di Sua Maestà riceveste l'imperio di questa vittoriosa ar-
» mata, non posso nè anche restar di dire liberamente e con
» ogni debita riverenza quanto nell'animo mio sinceramente
» sento, circa questa tanto importante deliberazione, desi-
» deroso che ad esso nostro Signore per voi, magnanimi ed
» eccelsi Governatori, certa e sicura vittoria de' suoi nemici,
» con allegro e felice trionfo , si riporti. E prima conside-
» rando io l'orgoglio e l'ardire incredibile, col quale questi
» arrabbiati e disperati Cristiani dall'anno passato in qua ci
» sono andati continuamente cercando, non mi si fa per modo
» alcuno verisimile (se qualche cosa posso in tanti anni del-
» l'arte militare avere imparato) che sieno tali costoro, quali
» il valoroso Hassan pur ora ve li ha descritti. Poichè pri-
» ma per li mari di Levante , fino nei lidi e porti nostri
» della Caramania, con segni veraci di combattere ci hanno
» cercati ; e poi per questo effetto solo dall'isola di Sicilia

» sonosi quest'anno partiti, seguendo tuttavia la nostra trac-
» cia e le vestigie nostre ; fino a tanto che avendo ultima-
» mente udito, che noi con tutta la nostra potentissima ar-
» mata in questo commodissimo porto ci siamo ridotti, assi-
» curati dalla fortezza di due castelli, che alla bocca di esso
» inespugnabilmente s'oppongono , vengono ora più ardenti
» che mai a ritrovarci determinatamente e di loro spontaneo
» volere. Nè anche credo che sieno nel modo e con l'inten-
» zione che si dice raunati, nè che sia il numero delle lor
» galere sì poco, come l'esperto Caracoggia ne ha riferito.
» Anzi pur voglio creder io, che un'armata, che con questa
» stagione e con questi tempi si parte dal più fertile e più
» comodo paese che abbiano i Cristiani, cercando con tanta
» avidità i nemici per questi mari fluttuosi, importuosi e
» maligni , non meno che ben armata , ben munizionata ed
» esperta possa venire. Ed essendo di questa condizione ,
» poco savia cosa saria il persuadersi, che ad altro effetto
» venga, che per combattere; conoscendosi chiaramente e di
» numero di buoni vascelli e di genti da combattere e d'ar-
» tiglierie e d'ogni altra cosa necessaria a noi molto supe-
» riore. Massime che tutti gli schiavi di essa armata che
» abbiamo presi ci riferiscono di modo le cose , che non
» possiamo altramente giudicare , se non che questi nostri
» nemici, per far l'ultima prova delle forze loro, ad assalirci
» ne vengono , sicuri di riportare in una giornata vittoria
» tale, che non pur dagl'istanti pericoli e danni gli scampi,
» ma dell'universo mare, senz'altro contrasto, li faccia pa-
» droni. Delle quali qualità di essa armata, potremo anche
» esser sicuri, se prudentemente consideriamo, che non aven-
» do in questo tempo i Cristiani altro schermo nè altro ri-
» paro o difesa, che nei Reami , stati e provincie loro gli
» assicuri, che quest'armata, non l'esporrebbono scioccamente
» nè così di leggieri ai puri casi della fortuna, per lo più
» dominatrice degli eventi delle battaglie, se con ben con-
» siderate e ben fondate ragioni la vittoria allo scampo loro
» necessaria non si promettessero. Viene adunque quest'ar-
» mata possente, forte, determinata, unita, atta non pur a

» resistere e contrastare alla nostra, ma a romperla, ma a
» dissiparla, ma a pigliarla. E vorrete voi, sommi, vitto-
» riosi e prudenti Signori, inconsideratamente e con troppo
» volonteroso appetito esporre questo tanto importante e
» tanto nobil propugnacolo, splendore e gloria del nostro
» supremo Signore, senza esser necessitati, contra gente ar-
» rabbiata per li molti danni e oltraggi, che da noi ha lunga-
» mente ricevuti, necessitata al combattere per fuggir gl'immi-
» nenti pericoli, disperata d'aver mai quiete senza l'esterminio
» totale di questa nostra sempre vittoriosa armata, e riso-
» luta di voler piuttosto combattendo morire, che, permet-
» tendo che viviamo noi, aspettare d'esser sicuramente tutti
» nostri vilissimi schiavi? Deh! piuttosto considerate, Si-
» gnori, che non meno di riputazione e di gloria i Gene-
» rali Governatori degli eserciti e delle armate s'acquistano,
» col saper prudentemente le vittorie ottenute conservarsi,
» che per ambire troppo affettatamente i nuovi trionfi, tutte
» le gloriose lor forze con manifesto pericolo esporre ai dub-
» biosi casi della volubil fortuna. La quale, poichè fino ad
» ora tanto favorevole ci è stata, che, avendo forse risguardo
» alla grandezza de'vostri nomi supremi, prima che in questo
» golfo ci fossimo ridotti, ci ha felicemente tante onorate vit-
» torie a danno e strazio de'nostri nemici concedute, nè è
» tra di noi alcuno, ancorchè minimo soldato, che delle ne-
» miche spoglie e di denari e di trofei non sia riccamente
» ripieno, chi sa che ormai non cominci a mutare il volere?
» Chè sapete pure quanto ella sovente sa farlo. A noi può
» ben per ora sufficientemente bastare di aver con questa ar-
» mata distrutta una parte del Reame ed isola di Candia,
» abbruciato e predato quelle di Cerigo del Zante e della
» Cefalonia; danneggiata quella di Corfù; ricuperato Soppotò;
» e penetrati nel golfo di Venezia, conquistato Dulcigno e
» Antivari, saccheggiato Lesina e Curzola, abbruciato Budua
» e tant'altri castelli. Dall'altro canto, avendo i nostri in
» Cipro acquistato Nicosia e Famagosta, è totalmente sog-
» giogato quel Regno. Finalmente essendoci condotti noi qui
» con tanto fasto, con tanta gloria, che poco più, quando

12

» anche questa armata nemica vincessimo, conseguir ne po-
» tremmo, senza esporci ora al pericolo di combattere effet-
» tualmente con gente, che nella morte sola spera la sua
» salute, con un poco di pazienza che abbiamo, indubita-
» tamente nelle nostre mani senza nostro rischio capiteranno
» dando le debite pene della furiosa temerità che li guida.
» Noi già siamo sicuri, che non possono costoro lungamente
» fermarsi in questi contorni, non avendo da questi mari
» commodità di vettovaglie nè di rinfreschi, e non potendo
» sperare d'esser per buon pezzo dalle loro navi soccorsi;
» oltre alle fortune che generalmente ormai turberanno que-
» sti mari. Talchè saranno necessitati o di tornarsene addie-
» tro senza profitto, o di far forza di venire a trovarci qua
» dentro; il che non so che possano fare rispetto ai nostri
» castelli. E quando vi si provassero pure, con infinito no-
» stro avvantaggio combatteremmo noi qui, dove solo dalla
» artiglieria di essi castelli sariano rotti e affondati. E se
» vedessimo che essa armata fosse della nostra maggiore,
» non essendo noi costretti a uscir di qua contra al nostro
» volere, li lasceremmo combattere con li castelli, dai quali
» sariano facilmente castigati; e noi restandoci sempre al
» sicuro, insieme con l'armata, conserveremmo la dignità e
» la riputazione del nostro Signore. Parmi anche di ricor-
» darvi che non dobbiamo punto fidarci, che andando noi
» spontaneamente a trovare i nostri nemici, la disunion loro
» non li lasci combattere, fondandoci negli esempî de' tempi
» passati; perchè altra Lega è la presente contro di noi,
» che non fu quella di trent'anni fa; altro apparato, altra
» intelligenza de' Capitani generali di essa, altro lo stato
» in che ora si trovano i Cristiani, e altra la necessità che
» ora gli spinge. Sicchè, volendo paragonarla all'altra, non
» v'è proporzione; essendo che in quella erano insieme con
» molti capi molte discordie; non si fidavano i confederati
» de' Veneziani nè i Veneziani di loro, e di qui la irre-
» soluzione del combattere procedette. Ma in questa, con
» l'intiere confidenze che ne abbiamo vedute, con una con-
» corde risoluzione conoscon per capo Don Giovanni d'Au-

» stria figliuolo del grande Imperator Carlo , e fratello di
» Filippo Re di Spagna ; glorioso del nome e de'felici suc-
» cessi del padre, altiero per le vittorie ch'egli ha conse-
» guite in Granata, assuefatto al combattere, incitato dal
» grado supremo e imperio datogli da tutti i confederati,
» e riverito , come intendiamo , dagli altri Generali senza
» contraddizione. Oltre che, le cagioni che muove quest'ar-
» mata sono troppo di maggiore importanza, che quelle non
» furono per le quali l'altra volta si mosse nel fatto della
» Prevesa. È adunque troppo differente lo stato nel quale
» oggi ci troviamo, da quello in che siamo ancora mai stati
» coi Cristiani. E però stando tutte le cose predette, a me
» pareria, se a voi pare, invitti Signori, anima e intelletto
» del nostro sempre felice Signore, e sostentamento di que-
» sto potentissimo Imperio, che, senza tentar la fortuna del
» combattere , con buon ordine si distendesse l'armata no-
» stra in questo luogo sicuro, e s'aspettasse di vedere quello
» che gl'inimici facessero, che in breve si dovranno vedere
» chiari i lor disegni ; massime che , per quanto intendia-
» mo, tra oggi e dimane si condurranno sopra queste isole
» loro della Cefalonia e del Zante. Così stareste sempre su
» l'avvantaggio, che sapete bene quello che importi ; e da-
» reste alto saggio del valore e prudenza vostra, sì con
» l'eterna memoria de'gloriosi fatti in aver acquistato tanto
» numero di città e castelli, col penetrare fin nel cuore dei
» nostri inimici, come in avere in questo tempo avuto pru-
» dentissimo avvedimento alla conservazione del potentissi-
» mo Imperio Ottomano ; offerendomi però io sempre pron-
» tissimo ad ogni vostro comandamento, quantunque il con-
» trario vi paia di deliberare; poichè ai saggi giudicì vo-
» stri del tutto mi rimetto. »

Se aveva la persuasion di Hassan tutti i cuori giovanili
alla deliberazione di uscire incontro all'armata cristiana e a
combatterla abbastanza disposti, non mancò questa di Mahemet di operare che i più vecchi e pratichi capi , considerando le vere ragioni, e quello che dalla precipitosa deliberazione succeder poteva, di dar i loro voti a quella mag-

gior parte favorevoli s'astenessero. Bertà Bascià vecchio guerriero, a cui la cura della milizia era commessa, sentiva con
Mahemet , nè per cosa che l'altra parte in contrario dicesse
gli poteva parer bene di combattere, se non in caso che la
necessità gli avesse sforzati. Ridevasi delle opinioni di coloro che dicevano, che i Cristiani per paura del nome Turchesco e per le lor grida si sarebbon fuggiti. Non credeva
alle ultime relazioni, che l'armata cristiana fosse sì poca ,
come dicevano, sapendo che dai veri ragguagli avutine prima da Caragiali, di maggior quantità era certificato. Nè parendogli verisimile, che tanto smembrata venisse procurando
l'occasion di combattere, prudentemente andava deliberando
di non uscir del golfo dove si ritrovava al sicuro , se manifestamente più d'appresso gl'inimici sì fiacchi, come li facevano, non avesse veduti. Al qual parere accostandosi Scirocco Sangiacco d'Alessandria , Ucciali Re d'Algieri , Cara-
baive Sangiacco di Sovrissari, e molti altri giudiciosi e di
molta autorità, era vicino ad esser la parte sua superiore ;
quando con ardore e ardire maggiore che mai i volonterosi
giovani sollevatisi, cominciarono gridando ad allegare l'eccesso
che si farebbe, con la trasgressione dell'ordine che diede da
prima il Gran Signore, che per combattere e prendere l'armata cristiana gli aveva fuori mandati , e protestarono che
senza lor colpa sarebbe seguito tal mancamento. Ricordaro-
no anche la grandezza dei supplici, che di non aver voluto
combattere sicuramente aspettar si potevano. E con l'esempio di Pialì Bascià l'anno addietro Generale del mare, il quale
con esser genero del Gran Signore e principale in venerazione, per non aver preso l'armata cristiana , quando dal
mare di Caramania in Candia ritirossi, poco era mancato
che non avesse egli fatto morire, non contento d'averlo ver-
gognosamente deposto ; e con gli altri del Beì di Scio e di
quello di Rodi, e di molti altri che non avevano secondato
la sua volontà, li posero in tanta strettezza, che protestan-
do Bertà che benissimo conosceva che era grande errore ad
uscir da quel golfo, e ad esporsi al pericolo della battaglia,
disse che per non disubbidire a chi comandare l'aveva po-

tuto, avrebbe fatto quello che i più avessero approvato. Alì Bascià, giovane più degli altri di combatter desideroso, che il sommo imperio dell' armata teneva, con un copioso sermone recitò quanti ragguagli, e molto approvati, teneva intorno all' essere l'armata e le forze de' Cristiani a quelle de' Turchi di molto inferiori. E concludendo, che in esecuzione del comandamento del suo Signore di tentar la battaglia aveva risoluto, con generale applauso di tutti fu sublimato, a lui gli onori a lui le lodi di vero guerriero e di meritevole di tanto imperio furono date; e biasimando Bertà come pusillanimo, a cui gli anni della vecchiezza il solito valore avessero raffreddato, importunamente s'instava, che l'ottima risoluzione d'Alì s'eseguisse. Fanno adunque i Bascià ripartire ugualmente in tutta l'armata i freschi Spahi, che poco prima Mahemet Beì aveva condotti; levano da Lepanto tutti gli uomini che combattere avesser potuto; e, fatti tutti i lor preparamenti, se ne vanno a Patrasso, la qual città poco dalla bocca di quel golfo è distante.

Frattanto quei del privato Consiglio di Don Giovanni, che, come bisce tirate a forza d'incanto, alla battaglia si conducevano, non potendo apertamente ricalcitrare, poichè i lor voti avevano dati, benchè non volentieri, a quella gran risoluzione; con molti discorsi cercavano d'inviluppare il giovane generoso, e mostrando di laudare che si procacciasse il combattere, molte difficoltà gli andavano appresentando. E chi potrà credere, dicevano essi, che i Turchi dopo tanti ben fortunati successi, dopo tante vittorie, al sicuro riposti, di ritornarsene alle lor case con i trionfi risoluti, con l'armata sbandata e di soldati sguarnita, vogliano col combattere di nuovo tentar la fortuna? Ma sia come si voglia, è l'andata lodevole, la quale non può portare se non riputazione; purchè ben s'avvertisca di molto presto sbrigarsene. Potrebbesi ancora, se così paresse bene, a qualche impresa attendere in quei contorni; perchè così provocati i nemici ad uscire con l'armata, darebbon comodità di compire il nostro disegno; ma soprattutto cosa di presta spedizione bisogna cercare. Sforzandosi poi di mostrare che mal sicura-

mente poteva egli andare alla bocca del golfo di Lepanto,
procuravano di divertirnelo con dire, che se qualche fortuna
di mare ve l'avesse assalito (di che in questa stagione doveva molto temere), non avendo in tutta quella costa altro
porto che quello della Prevesa, che di là resta quaranta
miglia lontano, grandissima strage vedrebbono i nemici di
questa florida armata senza pericolo loro. Di che gli addu-
cevano l'esempio dell'Imperador Carlo suo padre, che per
tal caso ad Algieri l'armata perdette. Però che molto bene
bisognava pensare il come v'andasse. Conobbe il reale intelletto di D. Giovanni l'ascoso veleno, con che dalla generosa risoluzione ritrar lo tentavano ; e accettando in bene i
lor ricordi, umanamente rispose, che senza molta considerazione non s'esporrebbe ad alcun pericolo, e che per questo aveva determinato all'uscir di quel porto di non andare
così di prima volta a tentare il nemico, ma di voler con
tutta l'armata tirarsi alla Prevesa, e di là molto bene spe-
culare quello che più convenisse di fare. Dunque a' sei di
Ottobre con tale intenzione, dal porto di Val d'Alessandria
si parte, e contrastando tutto il giorno col tempo, per uscir
del canale della Cefalonia, appena con la notte s'ottenne.
Ma essendo ancora gran pezzo avanti al giorno, per non
andar di notte tanto a' nemici vicino, prima che agli scogli
Curzolari, dagli antichi detti l'Echinade, arrivasse, per aspettare il giorno, fermossi. I Turchi che per molti avvisi di
trovar la nostra armata nel canale della Cefalonia si tenevan
sicuri, levato anche da Patrasso e da tutti i contorni di
quel golfo gli uomini dei presidî, e stivata l'armata, sebben
di gente poco utile, come coloro che dover loro bastar le
voci per combattere si persuadevano, al pigliar della guardia della Diana fuori della bocca del golfo si tiravano. Sicchè molto a buon'ora ai sette l'una armata con l'altra vedu-
tasi, ne risultò, col favore di Dio, quella tremenda battaglia, quella gloriosa vittoria ai Principi cristiani, che veri-
dicamente (come da me trattata) senza adulare ad alcuno
e senza alcuno interesse di scrivere m'apparecchio.

COMMENTARI
DELLA GUERRA DI CIPRO

LIBRO TERZO

IUN giorno fu mai tanto tremendo, nè tanto ricordevole e glorioso, dopo che Iddio operò in terra l'umana salute, quanto il settimo d'Ottobre dell'anno 1571. La memoria del quale, mentre la penna tengo per descriverlo, fa che per l'orrore mi si dirizzino i capelli sul capo, che mi tremi la mano e che in effetto ora io conosca il timore, che con l'armi e col cuore trattando il gran fatto non seppi allora conoscere. Era quel giorno festivo al Signore, venerando per la Domenica e per la memoria della gloriosa Vergine e Martire Giustina. Quando nello spuntar del giorno, levatosi D. Giovanni con tutta l'armata, all'isole Curciolare giungendo, ed avendo il vento contrario, non senza molto travaglio delle ciurme, si proreggiava. E poco da poi che alzatosi il sole sopra la terra, lasciava chiaro le cose vedere; cominciò la guardia del Calcese della Reale a dar segno prima di aver scoperto da levante due soli vascelli, e quelli tanto lontani che ancora non discerneva se erano galee ; e poscia uscendo ancora la nostra armata dalle Curciolare , cominciando egli più distintamente a vedere dalla punta delle isole Peschiere , da' Greci dette Mosologni , uscire di mano in mano molte galee , diede segno a D. Giovanni d' aver veduto l'armata nemica. E quasi nel medesimo tempo, tornando le fregate , che ordinariamente andavano innanzi per far la scoperta, di averla similmente veduta circa a dieci miglia lontana certificarono ; ma che per tornare a darne prestamente l'avviso, non avevano osato di trattenersi , fin tanto che quanti vascelli appunto erano in essa avessero contato. Fece allora D. Giovanni con la sua Reale il caso , e un picciol sagro da poppa sparando, diede il segno ordinato a tutta l'armata, che ciascun legno al suo luogo assegnato si mettesse, e che pigliando le armi i soldati al combattere si preparassero. Onde con prestezza si videro tutte le nostre galee impavesate , e intorno a' fianchi ed alle rambate di esse i soldati con le armi, con segno di tanta allegrezza nell'universale, che per qualsivoglia ben desiderata novella non si sarebbe potuto mostrarlo maggiore. Era la nostra battaglia , secondo l'ordine , in tre squadre distinta , tutte ad un filo appareggiate. Quella di mezzo sessantasei galee con due dietro alla Reale per servizio di essa avea; il corno destro cinquantatrè ; ed il sinistro cinquantacinque ne conduceva ; e per soccorso o retroguardia trent' altre più a dietro la seguitavano. All'incontro della quale avevano gl'inimici tutta la loro in altre tante squadre ripartita , e nel corno destro cinquantacinque galee, nel sinistro ottantaquattro, nella battaglia novantasei tutte ad un paro, con dieci dietro alla Reale del Bascià avevano collocate ; facendosi anche essi a dietro venire trenta fuste con alquant'altre galee (48). La situazione del luogo, dove queste due potentissime armate s'incontrarono e con effetto realmente combatterono, come che sia fatale alle battaglie navali , è venerando prima per la memoria della vittoria da Ottaviano contra Marc' Antonio e Cleopatra ottenuta, circa il Promontorio Attio, dove è oggi la Prevesa , che dagli antichi fu detta Petalia. Ed all'età nostra, non più di trentaquattro anni prima di questa battaglia, che ora scriviamo, due armate simili a questa, una di Solimano Signore de' Turchi, della quale era Generale Ariadeno Barbarossa, e l'altra de' medesimi Principi cristiani nello stesso modo confederati, sotto l'imperio del grande Andrea Doria, sebbene con effetto non combatterono, pure al medesimo luogo della Prevesa, per lungo spazio di tempo l'una all'altra opposta in ordinata battaglia, non mancarono di dare lo spettacolo. Ed ora finalmente questo medesimo luogo pomposamente illustrando il suo nome con la presente vittoria, d'ogni altra maggiore, almeno per le sue cagioni, sembra meritare che se ne descriva la natural situazione.

Non molto differente da un lago d'intorno rinchiuso, come sono quelli di Bolsena, di Fucino, e di Perugia in Italia, anzi a guisa d'un' artificiosa Naumachia, vedendosi terra da tutte le parti, ha quivi il mare forma d'un ampio teatro. Perciocchè dal lato di tramontana da una costa dell'Albania, o vogliam dire dell'Epiro, detta da' Turchi Natalico, si ripara; la quale dall'isola Leuca, che oggi si dice di Santa Maura, che con un ponte solo alla terra ferma resta congiunta, fino alla bocca del golfo di Lepanto, anticamente detto di Corinto, ottanta miglia si stende. Da levante la costa del Peloponneso, che oggi chiamano la Morea, lo gira; la quale costa dai Dardanelli di Lepanto fino a capo Tornese, che fu già il Promontorio Ciparisso, per miglia settanta si slunga. Da mezzodì l'isola di Giacinto, detta Zante, che di lunghezza ha miglia venticinque, se gli oppone. E da ponente l'isole della Cefalonia grande di miglia quaranta, e la piccola di quindici, che più veramente chiamata Itaca diede già nome a quel mare, lo chiudono. È questo luogo, per quanto ne disse il comito reale (*) del Turco, pria che si venisse alle mani, ugualmente distante da Roma e da Costantinopoli; quasi che avendosi a trattare di due potentissimi Imperî, nel mezzo appunto tra essi

---

(*) *Comito* è quegli che comanda la ciurma, e sopraintende alle vele del naviglio. Il *comito* del vascello o della galea reale dicesi *comito reale*.

si trattasse la causa. Tutto il circuito del mare, che tra la Cefalonia e la terra ferma rimane, è di miglia circa dugento cinquanta, ma di lunghezza non più di venti fino in venticinque, quando sia molto. Da una parte di questo seno, poco più di un miglio dalla terra ferma distante, gli scogli e l'isole Curciolare predette s'innalzano, le quali sono tre isolette assai grandi con un'altra minore. Queste per lungo tempo fino ad oggi di oscuro nome, senza memoria alcuna di esse giaciute, con la fama superba che di questo gran conflitto s'acquistano, mi danno ora materia di non lasciare incognita l'origine loro. Dicono i Naturalisti e gli antichi Cosmografi, che dall'impeto del fiume Acheloo che incontro ad esse prorompe nel mare, furono prodotte; il quale dalla terra ferma assai picciole le disgiunse, e poi coll'alluvioni dell'arena, degli alberi e tronchi l'accrebbe. Che da' Greci vedute poi aver quasi sembianza di quei ricci, che cuoprono le castagne, da essi chiamati Echinos, Echinade furono chiamate. Agli antichi poeti diedero ancora cagione di favoleggiare, e dire che furono già in corpi umani tante giovani Ninfe, del numero delle Naiadi; le quali avendo dieci giovenchi uccisi in sacrificio ai rustici Dei, non onorarono nelle lor feste con pari sacrificio la deità del fiume Acheloo. Di che egli per lo sdegno gonfiatosi, tanto superbo dal suo letto levossi, che danneggiando con l'onde tutto il paese, come del suo nume despregiatrici nel mare per affogarle le trasse. Ma vedendo che per esser Ninfe sì bravamente nuotavano, che facilmente salvar si poteano, egli di tanta quantità di arena e di terra, che dal proprio lito divise, le cinse, che del tutto immobili fatte, nella forma che or tengono le ridusse. E perchè eran elleno in numero cinque, dicono, che una di esse detta Perimele, dall'adirato fiume riconosciuta, come che del verginal fiore di essa s'avesse goduto, e da lui gran pezzo per compassione sostenuta, buon tratto lontana dalle compagne nuotasse, e al fine da Nettuno, a' prieghi dell'amante, che tardi del suo furore s'era pentito, fosse in quell'isola trasmutata, che oggi comunemente chiamano le Peschiere; la quale all'incontro delle

Echinade, presso alla bocca del golfo di Lepanto, nel luogo detto Galanga risiede. E questo basti aver detto per dare delle Echinade qualche contezza.

Ora condotte le due armate nel sito di questa natura, già al combattere necessitate si conoscevano; perciocchè qualsivoglia di esse, che di schifarlo avesse tentato, non potendo se non in disordine ritirarsi, per dover passare tra le angustie, che tra tante isole scarsamente alla battaglia distesa porgon la via, agevolmente, dalla nemica investita, sarebbe stata sconfitta. Avevan gl'inimici quella stessa mattina di nuovo a riconoscer la nostra armata Caracoggia mandato. Il quale, nello spuntar del giorno, dalle Curciolare vedutala passare, tutte le galee che erano nella battaglia di mezzo e nel corno destro avea contate; ma non così del corno sinistro avea potuto fare; perchè passando tra le Curciolare e la terra ferma, non fu veduto da lui, come non potè certo numerare le trenta galee di soccorso, che di gran tratto a dietro venivano. Però avendo egli di nuovo accertato li suoi Bascià, che la nostra armata non era tale, che con la loro competere avesse potuto, fu cagione di far loro credere fermamente, che tosto che tutta la loro armata scoperta si fosse, la nostra confusamente si sarebbe fuggita; ed in questa opinione fondati, vollero essi essere i primi, che un grosso tiro di cannone dalla lor galera Reale sparando, la battaglia chiedessero. Al qual tiro fu subito da D. Giovanni con un altro di simile tenore risposto. Il qual D. Giovanni avendo già mandato un pratico piloto detto Cecco Pisano con una fregata a riconoscere quell'armata in battaglia, assai presto a sè ritornato lo rivide. Perciocchè non potendo egli bene e distintamente per quella via numerarla, chiese licenza di andare in terra con quella fregata, per poterlo far meglio; ed ottenuto che l'ebbe, tra certi scogli alpestri si fece sbarcare. Di dove non potendolo gli inimici vedere, ancorchè lor molto vicino fosse, avendo fino a dugento settanta vascelli grossi da combattere contati, se ne tornò; e per non far mal animo a D. Giovanni ed a quelli che l'udivano, disse che i Turchi di molto alla nostra

armata erano inferiori, nè volle lasciarsi intendere. Ma su
bito andato a trovare il Colonna: - spuntati l'unghie, Signore, disse, e combatti, chè n'è bisogno -; ed accusandogli il
numero vero de' vascelli da lui veduti, gliene diede certa
relazione. Fu in quel punto con effetto veduto il valore e
la prontezza non simulata dell'animo invitto di D. Giovanni, il quale siccome ne'Consigli ed in ogni azione di tutta
la navigazione s'era mostrato desideroso di combatter l'armata, così all'ora si mostrò contentissimo, che se gliene
fosse presentata l'occasione; sebbene all'improvviso non poco
turbossi, per cagione di molte galee, che malamente pro-
reggiando, si trovavano ancora gran pezzo lontane. Ma avendo prestamente mandato a dietro altrettante delle migliori,
che le aiutassero, assai presto comparvero in fila a' lor luoghi con le altre.

Non mancavano intanto que' suoi Consiglieri, che mal
contenti del fatto presentaneo si trovavano, di procurar qualche disturbo a quella assecuzione. Ed ancorchè conoscessero non potersi più ritardare, pur gli facevano istanza e
l'importunavano, che ancora una volta il Consiglio adunasse
per consultare più cautamente quel che in quel punto far
si dovesse. A' quali intrepidamente egli rispose, che essendosi fino allora assai consultato, non aveva più luogo il
consiglio; ch'era già il tempo venuto di valorosamente eseguire quel che s'era deliberato; e che quell'ora richiedeva
più il cuore e le mani, che la lingua e le dispute. E subito con memorabile ardire chiamando la sua fregata, insieme con Giovanni Sotto suo secretario vi scese; e facendo
in un'altra scendere il Commendator maggiore suo Luogotenente, lo mandò per poppa alle galee del corno sinistro a
ricordar loro di combattere valorosamente, e di servare in
ogni cosa gli ordini che avevano avuti; ed indi egli tutta
la battaglia e'l corno destro scorrendo, fece con la presenza
sua e con affettuose esortazioni a tutti animo grande. - Ecco,
diceva, o valorosi guerrieri, che di quello che è stato in
mia mano di procurarvi, l'occasione di combattere, gli onorati desideri vostri ho secondati. Eccovi l'ora desiderata,

la quale più che in altro tempo mai richiede da voi l'usato valore. L'occasione è presente di reprimer con la vostra virtù l'arroganza di questi nemici non men di Dio, che nostri; i quali per li felici successi, che nelle occasioni passate hanno sortiti, di sfrenato furore e di temerario ardire vengono gonfi. Ho eseguito io in grazia vostra quello che a me toccava. Non mancate in esecuzione di quel che a voi tocca, di preparar gli animi intrepidamente al combattere, di adoperar le forze arditamente come solete. Più grande occasione nè più degna di questa sperar non potete; essendo che il guadagno in tutti i modi, e col vincere e col morire, molto certo n'aspetta. Non mancherà Iddio di dar l'eterna vita ed i beni del cielo a quelli che in così giusto e santo conflitto riceveranno la morte. Non mancherà il mondo di dar gloria suprema non pure a quelli che rimarran vivi, ma duplicata ancora ai medesimi morti. Il nostro stendardo, il nostro Capitano è Cristo Crocifisso. Egli combatterà per la causa sua; seguiamolo arditamente; chè ne darà la vittoria. A queste efficaci parole, a queste degne esortazioni s'incitavano gli animi, tanto da' propri affetti abbastanza disposti, che impazienti della tardanza, altra risposta non poteva D. Giovanni sentire, se non che facesse forza coi remi, se non che affrettasse il combattere, chè ogni cosa era pronta.

I Turchi intanto vedendo, che la nostra armata (come essi avevano creduto) non si fuggiva, e non credendo ancora che avesse osato di aspettare la battaglia, per veder pure che motivo facesse, di nuovo spararono due tiri di grossi cannoni, uno in ciascuna galea dei Bascià Generali. Ai quali con la medesima prontezza fu dai tre nostri Generali con un tiro non minore per ciascuno risposto. Era già il sole circa a tre ore di questo giorno in alto salito, quando lo stesso Iddio che a' prieghi del buon Giosuè fece altre volte il sole in dietro tornare, volendo far chiaro ad ogni creatura conoscere, quanto grata gli fosse l'oblazione, che il popolo col sangue dell'unigenito suo Figlio dalla perpetua morte ricomperato, gli faceva, coll'esponer prontamente ciascuno la propria vita, per difensione della sua sacra Chiesa militante ; miracolosamente ed alla onnipotenza sua conforme, fece ogni contrario vento totalmente cessare, e contra alla natura del tempo talmente quietare quel travagliatissimo mare, che non a golfo per sua condizione di continuo fluttuoso, ma a riposatissimo stagno in ben tranquilla calma rassomigliava. Di modo che l'orgogliosa armata nemica, la quale il vento avendo in poppa, con eccessivo avvantaggio sopra alla nostra con gonfia vela veniva, essendo in un subito costretta di ammainare, in un medesimo tempo perdè l'avvantaggio e la credenza che fino all'ora della fuga della nostra aveva tenuto. Perciocchè essendo già cominciata a distendersi con modo ordinato tanto la battaglia, quanto l'uno e l'altro corno della nostra armata, dava di sè tanto magnifica vista, che stendendo la fronte per lunghissimo tratto di mare, si faceva chiaramente conoscere molto maggiore di quello che i Turchi l'avevano riputata. E saria stato forse questo solo a sufficienza bastevole cagione da far loro in gran parte l'arroganza e l'orgoglio deporre, se nello stesso tempo non gli avesse Alì Bascià con una affettuosa orazione rincorati ; e mostrando loro pubblicamente il comandamento che aveva dal Gran Signore di pigliare e di disperdere in ogni modo l'armata cristiana, soggiunse, essere il tempo venuto di dar felicemente esecuzione all'alto comandamento del lor detto Signore, e che bene avventurosi potevano essi chiamarsi, finchè sì grande e così ricca preda veniva loro da' Cristiani portata fin dentro, si può dire, delle lor case. Di modo che ogni uno di loro, che a sè stesso non avesse mancato, poteva ben esser sicuro che si saria in quel giorno fatto per tutta sua vita ricchissimo : poichè solo col guadagnar quella armata, tutti gli universi paesi de' Cristiani in brevissimo tempo sariano da' Turchi scorsi, abitati e predati. Con le quali parole ed esortazioni portate intorno per la sua armata da uomini principali e di autorità, incitò talmente quegli animi ingordissimi alla preda, che fecero in generale segno di grandissima festa, e dando di mano alle gnacchere, tamburri e piferi, comin-

ciarono al suono di quegli istrumenti, come matti, a balla-
re ; chiamando i Cristiani galline bagnate e promettendosi di
essi sicuro il trionfo e la vittoria.

Nell'armata cristiana all'incontro, avendo tutti i capitani ed uomini principali preso l'esempio di D. Giovanni, ciascheduno fece a'suoi soldati un sermone al meglio
che seppe, ricordando loro l'obbligo che, come Cristiani
e come soldati di onore, avevano con Dio e co'Principi
loro, ed esortandogli a combattere arditamente e valorosamente,
per sodisfare ala religione della fede ed alla legge del-
l'onore, che più che in altro tempo mai lo comandava. Nè
solo i capitani fecero questo ; ma tutti i Religiosi, e particolarmente alcuni Padri della Compagnia di Gesù, che erano con le galee di Spagna, ed alcuni Cappuccini, mandati
dal Papa con le sue galee, fecero sopra di ciò caldissime
esortazioni, inarborando ne'luoghi più eminenti l'immagini
di Cristo Crocifisso, ed affermando che sotto il nome e
protezione sua si doveva quel giorno far pruova di fare affatto deporre l'orgoglio a quegli importunissimi nemici del
nome e della religione cristiana. E frattanto fu nella galea
Reale di D. Giovanni inarborato il grande stendardo della
sacra Lega, il quale dal Papa era stato mandatogli con gran
circostanze di devozione, a fine che non prima che il giorno della battaglia si dovesse spiegare ; nel quale stendardo
una gran figura di nostro Signore Crocifisso era dipinta, e
con allegrissime e caldissime imprecazioni di felice successo fu salutato universalmente da tutta l'armata con suoni di
trombe e di piferi. Ed essendosi tutti alla santissima immagine inginocchiati, ed umilmente ciascuno chiedendo perdono de'suoi peccati, crebbe tanto la volontà di combattere ed il valore ne'cristiani soldati, che in un subito quasi
miracolosamente per tutta l'armata in generale una voce d'allegrezza levossi, che iterando altissimamente : - vittoria - vittoria -, fin dagli stessi nemici udir si poteva.

E perchè fin dal primo giorno che D. Giovanni vide
le galeazze, le aveva giudicate molto atte a romper l'ordinanza de'nemici, e a far larga porta alla vittoria de'Cri-

stiani, sì per la gran quantità d'artiglieria che portano, come per la loro forma, che a guisa di eminenti castelli sopra alle galee minori son atte a nuocer molto ed esser pochissimo offese; per non comportare che a dietro allo stuolo delle galee sottili rimanessero, per tutto il viaggio egli stesso insieme con Marc'Antonio Colonna la Capitana di esse aveva rimburchiata, e fatto rimburchiar l'altre da' principali officiali dell'armata. Ora cominciando già a vogare alla volta de' nemici per investirli, e vedendo che due di esse per la importunità del tempo, erano tanto a dietro rimase, che ancora non si vedevano; con ogni santa imprecazione inviò avanti le quattro, che con esso si ritrovavano, con gli ordini stessi che da principio avevano ricevuti. E per dar loro comodo tempo, perchè il corpo dell'armata abbastanza distante precedessero, fece frattanto generalmente dalle catene sferrare tutti i Cristiani, che al remo forzati si ritrovavano, e dispensare per tutte le galee molte armi; acciocchè con la speranza della libertà, che in evento di vittoria lor prometteva, avessero nel conflitto potuto aiutare a combattere. Fece anche dare a tutte le ciurme buoni rinfrescamenti non solo di vino, ma delle migliori cose da mangiare che vi avesse, acciò che alla fatica del futuro travaglio avesser potuto resistere. Frattanto le quattro galeazze essendo un buon miglio avanzate innanzi a tutta la nostra armata, che a voga larga lentamente le seguitava, diedero di sè chiara vista al Bascià; il quale con molto suo dispiacere accortosi della vana credenza, ch'elleno con l'armata non fossero, contr'ogni suo pensiero si trovò necessitato di mutare in quel punto, con qualche confusione, l'ordine della sua battaglia. Perciocchè conoscendo egli che all'espugnazione di ciascuna di quelle galeazze non bastava minor numero di otto o dieci delle sue galee migliori, non giudicando che fosse bene di approdarsi con esse, per non aver poi col restante dell'armata ad investirsi con disordine, bisognò che a' suoi officiali in fretta facesse commettere, che mutando il proposito di andar con tutta l'armata unita ad investire, in tre squadre uguali tra esse ben distanti si dividessero, e che velocemente arrancando di passar tra le galeazze, senza trattenersi a combatter con esse, procurassero. E questo pensò egli più a proposito essere a'suoi disegni; perciocchè sperando con quel furioso impeto così unito di romper facilmente l'armata cristiana, sperava anche d'impadronirsi delle galeazze senza combatterle. Nè poteva il pensiero se non accorto chiamarsi, se così succeduto gli fusse; ma differentemente andava Iddio disponendo le cose in beneficio del popolo suo. Perciocchè appena fu in quel modo quell'armata divisa, che accostandosi più ad essa le galeazze, le quali a due per parte divise con una certa distanza vogavano, per serbar l'ordine che avevano di coprir tutta la fronte della battaglia, ad allargarsi di nuovo cominciarono, in guisa che restando ugualmente tra esse distanti, si distesero tanto, che non potendo gl'inimici con tre squadre passar tutti fra esse, furono di nuovo costretti a mutare il proposito, dividendosi un'altra volta in cinque parti, per fuggir d'approdare, come dal Bascià Generale era lor stato imposto. Così con questi motivi e col vogar lentamente consumò tanto di tempo, che arrivarono alla battaglia cristiana le altre due galeazze, le quali D. Giovanni di Cardona con alcune galee delle squadre del corno destro rimburchiava. Vedendosi intanto Francesco Duodo tanto vicino all'armata nemica, che con l'artiglieria la poteva arrivare, cominciò con la sua galeazza Capitana a salutarla in sì strana maniera, che avendo col primo tiro di cannone levato il fanale maggiore della galea Reale d'Alì, e nello stesso tempo con un altro rotta tutta una spalla ad una galea a quella più presso, ed un'altra poco distante avendone direnata, furono tutti i Turchi ad un tratto smarriti. Perciocchè tosto che vide Alì il suo maggior fanale dal primo colpo spezzato, prendendo il caso per augurio infelice, proruppe pubblicamente in un rottissimo pianto, prevedendo di già tutto quello che in poco spazio avvenir gli doveva. Ma Uccialì, il quale della qualità delle galee cristiane, e delle forze, che con l'armata di una tanta Lega venivano, molto bene informato, non era mai stato di parere, che con effetto a determinata battaglia venir si dovesse, quando a sì duri principî si vide condotto, come uomo della militar disciplina e particolarmente de' navali conflitti perito, avendo, come dissi, in governo la squadra del corno sinistro, e volendo con utile avviso quell'avvantaggio cercare, che in tal fatto l'occasione gli potea porgere maggiore, procurò di allargarsi talmente coi suoi vascelli, che, a guisa di chi stia a cavallo del fosso, a qual partito gli fosse paruto migliore, appigliarsi avesse potuto; o di abbracciare col numero maggiore di vascelli che aveva quel corno col quale egli doveva combattere; ovvero quando le cose per la sua parte non andassero bene, comodamente schifarlo, e (come poi fece) espedito fuggirsi, ogni interesse d'onore, come buon rinegato, all'util suo posponendo. Il che fu cagione che Giovann'Andrea Doria, il quale al destro corno dei Cristiani comandando, seco azzuffar si doveva, non essendo di scienza nè d'esperienza a lui inferiore, e conoscendo l'inimico disegno, o per non lasciare dalla sua parte tanto avvantaggio, o per mostrare che in nulla cosa gli avesse ceduto, più assai di esso si andò col suo corno allargando, di modo che conducendosi tuttavia innanti tutto il resto della nostra armata, ed egli col suo corno allargandosi, venne a rimanere tanto alla battaglia lontano, che i Turchi che di già spaventati erano di viltà e di timore fino agli occhi ripieni, vedendo questo motivo, bestialmente si persuadettero, che la nostra armata, come prima s'aveano immaginato, dalla loro si fuggisse. E con tal bestialità presero tanto di ardire, che a guisa d'arrabbiati leoni orribilmente gridando, a voga arrancata cercarono d'investire tutta d'un colpo in ogni parte l'armata; parendo loro tuttavia d'averla guadagnata.

Ma non molto potettero in siffatta credenza perseverare. Perciocchè dalle forti galeazze molto presto incontrati, le quali da innumerabil copia di grossa e buona artiglieria da tutti i lati erano benissimo armate, e cominciando impetuosamente a sparare, girando e volteggiando con molta agilità ora le prore ora i fianchi ed ora le poppe, col fumo gli accecavano, col tuono gli stordivano, con le palle degli spessissimi tiri gli uccidevano, ed insieme con molte delle galee loro li sommergevano. Videro allora in un momento un glorioso principio alla vittoria cristiana, che andava crescendo; alla quale veramente è necessario di dire, che le galeazze predette aprissero valorosamente la porta, introducendola ed accompagnandola sino alla fine. Essendo che fu questo primo incontro di tanta importanza, ed ai nostri nemici diede tanto di danno, che quantunque molto uniti e ristretti si sforzassero di passare squadra per squadra, per investire con impeto unitamente sopra le cristiane galee; furono nondimeno contro ogni lor pensiero costretti ad allargarsi e disunirsi, confondendo ogni ordine preso, ed annullando ogni già fatto proponimento. Ma benchè da questo primo incontro molte delle lor galee rotte e fracassate vedessero, oltre a quelle che del tutto affondare avevano veduto; non restarono però tanto per ancora impauriti, che fieramente e con maggior rabbia non si spingessero avanti; sicchè avendo anche i capitani cristiani fatto forza coi remi, in brevissimo spazio (come d'accordo ne fossero) tutte due le armate intieramente con le prue s'investirono. Nel quale orribile e spaventevol congresso rimasero in un subito molte galee sconquassate, e non sentivasi nè vedevasi altro che innumerabili tuoni di artiglierie, e d'ogni intorno sangue, morti e ruine da non potersi contare, con tanta spessa tempesta di frezze e d'archibugiate, che da niuna parte il cielo veder si poteva; mentre d'ogni intorno infinite trombe, palle e pignatte di fuochi artificiati (che ancora nell'acqua inestinguibilmente ardevano) col fumo e col fetore talmente l'aere condensavano, che non pur l'ora del mezzo giorno, com'era; ma nè anche la mezza notte più scure tenebre avrebbe rappresentate. Parea veramente che, tutti gli elementi insieme confusi, ed estinta affatto la luce del cielo, tutto il mondo in quel punto insieme con la stessa natura profondar si dovesse. Ma se in ogni parte delle armate gagliardamente e con molta bravura si combatteva, più che in ogni altro, certo, dove le due Reali s'azzuffarono, fu lo spettacolo sanguinoso, acerbo ed orribile. Perciocchè avendo Alì Bascià con quattrocento eletti Giannizzeri la sua rinforzata, e D. Giovanni la sua con altrettanti scelti archibugieri Spagnuoli, oltre a gran numero di cavalieri venturieri e della sua famiglia; ed essendosi da lontano agli stendardi ed ai fanali ed altre insegne reali, che portavano, conosciuti; deliberatamente, e con incomparabile ardire, con tanta furia e con tanta bravura andarono ad incontrarsi, che non si potria pure immaginarlo maggiore. Questi dopo che ebbero scambievolmente sparato le artiglierie, ed insieme le lor galee con uncini di ferro incatenate, ebbero tra di loro tanto aspra battaglia, che siccome per la sua grandezza diffido io di poterla narrare, così che non la possa mai altri pienamente rappresentare mi confido. Stavano alla prora della Reale di D. Giovanni su le rambate D. Lopez di Figueroa e D. Michele di Moncada Maestri di campo, o vogliam dir Colonnelli; D. Bernardino di Cardenas, ed il Castellano Salazaro. Al focone ed allo schifo D. Pietro Zappata e D. Luigi Carillo. Allo stendardo D. Giovanni stesso, insieme col Commendator maggiore, il quale nella sua galea padrona, avea lasciato a suo luogotenente Stefano Mottino dell'ordine di S. Giacomo; che tanto buon conto gliene diede, che essendosi abbordato con la padrona reale del Turco, ebbe in sorte di far prigioni i due figli di Alì; per lo che fu poi da D. Giovanni dichiarato, che quella galea a Stefano si doveva. Stavano appresso a costoro il Conte di Pliego, D. Luigi di Cordova, D. Rodrigo de Benavides, D. Giovanni de Guzman, D. Filippo d'Heredia e D. Ruidiaz di Mendozza, tutti cavalieri di nobiltà, d'animo e di valore approvati. De' personaggi che furono sopra la Reale turchesca non ho procurato tanto minuto ragguaglio. Ben so che ella era in mezzo di sette galee di fanale, nelle quali erano Bertà Bascià Generale di terra, Mustafà Esdei tesoriero, Mamur Rais Agà de' Giannizzeri, Mahamut Saderbei Governatore di Metelino, Giaur Alì corsaro e Caracoggia capitano della Velona, corsaro similmente famoso. Era all'incontro D. Giovanni nel mezzo di quattro fanali, che furono da man destra Marc'Antonio Co-

lonna Generale della Chiesa e Luogotenente della Lega, nella
cui galea erano principali Pompeo Colonna suo Luogotenente,
il Commendator Ramagasso, Antonio Carrafa Duca di Mondragone, Michele Bonello fratello del Cardinale Alessandrino, nipote del Papa, Pirro Malvezzi cavaliere principale e
di molto valore, Orazio Orsino di Bonmarzo, Lelio de' Massimi, il Commendatore di S. Giorgio, e molti cavalieri di Malta e signori Francesi venturieri; Camillo de' Marchesi Malaspina cavaliero di S. Stefano con circa a venti altri gentiluomini, sue lance spezzate e della sua famiglia officiali.
Ed appresso al Colonna la Capitana del Duca di Savoia governata da Monsignor de Lynì, nella quale era il Principe
d'Urbino con Alderano Cibo Malaspina Marchese di Carrara, suo cugino e figlio di Alberico Principe di Massa, e
molti signori che venivano seco e molti cavalieri dell'ordine di S. Lazzaro. Alla banda sinistra era appresso a D. Giovanni Sebastiano Veniero General di Venezia, con grosso
numero di nobili della sua Repubblica. Ed appresso a lui
la Capitana della Repubblica di Genova, della quale era Generale Ettore Spinola cavaliero d'Alcantara, nella qual galea
era il Principe di Parma, con una gran mano di scelti cavalieri, non meno nobili che valorosi. Avevano poi egualmente D. Giovanni, il Colonna e 'l Veniero alle poppe delle
lor galee due altre galee per ciascuna, le quali di continuo
rinfrescavano e rimettevano genti in esse, entrando e soccorrendo dove il bisogno portava. Ed erano similmente alla
man destra da poi alla Capitana di Savoia, Onorato Gaetano Generale delle genti del Papa, con cui io mi trovava;
ed alla sinistra da poi alla Capitana di Genova Paolo Orsino di Lamentana, che in vece di Generale governava i soldati de' Veneziani; seguendo poi Ascanio della Corgnia
Maestro di campo generale della Lega da un lato, e dall'altro il Conte di Santa Fiora Generale della gente Italiana per
il Re. Ultime finalmente nelle punte della battaglia a man
destra la Capitana di Malta con Fra Pietro Giustiniano Priore
di Messina, che n'era Generale; ed alla sinistra la Capitana
di Pier Battista Lomellino, nella quale era Paolo Giordano

Orsino Duca di Bracciano. Sicchè essendo in queste poche galee il fiore della nobiltà e del valore d'ambe le parti, facilmente ogni uno può giudicare di che maniera tra loro seguisse la pugna, e quale sforzo da ogni parte per superar le galee contrarie si facesse.

Fu nel principio, ed anche per qualche spazio, l'impeto de' Turchi tanto gagliardo, che non poco fece dubbioso l'esito della sanguinosa battaglia; perchè più volte essi fieramente sforzaronsi di superar la Reale di D. Giovanni, più volte la prora ne occuparono; ma sempre valorosamente dai difensori ne furono ributtati. E vedendo che col guadagnar quella galea la dubbiosa vittoria in favor loro sarebbe caduta, vi concorrevano da tutte le parti tanti e tali furori, che furono sforzate la padrona reale e la Capitana del Commendator maggiore, le quali alla Reale erano da poppa, insieme con le due galee di Giovanni Loredano e Caterino Malipiero, ch'erano alla poppa del Veniero, di sottentrare al peso di quella battaglia, nella quale i detti Capitani Loredano e Malipiero dalle archibugiate furono uccisi. Ed essendo con tali aiuti i Cristiani entrati arditamente nella Reale turchesca sì fattamente, che fino all'arbore l'avevano occupata, furonvi dalla poppa nuovamente introdotti dugento Turchi freschi, dai quali furono costretti i nostri a ritirarsi. Nel quale impeto D. Bernardino de Cardenas da una palla di smeriglio nella rotella d'acciaro, che avea, fu colto; e senza sfondarla, gli diede siffatta percossa, che fattolo addietro su la coscia cadere, senza cavargli pur una goccia di sangue, l'uccise. I soldati frattanto del Malipiero e del Loredano non punto per la morte de'lor Capitani sbigottiti, anzi alla vendetta più accesi, superarono con valore le due galee turchesche, con le quali era toccato loro di azzuffarsi, come fecero anche il General Veniero, Ascanio della Corgnia, il Conte di Santa Fiora, Onorato Gaetano, i Principi di Parma e di Urbino, Paolo di Lamentana e Paolo Giordano Orsino. Ma essendo Marc'Antonio Colonna primo degli altri con vittoria espeditosi dalla galea che l'avea combattuto, e vedendo con quanto periglio passavano le cose tra le due

Reali, tanto opportunamente con le due galee, che aveva per li suoi bisogni, v'accorse, che investì in quella d'Alì con urto tanto gagliardo, che tutta la prua fino al terzo banco dentro vi pose, ed alla prima sparata degli archibugi che fecero quei soldati, si videro i Turchi quasi tutti da tutte le bande cadere. Ed entrativi dentro gli Spagnuoli e molti altri soldati degl'Italiani, fu in un tratto essa galea spogliata degli stendardi e di tutte le insegne reali; le quali sopra la vittoriosa di D. Giovanni riposte, essa colla poppa a rovescio molto rotta e maltrattata, come vinta fu trascinata. Quello che della persona d'Alì succedesse, molto altramente da quello che gli Spagnuoli si vantano, d'aver cioè il suo capo sopra una picca a D. Giovanni recato, dagli uomini della sua propria Reale, che di vista son testimoni, a me vien riferito (19). Perciocchè mi dice chi l'ha veduto, che quando finalmente vide la galea non più potersi difendere, vinto altrettanto dalla disperazione a che la sua bestialità lo conducea, quanto dal valore di coloro che egli aveva creduto di spaventar con le voci, prese una piccola cassetta di ferro, nella quale le cose sue più care, sì di gioie come di superstizioni, nelle quali molto si confidava, tenea; e ridottosi alla parte di dietro della poppa, dove ha luogo il timone, con un coltello che dalla cintura si trasse, nella gola feritosi, di là con quella cassetta nel mare gittossi, di maniera che poscia il suo corpo non s'è più ritrovato.

Bertà Bascià dal General Veniero condotto a lasciare ormai la vita con quella galea, non potendosi più schermire, bestemmiando il suo fiero destino, che a fare a senno d'Alì l'avesse condotto; tutto abbruciato una spalla dal fuoco d'una tromba artificiata, sopra una fregata che a poppa per li casi si aveva ritenuta, fu da'suoi in terra salvato. Due figli giovanetti d'Alì, che con Mahemet Beì Re di Negroponte dall'altro lato della Reale la battaglia sostennero, presa la lor galea dal Colonna, insieme con esso Mahemet restarono prigioni. Gli altri più efferati dispregiatori de'Cristiani, i quali con le loro bravate avevano fatto risolvere Alì al combattere, tra'quali Hassan Bascià, che siccome alla persuasione era stato il più caldo, non volle al provvedersi allo scampo essere il più lento; parte, abbandonato le galee loro, sopra altri legnetti si fuggirono in terra, e parte ostinatamente combattendo, vi lasciarono la vita. Fra'quali furono Mustafà Esdei, Mamur Rais Capitano de'Giannizzeri, Mahamut Saderbei, Giaur Alì, Hassan Bei Governator di Rodi, e molti altri; le galee de'quali essendo o dalle artiglierie e dagli scontri affondate, ovvero dal valore delle armi cristiane conquistate, davano alla vittoria molto incremento.

Dall'altra banda il famoso Caracoggia essendosi con la galea del Papa azzuffato, dove Onorato Gaetano, e per lui io scrittore alle genti del Papa comandava, quantunque meglio degli altri di gente da combattere, d'artiglieria e di vascello avvantaggioso armato si trovasse, e fosse anche gagliardamente dalla galea d'Alì Capitano soccorso, il quale nel più bello della zuffa al luogo del focone, mentr'egli combatteva per prua, con lo sperone ne venne ad investire; fu però l'uno e l'altro ben presto ammazzato, restando tutte due le lor galee in poter della nostra Grifona (20).

Aveva Uccialì con quel suo allargarsi e trattenersi saputo far tanto, che avendo trovato il riscontro di Giovann'Andrea Doria non meno scaltrito di lui, non solo dallo investire nei primi impeti si astenne; ma anche da poi che tanto innanti erano passate le cose, quantunque nel suo corno si ritrovasse trenta vascelli più di quelli che il Doria aveva nel suo, aspettava tuttavia di veder la risoluzione del nemico, per investirlo con avvantaggio. Ma temendo forse il Doria, e con ragione, di quel numero maggiore, se gli andava mantenendo tanto lontano, che piuttosto di volersi fuggire, che di voler combattere dava segnale. Il che fu cagione, che essendo da alcuni Capitani della sua squadra conosciuta tanta irresoluzione, non potendo soffrire, mentre che tutto il resto dell'armata combatteva, di star essi soli con quel corno a vedere, più coraggiosi che cauti, poco ordinatamente si spiccassero da quella squadra, e arrancando gagliardamente per aver parte nella vittoria, non come quelli che stavano a vedere, ma come quelli che menavan le mani

trapassassero avanti. Ma tostochè l'accorto Uccialì quelle
galee dalle altre vide separate, conobbe anche nel Doria poca
voglia di andarlo a trovare; e vedendo che quando anche im-
pedirlo avesse voluto, tanto lontano se lo trovava, che non
poteva a tempo più arrivare a sturbarlo; con tanto furore
con tutta la sua squadra si volse contro di quelle, che avendone in un attimo dodici guadagnate, nelle quali insieme
con i loro Capitani tutti i difensori valorosamente combattendo morirono, troppo miserabil danno vi fece. Nè posso
io tacere l'animo invitto e generoso di Benedetto Soranzo,
gentiluomo Veneziano, che in quel misero numero ritrovossi. Poichè dopo aver egli tanto bravamente combattuto, che
solo ormai nella sua galea vivo avanzava, vedendosi dalle
galee nemiche circondato, e già la sua galea ripiena di Turchi, spontaneamente diede fuoco alla munizione della polvere in sua vendetta; la quale con la furia che ogni soldato
può immaginarsi, non solo uccise i Turchi predetti, ma col
fuoco, che sparse copiosissimo, fece anche a molte convicine
galee notabilissimo danno (21).

Morirono però in questo fatto copia grande di Turchi; e
tra gli altri il vecchio e bravo Caragiali, capitano d'Algieri
e luogotenente di Uccialì, e molti altri corsari chiari di nome.
Allora vedendo il Doria che Uccialì tutto intento alla preda
di quelle galee con tutte le sue forze vi si trovava occupato, e conoscendo che non aveva più a temere di riceverne
danno, col resto della sua squadra tanto opportunamente gli
fu sopra, che in breve non solo ricuperò quelle galee che
di già prese si trovavano, ma prese anche buon numero di quelle
di Uccialì. Con che gli diede tanto spavento, che quando costui
dalle altre spiccarsi lo vide, e tirare alla volta sua determinato
d'investirsi seco, egli che già della Reale del suo Bascià e della
sua armata aveva veduto l'infelice successo, a poco a poco
ritirandosi con circa venti delle sue galee, destramente fug-
gì dallo incontro e cercò di salvarsi. Nella stessa sua fuga però fece sentire gravissimi danni a Fra Pietro Giustiniano Generale di Malta, il quale avendo al suo luogo valorosamente combattuto, e preso la galea con cui s'era azzuffa-

to , mentre ora a questa , ora a quest' altra galea andava facendo gravissimo danno, alle notissime insegne da Uccialì conosciuto, fu da lui con tutte quelle galee che seco traeva fieramente investito. Al quale impeto non potendo egli resistere , dopo che tre gravi ferite ebbe ricevute e che tutti i cavalieri e soldati della sua galea furono morti, fu necessitato a rendersi vinto. Ma come piacque a Dio , che lo andava aiutando, sopraggiungendovi due altre galee de' suoi proprî Cavalieri , i quali, avendolo veduto in angoscia da lontano , v'accorsero , insieme con alcune altre di soldati Spagnuoli, fu da' Turchi per forza quella galea abbandonata; avendosene Uccialì seco portato lo stendardo e le cose migliori, che ritrovate vi aveva.

Non meno infelice caso di questo ai cavalieri di S. Stefano avvenne nel medesimo corno; i quali da soverchio ardire trasportati a cercar di combattere, con la lor galea detta la Fiorenza tanto avanti si fecero, che avendo passata la galeazza che era innanzi a quel corno , ed allontanatisi molto dalle altre galee, furono da quelli stessi nemici, che dalla larga tentavan di fuggirsi, tanto gagliardamente combattuti , che avendo con la lor sola galea valorosamente pugnato, e fatto lor molti e gran danni , al fine con soli quattordici uomini vivi , ma tutti anche feriti, la lor galea tutta rotta , e fracassata rimase. Frattanto avvedutosi Don Giovanni di Cardona, che quelle galee de' nemici di fuggirsi tentavano, per far pruova che vano quel disegno lor riuscisse , con la sua squadra delle galee di Sicilia si mosse loro all'incontro. Ma furono quelle sì preste a procurarsi lo scampo, che vedendole il Cardona tanto francamente vogare, come quelle che danno non aveano ricevuto, e giudicando che fosse vano di seguitarle con le sue, che stracche e maltrattate si trovavano, dall'impresa si tolse. Uccialì quantunque della perdita dell'armata turchesca afflitto e molto confuso si trovasse , altiero nondimeno , e molto contento d'aver acquistato l'onorato stendardo di Malta, in segno di vittoria sopra la sua poppa lo avea inarborato. E vedendo che non potea, se non con molto periglio, alla larga tirarsi, rispetto

alle molte galee cristiane, che quelle che fuggivano avevano seguitato, fece pensiero per il suo meglio d'accostarsi
alla terra, con disegno anche di abbandonare i vascelli,
come avevano fatto molti altri, quando dalla necessità ne
fosse stato costretto. Ma molto meglio di quello che presupposto s'avea, gli succedette. Perciocchè quando dalle nostre
battaglie, con lo stendardo di Malta inarborato, fu veduto
venire, giudicandosi che non pur del corno del Doria, ma
di parte ancora della battaglia fosse stato vincitore, e che
per combatter di nuovo così francamente venisse, fu cagione che tutte le galee a D. Giovanni convicine tagliassero i capi, coi quali le conquistate galee si rimburchiavano, e che
alla nuova battaglia si apparecchiassero. Ma egli, che a salvarsi piuttosto che a combattere studiava, facendo co'remi
lo sforzo che potea maggiore, e innanzi alle prue della nostra battaglia velocemente passando, fece che ognuno credesse che per soccorrere alle galee turchesche, che nel corno
di terra dai Veneziani maltrattate si trovavano, mosso si fosse. E non potendo le nostre galee per difetto del palamento, che tutto nel conflitto aveano rotto e perduto, e delle
ciurme stracche e quasi tutte ferite, ed in gran parte su
questa e quella galea sbandate, così presto come bisognava,
seguirlo, tosto che di poter pigliar qualche poco del vento
che da terra spirava s'avvide, facendo vela co'suoi trinchetti,
e sforzo maggiore anche coi remi, fece chiaramente la sua
fuga manifesta. Ma erano le cristiane galee per le dette cagioni tanto impotenti a seguirlo, che essendosi egli alquanto allargato, e ai venti più gagliardi i bastardi spiegato,
menando seco una galea cristiana Corfiotta, in breve senza
contrasto a salvamento si trasse.

Fu questo fatto cagione, che molti della battaglia cristiana, i quali più degli altri di arrivarlo si sforzarono,
quando poi senza profitto tornaronsi, di aver perduto le galee
che col valor loro s'avevano combattendo guadagnate, s'ac-
corgessero. Poichè essendo loro perciò convenuto d'abban-
donarle, dagli altri che venivano più tardi erano senza fatica state occupate e del tutto spogliate. Di che io, come d

causa propria, buon conto renderne posso; chè avendo colla galea Grifona le due di Caracoggia e d'Alì Capitano con molto travaglio guadagnate; in pro delle galee di Napoli, che a dietro col Marchese di Santa Croce venivano, mi trovai d'aver faticato. Perciocchè sebbene per sentenza di D. Giovanni quelle galee alla nostra Grifona furono restituite, essendo gli scafi e le artiglierie della Lega, non ne ebbe però utile alcuno, eccetto l'onore e la fatica di rimburchiarle nel trionfo fino a Messina. Basta che avendo fuori trovato la galea Fiorenza de' cavalieri di S. Stefano tutta fracassata con pochissima gente viva, e tutti malamente feriti; per pietà che ebbe Onorato Gaetano di essi, acciocchè della necessità nella solitudine di quel mare non si morissero, a rimburchio la prese, e fin dentro al porto di Santa Maura la condusse; dove da D. Giovanni fattone cavare l'artiglieria, nella festa, che vi fece per la vittoria, fu fatta abbruciare.

Ma tempo è che io dica del corno destro inimico da Mahemet Scirocco Saugiacco, ovvero Governatore, d'Alessandria, governato. Costui con cinquantacinque galee dovendo col sinistro della nostra armata, da Agostino Barbarico con cinquantatrè comandato combattere, ed avendo dalle galeazze Bragadine grandissimo danno ricevuto, tutto confuso ed in disordine alla volta della terra poco lontana se n'andava; forse per salvar le persone, abbandonando i vascelli; o per poter con maggior vantaggio da quella banda i nemici per fianco investire. Quando avvedutosene il Barbarico, tanto presto gli andò a rinchiudere il passo, che ad approdarsi ben presto sprone con sprone con le galee Veneziane l'astrinse; contro delle quali tanto fieramente combatterono i Turchi, che avendo i Veneziani contra loro gli odi molto maggiori, che qualsivoglia altra nazione, per gli eccessivi danni ed ingiurie che lungamente n'aveano ricevuti, tanto aspra ed orrenda fu la battaglia tra loro, che per lunghissimo spazio da qual parte la vittoria dovesse cadere non fu conosciuto. Poichè furono nel principio i Veneziani in grave timore d'avere a sentirne il danno maggiore; perciocchè entrati i Turchi nella propria galea del Barbarico, e fattovi sforzo tremendo, mentre egli valorosamente difendendosi a far animo a' suoi soldati s'affaticava, mortalmente ferito da una freccia sopra un occhio, di che il giorno seguente morì, fu costretto di ritirarsi. Il che diede a' suoi tanto terrore, che mezzo sbigottiti, quasi al furor Turchesco cedendo, non senza pericolo di perdersi affatto, fino all'arbore lasciarono entrare i nemici. Ma molto opportunamente con la sua galea il Conte di Porcia sopraggiungendovi, non solo con molta bravura li ributtò, ma avendo di essi ucciso la maggior parte e rincorato i Veneziani al combattere, di molte galee nemiche in breve spazio fu vincitore; mentre che il valoroso Giovanni Contarino da molt'altre galee aiutato, con molta strage de' nemici, molte altre delle lor galee, che con pari furore se gli opponevano, rompendo mise al fondo. Ed avendovi fatto i Provveditori Canaletto e Quirini quelle prove, che dal loro conosciuto valore aspettarsi poteano, fu finalmente la galea Capitana di esso Scirocco superata e presa; nella quale essendo stato egli mezzo morto trovato, dall'impeto de' soldati fu affatto ucciso ed affogato (22).

Fu veramente quel giorno in ogni parte delle armate acerbamente e con grave periglio combattuto. Ma tra questi due corni particolarmente l'uccisione e 'l danno d'ambe le parti fu senza comparazione maggiore che in altro luogo; sì perchè avendo i Veneziani contra a' Turchi odî maggiori, che le altre nazioni, non fu di esso alcuno che a fare schiavi attender volesse; come anche perchè tutti quei Turchi che, d'ogni altra parte fuggendo, qualche scampo alle vite loro si procacciarono, non avendo altro rifugio che la terra ferma, in quella parte dalle lor genti abitata, secondo che ivi arrivavano, e la battaglia fieramente attaccata vi trovavano, non mancavano di porgere agli amici loro gli aiuti che in tanta confusione maggiori potevano. Di modo che fu la vittoria in questo lato tanto sanguinosa, che se l'acquisto che della maggior parte delle galee nemiche vi si fece, non contrapesasse, si potria dir veramente che il danno dalla parte de' Cristiani fosse stato maggiore. E se nelle altre squadre avessero i Cristiani tanti vascelli perduti, quanti ne perdettero in questa, non si potria se non dire che molto più che noi avessero i Turchi guadagnato. Ma benedetto e lodato sia Dio! Il quale, di poi a tanti e gravissimi danni del popolo suo, finalmente pieno di misericordia sopra ai suoi Cristiani ha riguardato; ed una volta tenendoli con la sua potentissima mano insieme uniti e concordi, ha fatto chiaramente agli orgogliosi Turchi conoscere, che sebbene la discordia de' nostri Principi ha fatto tante volte ch' essi vincitori ne sian ritornati, non sono punto però nè d'animo nè di ardire nè di valore ad essi inferiori, avendo quel giorno ogni cristiano soldato, ancorchè minimo fosse, tante e sì chiare prove mostrate, che non avran punto cagione d'invidiare alla gloria di qualsivoglia degli antichi famosi trionfatori. E se il valor di ciascuno, e capitano e soldato, fu della sempre memoranda vittoria autore, la molta prudenza e l'esercitato sapere del Marchese di Santa Croce v'ottenne certo onoratissima parte. Poichè quantunque ne' primi congressi di combatter non gli toccasse, tanto opportunamente in ogni luogo dove il bisogno lo richiedeva con la sua squadra soccorse, che avendo agli evidentissimi danni che la nostra armata avrebbe ricevuti riparato, fece chiaramente conoscere quanto nelle battaglie navali il forte e ben governato soccorso sia necessario. Sforzami tuttavia a dir qualche cosa l'onorato valore de' nostri coraggiosi capitani; ma quello veggio piuttosto potersi ammirare, che in parte almeno non che a pieno raccontare. Principalmente lo stesso gloriosissimo D. Giovanni, oltre l'avere in ogni occasione compitamente fatto l'ufficio di prudente d'ardito d'invitto Generale, nel conflitto ancora non potè contenersi d'esercitarsi combattendo come gli altri soldati. Perciocchè essendo nel principio della zuffa dal Commendator di Castiglia caldamente pregato, che per fuggire ogni danno che da sinistro accidente, con troppo comune interesse, nella persona sua fosse potuto venire, si contentasse di stare almen tanto nella camera della poppa, che l'orrore e'l periglio di quel primo congresso fosse passato, non solamente di ciò compiacerlo non volle, ma stando anche sempre nei più erti e pericolosi luoghi della galea scoperto con gli altri combattenti, più volte incredibilmente si volle mischiare; dando non solo con le parole, ma con l'esempio grand'animo a' suoi di francamente e senza timore combattere. E che potrei dir mai di Marc'Antonio Colonna? Il quale essendo continuamente stato tutto scoperto al luogo dello stendardo, per comandare e provvedere a' bisogni non solo della propria galea, ma di tutta quella parte dell'armata, che da lui scoprir si potea; ed essendo, come si può credere, con infiniti tiri di archibugi, artiglierie e di frecce bersagliato, intatto e senza una minima offesa fu da Iddio preservato; per dare alla Cristianità con tanta vittoria la compita allegrezza della importante conservazione d'un suo tanto forte ed onorato campione. Con quali parole esprimer potrei l'incredibile ardire e 'l valorosissimo cuore di Sebastian Veniero? Il quale con la sua veneranda decrepità, non punto dall'orribil congresso e dagli estremi perigli smarrito, bramoso di riportare (anche con la sua morte) alla cara patria la desiata vittoria, armato a guisa d'ogni altro soldato con la sua corazza e con la celata, scorrendo più volte tutta la corsia, non pur dava animo di combattere ai suoi, ma di sua mano prove stupende faceva. Poichè non potendo per li molti anni bene aiutarsi delle forze del corpo, di quelle dell'animo sì ben si valeva, che facendo da un suo servitore di continuo una grossa balestra caricare, con essa di mira ne' capi disarmati de' Turchi, con palle di ferro, molti giusti colpi faceva; con tanto contento, che in così orribil fatto mai non conobbe paura; e benchè malamente in una gamba vi fosse ferito, non cessò mai dal combattere con ogni fervore. Che narrerò io del non mai abbastanza lodato Principe di Parma? Il quale nell'età giovanile di maturo consiglio, come il più veterano ed esercitato soldato del mondo, con tanto ardire saltò sulle nemiche galee, e del sangue turchesco insanguinossi talmente, che diede di sè al mondo maraviglia e stupore. Che di quello d'Urbino? Che con intrepido cuore sostenendo la rabbia ed il furore de' Turchi, con allegrissima faccia nel luogo de' perigli maggiori si mostrò sempre di dover essere vittorioso. Come farò credere io le pruove di Paolo Giordano Orsino a quelli che non l'hanno vedute? Il quale quantunque da una freccia in una gamba sì malamente rimanesse ferito, che tutto il resto poi della sua vita, che furon molti anni, la cicatrice aperta portonne, si portò nondimeno talmente, che non uomo, come egli era, corpulentissimo, ma il più agile, il più pratico ed ardito di tutti si fece conoscere. O sommo Iddio, voi pure nei bisogni maggiori della Cristianità, avete in ogni cosa mostrato la onnipotenza vostra, accendendo fino i cuori puerili alla vendetta contra i nemici del glorioso nome di Gesù Cristo. Dico, che fra tutte le maraviglie, l'ardire e la costanza di Michele Bonello nipote del santissimo nostro padre e pastore Papa Pio Quinto diede stupore; il quale essendo ancora in così tenera età, che ad ogni uomo faceva parere impossibile che la spaventosa vista di così orrendo fatto avesse potuto soffrire; mostrò nondimeno in tutta la fazione tanto di cuore, che non solo non fu mai veduto temere, anzi mentre che alcuno, che di veterano soldato si pregia, nella medesima poppa fattosi innanzi un gran baluardo di materassi, per timor delle archibugiate, non osava di muoversi punto di dietro al tabernacolo, dove s'era riposto; ed altri fingendo d'aver avuto una archibugiata in un occhio, senza aver male, nella camera da basso si era nascosto, e che più di tre mesi continui da poi in Roma, quell'occhio sanissimo portando coperto alla brava, si medicasse; egli intrepidamente attese a scaramucciare, sparando molte volte il suo archibugio di mira, fino a tanto che da un colpo d'artiglieria fu, molto vicino a lui, il maggiordomo del Colonna nella testa percosso ed ucciso; dal quale colpo, con le cervella di quel capo e col sangue fu a lui tutta la faccia e tutta la persona imbrattata. Superfluo mi pare di allargarmi con molte parole in commendazione del valore di tanti e tanti onorati Signori e gran Capitani, i quali per le azioni loro, essendo per l'addietro conosciuti dal mondo, in quel giorno con le lor degne fatiche eternamente gloriosi si fecero. Perciocchè quand'io pur qualche cosa dir volessi di Ascanio della Corgnia, di Onorato Gaetano, di Pompeo e di Prospero Colonna, di Gabrio Serbelloni, di Paolo Orsino di Lamentana, del Conte di Santafiore, e di Paolo Sforza suo fratello, del Conte di Sarno, di Sigismondo Gonzaga de' Provveditori Veneziani Barbarico, Canaletto e Quirino; non ho dubbio alcuno che ad essi potrei far torto non dicendo della virtù loro quanto si conviene, ed a me procacciare biasimo di avermi con la bassezza del mio stile persuaso di potere l'altezza di tanti onori agguagliare; poichè non veggio, che nè qualsivoglia pregiato scrittore, quantunque molto diffuso, far lo potesse. Ma non vò per questo tacere un egregio fatto di Paolo Ghislerio nipote del Papa, il quale sebbene da Sua Santità per qualche disgusto datole era stato di Roma scacciato e bandito, non volle però mancare che con gli altri nobili venturieri in così santa guerra non comparisse. Questi con la galea di Carabaivel incontratosi, il quale d'un altro Rais, di cui egli gran tempo era stato schiavo in Algeri, essendo caro compagno, da lui era ben conosciuto; nella sua lingua turchesca datogli da lontano di sè notizia, gli disse: che se si voleva rendere a lui e darsi suo schiavo, si gittasse a mare; che sulla parola di cavaliere lo salverebbe. Ma mostrandogli Carabaivel ignuda la scimitarra, e dicendo che con essa voleva difender la libertà sua, Paolo prestamente abbassando l'archibugio, di mira nel petto lo colse; nè mai perciò volle quietarsi fin che da' Cristiani rimessa quella galea, egli con gli altri v'entrò, e di sua mano spiccata la testa di detto Carabaivel, con essa vittorioso alla sua galea ritornossi. Nemmeno lascerò di dire la ventura che v'ebbe Monsignor Domenico Grimaldi, Commissario del Papa, il quale dappoi di aver all'officio suo pienamente soddisfatto, e con molta sua lode, non si trovando contento se ancora con l'armi, e col combattere non si fosse in tanta occasione non meno valoroso che saggio fatto conoscere, nel conflitto onoratamente menò le mani. Ed al fine, che alcuni soldati nella sua galea tra loro non s'uccidessero, volendo impedire, mentre per un Turco che avevano preso su la scaletta della poppa contendendo erano venuti alle mani, con tanto ardore vi si trasse, che avendo appena preso quel Turco per levarnelo, arma-

44

to, com'era, d'un corsaletto e celata a botta d'archibugio
grevissimo, gli sfuggirono i piedi e di colpo cadde nel mare. Di che senza dubbio si sarebbe affogato , se non che
per sua ventura nel cadere seco lo schiavo si trasse, il quale
essendo buon nuotatore, tosto che fu nell'acqua, se gli pose sotto alla pancia , e sostenendolo a nuoto, tanto che da
quelli della galea fosse aiutato , ambedue insieme furono
salvati.

Era durato l'impeto della pugna , e l'orrore della uccisione già tanto che, stanco il Sole di mirar la bravura dei
Cristiani, declinando a poco a poco i suoi raggi, ad imbru-
nir la sera si cominciava. Quando essendosi pienamente la
suprema vittoria ottenuta , e cominciando gli amici di Cristo vittoriosi a congregare insieme le disperse per tutto il
mare e conquassate galee , non poco avrebbono avuto da
temere d'esser dalle notturne tenebre soprappresi, prima che
in porto alcuno di riposo avesser potuto ritrarsi. Se non che
gl'incendî, che d'ogni intorno nei nemici vascelli si vedevano, davano con le lor fiamme tanto di luce , che veramente
pareva tutto il grande elemento del fuoco dalla sua sfera
sceso avere in quella notte con l'acqua fatto unione; se a-
cqua però fosse potuto parere quel mare tutto fino al suo
fondo turbato, e dalle uccisioni inenarrabili nero divenuto.

Onde fu dato fine alla gloriosa e sempre memoranda
battaglia navale , nella quale conobbero i Turchi quanto
vagliono le armi cristiane unite insieme e risolute a combattere. I Cristiani s'accorsero di quanta importanza sia il
difendere una causa giusta ed avere Iddio dalla loro. E
restò tutto il mondo chiarito che l'orgoglio che fino allora
i Turchi sopra a' Cristiani avevano avuto , non procedeva
dalla molta potenza, nè dal proprio valore di essi; sibbene
per le discordie de'nostri Principi, o per altri accidenti occorsi, forse per i nostri peccati, si fossero fino allora chiamati vincitori. E per tornare a dire degli spessissimi ardenti
mongibelli, che qua e là per lo mare seminati si vedevano;
era fra essi ogni cosa piena di giubbe , di turbanti , di
carcassi , di frecce , di archi , di tamburri , di gnacchere,

di remi, di tavole, di casse, di valige, e sopra d'ogni altra cosa di corpi umani; i quali non avendo ancora finiti di morire andavano a nuoto gittando l'anima insieme col sangue, che dalle mortali ferite spandevano; non muovendo, con tutta la miseria loro, pur un poco di compassione nei cuori de'nostri soldati; da'quali in cambio di pietate e di aiuto, colpi di archibugiato o di zagagliate, mentre ad essi si offerivano, ricevevano.

Ritirossi la nostra armata quella notte nel più vicino porto detto Petela, o piuttosto ridosso, che opportuno nella terra ferma si porse, ove a Dio renduto le proprie grazie, e pieni di tanto contento quanto ciascuno può immaginarlo maggiore; col cibo e col riposo si diede ai corpi il necessario ristoro, e poco altra cosa in tutta quella notte si fece, che iterare i carissimi fraterni abbracciamenti fra D. Giovanni e gli altri Principi dell'armata tanto venturieri, quanto di essa officiali; i quali con affetto di cuore incomparabile furono tutti da D. Giovanni sommamente ringraziati del valore che in quel benedetto giorno avevano dimostrato, e della prontezza con che in perigli sì grandi l'avevano seguito. Particolarmente con Michele Bonello tante e tante volte abbracciossi, che non parendogli, che l'aprirsi il cuore per riceverlo bastar gli dovesse; di non poter trovare parole bastevoli diceva, per ringraziar lui in persona del suo santissimo Zio, dalla santità, dall'autorità e dagli aiuti del quale quella sublime vittoria d'avere a riconoscer confessava. Non si potrebbero certo per me ridire le grandi ed onorate parole che fece con Marc'Antonio; come con quello, che essendo stato della santa Lega fattore e conservatore; da lui la gloria, l'esaltazione e la quiete del popolo cristiano s'avea. Ma mentre per seco rallegrarsi il general Veniero nella sua Reale saliva; volendo il Colonna pregarlo che i disgusti che avea seco passati gli rimettesse, non gli diede D. Giovanni tempo di dire quanto voleva; poichè tosto che l'ebbe veduto, con allegrissimo viso ad abbracciarlo correndo, non esser più tempo di alcuna offesa ricordarsi, prontamente gli disse; ma che solo, rallegrandosi insieme fraternamente, a

Dio , di tanto bene le debite grazie dar si dovevano; ringraziando egli frattanto e la persona sua e la Signoria di Venezia, che tanto gran parte in così onorata vittoria avevano avuto. Più particolari grazie rendeva a Francesco Duodo , delle magnifiche galeazze capitan Generale, le quali confessando essere state potissima cagione della felice vittoria ; come quelle che prime gl'inimici avevan disordinato ; con una patente, che gliene fece di onoratissimo tenore , volle che al mondo fosse manifesto. In questo felice successo, a chi con vera fede voglia il tutto considerare, in molti modi la onnipotenza di Dio , che con segni miracolosi si compiacque di darne nuovo pegno d'amore, fu manifesta. Che se dalla stessa navigazione vogliam cominciare , come possiamo se non miracoloso chiamare l'effetto di tanto tranquillo viaggio in tempo e stagione importuna , con armata sì grande e da tanti imbarazzi impedita, con tanta prestezza condotto al suo fine? Non parerà forse miracoloso che l'armata turchesca di tanti felici successi e di tante vittorie per due anni continui altiera, nel comodissimo golfo di Lepanto, o vogliam dir di Corinto al sicuro riposta, donde di ogni nostro sforzo solo col non uscire burlarsi poteva; senza che alcun bisogno la provocasse, al periglio della battaglia spontaneamente s'esponesse? Non fu di Dio opra maravigliosa, che tanto lontano l'armata nemica fosse dalla nostra quella mattina scoperta, che d'impavesar le galce, d'allestir gli armamenti, di ragunar i vascelli e di disporre le schiere comodissimo tempo ne desse? Ma chi potrà opra dell'assoluta potenza di Dio non confessare il gran beneficio, che nello stesso fatto ci fece, quando soffiando il vento a'nemici favorevole, ed alla nostra armata contrario, subito dato il segno della battaglia, non solo totalmente cessò, ma poco dappoi in favor nostro girando, col fumo che sopra i Turchi portava, di tanto lor toglieva la vista, che con infinito avvantaggio (quello che essi far non potevano) da'nostri bersagliati di mira , venivano uccisi? Ed a qual altra cosa che allo amore che Iddio ci ha portato, ed alla protezione che ha tenuto di noi di attribuire osati saremo , l'essere i

Turchi tanto accecati, che delle marittime guerre maestri, potendo a lor voglia l'armata nell'altò mare distendere, di quanto danno lor fosse il combattere vicino alla terra, nella quale i lor soldati confidar si potessero, non abbian conosciuto. ? O sommo Iddio, fino alla immagine vostra, nello stendardo maggiore della Lega dipinta, voi stesso avete con la vostra potenza difesa. Non erano antenne, non erano sarte, non alberi, non insegne, non palmo di cos'alcuna nelle galee, che dalla tempesta delle archibugiate trafitto, non si vedesse talmente di spessissime frecce coperto, che verisimilmente la pelle di un porco spinoso rappresentasse. Nè però quel benedetto stendardo, nel quale con imperio sovrano l'immagine di Cristo Crocifisso splendea, il quale all'aura sventolando tutta la poppa della Reale adombrava, da colpo alcuno rimase stracciato; talchè mentre tutti gli altri stendardi, e le bandiere tutte non riserbavano in parte alcuna una spanna d'intiero, questo solo fra tutti, che più degli altri doveva essere infranto, chiaramente mostrava da qualche armata schiera d'Angeli invisibilmente essere stato coperto. Similmente i Reverendi frati Cappuccini, che aveva il Papa nelle sue galee ripartiti, ancorchè ne' più scoperti luoghi delle galee, tenendo ciascuno un Crocifisso in mano inalberato, si facesser vedere, a' quali è da credere che infiniti colpi di mira fosser drizzati, niun però di essi rimase ferito. Anzi ne furono diversi da archibugiate percossi, a' quali le palle di piombo, senza far lor punto di male, ne' propri panni se gli erano morte. E di questi ho veduto io sopra la mia galea Fra Marco da Viterbo, al quale ho levato di mia mano la palla di dentro al cappuccio, che nello entrar di essa in diversi luoghi era forato; senza che il buon padre offesa n'avesse sentito. Furono dopo questo gran fatto tanto desiderate e mendicate le ferite da quelli che ricevute non ne avevano; che come quelle che del valor loro dovessero fare testimonio, pareva che ognuno volentieri quelle de'suoi compagni per gran prezzo s'avrebbe comprate. E quelli che alcuna, ancorchè minima, se ne trovavano, non solo medicarle non volevano, ma facevano anzi ogni giorno quanto potevano, perchè o lungamente aperte si mantenessero, o

almeno i segni con cicatrici maggiori che possibil fosse vi
rimanessero. Ma non voglio per ora ad uno dar nome, poichè assai comunemente conosciuto, darebbe a molti di rider
cagione; il quale perchè più degli altri di tal vittoria si van-
ta, più assai d'ogni altro della gloria di essa pretende. Non
essendo egli quel giorno in alcun luogo scoperto mai stato
veduto, e dalla soverchia ambizione troppo alla sua codardia inimica, per sua disgrazia nella poppa con sicurtà
di molti strapunti tirato; col primo colpo d'archibugio che
egli sparò, che facilmente fu il primo che a'suoi giorni sparasse, avendo invece d'un Turco lo stendardo della poppa
investito, il quale in sua vendetta d'una scheggia sopra un
occhio lo ripercosse, fanciullescamente piangendo, e dicendo
di aver ricevuto un'archibugiata, con tanta ansietà nella camera rinchiuso si fè subito medicare, che per parecchi giorni
di poi, con l'opinione dell'archibugiata nella testa da tutti gli occhi s'ascose; e sebbene il secondo giorno poco o
nulla di male più gli restasse, non mancò per questo di por-
tarvi più di due mesi cotinui un suo ceroto di negro coperto, fin tanto che chiarito che non aveva chi gli credesse,
con la diligenza d'uno accorto maestro vi si fece imprimere
un segno. Saprei ancora molto distintamente, come da me
veduto, alcuno gran Capitano qui nominare, il quale per
contrapporsi al testimonio che contra di sè l'inimica sua coscienza deponeva; è andato dagli scrittori procacciando gli
encomî e le lodi, co'falsi scritti de'quali la innata viltà e
la resoluzion ferma di non s'esporre al periglio della battaglia pensando di ricoprire, di molto maggior gloria di quella, che il mondo può dare, s'è andato gonfiando. Ma vadano pur con questi quegli altri, i quali essendosi quel giorno molto vigliaccamente portati, per far bella faccia con quelli, da' quali sanno di non essere stati veduti, coi danari fro-
dati a coloro che con molto valore se li hanno guadagnati,
molte inimiche bandiere e stendardi sono andati comprando,
i quali in diversi luoghi spiegando, e delle giubbe de'morti Turchi vestiti, lungamente pompose mostre sono andati
facendo. Non voglio per ora dilatarmi scrivendo i mancamen-

ti di coloro, che quando questi miei Commentarî leggeranno
non meno avranno cagione d'amarmi, per non aver io i nomi
loro pubblicati, che di odiarmi tanti valorosi ed onorati Cavalieri, perchè di ciascuno di loro non abbia fatto particolar menzione. Ma sieno da me pregati a perdonarmi tutti quelli a chi tocca d'esser taciuti; poichè non potendosi in fatto
sì grande tutte le cose che occorse vi sono da un solo
scrittore a parte a parte narrare, non potranno mai senza
gloria quei nomi giacere che più coi fatti proprî virtuosi,
che con gli altrui detti artificiosi si sono illustrati. Io, mentre
di scriver le cose più principali mi sono affaticato, di una
cosa mi pregio, che intorno ad esse non si potrà mai dire
con verità, che io n'abbia detto bugia. Quanto a'particolari,
non paia strano se solo coloro che più da me sono stati trattati e conosciuti v'ho posti: ma qual bisogno hanno gli onorati
fatti di tanti valorosi Capitani d'esser da me celebrati, se col
proprio valore han superato le lodi? Con quali scelte parole gli onori di coloro che con la loro morte la gloriosa vittoria ci han partorito, e con la memoria de' loro egregî fatti la vanno illustrando, da veruno scrittore potransi narrare?
Tale fu quella di Agostino Barbarigo, e di D. Bernardino
de Cardenas, de' quali s'è fatto menzione; e tale fu quella
di Orazio Orsino di Bonmarzo, e di Virginio Orsino di Vi-
covaro, i quali mentre l'antico valore dei loro avi illustri con
ardire e bravura incomparabile rappresentavano, il primo
da due archibugiate in una coscia, e l'altro da un'altra archibugiata in un braccio feriti poco di poi si morirono. Ma
sia qui fine di questi particolari, e la general fazione seguendo,
ormai dell'armata vittoriosa diciamo.

La notte, che alla memoranda vittoria immediatamente
successe, da tanta pioggia, da sì gagliardo vento, da tuoni
tanto orribili il tempo fu agitato, che tra l'aere, i venti,
i folgori, e'l mare non potrebbe uomo immaginarsi turbazione maggiore. Onde sì tosto che il giorno con la sua prima luce a riconfortarci n'apparve, partendosi dal ridosso,
dove s'era ricoverata tutta l'armata, in diversi piccioli porti
poco lontani andossi a dar fondo. Il mare già sazio della

ingorda voragine sua, a sommo gli umani corpi de'morti aveva cominciato a gittare , e quelli dal vento , che tuttavia
verso la terra ferma gli sospingeva, erano insieme talmente
ristretti, che non bastava la vista a mirar tanto lontano, che
chiaramente l'acqua del mare scoprisse ; poichè per quanto
altri si raggirasse, niuna altra cosa che ignudi capi d'uomini morti poteva vedere . E non mancò di poi chi dicesse
che dal vento che quella notte gagliardissimo avea soffiato ,
gran quantità fino in Candia ne fossero stati sospinti. Stavasi
ogni uomo stupido riguardando, e parendo di avere la precedente giornata segnato, mentre il numero tanto grande dei
morti si contemplava, impossibile ancora agli stessi uccisori
pareva che dalle mani cristiane tanta strage uscire fosse potuto. Attendevano i marinari, e gli sforzati tutti a pescare con
gli uncini quelli ch'erano vestiti ed a spogliarli. Continuamente si trovavano pendere da' colli de'morti borse con
buoni danari , giubbe , turbanti, tappeti di cuoio, cassette
piene di molte curiosità, ed altre cose infinite, che tutte a
galla di poco in poco tra i densi corpi apparivano.

Quando prima l'armata del luogo dove aveva combattuto partissi, si mosse primo D. Giovanni , e seco Marco
Antonio, e Giovanni Andrea Doria con otto altre galce per
riconoscere il luogo, dove in effetto l'armata nemica s'era
conquistata, acciocchè quando qualche vascello vi fosse ri-
maso, perchè nelle mani de'Turchi non ritornasse, a rimurchio lo conducessero. Andavano essi Signori con le tre loro galce innanzi, seguiti poco appresso da tre altre, e poco
più lontano da cinque altre, e dando segno la guardia dal calcese di due arbori verso la terra , presto si diede all'armi
di piglio. Ma conosciuto esser galee dagl'inimici abbandonate, e di esse una quasi tutta brugiata, e l'altra tra quei
scogli in modo incagliata , che quantunque Marc'Antonio
con la sua capitana tre strappate gli desse, non poteva ca-
varnela , giudicarono bene di cavarne le artiglierie e qualche remo, che al bisogno delle lor galee si accomodava, il
resto diedero in preda ed a sacco alle ciurme ; ed indi
gittatovi il fuoco , del tutto le fecer brugiare. Appena di

là si partivano, quando da lontano tredici galee nemiche scopersero; le quali forse per dare qualche aiuto a coloro che il giorno avanti tra quelli scogli e lidi s'erano fuggiti, alla volta della terra venivano. Ma non sì presto delle nostre s'accorsero, che voltando le poppe se ne fuggirono. Così avendo i nostri a lor voglia riconosciuto e scorso tutto quel golfo; la sera stessa a riunirsi con l'armata tornarono; la quale il giorno seguente tutta insieme ridotta, rimburchiando le prese galee, che non erano meno di centoquaranta, e sapendosi certo che da circa a cinquanta in poi, che con la fuga s'eran salvate, tutte l'altre s'erano affondate, o brugiate; e non mancando delle nostre se non quindici, le quali per colpa di chi non volle combattere s'eran perdute; nel porto di Santa Maura si condusse. Quivi adunato da D. Giovanni il consiglio, e proposto in consulta quello che dopo tanta vittoria, con quell'armata fosse bene di fare; non fu pur uno de' Consiglieri e de' capi che non dicesse, che senza tentare altra cosa, ne'lor porti le armate per isvernare si dovean ridurre. Del qual consiglio tre principali cagioni assegnavano. I vascelli inabili per difetto del palameato quasi tutto perduto, e per mancamento de'difensori in gran parte morti, e quasi tutte le ciurme ferite; la vettovaglie già di tanto mancate, che se con quelle che s'eran trovate nelle galee de'Turchi non si rimediava, poco mancava a morirsi di fame; e la stagione già tanto avanti, che non lasciava luogo di pensare a più lunghi viaggi, essendo in pericolo manifesto che dalle fortune, che di ragione dovevano cominciare, fosse lor potuto vietarsi il ritorno. Soggiungevano, assai per quell'anno essersi fatto; poichè avendo l'armata del Turco, e le sue forze marine annichilate, non potevano più molto contrasto trovare alle imprese future; le quali, quando anche le lor galee avessero ben rimediate, e di nuovo munite, sariano sempre stati a tempo di fare. Il qual consiglio da D. Giovanni approvato, risolve che ristorata con l'inverno l'armata, che conquassata dal combattere si ritrovava, fortificata di defensori, e ben munizionata, l'anno seguente alle nuove fatiche, ed ai certi trionfi, molto più atta sia per uscire. Fu questa risoluzione però comunemente dal mondo biasimata; perciocchè da severi censori, che nelle lor delizie godevansi l'ozio, ventilata, non mancavano satrapi, che andassero discorrendo: che se avessero i Cristiani della grande occasione saputo valersi, col servirsi solamente della riputazione di quella vittoria, per la quale impauriti gli animi de'nemici, non avrebbero saputo resistere, si sariano in un subito non solo della costa di terraferma, e del Peloponneso con lo stesso Negroponte fatti padroni; ma le circonvicine isole, ma tutto l'Arcipelago, ed insieme Costantinopoli sariano loro stati facili a conquistare. Allegavano di questi discorsi apparenti ragioni, con dire che, essendo tutta la Grecia da cristiani al Turco forzatamente soggetti, abitata, la natura de'quali è di facilmente ad ogni piccola aura, che speranza di libertà lor porga, sollevarsi con l'armi; a tanta occasione che se ne fosse lor presentata, indubitatamente si sarebbono offerti; col favor poscia de'quali a progressi maggiori si sarebbe aperta la porta. Aggiungevano a questo il timore, dal quale fino a Costantinopoli, per tanto spazio lontana, talmente i Turchi dicevano essere percossi, che i Costantinopolitani stessi, come se già dentro alle mura si vedessero gl'inimici, a'Cristiani, che v'abitano s'andassero raccomandando, e che le gioie ed altre cose preziose, con isperanza di salvarle dal sacco, a serbare ad essi portassero. Delle tre ragioni che del ritornare ne'loro porti i nostri Capitani assegnavano, come di cose molto frivole, si burlavano, e così all'opposto rispondevano: Che al difetto del palamento tanto numero di guadagnate galee dovea rimediare; e non esser tanto grande il numero de'morti soldati, che maggiore non fosse de'vivi vittoriosi, de'quali uno sarebbe valuto per cento. Che le vettovaglie non potevan mancare a coloro, che essendo padroni del mare con la comodità delle navi, senza sospetto che lor fossero prese, da Sicilia sempre se le avrebbon fatte portare; oltre che il fertilissimo Peloponneso abbastanza n'avrebbe somministrate, massime che avendo i Turchi per rinforzare l'armata tutti quei presidî di difensori spogliati, potevano i cristiani valersi delle lor fatte provvisioni, delle quali particolarmente in Patrasso si sapeva trovarsi molti magazzini stivati. Al periglio delle fortune del mare piucchè alle altre cagioni s'opponevano, dicendo che nei lunghi e dubbî viaggi quelle possono spaventare; ma nelle brevi e certe vittorie, come sarebbero state le loro, non si dovevan temere. Ma se fossero questi bravi discorrenti stati nel fatto, se avesser veduto lo stato delle galee da poi d'aver combattuto, ed avesser provato il male e'l periglio, che per ridurle a Messina provossi; se avesser provato la fame, che fin che a Corfù si tornasse nell'armata, sentissi, per colpa del mare che non avendo rispetto a'vittoriosi, il viaggio alle navi cariche delle vettovaglie vietava, avrebbono anch'essi il consiglio di tanti valorosi e prudenti capitani approvato. Davasi da tutti molta colpa a Sebastiano Veniero general Veneziano, e pareva che importando alla sua Repubblica più che agli altri confederati il conquistare la Grecia; troppo dopo la vittoria da quello ardore, che prima mostrava, si fosse raffreddato, dicendo che tutto intento a curar la ferita della sua gamba, poco più dell'amministrazione del suo generalato si ricordasse; pareva a tutti incredibile maraviglia, che quando ognuno di ritornare aveva determinato, non avesse egli colle forze della sua armata particolare, quelle altre imprese tentato; poichè le forze sue sole da fare in quelle parti mirabili progressi giudicavan bastanti. Andavano però con doppia cagione D. Giovanni scusando; l'una per l'espresso comandamento, che aveva dal Re di non isvernare con l'armata dai suoi porti lontano, per cui a procurare che dalle fortune della stagione non gli fosse il ritorno impedito, era sforzato; l'altra perchè dovendo per i capitoli della Lega il Peloponneso, quando acquistato si fosse, in utile de' Veneziani cadere; e non si riscaldando per quella conquista il General loro più di quello che facea, a lui non toccava di mostrarsene ardente. Sopra di tutte queste cose, quelli che meno sapevano, più severamente giudicavano; ed io sapendo quanto l'ardire e'l valore del Veniero sia stato e conosciuto ed ammirato in tutte le occasioni; non ho voluto mancare di riferire le mor-

220 — 220 —

morazioni volgari, lasciando a' più saggi, che senza interesse ne faccian giudizio. Mentre nel porto di Santa Maura sopportando l'orgoglio del mare, che ogni giorno più altiero gonfiava, tutta l'armata si trovava ridotta; sebbene il consiglio di prestamente tornarsene era stato approvato, fu nondimeno pensato, che prima che quelle forze si disunissero fosse stato bene di espugnare quella fortezza, che sola in quell'Isola si trovava. Così ad Ascanio della Corgnia, ed a Gabrio Serbelloni fu dato il carico di riconoscerla, e di riferire al consiglio quello che per tale esecuzione opportuno giudicassero. I quali menando seco Prospero Colonna e Lelio de'Massimi con alcuni altri pratici cavalieri, vi vanno. Ma non potendo per la mala qualità di quel sito paludoso e stravagante bene da tutti i lati scoprirla; un'altra volta con più genti in più comodo luogo smontando, poichè tutta pienamente l'ebber riconosciuta, al consiglio ne fanno relazione: Non potersi sperare di espugnarla senza l'artiglieria; nè potervisi quella condurre se non con lunga opera di fascinate, per cagione delle paludi; poichè da altra parte non si poteva ella sbarcare: avere i Turchi già fatto i loro preparamenti per la difesa con bruciare i borghi, e tutti i luoghi, onde nuocer loro si fosse potuto; nè potersi in modo alcuno vietare il soccorso, che già con buon numero di cavalleria era cominciato a venirvi per il ponte, col quale essa isola con la terraferma si congiunge, e che dalla propria fortezza con bravi tiri di artiglieria è guardato: non potersi perciò con meno di quindici o venti giorni sperarne l'intento. Parve cosa stranissima, che un'impresa di così poca importanza come Santa Maura, tanto travaglio, come se di molta qualità stata si fosse, richiedesse, la quale dappoichè conquistata si fosse, non avendosi ne'contorni altra cosa i cristiani, più d'impaccio e di spesa, che di utile o di comodo era loro per apportare. E non avendo nell'armata vettovaglie, se non per pochissimi giorni, poichè le navi ch'erano cariche, come s'è detto, per i tempi contrarî non potevan venire; non fu giudicato che fosse bene di tentarla. Con questi motivi, mentre sopportando difficilmente l'orgoglio del turbatissimo mare, ed aspettando pure che i venti mitigati la partenza di là avessero favorito, fino alla Domenica, che fu l'ottavo giorno del felice successo, passossi; il qual giorno destinato a dar grazie a Dio del gran beneficio, ed a farne allegrezza, in una tenda festevolmente in terra accomodata, con ogni possibil solennità di musiche, di odori e d'istrumenti si fece il santo sacrificio della Messa. Dopo la quale, sparando ogni galea almeno tre tiri d'artiglieria, fessi una salva di cannonate tanto ampla, che chi quella stessa non abbia sentita, non potrà mai immaginarsela tale.

Ed essa finita, i conquistati vascelli, l'artiglierie e gli schiavi dalla vittoria apportati diligentemente si rassegnarono; e di farne la partizione, secondo i capitoli della Lega, si prepararono. E perchè v'erano molti vascelli talmente rotti e fracassati, che senza molto travaglio e manifesto periglio de' buoni che rimburchiati gli avessero, nei nostri porti condurre non si poteano, fatto prima una scelta di buoni, che tra galee e galeotte furono cento settantotto, e degli altri cavato l'artiglieria, la quale aggiunta con l'altra arrivò al numero di cento venticinque cannoni grossi, cannoni pietrieri vent'uno, e cannoni piccioli dugento ventinove, si disarmarono totalmente quei fusti; e tutti nel medesimo porto là medesima sera s'abbruciarono e si gettarono a fondo. Il numero degli schiavi che in effetto vennero in poter della Lega, non passò settemila novecento e venti; benchè certo si sappia che per lo meno altrettanti ne fossero da' particolari nascosti, e non consegnati. Fatto dunque di tutto la ragionevol divisione, toccarono al Papa galee ventisette, cannoni grossi diciannove, cannoni pietrieri tre, cannoni minori quarantadue, e schiavi mille e duecento. Al Re di Spagna, galee ottantuna, cannoni grossi settantotto, cannoni pietrieri dodici, cannoni piccioli cento settantotto, e schiavi tremila e seicento. La parte della Signoria di Venezia fu di galee cinquantaquattro, cannoni grossi trentotto, cannoni pietrieri sei, cannoni piccioli ottantaquattro, e schiavi due mila e quattrocento. A D. Giovanni, come a principal Generale della Lega, toccando del tutto la decima, ebbe per essa

galee sedici e schiavi settecento venti ; ma dell'artiglieria
non potè per allora aver la sua parte, per qualche differenza che nacque nel determinarla, e che fu rimessa alla
decisione del Papa. Ma ben si dette a tutta la cristianità
la sua carissima parte, con più di diecimila schiavi cristiani
dalle infelici catene de'Turchi liberati, che alle lor case con
allegrezza se ne tornarono. Restarono in mano di D. Giovanni i due figli d'Alì Bascià nipoti del gran Signore dei
Turchi, Mahemet Bei re di Negroponte, il segretario generale dell'armata, e molti altri Rais e personaggi di simile
condizione ; de'quali volle D. Giovanni l'onore di mandarli
in potere del Papa, perchè con l'autorità sua e degli altri
collegati, secondo le occasioni si disponesse di loro. Continuando poi tuttavia la malvagità del tempo sempre più
aspra, era a sì mal termine condotta l'armata, che generalmente già vi si pativa la fame, non vivendosi più d'altro
che delle fave e del riso, che ne' vascelli turcheschi s'era
trovato. Quando ecco ai venti di Ottobre Filippo Bragadino del golfo di Venezia Generale con tre galeazze cariche
di vettovaglie v'arriva ; il quale dal Senato mandato con
tredici galeazze per aggiunger forze all'armata, ed a Corfù
ritrovando che le navi con le munizioni navigare non avevan potuto, avendo caricato quanto poteva esse tre, e lasciando le altre che similmente se ne caricassero, aveva procurato di portarne il soccorso. Le doglianze che ei fece che
dal tempo non gli fosse stato permesso di giungere a tempo
a quella giornata non si posson ridire, e con tanto cordoglio, che a chiunque l'udiva faceva compassione. Narrava
che quel giorno dei sette ritrovandosi dall'impeto de' venti
con que' grossi vascelli per forza ritenuto all'isola di Payò,
o vogliam dire di Steriensa, fin di là lo strepito delle cannonate, che nella gran fazione furono sparate, sentiva. Non
mancò questo Filippo, che strettissimamente non pregasse il
suo Generale Veniero, che rimediando fino a cinquanta galee
della sua armata, a sè desse cura di andar nella Grecia, e
nel Peloponneso ; dicendo che non avrebbe egli temuto di
assalire con esse le province nemiche ; confidando che men-

tre i Turchi sbigottiti, e sprovvisti per la difesa si ritrovavano, qualche bello e ricordevole acquisto far si sarebbe potuto. Ma non poterono però i suoi preghi muover quel Generale, il quale rispondendo, che quello che a lui toccava di fare, e che ben presto di eseguirlo sperava, non voleva che altri facesse; acconsentir non lo volle.

Cominciò dunque l'armata in questo porto a sbandarsi, essendo già fatto decreto, che ciascuno al suo migliore avvantaggio se ne ritornasse. Però avendo ai ventidue cominciato a mitigarsi l'asprezza del tempo, il giorno seguente chi prima e chi poi, si fece partenza, e ben presto per la grazia di Dio a salvamento all'isola di Corfù ritirossi; dove la prima volta si rividero le navi, che avendo sempre dall'armata fatto diverso viaggio, dappoichè da Messina partirono, non più mai s'eran vedute. Quivi con quant'allegrezza, e con quali onori fosse l'armata de' Veneziani ricevuta, immaginarlo piuttosto, che descriver si puote; basta che venendo ancor dalla lunga le nostre galee, cominciò la fortezza con tanti tiri di cannonate a salutarle, che non rimanendovi pezzo che più d'una volta non fosse stato sparato, parea che quel castello fosse stato tutto di fuoco; e poi fatti più vicini, cominciaron le navi ad una per una a farne gli stessi saluti, con tanto rumore, che ciascuna di esse parea un altra Corfù. Smontati in quella fortezza i Generali, e presi i desiderati rinfreschi per quattro giorni rinnovando il palamento delle galee, e di esse i membri più offesi rimediando si stette. E v'avvenne, che avendo Prospero Colonna lungamente con mal animo sopportato qualche maltrattamento di parole, e di qualche atto altiero, che in dispregio di lui era andato dicendo e facendo Pompeo Giustini da Castello, che come lui, de' Veneziani era Colonnello; risoluto di non comportare che quella insolenza crescesse, mentre egli più oltre l'avesse dissimulata; allo smontare che di galea faceva Pompeo, Prospero in terra l'attese; e volendo del passato farlo emendare, mentre molto altiero incontro senza salutarlo gli veniva, gli disse, che se gli cavasse la berretta; alle quali imperiose parole volendo l'altro con la spada rispondere, tanto presto Prospero gli fu sopra, che cavare non la potè, ma percuotendolo di gravissima punta di pugnale nella testa, presto ai piedi morto sel fè cadere. Parve il fatto molto aspro, ed a' Veneziani particolarmente cagione di risentimento; ma allegato da' procuratori di Prospero le gran cagioni, ch'egli n'avea, per le quali come soldato di tanto onore e di sangue illustrissimo sopportare non dovea; ed essendosi egli subito con una fregata allontanato, non se ne fece altro rumore.

Fatto dunque quello che la necessità richiedeva per le nostre galee, restando il generale Veniero con tutte le galee Veneziane a Corfù, D. Giovanni e Marc'Antonio con le galee del Papa e del Re, rimburchiando i vascelli d'ambe le parti, si partirono; nè potè il buono e valoroso vecchio Veniero negli abbracciamenti della partenza contenersi da tenerissimo pianto, con quello anche ambedue strettamente supplicando, che per tempo alla nuova stagione, per le imprese maggiori si riunissero.

Era già un pezzo che i tempi cattivi e molto piovosi regnavano, nè si potè con tanto buon tempo far la partenza, che nella navigazione non si patisse fortuna; sicchè assaliti da impetuosissime piogge e da venti gagliardi, mezza una notte convenne di correr con le vele dei trinchetti, come nelle fortune maggiori si suole; e non fu poco che la contrarietà de' venti, che fino a mezza notte tormentarono, finalmente in sì gagliardo maestrale spirasse, che prima che il giorno fosse spuntato, ne trasportasse vicino a Messina. Dove nello entrare nel faro molte galee, che più alla larga trovaronsi, patendo dal vento maggior violenza, furono tanto in terra sospinte, che nella sabbia di Cariddi incagliarono di sì strana maniera, che molto vicine furono a rimanervi sommerse; come molti dei rimburchi vi rimasero, per cui non fu curato di prendere tanta fatica. E furono i rimburchi quella notte di pericolo e di danno eccessivo alle galee, che li rimburchiavano; perchè ritrovandosi vacui e leggieri con la gagliarda agitazione del mare di sì fiere spronate le poppe delle nostre galee investivano, che assai maggior danno quella notte lor fecero, che quando cariche de'lor difensori nella battaglia combatterono. Nello arrivare adunque quella mattina a Messina, parve che il tempo, il mare ed il sole con noi e co'Messinesi volesse fare della vittoriosa entrata allegrezza ; così rischiarissi, così bello quel giorno si fece, che ben pareva che la notte precedente ci avesse burlati. Sicchè vedendo D. Giovanni e Marc'Antonio il favore del chiarissimo sole, fecero co'più ricchi tendaletti tutte le galee adornare ; e spiegate le fiamme, gagliardetti e banderuole, diedero ordine a tutte, che almeno tre tiri di artiglieria per ciascuna nello entrare sparassero. Frattanto avendone i Messinesi da lontano veduti apparire, erano in tanta frequenza alla ripa del porto concorsi, che non vi ebbe donna nè fanciullo nè sorte d'uomini alcuna, che a quella trionfale e gloriosa entrata applaudire non volesse. Avea ogni nostra galea alla poppa ligato il rimburchio almeno di una delle prese galee, e molte di due; e dietro con le poppe rovescie, ciò è alle nostre voltate, le trascinavano. Sopra di questi infelici vascelli molti miseri schiavi con tutti gli abiti loro vestiti e con le mani di dietro ligate s'eran mandati ; i quali da'nostri marinari e soldati scherniti, intorno a' filaretti delle balestriere e battagliuole accomodati, con le loro armi intramezzate facean trofei. Le insegne, fanali, stendardi, fiamme, gagliardetti e banderuole nemiche, tutte ad un modo erano attaccate, parte sulle nostre galee e parte su gli stessi rimburchi, con le punte delle aste all'ingiù, in modo che per lo mare con lunga coda si trascinavano. Non mancavano Cristiani, che essendo lungamente stati schiavi, ed avendo amaramente imparato di suonare quei loro timpani, gnacchere e ciaramelle, con gli stessi stromenti venissero lor facendo vergogna, e rimproverando gli strazi che essi ricevuti ne avevano, di tanto in tanto si andassero vendicando. In questa guisa entrati trionfanti nel porto, ed alla bocca di esso infiniti colpi d'artiglieria sparati, cominciarono i soldati che in punto con le armi si ritrovavano, a fare con l'archibugiate rare e stupende gazarre. Quando poi accostatesi a terra la Reale di D. Giovanni e la Generale di Mar-

c'Antonio, ebbero preso le lor poste, cominciò la città da tante
bande a scannoneggiare, che non si vedeva da niuna parte
altro che fumo, che dalle spessissime cannonate, che per
lungo spazio non cessarono, usciva. Il quale tosto che alquanto si fu sparito, si cominciò a godere l'applauso e
l'allegrezza, con che tutto quel popolo ci accoglieva. Mentre
ognuno di tanta preda e di tante spoglie stupiva, non cessava di domandare or questo or quell'altro soldato; ingordi
tutti di sapere come il gran fatto era passato. Smontati poi
D. Giovanni e Marc'Antonio in terra, insieme coi Principi
signori e cavalieri, che l'armata avevano accompagnato;
furono dall'Arcivescovo con tutto il clero, e dal magistrato
di Messina su le stesse pietre del porto con solennissima
processione ricevuti; cantando e replicando più volte il
cantico *Benedictus Dominus Deus Israel*, e l'antifona *Benedictus qui venit in nomine Domini*; portando tutti sacerdoti e secolari in mano verdi rami d'olivi e di palme.
Con tal modo fino alla Chiesa maggiore procedendo, di dove le divote ed affettuose preghiere nella partenza s'erano
sparse, ivi le debite grazie con altrettanti sacratissimi sacrifici
a Dio furon rendute. Quindi dal magistrato D. Giovanni e
Marc'Antonio fino al palagio reale accompagnati, furono da
tutto quel popolo quasi adorati. Erano in Messina i soldati
come se ognuno di essi fosse stato un sacco pien di zecchini
d'oro riguardati; perchè quelli a'quali era toccato più il bu-
scare, che il combattere, essendo genti basse, tanto poco
usi ad aver denari, che non sapevano che farne, andavano
tanto prodigamente spendendo, che come coloro a'quali gli
aspri d'argento erano venuti in puzza, si sdegnavano di com-
prar cosa, benchè picciola fosse, con altra moneta, che con
quelli zecchini, non replicando mai a prezzo che lor fosse
domandato; di maniera che chi non aveva in quel tempo
zecchini malamente a' suoi bisogni provvedeva. Eran poi
quelli, che avean denari da far queste cose, pochissimi,
perchè il guadagno dell'armata, quanto alla grossa preda
de' danari, non era stato in più di tre galee. Perciocchè
da quella de'Contatori in poi, che portava le paghe e la

Capitana di Rodi e la Reale del Bascià, non so che in altri vascelli si trovasse quantità d' oro nè di argento, nè in moneta nè in vaso. Ben è vero che generalmente quasi ogni soldato basso, almeno nello spogliare i morti, guadagnò qualche cosa; perchè quasi tutti i Turchi ne'fondelli de'lor turbanti, avevano, come reliquia sacra, qualche zecchino cucito, oltre che delle giubbe e delle spoglie andavano sempre facendo qualche danaro. Da Messina i Principi e gli altri signori venturieri licenziatisi, ciascheduno secondo la sua comodità, chi prima e chi poi, partironsi. Intanto i Generali per aspettare che le galee dai danni da rimburchi nel viaggio ricevuti si risarcissero, con molta noia si trattenevano.

Non mancò quivi chi proponesse, per alleggerire al Papa la spesa, che a'soldati delle sue galee si saldassero i conti e si sbandassero. Ma per non v'essere il Commissario, a cui ne toccava la cura, (il quale avendo inteso la morte di Giorgio Grimaldi suo fratello, a Genova per provvedere alle cose sue era andato) ebbero pur i soldati quel poco di comodo d'essere fino a Napoli ricondotti. Dove, ritornato che fu il detto Commissario, tanto minutamente fu fatto loro il conto, che, come se mai fazione alcuna avessero fatto, non procurando per loro chi ne doveva aver cura, fu lor fatto pagare fino alle proprie munizioni, che col sangue loro dai nemici, combattendo, s'avevano guadagnate. Di modo che non essendo lor donato la paga (che sebbene con nome di donativo, molto debitamente dopo le generali fazioni si deve) e ritrovandosi la maggior parte di essi senza danari, licenziati che furono, non bastò loro vendere le armi per vivere, ma nel ritornare alle lor case scalzi e spogliati, di andar miseramente mendicando furon costretti. Aggiungevasi alla lor miseria ancora, che essendo in Napoli ed in Roma prima di essi comparsi quelli che più avevano procacciato il guadagno che combattuto, ed avendo di molt'oro fatto mostra pomposa, furon cagione che quando essi meschini, che da buoni soldati onoratamente avevano fatto il debito loro, così maltrattati vi giunsero; credendosi ognuno che solo i vigliacchi e da poco guadagnar non avesser saputo ; non solo non trovarono chi li aiutasse, ma furono di più comunemente scherniti. Questi furono i primi trofei, che in Roma si videro della ricca vittoria! Questo fu il guiderdone delle onorate fatiche di chi col sangue e col valore l'avevano partorita! Questi gli ornamenti di chi di essi doveva aver più cura, che di se stesso, quando fosse pure stato degno d'esser chiamato soldato! Intendami chi può; che ben so io che mi intende a chi tocca. Ad esser soldato altro bisogna, che abbondar nella crapola tanto, che si rida dell'onorevole patimento comune. Altro che ostentar nelle ricchissime pompe le delizie esquisite, stimando poi, fuor delle comodità sue, più un piccol danaro, che tutti i soldati del mondo; giuocando molte migliaia in un'ora, ed in tutta una guerra non soccorrendo d'un danaro un uomo d'onore; ed abborrendo di sentir ragionare delle cose appartenenti alla guerra. Oh! quanto meglio si converrebbe a chi conosce d'aver in se queste parti, di riserbar la delicata sua vita per le cacce e per le danze, corteggiando le dame, e vestendosi anche talora delle nemiche spoglie , o dopo il fatto comprate, o per forza tolte a'poveri soldati, che con l'armi e col valore se le hanno acquistate; piuttosto che ambire fra gli onorati cavalieri nelle guerre i gradi maggiori , e tra' valorosi soldati d'onore indegnamente cinger la spada. Vinca il vero , e perisca il mondo. Sono sforzato di dire, perchè, come soldato, non posso non odiare coloro, che nemici de'soldati mentitamente si chiaman soldati. Non fo professione di punger niuno, sebben in atto di veridico e fedele scrittore mi converrebbe in questo proposito di scriver qualche cosa di taluno, che vive oggi pur troppo onorato; ma voglio per qualche rispetto far prova, se lasciandolo nella penna, muterà condizione; poichè quando pur voglia seguire il mestiero delle armi senza farne l'emenda, dalle proprie azioni sue sarà manifesto.

Torno ora a dire delle galee del Papa, le quali da Marco Antonio in Napoli licenziate, per isvernare nel lor porto, a Livorno se ne tornarono. Delle allegrezze che si fecero a Napoli in questo ritorno mi pare che senza che altro io ne scriva debba ognuno immaginarle, non punto minori di quelle che si ferono a Messina. Sebbene non ebbero i Napolitani la vista sì bella nell'entrata, come ebbero i Messinesi; perchè quivi erano sole le galee del Papa con quelle di Napoli, non menandosi con esse i guadagnati rimburchi, perchè non facessero simil danno o peggiore di quello che da Corfù venendo a Messina avevano fatto. Or mentre che Marc'Antonio, facendo pagare i soldati del Papa in Napoli si tratteneva; andava il Senato e popolo Romano meditando riceverlo nel suo ritorno in Roma con quell'onore, che al gran merito suo di convenirsi stimavano, e che più anche dell'amore e della divozione loro verso di lui potesse far fede (23). Poichè senza contradizione affermar si sentiva, dall'autorità, dall'industria, e dal valor suo aver avuto effetto la santa confederazione, da cui il glorioso frutto di tanta vittoria s'era ottenuto. Raccogliendo quindi gli spiriti generosi (che ancora non mancano di pullulare in Roma) di quelle gratitudini antiche, con che il conosciuto valore de'lor chiari vincitori solevano celebrare, e lussuriando tuttavia ne'lor forti petti romani la magnificenza di quella pietà, con la quale di fomentare, e di dare incremento alla virtù de'suoi si sono sempre sforzati; a questo lor principalissimo Barone, a questo fortissimo e prudentissimo vincitore di apparecchiare un trionfo determinarono; che, come per la vittoria maggiore di quante ne abbiano mai ottenute i Cristiani, se gli doveva; così di splendidezza di apparato e di fasto, a niuno di quelli, che dagli antichi Imperadori nello stesso Campidoglio sono mai stati condotti, avesse ceduto. Poichè non contenti d'ergergli archi, di condurlo con carri, di coronarlo di lauri, aveva anche deliberato di andar con tutta la pompa, e col Magistrato fino a Marino, prima terra del suo stato nel Lazio ad incontrarlo. Ma come che negli onori supremi rare volte s'avverta, che dall'atroce veneno dell'invidia non vengano contaminati; con le lingue viperine della sua sferza fece ella asprissimamente alcuni Spagnuoli mormorare, con dire che ad altri che a D. Giovanni, il quale della Lega era principal Generale, il trionfo non si doveva. Onde quantunque desiderasse il Papa ogni onore, ed ogni grandezza di Marco Antonio, temendo nondimeno che il disgusto degli ambiziosi alle cose future portasse disturbo, sebbene acconsentisse che il magnifico ricevimento si facesse, moderò nondimeno la pompa di nome e di effetto; perciocchè senza carro e senza corona concedendogli di entrare in Roma con moltitudine armata, dalla quale fosse solo alla porta della città ricevuto, non ebbe propriamente nome di trionfo. Basta che essendosi comandato dal Senato al popolo che s'armasse, per andare in ordinanza ad incontrarlo alla porta; tanta allegrezza ne fu fatta da tutti, che sforzandosi ognuno di comparire meglio degli altri, furono presto fatte spese di vestimenta incredibili. E dovendo Marc'Antonio entrare per la porta Capena, oggi detta di S. Bastiano, e per la via Appia passare all'arco di Costantino, e di poi a quello di Tito, e per quello di Settimio salire in Campidoglio, e del Campidoglio andarsene al Vaticano, furono tutte le strade spianate, e di festevol modo con bella maniera adornate. Innanzi alla porta due gran trofei gli furono eretti carichi di spoglie turchesche con molti pezzi di galee fracassate, e ciascheduno due prigioni con le mani ligate di dietro teneva. Aveva poi quella porta, oltre agli altri moltissimi ornamenti di arme e di pitture, nel frontespizio alla parte di fuori questa iscrizione: *M. Antonio Columnae, Pontificiae classis Praefecto; de Apostolica Sede, sociorumque salute, ac populi Romani dignitate optime merito* S. P. Q. R. Dietro alla quale nella parte di dentro aveva quest'altra: *Exultans in Domino clarissimum civem suum victorem amplectitur Roma.* Circa ad un miglio fuori di questa porta fu incontrato Marc'Antonio da una onorevole e pomposa cavalcata, non solo di principali personaggi di Roma, ma dagli stessi magistrati e dal Senato con tutti gli officiali di esso riccamente vestiti, ciascuno secondo il suo uffizio, con vaghe e costose livree; e quello che maggior gusto portava era il vedere tanti vestiti secondo l'uso degli antichi, a'moderni curiosissimo; il che dopo alle perdute feste Agonali e di Testaccio, non s'era altre volte veduto. All'entrar della porta da un'esercito di circa a cin-

que mila armati fu ricevuto, i quali tutti tanto riccamente
erano d'arme e di vestiti coperti, che non s'era forse mai
più veduto sfoggio maggiore. Questi in tre manipoli sotto
ventotto insegne ripartiti, ed essi tramezzati da diversi Capitani e sergenti maggiori, con molto ordine a nove per fila
precedevan la pompa. Dopo i quali i Turchi presi, ed a
due a due con le mani ligate, seguivano; e dopo essi l'insegne tolte ai Turchi si strascinavano. Seguivano poi due
grandi stendardi, uno di Santa Chiesa e l'altro del popolo
Romano da' due gran Gonfalonieri con molto fasto portati.
E finalmente il glorioso campione da' Conservatori e dal Senatore seguito, e dall'una e l'altra guardia del Papa circondato, rallegrava i riguardanti con la maestà, con la presenza e con lo splendore, il quale non meno della sua persona veneranda s'aveva, che da' valorosi suoi fatti con gloria
incomparabile lampeggiava. Passarono con quest'ordine al-
l'arco di Costantino, al quale nella faccia dinanzi che l'altro settizonio riguarda, in luogo delle antiche iscrizioni fatte
per Costantino erano con molti ornamenti poste le tre seguenti, cioè in mezzo sopra l'arco maggiore: *Cogita aditum*
jam tibi patefieri ad Costantini urbem, juvante Deo, recupe-
randam; alla man destra sopra un arco minore: *Primus*
Romanorum Imperatorum Constantinus, Crucis vexillo usus,
cum acerrimis christiani nominis hostibus felicissime certavit;
ed alla sinistra sopra l'altro arco: *Primus Romanorum Pon-*
tificum Pius V. cum Rege Catholico, et Republica Veneta so-
cietate inita, eodem salutari signo fultus, victoriam contra
maximam Turcharum classem consecutus est laetissimam. Da
quest'arco passando a quello di Tito, vi si leggeva con
belli ornamenti l'iscrizione seguente: *Laetare, Hierusalem,*
quam olim Titus Vespasianus captivam duxit, Pius V.
liberare contendit. Nell'arco di Settimio Severo essendovi tre
iscrizioni, quella di mezzo diceva così: *Stat etiam nunc ve-*
tus Parthicae victoriae S. P. Q. R. monumentum, ut novos
de Parthis triumphos, Deo approbante, excipiat. Quella della
man destra: *Prisci illi duces, Romanum imperium, Parthorum*
armis vastatum, fortiter pugnando, in suam pristinam digni-

tatem restituerunt. E quella della mano sinistra : *Nostri, insigni, atque inusitato prorsus navali proeljo, parta victoria, Turcharum furorem a Christianorum cervicibus repulerunt.* Il palazzo de' Conservatori e de' magistrati Romani nella cima del Campidoglio aveva su la porta principale queste lettere : *Adhuc viget virtus, flagrat amor, pollet pietas ;* e sotto al verone maggiore, nel mezzo della facciata : *Romanus adhuc viget vigor ; Romana virtus emicat.* Quivi arrivato Marc'Antonio, e con ogni sorta di musici concenti dolcemente ricevuto, mentre senza smontar da cavallo per andare al palazzo Apostolico discendeva, fu con gran numero di artiglieria, con suoni di campane e con voci affettuosissime salutato. Ma lo strepito dello sbombardare che fece il Castello di S. Angelo nel suo passaggio, non è cosa che facilmente si possa narrare. Finalmente su la gran piazza di S. Pietro arrivato tutto l'esercito, in due parti con bella ordinanza diviso, fece ala ; e passato che egli si fu per lo mezzo, fecero tra di loro, infinite archibugiate sparando, pompose gazzarre ; finchè arrivato Marc'Antonio al cortile del palazzo, prima dal Patriarca di Gerusalemme Vescovo di Pola, con i canonici e tutto il clero di S. Pietro, de' quali egli era Vicario, fu incontrato ; e poichè nella chiesa furono a Dio con suoni e canti le debite grazie rendute, fu da' camerieri secreti del Papa ai piedi di Sua Santità nel pubblico concistoro introdotto. Il quale con ogni sorte di dimostrazione di amore avendolo onorato, diede alla posterità chiarissimo testimonio della gratitudine, che allo sperimentato valore di lui la Santa Chiesa teneva.

La ricordevole ed allegra giornata, col ritorno che Marc'Antonio privatamente fece in sua casa, già declinava, quando non potendo in tanta festa le tenebre avere il loro luogo, con spessissimi lumi e con pubblici fuochi, con fulgori e raggi artificiati gran parte della notte fu rischiarata. Ma dovendosi il giorno seguente, con la medesima pompa, dallo stesso Senato accompagnar Marc'Antonio a dar la parte convenevole delle grazie alla Madre di Dio nella Chiesa di Aracaeli, che ella ha nel Campidoglio, ed avendo ordinato per compimento della generale allegrezza, di dargli a costo del pubblico nello stesso Campidoglio un lauto banchetto ; come a notizia venne di Marc'Antonio , richiese egli il Senato e volle ottenerlo , che tutta quella spesa che nel convito erano per fare, poichè ad altro non tendeva che ad onorar lui davvantaggio , il quale troppo fino a quel segno si teneva onorato, in tante opere pie, a sovvenzione di povere fanciulle da maritare si dispensasse. Ciò fu cagione che la solennità delle grazie fino al giorno di Santa Lucia si differisse. Il qual giorno andò il Senato con tutti i suoi magistrati con lunga cavalcata al palazzo di Marc'Antonio , e presolo in mezzo, alla chiesa predetta nel Campidoglio l'accompagnarono. Era essa chiesa tutta festevolmente con ricche maniere apparata, nè solamente di dentro, ma di fuori anche la facciata fin sino alle porte , che riccamente eran guarnite, tapezzata, e sopra la maggior porta questa iscrizione si leggeva : *Quas olim Gentiles Ductores idolis , pro re bene gesta , in Capitolio stulte agebant ; eas nunc ad Coeli aram Christianus victor ascendens, vero Deo Christo Redemptori, ejusque gloriosissimae Matri, pro gloriosa victoria, religiose et pie agit habetque gratias.* Quivi con ogni solennità celebrata dal Vescovo di Minuri la messa, per ordine del Senato Marc'Antonio Mureto, nella lingua latina facondissimo e grave oratore, asceso la cattedra, orò eloquentemente. Finita l'orazione , offrì Marc'Antonio a quell'altare una colonna d'argento coronata d'oro, secondo che si vede nelle armi della sua illustre famiglia, la quale aveva in cima di finissimo lavoro scolpita una statua di Gesù Cristo risuscitato con la Croce nelle braccia , e d'intorno ad essa colonna erano fitti dodici rostri di galee dorati, e nel piedestallo erano scritte le parole che seguono : *Christo victori. M. Antonius Ascanii Filius , Pontificiae classis Praefectus, post insignem contra Turchas victoriam, beneficii testandi causa.* Dopo la quale offerta, una processione fu fatta di sessantatrè fanciulle giovani da maritare, alle quali fu dato per ciascuna una veste di panno rosso, ed una borsa con certa quantità di danari per nome di dote. Il tutto finito, ritornatosi Marc'Antonio in sua casa, volle il Senato che perpetua memoria del gran fatto nel Campidoglio si conservasse; ed a tale effetto una simil colonna rostrata di marmo, ma molto maggiore nel palazzo de'Conservatori al piano del cortile gli eresse.

Mentre che queste cose in Roma con tanta gloria di Marc'Antonio si facevano, il pazzo volgo, com'è di costume, sfrenatamente parlava del valore e della viltà; de'fatti e de'mancamenti di questo e di quel capitano dell'armata; lodava, biasimava, sindacava e tassava; e quelli che meno sapevano, più severamente giudicavano ognuno. Di modo che arrivandovi in questo tempo Ascanio della Corgnia Mastro di campo generale della Lega; e non essendo ricevuto dal Papa, nè con accoglienze nè con parole, come egli si pretendeva di meritare; anzi sentendosi accusare di molta freddezza usata, ed anche di peggio nel procurare l'occasione del combattere, la quale opinione non pur nelle genti volgari, ma nelle menti de'più nobili ancora sentiva esser radicata; da tanto dispiacere fu preso, che gravemente ne cadde ammalato. E benchè con ogni suo sforzo si purgasse dalla calunnia e desse copia a molti di tutti i discorsi e pareri, che in tal materia egli aveva dati a D. Giovanni, ne' quali faceva vedere quanto prudentemente, e con quanto giudizio avesse proceduto, diede però universalmente da credere, che da quel dispiacere gli fosse venuta l'infermità e la morte ancora, che in assai breve spazio gli succedette. Fu il suo luogo dalla Lega provvisto, e ad istanza del Re, che lo proponeva, al Conte di Sandriano fu dato. Aveva egli l'anno addietro in tempo di tanta occasione non solo perfettamente governato in Sicilia, come Stratico di Messina; ma come Presidente in luogo di Vicerè, dopo la morte del Marchese di Pescara, tutto quel regno provvisto, finchè il conte di Benevento nuovo Vicerè vi venisse; e fu allora con quel grado rimunerato.

Frattanto dovendo D. Giovanni per ordine del Re suo fratello, e col consenso della Signoria di Venezia mandare al Papa quei prigioni d'importanza, che appresso di sè erano rimasi, molto bene accompagnati a Roma mandolli; ma essendosi per viaggio uno dei due figli del Bascià generale ammalato, senza che rimedio alcuno gli potesse giovare, ostinatamente per non voler mangiare, in Napoli si morì. L'altro, in compagnia di Mahemet Beì Re di Negroponte; col Segretario generale dell'armata, e con molti altri Rais e capitani di conto a Roma condotti; da un messo di D. Giovanni, che pubblico istrumento ne fece, alla Camera Apostolica furono consegnati. E nel palazzo dell'aquila in Borgo custoditi con buoni ed onorevoli trattamenti, vi si tennero tanto, che nel Castello di S. Angelo più commodamente furono trasportati; e per gli accidenti, che nei seguenti libri si leggeranno, alle lor patrie furono restituiti.

COMMENTARI
DELLA GUERRA DI CIPRO
LIBRO QUARTO

ICCOME niuna vittoria mai di tanta importanza, nè di tanta riputazione s'ottenne, che a quella, che nel precedente libro abbiamo descritta, agguagliar si potesse; così di frutto nè di util minore di essa niun'altra se ne ricorda. Le cagioni di ciò debbo ora io fedelmente narrare. Ma mi ricordo che per non contaminare il gusto della vittoria, cui la nostra armata era vicina quando la nuova dolorosa della perdita di Famagosta vi giunse, lasciai di narrare quello che nello assedio lungo, e nella espugnazione di essa seguisse, lagrimevole certo e di compassione degnissimo. Prima quindi che d'altra materia la penna m'ingombri, voglio che questi fatti sieno soggetto della mia scrittura; acciocchè appresso a'posteri nostri la virtù de'valorosi difensori Cristiani non venga frodata delle debite lodi. Nel che fare seguirò la minuta relazione, che ne fè nel suo ritorno al Duce ed alla Signoria di Venezia il Conte Nestore Martinengo, il quale con onorato grado v'intervenne, e con molti altri compagni da' Turchi fu preso e fatto schiavo.

Espugnata che fu da' Turchi con possente esercito Nicosia, città principale e Metropolitana del Reame di Cipro, Mustafà Bascià molto più altiero e orgoglioso divenuto, si volse contro Famagosta, che di presidio mal si trovava provvista per resistere all'impeto di tanto nimico; e con tutto l'esercito vi pose l'assedio. Minacciava spietatamente la morte e ogni strazio a' difensori, se non si rendevano; ma non solo non potè punto di timore negli animi valorosi introdurre, ma uscendo essi arditamente più volte, con gagliarde sortite, facevano a' Turchi non piccioli danni. Di che il superbo Bascià fieramente sdegnato, non cessava di fare ogni sforzo per vendicarsi contra quella città, e per espugnarla, tenendo i soldati di essa in continuo travaglio; di modo che quando il soccorso lungamente aspettato non fosse loro opportunamente venuto, poco per se stessi avrebbon potuto all'impeto furioso resistere. Ma poichè dal Provveditor Quirini vi furono portati quattromila fanti Italiani dall'armata capati, e dugento Albanesi a cavallo, non solo ebbero speranza di poter per un pezzo al forte nemico francamente resistere, ma di ridersi ancora d'ogni suo sforzo, finchè dall'armata de' confederati con forze maggiori fossero stati soccorsi. Onde essendosi ai sedici di Febbraro del 1571 da quel porto partiti que' vascelli, che il detto soccorso vi avevan condotto, con maggior diligenza che prima si cominciò di dentro a fortificar la città da tutte le bande. Nè solamente i lavoratori e le genti del presidio a tal opera travagliavano, ma i nobili stessi e i Signori del luogo per esempio degli altri, non perdonavano a qualsivoglia fatica, visitando di giorno e di notte le guardie, acciocchè vigilantemente custodissero. Nè più alle solite scaramucce di prima, se non di rado, e per pigliar lingua de' nemici, si usciva.

Mentre che di dentro queste provvisioni si facevano, con non minor diligenza i nemici di fuori le cose necessarie all'espugnazione della fortezza provvedevano. Erano le provvisioni gran quantità di sacchi di lana da farsi trincee, legnami, artiglierie, palle, polvere, zappe, pale e istrumenti diversi tanto navali, quanto da terra. Le quali cose tutte dalla Caramania e dalla Soria in gran copia e con molta prestezza loro eran portate. Con questi apparecchi e diligenze di ambe le parti fino al principio d'Aprile passossi; e passando per di là Alì Bascià nuovamente creato Generale del mare, con ottanta galee, trenta ve ne lasciò, le quali di continuo tragittavano genti, munizioni e rinfreschi, oltre a quello che faceva una gran quantità di Caramusali, Maone, Palandre ed altri vascelli che in servizio di quell'esercito s'affaticavano. Il tutto con molta fretta e timore facevano, temendo d'essere dall'armata cristiana sopravvenuti. A mezzo di detto mese fece Mustafà da Nicosia condurre quindici pezzi d'artiglieria grossa; e levati gli alloggiamenti del campo di dove erano, s'accampò ne'giardini, più vicino, e dalla banda di ponente, oltre di un luogo detto Precipola. Ai 25 poi diede principio a far bastioni per piantare l'artiglieria destinata alle batterie, e fece le trincee per gli archibugieri, l'una all'altra vicina, accostandosi, ancorchè a poco a poco, con modo inevitabile alla muraglia; alla quale opera lavoravano, ma per lo più di notte, quattromila guastatori.

Vedutosi il disegno degli nimici, ed il luogo donde pensavano di battere, fu atteso di dentro con prontissima diligenza a riparare. Stava di continuo grossa guardia nella strada coverta della contrascarpa e nelle sortite, per difendere essa contrascarpa. Si cavarono nuovi fianchi; si fecero traverse su i terrapieni; e fecesi da tutta quella banda della muraglia che doveva esser battuta, una trincea di Plitte alta abbastanza e larga due piedi, con le feritoie per gli archibugieri, co'quali si difendeva la contrascarpa. Attendevano a queste cose in persona e con molta cura Marc'Antonio Bragadino Provveditor generale in Cipro per la Signoria, ed Ettore Baglioni Governatore, con la presenza dei quali passavano le cose con buonissimo ordine. Il pane per li soldati tutto in un luogo si faceva, di che aveva cura

Lorenzo Tiepoli Capitano di Baffo, il quale non perdonando a fatica, diligentemente s'esercitava. In Castello era Andrea Bragadino, con diligente guardia alla banda del mare, acconciando e cavando nuovi fianchi per difender la parte dell'arsenale. Era Capitano dell'artiglieria il Cavalier Goito, e sopra i fuochi artificiati furono fatti tre Capitani con venti soldati per uno. Si condusse anche tutta l'artiglieria buona da quella parte dove s'aspettava la batteria, e fecersi a tutte le cannoniere i paioli. Nè si mancò di travagliare i nemici con l'uscir fuori spesso da tutte le bande a disturbarli, facendo loro anche notabili danni; ma essendo una volta usciti fuori trecento Famagostani, ancorchè dai nostri fossero i nemici posti in fuga con ucciderne molti, crebbero nondimeno in tanto grosso numero, che avendo trenta de'nostri ammazzati, ne ferirono fino a settanta; il che fu cagione che non s'uscisse più fuori, poichè s'andava a manifesto pericolo. Arrivarono i nemici a poco a poco con le trincee predette fino in cima alla contrascarpa; e avendo finiti i forti, a'diciannove di Maggio cominciarono la batteria con dieci forti, nei quali erano sessantaquattro pezzi d'artiglieria grossa, della quale quattro erano basilischi di smisurata grandezza. Presero a battere tutta la parte della porta di Limissò fino all'arsenale, facendo cinque batterie; una nel torrione dell'arsenale, il quale era battuto con cinque pezzi dal forte dello scoglio; una nella cortina d'esso arsenale, battuta da un forte di undici pezzi; una nel torrione dell'Andrucci con due cavalieri che v'erano sopra, battuto da un'altro forte d'altri undici pezzi; un'altra nel torrione di Santa Nappa, il quale era battuto con li quattro basilischi. E il cavaliero alto che era sopra la porta di Limissò col suo revellino era battuto da sei forti con trentatrè pezzi d'artiglieria grossa, ove attendeva in persona Mustafà. Non attesero molto i nemici da principio a minare la muraglia, ma tiravano dentro alla città senza mai riposare, ed alla nostra artiglieria, facendo per un pezzo gran danno. Perchè subito che si cominciò la batteria, tutti i soldati e Greci di dentro andarono ad abitare alla muraglia, ove stet-

tero fino alla fine. Alloggiava il Bragadino nel torrione del-
l'Andrucci, il Baglione in quello di Santa Nappa, ed il
Tiepolò in quello di Campo Santo: ed essendo presenti a
tutte le fazioni davano animo incredibile ai soldati, gasti-
gando rigorosamente gl'insolenti e quelli che mancavano. Ed
essendo morto in iscaramuccia il Cavalier Goito, fu data la
cura dell'artiglieria a Luigi Martinengo, essendo prima stata data la sua compagnia a Nestore Martinengo. Nè mancando a Luigi il sapere e la diligenza, compartì le poste del-
l'artiglieria a'suoi capitani, acciocchè con ogni diligenza a-
vessero cura a quanto facesse bisogno a'bombardieri, e asse-
gnò ad ogni posta una compagnia di Greci per li bisogni
dell'artiglieria. Attendeva al torrione e cavaliere grande
dell'arsenale il Capitano Francesco Bugone; alla cortina ed al
cavaliero di Volti col torrione di Campo Santo il Capitan
Pietro Conte; al cavaliero di Campo Santo e a quello del-
l'Andrueci e alla cortina fino al torrione di Santa Nappa il
Capitano Nestore Martinengo; al cavaliero di Santa Nappa
e a tutta la cortina fino alla porta di Limissò il Conte Ercole Martinengo; al revellino e cortina verso il baluardo il
Capitano Orazio da Velletri; e al cavaliero di Limissò,
che era più molestato di tutti, il Capitano Roberto Malvezzi.

In quei giorni che cominciò la batteria fu per commissione di Marc'Antonio Bragadino dato da vivere a'soldati,
così Greci come Italiani, ed ai bombardieri vino, minestra,
formaggio e carne salata, essendo il tutto portato alla muraglia
con buon ordine; talchè il soldato spendeva solo due soldi
al giorno in pane, ed erano pagati con molto studio ogni
trenta giorni da Giovanni Antonio Quirini. Per dieci giorni continui fu fatto di dentro controbatteria con tanto impeto,
che furono ai nemici imboccati quindici pezzi d'artiglieria dei
migliori, e uccisi di essi circa a trentamila uomini, in modo
che non erano sicuri dentro a'lor porti, ed erano molto spaventati. Ma prevedendo i nostri, che la polvere sarebbe venuta meno, fecero una limitazione che non si sparasse più
di trenta tiri per pezzo con trenta pezzi, e sempre con la

16

presenza de'lor capitani, che avevano cura che non si tirasse indorno.

Così combattendo arditamente fino ai ventotto di Maggio, giunse di dentro una fregata da Candia, la quale empiendo i nostri di speranza d'esser soccorsi, crebbe molto l'animo a tutti. Avevano i nimici già guadagnato le contrascarpe con grave contrasto e mortalità d'ambe le parti: onde cominciarono a gettare il terreno dalla contrascarpa nella fossa molto appresso alla muraglia. Ma e quella terra, ed anche la ruina della muraglia fatta dall'artiglieria era da'nostri portata dentro, lavorandovi tutti non meno di giorno che di notte, finchè non fecero i nemici alcune feritoie nel muro con legni, fiancheggiando tutta la fossa d'archibugieri; e impedirono così il potervi più andare, se non con grave pericolo. Ma avendo inventato Giovanni Mormorì ingegniero una forma di tavole, che si portavano congiunte per assicurarsi dalle archibugiate, si portò anche dentro molt'altro terreno. Nelle quali operazioni morì esso Mormorì con molto dispiacere d'ogni uno, per aver sempre fatto buoni servizî in ogni occasione. Avendo poi i nemici gettato tanto terreno, che giungeva al paro della fossa, e fatta una porta nel mezzo della contrascarpa, col terreno che gittavano innanti a poco a poco fecero fino alla muraglia una traversa da due bande in tutte le batterie; le quali traverse ingrossarono poi con sacchi di lana, e con fascine per assicurarsi da'nostri fianchi. Impadronitisi della fossa, e provveduto che non potessero essere offesi, se non di sopra alla ventura, cominciarono a cavar mine al revellino, al torrione di Santa Nappa, a quello dell'Andrucci, e a quello di Campo Santo, alla cortina e al torrione dell'arsenale. Non potèndo dunque i difensori prevalersi più de'lor fianchi, s'aiutavano solo con avventar loro molti fuochi artificiali, i quali oltre alla uccisione, danneggiavano molto, attaccando fuoco nelle fascine e nella lana. Ed avendo il Bragadino costituito a'soldati un ducato per ogni sacco che gli avesser recato, non mancarono molti che arditamente nelle fosse uscissero, e mentre i nimici dal fuoco eran confusi, bene spesso buon numero di sacchi riportassero. Si fecero di dentro contramine in tutti i luoghi delle batterie, alle quali attendeva il Cavalier Maggi. Ma non si scontrarono se non quella del torrione di Santa Nappa, quella dell'Andrucci e quella di Campo Santo. Si uscì più volte nella fossa di giorno e di notte a riconoscer le mine e appiccar fuoco nelle fascine e nelle lane; nè si cessò mai con grave fatica d'Ettorre Baglioni (che a tutte queste cose provvedeva) di disturbare i nemici con ogni sorte d'ingegno e d'arte, compartendo le compagnie per tutte le batterie, e aggiungendo in ogni luogo una compagnia d'Albanesi, i quali così a piedi, come a cavallo fecero sempre molto bene il debito loro, e mostrarono valore. Ai ventuno di Giugno diedero gl'inimici fuoco alla mina del torrione, dove attendeva di fuori Giambelot Beì; la quale con gran rovina spezzò la muraglia grossissima, aprendo anche esso torrione gittandone a terra più di mezzo, e rompendo anche una parte del parapetto fattovi per sostenere l'assalto. Subito saliti i Turchi sopra quelle rovine, s'appresentarono con l'insegne fino in cima. Eravi in guardia con la sua compagnia il Capitano Pier Conte; e fu essa compagnia dalla rovina della mina molto conquassata. Ma a tempo arrivandovi Nestore Martinengo con la sua, ne furono gl'inimici ributtati; e benchè cinque e sei volte vi si rinfrescassero, non poterono avere l'intento loro. Quivi combattè in persona Ettorre Baglioni; e'l Bragadino e'l Quirini stavano poco lontani armati a rinfrescar le genti, e il Castellano con l'artiglieria dallo sperone fece gran mortalità de'nemici, mentre che davano l'assalto, il quale durò cinque ore continue. Ed essendovi morti molti Turchi, vi morirono de'nostri, computandovi quelli che rimaser feriti, e che ne morirono appresso, fino a cento. Ciò fu per una disgrazia de'fuochi artificiati, che essendo con poca avvertenza maneggiati, abbrugiarono molti de'nostri. Vi moriron tra questi il Capitano Bernardino da Gubbio, e il Conte Giovanni Francesco de Covo, rimanendo malamente feriti di sassate Ercole Malatesta, il Capitano Pier Conte, ed altri Capitani ed Alfieri.

La notte seguente arrivò un'altra fregata da Candia, la quale portando nuova assicurata che doveva presto arrivare il soccorso, diede di nuovo allegrezza ed ardire. Si fecero con l'opera del Cavalier Maggi e del Capitano Marco Crivellatore le ritirate ben fiancheggiate in tutti i luoghi dove si sentivano cavar mine, con botti, casse e sacchette piene di terra bagnata, e con materazzi di lana e di cottone, e altre cose simili. Avendo i cittadini e tutti gli altri, Greci, soldati e Capitani portato spontaneamente ciò che avevano, e quando non ebbero più canevacci, portarono spalliere, tappeti, cortine e fino alle lenzuola per fare i sacchetti; con li quali si ebbe modo buonissimo e presto per rifare i parapetti, che erano rovinati con la furia dell'artiglieria, che mai non cessava. Tutto quello che il giorno rompevano, si rifaceva di notte, non dormendosi mai, e stando i soldati continuamente su la muraglia, visitati da' padroni, i quali neanche dormivano, eccetto sull'ora del mezzodì, nel maggior caldo del giorno, non essendovi altr'ora da riposare; perchè i nemici davano all'arme ogni momento, per riconoscere e per non lasciar riposare.

Ai ventinove del detto mese diedero fuoco alla mina del revellino fatta nel sasso, la quale spezzò ogni cosa, e fece grandissima rovina, dando agl'inimici comoda salita. Ed essi furiosamente vi salirono in cima, essendovi presente Mustafà. Fu questo assalto sostenuto un pezzo dal Conte Ercole Martinengo con la sua compagnia, e furono gl'inimici ributtati da' nostri, che combattevano alla scoperta, essendo rovinato dalla mina gran parte del parapetto. Vi morirono de' nostri il Capitano Meceni, Sergente maggiore; il Capitano Celio de' Fochi, e il Capitano Erasmo da Fermo. Furono feriti il Capitano Soldatello, il Capitano Antonio d'Ascoli, il Capitano Giovanni Antonio di Storia, e molti alfieri ed altri officiali, con la morte di più di trenta soldati. All'arsenale furono ben ributtati con maggior danno loro, e manco de' nostri, de' quali non morirono che cinque, tra' quali fu il Capitano Giacomo da Fabriano, e restovvi ferito Nestore Martinengo di una archibugiata. Durovvi l'assalto sei ore, e vi andò in persona il Vescovo di Limissò con la Croce, facendo animo a tutti: e furono anche molte donne valorose che v'andarono con armi sassi ed acqua a dare aiuto ai combattenti. Vedendo i nemici d'aver ricevuto gran danno nei due assalti, mutarono stile, e cominciarono con l'artiglieria più furiosamente che mai a battere di dentro tutti i luoghi e tutte le ritirate de' nostri. E lavorando con maggior prestezza che avessero ancora fatto, costruirono sette altri forti più sotto alla fortezza. Da questi con l'artiglieria che tolsero da quelli più lontani, e con l'altra che vi portarono, fino al numero di ottanta pezzi, battevano con tanto furore, che il dì otto di Luglio si numerarono in una parte della notte cinquemila cannonate. Con questa furia talmente atterrarono i parapetti, che con grandissima difficoltà vi si poteva rimediare; perchè quelli che di dentro vi lavoravano, di continuo bersagliati dall'artiglieria di fuori, e dalla tempesta delle archibugiate, erano ridotti a pochi. Rovinò poi talmente la ritirata del revellino, che non essendovi più piazza, anche perchè di dentro si restringeva con l'ingrossare i parapetti, fu forza di slargare essa piazza con le tavolate. Nel detto revellino fece il Cavalier Maggi una mina; acciocchè, quando più non si fosse potuto tenere, si lasciasse ai nemici con grave lor danno. Ai nove di Luglio diedero il terzo assalto al revellino, al torrione di Santa Nappa, all'Andrucci, alla cortina e torrione dell'arsenale; ed essendo durato sei ore, furono ributtati nei quattro luoghi. Ma il revellino, secondo il proposto, si lasciò ai nemici con molto danno loro. Ve ne fu nondimeno anche molto dalla parte nostra; perchè essendovi essi saliti, e non potendo i nostri per la poca piazza maneggiar le lor picche, volendo ritirarsi secondo l'ordine dato dal Baglioni, si ritirarono mischiati co' Turchi. Onde essendo dato fuoco alla nostra mina, con orrendo spettacolo, così nocque a' nostri come ai nimici, morendovi de' nostri più di cento, e de' nemici assai più. Vi morì il Capitano Roberto Malvezzi, e il Capitano Marchetto da Fermo fu gravemente ferito. Al torrione dell'arsenale morì il Capitano David Noce mastro di campo, e

dalle scaglie dell'artiglieria Nestore Martinengo fu di nuovo
ferito. Durò il detto assalto cinque ore, nel quale i Famagostani si portarono molto bene. Rimase il revellino tanto
disfatto da quella mina, che non fu più ritentato di ripigliare, per non esservi luogo da fermarvisi. N'era restato
in piedi solo il fianco stanco, nel quale il cavalier Maggi
fece un'altra mina.

Era la porta di Limissò alle incontro di detto revellino, ma più bassa; e si teneva aperta, avendovi fatto un
portame di ferro, armato di punte aguzze, il quale, taglian-
dosi una corda, cadeva con impeto, e a guisa di saracine-
sca chiudeva l'entrata. Ora essendo stati i nemici quattro
giorni senza andare su detto revellino, finalmente v'andarono e cominciarono a ritirarvisi sopra, ed ai fianchi, non lasciando uscire nessuno dalla porta, la quale era loro di grave sospetto, per esserne spesse volte usciti i nostri ad assalirli. Onde ai quattordici di Luglio assalirono la porta e
dato all'arme a tutte le altre batterie, secondo il solito, piantarono l'insegna fin su la porta. Ma trovandosi quivi Luigi
Martinengo, il quale aveva preso a difenderla, saltò fuori
insieme col Baglioni, ed uccisane una gran parte, gli altri
mise in fuga. Nello stesso tempo si diede fuoco alla mina,
la quale ammazzò fino a quattrocento Turchi. Acquistovvi
il Baglioni uno stendardo, il quale tolse di mano ad un
Alfiere. Il giorno seguente diedero fuoco i nemici alla mina
della cortina, e non avendo ella fatto effetto, si restarono
di dare l'assalto apparecchiato; ma seguitarono ad ingrossare ed alzare la traversa, per assicurarsi nel dare gli assalti. Avevano cavato tutto il terreno appresso alla contrascarpa, e v'alloggiavano con li padiglioni, che non erano veduti da' nostri. Tirarono anche sopra al muro della contrascarpa diciassette pezzi d'artiglieria, acconci in tal modo,
che non eran veduti; de' quali due offendevano il revellino,
due il torrione di Santa Nappa, uno l'Andrucci, e due per
fronte la batteria della cortina. Andavano con le tavolate
coperte di pelli crude per zappare i parapetti de' nostri, i
quali non mancavano di tirar loro de' fuochi artificiati; uscen-

do anche alle volte dalle ritirate ad offendere quelli che zappavano, ma ricevendovi sempre gran danno dagli archibugieri della contrascarpa. Rifacevano i nostri tutto il guasto con pelli di bufali bagnate, piene di sfilacci, cottoni e terra con l'acqua, e ben ligate con corde. Avevano tutte le donne di Famagosta fatto per le contrade compagnie, e guidate da Calogieri andavano a lavorare a' luoghi loro assegnati, provvedendoli di sassi e d'acqua; la quale si teneva a tutte le batterie nelle tinozze, per riparare a' fuochi che i nemici tiravano, che erano sacchetti con un pignattino dentro pieno di polvere e di zolfo, che cadendo in terra ovvero addosso a' soldati, ardevano quanto toccavano. Non avendo dunque i nemici potuto pigliare la porta, trovarono un nuovo modo; e adunando gran quantità di legni detti *teglia*, che ardono presto e con molta puzza, li gittarono innanzi ad essa porta insieme con una trave impeciata e con fascine; ed appiccandovi il fuoco, l'accrebbero tanto, che non poterono i nostri estinguerlo mai, quantunque molte botti piene d'acqua dal torrione molto alto, che è sopra ad essa porta, vi gettassero, le quali cadendo vi si rompevano. Durò il fuoco quattro giorni, onde furono i nostri sforzati a ritirarsi più dentro per l'eccessiva puzza e soverchio calore, chiudendo la porta, poichè non si poteva tenere più aperta. I nemici con le bande calate da' fianchi si diedero a cavar nuove mine; e in un subito (il che ad ogni uomo diede stupore) rifatta la piazza del revellino, ch'era tutta rovinata, piantarono incontro alla porta un pezzo grosso d'artiglieria; la quale con mirabil prestezza fu da' nostri in tutto atterrata con sassi, terra ed altre materie.

Erano già le cose ridotte all'estremo, ed ogni cosa era venuta meno nella città, eccetto che la speranza del soccorso, il valor de' soldati e la prudenza de' padroni. Era finito il vino; non si trovava carne, nè fresca nè salata; nè anche formaggio, se non a prezzo fuor di modo caro. S'erano mangiati molti asini cavalli e gatti. Non si mangiava più altro che pane molto cattivo e fave, e bevevasi acqua con aceto, il quale anche poco di poi venne meno. Nel cava-

liero della porta, al quale non si poteva rimediare, lavoravano i nemici, e in tutti i luoghi con maggior frequenza
che mai; e conducevano nella fossa incontro alla batteria
della cortina un monte alto quanto la muraglia, e già arrivava al muro. Sopra la contrascarpa incontro al torrione
dell'arsenale avevano fatto un cavaliero tutto armato di fuori
di gomene, alto quanto quello della città. Erano rimasti i
soldati Italiani sani in ottocento, e questi stanchi dalle lunghe vigilie, ed eccessive fatiche del combattere in quello
ardentissimo sole; e de'Greci erano morti la maggior parte
ed i migliori; quando si risolverono i principali della città
a fare una scrittura supplichevole al Provveditor Bragadino,
che essendo la fortezza ridotta a pessimi termini, con pochi
difensori, privi d'ogni sostanza e fuori di speranza di soccorso, ed avendo essi messo le vite e le robe in abbandono per la salvezza loro e per servizio della Signoria, volesse coll'arrendersi ad oneste condizioni, aver risguardo al-
l'onore delle lor mogli e donne, e alla salute de'lor figliuoli,
che sariano andati preda degl'inimici. Fu loro risposto dal
Bragadino, consolandoli, che non temessero, che sarebbe
tosto venuto soccorso, scemando quanto poteva il timore
conceputo negli animi di tutti, e mandando alla volta di
Candia una fregata ad istanza loro, per avviso de'termini
ne'quali si trovava.

. Avevano intanto i nemici condotto a fine le mine, ed
i nostri atteso a lavorare per iscontrarle, e per rifare i parapetti rovinati dall'artiglieria secondo il solito; e non avendo più altra materia, facevano quei sacchetti di Carisea,
avendo la cura sopra di ciò il Tiepolo. Ai ventinove di Luglio diedero fuoco alle mine. Le tre del cavaliero fecero
gran rovina, avendo la maggior parte di esso gittato a terra, ove morì il Rendacchi Governatore degli Albanesi; pure
vi restò anche un poco di piazza per sostenere l'assalto. La
mina dell'arsenale rovinò tutto il resto del torrione, avendo
soffocato con essa quasi tutta una compagnia de'nostri soldati. Essendo però rimasti in piedi i due fianchi, fecero i
nemici lo sforzo loro per pigliarli, e per salire all'altre bat-

terie; e durò l'assalto dalle ventidue ore fino alla notte, e furono ributtati con danno loro. Il giorno seguente nello spuntar del giorno, diedero l'assalto generale in tutti i luoghi, il quale durò sei ore con poco nostro danno, avendo combattuto i Turchi più freddamente del solito; non avendo mancato però di travagliare i nostri anche dalla parte di mare con le galere, come negli altri assalti avevano fatto. Difeso che fu detto assalto, essendo le cose ridotte a peggior termine che prima, non si trovando nella città più di sette barili di polvere in tutto, si risolverono il Provveditore e gli altri Rettori di rendersi vinti con onorate condizioni. E il primo giorno d'Agosto dopo il mezzodì si fece tregua, mettendone il segno sulle mura con una bandiera bianca; e venuto nella città uno da parte di Mustafà, fu conchiuso la mattina seguente di dare gli ostaggi d'ambe le parti per trattare l'accordo. Per ordine dunque del Provveditore uscirono in mano de' nemici per ostaggi della città il Conte Ercole Martinengo e Matteo Colti, cittadino Famagostano. De' nemici vennero dentro il Luogotenente di Mustafà, e quello dell'Agà de' Giannizzeri, i quali furono incontrati fino alla porta dal Baglione con molti cavalli, e con duecento archibugieri. I nostri parimenti furono accettati con molta pompa di cavalleria e di fanteria, e con la persona del figliuolo di Mustafà. Trattò il Baglione i capitoli con gli ostaggi che aveva dentro, domandando che fossero salve le vite de' signori e de' soldati ch'erano dentro con le loro armi, bagaglie, insegne e tutte le lor robbe, con cinque pezzi d'artiglieria dei migliori, e tre cavalli, uno del Bragadino, uno del Baglione e uno del Quirini, che s'erano acquistati da' Turchi; con passaggio di galere per tutti fino in Candia; e che i Greci e cittadini rimanessero nelle lor case vivendo da cristiani, e godendo i lor beni. Furono questi capitoli sottoscritti subito di mano di Mustafà e sigillati, avendo egli acconsentito a quanto i nostri domandarono; e subito mandando galere e altri vascelli nel porto, fece cominciare ad imbarcare i soldati, praticando frattanto i Turchi coi nostri con ogni sorte di cortesie di parole e di fatti;

16 *

e portando nella città ogni sorte di rinfrescamenti. Volendo poi ai cinque d'Agosto anche i Signori e capi imbarcarsi nelle galere, mandò la mattina il Bragadino una lettera a Mustafà, dandogli avviso che la sera voleva andare egli a consegnargli le chiavi, e che avrebbe nella fortezza lasciato il Tiepoli; ma che facesse egli, che a quelli dentro non fosse in quel mentre fatto dispiacere. E fu della lettera portatore Nestore Martinengo, al quale impose Mustafà che a bocca riferisse al Bragadino, che andasse a suo piacere, che volentieri lo avrebbe veduto e conosciuto per il molto valore che aveva provato in lui e nei suoi onorati capitani e soldati, de' quali avria ragionato sempre e ovunque si trovasse; e che non dubitasse, che quelli di dentro non avriano avuto dispiacere alcuno. Ritornato Nestore e fatta la relazione, la sera circa alle ventidue ore il Provveditore uscì accompagnato dal Baglione, da Luigi Martinengo, da Giovanni Antonio Quirini, da Andrea Bragadino, dal Cavalier di Saste e dai capitani Carlo Ragonosio, Francesco Stracco, Ettore da Brescia, Girolamo da Sacile e da altri gentiluomini con le spade sole, e da cinquanta soldati con gli archibugi. E andò al padiglione di Mustafà, dal quale fu da principio cortesemente accolto e fatto sedere insieme con quegli altri signori. Ma tirandolo poi d'un ragionamento in un altro, e facendo venire a proposito un'avania, che avesse il Bragadino, mentre che sotto la tregua si trattava l'accordo, fatto ammazzare alcuni schiavi Turchi, di che non era vera cosa alcuna; e levatosi in piedi ed in collera, comandò che fossero tutti ligati, essendo i meschini senz'arme, chè con esse dicevano non potersi andare al suo padiglione. Feceli tutti ad uno ad uno così ligati condurre innanzi alla piazza d'esso padiglione, e alla sua presenza tagliare a pezzi. Al Bragadino, dopo avergli fatto porgere il collo due e tre volte, come se gli avesse voluto tagliare la testa, e porgendolo egli sempre intrepidamente, gli fece tagliare le orecchie, e disteso in terra lo dispregiava, e dispregiando il Salvator nostro, gli domandava dove fosse allora il suo Cristo che non l'aiutava; alle quali bestialissime parole non diede egli mai risposta. Il conte Ercole, che era per ostaggio, essendo ancor lui ligato, fu nascosto dall'Eunuco di Mustafà fino che la collera gli fu passata; e avendolo poi mostrato, si contentò di donargli la vita, tenendolo per suo schiavo. I Greci, che furono tre sotto al padiglione, furono lasciati in libertà. Quelli che si trovarono per lo campo al numero di trecento, furono subito uccisi, non potendo fare alcuna difesa, e non pensando mai alcuno, che si potesse trovare una perfidia tanto scellerata, con tanta crudeltà all'improvviso. E quelli che già nelle galere si erano imbarcati, furono subito svaligiati e messi alle catene.

Il giorno secondo dopo la orrenda crudeltà, andò Mustafà dentro alla città, e subito vi fece impiccare il Tiepolo, e tutti tagliare a pezzi quelli che erano seco. Nestore Martinengo, trovandosi quivi si nascose in casa di un Greco per cinque giorni continui; ma non potendo al fine più star celato, si diede schiavo ad un Sangiacco con taglia di cinquanta scudi, col quale poi stette nel campo servendolo. Ai diciassette di Agosto essendo il Venerdì festa de' Turchi, fu menato il Bragadino, sempre con la presenza di Mustafà, alle batterie della città, facendogli portare due casse piene di terra una sull'altra all'ingiù, per ogni batteria, e facendogli baciar la terra quando gli passava vicino. Poi condotto alla marina, fu posto sopra a una sedia d'appoggio, e tirato in cima ad un'antenna, fatto cicogna per mostrarlo a tutti i soldati schiavi, che erano nel porto su le galere. Ricondotto quindi alla piazza, e fattolo spogliare, fu messo al ferro della berlina, e con grande crudeltà fu così vivo orrendamente scorticato, con tanta sua costanza fede e divozione, che non perdendo mai punto dell'animo suo generoso, audacemente rimproverava a Mustafà, ch'era presente, la violata e non servata fede: e senza punto smarrirsi si raccomandava divotamente a Dio, finchè in grazia di sua Divina Maestà santamente spirò. Fu poi quella pelle per ordine di Mustafà empita tutta di paglia e ricucita, mandando per tutte le riviere della Soria a farla vedere appiccata all'antenna di una galeotta (24).

Con questo acerbissimo ed esecrabil martirio fu posto fine alle cose de'Veneziani nel Reame di Cipro ; e non parendomi luogo da ragionar per ora più oltre di essi, dirò qualche cosa dell'esercito che sotto l'imperio e governo di Mustafà militava, il quale era di numero di dugentomila persone di ogni qualità. I pagati erano ottantamila, tra i quali erano quarantunomila Giannizzeri, cavati dai presidi della Natolia, della Soria, della Caramania, e parte della Porta stessa. I venturieri da spada sessantamila, e il resto d'ogni sorte di gentaccia ; e la cagione che vi fossero tanti venturieri fu, sì per la fama che aveva sparsa Mustafà per tutti i paesi del Turco, che Famagosta fosse molto più ricca che non fu Nicosia, come per il breve e comodo passaggio. Furono tirate da'nemici, in termine di settantacinque giorni che durò la batteria, cento cinquanta mila palle di ferro, per relazion loro. I personaggi, che furono appresso a Mustafà i quali furono da' nostri più volte e veduti e contati furono gl'infrascritti : il Bascià d'Aleppo nipote del gran Visir, il Bascià della Natolia, quello della Caramania, quello di Nicosia, l'Agà de' Giannizzeri, il Bascià di Chivasse, quel di Marocco, Forgat Sangiacco di Malanzia, il Sangiacco d'Antippo, quello di Tripoli, Fercà Framburaro, tre Sangiacchi d'Arabia, il Framburaro di Vierie, Mustafà Bei Generale de' venturieri, il Beglierbei della Grecia, e altri Sangiacchi minori. Di questi morirono sotto a Famagosta il Bascià della Natolia, Mustafà Bei Generale de' venturieri, il Sangiacco di Tripoli, Forgat Sangiacco di Malanzia, il Sangiacco d'Antippo, i tre Sangiacchi d'Arabia, il Framburaro di Vierie, e molti altri Sangiacchi e personaggi, de'quali non ho potuto sapere i nomi, col numero di ottantamila persone d'ogni qualità, secondo il conto fatto da Mustafà. Il quale pochi giorni dipoi con venticinque galere, e altri venticinque vascelli carichi di cavalli, se ne tornò a Costantinopoli vittorioso del Reame di Cipro, avendo lasciato al governo di Famagosta il Framburaro che era a Rodi, e in tutta l'Isola ventimila fanti, e duemila cavalli.

Questo fu il successo di Famagosta, o per dir meglio del Reame di Cipro, nel quale i Turchi dopo a Famagosta non ebbero contrasto. Ma la gran vittoria navale ottenuta non a tutti recò tanto piacere, quanto ne sentì il Papa ed i Veneziani. Anzi quando nella Corte di Spagna s'intese, non mancò di quel consiglio chi dicesse, che quantunque bene fosser succedute le cose, era nondimeno degno D. Giovanni di severa riprensione; poichè intento solamente alla gloria sua, come giovane troppo volenteroso, non aveva avuto risguardo di porre a rischio tutte le forze che il Re si trovava nel mare; le quali perdute, i regni marittimi tanto importanti non si sariano potuti guardare. Ma ritornando ora a continuar la materia della Lega, la quale invece di acquistare incremento, ogni dì nuove difficoltà partoriva; dico, che ritornato in Roma il Cardinale Alessandrino dalla sua legazione, riportò come dal Re Cattolico non senza difficoltà aveva ottenuto la sottoscrizione della Lega con li capitoli in essa accordati in Roma. Perciocchè non giudicava egli nè il suo consiglio, che fosser meritevoli i Veneziani d'essere nei lor bisogni aiutati, mentre essi nel tempo de'travagli degli altri Principi cristiani sono avvezzi di starsi a vedere. Allegava di più la necessità in che egli si trovava per le guerre di Fiandra, che ragionevolmente lo dovevano scusare. Ma la riverenza che portava al Papa, che con tanta strettezza ne lo pregava (la qual fu anche cagione che ad esso legato facesse ricevimento, carezze e favori grandissimi) gli faceva far quello, che certo sapeva che per colpa dei Veneziani non saria lungamente durato. Dal Re di Portogallo, oltre alla prontezza che dimostrava di aiutare la Lega, fine d'allora dichiarando le forze con che per mare e per terra avrebbe l'inimico assalito a beneficio comune, sebben d'entrar nella Lega per le cagioni che si taciono non prometteva, aveva anche ottenuto, che per servire a Sua Santità, si saria contentato di prender senza dote per sua moglie Margherita sorella del Re di Francia; purchè in luogo di dote si contentasse il Re di Francia d'entrar anch'egli nella medesima Lega. Ma non potè questa condizione aver luogo nel Re di Francia, il quale dalle guerre intestine degli Ugonotti del suo regno era soffocato. Per altro con efficacissime parole s'era sforzato di certificare il Legato, che l'intenzion sua non pur non era lontana dal nome che tiene di Cristianissimo, ma che avrebbe fatto conoscere, che quando gli avi suoi non l'avessero acquistato, era egli bastante con l'opere sue di meritarlo. Ma ben gli prometteva, che vivendo il Pontefice, non avria mosso l'armi contro al Re di Spagna, nè in altro modo disturbata la Lega. Di che porgendo la mano in segno di fede ad esso Legato, un anello che in dito aveva con un diamante di tremila scudi si trasse, e sforzando il Legato, a lui nel dito lo pose, dicendo che quello s'aveva da portare per pegno dell'animo, che egli teneva divotissimo, e a quanto Sua Santità comandava, prontissimo. Ricusava il Legato d'accettarlo, dicendo non convenire da tanta Maestà pegno maggiore, che la real parola riportare. Ma non per ciò il Re si volle acquietare fino che accettato non l'ebbe. Anzi per dare esso Re, in quanto poteva, alla Lega favore, disse che con tal patto vi sarebbe egli a suo tempo entrato, che l'Imperador Massimiliano avesse fatto lo stesso. E se da coloro che sanno di ciò si vorrà la cagione senza passion ricercare, assai chiaro si vedeva, che senza che l'Imperadore entrasse nella Lega, malamente poteva fidarsi il Re di Francia d'entrarvi. Perciocchè quando gli aiuti suoi avessero avuto da esser per mare, poco conveniva alla sua autorità che da D. Giovanni d'Austria, per tante cagioni sospetto, dovessero esser comandati; e se per terra, al che più volentieri si sarebbe disposto, mentre l'Imperadore con Lega si trovava al Turco congiunto, non avendo l'esercito suo altronde il passaggio, non era da fidarsi, che lo potesse ottenere. Le quali stesse cose saviamente dal Re di Spagna furono considerate, ed al Cardinale Alessandrino allegate, mentre la sua legazione da quella corte compita, in Francia s'indrizzava. Ma sebbene fosse da' maligni interpretato, che la poca voglia che aveva il Re di Francia di aiutar le cose ecclesiastiche lo facesse in tal modo parlare, e molte azioni, che fece dipoi per condurre a fine il suo buon proponimento, dessero al Re di Spagna gelosia e sospetto; pur finalmente, con molta gloria sua, per quello che appresso se ne leggerà, chiarì il mondo della cristianissima intenzione, con che si guidava. Onde molto mi pare strano, che uno, che con un suo volumetto s'ha procacciato gloria scrivendo i fatti d'altri, con poco rispetto di questo gran Re, si sforza di farlo conoscere contrario al bene della Cristianità, e intento a disturbar la Lega per dar al Turco favore.

Il Pontefice santo che a nessuna cosa con tanto ardore attendeva, quanto all'amplificazion della Lega, ed ai felici progressi, che dalla conseguita vittoria s'aspettavano, non lasciando cosa che non pensasse e con ogni suo potere non tentasse; a tutti i Re, quantunque barbari ed infedeli, purchè del Turco inimici, con affettuose lettere diede avviso del danno che esso Turco in mare aveva dall'armata cristiana ricevuto. E dipingendo loro la fiacchezza, nella quale per la perdita de' suoi più valorosi soldati ed esperti marinari si saria ritrovato, tutti cercò di commuovere ad assalirlo da tutte le bande; promettendo egli di non lasciar con le forze cristiane di perseguitarlo, finchè del tutto spento l'avesse. Al Re di Spagna con efficaci prieghi persuase, che avendo il Turco di uomini marittimi tanta penuria, in quanta la perdita antecedente posto l'aveva, e non essendogli rimasto altr'uomo di valore in quella giornata che Ucciali Re d'Algieri famoso corsaro; per esser egli già Cristiano, e poi rinnegato, non avesse mancato di farlo con opportuni mezzi tentare, che quando alla sua fede di tornar si fosse disposto, oltre al perdono d'ogni sua colpa, dominio e stati di gran qualità tra Cristiani avrebbe ottenuto, il che tutto quel buon Re promise di fare. Ed a Massimiliano Cesare, ed al Re di Pollonia con onorata legazione mandò, come uomo delle cose di quei gran Principi espertissimo, il Cardinal Commendone gentiluomo Veneziano, che con diverse ambascerie per la Repubblica sua l'uno e l'altro aveva più volte intrinsecamente trattato. Egli il suo viaggio affrettando, e nella corte Cesarea splendidamente ricevuto, quando ad esporre la sua ambasceria fu ammesso, di questo tenore dicono che all'Imperadore parlasse:

« Quello che più la Maestà Vostra desiderare poteva,
» quello che con ogni spesa e travaglio da lei procurar si
» doveva, che i Principi cristiani cioè le lor forze alle
» sue aggiungendo, a discacciare il fiero nimico della Reli-
» gione di Cristo e suo da lei lontano, anzi da tutta l'Eu-
» ropa, seco si collegassero; quello stesso oggi spontanea-
» mente le reco io con questo officio che vengo a far seco,
» o sacro Imperadore. Allegrar tutti con ragion ci dobbia-
» mo, che quella prima ferita che suole Iddio dare a co-
» loro, i quali per le lor scelleraggini severamente vuol ga-
» stigare, cioè di levar loro la mente, per primo segno del-
» l'ira divina contro di lui, sia apparsa nel Turco, nostro
» fiero inimico. Certamente che il pio nostro Pontefice con
» gl'intimi sensi se ne rallegra, e dalle calamità de' Vene-
» ziani, che a lui intime e acerbissime sono, spera tal frut-
» to, che con l'aver questo perfido tiranno, d'ogni divi-
» na e umana legge dispregiatore, a' Veneziani mossa l'in-
» giustissima guerra, la certa via di estirpar lui e rovinar-
» lo, che fino a questo tempo è stata celata a' cristiani Prin-
» cipi, abbia mostrata. Di modo tale, che appaia che l'i-
» stesso Onnipotente Iddio con l'empio e nefando nimico
» suo e della santa sua legge, per mezzo del furore in che
» l'ha fatto cadere, commettendo la guerra, alla desolazione
» e rovina di lui, che con lunghissime e continue ingiurie
» ci ha fieramente provocati, ci alletti e inviti. La quale
» occasione, o Cesare, con lunghe brame da tutti deside-
» rata, se ora, che dalla divina mano offerta ne viene,
» leggiermente si lascia passare, senz'alcun dubbio com-
» prender potremo, che di maggior cecità, che i Turchi
» non sono, siamo noi da Dio percossi. Dal che compren-
» dendo il divino Nume più a noi che ad essi contrario,
» ogni giorno piaghe maggiori, e finalmente l'ultima ro-
» vina certissima dovremo aspettarci; la quale sebbene al
» Cristianesimo tutto comune, alla Maestà Vostra nondime-
» no più prossima, per esser più al furor Turchesco vici-
» na, si deve temere. Ha zoppicato finora il poter de' Cri-
» stiani da una parte, per essere a' Turchi con l'armata di

» mare assai inferiore, sebben con le forze di terra (quan-
» do si congiungessero) di gran lunga prevalerebbe. La
» qual cosa a coloro, che la potenza del Turco in terra e
» in mare ugualmente hanno considerata, di non offendere
» un possente e tremendo inimico, con ragione ha persua-
» so. Ecco che ora la Divina bontà, dalla parte del mare
» ancora facendoci superiori, la languida nostra speranza
» vien sollevando. Perciocchè i Veneziani con lunga pace
» già al Turco congiunti, poichè l'atroce ingiuria che ne
» ricevono al presente nel regno di Cipro ingiustamente op-
» presso, da lui gli ha separati, con tutta la Cristianità,
» che in tanti modi e tante volte n'è stata ingiuriata, la
» causa loro han fatto comune. Costoro in tante calamità
» e nell'ardente desiderio loro non dobbiamo noi abbandona-
» re, nè permettere in alcun modo, che dall'infinita in-
» gordigia del Turco sian divorati. E questo per due ca-
» gioni: sì per rispetto loro, dalla Repubblica de'quali, nei
» tempi calamitosi molti aiuti la Cristianità ha spesso otte-
» nuti; sì anche per cagione della salute comune, la quale
» con la rovina loro in grave periglio rimane. Nè i poten-
» tissimi aiuti marittimi, nei quali consiste la forza da fracas-
» sare il nemico, che spontaneamente offerti ci sono, si
» denno spregiare; poichè altronde simili sperar non si
» possono. Nè meno dobbiamo noi esser cagione, che dalla
» necessità costretti i Veneziani, di nuovo con lega di pace
» al Turco si giungano, e che lasciando noi del tutto in-
» abili alla difesa, con la potente armata loro le forze ma-
» rittime del Turco raddoppino. La qual cosa considerando
» il gran Re di Spagna Filippo suo fratello, non volendo
» dalla pietà e dal saper suo, e dagli antecessori Austria-
» ci esser dissimile, accettando i santi ricordi del pio Ponte-
» fice, con esso e con i Veneziani, a danno del comune
» inimico, ha le sue forze collegate. Quanto dunque più pron-
» to deve esser l'ardire della M. V. nella medesima Lega,
» quando non solo del medesimo Santo Pontefice i prieghi
» l'invitano, e l'esempio fraterno la stimola; ma le conti-
» nue offese, che dal medesimo nemico riceve; ma la neces-

17

» sità della guerra , per sottrarsi alle perpetue ingiurie , ve
» la spingono? Se dunque il puro zelo della Religione, e
» il desiderio di vera gloria cristiana, il suo generoso fra-
» tello, che dal Turco non sente offesa , ha mosso piamen-
» te a prender l'arme nella santissima impresa ; patirà Ella che
» da tante ingiurie è provocata, a' cui tanta gran parte dei
» suoi regni è stata rubata , con un biasimevole ozio , di
» starsi a vedere più tosto, che gloriosamente procurar col
» valore di liberarsi per sempre dalla voracità del fiero ini-
» mico ? Nè almeno vorrà a sì degno fratello , che finora
» l'ha prevenuta, in tanta gloria farsi compagno? Ma che
» dico io del Re suo fratello, se gli stessi Veneziani, non
» solo con l'esempio l'invitano, ma mentre essi con tant'ar-
» dore trattan la guerra di cui ella, come cristiano Impera-
» dore, il capo esser dovrebbe, pare che il disdicevole ozio,
» in tanto bisogno della cristiana Repubblica, le rinfaccino.
» A coloro de' quali la causa è comune , sono sempre le in-
» giurie comuni, e il pericolo uguale. E perciocchè non
» meno la Maestà Vostra, che i Veneziani al Turco è espo-
» sta, nè meno nelle sue viscere ella, che essi se ne trova
» trafitta , non può dire che maggiori ingiurie e danni
» di lei, n'abbiano ricevuti essi; a' quali se toglierà il Tur-
» co non solo l'isola di Cipro, ma tutto quanto possedono,
» è la stessa Venezia ancora, sempre maggior vergogna ri-
» puterassi alla gloriosa casa d'Austria la perdita del gran
» regno antico d'Ungheria, che le ha ormai tutto rubato.
» Ora se per non soffrire i Veneziani l'ingiuria e il danno
» che dal Turco ricevono, senz'aspettar d' esser pregati ,
» spontaneamente han risoluto di vendicarsi con l'armi; sop-
» porterà Ella le medesime ingiurie e danni, che continui
» se le fanno di momento maggiore? E con maggior inde-
» guità (mi perdoni la Maestà Vostra) soffrirà Ella, che i
» Veneziani non soffrirebbero; poichè essi, ancorchè grande
» sia la Repubblica loro, sono nondimeno uomini privati,
» ove ella in tanto alto seggio di dignità si ritrova, e di tal
» progenie discende, La quale con la grandezza de'gloriosi
» suoi fatti fino al Cielo s'è sollevata. Oltre di questo s'ag-

giunga, che avendo potuto i Veneziani, col consentire al
» Turco l'isola di Cipro, non solo la lor Repubblica assi-
» curare, la quale con questa guerra ai pericolosi casi della
» fortuna espongono, ma le private facoltà loro, che per
» la maggior parte nelle mani del Turco si trovano, con-
» servare, hanno nondimeno la pubblica dignità e l'onore
» ad ogni lor comodo e util privato anteposto. Ma consi-
» deriamo ora il male, che non abbracciando questa guerra
» si commette. Ecco che non solo la occasione d'ogni buon
» successo si perde, ma di poter mai più al Turco resistere,
» nè il corso delle sue vittorie impedire, mentre le forze
» marittime de' Veneziani nelle sue mani cadono, non ci resta
» speranza. Le quali forze, sebbene per l'addietro non sono
» state con noi, sempre nondimeno si è potuto sperare di
» poterle congiungere, e non permettere, che rimossa dal
» Turco la paura di quelle, cresca con l'arroganza tanto,
» che ogni cosa alle sfrenate sue voglie sia presto per
» obbedire, poscìachè i Veneziani avremo lasciati facilmente
» perire. Deh! consideri molto bene la Maestà Vostra di
» quanto male, non solo nel cospetto del mondo presente,
» ma nella memoria delle età che verranno, si rende colpe-
» vole, quando questa tanta occasione tralasci. E finalmen-
» te di questo si persuada, che quantunque con le forze di
» mare al Turco si possa dar grave danno, non si può però
» con esse distruggere in modo, che dallo sdegno e dal-
» l'offesa irritato, non ritorni sempre con più furore alla
» vendetta, se a questo non si provvede, che quando per
» mare egli si trovi gravemente ferito, con forte esercito di
» terra sia del tutto sbranato e sconfitto. Quest' onore,
» questa gloria dalla Divina bontà viene alla Maestà Vostra
» riserbata; e la fatal felicità della casa d'Austria vuole,
» che quando il Turco sarà dagli altri ferito, dalla gloriosa
» sua mano sia lacerato; sicchè agli Austriaci soli la glo-
» ria d'aver il Turco da tutto il mondo cristiano scacciato,
» e dalla propria sua sede sbandito, si debba. A questo sì
» grande onore adunque apparecchiar si deve la Maestà Vo-
» stra, nè permettendo d'esser dal Re suo fratello di religio-

» ne e di grandezza d'animo superato , in tal modo seco
» si deve il carico ripartire , che egli dalla banda di là il
» Turco per mare travagli, ed Ella di quà per terra, trava-
» gliato e stordito l'uccida. Il che degli egregi fatti della
» famiglia sua per tanti secoli illustrati nella più alta cima
» splendendo, agl'infiniti meriti verso la Cristiana Repubbli-
» ca farà onoratissimo colmo. In somma questo solo per
» fine dirò, che essendo due soli lumi della Cristianità, nei
» quali tutto il mondo si specchia , la Santità del Papa no-
» stro Signore e la Maestà Vostra; siete egualmente ambedue
» obbligati, non meno con l'opere generose e sante d'esse-
» re a tutti superiori , di quello , che con i gradi della
» dignità incomparabili vi siete. Ed essendo che il Papa ,
» quanto a lui tocca con ogni diligenza procuri di fare ;
» se lo stesso non si farà per la parte della Maestà Vostra,
» non solo mancherà Ella di quello che deve, ma di gran-
» dissimo impedimento ancora sarà al Pontefice , da poter
» eseguire quello che tanto caldamente procura. Perciocchè
» nè le ammonizioni nè l'esortazioni nè i prieghi nè fi-
» nalmente le lagrime sue appresso agli altri Principi saran
» di momento, quando intenderanno essi, che la Cesarea Vo-
» stra Maestà d'imperial scettro sublime, che come primo-
» genito figlio della Chiesa di Cristo , per ragione di ob-
» bedienza a difender la Repubblica Cristiana è primamente
» obbligata, si poco conto ne faccia. »

Con queste ed altre parole avendo lungamente l'eloquenza del Cardinal Commendone Cesare stretto, non molto grata
risposta n'ottenne. Perciocchè cominciando egli a raccontare
una per una tutte le calamità, le uccisioni, le ingiurie, gli
imminenti pericoli e la necessità ch'egli aveva di una volta
sottrarsene ; e dicendo, che a nessuno uomo del mondo potevano elle esser sì note, come a sè, che di continuo le provava, quanto poco avesse bisogno che gli fossero ricordate,
si sforzò di mostrare. E contra alla proposta fattagli dal Legato molte cose opponendo, più d'ogni altra ragione per sua
difesa, della tregua si serviva ; la quale con solenne giuramento tra sè e 'l Turco stabilita, e dovendo ancora due altri

anni durare, non conosceva pretesto legittimo, sotto del quale da tanto obbligo si dovesse ritrarre. Diceva, che quando del zelo ch'egli aveva della cristiana Religione, e della volontà di giovare alla Repubblica cristiana non bastassero a far fede le tante opere fatte da lui ; le cagioni almeno di tante offese e di tante ingiurie ch'egli avea ricevute, assai doveano al mondo provare, che nessun più di lui desiderava la distruzione e la rovina del Turco. E sebbene al Re di Spagna non cedesse nel desiderio di aiutar la fede di Cristo, non si maravigliava però, che più facilmente di lui a quella guerra disposto si fosse ; mentre succedendogli male, non ogni cosa, come egli, al Turco esposta si trovava. Perciocchè avendo egli cagione di molto consideratamente muoversi a tanta impresa, stimava che prima fosse necessario di spiar gli animi degli altri Principi cristiani, e particolarmente quello del Re di Pollonia, a cui egli era mandato per Legato ; acciocchè dal saper quello che gli altri fossero per fare, la risoluzion sua potesse procedere. A queste cose gli rispose il Legato, esser troppo dalla ragione lontano quello ch'egli allegava del giuramento per osservazione della tregua, essendo che darebbe da ridere al mondo con l'osservar fede a colui, che a nessun altro effetto, che ad ingannar le genti, pensava che sia stata trovata la fede ; e che sotto lo stesso legame di giuramento seco obbligato tante volte, quando piaciuto gli era, aveva i suoi campi predati, ucciso le genti e le fortezze assalite. Essere per parere strano a ciascuno che il sommo Imperadore, che con l'opre e con l'esempio suo agli altri deve far strada, volesse prima vedere quello che facessero i Principi tanto minori, i quali poco o nullo interesse proprio aveano nella causa, in cui egli principalmente era tanto interessato.

Così essendosi con molte altercazioni più giorni il negozio differito, alla fine vinto Cesare dalle ragioni, disse al Legato, che era pronto di obbedire al Pontefice, entrando in la Lega ; ma che non senza molta considerazione e molta cautela poteva ciò fare. Perciocchè non avendo egli forze abbastanza per assalire un sì potente inimico, ragionevol cosa era che dagli amici collegati gli aiuti opportuni gli fossero mandati. Che prima di tutte le cose, la qualità e quantità d'essi aiuti doveano specificare; perciocchè non potrebbe essere il suo bisogno, se solamente tante genti se gli mandassero, che alla guardia de' suoi regni fosser bastanti; ma che conveniva tanti se gli mandassero, che ad assalire e a perseguitare l'inimico ovunque resistesse, potesser bastare. Rispose il Legato, giusta essere la domanda di sua Maestà, nè dubitare egli punto che a quanto bisognasse per essi aiuti i collegati non fossero per contribuire. Ma per doppia cagione a Cesare toccare di dichiarar gli aiuti, che se gli avranno a mandare. Sì perchè meglio sapeva sua Maestà con quanto numero di genti potesse commetter la guerra ne' suoi paesi, che non lo sapessero essi; come anche, perchè in mandare innanzi e indietro corrieri per aggiustar questo fatto più d'un anno si dovrebbe consumare; ove quando egli il numero stabilisse, ognuno di contradir vergognandosi, al tutto facilmente si condiscenderebbe. Questa disputa, per molti altri giorni ancora il negozio fè differire; per il che stracco il Legato, liberamente a Cesare disse, che non avendo ancor mai, per tutte le istanze e diligenze fatte da lui sopra di ciò, nessuna certa risposta potuto ottenere; e vedendo che ogni più lunga tardanza alla deliberazione delle cose per la Lega poteva grave danno portare, con buona grazia sua, per messo a posta farebbe il Papa avvisato di quanto avea seco senza risoluzione fino a quell'ora trattato; e con questo prendendo licenza dall'Imperadore, partissi.

Ma considerando meglio l'Imperadore quello che alla sua dignità conveniva, di nuovo richiamando il Legato, per non comportare che tanto irresoluto scrivesse al Pontefice, dichiarò la quantità de' soldati da piedi e da cavallo, che dai confederati domandava che se gli contribuissero; i quali ricevuti, promise d'assalire il Turco gagliardamente, andando anche all'impresa egli in persona. Allegrossi il Legato di questa risoluzione di Cesare, e prestamente di quanto avea negoziato ed ottenuto al Papa diè avviso; il quale con gli altri confederati volentieri accettò la condizione. E mentre che all'impresa di terra si preparavano di provvedere, scrisse il Papa al Legato, che poichè da Cesare già s'era ottenuto l'intento, senza intrattenervisi punto, se ne andasse al Re di Pollonia a far seco l'officio stesso. Si dolse di questo mandato il Cardinal Commendone non poco, perciocchè essendo nel medesimo tempo in quella corte arrivata la nuova della gran vittoria contra il Turco in mare ottenuta, ed avendo provato con quanta freddezza si fosse indotto l'Imperadore a promettere d'entrar nella Lega, con molto giudizio sospettava di quello che avvenne. Perciocchè cessato che fu lo stimolo, che Cesare avea da lui, parendogli di dovere ormai poco temere del Turco, la rotta di cui si predicava di tanta importanza, non si curò di sottoscriversi più agli accordati capitoli. Il che fu anche cagione che non potesse il Legato dal Re di Pollonia cosa alcuna ottenere, essendo che sempre rispose, che non conveniva a lui di scoprir l'animo suo contra il Turco, se prima non avesse veduto che Cesare, che doveva essere il capo, avesse fatto lo stesso. Trattandosi adunque lentamente il negozio, sopraggiunse in breve la morte di quel Re, la quale impedì, che più se ne potesse trattare.

Mentre così i negozi della Lega in quelle parti si distraevano, Don Giovanni d'Austria, che in Messina s'era fermato, per ricever l'inverno gli ordini dal Re e dai collegati di quello che a tempo nuovo far si dovesse, siccome regalmente nella prima venuta da Spagna, e nel ritorno colla vittoria v'era stato ricevuto, fu da quella città onorato con una statua di bronzo fatta all'immagine sua, la quale nella piazza innanzi al palazzo reale per eterna memoria con questa iscrizione fu posta: *Philippus Hispaniae et Siciliae Rex invictus juxta ac Catholicus cum Sanctissimo Pio Quinto Pontifice Maximo, Senatuque Veneto, in Selinum Turcharum Principem, Orientis Tyrannum, Christi nominis hostem immanissimum, foedus componit. — Joannes Austrius, Caroli V. semper Augusti filius, Philippi regis frater, totius classis Imperator, summa omnium consensione declaratur. Is in hoc portu Mamertino CCVII. longarum navium, VI. majorum, totius foederis classe coacta, ad XVI. Kalendas Octobris, e freto solvit, ad Echinadas insulas hostium Tyranni naves longas CCXC animo invicto Nonis Octobris aggreditur inaudita celeritate, incredibili virtute triremes CCXXX capit. XX partim flammis absumit, partim mergit; reliquae vix evadere potuerunt. Hostium ad XV millia caedit. Totidem capit. Christianorum captivorum ad quindecim millia in libertatem asserit. Et metu quem hostibus immisit, Christo semper auspice, Rempublicam Christianam liberavit, anno MDLXXI. Messanam quarto Nonas Novembris victor revertitur; ingentique omnium laetitia, triumphans excipitur. Ad gloriam ergo et aeternitatem nominis Philippi Regis, tantaeque victoriae memoriam sempiternam, Joanni Austrio, fratri benemerenti, fortissimo, felicissimoque Principi statuam hanc aeneam, Senatus, Populusque Messanen. P. Patribus conscriptis Christophoro Piscio, Joanne Francisco Balsarco. D. Gaspare Loenio, Antonio Acciarello, D. Thoma Marchetto, et Francisco Regitano MDLXXII.*

Non cessava frattanto il Pontefice di provvedere a quanto la nuova stagione avesse richiesto per la continuazione dell'armata, e vedendo che Marc'Antonio Colonna poco si mostrava soddisfatto di Onorato Gaetano suo cognato per la provvisione de' soldati, che per le sue galere apprestar si dovevano, e volendo anche onorare la persona di Michele Bonello suo giovanetto nipote, dipose Onorato dal carico di Generale delle fanterie, e in quel luogo pose Michele, che con molto ardore procurava l'occasione di farsi conoscere. Il Commendator maggiore, rimunerato dal Re col governo di Milano fu da Don Giovanni a Roma mandato, perchè col Papa trattasse l'espedizione delle cose della guerra, e di là al suo governo se ne passasse. Frattanto il General Veniero che a Corfù con l'armata veneziana si trovava, fatto con la gloria della vittoria più coraggioso, non volendo perder quel tempo, e volendo assicurar Corfù dalle fortezze, che i Turchi gli tenevano in terraferma nell'Albania molto vicine, con una buona squadra di galere, e con tutti gli ordini di guerra mandò il Canaletto a Margaritò, dando la cura a Paolo Orsino e al Bailo di Corfù d'espugnarla con le forze di Prospero Colonna e del Conte Ippolito da Porto, Colonnelli; che con quattromila fanti da lor condotti v'andarono. E con un'altra banda di galere mandò il Quirini ad espugnar Soppotò, che altre volte preso con la sua armata, di nuovo era stato da' Turchi occupato e munito; di che l'uno e l'altro secondo l'intento gli avvenne. Perciocchè sebben Margaritò tre giorni si tenesse, il quarto arrivativi tre pezzi d'artiglieria, con breve batteria e con l'assalto, nel quale per esser dato disordinatamente, i pochi difensori apparvero valorosi, furono astretti di rendersi a patti, uscendone i Turchi con le sole lor scimitarre, benchè costasse quella vittoria la morte di fino a cento cinquanta de' nostri soldati, con alcuni capitani ed alfieri. Ma Soppotò, non aspettando d'esser assalito, ancorchè ragionevolmente forte, almeno per lo sito, si fosse, dai Turchi fu abbandonato. Onde fatti arditi quei popoli, e in favore de' Veneziani sollevandosi, lo smantellarono, sicchè non poca speranza diede a' Veneziani di futuro comodo l'aver quel popolo numeroso ed armigero alla divozione ritratto. Ritornati i Provveditori Canaletto e Quirini a Corfù, di nuovo il Generale mandò il Canaletto con sessanta galere all'impresa di S. Maura, la quale sapendosi esser poco da' Turchi munita, e da' proprî paesani assai sollevata, molto facile si riputava. Ma altrimenti del presupposto gli avvenne; perciocchè mentre attendeva il Canaletto a sbarcar le genti e l'artiglieria, con che aveva disegno di rompere il ponte, con cui la fortezza alla terraferma si giunge, acciocchè di là soccorso non le potesse venire, tanta quantità di Turchi a piedi e a cavallo per un guado del canale nel mare v'entrarono, che disperando dell'impresa, senz'altramente tentarla, tornossene. Da Corfù il Provveditore Iacopo Soranzo, che in luogo del Barbarigo, morto nella battaglia navale, successe, con trenta galere se ne passò a svernare in Candia, e il Veniero col resto dell'armata a Venezia. Il Papa per ovviare a tutte le discordie che tra i Generali potevan succedere, temendo che il Veniero, per lo sdegno che a D. Giovanni fece alle Gomenizze, sebbene s'era pacificato, saria stato sempre odioso; per mezzo di Giovanni Contarini (che

17 *

per la Signoria a lui venne ambasciadore a rallegrarsi delle cose ben succedute) trattò che per facilitar le cose fosse dall'officio deposto ; il che fecero i Veneziani mal volentieri. Ma per non far torto ad esso Veniero di età e di fatti venerando, nel cui governo sì gran vittoria s'era acquistata , sebbene eleggessero in suo luogo per Generale Iacopo Foscarino, molto principal Senatore, a lui nondimeno lasciarono il luogo supremo e la soprintendenza del Generalato , facendo che a riposo gli onori della patria si godesse. Operò anche il Papa che gli altri Principi d'Italia si collegassero; il che, offerendo ciascuno l'aiuto secondo le forze, volentieri accettarono.

Non lascerò di dire il prodigio che in Roma avvenne lo stesso giorno o il seguente che nel Concistoro, conforme alle capitolazioni della Lega , le contribuzioni dei collegati per l'anno seguente si stabilirono. Ciò fù che una saetta dal Cielo sopra il castello Santo Angelo caduta, l'albero di esso percosse; in cima del quale essendo posto un grande Angelo di rame, non si potè mai trovar segno di come fosse sparito, nè v'era però si poca materia che, abbruciandosi l'albero , il metallo disfatto non vi dovesse apparire. Il che parve che predicesse la morte che avvenne quell'anno del Santo Pontefice , e il poco buon successo di quelle conclusioni. Le quali furono che armasse il Re Cattolico cento galere con diciottomila fanti; i Veneziani cento altre con quindicimila ; e tremila il Papa , con quattordici galere di più a spese di tutti tre ; e per rata cinquecento cavalli , quaranta navi con munizioni per sei mesi , polvere e palle per ventimila tiri d'artiglieria , e diecimila fanti, da pagarsi nello stesso modo , per farli stare al capo d'Otranto , per traghettarli con prestezza ove il bisogno fosse. E questo oltre gli aiuti che si potessero aver da altri , che entrassero nella Lega, i quali le forze comuni accrescerebbero. Che quanto più si poteva per tempo, si dovessero unire ; il che tutto fu eseguito dalle parti sì bene, che per il prossimo mese di Maggio del 1572 avria l'armata potuto incamminarsi ai nuovi progressi. Ma aggravato il Papa da una piaga che il mal della pietra gli aveva causato nella vescica, diede tanto sospetto della sua vita, che con gran tiepidezza all' esecuzioni si procedette. Pur alquanto migliorato, fece in camera la seconda volta gli Agnusdei con l' intervento de' Cardinali, e a D. Giovanni mandò la spada e il cappello, che la notte di Natale per simili occasioni suol benedire. Così mentre nel pubblico si sperava della sua convalescenza, si morì il primo di Maggio con universal dolore di tutta la Cristianità, più che per molti anni si fosse sentito per morte d'altro Pontefice, o d'altro pubblico danno. Poichè la Lega, grandissima opera sua, la quale sì grandi effetti aveva prodotto, per guasta si teneva. Fu Michele Ghislieri, o vogliam dire Papa Pio Quinto, oltre alla bontà de' costumi e santità della vita, intierissimo osservatore della dignità pontificia. Non attese ad esaltar molto i suoi parenti, i quali amò teneramente; si portò in modo in tutte le guerre, che nel suo Pontificato succedettero, che e contra gli eretici e contra gl' infedeli non solo de' tesori spirituali, ma dei proprî denari della Chiesa largamente le aiutò. E nondimeno, contra l'opinione d'ognuno, lasciò in Castello ottocentomila ducati contanti, ed il complemento anche d'un milione e mezzo di assegnamenti sicuri per continuazione della Lega; alla quale pria che morisse caldamente e con ogni efficacia esortò i Cardinali. Ma avvisato con gran prestezza il Re dai suoi ministri di tal morte, e del sospetto che si poteva avere della futura elezione, che s'andava congetturando, che in persona contraria alle voglie di S. M. dovesse cadere, fu il primo disturbo che ebbe l'armata. Perciocchè avendo il Re di Francia nel medesimo tempo, per effettuare l'antico suo pensiero, fatto i motivi che appresso scriveremo per far credere agli Ugonotti, ch'egli volesse far guerra al Re di Spagna; fu ordinato a D. Giovanni, che non si movesse con fretta, per le cose che avesser potuto succedere. I Cardinali a' quali era molto a cuore la continuazion della Lega, con l'autorità, che ha il Collegio loro, confermarono Marco Antonio Colonna nel Generalato; e il gran Duca sollecitarono, che con prestezza mandasse le sue galere, siccome col Papa era stato accordato. Ma stando egli dubbioso della futura elezione, la quale si temeva che andasse alla lunga, s'andava scusando con dire, che le galere non erano in ordine. Al che gli fu replicato, che ne mandasse parte, confermandogli quanto dal Papa gli era stato promesso, e promettendo per lettera ciascuno, che riuscendo Pontefice, saria per fare il medesimo: la qual promessa non solo dal Decano e dal Camerlengo, ma da tutti i Cardinali fu sottoscritta. E per dar fervore alla Lega, prima che nel Conclave si chiudessero, spedirono Marc'Antonio a Fiorenza per l'espedizione. E poi prevedendo che le passioni dei più papabili non solo avriano menato in lungo il Conclave, ma che quando alcuno di essi fosse riuscito Papa facilmente in ogni altra cosa si saria più occupato, che nella Lega; per escludere affatto quei tali, tennero alcune prattiche tra loro sì bene intese, che in termini di dieci ore dipoi che furon rinchiusi, con comune applauso di tutti crearono Pontefice Ugo Boncompagno Bolognese, Cardinal di S. Sisto, il qual si fece chiamare Gregorio XIII; essendo durata la Sede vacante tredici giorni soli. Sopraggiunta la creazione sì subita, e non v'essendo negozio di maggior importanza di quello della Lega, essendo ancor Marc'Antonio poco lontano, fu dal Papa mandato a chiamare. Egli, baciato i piedi di S. Santità, e risegnatogli in mano il Generalato, perchè a sua voglia lo provvedesse, della tanta esaltazion sua si rallegrò seco. A cui il Papa rispose, che non pur nel grado del Generalato e nel luogo che dal predecessor suo e dagli altri collegati gli era stato dato, lo confermava, ma che avria voluto potere tanto ampliargli l'autorità e gli onori, quanto stimava il merito suo. Indi con molta istanza lo persuase ad unir quanto prima i soldati, e ad andare a congiungersi con D. Giovanni.

Frattanto il Gran Duca intesa la creazione del Papa, mandò senza dimora parte delle galere promesse, le quali con due altre del Papa che erano state armate degli arsili tolti ai Turchi l'anno passato, e degli schiavi che toccarono in parte alla Chiesa, non bastavano ancora ad imbarcare il complemento dei soldati ecclesiastici. Pregò adunque il Papa il Cardinal Granuela, Vicerè di Napoli, che al suo arrivo in quella città mandasse galere di quel regno abbastanza; al che compitamente soddisfece il Granuela. Sicchè imbarcatosi Marc'Antonio in Gaeta, alcuni pochi giorni in Napoli si trattenne, e quivi undici galere del Gran Duca gli vennero, con le quali speditamente navigò a Messina. Quivi il Marchese di Santa Croce con trentasei galere di Napoli sopraggiunse, le quali, oltre la stiva che portavano dei soldati Spagnuoli del terzo di Don Pedro di Padiglia, tanto gran numero di venturieri di diverse nazioni nobilissimi conduceva, che de'più nobili Napolitani soli ve ne furono fino a settanta. Tanto può il desiderio della gloria in quella deliziosa città, che non essendovi stato l'anno passato, dai pochi in fuori che v'ebbero carico, quasi nessuno che si curasse d'accompagnar D. Giovanni, benchè fratello del Re loro, in tanta dignità costituito, ora avendo veduto la vittoria, che mai non avriano sperata, tutti a gara pareva, che più al nuovo trionfo, che al combattere si fossero apparecchiati, tanto di oro di livree e di gale vennero adorni. Mandò dunque Don Giovanni poco dipoi il Marchese di S. Croce con quelle galere in Sicilia, perchè di là portasse a Corfù gli Spagnuoli di quel terzo, e gl'Italiani del terzo di Tiberio Brancaccio, ed i Tedeschi che v'avevano svernato; e che di là ad Otranto ritornasse a pigliare degli altri.

In Messina frattanto si fecero diverse pompose mostre de'soldati. Prima degl'Italiani della condotta di Giorgio Capizucca, e di Pompeo Tuttavilla, de'quali era Generale Michele Bonello; dipoi de'Cavalieri di S. Stefano, delle galere del Gran Duca, che erano fino ad ottanta; e appresso degli Spagnuoli del terzo di Don Lopez di Figueroa; e ad ogni cosa nell'apparenza pareva che con molto ardore D. Giovanni attendesse.

All'incontro Selim avuto che ebbe in Adrianopoli la trista nuova della perdita della sua armata, temendo che i Costantinopolitani per paura dell'armata cristiana qualche brutto movimento facessero, con tanta fretta a Costantinopoli corse, che quel viaggio che appena in dieci giornate dagli uomini ben espediti suol farsi, egli con tutto l'imbarazzo dei carriaggi fece in meno di sei; ove il popolo trovò tanto sbigottito, che pubblicamente si vedevano molti andarsi procurando le amicizie co' Cristiani che stavano in Pera, e portando loro le cose migliori che avevano, perchè dal sacco che aspettavano le salvassero, le lor vite raccomandavano loro. Nè bisognava meno che la presenza del lor Gran Signore per rincorarli. Quivi arrivato Ucciali, che con trenta galere salve dal gran fatto navale s'era fuggito, non solo benignamente e con carezze l'accolse, ma contra il costume della corte turchesca, che per minori cagioni di quelle di Ucciali, suol far morir coloro, che con tristi successi delle cose trattate ritornano, lo ingrandì supremamente di dignità, creandolo di tutte le forze sue marittime Generale. Con la diligenza di lui nel breve spazio di quella sola invernata, nei porti di quel mare di Costantinopoli, benchè di materia verde e di poca durata, centotrenta galere mirabilmente fabbricar fece; le quali de' marinari delle navi e d'ogni altro vascello armate, di soldati collettizi per forza ragunati e del mare inesperti, fece riempire. Alle quali aggiungendo le trenta dalla rotta fuggite, e molte de' privati corsari, più di dugento galere alla Primavera in ordine ritrovossi. Con quest'armata il nuovo Generale Ucciali partitosi, e nella costa del Peloponneso venuto, non tanto con animo di guerreggiare, dal che la qualità de' suoi mal armati vascelli lo sconfortava, quanto per resistere, in quanto avesse potuto, agli sforzi dell'armata cristiana, in quei porti che ivi sono molto frequenti e comodi, si tratteneva.

Nessuna cosa con più ardore desiderava D. Giovanni, che di unire quanto prima le armate, che di andar di nuovo a cercare il nemico; ma l'ordine contrario che aveva dal Re suo fratello, contra sua voglia lo ritardava. Non restava egli però di mostrar d'affrettarsi per mantenere in fede i Veneziani, de'quali era venuto in Messina il Provveditor Soranzo con venticinque galere per accompagnarlo, e alla partenza invitavalo. Il Papa ad ogni suo potere sollecitava che si partisse, e per dare ad ogni cosa quanto caldo poteva, mandò per Nunzio il medesimo Monsignor Paolo Odescalco, che l'anno passato aveva mandato; il quale portò un amplissimo giubileo per tutti coloro che con l'armata navigavano, e un ordine di benedire i vascelli e le genti nella partenza. Da tanti stimoli importunato D. Giovanni, prefisse la partenza in termine di tre giorni, con che rallegrò tutta l'armata. Fecesi intanto una solenne processione per la pubblicazione del giubileo, nella quale D. Giovanni con gli altri Generali e tutti i Capitani intervennero. E quando ogni cosa si vide esser finita d'apparecchiare, bisognò al fine che si lasciasse intendere D. Giovanni, che non si poteva partire. Questa nuova inaspettata attristò ogni uno quanto mai altra cattivissima nuova avesse potuto attristare. Qui non mancavano i discorsi sopra delle cagioni, delle quali tante e così varie si sentivano, quanti erano appunto quelli che discorrevano. Ma quelli che più intendevano meno potevan capire, come in quel tempo si potesse raffreddare la guerra, la quale mantener si doveva per le molte esazioni ecclesiastiche almeno, che per cagione della Lega aveva il Papa al Re concedute. Dicevasi che in Ispagna ricusavano gli Ecclesiastici di pagare al Re l'escusato dopo la morte del Papa, il quale era conceduto con forma, che da ciascuna parrocchia di Spagna potesse il Re esigere un decimario a sua elezione; il che si affittava ottocento mila ducati ogni anno, oltre ad altri cinquecento mila che dava d'utile ogni anno la Crociata e il soccorso delle galere. Le quali esazioni non aiutando i Veneziani, e per conseguenza guastandosi la Lega, non s'intendevano continuare. Tuttavia conoscendosi le cagioni de' sospetti esser grandi e di molta importanza, non mancava chi giustamente andasse scusando quella lentezza. Poichè continuando il Re di Francia nel proposito di gabbare gli Ugonotti, faceva molti motivi, per li quali in Italia i sospetti crescevano; tanto più che per colorir bene il suo disegno, al Duca di Savoia aveva domandato il passo per calare in Italia, ed in Corsica faceva sollevare i popoli che sogliono

essere della fazione di Sampiero Corso. Per il che impauriti i Genovesi, si davano a far genti per assicurare quell'i-
sola; nè vollero perciò mandare le lor galere in armata come
l'anno addietro, siccome nè anche il Duca di Savoia man-
dovvi le sue. Il Papa vedendo questi disturbi, con molto
cordoglio strettamente se n'era doluto con l'ambasciadore
di Francia, il quale o non sapendo o non potendo dire il
fine, che poi si vide, del suo Re, lo aveva assicurato col
rischio della vita sua (offerendosi di stare sempre per ostaggio) che non era quel Re per far guerra al Re di Spagna.
Che sebbene la promessa che fece al Legato Alessandrino
fu di non far guerra al detto Re, finchè fosse vivuto Papa
Pio Quinto, nondimeno non portava egli minor riverenza a
Gregorio suo successore, per rispetto del quale almeno non
avria innovato cosa alcuna. Di questo Marc'Antonio Colonna e il Soranzo, instando per la partenza, si sforzavano di
certificar D. Giovanni. Ma non facevano alcun profitto; anzi
per liberarsi da tanti stimoli, circa alla fine di Giugno pubblicò loro l'ordine che aveva dal Re. Questo conteneva che
per le sospicioni che aveva di Francia, che in più luoghi
fosse per muovergli guerra, e massime che in Fiandra fosse
per favorire i suoi ribelli, D. Giovanni non dovesse per
cosa alcuna muoversi da Sicilia con l'armata; parendogli ragionevole di prima assicurare il suo e poi difender l'altrui.
Che se i Veneziani, non volendosi trattener ivi, l'avessero
d'alcune galere per lor aiuto richiesto, le avesse lor date,
purchè a lui la maggior parte fosse rimasta. Il qual ordine
si conobbe essere stato procurato da D. Ferrante di Toledo
Duca d'Alba, che essendo in Fiandra Generale, e sentendo
ch'ella sperava di mantenersi nella ribellione con aiuti potenti del Re di Francia, stimava buono in tal caso d'aver
l'armata pronta, acciò con essa molestando Marsiglia e la riviera di Francia, venisse a divertir la guerra da Fiandra.

Intanto il Veniero da Venezia con sette sole galere e
con pochi fanti condotti da Sciarra Martinengo era andato
ad assalir Castelnuovo, ove era pochissima gente alla difesa.
Ma non avendo saputo stringerlo a tempo, v'aveva lasciato

entrare sì grosso soccorso, che richiedendo quella impresa rorze maggiori, con poca riputazione se n'era partito. Dall'altra parte Ucciallì con circa dugento galere e sei maone andava danneggiando le isole dell'Arcipelago, il che dava molto sospetto di Candia. Ciò sentendo Marc'Antonio Colonna ed il Soranzo, si dolevano estremamente di tanto disturbo. Nè solo se ne dolevano essi; ma i venturieri, che con grossa spesa eran venuti per trovarsi a qualche bel fatto, si vedevano mesti e sbigottiti. Sopra tutti il Soranzo che tal cosa non aspettava, mentre il bisogno della sua Repubblica più l'aiuto della Lega richiedeva, al meglio che potè accomodatosi a dissimular la collera che l'agitava, moderandosi con molta prudenza, queste o simili parole un giorno usò con D. Giovanni:

« Nessuna cosa ha mosso la mia Repubblica, serenis-
» simo Signore, a far questa Lega, se non la certa confi-
» denza, che ha ogni nazione della bontà del Re Cattolico;
» il quale ha sempre mantenuto la fede a tutti, come difensore
» di essa. Perciocchè a noi saria stato facile accordarci da
» principio col Turco con assai minor nostra spesa e danno,
» che non possiamo far ora. Incominciossi la guerra animo-
» samente posponendo ad essa ogni interesse, e tanto più questa
» volontà s'andava crescendo, quanto il buon nome vostro
» s'udiva, il quale Iddio con tanta prosperità ha innalzato
» con la vittoria passata. Ora che frutti da essa noi ripor-
» tiamo? Ci troviamo d'aver perduto Cipro, la spesa essere
» infinita, e il Turco con armata fuori a quello che s'inten-
» de, tanto potente, che a noi non riman via da difenderci.
» Perciocchè stando fermi nelle promesse fatte nei nostri ac-
» cordi, di contribuire alla rata di quello che ne toccava, non
» abbiam fatto provvisione da potere da per noi soli opporci
» ai nemici. Con tuttociò reputiamo a maggior disgrazia no-
» stra, che si dica la Signoria di Venezia essere abban-
» donata in tanto caso da un Re così cristiano e così giu-
» sto; il che è nostra manifesta rovina. Con tutto ciò confi-
» diamo, che, essendo riposta la deliberazione in voi, soc-
» correrete presto ai nostri bisogni, poichè vi reputiamo per

18

» nostro protettore, e tutti insieme desideriamo di servirvi. »

Nulla poteva D. Giovanni rispondergli essendo esecutore del fratello ; ma mostrandogli l'interno cordoglio che ne sentiva , per quanto poteva l'assicurò , che non avrebbe mancato mai di giovare con ogni sforzo alla Signoria di Venezia , e per dargli segno di ciò, instando Marc'Antonio Colonna che si venisse all' esecuzione dell' ordine venuto dal Re, ragunò il suo consiglio, chiamandovi Ferrante Loffredo Marchese di Trevico ed Antonio Doria Marchese di S. Stefano dell'ordine del Tosone, benemerito per li lunghi servizî fatti all' Imperadore ; i quali per la molta esperienza l'uno delle guerre di terra, e l'altro di quelle di mare, erano dal Re stati astretti d'intervenir come consiglieri nelle deliberazioni che avesse avuto a far suo fratello nel progresso della Lega. Col parer di costoro deliberò (poichè i Veneziani ne facevano istanza) di dar loro aiuto di fanti italiani, e d'alcune galere; parendo che al Re tornasse comodo e utile di conservar la Lega. Ma non senza suo grave disgusto s'induceva D. Giovanni a mandare armata in Levante senza andarvi egli; parendogli che ciò fosse un dar altrui la gloria che a lui conveniva , sì di soccorrere i Veneziani come delle vittorie che si speravano d'ottenere. Per il che segretamente spedì una ben rinforzata galera in Ispagna, per persuadere , come si crede, al Re , che gli desse licenza d'andarvi in persona ; poichè avevano tanti ragguagli che i motivi di Francia non erano contra a' suoi regni. Frattanto stabilita la divisione dell'armata, fu conchiuso che Marc'Antonio come supremo Generale, conforme alle capitolazioni della Lega andasse in Levante. A lui per parte del Re si dessero ventidue galere sotto governo del Commendator Gil di Andrada, come Luogotenente di D. Giovanni. Queste galere furono cinquanta di Pier Battista Lomellino, due di Stefano de'Mari, due di Bendinello Sauli Genovese, le altre di Spagna. Dippiù quattro di Napoli , le quali dal Marchese di Santacroce per viaggio gli sariano consegnate. Che Marc'Antonio portasse lo stendardo della Lega , e che a lui toccasse il voto decisivo co'voti del Gil d'Andrada e del General di Venezia. Che avesse con esse galere cinquemila fanti italiani, de' quali (perciò che Paolo Giordano Orsino Generale degl'Italiani non era per andare all'impresa sotto Marc'Antonio) fu fatto Generale Vincenzo Tuttavilla Conte di Sarno; a cui furono dati dippiù mille Spagnuoli ad instanza di Marc'Antonio, e fu dato il voto decisivo in terra, come a Generale.

Di duemila e cinquecento Italiani delle battaglie del regno, fè D. Giovanni Colonnello Giovanni Vincenzo Macedonio; lasciando che al restante il Cardinal Granuela provvedesse di capo. Doveva la maggior parte di costoro imbarcarsi al Capo d'Otranto, ma non essendo ancora ivi in ordine, si prese Marc'Antonio le compagnie che erano nelle galere di Napoli di Raffaello della Marra, di Pompeo Scripando, di Carlo Brancaccio, di Ascanio Cantelmo Napolitani, e di Marco Bellomo Siciliano, Cavaliere Gerosolimitano; dei quali esso Giovan Vincenzo Macedonio fece Mastro di campo. E mentre attendeva a spedirsi Marc'Antonio per la partenza, Monsignor de' Mongaudi cavaliere Francese, della religione di S. Giovanni Gerosolimitano, della quale era gran tesoriero, e dal suo Gran Maestro creato Generale per le cose da farsi in terra in quella impresa, con curiosissima vista diede mostra de' suoi cavalieri armati. Precedevano dugento soldati bene armati ordinari di quelle galere, i quali facevano capo esso Generale, e Fra Vincenzo Carafa Prior d'Ungaria, con due paggi per ciascuno avanti, con belli cimieri di penne. Seguivano dugentotrenta cavalieri di quell'abito, tutti con casacche sopra le armature di taffettà rosso con le croci bianche; i quali partiti dal Priorato di Messina con bell'ordinanza, nel cortile del palazzo reale fecero sì nobile spettacolo, che non si potè contenere Don Giovanni di dire, che gli dispiaceva di non esser di quella religione, per vedersi, benchè privatamente, in così generosa compagnia. Al Marchese di Santacroce mandò ordine D. Giovanni che da Otranto ritornasse a Corfù, per accompagnare con buona guardia le navi; e che volendo i Veneziani delle provvisioni, che esse portavano, servirsi, ne desse loro. E Marc'Antonio preso ordine in iscritto da D. Giovanni, con assenso di tutto il consiglio, di procurar di combattere con l'armata nemica, ai sette di Luglio fece partenza, uscendo dal porto di Messina insieme con D. Giovanni. L'ordine fu, che Marc'Antonio con cinquantaquattro galere, delle quali tredici erano del Papa, ventitrè de' Veneziani, e diciotto del Re, con lo stendardo della Lega verso Levante s'incaminasse; e D. Giovanni con ventidue verso Ponente, i vascelli di carico rimorchiando, alla volta di Palermo ne gisse, per aspettar colà nuovo ordine dal Re. Tutto ciò fu per dar colore ad una voce, che avevano sparsa, che voleva il Re fare l'impresa d'Algieri e di Tunisi; e con tal nome ancora aveva fatto assoldare dal Cardinal Granuela tremila fanti italiani, dal Duca d'Urbino altrettanti, e dallo stato di Milano si faceva gran provvisione di Tedeschi. E perciò voleva, che D. Giovanni si trovasse con l'armata in Palermo; ma come poi si vide, il tutto si faceva per li sospetti di Francia. Quella mattina adunque, uscendo essi del porto, Monsignor Odescalco in una fregata alla bocca di esso di uno in uno tutti i vascelli benedisse; e con ogni santa imprecazione vedutoli partire, a Roma tornossene.

Ma navigando il Colonna coi compagni alla volta di Corfù, con prospero vento in sei giorni vi giunse; ove col Generale di Venezia congiunto, spesi pochi giorni in provvedere al vitto delle galere e altre cose necessarie, che fece pigliare dalle navi, che in numero di ventidue, cariche di munizioni per la Lega, da D. Giovanni v'erano state mandate, al porto delle Gomenizze si trasferì. Quivi di tutta l'armata, che aveva seco, fece rassegna; la quale trovò essere in tutto centoquaranta galere, delle quali tredici erano del Papa, ventidue del Re, ed il resto con sei galeazze di più de' Veneziani; oltre alle ventidue navi sopradette, che alla Lega in comune servivano, ed un galeone del Gran Duca.

Mentre queste cose si facevano, non aveva mancato il Generale di Venezia di avvisar la sua Repubblica del disordine in cui si trovava, essendogli venuti meno gli aiuti pattuiti del Re. Quivi ponderandosi tutte le cose, e temendosi il pericolo maggiore di quello che si mostrava, grande alterazione d'animi, gran querele, gran collere si svegliarono. Già non più dissimulatamente, ma alla scoperta senza rispetto ognun diceva, che pur troppo era manifesto, che delle cose loro gli Spagnuoli si facevano beffe, e che della rovina di quella Repubblica non caleva lor nulla. Ma coloro tra gli altri che da principio al far della Lega erano stati contrari, i quali non erano pochi, sebbene dal giorno che ella si fece per forza aveano taciuto, per non opporsi senza frutto al volere della maggior parte di quella città, ora con l'opportunità dell'occasione a più potere esclamavano: fin a quando soffriranno i Veneziani d'esser dagli Spagnuoli burlati? fin a quando sì poca cura della salute pubblica avranno? quando faranno mai fine all'errore ed alla pertinacia, che li accieca? Lasciamo da parte il male che ce n'è avvenuto il primo anno, che gli aiuti dagli Spagnuoli ad instanza del Papa prontamente promessi, ma non prima mandati che la stagione e l'opportunità da procacciarsene fosse passata, a nessun'altra cosa servirono, se non a reprimere l'ardore de' Veneziani bravamente infiammati, se non a far che la lor potente armata, nell'ozio marcendosi, mentre essi aspettavano, dalle infermità fosse distrutta. Pure si può perdonare agli animi dalle fresche ingiurie de' Turchi irritati, se tanto danno allora non considerarono; ma nè anche le offese manifeste dell'anno passato gli hanno svegliati, mentre una tanta e sì gloriosa vittoria non pure non s'allegrarono nella Spagna, ma di riprendere D. Giovanni, ma di dire nel regio consiglio, che meritava gastigo, furono arditi; perchè non considerando quello che al Re importava quell'armata, troppo ambizioso della gloria della vittoria, l'avesse facilmente arrischiata al dubbioso successo della battaglia. E questo ancor si può scusare; perciocchè per l'allegrezza di tanta vittoria si può dire, che negli animi de' Veneziani, che tuttavia migliori successi speravano, non potesse capir cosa che il gusto lor conturbasse. Ora il manca-

mento di questo terzo anno, non volendo compire quello a
che espressamente nella Lega si sono obbligati, negando di
dare gli aiuti promessi, burlandosi dei pericoli, a' quali i
Veneziani si trovano esposti per colpa loro, nell' obbligo dei
quali confidati non sonosi provvisti, come avriano potuto, chi
è che non conosca che dal mal animo loro, e dal desiderio
di vedere questa Repubblica distrutta proceda? Chi non sa
che i Francesi, col colore de' quali si coprono, mentre dagli
odi intrinsechi sono agitati, nelle guerre civili ed intestine occupati, non potendo le loro proprie cose difendere,
per niuna maniera possono pensare, non che prepararsi, di
occupare l'altrui? Dicono che buona ragione dev'essere ai
saggi quella, che la consuetudine ha insegnato fino a'paz-
zi, cioè che nessun frutto si può sperare di quella Lega,
nella quale i collegati non hanno i medesimi fini, anzi
quello che ad uno è utile e necessario, all'altro dannoso
si reputi. Che ogni speranza della salute loro i Veneziani
hanno nella prestezza e nelle vittorie che si promettono
combattendo, poichè col menare a lungo la guerra sono
sicuri di non poter resistere e di rovinarsi. Ma saggiamente
gli Spagnuoli il dubbio successo della battaglia abborriscono,
la quale quando bene succeda, non però utile alcuno o
guadagno loro apporta; e andando al rovescio, con la perdita dell'armata, i regni che possiedono in Italia, pongono in
compromesso. Che sta bene ad essi di mantenere lunga la guerra, nella quale non armano più vascelli di quelli, che in
tempo di pace soglion tenere; e al contrario i Veneziani con
spese intollerabili si consumano. Che la stessa armata, che in
tempo di pace agli Spagnuoli è di spesa; in questa guerra
per le tante entrate ecclesiastiche che riscuotono in Ispagna
per cagion d'essa, è loro d'utile grande. Che molto bene ad
essi torna la confederazione de'Veneziani, coll'armata dei
quali, mentre col Turco fanno la guerra, i loro regni tengono sicuri. Che non è adunque da maravigliarsi che facciano essi quello che tanto loro accomoda; ma sì bene da
imitare la prudenza loro, facendo ancora la Repubblica di
Venezia quello che meglio le viene; alla quale conviene di

risvegliarsi piuttosto tardi che mai. Con queste ed altre molte ragioni ottengono la maggior parte de' Senatori nel consiglio, che a Marc'Antonio Barbaro Bailo loro in Costantinopoli ritenuto si scriva, che con Mahemetto Visir destramente tratti la pace, e di quanto abbia negoziato circa le condizioni di essa avvisi il Senato, senza concludere però cosa alcuna, finchè da esso nuovi ordini riceva (25). E per non mancare frattanto di fare col Re di Spagna tutti gli offici che possono, acciocchè nella Lega di migliori gambe si camminasse, mandano Antonio Tiepolo principal Senatore ad esso Re per ambasciadore, per pregarlo che non voglia mancare di mandar con l'armata veneziana gli aiuti, che nei capitoli della Lega ha promessi di dare; acciocchè non si vada con danno e vergogna raffreddando la guerra, che con molta caldezza incominciata, ha già tanto gran frutto partorito.

Frattanto mentre alle Gominizze si trova Marc'Antonio con l'armata veneziana e con parte di quella del Re, ed avendo ogni cosa espedito per andare alla volta di Levante, ecco che a D. Giovanni in Palermo ritorna la galera, che avea mandata in Ispagna, e porta gli ordini del Re, che segua con l'armata l'impresa di Levante; perciocchè da'Francesi s'andava chiarendo di non aver cagione di sospetto. Onde egli manda subito a Marc'Antonio avviso di ciò, e dice che egli perciò si partirà subito, sicchè per tutto il dì quindici di Agosto si troveriano insieme con tutta l'armata; che egli frattanto coll'Andrada favorisse le cose de'Veneziani, procurando di non impiegarsi in cose senza necessità, dove si fosse potuto perder la reputazione; e che la sua venuta si facesse pubblicare a que'popoli sollevati nella Morea per mantenerli in fede, con avvisarlo di quanto succederebbe. Questo nuovo ordine del Re, dicono, che dal Papa non senza grave sdegno fosse procurato; il quale avendo assicurato il Re che nessuna cosa aveva da temere de'Francesi, lo aveva minacciato di levargli l'esazioni ecclesiastiche, che dal suo predecessore gli erano state concedute, acciocchè il negozio della Lega si séguisse, il quale, non aiutandosi ai Veneziani, veniva a rendersi nullo.

. Marc'Antonio, avuto l'ordine di D. Giovanni alle Gomenizze, dice ai compagni che gli pare che sia bene di aspettarlo ivi. Ma i Veneziani a gridare, a chiamare in testimonio Iddio e gli uomini, che con questa tardanza l'occasione de' buoni successi si perde; dicono che sempre da una e da un'altra cagione emergente essi son trattenuti, che delle necessità loro gli altri si burlano: che con questa dimora e Candia e gli altri stati di Venezia, poco bene di presidi muniti, apertamente si gittano in gola al nemico; perciocchè vedendosi i popoli dai loro aiuti abbandonati, in tanto pericolo d'esser per forza debellati, piglieranno facilmente partito di darsi spontaneamente; ove la sola vista dell'armata cristiana è bastante di mantenerli in fede, e di farli agl'impeti de' nemici resistere. Allega dippiù il Generale di Venezia la lettera di D. Giovanni, e dice che non toglie essa a Marc'Antonio la facoltà di andare, mentre non si obblighi ad impresa, dalla quale non si possa ad ogni chiamata ritrarre, e che non domanda egli che a tentar città o provincie l'aiuti, ma che ad investigare e conoscere gli andamenti de' nemici seco ne vada; poichè con la sola presenza grandi aiuti e gran reputazione alle cose de' Veneziani può dare, mentre la venuta di D. Giovanni si deve aspettare; nel qual tempo ancora, potendo qualche buona occasione presentarsi, non sarà bene di perderla. Parvero a Marc'Antonio tanto giuste le querele e i prieghi de' Veneziani, che consentendo nel medesimo parere Gil d'Andrada, fece risoluzione d'andare come essi richiedevano. Nel medesimo tempo D. Giovanni con molta prestezza rimburchiando i medesimi vascelli da carico che avea menati seco, da Palermo si parte, ed arrivato in pochi giorni a Messina, trova in quel porto due galeazze del Gran Duca, le quali, acciocchè egli a sua voglia se ne servisse, da quel Principe v'erano state mandate. Trovano anche il Marchese di Santacroce che con otto galere da Corfù era tornato, avendo in quel viaggio inavvedutamente perduto una galera, nella quale il fuoco nella munizione s'accese, ed abbruciò seco tutta una compagnia di Spagnuoli che conduceva; il qual fatto fu rèputato a miracolo, per aver quei soldati nell'isola di Corfù saccheggiato e molto maltrattato una chiesa di Greci. Quivi per ordine del Re dichiara, che in Sicilia si rimangano quattromila tedeschi e cinquemila spagnuoli sotto il governo di Gabrio Serbellone; che vi saria appresso venuto il Duca di Sessa con le galere di Spagna e con le altre del Re, a compimento di trentanove guidate da Giovann' Andrea Doria, per fare, come dicevano, l'impresa di Tunisi o d'Algieri, che il Re avria comandata. Frattanto intendendosi che il Duca di Sessa non era per venire così presto, non essendo ancora spedito da Spagna, sollecitato Giovann' Andrea da D. Giovanni, con tre galere, che aveva in Genova, v'arriva. Sicchè dato ad ogni cosa buon ordine in Sicilia, D. Giovanni manda innanzi di sè alla volta di Corfù venti navi cariche di soldati e di munizioni con le due galeazze del Gran Duca, ed egli il giorno seguente con trentadue galere, rimburchiando cinquantasette vascelli minori carichi pur di munizioni, per lo stesso viaggio si parte. Ma avendo molta necessità di danari, manda prima due galere a Napoli, perchè di là ne portino, e frattanto per pagar i soldati, che altrimenti ricusavano d'andare, piglia da' mercanti ad interessi cento cinquantamila ducati, con la promessa del Duca di Terranova Presidente del Regno.

Nel medesimo tempo alla corte di Spagna arrivato Antonio Tiepolo ambasciadore de' Veneziani, ed inteso che il Re aveva già rivocato l'ordine a D. Giovanni del restarsi in Sicilia, anzi che di congiungersi con l'armata de' Veneziani in Levante, gli aveva dato licenza; acciocchè la sua legazione senza qualche profitto non si spedisse, quantunque dalla sua Repubblica non avesse di ciò commissione, fa al Re questa domanda, che dia licenza a D. Giovanni, quando così bene a lui paia, di svernare con l'armata non solo in Levante, ma se l'occasione lo porti, anche nei luoghi de' nemici di soggiornare, dicendo, che in molte cose questo potrà giovare. Prima perchè dovendosi la guerra contra al Turco continuare, l'esperienza di tre anni passati ha insegnato, che le armate in diverse parti distratte, non mai a tempo si possono unire, e che con la tardanza di esse, il miglior tempo delle fazioni, e l'occasione de' buoni successi si perde. Di poi, quello che il Re sapientissimo deve pensare, l'improvviso comandamento, che egli ha fatto a D. Giovanni di non partirsi coll'armata d'Italia, di che nulla cagione apparisce, se non quella de' movimenti di Francia, la quale (se liberamente si deve parlare) oggi al mondo, che sa lo stato di Francia, dà cagione di ridere, in Venezia ha tutti gli animi trafitti, e gran discorsi insieme con gran querele ha suscitate. Per la qual cosa coloro, che dalla guerra col Turco, e dalla Lega co' Cristiani hanno dal principio discordato, come che la pace, quantunque con duri partiti, essere alla Repubblica più espediente giudicano, con questa occasione han rotto il silenzio, e detestando la Lega e 'l mal consiglio, che i Veneziani v'ha indotti, molti ascoltatori s'hanno acquistati. Onde gli ardenti desideri di molti hanno cominciato a raffreddarsi, e le opinioni a mutarsi. Dice, che molto bene sa il Re, con quanto studio e con quanta diligenza, nelle cose che alla Repubblica appartengono, le occasioni de' sospetti, ancorchè minime, si sogliono ponderare; e perciò non deve egli ne' Veneziani di questo maravigliarsi. Ma che col comandare a D. Giovanni questo che or se gli chiede, tutti gli animi vacillanti confermerà, che le occasioni de' nuovi pensieri smorzerà, ed ognuno dal persuadere il contrario di quello che è stabilito, ritrarrà. Oltre di questo, dice finalmente che sarà di grandissimo stimolo agli altri Re e Principi cristiani ad entrar con le lor forze nella Lega, se la freddezza, con che hanno visto fin ora procedersi in essa, vedranno dall'ardore di esso Re potentissimo riscaldarsi. A queste cose risponde il Re che se l'intenzione, con che egli si è mosso e nel trattare e nell'imprendere la guerra, nella quale egli non ha alcun interesse, non essendone sforzato da nessuno, dalle sue azioni non è manifesta, non ha mestieri di parole per esprimerla. Ma che dell'animo suo assai gli basta d'avere Iddio per testimone, il quale così lo aiuti, come egli ha sempre operato. Nel resto non dover egli affaticarsi per tôrre dalle bocche degli

uomini le mormorazioni, e dalle menti i sospetti, da' quali
nè anche i Veneziani son liberi appresso degli Spagnuoli,
a' quali la costanza e l'intenzion loro è stata sempre tanto
sospetta, che con ogni lor forza tutti i suoi consiglieri dal
far Lega con essi l'han sempre disconfortato dicendo, che
non per volontà che abbiano essi di far guerra col Turco
domandano la Lega, ma per pracacciarsi migliori condizioni
della pace, che senza alcun rispetto faranno sempre che destro loro ne venga. Che questi movimenti di animi e di pareri che esso ambasciadore dice andarsi sollevando in Venezia, è appunto quello che conferma il detto de' suoi consiglieri. Ma, come a ritardar lui dal far la Lega non sono
stati bastanti, nè a far che mai se ne ritiri basteranno, così
devono quei Veneziani che sono più saggi, con la gravità
loro la leggerezza e la sciocchezza del volgo raffrenare.
Quanto alla richiesta di svernare l'armata nel paese de' nemici, dice che essendo cosa di tanta importanza, ci penserà,
e poi gliene darà la risposta. Pochi giorni dappoi per un
segretario gli risponde, che danna egli grandemente il pensiero dello svernare nel paese nemico, e come molto precipitoso lo rifiuta. Perciocchè se ben deve Iddio ringraziare
di tanti regni e stati che gli ha conceduti; essi nondimeno con le occasioni di molte guerre e sedizioni in tante parti
distraggono le facoltà sue, che a pena da sustentar la spesa,
che ha nella Lega promessa, il modo gli resta, non che possa
pensare di aggravarsi di maggiore, come saria, col mantenere ancora l'inverno tante genti, che sono nell'armata. Oltre
che sarebbe somma pazzia quell'armata, nella quale tutta
la difesa e sicurezza de' suoi regni d'Italia consiste, da essi
tanto lontana, dalle province de' nemici assediata, a tanti
casi della fortuna e a tanti pericoli esporre; la quale, quando nessun altro danno maggiore le avvenga, vietando il mare nel tempo del verno alle navi la navigazione; dalla fame e dal mancamento delle cose necessarie sarebbe per con-
sumarsi. Risponde a questo l'ambasciadore, che quantunque
le cose opposte dal Re sieno di molta importanza, non
hanno però difficil risposta. E prima dice che la stessa rispo-

sta del Re mostra che la proposta fatta da sè non sia stata
intesa ; poichè non ha egli domandato che a D. Giovanni
si comandi che necessariamente sverni in Levante ; ma che
di poterlo fare libera autorità se gli conceda, dovendo egli
con gli altri Generali de' confederati, a' quali non meno importa di conservare le loro armate, deliberare quello, che
senza pericolo d'impedimento alle munizioni, ed alle altre
cose necessarie possa avvenire, e dovendosi con le occasioni che se gli presentino cautamente consigliare. Onde essendo ad esso la cura dell'armata commessa, ragionevolmente
par che convenga, che l'arbitrio di far con essa quello che
sia espediente, gli sia conceduto. Quanto alla difficoltà della
spesa, dice molto maravigliarsi che sì gran Re, a' Veneziani di ricchezze e d'ogni cosa tanto superiore, s'aggra-
vi di quello, di che i Veneziani, con doppia spesa di quella
che egli fa, non si sentono aggravati. Non fa, credo, il
Re nei vascelli più spesa in guerra, che in pace ; poichè
il medesimo numero sempre ne mantiene ; sicchè solo la spesa delle genti se gli accresce ; dove a' Veneziani alla spesa
delle genti e delle galere bisogna supplire, non essendo
solito loro di mantenere in pace più di cinquanta galere.
Queste cose l'ambasciadore per il suo segretario fa intendere al Re. Ma ritornato egli riporta, che a muovere il Re
non sono state d'alcun momento, avendo egli stabilito che
finito il tempo alle faccende opportuno, D. Giovanni con
l'armata nei suoi porti ritorni. Di che quando il Tiepolo
alla sua Repubblica diede conto, tante turbazioni di animi
nacquero in quel Senato, che già senza contradizione ognuno lodava che si trattasse la pace. Marc'Antonio con l'armata drizzato in Levante, tostochè arriva alla Cefalonia, con
consentimento degli altri Generali manda il Commendator Ramagasso con una galera alla volta del Poloponnesso, acciuoc-
chè prenda lingua, e certa nuova de' nemici all'armata riporti. Eseguisce Ramagasso con ogni diligenza questo comandamento, ed arrivato al capo di Maina (che dagli antichi è detto Maleo, ed oggi ancora si mantiene, senza esser da' Turchi soggiogato, per una fortezza che quei Greci

Cristiani han sempre francamente difesa) intende l'armata
nemica, conducendo venti galere, delle quali una parte sono
galeotte, e con quattro maone, non molto dalle nostre galeazze differenti, esser nel porto di Malvasia; la qual città
anticamente detta Epidauro, dietro a quel promontorio alla
riva del mare, che fu detto seno Argolico, giace. Anzi da
quei paesani fa condurre alcuni uomini suoi ben prat-
tichi alla cima del monte, i quali comodamente di là la
videro e la contarono. Con questa certezza egli all'armata
ritorna, la quale trovò, che seguitando la navigazione, avea
già passato la città di Modone, già detta Metone; e di tal
nuova allegra presto si conduce all'isola del Cerigo, che è
l'antica Citera, la quale per otto miglia sole è distante dalla punta del Capo Maleo; ed il braccio di Maina col promontorio suddetto stendendosi in mare, tra quel seno Argolico, e 'l seno Laconico è mediatore. Ha l'isola del Cerigo un comodo porto dalla parte di fuori, sicchè di là
il braccio di marina non si vede, e dal nome di certi scogli, che a guisa di draghi innanzi vi sorgono, dagli antichi fu detto Dragoniero. Ivi la notte la nostra armata si
pone, ed avendo il giorno seguente sbarcato genti a far a-
cqua assai di buon'ora, le guardie da' luoghi eminenti scuo-
pron l'armata nemica, la quale uscendo da quel golfo, e
passando già al capo Maleo, giudicano che venga al Cerigo. Dassi subito all'arme, e con molta prestezza esce tutta
l'armata del porto, la quale in tre squadre partita, mandandosi innanzi le galeazze e le navi, che a guisa di baluardi la ricoprissero, benchè di tanto numero di galere
fusse all'armata nemica inferiore, va arditamente ad incon-
trarla. Ed accostatosi tanto che già dall'una parte e dal-
l'altra con l'artiglieria s'aggiungevano, vedendo Ucciali
l'ordinanza della nostra armata esser sì forte, non fu ardito d'assaltarla. Marc'Antonio con tanto minor numero di
galere lascia addietro le navi, per andare ad investire; di
che molto bene accortosi l'Ucciali, poichè non vide modo
da poter con le galere combattere, senza passar per le navi, avendo consumato già quasi la giornata, per non mo-

strar con brutta fuga le poppe al nemico, a poco a poco si andò tanto ritirando, quanto la nostra armata lentamente s'andava avanzando. Ma alla fine risoluto di non più trattenersi, comanda che sulle prue delle sue galere si faccia di molto fumo, col quale procurò di ricoprire la volta che prese; ed avendo la nostra armata più di sei ore continue per prima incalzatolo, alla fine essendo già sera, nel medesimo porto delle Dragoniere tornossi. Ma Ucciali, lasciando l'impresa dell'armata cristiana, con la sua alla volta di ponente s'indrizza. Il che vedendo i Generali, prestamente spediscono Pietro Pardo con una galera a D. Giovanni, che s'immaginarono che dovesse trovarsi a Corfù, con una lettera di Marc'Antonio, dandogli conto di tutto il seguito e dello stato delle cose; e pregandolo a sollecitarsi di giungersi quanto prima all'armata, alla quale quando si giungano le cinquantatrè galere, che egli ha seco, non è dubbio che intiera vittoria dell'armata nemica si può promettere, la quale con pari numero di galere sarà sempre alla nostra inferiore; e che essi per trovarsi tanto più presto seco, indietro ritornano.

D. Giovanni da Messina partito, arrivando al campo delle armi ebbe di ritorno la fregata che aveva mandata a Marco Antonio, la quale riportandogli d'averlo trovato alle Gomenizze in ordine per partirsi a far quello che avesse possuto a danno de' nemici, o in pro de' Veneziani, e che si era scusato di non poter aspettare, gli portò molto mala soddisfazione, parendogli che gli fosse usato poco rispetto. Ma pur dissimulando ancora lo sdegno giunse a Corfù, dove avendo sperato di trovar nuova certa, di dove l'armata si fosse trovata, e non ve la trovando, non si potè contenere di lamentarsi. E correndo voce che in Costantinopoli sì presto come in Sicilia s'era saputo la division dell'armata, non mancarono dei suoi, che lo consigliassero che se ne tornasse a Messina. Onde egli ragunato il suo consiglio, circa a quello che far si dovesse, dopo molte contradizioni fu risoluto, che dai rimburchi alle navi le munizioni si trasferissero, e che sotto spezie di spalmare le galere ivi si trattenessero.

Con questa occasione furono conosciuti gli avventurieri nobili di diverse nazioni, che furono trovati in numero ottocento, e tra essi molti signori principali di titolo, e con molta
pompa venivano. Spedì D. Giovanni D. Alonzo de Bazan
con due galere, e Carlo Spinello con una sua galeotta, perchè speditamente andassero a pigliar lingua dell'armata nemica, e per ordinare a Marc'Antonio, che con un grosso stuolo di galere venisse ad incontrarlo, perciocchè e-
gli s'avviava verso levante; e rimandò Giovann'Andrea
Doria con cinque galere in Sicilia, perchè attendesse a
quello, che gli era stato commesso. Attese poi a spalmare nell'isoletta vicina detta de' Malipieni; e non venendo altri avvisi, premendo l'importanza del fatto, si prese
nuova risoluzione di andare a trovar Marc'Antonio con trentadue navi, due galeazze e cinquantatrè galere con questa
ragione, che quando con Uccialì si fossero incontrati, e
che di combattere in calma fosse accaduto, ponendosi le galere tra le navi, non avrebbon patito; e se il vento avesse favorito le navi, in ogni modo la nostra armata ne a-
vrebbe avuto vantaggio. Mentre in queste deliberazioni s'in-
trattiene, ritornano quivi le due galere che da Messina andarono a Napoli, e portano centosessanta mila scudi, con
molti forzati; con le quali venne Antonio Carafa Duca di Mondragone, e D. Carlo d'Avalos Consigliere di D. Giovanni,
con molti altri Cavalieri avventurieri. Giunse frattanto la galera di Pietro Pardo spagnuolo, che Marc'Antonio aveva
spedita a'sette d'Agosto nel medesimo giorno che s'era incontrato con l'armata turchesca; la quale dando nuova di quanto
era passato, e che Marc'Antonio con centoventi galere meglio all'ordine, mandando il resto in Candia, verrebbe incontro a D. Giovanni. Diceva dippiù, che dopo la sua partenza
aveva sopra al Cerigo sentito sparar molte artiglierie, che
non poco diede da credere che avessero le armate combattuto. Sicchè, quantunque fosse di notte, chiamò D. Giovanni di nuovo il consiglio, nel quale poco altro si fece
che ascoltar le mormorazioni degli Spagnuoli contro Marc'Antonio, e più di tutto di D. Giovanni, al quale parevà che

gli fosse stata tolta di mano la vittoria , dicendo che era andato Ucciali a trovar la nostra armata , sapendo che egli non v'era; e che se fosse stato aspettato quei pochi giorni , si sariano trovati insieme uniti, dove al sicuro l'avrebbono rotto , e fattogli danno maggiore dell'anno passato. Diceva che se la partenza dalle Gomenizze non fu con speranza di poter con quell'armata ottener la vittoria, dovevan almeno i Generali aver certi avvisi della quantità o qualità dell'armata nemica, e certezza del luogo ove ella si trovava. Ma che mentre aspettavano il vero avviso , dovevano in quel porto aspettare il loro maggiore Capitano. Biasimava il non aver voluto combattere senza le navi, dicendo che se conoscevano il disvantaggio, non dovevano andarvi, sapendo che con le navi si può difendere e non assalire , e che essi per ragion dell'impresa erano tenuti ad investire. Si sentiva da tutti gridare che sfuggiva Marc'Antonio l'imperio di D. Giovanni che gli usurpava la giurisdizione , è mill'altre vanità a che gl'induceva la passione. Mostravano in apparenza d'avere sdegno che combattesse Marc'Antonio, e che vincesse, senza aver essi parte di quella gloria ; ma più veramente temevano che avesse già combattuto, e che dall'armata nemica vincitrice non sapessero come salvarsi. Il che espressamente mostravano con gli effetti, perciocchè comparendo in questo una galeotta la quale prima della galera del Pardo era stata mandata da Marc'Antonio per tener avvisato D. Giovanni del suo viaggio , e contra il vento contrario non avea potuto proreggiare , si diede subito all'arme , e con gran fretta le galere rimburchiarono le navi sotto alla fortezza , e D. Giovanni stesso con tutte le galere vi si tirò. Ivi stimolato da molti Spagnuoli a non permettere che Marc'Antonio, che facilmente , tardandosi, può dar qualche rotta ai nemici, vinca senza di lui, risolve d'andarlo a trovare con trenta galere rinforzate di ciurme delle migliori, ed armate con cento cinquanta archibugieri spagnuoli per ciascuna, oltre ai nobili venturieri; ed ordina che le navi restino tutte a Corfù, sotto la cura di D. Rodrigo di Mendoza; e delle galeazze col resto delle galere abbia pensiero il Conte Fran-

cesco de Landriano Mastro di campo generale della Lega.
Ma il giorno seguente fu d'altro parere, risoluto di non partirsi, se nuovo avviso di Marc'Antonio non gli veniva.

L'armata nostra intanto partendosi dalle Dragoniere,
avendo mandato prima Andrea di Somma con tre galere ad
osservare i motivi dell'armata nemica, ed essa con bella ordinanza con le navi e galeazze uscendo avanti la punta del-
l'isola, scoprì la nemica, che alla volta del braccio di Maina
verso ponente tirava; il che diede a' nostri non poco travaglio, parendo che ella così si mettesse nel mezzo tra Marco Antonio e D. Giovanni. Ma non potendosi navigare per il
vento contrario, che impediva il rimburchiar delle navi, e
per far acqua, di che aveva necessità, alla medesima fortezza
del Cerigo tornossi. Quivi fu di parere Marc'Antonio di
mandar le navi in Candia, ed egli con cento trentacinque
galere andare alla volta del Zante, per congiungersi con
D. Giovanni; ma non consentendolo il Foscarino, risolverono di uscire il giorno seguente a seguitare il nemico. Comparve tra tanto una nave veneziana, la quale veduta l'armata
turchesca, e creduto che fosse la nostra, l'aveva salutata;
ed essendole amichevolmente risposto, già si preparava a
darle il capo, quando accortasi della nostra, e conosciuto
l'errore, si pose in difesa. Avendole mandato sopra Ucciali
dodici galere per prenderla; ed essendo molto vicina all'armata turchesca, mandolle Marc'Antonio quattro galere a soccorrerla. Ma parendo ad Ucciali che questa era occasione
da combatter tutta l'armata, di che non aveva voglia, con
un tiro d'artiglieria richiamò le sue galere. Le nostre presero alcuni gentiluomini veneziani, che venivano nella nave
con ottantamila zecchini che portavano per pagare i lor soldati; e poco di poi la nave ancora giunse ad unirsi con le
nostre a salvamento.

Ma avvicinandosi tuttavia insieme le armate, Marc'Antonio con molto coraggio diede il segno della battaglia,
avendo già posta l'armata sua nell'ordinanza di prima, ed
accettato da Ucciali il segno con la risposta del contrassegno, pareva che francamente volesse investirlo in tre squa-

dre partito. E come quegli che di numero di galere era superiore, col corno suo destro e con la battaglia tutta la nostra armata avvantaggiava. Ma il Soranzo bravamente si fece sopra al corno sinistro, e con molto impeto cominciò a sbombardare; onde non soffrendo i nemici la furia delle cannonate che tiravano le galeazze, incominciarono presto da quella parte a voltare; il che fu cagione che il Soranzo tanto più avanti spingesse il suo corno. Il Canaletto che l'altro corno guidava, non volendo lasciar le navi, assai addietro rimase; e diede di sè non poco da mormorare a chi non a quel fine la sua tardanza interpetrava. Il disordine dei corni de' nemici fu occasione che ancora nella lor battaglia molte galere voltasser le poppe. Marc'Antonio di questo avvedutosi, con molto ardire si fece avanti, lasciando addietro circa ad un miglio le navi, con risoluzione di combatter senz'esse. E quantunque si fosse avveduto che della sua battaglia non l'avevan seguitato più di tredici galere, che nel corno del Soranzo non erano avanti più che nove, e che il Canaletto con l'altro corno molto addietro veniva; e quantunque vedesse Uccialì dal fuggire arrestato rinnovare i suoi corni, e con la battaglia rifatta tornare alla volta sua; non volle però, benchè così disordinato si trovasse, mostrar di temerlo, nè addietro tornarsi; ma intrepidamente fermossi, finchè sollecitandosi Canaletto, venne a pareggiarsi insieme coi rimburchi, sicchè nella sua solita ordinanza si pose. Quando di ciò s'accorse Uccialì, sebben fino allora ogni volta che s'era ritirato s'aveva fatto tirare addietro per poppa, per non mostrarla al nemico, voltolla nondimeno allora con bruttissima fuga. E perchè il fumo ascondesse la sua vergogna, fece senza palle sparar molta artiglieria in tutta l'armata; e sopraggiunto dalla notte, senza accendere il suo fanale, per esser meno veduto, attese a fuggirsi. Attese Marc'Antonio per un pezzo ad incalzarlo, finchè lo vide ritirato al braccio di Maina; e indi si pose a raccorre insieme tutta l'armata; il che fece con molto travaglio, perchè il vento era tanto cresciuto per prua, che non potendosi reggere le navi, fu di bisogno rimburchiarle per poppa. Così, senza danno, ritirossi di nuovo alla fortezza del Cerigo, avendone fatto tanto con l'artigliare al nemico, che sette di quelle galere, non potendosi rimediare, al braccio di Maina andaron traverse; le quali, con molta uccisione delle genti che avevano, dai Mainotti furon brugiate.

Dolsesi Marc'Antonio gravemente di non essere stato quel giorno seguito, e che la poca ubbidienza, o il manco valore de'Capitani della sua armata gli aveva la vittoria manifesta defraudata; e li avrebbe anche conforme al demerito loro puniti, se non che si riserbava che D. Giovanni supremo Generale lo facesse. Dicono che Ucciali molti de' suoi gastigasse, che furono i primi a mettersi in fuga, al disordine de' quali attribuiva il non aver potuto resistere. Seppesi quivi, che Ucciali avendo inteso che l'armata del Re era per andare in Barberia, a tal fine si tratteneva in quei porti: perchè mostrando di voler co' Veneziani combattere, tosto che la partenza da Sicilia avesse intesa, a golfo lanciato voleva da Modone lanciarsi per Africa, ove conforme al fatto delle Gerbi, sperava d'aver la vittoria; ma che già s'era chiarito che la partenza di D. Giovanni da Sicilia era stata per venire ad unirsi con quest'armata. Di tutte queste cose diede Marc'Antonio a D. Giovanni pieno ragguaglio, tornando di nuovo con lettera a dargli conto, come essendo giunto in Corfù, ed avendo i Veneziani in armata novantadue galere, sei galeazze, ventiquattro navi, e circa a diecimila fanti italiani, aveva inteso che il Turco aveva centosessanta galere, e altri vascelli minori a compimento di ducento vele; come furono però tra essi Generali e consiglieri molte dispute sopra il determinare se fosse la nostra armata, con la giunta delle ventidue galere del Re, e delle tredici del Papa, bastante a resistere; come fu finalmente determinata la partenza alla volta di Candia; onde avea subito mandato in Otranto il Conte di Sarno e Giovanni Vincenzo Macedonio a condurre cinquemila fanti di quelle milizie, de' quali era stato dal Cardinal Granuela nominato Colonnello Orazio Acquaviva figliuolo di Girolamo Duca d'Atri; come arrivarono all'armata alle Gomenizze, dove la lettera sua ricevendo, benchè fosse posto in considerazione d'aspettarlo ivi, parve ai più che s'andasse, per non lasciar perire le cose de' Veneziani, perdendosi tempo; come si era mandato Ramagasso a riconoscer l'armata nemica; come si giunse al Cerigo essendo il nemico a Malvasia, e tutto quello che con esso era avvenuto. D. Giovanni adunque avuto sopra d'ogni cosa molti consigli, rimanda di nuovo D. Alonzo di Bazan a Marc'Antonio, e gli fa intendere che se ne venga con l'armata alla volta della Cefalonia, perciocchè egli quivi verrebbe a giungersi seco, e che gli mandi tre galere all'incontro a fargli certi contrassegni d'assicuranza. Trattiensi egli dipoi ancor dodici giorni a Corfù, e finalmente alla volta di Capo Bianco verso levante si parte con le galeazze e con le navi; ma in mezzo del canale di Corfù nell'uscire molte galere incagliarono; e il galeone del Gran Duca, se buona ventura non l'aiutava con la crescenza dell'acqua, certo vi rimaneva. Questi impedimenti furono cagione, che si tardasse una notte di più, e che le armate più d'un mese dappoi stentassero a potersi congiungere. Perciocchè partendosi dipoi D. Giovanni con buon tempo, poco potè di esso godere; essendo che voltatosi il vento contrario, appena in tre giorni arrivò al Capo Ducato, che dalle Cefalonie è venti miglia distante. Ivi essendo l'ora già tarda, manda due galere alla volta della Cefalonia per avere i contrassegni; non essendo ancora le navi comparse, stimando esser bene d'andar di conserva con esse, sì per la notte che s'accostava, come perchè si trovava nel paese inimico, va in busca di esse, e ridottele insieme, tutta la notte seguente in Giolito fece dimora. Ma quando pensava la mattina di potere il suo viaggio eseguire, ecco, turbatosi il mare, con sì gagliardi venti lo sforza, che costretto di obbedire alla incostanza di essi, talora a ponente, e alcuna volta a levante facendogli volger le prue, nello spazio di dieci ore lo fece ritornare a Corfù, non avendo però in questa fortuna perduto vascello, eccetto certe feluche che s'affondarono. Patì ben la Reale e molte altre galere di modo, che bisognò calefatarle di nuovo; e il caso mostrò quanto fallaci quei di-

segni riescano , che, senza pensare a quello che può intervenire , si fanno ; perciocchè se in tempo con Ucciali si
fosse incontrato , il pensier di combattere col favor delle
navi non riusciva. Tornò qui D. Alonzo con certa nuova che
i Generali con tutta l'armata erano venuti alla Cefalonia ;
e un giorno dopo a lui venne anche una galera soriana, da
Marc'Antonio mandata , per avvisar D. Giovanni come, seguendo egli l'ordine suo, se n'era con tutta l'armata venuto a Costoli fortezza della Cefalonia, poichè l'ordine non
assegnava il luogo dove dovesse trovarsi in quell'isola. Che
non aveva mancato di mandar due fregate a Porto Piscardo,
e per tutto il canale, ed anche per di fuori dalle isole le
tre galere domandate per far contrassegno, le quali dalle due
galere mandate da lui furono incontrate. Ebbe qui molto che
fare Marc'Antonio a disporre i Veneziani a venire a trovar
D. Giovanni pure : accordatili con la solita sua destrezza ,
vince ogni difficoltà.

D. Giovanni frattanto, accomodatosi il tempo , sentendo la resistenza che facevano i Veneziani di venire a trovarlo, torna di nuovo a navigare alla volta loro con cinquantaquattro galere rinforzate ; ed a Corfù lascia tutte le navi
con li soldati italiani e tedeschi ; ma ritenuto dal vento ,
che a Capo-Bianco se gli fece contrario, ebbe di ritorno le
due galere. Le quali riportano , che voleva Marc'Antonio
venire con tutta l'armata, ma perchè aveva mandato ventidue galere ad accompagnar le navi veneziane, che nel cammino erano al Zante rimaste , non giudicava che fosse ben
di partirsi , finchè venute non fossero , per non lasciarle in
periglio , ritrovandosi molto vicine all'armata turchesca, la
quale era nel porto di Navarino ; e che per questa cagione
dicevano i Veneziani di non poter venire a trovar D. Giovanni , il quale per questo avviso di nuovo tornossi a Corfù.

Torna il giorno seguente D. Alonso Bazan, e dà nuova
che Marc'Antonio con gli altri Generali, e con tutta l'armata
venendo verso Corfù era giunto al porto Fighera ; ove mandato il Bailo di Corfù a pregarlo , che per non causar a
quell'isola più danno di quello che ha ricevuto, s'adopri insie-

me col Foscarino a persuader D. Giovanni, che voglia con la sua
armata andare a giungersi con esso loro al porto delle Gomenizze. Nè mancò da loro, che con ogni sorta di prieghi
ne facessero istanza a Don Giovanni; ma allegando egli che
da quel porto non avria potuto spedirsi così presto, come
da Corfù, non volle acconsentirvi.

In questo mezzo, tornate le galere dal Zante a porto
Fighera, instando Marc'Antonio col General Foscarino d'andare a trovar D. Giovanni, postosi in viaggio con cento trentacinque galere, sei galeazze e venti navi, il primo di
Settembre a Corfù si conducono. L'allegrezza di questa venuta fu grande, per vedersi insieme l'armata che con tanto
cordoglio s'era divisa, e le salve dell'artiglieria da tutte le
parti furono grandissime. Marc'Antonio, Gil d'Andrada e 'l
Foscarino vanno subito da D. Giovanni; al quale dan conto
come per vigore della lettera sua, la quale han seco, fecero
essi partenza per levante, eseguendo quanto in essa si conteneva; e che avendo di ciò al Papa e al Re dato ragguaglio, n'erano per lettere da ambedue stati lodati. Non fece
D. Giovanni lor segno di molta accoglienza, e la lettera
che già scrisse a Marc'Antonio si ritenne; onde si doleva
con tutti caldamente Marc'Antonio d'essere stato con poco
onor ricevuto, e che in segreto D. Giovanni non voleva in-
tenderlo, e che egli non aveva modo da resistere ad un
fratello del suo Re. Diceva d'averlo avvisato dal Zante della
fama uscita dell'armata turchesca, la qual minacciava d'ab-
bruciar tutte le isole de' Veneziani; e perciò esser egli come
per forza stato costretto d'andare al Cerigo, e di venire conseguentemente a quei termini col nemico; soggiungendo
d'averlo fatto tanto più volentieri, quanto nel partir da Messina da esso D. Giovanni ne aveva avuto ordine e consiglio
con la scrittura che offeriva, anzi pregava che si vedesse.
Diceva la cagione di non aver voluto combatter senza le
navi essere stata il poco seguito che ebbe; onde vedendosi
con poche galere, aveva fatto gran prova a star fermo; perciocchè quanto punto avesse vacillato, senza dubbio l'armata cristiana era rotta. Dolevasi sopra tutto che D. Gio-

vanni avesse pubblicamente detto, che un giorno in parte lo troveria, dove gli darebbe gastigo, e che di ciò egli non era meritevole. Ma quando di cosa alcuna fosse colpevole, non fuggiva la correzion ragionevole. Ma che dal non voler D. Giovanni intender le sue ragioni, con dargli buone parole, molto ben conosceva ch'egli gli avria fatto mal officio col Re, a cui voleva andar egli a dar conto delle sue azioni. Perciò domandava che gli fosse data una galera per passar in Ispagna; e che quando la galera gli fosse negata, saria stato per passar con una fregata; e che lasceria Pompeo Colonna suo Luogotenente, il quale in nome del Papa avria, come lui stesso, avuto il voto decisivo; poichè conosceva egli che l'opera sua era di così poco profitto. A queste cose rispondendo D. Giovanni che ci penserebbe, la mattina seguente gli fece intendere che non poteva dargli licenza. Al che replicò Marc'Antonio, che nè egli poteva di buona voglia servire, ma per non poter far altro, che rimarrebbe. Corsero alcuni giorni che D. Giovanni sopra di ciò non volle trattare, se non che a Marc'Antonio rispondeva, non esser per ora necessario, ma se l'impresa fosse seguita, allora gli avrebbe il tutto comunicato. Gil d'Andrada avendo inteso che avanti al suo ritorno aveva D. Giovanni minacciato di fargli tagliar la testa, perchè alle Gomenizze non l'aveva aspettato, di tal maniera gli disse le sue ragioni, e con tanto ardire si mostrò pronto alla pena, quando avesse demeritato, che gli fece anche liberamente intendere, che per non servire a lui si risolveva di rinunziargli le quattro galere ch'egli teneva del Re, e che voleva alla sua religione Gerosolimitana privatamente servire; il che fu reputato atto magnanimo. Offerse anche a Marc'Antonio di dargli una lettera di D. Giovanni, con la quale ad esso scriveva lo stesso che a Marc'Antonio, perchè avendosi D. Giovanni ritenuto quella di Marc'Antonio, non restasse egli appresso al Re senza difesa, dicendo che non piacesse a Dio, che potendo egli aiutar la verità in persona di tanto merito, di quanto era Marc'Antonio, per timore o per qualsivoglia altro interesse lasciasse di farlo. Fu D. Giovanni costretto di rispondere a Gil d'Andrada, che non consentirebbe che si partisse, e che partendosi avrebbe al Re disservito. Onde risposegli Gil d'Andrada, che non potendo far altro, l'avria per l'avvenire servito per timore, dove per il passato per amore l'aveva servito. Le giustificazioni di Marc'Antonio erano tali che con ragione non si poteva lor contradire. Nientedimeno parendo a D. Giovanni che avesse egli cercato d'aver senza lui la gloria di aver vinto l'armata turchesca, ed esclamando sopra di ciò gli Spagnuoli, come che avesse voluto levargli la riputazione, non si poteva placare. Ora instando tuttavia Marc'Antonio ed il Foscarino perchè s'attendesse all'impresa, tra molte diversità, che s'intesero nei consigli di D. Giovanni, che ogni giorno si ragunavano, il parere del Marchese di Trevico dagli Spagnuoli era lodato. Diceva egli, che per essere il tempo molto avanti, non si saria potuto far impresa di terra. Che perciò fosse bene di rinforzare il maggior numero che si potesse delle galere migliori; e licenziando le navi e gli altri vascelli da carico, e rimandando in Italia il resto delle galere non buone e i cavalli e soldati soverchi, seguitar con esse l'armata nemica per combatterla o metterla in fuga. Che al ritorno si fosser saccheggiate le riviere de' nemici, dove fosse stato più comodo; e che tornando in Italia, tutte le cose si potevano apparecchiare per uscir presto l'anno seguente a progressi migliori. Ma fu risoluto nondimeno d'andare in Levante, conducendo anche le navi per far qualche impresa a gusto de' Veneziani; i quali con gran prestezza spalmando le lor galere, in capo di cinque giorni navigossi alle Gomenizze.

Quivi mentre di acqua e di legne si provvede l'armata, nuova contenzione nasce tra D. Giovanni ed i Veneziani, che non fu di poco momento. Aveva D. Giovanni per cosa certa che non era nelle galere veneziane il debito numero dei combattenti, come in tutte le altre ponentine s'aveva; e perciò faceva istanza al Foscarino, che delle genti del Re mille e trecento fanti accettasse per armarle a sufficienza. Ma non consentiva egli che nelle sue galere s'introducessero genti mandate da Spagnuoli , allegando che erano benissimo armate; e che ricordevole del disordine che l'anno addietro seguì nel medesimo porto , per colpa di quei soldati , che ai Sopracomiti veneziani non volevano obbedire , non voleva che di nuovo gli avvenisse lo stesso. Pareva a D. Giovanni che tutto ciò procedesse da inconfidenza , onde se ne alterava talmente , che giurava di non voler andare all'impresa , se i Veneziani quelle genti non ricevevano. Travagliavasi Marc' Antonio in persuadere al Foscarino , che le accettasse ; ma non faceva profitto. Però desideroso che tal occasione l'andata non disturbasse , lo dispone alla fine ad accettar tanti de'soldati del Papa ch'egli gli darebbe , e l'ottiene ; riarmando egli le sue galere delle genti di D. Giovanni , e con questo modo accorda la differenza. Stabiliscesi poi la forma del combattere, e l'ordinanza dell'armata, formando la battaglia di D. Giovanni di sessanta galere , con una banderuola gialla al calcese, con la Reale tra le due capitane del Papa e della Signoria. Appresso alle quali il primo luogo fu della capitana di Malta ; e de'personaggi vi ebbero luogo il Principe di Parma , Paolo Giordano Orsino Generale degl'Italiani , e tre Marchesi , d'Umena , venturiero , di Santo Stefano , e di Trevico consiglieri. Il corno destro del Marchese di Santacroce con quarantacinque galere , con l'insegna verde all'albore di prua. Il sinistro del Provveditor Soranzo con altrettante , con l'insegna turchina all'asta. Il soccorso di D. Giovanni di Cardona , con venti galere e con l'insegna bianca alla poppa. Due galere furono assegnate di soccorso alla poppa della Reale , e una per ciascuna delle capitane del Papa , de' Veneziani , del Marchese di Santacroce e del Soranzo. Le galeazze avanti alla battaglia tre , ad ogni corno due , e addietro col soccorso un'altra ne rimaneva. Tutta l'armata era, del Papa tredici galere; del Re settantasei, con due galeazze toscane e ventiquattro navi ; della Signoria di Venezia sette navi , sei galeazze , e cento cinque galere , tra le quali ve n'era una del Marchese d'Umena francese , fratello del Duca di Guisa della casa di Lorena , il quale con molti gentiluo-

mini francesi principali era venuto a servire venturiero in
questa impresa, e da' Veneziani aveva avuto il corpo d'una
galera, una galeotta e un brigantino, le quali egli a sue
spese aveva armate e guarnite. Eravi un'altra galera ventu-
riera di D. Giovanni Marullo Conte di Condiani, ed altri vascelli da remo fino al numero di sessanta, tra'quali ve n'e-
rano venti grossi, che medesimamente erano de' venturieri.
Navigossi con bell'ordine, radendo la costa dell'Albania, e
la sera si giunse all'isola d'Ericusa, che ora si chiama il
Paxò, di dove scoprendosi in alto mare due vele, si mandò
a riconoscerle; e la notte medesima esse arrivarono all'armata. Erano due galere, una di Lomellini a servizio del
Re, e l'altra de'Veneziani, le quali il Colonna aveva mandate ad osservare l'armata nemica. Riferirono d'aver lasciato
l'armata turchesca nel porto di Navarrino, la qual città dagli antichi fu detta Pilo, ovvero nel porto Gionco; e che
sebbene l'erano sopraggiunti mille Giannizzeri, e molta artiglieria con due maone, stavano nondimeno i nemici con gran
timore, ritrovandosi per la maggior parte ammalati. Diede
questa nuova più animo d'andarla a trovare; e navigando
con molta volontà alla volta della Cefalonia, da contrario
vento, che si fece molto gagliardo, s'ebbe necessità di tornare al medesimo luogo. Partissi il giorno seguente con più
prospero vento, e navigando a largo per di fuori alla Cefalonia, si giunse alla fortezza di quell'isola detta Custoli,
la quale sedendo sopra uno scoglio eminente, ha sotto un
canale senza uscita, che fa sicurissimo porto, nel quale
anche le navi, avendo navigato per di dentro dell'isola, entrarono. Fecesi quivi ad ogni galera levare due schifi di
pietre ed acqua per otto giorni. E continuando la navigazione alla volta del Zante, vi pose l'armata nella sua ordinanza, andando Don Giovanni e Marc'Antonio con una fregata per ciascuno a farle mettere in ordine. Con tal modo
d'ordinanza, quantunque il vento favorisse l'andata, consu-
mossi la maggior parte del giorno con malissima soddisfazione de'Veneziani, che non potevan soffrire quel perdimen-
to di tempo; però si fece poi vela, e le navi con gli al-

tri vascelli che erano inutili si mandarono alla fortezza del Zante, per trovarsi più spediti al combattere con le galere. Voleva Marc'Antonio che si navigasse tutta la notte, per arrivar la mattina all'isola della Sapienza, che fu già detta Enusa, di dove senz'esser da'nemici scoperta, si saria la nostra armata condotta alla bocca del porto di Navarrino. Ma parendo altramente a D. Giovanni e a'suoi consiglieri, fu eseguito il consiglio di D. Giovanni di Cardona d'andare alle Strivali, ove lo stesso Cardona con tre galere del Re, e altrettante de'Veneziani andò a riconoscere. Facea l'armata quel cammino lentamente, non facendosi conto de'richiami di Marc'Antonio e del Foscarino, che apertamente dicevano non v'esser cagione da ritardare l'andata, la quale con ogni diligenza si doveva affrettare, per trovar l'inimico all'improvviso nel porto, ove per certo l'avrian rotto. Con questa lentezza arrivossi la notte alle Strivali, che dagli antichi chiamate Strofadi, furono già per abitazioni delle Arpie favoleggiate, e sono oggi isolette affatto diserte, avendovi l'anno addietro i Turchi rovinato un monastero di Greci dell'ordine di S. Basilio, con gli ameni giardini che vi avevano. Qui si fermò l'armata tutto il giorno seguente, per deliberare, come dissero, della navigazione e del modo che si dovesse tenere per assalir l'inimico, che essendo molto vicino, dal molto fuoco che fu acceso nell'isola, facilmente l'arrivo dell'armata aveva potuto comprendere; onde non potè il Foscarino contenersi che liberamente non dicesse a D. Giovanni queste parole: Che bisogna ora far consiglio del modo del navigare e del combattere, se questa notte che si saria potuto non s'è fatto vela, e oggi si sta fermi perdendo il tempo migliore? Fu nel consiglio conchiuso di navigar quella notte con tant'ordine, che passando per la Sapienza, nel far del giorno s'arrivasse a Modone senz'esser dai nemici scoperti; i quali quando si fosser trovati nel porto Gionco o di Navarrino, sariano stati necessitati a combattere, non avendo altro luogo dove porsi al sicuro, che la fortezza di Modone, la quale per questa via veniva loro intercetta. Per il che furono mandati avanti va-

scelli spediti a riconoscere se l'armata si trovasse a Navarrino. Ma al contrario della buona risoluzione la notte fu navigato, e dissero che fu per errore del piloto reale, il
quale in cambio di tirare alla Sapienza per trovarsi sopra
a Modone, tirò dritto a Navarrino; e temendo d'arrivarvi
troppo per tempo, tutta la notte tanto s'andò trattenendo,
che dove a giorno doveva trovarsi a Modone, otto miglia
verso levante sopra al porto Gionco, all'Isola del Prodano, che fu detta Prote, otto miglia di sotto verso ponente
trovossi. Ciò fu cagione che settanta galere scelte, che a
Navarrino si trovavano, vedendo l'armata cristiana, senza
impedimento alcuno a Modone si ritirassero, ove al sicuro
col resto dell'armata turchesca si giunsero, e la bellissima
occasione di sì gran fatto dalle mani fugginne. All'alba nondimeno, che fu ai sedici di Settembre, fece D. Giovanni
fare i segni della battaglia spiegando gli stendardi maggiori, come fecero gli altri Generali, mettendosi tutta l'armata
in ordine, secondo i luoghi stabiliti. Ma non si fece però
senza disordine, poichè non mai la battaglia di D. Giovanni
potè porsi in ordinanza, e il corno destro del Marchese di
Santacroce restò troppo addietro; solo il Soranzo al suo
luogo stette benissimo. Delle galeazze ancora alcune più a-
vanti si spinsero del dovere, talchè D. Giovanni, Marc'Antonio e Paolo Giordano con diverse fregate gran fatica si
presero in rassettare l'ordinanza. Erano già due ore di giorno, e gli avvisi che s'aspettavano dell'armata nemica non
venivano, essendo vicino a Navarrino circa a sei miglia, quando avendo il consiglio risoluto che Marc'Antonio con venti
galere si fosse avanzato per riconoscere, fu da D. Giovanni
con lievi occasioni ritenuto. Volle nondimeno il Colonna andar solo con la sua capitana, lasciando alcuni contrassegni
da farsi quando i nemici avesse scoperti. Così circa a tre
miglia avanzatosi con cinque galere del Re e due della Religione che lo seguirono, nove galere turchesche scoperse,
le quali parendogli che da Navarrino a Modone n'andassero,
fe' contrassegno che l'armata non v'era. E facendo intendere
a D. Giovanni che i nemici quella notte eran partiti, lo ri-

chiese, che per dar caccia alle nove galere che si fuggivano, dodici gliene mandasse. Non volle D. Giovanni ciò fare ; ma con molte galere affrettando la voga, che a uso di battaglia andava a' quartieri (*), assai presto s'accorse dell'errore che si faceva, lasciando addietro le galeazze ; sicchè si ritenne procurando di andare ordinato. Marc'Antonio intanto seguiva i nimici animosamente, e giuntegli le galere che lo seguivano, fu molto vicino a far preda di quelle ch'egli incalzava ; se non che tanto avanti trovossi, che dalla fortezza di Modone coi tiri di cannoni lo tenevan lontano. Però fermatosi all'incontro di sette galere turchesche, per buon pezzo si tirarono molte cannonate senza farsi danno. Andò la nostra armata con la sua ordinanza fino a tanto che vennele avviso, che a Modone erano circa a quaranta galere, e che le altre se n'eran fuggite, e continuando lo sparare delle galere, e molte volte dalla città che le aiutava, Marc'Antonio ritornò alla Reale con l'altre galere ; e fu risoluto di passare dall'altra parte dell'isola, che era il primo canale della Sapienza, e di là riconoscer Modone, e il luogo dove si stimava che fosse l'armata. Avevasi nelle galere penuria d'acqua, la quale parve più a proposito d'andare a pigliare a Corone, che d'entrare nel porto di Navarrino, sì perchè si stava nel passo quando l'armata nemica si fosse partita da Modone, come anche per dar sospetto a' nemici di assalir Corone, con che facilmente si sarian potuto tirare al combattere, essendo costretti d'uscire, lasciando la sicurezza di dove si trovavano. Andò perciò Marc'Antonio di nuovo a riconoscere il luogo ; ed essendo la nostra armata in viaggio si trattenne in Giolito alquanto, indi disfatta l'ordinanza si diede a vogare. Era già Marc'Antonio alla volta del canale, quando si vide sopra quattordici galere turchesche, le quali postesi in fuga furon da lui per un pezzo seguite, sparando sempre molte cannonate. L'arma-

---

(*) *Quartiere* è quella parte del guscio delle navi, che è tra il sito del timoniere e la traversa. Dicesi *vento di quartiere* quel vento largo, che soffia in una direzione intermedia tra la perpendicolare o il traverso della nave, e quella di vento in poppa.

ta nemica veduto che la nostra aveva l'ordinanza disfatta, e che se n'andava, con ardire ed arte di guerra
uscendo fuori con ottanta galere in tre squadre ben ordi-
nate, gagliardamente veniva dietro alla nostra; la quale
vedendosi circa a sei miglia vicino l'ordinanza nemica,
e stimando che fosse tutta l'armata, si volle riordinare
nella battaglia, e fu il voltare fatto con tanto poco ordine, che si pose in confusione ; di maniera che se
i Turchi avessero avuto più animo, e a quel tempo investita l'avessero, potevano farle danno notabile; e se Uccialì
fosse così venuto risoluto al combattere con tutta l'armata,
come fece solo quella bravura in apparenza, con questa
occasione vinceva tutta l'armata. Non mancò però D. Giovanni d'ardire, e nella sua galera fece i soliti segni della
battaglia. Il Cardona ch'era di retroguardia, voltando venne ad essere vanguardia. Il corno sinistro si fece destro, e
perciò volendo ognuno mettersi al luogo suo, causarono il
disordine. Solo il Soranzo, per essersi subito in ordine vol-
tato, non si mosse di dove trovossi; ma il Marchese di Santacroce non potè mai nè al destro nè al sinistro ordinarsi,
sicchè da poche galere in poi che nella battaglia di D.
Giovanni si posero con buon ordine, non vi fu cosa buona
quanto all'ordinanza. Or mentre l'una e l'altra armata accostandosi andavano, e già il Soranzo, che col suo corno più
vicino si trovava, facendo con l'artiglieria molto fracasso; vedendo l'inimico che si voleva combatter davvero, a poco a
poco s'andò ritirando, facendo solamente gran sparata d'artiglierie, più per coprirsi col fumo, che per offender con
le palle, delle quali si vider pochissime. Aggiungesi che
due galeazze che erano avanti fer tanto fumo con lo sparare,
e tanto ne faceva la fortezza di Modone dove il nemico si
ritirava, che con l'opacità della calata del Sole tolse del
tutto la vista alla nostra armata. La quale ritiratasi in alto
mare, circa a venti miglia lontana in Giolito stette la notte
senza deponer le armi, nè disfar l'ordinanza, per essere ap-
parecchiata agli assalti che avesser potuto fare i nemici, e
ad assalirli se la mattina fosse stato opportuno. Non sì ta-

sto il giorno si vide, che a quattro miglia presso a Modone l'armata nostra si fece, procurando di provocare la nemica a battaglia; ma non succedendo, andossi al luogo destinato a far l'acqua, e a tiro di cannone si fu vicino a Corone; ove essendo tre galere de' Turchi e una nave, una galeazza e due altre galere veneziane tirarono loro alcuni pezzi d'artiglieria, ma non fecero danno. Giunsesi all'acqua in un fiumicello, ben dieci miglia dalla fortezza lontano, ove per sicurezza fu sbarcato una mano d'archibugieri spagnuoli del terzo di Padiglia, in un piano ameno di aranci e d'olivi, non avendo avvertito il Conte di Landriano Maestro di campo di guadagnare una villa, che da una collina gli soprastava. Onde vi furono in poco spazio veduti alcuni cavalli de' Turchi, e appresso vi giunser fanti archibugieri e arcieri, che in quelle abitazioni si fecero forti, e coi nostri soldati attaccarono scaramuccia; la quale per essere il luogo pien d'arbori durò per più di sei ore, molte volte con avvantaggio, e talora con perdita; finchè avvisato D. Giovanni che i nostri cominciavano a cedere, vi mandò Paolo Sforza a soccorrerli con una mano d'Italiani. Al loro arrivo presto ritiratisi i nemici; la notte che sopravvenne li fece spartire, e i nostri soldati a imbarcar si ritirarono, non avendo potuto i nemici vietare il far l'acqua; al quale effetto s'intese che Ucciali con tremila Giannizzeri e cento cavalli v'era venuto. Morirono in questa fazione dall'una e dall'altra parte diversi, e tra gli altri de' nostri Alessandro Strozzi cavaliero di Santo Stefano, e un gentiluomo spagnuolo. Il Principe di Parma, con molti cavalieri, non si contenne da farvi la parte sua bravissimamente; ed essendo riferito a D. Giovanni che s'esponeva a troppi perigli, se ne dolse seco gravemente, dicendo che non conveniva ad un suo pari d'andare alle scaramucce, dove se fosse stato solamente ferito, avrebbe oscurato ogni vittoria che si fosse potuto ottenere. Fu poi risoluto di ritornar la notte per lo stesso cammino, e di presentar la battaglia a' nemici per dentro al canale; benchè da essi fossero i nostri fanali scoperti, e loro dalla fortezza di Corone tirate alcune cannonate. Giungesi al canale della Sapienza a giorno, e facendosi dalla Reale i soliti segni della battaglia, si posero in ordine i soldati, e l'ordinanza de' vascelli si fè in nuova forma, poichè il sito lo richiedeva. Era il primo luogo delle otto galeazze, tirate ognuna di esse da tre galere; e come il luogo era stretto, così il corno destro camminava di vanguardia ordinatamente, e il sinistro poco da lui lontano a dirittura quasi della battaglia; dietro alla quale le galeotte e altri vascelli minori di avventurieri seguivano, e il Cardona appresso al Soranzo di retroguardia scriva. Ma tostochè si scoperse Modone, il corno destro si giunse con le galeazze, e dalla terraferma allargossi. Navigandosi con quest'ordine al capo dell'isola incontro alla città, si scopersero nove galere nemiche, alle quali le galeazze tirarono alcune cannonate, facendo anch'esse alle galeazze lo stesso, e tuttavia con ferma intenzione d'investir l'armata ad ogni segno che avesse fatto, o di uscirne incontro o di ritirarsi, s'andava. Ma nè per l'uno nè per l'altro effetto si mosse, onde diede a pensare che non senza molta cagione vi stesse tanto sicura. Instava Marc'Antonio che s'investisse, per due cagioni promettendo certa vittoria; sì perchè di combattenti si trovava la nostra armata meglio fornita, come perchè con l'esempio dell'anno passato aveva imparato, che combattendosi vicino al lido inimico, molto avrebbe giovato la comodità che avevano i nimici di salvarsi in terra abbandonando i vascelli. Ma essendosi la nostra armata molto appressata, vide a man destra della città due squadroni de' Turchi sopra un colle con molti padiglioni, che fu giudicato che fossero cinquemila per ciascuno; ed avevano pezzi d'artiglierie, con che ne spararon tre tiri. Onde il corno destro allargossi, accostandosi all'isola che aveva a sinistra, ove tutta la nostra armata tirossi, e fermatasi quivi si deposero le armi.

Abboccaronsi i tre Generali, e stimando la capitana di Marc'Antonio molto agile, con molti cavalieri v'entrarono, e andarono a riconoscere il sito che teneva l'armata nemica, la quale posta al lido di Modone, conobbero che aveva i fianchi muniti così dal colle fortificato a man destra, come da uno scoglio posto tra l'isola e la fortezza della città nel mezzo del canale a man manca. Giunti che furono con quella galera alla punta dell'isola, s'avvidero di quindici galere nemiche, che per corli in mezzo erano uscite; e dalla collina nello stesso tempo furon sparate loro due cannonate. Onde prestamente se n'allargarono, avendo veduto l'armata nemica star con le poppe in terra con gran sicurezza, una parte sotto la fortezza, e l'altra nella spiaggia dietro a Modone; di sorte che veniva a stare in un forte molto sicuro, essendo da tutti quei luoghi difesa per fianco, sì che non si poteva seco combattere senza ricever gran danno. Si aggiungeva che l'isola della Sapienza impediva di potèr andare ad investire a dirittura; ma per lo canale bisognava d'entrare, mostrando il fianco a quei luoghi che più potevano danneggiare. Oltrechè, convenendo dipoi voltarsi per porsi in battaglia, non meno dagli stessi luoghi fortificati, che dall'armata si veniva ad esser battuti. Ritornata la galera a suo luogo, che poteva esser dalla città e dalla montagnuola un miglio distante, ragunò quivi D. Giovanni tutto il consiglio, e narrando le difficultà di combatter l'armata in quel sito, dal quale non si poteva per forza far uscire, mostrò con effetto la certezza che aveva di ricévervi grave danno combattendo, con poca speranza di farne molto al nemico: onde non parendogli a proposito il combattere con tal disavvantaggio, richiese tutti dei lor pareri; nè fu alcuno a cui paresse altramente. Ben furono alcuni che consigliarono che si navigasse, mostrando di tornare in Italia con tutta l'armata, e al Zante si ripigliasser le navi, e con esse si ritornasse all'improvviso ad assalire i nemici. Alla fine si concluse che si tornasse la notte al porto di Navarrino, come si fece, per trattenersi quivi, aspettando quello che l'armata nemica facesse. Poichè, per relazioni che se n'avevano dai rinnegati fuggitisi, s'intendeva che aveva estrema penuria di vettovaglie, ond'era sforzata a partirsi; e che il luogo dove era, non era da ogni vento sicuro; e perciò si poteva sperare che qualche traversia l'avesse disfatta. Frattanto

20

si mandarono diciotto galere con D. Martin de Padiglia al Zante a far scorta alle navi e a rimorchiarle , se il vento lor fosse mancato, per venire a Navarrino. Ma prima che a quel porto s'arrivasse , mandò Uccialì trentacinque galere alla coda della nostra armata , le quali furono la mattina a tiro di cannone con la retroguardia nostra ; ma visto le nostre galere voltar faccia, si fermarono in atto di fuggire , sparando però molti tiri le une alle altre. La Reale con un tiro richiamò le galere, perchè non si sbandassero ; ma visto che alcune galere veneziane non ritornavano così presto, D. Giovanni voltò la prua per andarvi, e così fece tutta l'armata , onde non furono lente le galere nemiche a fuggirsi. Le nostre dappoi quietamente entraron nel porto, il quale essendo da ogni vento sicuro , e avendo comodità d'acqua buonissima, parve opportuno per aspettarvi le navi che venisser dal Zante , portando la vittovaglia , che già cominciava a mancare , molti apparati da guerra e soldati , per far in terra l'impresa che si fosse risoluta.

Presto si vider sopra le colline d'intorno molte fanterie e cavallerie di Turchi, i quali le nostre galere, tirando buoni pezzi d'artiglieria, facevano star lontani. E perchè non impedissero l'acqua che si voleva fare, furono sbarcati dalle galere ottomila fanti tra Italiani e Spagnuoli, con quasi tutti gli avventurieri e nobili. Diede D. Giovanni di questa fazione il carico a Paolo Giordano Orsino , il quale o perchè era uomo corpulentissimo non atto al salire o perchè, così meglio stimasse, formò lo squadrone al piano, e quivi fermossi. Ma la scaramuccia co' nemici sopra la collina attaccossi, e parendo a D. Giovanni necessario di riscaldarla, perchè i nemici dall'acqua si ributtassero, non credendo che a Paolo Giordano dovesse dispiacere d'essere da un suo cognato aiutato , vi mandò Marc'Antonio a provvedere. Ciò fece egli con mirabil prestezza con pochi ma valorosi archibugieri italiani ; avendo mandato avanti Pompeo Colonna suo Luogotenente , a fare che i nostri non si sbandassero , dei quali, con morte di molti Turchi, pochi s'eran perduti. Nacque però disparere e parole di mala soddisfazione tra i due cognati, parendo all'Orsino che il Colonnese gli fosse andato per superiore, non essendo egli di ciò stato avvisato da D. Giovanni, da cui la cura a lui era commessa. Onde usando egli parole molto sdegnose e altiere, si portò Marco Antonio con modestia singolare; di che fu da tutti estremamente lodato, e da D. Giovanni particolarmente, il quale ben presto li fece pacificare. Ma di poi che Marc'Antonio fece che i nostri si ritirassero, attendevano i nemici a caricar di nuovo; ma dagl'Italiani e dagli Spagnuoli, che eran di retroguardia con D. Michele di Moncada, furon di nuovo fatti fuggire; e finito il far l'acqua, si rimbarcarono i nostri.

Il giorno seguente uscì D. Giovanni con la capitana del Cardona fuori del porto a riconoscer la fortezza di Navarrino. Riconobberla poi di sua commissione per la montagna incontro sopra al canale che sta sotto la fortezza i Capitani Salazar, San Martino e D. Michele di Moncada. Riconobbela appresso dal medesimo luogo il Principe di Parma, a cui si disse che voleva D. Giovanni dar cura di prenderla con la fanteria spagnuola; e quasi tutti i cavalieri principali e persone di conto dell'armata in diverse volte la riconobbero. Fu giudicato il sito forte, il quale senza batteria non si potesse espugnare; e per non esservi ruote da condurvi l'artiglieria, credevasi che non si potesse fare; e ancorchè la terra fosse malamente fortificata, giudicavasi nondimeno che in meno d'otto giorni non si poteva prendere. Ma per non perder tempo mentre che venivan le navi, si diede voce di far questa impresa. Fu parere del Conte di Sarno, come uomo nelle guerre sperimentato, di occupar subito la collina, di dove solo poteva venire il soccorso; che se così fosse stato eseguito, non v'avrebbe Ucciali posto duecento fanti, come vi pose, alla difesa. Ma intendendosi che al far dell'acqua un'altra volta voleva Ucciali venire in persona con ottomila fanti e cinquecento cavalli per impedirla, accostossi l'armata nostra alla bocca del fiumicello, e pose in terra circa a tredicimila fanti con sei pezzotti d'artiglieria da campagna. Sopraggiunsero in questo settecento Turchi da Lepanto con alquanti cavalli per andare a Modone , e non pensando di trovar tanto numero de' nostri , si fecero avanti i cavalli, mostrando di voler attaccar scaramuccia. A costoro s' oppose D. Ferrante Carafa Conte di Soriano con gl' Italiani di sua condotta, e per desiderio di segnalarsi facendone strage, passò un picciol rio, che per confine gli era stato assegnato ; onde ne fu ripreso come troppo audace. Qui si fermarono in tutte le colline de' soldati del Papa , del Re e della Signoria appartati squadroni ; e D. Giovanni per compensar Paolo Giordano del disgusto che ebbe la giornata passata, gli diè cura di questo fatto; e intendendo che v'era smontato il fior dell'esercito, e che v'era alcun disordine succeduto, egli ancora smontovvi ; e trovando che il Marchese di Santacroce guidando uno squadrone di picche, aveva lasciato addietro il fiumicello, il che era stato cagione che il Conte di Soriano si fosse spinto più avanti, acquetossi. Ebbe qui avviso che non aveva Uccialì potuto venire per l'impedimento d'una burrasca, che lo avea sforzato di ritirarsi con l'armata al ridosso dell'isola della Sapienza.

Ebbe gusto quel giorno D. Giovanni di vedere uno esercito sì ben posto, con soldati sì bravi e ben composti, e tra gli altri nello squadrone degl'Italiani lodò molto una fila di cavalieri napolitani , dicendo che quello era luogo da cavalieri, e fattasi l'acqua senza contrasto , si rimbarcaron le genti. Passarono in più volte da noi ai nemici più di quaranta Spagnuoli, e de' cristiani rinnegati che si fuggiron da' Turchi ne vennero a noi circa a venti; i quali tutti dicevano che non poteva Uccialì altrove salvar l'armata, che dove si trovava, essendo di remieri e di soldati mal fornita ; e che aveva mandato per soccorso in ogni parte fino in Costantinopoli ; e che per timore d'esser ivi assalito, aveva posto artiglieria allo scoglio ; e che aveva estrema carestia di vitto. Trattandosi però di assaltar Modone e insieme l'armata , fu da un Giuseppe buono ingegniero siciliano al General di Venezia proposto una macchina da farsi sopra a quattro galere, levato via tutte le opere morte di sopra per la metà della lunghezza. Sopra vi si doveano accomodare

botti con legni di modo intessute, che venissero a far dodici cannoniere, per porci dodici cannoni difesi da terrapieno,
che in quei legni si sarebbe posto; e con ordine di botti
sopra la banda piene d'acqua per contrappeso, e sopra l'a-
cqua del mare intorno alla macchina un'altro ordine di botti
vuote legate l'una con l'altra, acciocchè potessero mantenere
ogni gran peso a galla senz' affondarsi. Avevano d'andar
nella macchina, oltra all'artiglierie e sue munizioni, duecento
fanti, al tempo che con galere si fosse tirata per combattere il castello di Modone. Fu detta macchina approvata e
assegnato per essa tre galere de' Veneziani e una del Papa,
che furono giudicate manco buone al navigare; e subito co-
minciatasi l'opera e disarmate le galere, fu dato cura al Commendator D. Francesco di Guevara dell'ordine di S. Giovanni che vi fosse soprastante. Facevasi la fabbrica di questa maniera: incatenavansi le galere a due a due separatamente, adempivasi dentro da poppa a prua sotto coperta
di botti vacanti, e dalle bande si mettevan due file d'altre
botti, una sopra l'altra concatenate, acciocchè se l'artiglieria della fortezza avesse in qualche parte rotte le galere, non
si fossero potuto affondare; poichè le botti vacanti erano
bastanti a sostener tutta la macchina. Sopra la coperta delle
galere giunte insieme si faceva da poppa a prua una gran
piazza di tavoloni, sopra la quale si faceva un bastione ter-
rapienato per lo lungo, largo quattordici palmi, e alto dodici con le sue cannoniere e baloardi da' fianchi; dietro al
qual bastione si piantavano otto cannoni grossi da batteria,
cioè sei per fronte, e uno per ciascun fianco, co' quali si
saria battuto la fortezza con dugento uomini sopra. Facevasi
il simile dell'altra coppia di galere; e giudicavasi che sariano state finite dette macchine fra otto giorni.

Il giorno venticinque e ventisei di Settembre s'attese
a lavorare con gran sollecitudine le macchine, e v'assiste-
va Marc'Antonio in persona; ma fu risoluto di non servirsi se non di una con una coppia di galere, tornando ad armar le altre due. E alli ventisette arrivarono le ventotto navi che
erano al Zante con le galere che si mandarono a quell'ef-

fetto. L' intenzione con che si facevano le macchine era per andar da una banda con esse con le galeazze e navi sotto alla fortezza e batterla ; e dall' altra banda con le galere mettere in terra nel medesimo tempo debito numero di soldati con buona artiglieria, per guadagnar quella che i nemici avevano piantata su la montagnuola, e l'altra che avevan di nuovo posta sopra lo scoglio nell' isolotto della Sapienza , con che si sperava di prender facilmente Modone con poco danno de' nostri , e guadagnare appresso l' armata.

Frattanto circa la deliberazione dell' impresa molte difficoltà si ponevano per le diversità de' pareri che n' avevano Marc'Antonio Colonna e Antonio Doria. Perciocchè essendo già chiaro che di tirar l'armata nemica a combattere non si poteva sperare, e non restando altro disegno che di prender Modone, per guadagnar conseguentemente l'armata, diceva Marc' Antonio che doveva la nostra armata lasciarsi in quel porto di Navarrino , per non l' esporre di soldati sfornita agli avvenimenti del mare ; e che la bocca di esso porto con la guardia delle navi e delle galeazze chiuder si conveniva : che dall'armata dodici mila fanti eran da trarsi, e con essi il colle che chiamano di S. Veneranda guadagnare , il quale alla città di Modone e all' armata sta a cavaliero, e dal quale essi Turchi altre volte espugnarono Modone : in esso l' artiglieria doversi condurre , e da esso alla città e all' armata dar batteria. Soggiungeva che era quel colle opportuno ad impedire le vittovaglie e ogni soccorso, che ai nemici fosse venuto ; e che a far acqua per l' esercito nostro era comodissimo. Ma che da andare a quel luogo molte difficultà tanto per mare quanto per terra si opponevano. Che il cammino per terra era lungo per la distanza di quindici miglia , e pericoloso, in molti luoghi aspro , rovinoso, e al condurvi l'artiglieria difficile, e di più anche alla cavalleria dei nemici aperto. Che quando con l' armata vi si volesse le genti condurre, troppo grave pericolo si correva , che dopo d' averne tratto il fiore de' combattenti e le forze migliori , tosto che Ucciali se ne fosse avveduto, priva di difensori con la sua armata l' assalisse. Che pensava però, schivando tanti inconvenienti, di tenere una strada di mezzo, che era di non muover l'armata dal porto sicuro di Navarrino, e con cinquanta buone galere e con le scafe delle navi, con le fregate e altri vascelli minuti di che aveva gran copia, levare il detto numero di soldati, e gli apparati convenienti, e navigar di notte in tal modo, che allo spuntar del giorno, senz'esser dagl'inimici veduti, ad un certo comodo lido, due miglia da Modone lontano, si sbarcasse. E perciocchè dovevano le scafe e gli altri vascelli piccoli in un'ora, al più lungo, porre in terra le genti dalle galere; non poteva il nemico in così breve spazio uscire a danneggiar esse galere, le quali subito col resto dell'armata a Navarrino dovevano ritirarsi. Opponevasi a questo Antonio Doria, e a D. Giovanni persuadeva che non poteva di quella maniera succeder bene quel fatto; ma risolutamente diceva che con tutta l'armata era d'andarvi; e dal luogo che tra le isole della Sapienza e di Capraia s'interpone, quanta più gente si potesse, mettere in terra; con le quali quel colle, ove i nemici avevan posto le artiglierie, si saria guadagnato, e da quello poi all'altro colle che sta alla città eminente s'avrian fatto facil passaggio. Mentre che queste opinioni e diverse altre si discutevano, essendo dal Zante le navi venute, andò D. Giovanni con altre galere a riconoscerle prima ch'entrassero; e riconobbe allora uno scoglio isolato, che è alla bocca del porto, il quale quando fosse fortificato impedirebbe l'entrata; ma non gli parve però a proposito di fortificarlo, mentre non aveva lungamente a fermarsi. Nelle navi, in cui si credeva che venissero settemila soldati tra Italiani e Tedeschi, e vittovaglia per tutto il mese di Novembre, secondo la relazione che n'aveva data in consiglio Don Giorgio Manrique Provveditor dell'armata cattolica, non erano più di duemila fanti del Re e della Signoria, e vittovaglia che poteva bastare a tutta l'armata per cinque giorni, talchè consultandosi le cose, eran diversi i pareri. Fu D. Giovanni esortato a tornar di nuovo a vista dell'armata nemica, e sfidarla a combattere; e se al solito la battaglia ricusasse, passar-

sene al braccio di Maina , per dare a quei paesani le armi
che avevano chieste, e per mostrarsi lor grato della volontà
che avevan mostrato , mandandogli ad offerire per un fratello d'un lor vescovo ottomila fanti armati , e dodicimila disarmati , che tra sei giorni , se s'accettavano, sarian venuti ;
e confortati che fossero a mantenersi in fede, mandar genti
e munizioni in Candia e al Cerigo , e ripassando di nuovo a vista de'nemici se ne tornasse in Italia. Questo parere
non fu dal consiglio decisivo approvato , ma bensì fecer vedere diligentemente le vittovaglie ch'eran nell'armata , e ritrovato che tra le galere e le navi non ve n'aveva se non
per ventotto giorni , vi formarono subito le razioni del vitto, aspettandosi il fine della macchina per assalir gl'inimici.

Frattanto facendosi acqua al solito , sebben circa a trecento cavalli vi comparissero , non attaccarono però scaramuccia , nè diedero impaccio. D. Giovanni vedendo in quel
porto molti vascelli venturieri , e quindici che ve ne sopraggiunsero, i quali al Zante eran rimasti con le navi, ne fece
di tutti Capitano il Conte di Condianì. Fu proposto in questo
tempo che Marc'Antonio con trenta galere andasse a metter in
terra quattrocento scelti Spagnuoli con diciotto fregate , per
far presto allo sbarcare e al rimbarcarli , con li quali il
forte , che i nemici nella montagnetta avevano fatto , si ri-
conoscesse. Ma per una grossa pioggia , e cattivo tempo di
mare che sopravvenne, non si potè fare. La macchina intanto,
che con molta espettazione si fabbricava , teneva gli animi
in tanta ansietà , che risoluto D. Giovanni che si finisse ,
fece accostare in terra le galere , mandando con molta sollecitudine le buonevoglie (*) con gli schifi a fare il terreno per
empire il bastione , al quale non mancava altro che il terrapieno. Ma quando dal terreno la macchina sentissi aggrava-
ta , tal segno diede di non poter sostenerlo , che conoscendosi chiaro , che col peso dell'artiglieria si sarebbe affonda-
ta, fu dismesso il lavoro, procurando di salvare i fusti delle
galere per riarmarle.

(*) *Buonavoglia* -- Uomo che serve per mercede , non forzato , al remo.

Continuava l'armata nemica di star nel medesimo porto senza partirsi, e intendevasi essere stata abbondantemente soccorsa di vittovaglie, di molta gente da combattere da piedi e da cavallo, e d'ogni cosa alla guerra necessaria. Alla nostra per il contrario cominciava a venir meno il vitto, soprastavano i pericoli della stagione, che minacciava fortuna; e il Colonna e il Doria, che più instavano per l'impresa di Modone, già si protestavano, che per consiglio loro non si tratteneva l'armata, alla quale dicevano più convenirsi di tornare in Italia, poichè in quelle parti si perdeva il tempo senza profitto. Ma gridavano i Veneziani, e si dolevano che sempre nel più bello delle cose erano abbandonati, e Don Giovanni più di tutti stava smarrito: il quale non sapendo a qual consiglio appigliarsi, tra il tornare o lo stare, con molto affanno fluttuava. Vedeva da una banda la impresa di Modone con poca speranza di buon successo, la qual temeva che gli apportasse vergogna. Temeva dall'altra le mormorazioni e il dir delle genti, che senza far cosa alcuna con sì grande apparato, e senza tentare impresa, si fosse partito; e le querele de' Veneziani non poco lo commovevano. Alla fine parendo a'Veneziani che per allora non si potesse far altro, fu risoluta l'impresa di Navarrino, la quale per più compitamente scrivere, al libro seguente ho riservata. Nel qual libro le cose che dipoi in disunion della Lega son succedute, distintamente ancora si leggeranno.

COMMENTARI
DELLA GUERRA DI CIPRO

LIBRO QUINTO

AVARRINO, dagli antichi chiamata Pilo, che fu già patria del vecchio Nestore, oggi picciola terra che a quattrocento case non arriva, poco lontano dall'isola del Rodano sopra un alto sasso risiede; il quale da tre lati battuto dal mare, da uno di essi ha un canale sì stretto, che con una galera per volta si può per esso appena entrare nel porto, e da esso non molto lontano due stagni l'abbracciano, che nella stessa banda da terra non gli lasciano più di due passi, de' quali uno è molto stretto, e l'altro di non molta larghezza, sicchè a guisa di penisola rimane. Di prendere questa terra malamente fortificata, senza fossi e senza baluardi, benchè con alcuni deboli fianchi all'antica, non perchè paresse meritevole a tanta armata, ma per non aver altro che fare in pro de' Veneziani, e per contentare il Principe di Parma, che desiderava di far qualche cosa; fu a lui da D. Giovanni data la cura. Quindi senza trattarne nel consiglio reale, perciò che sapeva, che da molti di quei consiglieri l'impresa saria stata biasimata, fece sbarcar due mila e cinquecento Spagnuoli del Padiglia, mille e cinquecento del Moncada; cinquecento Italiani del Papa, ed altrettanti de' Veneziani col Colonnello Moretto Calabrese; oltre agli avventurieri in numero più di mille, che tutti vi smontarono; e furono posti in terra diciannove pezzi d'artiglierie. Accostossi la notte il terzo del Padiglia sotto di Navarrino, e guadagnossi il passo stretto con poca fatica, ma con qualche danno, che s'ebbe dall'artiglieria della terra; ma non essendosi posto difesa all'altro passo, come il Conte di Sarno aveva consigliato, venne per esso il giorno seguente Ucciallì, e con mille bravi soldati a piedi, da due mila cavalli guardati, entrò nella terra, di dove fece uscir fuori tutte le donne i vecchi ed i fanciulli, empiendo il tutto di vittovaglie per quanti vi potevan capire, e subito mandò fuori quei soldati alla scaramuccia. Attendeva il Principe a far salire su la costa l'artiglieria dalle ciurme delle galee e da' soldati; ed assettava la batteria, nella quale accomodati ed aggiustati che furono tre pezzi, cominciò a sparare alcuni tiri. Ma la scaramuccia tuttavia si rinforzava, e l'artiglieria de' nemici danneggiava uccidendone diversi, quando i nostri con molto ardire si diedero a salire, ed a guadagnar del tutto quell'erta, nella quale D. Pietro di Toledo, Paolo Sforza e Moretto Calabrese tra gli altri mostrarono tanto valore, che essendo bravamente seguiti, non solo ributtarono i nemici, e fino alla porta della terra gl'incalzarono, ma furono anche vicini ad entrare nella fortezza mischiati con essi; de' quali uccisero molti, e dei nostri appunto trenta morirono, benchè di feriti ve ne fossero molti. Comandò la sera il Principe che s'attendesse la notte con diligenza a metter in ordine, ed a cavallo l'artiglieria, e le diede per guardia cinquecento Tedeschi armati di corsaletti. Ma sopraggiunse la stessa notte grandissima pioggia, sicchè con molto travaglio poterono accavallare nove cannoni e tre sagri; nè vi fecer trincere, nè piatteforme, se non che invece di gabbioni, si servìron di botti, le quali piene di pietre intramezzarono tra li cannoni. Fin dal prin-

cipio che si trattò di prender Navarrino, essendovi quantità
di avventurieri nobili, de' quali la maggior parte erano napolitani e francesi, perciò che più di cento cavalieri erano
con l'Umena; e sapendosi che tutti avrian procurato di segnalarsi, onorò D. Giovanni il Duca d'Atri con crearlo
Generale di essi, parendogli che pel valore, per la nobiltà
e per ogni rispetto nessuno dovesse aggravarsi di obbedirlo. Questi co' suoi venturieri sostenuta la scaramuccia della
sera con molta bravura, s'era poi tornato a star la notte in
galea. Ma la mattina seguente fu molto sollecito a ritornare
alle fazioni. I Turchi intanto con numeroso esercito di cavalleria e di fanteria, s'erano la notte accostati alla terra
per la via donde v'avevano posto il soccorso, e piantatovi
molti padiglioni, si trovarono la mattina accampati. Onde
benchè il mal tempo durasse, non lasciarono i nostri di cominciare a batter la terra. Ma era la batteria più di quattrocento passi lontana; e tanto bassa, che quantunque col-
pisse, sfuggivano i tiri, sicchè poco profitto faceva; e non
avendo la nostra artiglieria ripari, per la difficoltà del luogo
sassoso senza terreno, in breve dall'artiglieria nemica ne
furono scavallati cinque pezzi, e dei bombardieri alcuni furono uccisi. Inteso D. Giovanni che l'impresa riusciva più
difficile di quello che s'era immaginato, calò in terra, e trattando col Principe del rimedio, risolverono di piantar la
batteria più presso, ed in galea tornossene. Stavano i nostri
soldati tanto malconci, quanto si può giudicare, non avendo
coperta alcuna che dalla continua pioggia li riparasse; onde
non potevano degli archibugi servirsi, mentre che nè anche
i micci potevano tenere accesi; di che avvedutisi i Turchi,
e sperando di sbigottirli, diedero all'arme nel campo. Ma confortati i nostri dai loro Capitani, che per quei disagi non
si smarrissero, mostrarono tutti molta prontezza al combattere, conoscendo che con la pioggia non potevano i nemici
aver vantaggio; e con tanta bravura gli Spagnuoli alzaron
le grida, che si vantarono ancora, che quantunque gli archibugi non potessero adoprare, con le sole spade a suon di
bastone farebbero i Turchi fuggire. La notte, venendo

il quattro del mese, che fu il giorno di S. Francesco, non ostante che sempre piovesse, furono condotti parecchi pezzi assai più vicino alla fortezza; e seguitandosi il battere, poco più danno si faceva da quel luogo, che dall'altro più lungi; perchè sebben v'era la vicinanza di meglio, non v'era però l'altezza conveniente, sicchè medesimamente i tiri sbalzavano in aria. Battevasi nondimeno continuamente; e mandò D. Giovanni altri cinquecento Tedeschi armati, per cacciarli sotto alle mura, con intenzione che si desse l'assalto, e per compassione de'poveri soldati tutti bagnati, acciò che si rincorassero, mandò loro molti trinchetti e caprie dalle galee, perchè sene facessero tende. Ma il Principe avendo notte e dì travagliato, vedendo quanto mal rispondeva ai suoi pensieri l'impresa, ne stava mal contento. Non era da dare assalto dove si vedeva che a tutte ore introducevano gl'inimici quanta gente volevano, e per impedir loro quel passo bisognava avventurar molte migliaia di uomini in battaglia campale, a tempo che i Turchi erano in campagna con fanteria e con cavalleria potenti. La pioggia senza intermissione continuava, e faceva sbigottire; le cose male incamminate mostravano che l'espugnazione della fortezza non si farebbe sì presto; le vittovaglie che a'nostri venivano meno, agl'inimici crescevano, vedendosi continuamente molti cammelli che ne portavano. Vedevasi un gran campo di Turchi, che facea mostra d'infinite tende sopra certe colline sette miglia lontane, che veniva ad esser quasi nel mezzo tra Navarrino e Modone. Dicevasi dippiù esser venute genti a riconoscere alle bocche del porto, dalla parte di terraferma; onde si poteva temere, che avessero i nemici mandato ad impedir l'uscita alla nostra armata dal porto. Onde D. Giovanni di galea se ne venne nel campo, ed ascoltato i pareri de'Capitani ed uomini esperti che vi erano, se ne tornò a deliberare con Marc'Antonio e col Foscarino, coi quali, per le cagioni predette, e perchè non v'erano biscotti, se non per sette giorni, essendosi consumato in pochi giorni in terra quello che in galea saria bastato molti dì; fu risoluto che il campo si ritirasse. Andò perciò Marc'Antonio nel campo a far che l'artiglieria con prestezza si levasse , e che a' soldati che avevan tanto patito si desse ristoro. Furono ancora sbarcati dalle galee mille ed ottocento fanti del terzo di Sicilia di D. Diego Enriquez , acciocchè nella ritirata fossero stati più forti , quando il nemico gli avesse assaliti. Mentre Marc'Antonio tutta la notte , che fu serena , travagliava a far tirare l'artiglieria dagli Spagnuoli per non lasciarvi pur un barile, ancora a giorno vi restavan tre pezzi. E come egli odiava le imprese, che non si conducevano a fine , disse con qualche cavaliere , dolendosi: Se questo buon tempo fosse stato mentre che eravamo in consiglio , non si deliberava la ritirata , perchè nessuna cosa sbigottì tanto i Veneziani, quanto il mal tempo , oltre alla pubblica voce che correva nel campo che così conveniva di fare. Il giorno seguente entrarono nella terra ottanta cammelli carichi di munizioni , ed essendo dalle mura caduta a caso un' insegna de' nemici , molti dei nostri archibugieri si avventarono per guadagnarla. Ma un Turco a cavallo senza stimar le archibugiate, seppe far tanto che la ricuperò. Trattavasi in questo del modo della ritirata , ed essendo varie le opinioni , si conchiuse alla fine che si facesse di notte per lo passo tra lo stagno e 'l mare; e che s'andasse ad imbarcare quattro miglia lontano, nel luogo ove era solito a farsi l'acqua ; perchè nello stesso tempo se ne farebbe di nuovo per tutta l'armata ; e che per guardia dello stretto , donde avevano i nostri soldati a passare , si fosse posto all'incontro di là dal canale del mare su la costa una mano di moschettieri. Aspettossi che fosse venuta la notte ; ed allora il Principe marciò di vanguardia con gl'Italiani, col terzo di D. Diego Enriquez , coi Tedeschi, e col terzo del Moncada. Di retroguardia fu il Padiglia col suo terzo , e con gli avventurieri napolitani. I soldati che stavano a vista delle mura lasciarono i micci degli archibugi accesi per non far intendere che si partivano, e fu fatto lor tener coperti quei che portavano, acciocchè a mira di quelli l'artiglieria della fortezza al passar lo stretto non ne avesse fatto danno. Così marciandosi chetamente circa a due miglia s'incominciarono poi a battere i tamburi, senza aver avuto

disturbo , e senza perdere cosa alcuna. Giunsesi all' acqua
nel far del giorno, di modo che il comodo fè contrappeso
all' onesto. Mentre questo in terra si faceva , nelle galee si
stava in arme , temendo che venisse l' armata nemica, essendosi alla bocca del porto scoperti alcuni vascelli. L'esercito
de' nemici di terra , la stessa notte che i nostri marciava-
no , s' era molto avvicinato ; e fu giudicato da chi sapeva,
che se al tempo della nostra ritirata fosse stato assalito ,
finalmente si saria rotto. Però nel far del giorno furono
dalla vanguardia scoperti alcuni cavalli , che furon cagione di dar all' arme nel campo ; e marciando i nostri
in battaglia guadagnarono alcune colline , ed altri la campagna atta al combattere per difender l'acqua contro la
cavalleria , di cui comparvero tre stendardi , che in tutto
dovevano essere ottocento cavalli , che facilmente scaramucciando , furono ributtati. E prima che la scaramuccia
s'attaccasse , avendo D. Giovanni avvisato il Principe, che
l'esercito nemico era molto vicino, mostrando di voler combatter col nostro, onde l'esortava a non perder l'occasione ,
che lo stesso avrebbe fatto egli , se l'armata fosse venuta; e
mandatogli cinque pezzi di artiglieria da campagna , fu cagione che si stesse molto in cervello, e si teneva per certo
che quel giorno si dovesse far fatto d'arme. Aveva quella
cavalleria per un pezzo travagliato i nostri, avendovi ucciso un cavaliere di S. Giovanni, Piemontese dei Marchesi di
Ceva, il quale troppo coraggioso fece quel giorno gran
prove , e molti fattone ritirare , quando uno squadrone di
Tedeschi armato le diè carica molto gagliarda, essendo considerato per cosa strana, che da' Tedeschi senz'archibugi i
cavalli la ricevessero. Gli squadroni degli Spagnuoli , che
stavano al piano, si mossero, credendo che si dovesse combattere , ma essendo già i nemici del tutto partiti , e non
restando altro che fare , s'imbarcò ognuno senza disturbo ,
non ostante che ad un tiro di cannone indi lontano si vedessero molti padiglioni intorno al lido, che dicevano essere
il sesto Bascià con quattordici mila cavalli, e gran fanteria
del Beglierbeì della Grecia ivi accampati.

Ora i pensieri e gli sforzi de'Turchi nelle cose dell'armata di questo anno convien che io racconti. Com'ebbe Ucciall messa insieme quell'armata, come meglio potè di genti collettizie ed inesperte, si venne a porre nel Peloponneso, non per voglia che avesse d'incontrare e combattere l'armata cristiana, la quale sapeva essere potentissima, ma per guardare quei porti e quelle città. Al quale effetto temendo le forze de'Cristiani in quella provincia, ed avendo determinato di non partirsene per la sicurezza che la sua armata vi aveva, e di difenderla, avevane al primo comparir che vi fece l'armata nostra avvisato Cussaim Bassà e Serao Agà Beglierbeì della Grecia, i quali si trovavano a Monasterio città della Macedonia con imperio supremo della provincia; e pregatoli a mandargli soccorso. Costoro risoluti di non muoversi senza ordine espresso del Gran Signore, subito a Costantinopoli spedirono un messo, perchè lor fosse ordinato quello che avevano a fare. Ed essendo stato lor comandato che con tutte le forze provvedessero ai bisogni di Ucciall, dell'armata e della Morea, con quelle poche genti, che si trovavano in essere, che non furono più di ottocento Giannizzeri, seicento cavalli ed altrettanti schiavi rinnegati e servitori, in cammino si posero, mandando prima ordine alla cavalleria, che ne'presidì circonvicini si ritrovava fino al numero di ottomila, che senza dimora li seguisse. Ma ebbero il viaggio tanto aspro, per esser montuoso ed alpestre, che convenendo loro anche d'andar molto girando per provveder la pastura, appena in un mese di tempo arrivarono a Navarrino, benchè tutte le diligenze possibili avessero fatte per presto arrivarvi. Quivi la loro armata dalla cristiana assediata ritrovano; onde presi gli alloggiamenti ed accampatisi, con Ucciall vengono a parlamento, e di lui gravemente si dolgono, che lasciandosi porre in quelle strettezze, l'armata del Gran Signore e tutte quelle nobili città abbia esposte a manifesta rovina. Fu la ripresa del Bassà, e del Beglierbeì dalle querele de'Governatori di Modone, di Corone e di Navarrino accompagnata; perocchè dicevano che la venuta dell'armata in quei luoghi aveva in somma

24

necessità ridotto le cose, avendo tutte le munizioni consumate, che per sostentamento di quei luoghi dovevan bastare; e che in maggiori strettezze la venuta del Bassà e del Beglierbeì posti gli aveva con le genti da loro condottevi, e che tuttavia vi arrivavano; de' quali tutti danni a Ucciali davano colpa; poichè dalla sua tardanza in quei porti necessariamente la venuta del Bassà e del Beglierbeì era seguita. Ucciali, senza che d'alcuna di queste cose voglia purgarsi, dice che le cose delle guerre non consistono nelle dispute e nelle parole; ma che la presente occasione ha di fatti mestiero; e che per tanto a carico loro deve esser di porre buoni ordini per difender le città e luoghi di terra; che quanto a quello che spetta all'armata egli molto bene, come ha sempre fatto, saprà conservarla. Quinci ripartendosi i pesi, gli uni alle cose di terra, e l'altro a quelle del mare attendendo, le cose che dette si sono se n'andavan vedendo. Ma se a' Cristiani il mancamento delle vittovaglie cominciava a farsi sentire, erano essi a tanta necessità ridotti, che non vedevano via come la lor armata potesser salvare, perciocchè essendo tanto alla cristiana vicina, nè poteva per la sua moltitudine sperare di fuggirsene di nascosto; nè, quando alla scoperta avesse tentato d'andarsene, poteva schivare il combattere, chè la strage dell'anno passato, e maggiore la minacciava. E di tutti questi mali vedendo Ucciali a sè solo darsi la colpa, in tanta ansietà s'era ridotto, che non parendogli in altro modo di poter fuggir l'ira del suo Signore, appresso del quale sapeva che essendo accusato, niuna scusa gli avrebbe giovato, con ventisei galee a suo soldo ben rinforzate e provviste di fuggirsene in Africa andava facendo disegno. E che tale fosse molte volte l'animo suo, da persona sua intrinseca m'è stato riferito, la quale osservando cautamente le sue azioni, molto ben s'accorgeva che non ad altro fine andava egli dicendo che sospettava che l'armata cattolica in quelle parti passasse, e che voleva egli star pronto per esser addosso all'improvviso; che per coprire con questa bravata il timore che avea della morte, e l'infamia della fuga che macchinava. Ma non sapendosi da' nostri tanta necessità loro, e credendosi che tanti cammelli, che si vedevano entrare in Navarrino con astuzia militare, fossero manifesto argomento di molta abbondanza che avesser di vittovaglie; non pur dall'impresa di Navarrino si tolsero, ma allegando che per mancamento di biscotti non potevan più trattenersi, cominciarono a risolvere di tornarsene in Italia. Ecco di nuovo i Veneziani a gridare; eccoli a dolersi che in tutti i modi, ed in tutte le occasioni sono dagli Spagnuoli burlati, i quali dicevano non ad altro fine esser venuti con quell'armata, che per pigliarsi piacere delle necessità loro, poichè era cosa ridicola, quando fosser venuti con animo sincero, che non s'avesser portato da vivere se non per due mesi. Dicevano non esser tanto lontana la Sicilia e la Puglia abbondantissime di frumenti, che non ne potessero mandare a pigliare, trattenendosi ancor tanto che la risoluzion che prendesse l'armata nemica vedessero; e che fra tanto che la lor vittovaglia venisse, essi con la loro, di che avevano gran copia al Zante ed alla Cefalonia, l'avrebbono sostentati. Ma con tutto ciò nulla poterono quella risoluzione ritardare; e già si faceva partenza per il ritorno essendo il dì settimo di Ottobre, a D. Giovanni felice per la vittoria dell'anno passato, quando dalle fregate s'intese che due navi in alto mare erano dalle galee turchesche combattute. Il che non mancò chi credesse che fosse stratagemma per tirar l'armata a combattere; ma in vero una di esse venendo dal Zante carica di vittoglie, era dal vento stata cacciata al Cerigo, di donde veniva; e l'altra carica di merci veniva da Scio; e tratti i Turchi dal desiderio della preda, con dodici galee e con tre galeotte di guardia erano usciti da Modone per accaparle; ed esse con l'artiglieria, al meglio che potevano, si difendevano. Uscì dunque D. Giovanni dal porto con molta fretta, e dalle galee, che più se gli trovaron propinque, alla sfilata fu seguito; e tirando la parte di terra allo staglio de' vascelli nemici, ordina che, potendo incontrarli, s'investano. Uccialì per soccorrere i suoi fece uscir lungo la fortezza di Modone quarantaquattro galee, tirando cannonate senza allargarsi dalla fortezza, la quale similmente tirava, e così faceva ancor la collina fortificata, che sta sopra al mare, dove apparivano squadroni d'armati. D. Giovanni fece alto per combatter con quelle quarantaquattro galee se si fossero dilungate; ed alle galee, che avevano già guadagnato cammino, mandò che seguissero il cominciato. Scoprivasi il resto dell'armata turchesca dietro alla terra, e sotto alla montagna alta che prima fu fortificata. Ma quando vide Ucciali che alla volta sua si vogava, ritirossi al suo forte con tanta fretta, che non fu ritirata ma fuga. Le capitane di Marc'Antonio del Cardona del Caneletto e del Marchese di Santacroce facevano quanto potevano per prender alcuna delle galee nemiche, che alla volta del canale della Sapienza fuggivano, essendone tre sole in alto mare dilungate. Alla fine quella di Napoli, a cui venne più destro, investì e con poco contrasto guadagnò la capitana di Mamut nipote di Barbarossa e genero di Dragut, nella quale erano dugento dieci Cristiani al remo, che non voller vogare; ma il Mamut, come valoroso, combattè fino alla morte. Le altre galee con la fuga si salvarono, e rimasero franche le navi. Ritornato il Marchese con la galea presa, fu da D. Giovanni lodato, e con salva da lui e dagli altri Generali onorato. La nostra armata intanto essendo tutta in battaglia, che dalla bocca del porto per sette miglia si stendeva fino al capo della Sapienza, diede agl'inimici tanto spavento, che sbigottiti restandosi dentro al lor forte, non furono più visti nè uditi. Però trattenutasi alquanto in forma di corona incontro a Modone, poichè vide di non poter fare cosa alcuna, per l'isola del Prodano navigò al Zante. Gli schiavi presi in quella galea dissero che v'era ordine del Gran Turco, che posponendo ogni altra cosa, la sua armata a Costantinopoli si ritirasse. Ma che non conoscendo Ucciali di poter fare senz'esser dalla nostra assalito, aveva risoluto di salvarla, non partendosi di dove si trovava; poichè il luogo ben fortificato lo rendeva sicuro. Narravano il soccorso che gli era venuto del Bascià e del Beglierbeì; e dicevano che aveva Ucciali più volte pensato di salvarsi in terra con le genti abbandonando i vascelli, co'quali sapeva che non poteva resistere; e che quando il corpo nostro era a Navarrino, egli ogni giorno v'andava, e che aveva disegno di far un forte alla banda di terra verso la bocca del porto per impedire alla nostra armata l'uscita, e che i Turchi fermamente tenevano che i progressi di quest'anno non minor gloria avriano recata a' Cristiani di quelli dell'anno passato. Rifecersi le imbarcazioni al Zante, conforme a quelle delle Gomenizze, ed arrivovvi una nave carica di vittovaglie del Papa, a tempo che le sue galee ne avevano molto bisogno; e trattenutivisi i Veneziani per alcune lor provvisioni, alla fine si navigò al Porto Piscardo nella Cefalonia; e di là si mandarono le navi a Corfù facendole rimburchiare da trentuna galea fino a capo Ducato. Navigò appresso tutta l'armata, ma con una cattiva burrasca, la quale se non era con pioggia, si correva pericolo di perdersene gran parte. Fu però il travaglio di sorte, che ritornarono alcuni di dove erano partiti. Ma D. Giovanni col maggior numero delle galee giunse alle Gomenizze, essendosene perduta una del Papa nelle seccagne del Paxò. E mentre qui s'aspettavano le altre, a' diciotto di Ottobre vi giunse Consalvo Ferrante di Cordova Duca di Sessa, il quale per l'esperienza che aveva delle cose militari, ancorchè vecchio e dalla gotta stroppiato, era dal Re stato mandato quasi per collega di D. Giovanni, acciocchè le cose grandi non avessero luogo senza la sua deliberazione. Venne con nove galee di Spagna, che guidava Giovanni Vasquez de Coronado cavaliere di S. Giovanni, e seco venne Giovann'Andrea Doria con cinque altre galee. Vennevi anche con costoro D. Antonio Carafa Duca di Mondragone, il quale essendo stato dall'infermità necessitato a partirsi da Corfù, subito che fu risanato volle tornare. Vennevi Gabrio Serbelloni, ch'era rimasto in Sicilia, il Figueroa col suo terzo, e molti soldati ed avventurieri spagnuoli. Ritornò anche il Moriglio, il quale disse che alla volta del Zante aveva mandato due navi cariche di vittovaglie, e che cinque altre ne erano arrivate a Corfù. Ma non poterono tutte queste disporre D. Giovanni a voler più travagliare in quell'anno. I Veneziani mal soddisfatti non vollero accompagnarlo a Corfù, dicendo che volevano in quel porto restarsi, perchè i lor soldati da Corfù non si fuggissero. Restò con essi Marc'Antonio Colonna, per procurar di ricuperare della galea perduta quanto poteva; invece della quale aveva fatto istanza che se gli desse quella ch'era stata presa, ma non volle il Marchese di Santacroce consentirlo, offrendo di pagare il prezzo; la qual differenza fu serbata da decidere al Papa. D. Giovanni adunque con l'armata cattolica sola giunse a Corfù, ove senza salva e senza segno alcuno di allegrezza, molto differentemente dall'altre volte, fu ricevuto; il che diede maraviglia a ciascuno, e non potè D. Giovanni non dolersene, dandone colpa a qualche ordine, che n'avesse fatto il Foscarino, il quale col mezzo di Marc'Antonio se ne scusò, dicendo che era avvenuto per trascuraggine del Bailo di Corfù. La mattina seguente venne dalle Gomenizze il complemento dell'armata; la quale dalla fortezza sontuosamente fu salutata, ma non già da alcuna galea del Re risalutata. Instavano ancora i Veneziani, che con tutta l'armata si svernasse in quelle parti, per far l'impresa di Santa Maura o altra, finchè il tempo lo concedeva; ma allegando sempre D. Giovanni la penuria del vitto, non volle acconsentirlo. Ben mostrò che ad istanza loro si saria contentato di lasciar duemila fanti italiani del Re, ma ricusarono i capi e gli stessi soldati di volervi restare, scusandosi col mal trattamento de'Veneziani; per cagione di che della disobbedienza non furono puniti. Navigò D. Giovanni per Messina a squadra, e presso a lui seguì Giovanni Andrea restando il Marchese di Santacroce per far imbarcare dalle galee alle navi gl'Italiani del Re, che erano rimasti a Corfù. Il Foscarino accompagnò D. Giovanni fino all'uscir del canale, e lasciandolo con gran salva, se ne ritornò alla fortezza con intenzione di tornare al Cerigo per assicurar quell'isola e Candia al ritorno dell'armata nemica. Partì poi il Marchese di Santacroce, ed al capo di Santa Maria sbarcò i terzi del Padiglia e del Moncada, e molti signori avventurieri. Marc'Antonio si ridusse a Roma, e la sua armata a Livorno.

D. Giovanni a' venticinque di Ottobre giunse in Messina, ove attese a spedire l'esercito; indi sì per comodità di trattar le cose della Lega, come per trovarsi pronto al viaggio di Spagna, se il Re glielo comandasse, elesse di venire a Napoli con dieci galee; nè fu senza pericolo suo per gran fortuna che corse. Nel qual tempo le navi che portavano in Italia gl'Italiani del Re patirono fortuna maggiore, e correndo quale ad una banda, e quale ad un'altra, per molti giorni si tenner perdute. Ma i soldati per li molti disagi che vi patirono, la maggior parte morirono, il resto molto malconci mendicando se ne tornarono, con brutto spettacolo della mal ordinata milizia de' tempi nostri.

Intesi a Venezia i successi dell'armata del Re, ed i disgusti che il lor Generale n'aveva ricevuti; gran movimenti d'animi e grandi inclinazioni alla pace col Turco si videro; di maniera che non solo quelli che la guerra avevano sempre abborrita, ma gli altri ancora, che avendola favorita e persuasa, e già un pezzo erano cominciati a raffreddarsi, da tanti mali ed incomodi vinti, finalmente nel comun parere concorrevano. Domandavano molti de' più vecchi e più principali qual fine mai dovesse aver la miseria loro; dicevano aver inteso ragionando e nelle istorie letto molti esempî di uomini costantissimi, i quali per la salute della patria, per la dignità della Repubblica, per la conservazion dell'impero, non pur molti tormenti con gran costanza patirono, ma la morte ancora spontaneamente con molta lode soffersero. Ma che solo in Venezia questo primo esempio mostruoso vedevano di gente, che per rovinar la patria, per distrugger la pubblica e privata salute, e per annichilire affatto il comune dominio, contra tutte le avversità e contra tutti i mali si mostrano invitti. Domandavano da qual rabbia fossero agitati costoro, e per punizione di quali peccati nelle menti de' Veneziani fosse stata da Dio mandata tanta pazzia, che paia loro di far bella cosa col mandare in rovina, col dissipare tutto quanto possedono. Ammonivanli che una volta si ravvedessero, e che a sè stessi alla Repubblica loro alle lor facoltà alle mogli ai figliuoli alle case ed alla posterità avesser riguardo. Dicevano che non v'era di che dolersi del Re di Spagna, al quale quella Repubblica molto obbligo dovea tenere, ma sì bene la mala fortuna loro si doveva incolpare; poichè di sì gran Principe la buona intenzione, non potendo egli per la moltitudine delle cose ai fatti loro badare, da' suoi ministri con tanto lor danno era male eseguita. Che da essi si trovavano già tante e tante volte burlati, straziati, ingannati; le quali cose non eran più da soffrirsi. Che la pace col Turco poco onorevole riputar si dovesse; questa dicevano essere opinione degli sciocchi ed ignoranti. Ma essere stata sempre opra da saggi l'aggiustare i pensieri alle qualità delle cose; e cedendo talora alla malvagità de' tempi, alla fortuna migliore saper conservarsi; e quelle imprese, che per le forze loro non fanno, o in tutto non pigliarle, o pigliate, prudentemente deporre; che ciò abbiano fatto sempre i gran Re e le famose Repubbliche non solo il testimonio delle istorie insegnarlo, ma confermarlo l'esempio che ne dà oggi Cesare Massimiliano, il quale con la dignità dell'Impero, e con la potentissima famiglia d'Austria a tutti i Principi d'Europa superiore; quantunque tante regioni e paesi da questo stesso Turco gli sieno state iniquamente occupate; nientedimeno con ingiuste condizioni si è a lui con pace obbligato. Molto meno dover lo stesso recarsi a vergogna i Veneziani, i quali alle ricchezze ed alla potenza della casa d'Austria tanto inferiori, da coloro che seco si giungono, o ne' bisogni maggiori si trovano abbandonati, ovvero inutilmente aiutati. Queste cose già non occultamente in Venezia si ragionavano, ma nelle pubbliche piazze, ma nello stesso palazzo si discorrevano; tanto che nel Senato introdotte, da gravi Senatori furono con tanta autorità esagerate, che facilmente s'ottenne, che al Barbaro in Costantinopoli di nuovo si scrivesse di concludere la pace con qualunque condizione meglio riuscisse.

Ma mentre nelle delizie di Napoli altro fuoco, che quel della guerra, l'animo giovanile di D. Giovanni avea

scaldato, non mancava il General di Venezia di provvedere
alle cose importanti alla Repubblica sua, per ordine di cui
partissi ben presto il Soranzo da Corfù con ventidue galee,
per andare a provvedere ai bisogni di Cataro; e menando
seco cinque altre galee che trovò dalla Signoria poste a guardia del golfo, andò all'impresa di un forte che i Turchi
avevan fatto di fresco in una lingua di terra, per impedire
a' Cristiani il soccorrer quella città. Quivi fece metter in terra tremila soldati italiani sotto la cura del colonnello Moretto Calabrese, i quali per poco spazio battutolo con tre
soli cannoni, con poco contrasto l'espugnarono, benchè l'assalto fosse dato disordinato. Vi fur morti fino a trecento di
quelli di dentro, con presa del Sangiacco che lo difendeva,
e di parecchi de' suoi soldati, essendovi de' nostri morti pochissimi, tra' quali fu il capitano Morgante Genovese, e 'l
capitano Domenico di Butrio. Spianato subito il forte, e
provveduto Cataro di vittovaglie e di soldati, il Soranzo
con quelle galee se n'andò a Venezia.

Il Papa, che la continuazione della Lega desiderava,
non mancava di quanto poteva per darle argomento; e perciò veduto che il Re di Francia con veri effetti aveva fatto
conoscere il buon animo suo; e sapendo quello che aveva promesso al Cardinale Alessandrino quando v'andò legato; parendogli ora il tempo opportuno che l'eseguisse, mandogli per suo
Legato a latere il Cardinale D. Flavio Orsino, il quale oltra lo splendore del sangue e della dignità che teneva, era
uomo accortissimo e destro negoziatore. Doveva il Legato
rallegrarsi seco e ringraziarlo del cristianissimo saggio che
aveva dato al mondo del vero zelo, che aveva della cattolica Religione, ed invitarlo ancora ed esortarlo ad entrare
anch'egli nella santa confederazione della Lega, dalla quale,
quando con gli aiuti suoi potenti avesse preso vigore, non
dubitava che fecondissimi parti di allegrezza e di onore
fosse per riportare la fede di Gesù Cristo. Ed in Roma
frattanto attese con molta sollecitudine a far conchiudere il
ripartimento de' soldati e de' vascelli e degli armamenti, che
nell'impresa dell'anno seguente erano necessarie; e l'espedi-

zioni si facevano grandi ed onorevoli. Andò poi Marc'Antonio Colonna alla corte di Spagna per giustificarsi col Re delle cose dell'anno passato, ed essendo gratissimamente ricevuto ed onorato, fu confortato da lui a tornarsene con ogni prestezza in Italia, ed a procurar che l'armata per tempo potesse uscir fuori, assicurandolo che i buoni servizî suoi erano molto ben conosciuti, e che sariano stati in ogni tempo carissimi.

Tra tanti preparamenti di guerra non lasciò D. Giovanni di fare un atto generoso e degno di lui. Aveagli la moglie d'Alì Bascià mandato alcuni elettissimi doni di non poco valore, per li buoni trattamenti che aveva inteso che egli usò ai suoi figliuoli quando li prese, con averle mandato l'aio loro libero per confortarla. Egli non solo il tutto mandò a Roma ad uno di essi figliuoli, che si trovò vivo, di minor età, detto Sai, beì (poichè il maggiore detto Melebu, beì, mentre che andava a Roma in Napoli era morto), ma si diede anche a procurare con i collegati che gli dessero libertà; la quale ottenuta, con molto onore e con molte carezze fattolo da Roma venire, ad essa sua madre lo rimandò.

Mentre che in Roma tante espedizioni di soldati si facevano per il Papa, ed in Napoli per il Re si faceva il medesimo, non mancavano i Veneziani, quantunque avessero segreto intendimento di pace, di far anch'essi in Venezia gagliarde espedizioni. Assoldarono tra gli altri nuovamente per lor colonnello Giulio Colonna di Palestrina, con una onorata condotta, il quale nel Perugino e nella Marca d'Ancona attendeva bravamente a far le sue genti. A Camillo di Coreggio augumentarono la condotta di quattromila fanti; e perchè avendo egli lungamente servito alla Signoria, mal volentieri soffriva di andare sotto a Paolo Orsino Generale della fanteria, gli diedero anche una condotta di cavalli; acciocchè il suo carico non fosse soggetto. Aveva questo signore ripartito la sua condotta di fanteria per una parte in Roma, della quale a me scrittore diede carico di tre compagnie; alle quali mentre io con molta spesa per le

mie picciole forze attendeva, ecco che la pace tra'Veneziani
e'l Turco si conchiude, ed a me resta il danno di aver i
miei soldati presso a due mesi trattenuti. Fu questa pace in
Costantinopoli conchiusa del mese di Marzo l'anno del
MDLXXIII. le cui condizioni non dalla ragione, ma dalla
fortuna dispari accordate furono tanto a'Veneziani dannose,
che per più di due mesi da poi vergognandosene non le
vollero pubblicare. Anzi quando nel lor consiglio de'Pregati
furono lette, perchè col consenso di quello fossero stabilite,
tante contradizioni trovarono, che essendo i voti pari, per
una sola balla ottennero d'essere accettate. Molti vi furono
che con efficaci orazioni la pace dissuasero, e tra gli altri
Sebastian Veniero dopo che lungamente ebbe esortato e
pregato i suoi cittadini a procurare i frutti della gloriosa
vittoria, che nel suo generalato s'ottenne, soggiunse con
molta costanza: che se per la spesa soverchia la Repubblica s'induceva a pace sì fatta, egli per la sua parte liberamente offriva della facultà sua, che non era picciola, di far
tre parti; delle quali una donava alla patria, un'altra l'im-
prestava, finchè avesse comodità di restituirla, e l'altra per
sostentamento della sua casa si riservava, sperando che della
stessa prontezza dovessero molti altri trovarsi. Ma come difficil cosa è di trovar molti, che all'util privato il pubblico
antepongano, non fu il suo magnanimo esempio da alcun altro seguito; sicchè vinta la parte della pace, i capitoli di
essa furono accettati in questo modo — Che Selim de' Turchi
Signore promette per sè e suoi successori di ricevere i Veneziani in Lega e protezione, e di conservar loro pace per
trent'anni inviolabilmente. Che i Veneziani sieno obbligati di
pagargli per le spese e danni che egli ha ricevuti in questa
guerra, trecento mila zecchini; i quali se per tutto l'anno
del settantacinque non avranno pagati, la pace sia nulla. Che
sieno obbligati di cedere al Turco tutte le ragioni che hanno nel regno di Cipro. Che debbano restituirgli Soppotò,
Margaritò ed ogni altra terra che in questa guerra gli hanno occupato, ed in termine di sei mesi rifare a loro spese
il forte da loro spianato nel porto di Maina. Che tutto quello

che si trova Selim d'aver acquistato nella Dalmazia per ragione di guerra sia suo, ancora intorno a Cataro ed a Zara. Che debbano i Veneziani lasciare i prigioni fatti in questa guerra senz'altro riscatto. Che gli paghin ogni anno più del solito tributo duemila e cinquecento zecchini sopra il Zante e la Cefalonia, mentre durerà la pace tra loro. Che le merci di levante si lasceranno liberamente porteggiare, mercantare e vendere per tutti i luoghi del dominio di Venezia, senz'altra ragione alcuna del consueto, promettendo loro il Turco lo stesso. Che in tempo di guerra non armino i Veneziani più di sessanta galee, ancorchè il Turco n'armasse trecento, e che appresso alla persona del Turco debba assistere uno de' lor Senatori per le differenze che sogliono occorrere di mercanzie e di altro. All'incontro promette il Turco a' Veneziani di lasciar che i particolari della lor Repubblica, i quali nel regno di Cipro possedono feudi, entrate ed altri beni li godano con condizione che da lui ne piglino l'investitura, e promettangli fedeltà. E se per cagione di questo accordo fossero i Veneziani molestati da' Principi cristiani, promette egli di difenderli ed aiutarli con quanto sarà di bisogno. Che lascerà tutti i prigioni veneziani che sono in suo potere senza pagamento. Che alle isole di Candia Zante Cefalonia Andro Corfù ed altre della Signoria, durante la pace non si darà molestia, ma che le farà guardare e rispettare. Che i navigli de' Veneziani che navigheranno ne' suoi paesi saranno sicuri da' corsari e da ogni impedimento, promettendo i Veneziani di far lo stesso nel mare Adriatico ai vascelli turcheschi. Che sia lecito ai mercanti turchi ed ebrei di Costantinopoli e di altri luoghi suoi sudditi, di andare e praticare liberamente a Venezia, e a quelli di Venezia a Costantinopoli, e per tutto il suo dominio senza sospetto. Che se occorresse alla sua armata, passando, di toccare qualche luogo del dominio loro, sieno obbligati a darle rinfreschi, e quello che le bisognasse, pagandolo. Ed ultimamente si conceda a' Veneziani libera prattica, navigazione e traffico in Alessandria per le solite spezierie ed altre cose, come era innanzi, ed il simile in

Damasco ed in Cipro, riservandone però i porti di Famagosta, ed i Cerines, ne'quali non possano porteggiare.
Quando i Veneziani non poterono più tener celata questa
lor pace, si risolverono alfine di darne parte ai Principi
collegati, mostrando loro che tal risoluzione, benchè ad essi
dannosa, non doveva però biasmo portare, poichè la necessità l'aveva fatta pigliare.

Attendeva il Papa con molto fervore all'espedizion della
guerra, quando dall'ambasciadore di Venezia gli fu dato
questa nuova; dalla quale come percosso, da somma collera
agitato, disse all'ambasciadore, che se gli levasse d'avanti,
e che quella Repubblica scomunicava, e pieno di rancore
comandò subito che le galee del Gran Duca ed i soldati
si licenziassero. E chiedendogli Marc'Antonio licenza, senza
replica gliela diede. D. Giovanni inteso il successo abbattè
lo stendardo della Lega nel molo di Napoli, dove prima l'a-
veva inalberato. Ma il Re benignamente chiamatosi l'ambasciador veneto con molta quiete gli disse, che egli non essendo in cosa alcuna offeso dal Turco, richiesto dal Papa,
e per zelo della Religione si mosse a congiungersi co' Veneziani, alla salute de'quali mirando, in quel tempo con essi
si giunse; che essendo egli travagliato da due guerre sue
proprie ed interne, ragionevolmente se ne poteva scusare,
per non caricarsi di peso maggiore. Ma perchè creder si
deve che ognuno sappia molto bene le sue cose, se i Veneziani hanno conosciuto che così lor metta conto, han fatto bene di provvedere ai fatti loro. Che a lui non dispiace
però di deporre ad arbitrio loro quella guerra, la quale per
util loro ha cominciata. E che di essa assai premio pensa
di avere, se 'l mondo conosce che alla prestezza ch'egli ebbe
in pigliar sì santa guerra, la sua costanza in perseverarvi
abbia corrisposto. Temeva D. Giovanni non poco che il Re
in Spagna lo richiamasse, sapendo che non mancavano quelli
che per invidia della sua grandezza l'avevano procurato; e
desideroso di gloria, cercando di continuar a far qualche
impresa coi preparamenti fatti per armar con la Lega; mandò Sotto suo segretario al Re, per ottener che si conten-

tasse, che egli facesse con le forze che si trovava in essere
quell'anno l'impresa d'Algieri, perchè avendolo altre volte
tentato di quella di Tunisi (per la quale Amide, da quel
regno cacciato da' Turchi, instava) il Re non se ne contentò. Ma non piacendo a quel consiglio questa proposta,
in breve fu risoluto che si facesse quella di Tunisi, come
più breve, nella quale non sariano occorse altre spese che
quelle ch'erano state fatte; e molto ben pareva che convenisse la ricuperazion di quella città, nella cui possessione
quando i Turchi si fossero stabiliti, non poco pericolo porterebbe di far perder la fortezza della Goletta, la quale con
tanto esercito, con tante spese, con tutte le forze de' regni
suoi dall'Imperador Carlo fu presa, e di nuovo fortificata
ed ampliata; e la qual presa che fosse, facilmente ai regni
di Napoli di Sicilia e di Sardegna ai Turchi porgeria
scala. Faceva grand'animo a D. Giovanni la quantità degli
armamenti, e delle vittovaglie con molta copia di soldati
che in essere si trovava; con le quali cose i Turchi, che
Tunisi tenevano, sapeva che non potevano essergli pari;
nè creder poteva, che, essendo tra Selim e i Veneziani
seguita la pace, avesso mandato fuori sì grande armata quel-
l'anno. Ma intendendosi assai presto che a' tre di Giugno
era uscita l'armata da Costantinopoli molto potente, e che
nella Morca si tratteneva con pensiero di fortificar Corone,
e di far un forte alla bocca del porto Giunco, acciò che,
come l'anno passato, i Cristiani non vi potessero ricovera-
re; mandò D. Giovanni il Doria con cinquanta galee a Taranto, acciocchè di là mandasse a pigliar lingua de' nemici, e portando la provvisione della panatica, che ivi si faceva in Sicilia, in Messina avesse aspettato la sua venuta. E mandò anche a Malta per provveder quell'isola duemila fanti tra italiani spagnuoli e tedeschi. Ebbe ai sette di A-
gosto avviso da Giovanni Andrea, come avendo mandato Marcello Doria per saper dell'armata nemica, era già ritornato a-
vendola scoperta alla vela molto numerosa sopra alla Cefalonia, che tirava verso mezzodì, ond'egli tosto si trasferì
a Messina, ove gli arrivarono presto sei galee del Gran

Duca di Toscana con Paolo Giordano, Orsino Generale degl'Italiani, e quattro altre del Re che venivano di Spagna. Giunsevi anche Marcello che rinnovò l'avviso, che l'armata nemica era stata al capo delle Colonne in Calabria, e che aveva ordine dal gran Turco di apprestar la battaglia alla nostra; e se non avesse voluto uscire a combattere, di tirarle delle cannonate, per renderle lo scambio di quello che ad essa fu fatto a Modone l'anno passato, e di fermarsi alla fossa di S. Giovanni, di dove, quando Tunisi fosse stato assalito, l'avesse soccorso. Ma che non era piaciuto di ciò fare ad Ucciali, il quale sapeva che quell'armata non era atta per assaltar la nostra ne'suoi porti; e che nel ritorno se n'era andata al canal di Corfù per tentare se sotto l'amicizia si fosse potuta impadronire dell'armata de' Veneziani, della quale sapevano essi aver gran parte tenutasi in essere. Fu dunque rimandato al medesimo effetto lo stesso Marcello, che molto presto riportò, che per cagione del tempo s'erano i Turchi ritirati alla Velona con risoluzione di soccorrer Tunisi, bisognando, con quaranta galee rinforzate con tremila Giannizzeri. Però mandò D. Giovanni a Trapani le navi con D. Giovanni Francesco di Sangro Duca di Torremaggiore, che n'era Generale, acciocchè stessero apparecchiate per Tunisi, e lasciando il Marchese di Santacroce a Messina con cinquanta galee, se n'andò egli con altrettante a' quattro di Settembre a Palermo, rimandando di nuovo Marcello con tre ben rinforzate galee ad osservar puntualmente gli andamenti de' nemici. Sopraggiunsero quivi altre navi con soldati italiani, e quelle che portavano il Duca di Torremaggiore, che dal vento vi fur trasportate; ed ebbesi avviso da Otranto, che a' sette dello stesso mese l'armata nemica era sbarcata a Castro città piccola nel capo di Otranto. Che era essa di dugento cinquanta galee, venti galeotte, dodici maoni e quindici brigantini. Che avea dimorato ivi due giorni; e perchè un bombardiere sparò un tiro, che offese in modo una galea che ebbe ad affondarsi, avevano preso la terra con dugento anime; ma che il castello s'era tanto difeso, che molti Turchi vi rimasero morti alla campagna, onde il tempo avea fatto che con molto danno erasi ritirato a porto Panormo. Arrivarono intanto a D. Giovanni le galee di Napoli, ed ebbe avviso da Marcello che era giunto in Castro due ore dappoi che i nemici se n'eran partiti, i quali se n'andavano risoluti di fortificar porto Giunco; onde vedendo il tempo ormai tardo per l'impresa, deliberò di partirsi senza le navi e senza le altre galee e soldati che si aspettavano. Giunse a Trapani ove fu seguito dalle navi, e parendo ch'ivi non fosse luogo per tanti vascelli sicuro, si mandò a riconoscere un porto vicino a Marsala, e ritrovatolo capace, v'andò D. Giovanni con le galee e con altri vascelli da carico piccoli, e le navi si mandarono alla Favignana. Questo porto dagli antichi fu detto di Lilibeo, per esser posto sotto a quel promontorio, e non è stato in uso ne'tempi nostri, per non essere stata occasione di armata grande in quelle parti, oltre che la bocca di esso, al tempo che i Romani co'Cartaginesi guerreggiavano era stata accecata, acciocchè gl'inimici non vi ricoverassero; che quando questo non fosse, vi potrebbero star sicure molte navi. E difeso dalle secche, che lo circondano; e perchè sono quasi due porti, in uno di essi per due canali si può entrare con una galea per volta, e vi si trova porto buonissimo per duecento galee, restando fra il mare ed uno stagno, ed una lingua di terra bassa; il qual porto per esser or senza nome, e per essere stato rimesso in uso da D. Giovanni si è poi nominato il porto Austio. Qui D. Giovanni alcuni giorni fermossi frattanto che il tempo si accomodava, provvedendosi di cose necessarie per batterie, e di munizioni e vittovaglie per settanta giorni, e fece fabbricare alcuni barconi di tavole sottili, piani nel fondo e larghi, per potere in un tratto sbarcar nella spiaggia della Goletta senza porto gran quantità di soldati. Ed essendosi ai sette di Ottobre, giorno a lui propizio, accomodato il tempo, agli otto si partì per la Favignana; di dove fatto acqua per tutta l'armata, e menandosi seco il Re Amida di Tunisi, con tanta felicità navigò, che ai nove giunse alla Goletta, menando seco novantanove galee, delle quali quarantotto erano napolitane, venti siciliane, otto spagnuole, cinque dello stuolo di Giovanni Andrea, cinque del Gran Duca di Toscana, tre della Signoria di Genova, due della città di Palermo, quattro di Centurione, due de' Mari, una de' Sauli, ed una de' Grimaldi, e di più trentaquattro navi, e trent'altri vascelli da carico. Smontò in terra D. Giovanni lasciando a cura dell'armata il Cardona, ed andò a riconoscere l'alloggiamento, ove prima dovea posarsi l'esercito ed anche i soldati, che si trovavano nella Goletta; a piè della quale sbarcò una parte della fanteria, non avendo potuto sbarcarla al luogo destinato incontro all'alloggiamento, per una gagliarda burrasca che sopravvenne subito arrivati, la quale fu cagione che in un battello perissero più di settanta Tedeschi. Alloggiossi tra la torre dell'acqua e Cartagine vicino al mare largamente e con poco ordine. Radamà Bassà governatore di Tunisi, ed Aidari che nuovamente da Costantinopoli era venuto per suo successore, trovandosi con seimila fanti assoldati tra Turchi ed altre nazioni, ed altrettanti delle battaglie della provincia, diffidando con essi di difender quella Città contra tanta potenza, l'abbandonarono subito e se n'andarono co' loro Turchi al Caravano. Quivi non essendo ricevuti, fecero gli alloggiamenti in campagna, assoldando gli Alarbi, che son genti di nessuna fede, e di rapina vivono alla campagna per essere sicuri da loro. Lasciarono la città e la fortezza libera a D. Giovanni con grandissima quantità di vittovaglie e munizioni, e con trentatrè pezzi di artiglieria che era nello Aleazar, chè così si chiama il castello, saccheggiando nel partirsi gli abitatori di quanto si poteron portare in quella fretta. Ma nè i Mori stessi si fidarono a restarci, temendo di esser fatti schiavi; sicchè portandosi quello che poterono ancor essi, le cose migliori ascosero nelle proprie case, sotterrandole e murandole. D. Giovanni ancorchè fosse subito avvisato, che nella città si faceva tumulto, e si sforzasse Amida di far credere che i Mori contra i Turchi si sollevavano per la venuta sua, ed acquistavasi fede per alcuni tiri di artiglieria che vi furon sentiti sparare (che poi s'intese

22

che fu per la venuta del Luogotenente di Uccialì, il quale venne a dar ordine che la città si abbandonasse), andò pur la notte per lo stagno a riconoscere donde si potesse danneggiar la città, ed i soldati che sarebbero usciti a scaramucciare con l'artiglieria, che dalla Goletta disegnava di condurvi con uno di quei barconi sottili per ciascun pezzo. Ma intesesi la mattina che la città era stata abbandonata da tutti. Onde chiedeva Amida di uscire in campagna e di andare a ricuperarsi il regno, dal quale era stato cacciato da Uccialì. Ma non parve bene a D. Giovanni di usar con lui cortesia, essendo egli conosciuto per uomo di malissima vita, anzi bestiale, che per li mali suoi portamenti era odiato da tutti; infedele dippiù al Re di Spagna, al quale non volle mai pagare il tributo, che fu imposto a Muleasser suo padre dall'Imperadore quando lo ripose a sue spese in quel regno. Avea fatto inoltre grandissima strage de' Cristiani, che lo stesso Imperadore vi avea mandati in favore di esso suo padre; il quale egli avea scacciato, e con orrenda empietà cavatoli gli occhi. Sicchè volendo egli uscire per andare a pigliar possesso di Tunisi, fece lui ritenere nella Goletta, e si pose a marciare con l'esercito. Era questo forte di circa a quindicimila fanti, cioè milledugento di Pagan Doria, duemila settecento di Paolo Sforza, mille e cinquecento di Ferrante Gonzaga Marchese di Castiglione, ed ottocento di Ottavio Gonzaga, colonnelli italiani, duemila settecento Spagnuoli del terzo di D. Lopez de Figueroa, mille settecento di D. Pietro di Padiglia, cinquecento di D. Diego Enriquez, ed intorno a tremila, co' quali si contavano dugento Italiani che stavano nella Goletta in governo di Andrea Salazar, oltre a mille cinquecento Tedeschi del conte Girolamo da Lodrone, ed oltre a centosettanta cavalli archibugieri sotto D. Cesare d'Avalos, con alcuni altri di D. Pietro Zappada, e di D. Luigi d'Ajala a compimento di dugentocinquanta; ed intorno a centocinquanta tra Mori della Goletta, e Spagnuoli alla Giannetta, di tutti i quali era Generale Vincenzo Tuttavilla Conte di Sarno. Dell'artiglieria che veniva con l'armata non se ne condusse, non parendo necessaria, ma si presero per ogni rispetto dalla fortezza sei pezzi grossi di campagna, di cui ebbe cura Gabrio Serbellone Generale dell'artiglieria. D'avventurieri in questa giornata vi furono pochi, tra'quali furono Marzio Colloreto, molti cavalieri di S. Giovanni e Bartolomeo Sereno che scrive. Marciossi per la parte di Cartagine, vicino allo stagno che resta a mano sinistra, e per consiglio d'Antonio Doria, che con molta autorità veniva con D. Giovanni, s'andò ad alloggiare a dirittura d'Ariana, luogo di cui i primogeniti dei Re di Tunisi prendon titolo di Principi, per la comodità d'alcuni pozzi d'acqua dolce, e di un bosco ameno di olivi. Di qui si mandò il Marchese di Santacroce coi soldati che stavano nella Goletta a pigliare il possesso di Tunisi e della fortezza. Ed il giorno seguente, che fu il XII di Ottobre, marciò il campo, il quale arrivato circa ad un miglio vicino alla città, da D. Giovanni fu fatto fermare, ed egli con alcuni cavalieri a cavallo entrò nella città abbandonata, la quale con miserabil vista mostrava ch'era stata saccheggiata. Dappoi che fu egli entrato nell'Aleazar, fece entrar l'esercito, e ripartirgli gli alloggiamenti; ed il giorno dappoi fattosi venir Maomet fratello minore di Amida nominato l'Infante di Tunisi, il quale perseguitato dal fratello, era stato trattenuto nei regni del Re di Spagna tra'Cristiani molti anni, gli diede autorità e titolo di Governatore, con la cura di Tunisi a nome del re Filippo, acciocchè sotto il governo suo tornassero i Tunisini ad abitar la città. Ragunò poi il consiglio, nel quale intervennero il Duca di Sessa, Antonio Doria, tutti i generali, colonnelli, mastri di campo ed officiali principali dell'esercito, e D. Carlo d'Avalos, con D. Michele di Moncada, che erano consiglieri di D. Giovanni. Da cui (perciocchè diligentemente aveva la città circondata, ed il sito considerato) fu proposto di fare un forte tra lo stagno e la città, che per esso stagno avesse con la Goletta corrispondenza, per lasciarvi dentro un grosso presidio per le cose che potesser succedere, tenendo in freno quella città. Non parve a molti buono questo consiglio, e particolarmente a D. Michele di Moncada, il quale con

alcuni altri consigliava che Tunisi si spianasse per non cau-
sare al Re spesa maggiore. Ma prevalendo l'altra opinione,
fu risoluto che il forte si facesse, concorrendovi il Duca di
Sessa ed Antonio Doria; il quale oltre a questo forte
consigliava che se ne facesse un altro alla punta di porto
Farina, allegandone cagioni di molta considerazione. E come era Gabrio Serbellone nella scienza e nella prattica del
fortificare eccellentissimo, così fu a lui data la cura della
forma della grandezza della fabbrica, e parimenti della
difesa. Egli fatto elezione d'una forma sessagona, disegnò
il forte di sei baluardi con tanto spazio di circuito, che di
ottomila combattenti fosse capace, e con quattromila si rendesse sicuro; il che gli parve di così fare, perchè ne'tempi delle guerre convenendo di tener genti a guardia della
città, non fossero i cittadini gravati dagli alloggiamenti, ma
tutti avessero nel forte comoda stanza. Ora il sito di Tunisi, e la condizione del paese che lo circonda convien che
io descriva. È posta questa vecchia città non molto lontana
dall'antica Cartagine, le cui vestige e rovine, che ancora
di quella grandezza fan fede, di passo in passo si vedono;
e vi sono ancora delle antiche cisterne, forse dall'Imperador
Carlo V ristaurate, nelle quali ho bevuto io dell'acqua buonissima, di che è tutto il paese molto penurioso. Sta nella
costa dell'Africa in quella parte che è tra il promontorio
Ermea, oggi detto Capo Bono, e quello d'Apolline, che
ora si chiama Capo Farina, il quale dal porto che dentro
a lui si chiude capacissimo e sicurissimo, detto porto Farina, prende tal nome. Dal qual porto non è molto lontana la città di Biserta, che voglion molti che fosse Utica
antica, benchè si dica che quivi fossero i campi Cornelii,
per la qual passa il fiume Bagrada di nome famoso. Non
so ben risolvere se Tunisi sia città marittima per essere al
mare tanto vicina, o pure fra terra, poichè giacesi ascosa,
che dai naviganti non si discerne. A questa il nobilissimo
porto già di Cartagine, che di ogni grandissima armata era
capace, di circa a venti miglia di circuito, e di diametro di
sette, fin presso alle mura conduce; ma oggi più veramente

stagno, che porto si chiama, perciocchè di terra cinto da tutti i lati, con un sol picciolo canale dà adito al mare; essendo dal tempo con le immondizie della città, e con le alluvioni de'torrenti stato tanto ripieno, che appena nel picciol canale si può per il mezzo solcare, e con vascelli che abbiano il fondo piano, che d'altra sorte non li sostiene. In mezzo di questo stagno è una isoletta, nella quale è una buona torre con un poco di revellino forte. E nella ripa alla bocca che va al mare, è una fortezza anticamente fatta, la quale avendo Carlo V. espugnata, con una nuova fortificazione alla moderna in forma quadra co'suoi fianchi l'aveva ampliata; e da poi accortosi che non era sì picciola fortezza da poter resistere a grande sforzo (quando vi fosse venuto), molto maggiore spazio abbracciando, ed il canale dello stagno includendo, di maniera che dove prima passava presso alle mura, ora per mezzo della fortezza si varchi; con sei fortissimi baluardi la ricinse; e questa è la Goletta, la quale con gran riputazione e con grandissima spesa è stata poi sempre dalla corona di Spagna gelosamente guardata. Risoluto dunque il far la fortezza a Tunisi, e stabilitone il disegno, benchè si mostrasse il Serbellone prontissimo ad ogni fatica, opponeva però molte cose, che quella fabbrica avrebbon tardata; come di materiali di calce d'istromenti di maestri d'architetti e di ferramenti, il mancamento delle quali cose lo mettevano in difficoltà. Ma lo confortava D. Giovanni, e gli prometteva che d'Italia gli avrebbe mandato (quanto prima) di tutto il ricapito. Accetta dunque Gabrio l'impresa, e costituiscelo D. Giovanni Luogotenente del Re nella difesa di Tunisi, e del forte da farsi dell'isola e della Goletta; nella quale era Governatore D. Pietro Portocarrero col suo presidio ordinario; oltre del quale costituisce a Gabrio quattromila soldati italiani, sotto Pagan Doria, che n'era colonnello, quattromila Spagnuoli sotto il lor mastro di campo Salazar, e cento cavalli sotto D. Lopez Sturtado di Mendoza; ma in effetto tutti i soldati italiani e spagnuoli risegnati che furono, non si trovarono più di seimila. Restò adunque Maometto al go-

verno di Tunisi ; ed Amida con un suo figlio , che poi si
rese cristiano in Napoli , e con la moglie fu mandato in
Italia ; dove, privatamente vivendo col trattenimento che il
Re gli dava con alcune sue lance spezzate, finalmente morissi ; e nello imbarcare , senza riguardo alla grandezza di
tanti re suoi predecessori , senza alcuna dimostrazione di
virtù reale , molte indegnità commise, che lo mostrarono
uomo di poco valore.

Restava a D. Giovanni per lasciar quiete le cose di
Tunisi, di prender Biserta, la quale essendo forte tenevano
similmente i Turchi occupata. Or ecco che mentre d'andarvi
con l'esercito si apparecchiava, gli venne il Governatore di
essa dicendogli, che avendo i Bisertini inteso la felicità che
egli aveva avuto nell'acquisto di Tunisi, risoluti di scuotere
il duro giogo de' Turchi, s'erano unitamente contra loro sollevati; e di essi una parte uccisi, il resto avevano fatto prigioni, e che di una galea ed una galeotta che tenevano quivi
impadronitisi, i Cristiani che v'erano schiavi avevan liberati, ed i Turchi nel castello tenevano presi, per darli insieme con la terra al Re Cattolico , sotto la speranza del
quale s'erano sollevati. Il medesimo ancora inteso esser seguito a Begiar, poco di là distante; ed al Carvano, (come
s'è detto) non vollero ricevere i Turchi, che da Tunisi si
eran fuggiti. Però volle D. Giovanni partirsi da Tunisi con
l'esercito, per far cessare il danno che i soldati vi facevano,
e per dar luogo a'cittadini, che ad abitar vi tornassero.
Però che in cinque giorni che in Tunisi si stette, non trovandosi da principio altro che vittovaglie in gran quantità,
cominciarono i soldati a cavar nelle case, e trovandovi molti
mobili vi fecero sacco, ed in quelle cose che non si potevan
portare, o che non facevan per loro, fecero danno grandissimo. Particolarmente essendo riposta in alcuni grandi vasi di
terra molta quantità di olio di gran perfezione, i soldati
rompevano bestialmente que'vasi, perchè in alcuni di essi,
essendo molto alti, erano state trovate alcune cose d'argento,
che i Mori v'avevano ascose, sapendo che alla campagna sariano state lor tolte, e sperando di salvarle in quel modo.

Onde le strade tutte correvano d'olio. Ma piucchè in tutti i luoghi, gran danno vidi io nella Moschea, nella quale arrivando da poi che i primi soldati, che andavano a pigliar il possesso, v'erano stati, trovai una libreria molto copiosa scritta a mano in Arabico, nè vi trovai libro alcuno che non ne fossero molti quinterni stracciati.

Fece marciar D. Giovanni i soldati alla Goletta per imbarcarli per la via d'Arais, che è dall'altra parte dello stagno, e vedendo che gl'Italiani mal volentieri restavano a Tunisi, parlò loro con molta efficacia, promettendo che sariano ben pagati e meglio trattati, e fece far bandi che ognuno alla sua insegna si ritirasse, acciocchè di tutti si scegliessero quelli che dovevan restare. Fece attendere a levar munizioni e vettovaglie dalle navi, e mandarle a Tunisi per quei che restavano, e dato ad ogni cosa ricapito egli stesso tornovvi insieme col Duca di Sessa, per vedere se i Mori tornavano, e come co'soldati si accomodavano. I quali vedendo stare di malavoglia, procurò di confortare, dicendo loro che sebbene a' soldati tanti onorati, come essi erano, sapeva esser superfluo il ricordare quello che fosse officio loro, li pregava però a tenersi bene l'uno con l'altro, ad ingegnarsi di trattar bene i Mori, e ad essere obbedienti a' loro superiori. Ed egli prometteva loro di venire a levarli di quivi o di mandarvi, pigliando tempo due mesi, oltre ad Aprile, secondo la promessa fatta prima dal Duca di Sessa in suo nome; e che ben presto avrebbe mandato quaranta galee, acciocchè con l'aiuto delle ciurme si facilitasse a Gabrio l'opra del forte; e li pregava che di restar queti si contentassero, assicurandoli che fra tanto non sariano lor mancate le paghe ed ogni buon trattamento, oltre che egli avrebbe sempre tenuto particolar conto e memoria di loro. Ciò fatto, accostandosi al consiglio d'Antonio Doria, e volendo andare a Porto Farina per riconoscere quel sito, e di là a Biserta per provvederla, ordina che il Marchese di Santacroce e 'l Cardona con le loro squadre delle galee se ne vadano ad aspettarlo in Sicilia. Ma parendo al Cardona di aver miglior partenza da Porto Farina, v'andò seco, ove assaliti dal mal tempo, non poterono più andare a Biserta. Riconobbesi bene quel porto esser comodissimo a quello che si pretendeva, e che nella punta del braccio, che la terra stende nel mare, si saria potuto fare una capace fortezza, la quale non avendo comodità delle cose necessarie per farla, bastò di disegnarla; non mancando chi dicesse che saria stato meglio a non andarvi, che far intendere il suo disegno ai nemici senza servirsene. Era già il tempo molto avanti e l'andata a Biserta necessaria; però vi fu mandato Gil d'Andrada con sei galee rinforzate a pigliar quei vascelli insieme coi Turchi, e lasciarvi un presidio di trecento Spagnuoli sotto governo del Capitan Francesco Ajala de Sotto maggiore. Nel qual tempo essendo abbonacciato, navigò D. Giovanni alla Favignana, dove le galee di Napoli avevano patito tanto travaglio dal mare, che se n'era una perduta. Qui si trovò Marcello Doria, il quale avendo sempre l'armata nemica considerata, diè nuova come ella travagliata dal tempo e molto maltrattata, vedendo di non poter più soccorrer Tunisi, se n'era ne' suoi porti ritornata, non senza paura di essere dalla cristiana assalita; e che una notte, che per burrasca s'era allargata, vedendo da lungi tre fanali che erano delle lor proprie galee, temerono che fosse la nostra armata, onde si posero in molta confusione, sparando tutta la notte cannonate per giungersi insieme. Partissi dalla Favignana D. Giovanni, ed andò a Palermo ove fece poca dimora, e dato a' soldati ricapito, se ne passò a Napoli, di dove credea di esser chiamato dal Re per andare in Ispagna.

Selim intanto della perdita della sua armata afflitto, sentendo di nuovo la presa di Tunisi, e che a nome del Re di Spagna vi si faceva una nuova fortezza, ove pur non poteva soffrire che avesse la Goletta; di tanto sdegno s'accese, che giurando di voler con tutte le forze sue vendicarsi di tante offese, vi fu da Uccialì gagliardamente incitato; il quale gli prometteva che facendo la guerra, non pur Tunisi avria ricuperato, ma che avria anche a' Cristiani tolto quel nido della Goletta; dopo la quale ancora di acquistare in termini di tre anni la Sicilia e la Sardegna si vantava. Postosi adunque a fare preparamenti grandissimi di guerra, scrive Uccialì ai re e governatori di Tripoli d'Algieri e del Caravano suoi ministri, che stessero in ordine pel mese di Luglio del 1574 col maggior numero di soldati, che avessero potuto adunare, e con l'altre cose necessarie alla guerra, perchè a quel tempo sarebbe egli venuto con la maggiore armata e più possente che mai la casa Ottomana avesse avuta, per prender la Goletta, per ricuperar Tunisi e per cacciare il Re di Spagna dai lidi di Barberia.

Incominciaronsi questi apparati ad intendere, ed a temere da' Cristiani fino dal verno; ma più poterono a farli temere, che a stimolarli per la necessaria provvisione. Ma il Serbellone vedendo le cose malamente incamminate, e che quantunque ogni possibil diligenza avesse nella fabbrica posta, per mancamento delle cose necessarie, non solo non la poteva finire, ma nè anche abbastanza munirla per resistere a tanta forza; stava di molto mal animo. Avea per continue lettere ricordato, pregato e l'osservanza delle cose promessegli domandato; niente però gli era stato mandato; non danari per le paghe de' soldati, e per pagamento delle opere, non materiali, non ferramenti, non chiodi, non istrumenti di maestranza, non architetti, non maestri, non le quaranta galee promesse di mandare alla primavera, perchè con l'aiuto delle ciurme s'avanzasse. Di che a D. Giovanni però non si può dar colpa, perciocchè essendo per ordine del Re nello stato di Milano venuto, ed a Vigevano fatto fermare, nè potendo però alla spedizion delle cose intervenire, non aveva però mancato di far quanto poteva, avendo con lettere ordinato che gli uomini pattuiti, i danari, gli armamenti e le altre cose necessarie per soccorso a Gabrio si mandassero. Intanto essendo il Re molto bene avvisato delle forze del Turco, e temendo che all'arrivar di quell'armata a Tunisi il forte non fosse finito, non mancò d'avvertir D. Giovanni che, per fuggire il pericolo di perder le genti che v'erano rimaste (se però bene fosse a lui parso); avesse fatto ritirare i soldati tutti nella Goletta, ed il forte cominciato a spianare, acciocchè i nemici non se ne fusser potuto servire. Ma era D. Giovanni consigliato da Antonio Doria che il forte si dovesse seguire, fortificando ancora di più porto Farina, mostrando che dal regno di Tunisi si caverebbe tanto utile, che per la spesa che si saria fatta in mantenere tutte tre quelle fortezze, saria stato bastante. Che in esse nelle occasioni di guerra per comodità della vicinanza, dai regni di Sicilia e di Napoli si saria potuto metter tanta gente, che fosse bastata a fare il Re in breve tempo signore di tutta la riviera dell'Africa nel Mediterraneo. Al qual consiglio tanto più volentieri si attenne, quanto che essendo il forte molto innanzi, e'l tempo brevissimo, temeva che a tempo non si fosse potuto disfare, poichè da Giovanni Margliano nipote di Gabrio, che a posta lo venne a trovare a Vigevano, era certificato che per li venti di Maggio il forte saria stato in termine da potersi difendere. Ed oltre ad Antonio Doria, il Duca di Sessa ancora persuadeva che si finisse. Avvisò dunque D. Giovanni al Re la sua risoluzione; ed egli avvisato da D. Carlo Aragona Duca di Terranova, il quale era Presidente in Sicilia, della venuta che si aspettava certa dell'armata turchesca, e dei mancamenti ch'erano alla Goletta; lo avvertì che la soccorresse, intendendo che con duemila fanti si saria resa sicura. Scrisse però D. Giovanni in Napoli al Duca di Sessa che insieme col Vicerè con D. Garzia di Toledo e col Marchese di Santacroce avesse provvisto a mandare detto soccorso con ogni buon ordine. Ma bastò solo d'averlo trattato senza che si eseguisse; poichè domandandosi i danari al Vicerè, non volle mai darli, dicendo che di ciò non aveva ordine dal Re. Ma vedendosi che dal Re non veniva ordine sopra di ciò, e che gli avvisi dell'armata nemica si rinforzavano, furono mandate venti galee con D. Giovanni Cardona e D. Berardino Velasco a portare alla Goletta alcune munizioni, di che aveva più bisogno quella fortezza, le quali non essendo arrivate prima di mezzo Giugno, all'opera del forte furono di pochissimo aiuto. Poichè non potè Gabrio ottenere che più di dieci vi si fermassero, quantunque molto egli pregasse che con l'aiuto di quelle ciurme al

travaglio di quei poveri soldati si soccorresse , i quali di
giorno e di notte lavorando (con mirabil fervore di Pagano Doria, che per dar animo agli altri innanzi a tutti portava la corba di terra, e faceva ogni fatica) non potevano senza
aiuto maggiore finir quella fortezza; la quale se così imperfetta
trovassero i nemici, tanto gran danno porterebbe al Re ed a
quelle genti che lo servivano. Da che avvenne che alla venuta
dell'armata i muri non fossero alla debita altezza, poichè in
alcuni luoghi erano di dieci piedi , ed in molti di meno; i
parapetti di sopra non cominciati, le fosse in parte non co-
minciate, e in parte non abbastanza cavate, le strade coperte appena segnate. Oltre di ciò quattro bastioni, che
dalla parte della campagna si facevano innanzi al fosso, che
con la strada coperta si congiungevano , non erano ancora
più alti d' un' asta d' alabarda; e il muro della città che verso la fortezza ricopre, ancorchè fosse in parte rovinato,
non era però tanto abbassato, che ad essa non soprastesse;
non potendo le opere supplire alle fabbriche , dovendosene
in tanti bisogni partire ad alzare i cavalieri, a far le case
per li soldati, a fabbricare i magazzeni per vittovaglie e
munizioni, in portare esse munizioni dallo stagno alla fortezza, in far molini, in cavar cisterne ed empierle di acqua,
di cui fecero tanta provvisione , che sette cisterne intatte,
quando il forte fu preso, vi trovarono i Turchi; le quali
cose tutte con tanta penuria di tutte le cose necessarie , e
con sì poco numero di lavoratori nello spazio di otto mesi
si fecero. Mandò il Vicerè di Napoli ordine che Biserta si
abbandonasse, e che l' Ajala con quelle genti alla Goletta
si ritirasse, e che vi mandasse ancora il Serbellone nove
compagnie di fanteria; il che tutto si fece, conducendo dette
compagnie D. Giovanni de Sinoghera, che poi fu posto alla
difesa dell'isola. Ma mostrava D. Pietro Portocarrero di non
aver bisogno di tanta gente, e pareva che mal volentieri le
ricevesse, come colui che più a sostener l'assedio, che a
combatter s'apparechiava. Per il contrario restava Gabrio
mal volentieri con pochi, il quale mentre aspettava i soccorsi promessi, il Cardinal Granuela scriveva da Napoli al

Duca di Terranova in Sicilia, che gliene faceva istanza, che D. Giovanni con le galee di Marcello Doria v'avria mandato mille Spagnuoli di quelli ch'erano in Sardegna. Mentre i ministri del Re così lentamente provvedevano ai bisogni del forte o per irresoluzione o per avarizia o per malignità o forse per ogni cosa insieme, l'armata nemica diede in terra in Calabria a Monasteraci al capo di Stilo, dove volendo far acqua furono dagli abitatori uccisi circa a cento Turchi, e presine trenta, essendo nella campagna bravamente battuti e posti in fuga da D. Gaspare Toraldo, che era capitano a guerra in quelle marine. Di là se ne venne l'armata con prospero vento al porto d'Augusta in Sicilia, ed indi al capo della Licata, ove nel far acqua dal Marchese della Favara furono in terra le genti danneggiate. Accostossi poi con tempo molto contrario alla Barberia, avendo penato fino a venti giorni nella navigazione dal capo di Stilo fino al capo Cartagine, vicino al quale diè fondo ai tredici di Luglio. Erano con quell'armata trecento galee, settanta galeotte, dodici navi, sedici maone e sei caramusali, tutti i quali vascelli da Costantinopoli eran venuti, eccetto tre galee e quattro galeotte, che da Algieri vi condusse Arapamat. Era Generale di essa Uccialì, e di terra Sinam Bascià, di nazione Schiavone rinnegato, il quale cresciuto nel serraglio, era poi divenuto genero del Gran Turco; e non avendo altra volta avuto grado di Generale, venne ora con suprema potestà a far quest'impresa. Pose Sinam in terra prestamente l'esercito, che era di settemila Giannizzeri, d'altrettanti Spahì della Grecia, ed intorno a diecimila Cruex della Soria (che sono come i banditi nostri, e servono per avventurieri senza paga, ma solo si dà loro la razione per il vitto) e della Natolia v'erano tanti altri Spahì che compivano il numero di quarantamila, de' quali la metà erano archibugieri, e gli altri arcieri. Non ebbero allo smontare travaglio alcuno da' nostri, che stavano alla torre dell'acqua, la quale fu subito abbandonata. Erano nella Goletta settecento Spagnuoli poco men che bisognava, oltre alle nove compagnie, che dal forte mandò il Serbellone, tanto che in tutto

fra Italiani, e Spagnuoli arrivavano a duemila fanti. Però
uscendo fuori D. Pietro Portocarrero con mille per attaccar
scaramuccia diedero segno di poca prattica e di manco
valore, essendosi con vergogna piuttosto fuggiti, che ritirati alla fortezza. Aveva il Serbellone al principio di Luglio
avuto lettera dal Cardinale Granuela, con la quale avvisan-
dolo della venuta certa dell'armata turchesca e della quantità dell'esercito e delle artiglierie che conduceva, lo
pregava che la Goletta avesse diligentemente visitata, e che
in tutte le cose che avesse potuto, col consiglio e con l'o-
pera sua avesse aiutato D. Pietro Portocarrero, che n'era
Governatore. Era costui Spagnuolo di molto nobil famiglia,
ma di scienza militare ignorante, dell'officio suo inesperto,
e ad ogni cosa che appartenga a soldato, rozzo e mal atto. Tanto può il mal uso dell'età nostra tra noi Cristiani,
che dal vano fasto di nobiltà accecati, riputando che necessariamente i nobili debbano essere virtuosi, dacchè la nobiltà da' fatti virtuosi hanno avuto principio; il più delle
volte le cose di maggiore importanza, come era questa,
senza aver prova di conosciuto valore, scioccamente ad una
nobiltà inetta, e talor viziosa si confidano! Ove altrimenti
con più prudenza si reggono i Turchi, che non mirando a
splendor di sangue nè di ricchezze, a quei solo danno la
cura degli eserciti e delle fortezze, che per lungo uso conoscono valorosi. Dico che obbediente il Serbellone a Granuela se n'andò subito alla Goletta, e considerato molto bene la fortezza di dentro e di fuori, dei difetti, che vi trovò avvertì il Portocarrero. Fra' quali assai principale fu quello, di che sei mesi pria l'aveva ammonito, perchè vi rimediasse, nè egli però aveva curato di farlo; e questo fu
che il parapetto supposto ai muri, che guardavano la campagna; il quale a posta, perchè l'artiglieria da sopra ai muri
potesse ben nettare, era stato lasciato basso; si doveva alzare almeno due piedi; importando più che i soldati dai
colpi de' nemici si riparassero, che non che l'artiglieria tanto
agiatamente spazzasse; ed opponendo il Portacarrero che per
carestia del terreno non si poteva fare, prontamente gli a-

veva risposto il Serbellone, che al difetto del terreno poteva l'arte supplire; perciocchè abbassando due piedi la piazza ove stavano i soldati, altrettanto veniva a crescere il parapetto. L'altro difetto, che non meno di quello importava, era che i bastioni fatti sopra i muri della vecchia fortezza similmente si dovevano alzare; al quale effetto prestamente vi mandò da Tunisi due compagnie di guastatori. Ma mentre che a queste cose lentamente il Portocarrero rimediava, dall'armata nemica che venne fu impedito di fornirle; la quale sbarcato (come si disse) l'esercito, in due parti lo divise, delle quali una diede Sinam ad Aidari Governatore del Caravano, acciocchè con essa la città di Tunisi espugnasse, e l'altra per espugnar la Goletta seco si tenne. Subito piantarono i Turchi senza contrasto quattro colubrine sopra una collina, che si erge vicino al luogo ove sbarcarono, e si diedero a lavorar le trinciere. È quel paese tutto fino alla Goletta di mobilissima arena, sicchè con ogni poco di travaglio che si fosse lor dato, avriano molto stentato a far trinciere bastanti per condursi avanti. Ma tenendo D. Pietro i soldati rinchiusi, per non perderli nelle scaramucce, e non consentendo che si sparasse l'artiglieria per tre giorni, per non consumar la munizione, s'ingegnarono i Turchi a far gran quantità di sacchetti di ogni materia, e particolarmente di carisia, di che non so a che effetto avevano gran copia nell'armata, e quelli pieni d'arena l'un sopra l'altro ponendo, alzavano tanto i ripari, che comodamente lavoravano quanto volevano. E con tanta sicurezza, che non a biscia, come si suole fabbricare le trinciere, ma sempre per il dritto, ponendo avanti i sacchi di dietro, in sette giorni s'accostarono al fosso della fortezza; essendo sempre andati battendo un cavaliero detto di S. Cristoforo, che era sopra la fortezza vecchia, alzato di fascine, dal quale venivano ad esser molto scoperti. Nel medesimo tempo i Turchi ed i Mori che venivano da Tripoli dalle Gerbi dal Caravano da Bona e da Costantina, con gli Alarbi, che venti giorni prima eran venuti con grossa cavalleria, e la campagna signoreggiavano, s'accostarono a Tunisi, a'quali sopravvenne da Algieri Radaman Bascià con altri soldati; di modo che si trovarono in questa impresa più di seimila cavalli d'Alarbi. Aveva l'infante di Tunisi promesso a Gabrio, che con l'aiuto de'Mori che lo avrian seguito, avrebbe egli scorso quella campagna, ed occupati tutti i passi, perchè all'esercito de'nemici non potessero andar vittovaglie e munizioni. Però sentendosi Gabrio gl'inimici vicini a sei miglia, si contentò di lasciar uscire l'Infante con novecento cavalli, e quattromila fanti Mori, col quale mandò Salazar con sei compagnie di Spagnuoli e D. Lopez Starrado con la sua cavalleria. Alloggiossi questo campo circa ad un tiro di cannone lungi dalla città verso l'Aleazar per far le sue prove; ma tosto che i Turchi fur cominciati a vedere, i Mori senza che fazione alcuna tentassero, alla banda loro amichevolmente se ne passarono, menandone tutto il bestiame che alla campagna avevano ragunato, sicchè convenne con gli Spagnuoli ritrarsi alla città, della quale fece chiudere le porte. Non era parso bene a Gabrio di abbandonar la città per non privarsi di molte comodità che n'aveva. Però alloggiatisi i nemici senza contrasto nel borgo di Babazira, cominciarono con quattro cannoni a batter la porta, ove era il quartiere degl'Italiani, i quali furono presto costretti a ritirarsi; ed i Turchi abbruciando la porta vi entrarono. Ora bisognando soccorrer di dentro, e cacciar i nemici da quel borgo, Pagan Doria richiese Gabrio che a lui concedesse quella fazione, ed ottenutala uscì con cinquanta gentiluomini e molti scelti soldati del suo terzo, e con le compagnie dei Capitani Tiberio Boccafosca ed Ercole da Pisa. Con questi diede tal carica ai nemici, che non pur lor fece abbandonare quel borgo, ma gl'incalzò anche fino agli olivi, che sono dall'altra parte della città; ove furono mandati dall'Aleazar i capitani Chiroa e Maldonado con le loro compagnie che diedero alle spalle, e n'uccisero molti; ma vi restò morto il Luogotenente di Pagano, sei soldati italiani, quattro spagnuoli e cinquanta feriti. Ritiratisi dunque alla città, andarono i Turchi ad abbatterla per la parte di Bal-

bazuch , per esser più comoda , con due cannoni , ed in
tre giorni buttarono molta muraglia , che per esser debole
facilmente cadeva. Erano alla difesa di quella batteria i capitani spagnuoli D. Martin d'Acugna , Chiroa, Vagliescio,
e D. Giovanni Figueroa con le lor compagnie , i quali dal
primo assalto si difesero benissimo, e ributtarono i nemici.
Ma vedendo Gabrio che per la fiacchezza della muraglia ,
facendosi la batteria maggiore , non si saria lungamente tenuta , comandò che si abbandonasse la città e l'Aleazar ,
ritirando l'artiglieria munizioni e genti tutte nel forte ;
il che fu fatto con tant'ordine che sebbene i nemici con
molt'impeto entrassero nella città , non si perdè pur un
uomo de'nostri , nè s'ebbe alcun danno. Non sono mancati
quei che di Gabrio abbiano circa la difesa di questo forte
diversamente parlato ; dicendo molti che non avendo potuto il tutto finire, quando venne l'armata, doveva con tutte
le genti artiglierie e munizioni nella Goletta ritrarsi , la
quale con l'aiuto e buon governo suo si sarebbe difesa ,
conservando la riputazione al suo Re; e che a lui nulla saria potuto imputarsi, poichè per mancamento di chi doveva
mandargli le cose necessarie, non aveva potuto far più. Altri in lui la fede ed il valore ammirano , poichè avendo
promesso con giuramento a D. Giovanni di far quella fortezza e di guardarla , finchè egli comodamente la potesse
soccorrere , non volle mai diffidare che il pattuito soccorso
gli fosse mandato ; e perciò dall'evidente pericolo della vita non si lasciò mai spaventare , assicurandosi sempre di
restar vittorioso, quando per l'altra parte si fosse adempito
quello che si doveva. Nè poteva esser bene l'abbandonare
quella fortezza , la quale non potendosi in breve tempo rovinare , le forze del nemico avrebbe fatte maggiori, quando
vi si fosse annidato.

Ma ritorno ai Turchi : i quali tre giorni occupati in
saccheggiar la città, uscirono poi gagliardi ed arditi a scaramucciare co'nostri, che difendevano la strada coperta del
forte ed il revellino. Cominciarono ancora a far trinciere dalla parte di Babazuch, ove piantarono due pezzi di artiglie-

ria, tirando ai baluardi Salazaro e Santo Iacopo; ma come erano assai lontani, non vi facevano danno. Uscì dunque Andrea Salazaro per la parte dello stagno, ed attaccò una gagliarda scaramuccia; e vedendo che con le trinciere s' andavano avvicinando, facendo con esse a' soldati, che difendevano il suo baluardo, molto danno, di nuovo tornò ad uscire, e con tanto impeto assaltolli, che fattoli abbandonar la trinciera, fino all'artiglieria li fece ritirare con morte di molti di loro. Lavoravano nel medesimo tempo i Turchi altre trinciere con gran fretta dalla parte di Babazira; e sopra la muraglia della città, che fu rovinata, perchè non facesse ostacolo al forte; avevano piantato dieci cannoni, che insieme con due altri, che medesimamente avevano posti sopra la porta, tirando per traverso offendevano molto la cortina del baluardo Serbellone, che guardava al Salazaro. Per il che il giorno medesimo nella calata del Sole Pagano con cinque compagnie d'Italiani e dieci di Spagnuoli, uscito dal forte per la parte dello stagno, diede loro assalto siffatto alle trinciere, che con gran danno loro fin dentro alla città li fece ritirare.

Avendo dunque i Turchi conosciuto che in tutte le sortite che facevano i nostri ricevevano danno, e che già di essi erano stati uccisi più di duemila, si risolverono a non star più così divisi in due parti, ma unitisi tutti insieme per esser più forti, tornarono di nuovo a guadagnar le trinciere che avevano abbandonate, con qualche danno de' nostri che resistevano; e guadagnaronvi anche una tanaglia, che Gabrio aveva fatta fare per difesa de' nostri, la quale era separata dal fosso, e per un tiro di archibugio lontana. Ivi la stessa notte fecero di più una gran trinciera, e fortificaronsi in modo, che tirando da quella parte, ogni giorno uccidevano molta gente di dentro. Alla Goletta intanto avendo già piantata la batteria, l'ottavo giorno dalla parte verso Cartagine vicino al mare con diciassette cannoni la cominciarono a battere, avendo cura di questa batteria lo stesso Sinam. Con altrettanti cannoni batteva Ucciali dall'altra parte vicino allo stagno. Caragiali con sette altri bat-

teva nel mezzo, e con quattro basalischi di smisurata grandezza batteva Arapamat dalla parte verso Arais , dove egli
s' era accampato con le genti che seco trasse d'Algieri. Sicchè vedendosi i nostri stringere di quella maniera , impor-
tunarono tanto D. Pietro, che lasciò lor fare una gagliarda
sortita ; nella quale si portarono sì bene , che con impeto
valoroso fecero agl' inimici abbandonar le trinciere, uccidendone gran quantità, e senza danno loro si ritirarono dentro.
Ma in capo di tredici dì (tanto avevano i Turchi lavora-
to) con dieci cannoni assentarono batteria sopra al fosso
vicino al mare ; e con quattro altri si misero vicino allo
stagno per impedire il passo del canale, onde per esso stagno s' entra nella fortezza.

Mentre che queste cose in Africa si facevano, D. Pietro Portocarrero aveva con una sua barca fatto sapere in
Italia il pericolo in che si trovava, e dimandato soccorso al
Duca di Terranova in Sicilia , al Cardinal Granuela a Napoli , ed a D. Giovanni a Vigevano. Il quale intendendo
non v'essere ancora andato soccorso, senz'aspettare altro ordine del Re, si diede a far prestamente soldati italiani, e
risoluto di andare in Sicilia per provvedere più da vicino,
se ne passò subito a Genova. Ove per molti giorni bisognò
che contro sua voglia si trattenesse ; perciocchè da una improvvisa burrasca molto tremenda pochi giorni prima la galea reale e tutte le altre che erano in quel porto erano state
tanto rotte e maltrattate , che per molta fretta che si facesse non si poterono in breve rimediare. Premeva a D. Giovanni il perder quella fortezza, che per ordine suo con tanta
spesa si faceva. Premevagli che la gloria che si aveva a-
cquistata suo padre con l'espugnar la Goletta e fortificarla,
s'estinguesse. E più di ogni altra cosa lo travagliava la fede , che egli aveva dato a quei soldati d'onore di farli ri-
condurre in Italia per il mese di Maggio, e di mandare a
Gabrio ogni ricapito per quell'opera, e non poco della freddezza, con che vedeva procedere il Cardinal Granuela, si rammaricava. Subito dunque che potè navigare, con le più spe-
dite galee navigò a Napoli, dove non trovando il ricapito

de' soldati che avrebbe voluto, non potendo aver danari da quel Vicerè, che non voleva darli senz'ordine, molto poco fermossi, e circa a mezzo il mese di Agosto arrivò in Palermo, dove assai presto il Duca di Sessa fu a trovarlo con altre galee, e finalmente Marcello Doria con ventitrè galee arrivovvi, con le quali portò le fanterie italiane, che in Lombardia nuovamente s'erano fatte. Ma non avendo D. Giovanni in essere tutte le genti, che aspettava per soccorrer bene la Goletta ed il forte, pensò, frattanto che si metteva in ordine, di soccorrerla come poteva. Aveva il Duca di Terranova prima alla sua venuta mandato a D. Pietro Portocarrero dodici bombardieri, de' quali egli aveva scritto che aveva molto bisogno; e fatto scelta di trecento soldati spagnuoli dei migliori, aveva rinforzate due galee con le migliori ciurme, alle quali aveva promesso libertà, perchè ve li conducessero, mandando esse galee di tutte le cose alleggerite, fin dell'artiglieria, eccetto il vitto e l'armi per li soldati, ed altre per armare anche i remieri, con ordine che sbarcassero tutti, ed i vascelli abbandonassero; ma dal tempo impediti, furono sforzati a tornarsene in Trapani. Parve però a D. Giovanni di rimandarle di nuovo al medesimo effetto, mandando con esse Gil d'Andrada con quattro altre galee per accompagnarle, e lasciarvi anche un'altra compagnia de' soldati che egli portava. Non mancò anche di far intendere al Re lo stato delle cose, e di procurare di aver ordini da lui per quello che fosse succeduto, mandandovi a posta D. Carlo d'Avalos. Ma essendo stato un pezzo senz'aver nuova della Goletta, perciocchè dai quattordici di Agosto fino ai ventitrè di Settembre non potè intenderne mai, e del soccorso mandato con l'Andrada sollecito mandò D. Alonso de Bazano con otto galee fino alla Favignana per saper qualche cosa; nè fu di profitto alcuno, però che senza nuova tornossene.

Battevano frattanto i Turchi di continuo la Goletta, ove nella fortezza nuova avevano già rovinato gran quantità di muro, e già tredici giorni s'erano affaticati per guadagnar la strada coperta, la quale da' nostri era bravamente difesa, e v'era stato ucciso il capitano Riva Salazaro ; quando, con molto dispiacere de' soldati che la difendevano, comandò D. Pietro che si abbandonasse. Contradicevano gagliardamente a questo il capitano Tiberio Boccafosca, ed il capitano Aja- la, e si offerivano con duecento archibugieri di guardarla due mesi ; ma quanto più si affaticavano di mostrare a D. Pietro l'importanza di tenerla, per proibire a' nemici di ac- costarsi alla muraglia , più egli si ostinava e diceva che non voleva per cosa di poco momento privare di difensori le mura, le quali quando fossero state ben difese, la Goletta perder non si poteva ; nè intendeva egli che tosto che il contrasto di quella strada cessasse, tutte le difese delle mu- ra da' Turchi gli verrebbon levate. Finalmente fu abbando- nata, e ritirati dentro tutti i soldati, si diede principio a fare una mina, la quale andasse a finire agli alloggiamenti di Sinam, e con molto fervore si lavorava, quando uno sce- lerato Spagnuolo fuggitosi ai nemici , il fatto scoperse , di che essendo dal Bassà largamente rimunerato , ogni giorno si faceva intorno alle mura vedere predicando la liberalità de' Turchi , ed esortando gli altri soldati a far come lui. Dette molto dolore a tutti l'impedimento della mina, di cui s'era concepita molta speranza. Ma molto più attristò il ve- dere che i Turchi fatti padroni del fosso, sopra il labro di esso alzavano molti bastioni per pareggiarsi alle mura dalla banda verso Cartagine, dove stava Uccialì. Avendo costui dalle galee sbarcato le ciurme, incontro al baluardo S. Pietro alzava un gran cavaliero con l'opera loro, e più col profluvio de' danari, dandone all'opere sì largamente, che gli stessi Tur- chi chiamavano quel cavaliere monte d'oro; e per condurre ivi le materie da empire il fosso, s'aveva fatto venire cinquecento cammelli, che di continuo carreggiavano alberi d'olivi intieri , botti piene di terra, balle di lana ed ogni altra empitura. Nè minore sforzo facevano quei che stringevano il forte di Tu- nisi , benchè con molto maggior bravura e con più animo si resistesse ivi da' nostri , che alla Goletta. Andavansi i Turchi di giorno in giorno più al forte accostando, e bat- tendo da luoghi eminenti non solo le porte della fortezza travagliavano, ma dentro ancora gli alloggiamenti dei soldati con continui tiri rovinavano, e facevano ogni giorno danni maggiori. Ma non però si sbigottiva il Serbellone, il quale con sette sortite che fece fare, ordinando sempre con molto giudizio fin dove gl'inimici incalzare, ed a che tempo i suoi ritirar si dovessero; non aveva meno di cinquecento Turchi per volta fatti morire. Ma non meno le cose sue, che quelle del Portocarrero lo travagliavano; poichè vedendosi D. Pietro stringer sì fattamente, con continue lettere ed ambasciate gli chiedeva soccorso, protestandosi sempre che la Goletta senz'altro aiuto più non poteva resistere. Al quale rispondeva egli che nessuna ragione voleva, che per aiutar lui la sua fortezza privasse di difensori, e che trovandosi in angustie pari, più il forte di Tunisi aveva bisogno di soccorso, che la Goletta, la quale essendo di alte mura forti e bene stagionate cerchiata, avendo le fosse d'intorno profonde con acqua, ed essendo di circuito minore, con manco numero di soldati si poteva difendere; che quella fortezza, la quale era di sito molto maggiore, che aveva i muri freschi e molto bassi, e che non aveva fossi nè acqua che la guardassero. Aggiungeva ancora che se intendessero i Turchi essere in quella fortezza scemate le forze, a poco a poco tutti gli apparati che tenevano intorno alla Goletta, volgerebbero contr'esse; la quale, espugnata che fosse, allora tutti insieme tornerebbero contra di lui; e se non poteva resistere a'nemici in due parti divisi, molto meno resisterebbe quando tutti fossero uniti. Con tutto ciò sentendo che i Turchi gli avevano già il fosso occupato, e temendo che per timore avesse il Portocarrero fatto qualche brutta azione, fece una scelta di seicento bravi soldati tra Italiani e Spagnuoli, e per lo stagno mandoglili, confortandolo a non sbigottirsi ed a fare ogni opera di buon capitano, dando la cura al Sinoghera di condurli; il quale essendo capitano dello stagno e dell'isola, aveva cura di tutte le barche e della navigazione. Ma i Turchi con gran sollecitudine attendevano alle imprese, e gli assediati ogni giorno più restringevano, avendo le trincere condotte fino alla bocca del canale, nel quale avevan molte pietre gittate per cecarlo, acciò che i nostri servir non se ne potessero ; e con l'artiglieria procurando d'impedire il commercio, rendevano difficili i soccorsi, che per quella parte si mandavano. Sempre però il possesso dello stagno fu libero ai nostri, i quali con le artiglierie che avevano sopra a due piatte non mancavano di dar molto travaglio a nemici.

Gran paura e gran malinconia teneva gli assediati nella Goletta vedendo le cose andare di male in peggio. La strada coperta perduta, la batteria in due punti con continua gragnuola de' tiri rinforzata, le troniere de' fianchi ce- cate, le artiglierie di dentro scavallate, le piatteforme per carestia de' bombardieri non in termine, che potesser servi- re. Si aggiungeva la sollecitudine che vedevano nei Turchi, i quali temendo che D. Giovanni d'Austria con l'armata so- pravvenisse (parendo loro impossibile che in tanto tempo non si fosse risoluto a soccorrere) si diedero ad empiere il fosso delle materie che avevano apparecchiate, ed a la- vorare con le zappe e con le pale di maniera che alzan- do sempre il terreno, s'erano tanto coperti, che non pote- vano essere offesi. Ed avendo i lor cavalieri fatti di tanta larghezza, che trenta uomini in fila vi potevan capire, in quello che era incontro al baluardo San Pietro, che al paro avevano condotto, piantarono dieci cannoni, e cominciando sempre la batteria due ore avanti al giorno, non la inter- mettevano mai, eccetto che le quattro ore circa al mezzo- dì, e poi seguitavano fino alla notte ; di maniera che per certo si seppe che ogni giorno continuamente sparavan mil- le tiri. Fecero dunque ne' muri tanta rottura, che mentre i difensori colle trinciere che vi facevan di dentro procurava- no di ripararvi, non potendo stare se non molto scoperti al lavoro, in gran quantità vi morivano.

A questi duri partiti degli assediati si aggiungevano i tradimenti, da' quali non si potevan guardare, e che tan- to più miserabile rendevano la condizion loro. Perciocchè oltre che molti Spagnuoli di continuo si fuggivano, ed a' nemici tutti i lor disegni palesavano, scopersero anche, mentre quella batteria si faceva, un traditore della medesima nazione, che con speranza di gran premio aveva ai nemici promesso di accendere il fuoco nella munizione della polvere, e mentre procurava di farlo con modo che egli si fosse salvato, soprappreso e tormentato confessò la scelleraggine sua, per la quale sopra le mura di crudel morte fu fatto morire. Mentre nella Goletta ed a Tunisi si stava in tanti travagli, arrivano lettere a Gabrio Serbellone del Cardinal Granuela e del Duca di Sessa, con le quali gli dicono che essendo essi di continuo avvisati da D. Pietro Portocarrero, che la Goletta si trovava in estrema necessità, e che senza gagliardo soccorso non si poteva più tenere; e sapendo quanto al Re importi che quella fortezza se gli conservi, sono essi di parere che faccia esso Serbellone ogni suo sforzo per aiutarla. E perchè difficilmente stimano che possa farlo mentre difende la fortezza di Tunisi, sono di parere che abbandonando essa fortezza, con tutte le genti e munizioni che vi si trovano vi vada egli stesso; poichè con aiuto tanto gagliardo e col valore della persona sua sperano che si possa salvare, conoscendo che ogni altra via che si tenti sarà vana. Ma che non voglion però che questo lor parere abbia luogo di comandamento, ma solo di ricordo, confidati nella prudenza di lui, il quale essendo al caso presente, saprà risolvere quello che più converrà alla sua fede ed al servigio del Re. E nel medesimo tempo gli vengono anche lettere di D. Pietro, il quale dicendogli lo stato in che si trova nella Goletta, e che aspetta d'ora in ora l'assalto, lo scongiura che non manchi d'aiutarlo. Per il che chiama prestamente a consiglio tutti i Capi, Colonnelli, Mastri di campo e Luogotenenti che aveva nella fortezza, e legge ad alta voce l'una e l'altra lettera, e circa alla risoluzione domanda il parere di ciascuno; e prima al Sinoghera capo dello stagno domanda quanto numero di soldati con tutte le barche che egli ha può in una volta condurre. Il quale gli risponde che al più che si possa fare se ne imbarcheranno quattrocento; parla al-

lora il Serbellone e dice : Avete udito , Signori , il tenore
di queste lettere , ed in che stato le cose nostre si trovino
molto ben conoscete ; nè meno di me sapete con quanto pericolo si possan le genti condurre nella Goletta , le quali
quando vogliamo tutte condurvi , come le lettere esortano ,
non possiamo ciò fare con meno di sei viaggi , de' quali un
solo che vada a male senza dubbio l' una e l' altra fortezza ci può far perdere. Per il che , quanto a voi non paia
il contrario , sono io di parere che si mandino a D. Pietro quattrocento altri scelti soldati da prattici e buoni capitani condotti , de' quali per servizio di Dio e del Re nostro m' offerisco io di andar per capo , ed ho non poca
speranza di rincorare con la presenza mia gli animi sbigottiti nella Goletta , tanto che con i soldati soli che condurrò
meco , senza bisogno di altre genti , quando a Dio piaccia
d' aiutarmi , difenderò quella fortezza. Alla proposta di lasciar egli la fortezza di Tunisi per andare alla Goletta
non fu alcuno che consentisse , sebbene che il soccorso
si mandasse la maggior parte approvarono. Fatto dunque
la scelta di duecento Italiani ed altrettanti Spagnuoli furono con essi mandati i capitani D. Martino d' Acugna
e Diego Maldonado ; i quali la notte del venti di Agosto entrarono per lo canale ; ma essendo un miglio lontano
dalla fortezza accecato con sassi , bisognò che guazzassero ,
e con l'acqua fino alla cinta scaramucciando coi Turchi , che
dalle trinciere l'impedivano , entrarono a salvamento. Mandò
a dire Gabrio a D. Pietro per Pietro Bradiglia , che di che
animo egli fosse verso di lui , e di quella fortezza , si poteva conoscere dalla risoluzione , che egli aveva preso di andarvi in persona per difenderla ; il che dal suo consiglio
non gli era stato permesso di fare. Che non deve però esso
tanto pensare alle cose sue sole , che non miri anche al bisogno degli altri , che non meno necessario servizio fanno
al suo Re di lui ; e che deve considerare che , stando la
fortezza di Tunisi in pari travaglio coi Turchi , non era bene
di lasciarla vuota di difensori. Che i soccorsi non si possono
mandare , se non con molto pericolo , poichè non potendo col-

le barche accostarsi a quella fortezza, è forza che scaramucciando dentro all'acqua più di un miglio, corrano a due
sorte di morte; e quando le cose male lor succedono, l'una
e l'altra fortezza con la perdita loro si mette in manifesto
pericolo. Che deve però farsi buon animo, e risolversi a
difender la Goletta con i due soccorsi che egli ha già mandati; perciocchè non vede che il suo bisogno richieda più
gente; e che se non mancherà egli all'officio di buon capitano, non deve aver tanta paura di perdersi come dimostra;
essendo che non comporta quel luogo che da parte alcuna
possa dall'inimico essere assalito con tanta gente, che i difensori che ha non bastino a ributtarlo. Che al baluardo
S. Pietro solo può avere impeto grande; ove non possono
però andare con più genti che quelle che cape la batteria,
che vi han fatta: per il che se in quel luogo avrà fatto
buone trinciere, e con buon ordine alla difesa vi stia, negli
altri avrà poco da temere. Che non si deve mai temere una
forza per grande che sia, quando in un luogo solo può assalire; il quale con poca gente si possa difendere. Però che
deve in ogni modo star di buon animo, ed assicurarsi che
quando quella fortezza fosse in tanto pericolo, quanto a
lui pare, per nessuna cosa resterebbe di venir egli in persona con tutti i suoi a difenderla.

I Turchi intanto avendo fatto la batteria comoda per l'assalto, mentre si preparavano a darlo, ecco che avendo Uccialì
mandato in Italia a pigliar lingua, gli vien certa nuova che
l'armata di D. Giovanni non era ancora insieme ridotta; onde per far più animo ai soldati, la fece per l'esercito di-
vulgare, di che si fece gran festa. I nostri di dentro aspettando l'assalto, vedendo che oltre a' soldati avevano nella
fortezza molti mercanti, artigiani e molti avventurieri, fecero di tutti Capitano D. Cesare Carafa, il quale fu posto
in guardia del baluardo S. Alfonso sopra il zocco, e nel
baluardo S. Pietro fecero una mina. Il giorno seguente diedero i Turchi con molto ardire l'assalto generale, il quale
durò sette ore, essendo francamente sostenuto da' nostri, che
avendo dato fuoco alla mina, fecero con essa pochissimo

effetto , per non esser ben governata ; ma fu il valore dei difensori sì bravo che con molta uccisione de' nemici la ributtarono al fine, essendo già notte, ed essendo costata questa difesa la morte di duecento de' nostri, e di fino a trecento altri feriti. Con non minore impeto tornarono i Turchi il giorno seguente a rinfrescare gli stracchi difensori , i quali non meno del dì precedente si mostrarono valorosi; e quantunque in due ore li facessero ritirare con molta mortalità , restarono nondimeno dal travaglio sì lassi , che diffidando D. Pietro che potesser resistere , di nuovo mandò a Gabrio che gli mandasse soccorso. Il quale vedendo la necessità, di nuovo gli mandò altri quattrocento settanta soldati tra italiani e spagnuoli, coi Capitani D. Garzia di Toledo , Montaga di Salazar , Quintana con la compagnia che fu di D. Gutieres Manrique, Fra Giovanni Antonio Strambone napolitano, ed Ercole da Pisa, il quale non potendo passar con le barche, fu il primo a mettersi a guazzo facendo animo agli altri ; e così scaramucciando entrarono come avevan fatto gli altri. Ma il giorno seguente, che fu a' ventitrè di Domenica, pose fine agli assalti; perciocchè essendo i Turchi più impetuosi che mai tornati ad assaltare, fecero i difensori già stracchi sì poco il debito loro , e D. Pietro fu tanto negligente nell'officio suo, che vedendo i Turchi aver guadagnato la trinciera sopra al baluardo S. Martino, in luogo di rimettere i soldati e di rincorarli, si ritirò subito nella fortezza vecchia; e facendo chiuder le porte, procurò di bastionarle. I nemici non trovando contrasto, per il baluardo S. Pietro entrarono con gran furia, maravigliandosi della poca difesa che in quest'ultimo facevano i difensori, che pur ve n'erano mille e dugento ; dei quali in tutto trecento lasciarono vivi , che insieme con duecento altri tra donne e figli furono fatti schiavi. Non fu con manco vergogna presa ancor subito la vecchia fortezza, la quale avendo attorno i muri di dodici piedi d'altezza , mentre nessuno faceva resistenza, i Turchi senza scale l'un sopra l'altro salendo, e con poco terreno che prestamente vi portarono aiutandosi, facilmente v'entrarono. Fu D. Pietro fatto prigione presso alla

casa sua ; l'Infante di Tunisi ed un figlio del Re Amida
nei loro alberghi fur presi ; le altre genti, da pochissimi in
fuori , come si è detto , tutte furono uccise. La preda che
vi fecero i Turchi fu grande , di polvere di munizioni di
vittovaglie di tutti strumenti necessarî ad una fortezza , e
di duecento pezzi di artiglieria con fino a trentatrè insegne
di fanteria. Finito che ebbero di levar la preda, che per le
vittovaglie più che per ogni altra cosa fu loro molto opportuna (poichè ne avevano essi tanta penuria , che difficilmente si sariano potuti trattenere finchè il forte di Tunisi avessero espugnato), servando l'ordine che avevano dal
Gran Signore di spianar la Goletta, acciocchè dopo alla partenza loro D. Giovanni non vi tornasse a ricuperarla , bru-
giarono tutte le case, che vi eran dentro; e fatte molte mine sotto le mura ed i baluardi, in gran parte la bellissima
fortezza rovinarono. Un solo baluardo munirono, che guarda
verso il mare , ove posero molta artiglieria , e sotto vi ri-
dussero l'armata, acciocchè se D. Giovanni fosse venuto, si
trovasse difesa ; ed essi con tutto l'esercito che avevano se
ne andarono ad espugnare la fortezza di Tunisi.

Ivi quei che assediata la tenevano avendo levata l'artiglieria, che già posero sopra la porta di Babazuch e sopra
alle mura rovinate, alla tenaglia che guadagnarono le avevano piantate ; ove avevano fatto una buona piattaforma, e
con gabbioni fortificatisi, fino dai ventisette del mese avevano cominciato a battere il baluardo Doria con grande impeto. Fra tanto con la trinciera s'erano al fosso condotti ,
benchè con diverse brave sortite li avessero i nostri più volte
impediti , dove con molta uccisione di Turchi erano morti
molti de' nostri più bravi soldati. Erano all'ultimo entrati
nella strada coperta per la parte del baluardo Doria , alla
spalla che guardava il baluardo San Iacopo ; e lavorando
continuamente la trinciera, per la medesima linea dritta l'avevano condotta al revellino , che stava tra i baluardi Doria
e Serbellone, che fu di molta importanza per non essere in
quella parte quasi niente di fosso. E perchè fra la gente
che s'era mandata alla Goletta, e tra quella che di continuo

si perdeva nelle fazioni, era sì poco rimasto il numero dei soldati, che non si potevano guarnir le muraglie, fu necessario ai nostri di lasciare il revellino, levandone duecento soldati italiani che lo guardavano, e solo lasciarvene quattro che servisser di sentinelle. Arrivarono dunque i nemici con sei trinciere quasi alla controspalla del baluardo, e con molta prestezza si posero nel fosso, ove si fecero due ripari uno per parte, perchè dall'artiglieria non ricevessero danno. Non mancava però Gabrio a fare con altri ingegni quello che non poteva con l'artiglieria, perciocchè con fuochi artificiati di mirabile effetto faceva loro gran danno; da' quali per ripararsi fecero essi un coperto di tavole molto gagliardo, e perchè il fuoco non vi si appiccasse, lo coprirono di cuoia fresche di animali; ed al coperto si diedero a lavorare con le zappe sotto al baluardo, di modo che vi fecero una mina. Co' medesimi modi s'appoggiavano anche al baluardo Serbellone ed all'altro di S. Giovanni. Fecero anche un'altra piattaforma dalla parte ove era la muraglia rovinata della città, e vi posero quattro cannoni, coi quali tiravano alle difese de' nostri, sicchè con otto cannoni facevano la batteria. Usarono poi tanta diligenza a farsi trinciere e ad alzar cavalieri, che quando la Goletta si perdè, erano alti non meno della fortezza; e già v'avevano ucciso tanti soldati, che non v'erano più di mille e quattrocento atti a combattere. E questi tenevano in continuo travaglio, fingendo di voler dare assalti, per farli affacciare alle mura dove li bersagliavano, di modo che non passava giorno che non ne morissero per lo meno quaranta.

Mentre in tal travaglio si trovavano, a' venticinque di Agosto la mattina a buon ora videro due gran padiglioni piantati verso Babazira con alcuni stendardi nuovi, ed una quantità di Giannizzeri, che s'accorsero essere i Bascià venuti dalla Goletta; e quasi nel medesimo tempo furono aggiunti alla batteria quattro altri cannoni e quattro sagri, con li quali tiravano alle piazze de' baluardi. Battevano dunque i tre baluardi, cioè il Serbellone il Doria e S. Giovanni, ma non molto furiosamente; perciocchè per essere il terra pieno buono, assai maggior danno facevano con la zappa, che con l'artiglieria. Con la moltitudine delle ciurme, che v'avevano condotte dall'armata, finirono in sette dì un cavaliere superiore al baluardo Doria; e da esso battendo di continuo, uccidevano tanti, quanti de'nostri si accostavano a fare i ripari. Fece ben Gabrio far diverse sortite per la parte di S. Giovanni, ma per essere i nemici fatti troppo gagliardi, ed i nostri soldati pochi e stanchi dal continuo travaglio, era maggiore il danno che si riceveva, che il profitto che si facesse; poichè ogni poco che si scemava quel picciol numero, troppo importava. Dentro non restava più niun luogo coperto ai difensori, poichè da'luoghi eminenti che i Turchi avevano alzati, ora da una parte ed ora dall'altra, il tutto veniva dall'artiglieria rovinato. Con tutto ciò non si restava mai di fare i ripari ed i terrapieni per tutto dove il bisogno si vedeva, con tutto quello di più che a buoni soldati conviene. Gabrio in questi tre baluardi che aveva molto ben trincerati e riparati, vedendovi il bisogno maggiore, aveva posto i soldati migliori, ed in tanto numero che bastassero alla difesa, avendo negli altri lasciate poche genti più a guardare che a difender bastanti. Ma non cessavano i Turchi di darsi gran prescia a moltiplicare i bastioni, a cavare le mine, a crescere i cavalieri ed a batter le mura. Quando non potendo più al travaglio resistere Pagano Doria, che in tutte le cose aveva sempre mostrato molto valore, cadde gravemente ammalato; sicchè del suo baluardo fu dato la cura a D. Giovanni Sinoghera, il quale essendovi subito malamente ferito, fu bisogno che Salazaro pigliasse a difenderlo, benchè ancor egli si trovasse in una gamba ferito. Ai cinque di Settembre si risolvettero i nemici a dar l'assalto a tutti tre i baluardi predetti, e tanto impeto fecero che fu gran cosa, che non superassero ogni difesa. Ma avendo dato fuoco ad una mina sotto al baluardo Serbellone, con molto lor danne il fuoco contra di loro tornossi, e a'nostri offese pochissimo. Non perciò restarono essi di combattere con molto ardire, sicchè nel baluardo Doria erano già tanto entrati, che se Salazaro con quaranta armati non v'accorreva, non si potevano ributtare. Da quello di S. Giovanni si ributtarono più presto : ma più dimora fecero nel Serbellone che negli altri, perchè v'avevano guadagnato una trinciera, e vi stavano sì forti, che se una compagnia che guardava il baluardo Salazaro non soccorreva, le cose andavano male. Ma nell'arrivare di quei soldati freschi, i Turchi presero la carica, e nel tirarsi furono sì bravamente calcati, e dai fuochi artificiati ebbero tanto danno, che con gran mortalità loro, benchè de'nostri vi morissero molti, si ritirarono alfine sull'ora del mezzodì, avendo cominciato l'assalto sull'alba.

Col buon successo di questo assalto si rincorarono molto i nostri soldati, i quali essendosi veduti a poco a poco consumare senza poter combattere, stavano molto afflitti. Ed ora allegramente sopportavano ogni travaglio, chiamavano i nemici e lor facevano mille scherni, nè si accorgevano quanto poco potevan durare essi pochissimi contra tanta infinita moltitudine di nemici, i quali accrescevano da ogni banda le loro opere di terreno, tanto che scoprendo tutte le piazze de'baluardi, non si poteva più in esse comparire. Per il che si fecero quella notte seguente alcune casse grosse piene di terra, e poi che le trinciere non si potevan lavorare, si posero in luogo di esse sopra i baluardi San Giovanni e Serbellone, essendo già state prima poste nel Doria, e vi si fecero di più alcuni forti ripari di tavole ; a' quali l'altra notte che appresso seguì, i Turchi diedero fuoco, e sì ben ve l'accesero, che non s'estinse se non con molto travaglio e con morte di parecchi de'nostri soldati.

Il giorno seguente, che fu agli otto, nello spuntar del giorno diedero un'altro assalto generale a tutti i baluardi con grandissimo sforzo, il quale con molta morte durò fino al mezzogiorno ; e furono medesimamente i nemici ributtati come nel primo. Però di nuovo si attesero a fortificar la notte nei loro ripari ; e come coi lor cavalieri superavano la fortezza, tennero per due giorni seguenti in continuo travaglio i nostri, non lasciandoli riposare di notte nè di gior-

no, acciocchè alla difesa dell'altro assalto non potesser resistere.

Ora vedendo Gabrio esser con poca gente rimasto, e
che quei pochi ogni giorno andavano scemando; avendo in
ogni cosa pienamente soddisfatto all'ufficio di buono e saggio Capitano, chiamò a consiglio quei pochi capi, che v'e-
ran rimasti, e dicendo loro com'egli per osservar la fede
che a D. Giovanni aveva data, aveva fatto nella difesa di
quella fortezza tutto quello che essi avevan veduto; e che
vedendosi dalla speranza, che aveva sempre avuto del soccorso, frodato, e conoscendo chiaramente che senza soccorso
non si poteva coi pochi difensori resistere all'infinita moltitudine de'nemici; per non mancare di far tutto quello che
a tanta necessità poteva dar rimedio, e perchè nulla cosa
da D. Giovanni gli potesse essere imputata, avea risoluto
di avvisarlo dello stato in che si ritrovavano. Che come egli
confidava che non mancherebbe di soccorrerli con molta prestezza, così pregava essi a non voler mancare dell'usato
valore, del quale egli farebbe sempre ampla fede, riserban-
dosi alla gloria di aver difeso quella fortezza dalle forze di
un esercito e di un'armata tanto possente, ed ai premi che
sicuramente doveano aspettare della fede e della virtù loro.
Scrive dunque Gabrio a D. Giovanni per appunto lo stato
nel quale si trova; che fino a quel dì non ha più di settecento uomini da combattere, avendo in più viaggi manda-
tone duemila, e trecento alla Goletta, e gli altri essendo
morti nel continuo travaglio e nelle fazioni; che i nemici
con l'opere di terra fattisi alla fortezza superiori da tutte
le bande uccidon di dentro i soldati che non si possono
ricoprire; e che se presto non se gli manda gagliardo soccorso, non può tardar quella fortezza priva di difensori a cadere in mano dei nemici. Scrive dippiù, che potrà il soccorso sbarcar sicuro a Camarta, che è un casale poco lontano da Cartagine verso ponente, poichè l'armata nemica
sta alla Goletta, e che non essendo il soccorso di meno di
duemila fanti, potrà di là incamminarsi verso lo stagno, di
dove per il lido si condurrà sicuro alla fortezza. Un'altra

lettera scrisse D. Giovanni di Sinoghera, il quale stava in guardia della torre dell'isola, che è nello stagno, avvisando come il forte si trovava all'estremo, e che, oltre di non potergli il soccorso venire a tempo, non vedeva egli che si potesse soccorrere, se egli stesso con tutta l'armata non fosse venuto a combattere con l'armata nemica, la quale era molto potente, nè per l'esercito di terra si trovava sguarnita di gente; sicchè in questo era di contrario parere al Serbellone. Il mandar questo spaccio si fece con travaglio grandissimo, perciocchè fu necessario di far dallo stagno per la parte d'Arais portare al mare più di tre miglia una barca sopra le spalle degli uomini. Pur arrivarono le lettere a salvamento a Palermo dove era D. Giovanni, il quale ricevuto gli avvisi, prestamente chiama il consiglio, nel quale oltre a' suoi consiglieri volle che intervenissero tutti gli officiali ed uomini di autorità dell'esercito suo, ai quali disse: Che non aveva dato lor parte fino allora di quello che fosse seguito, perchè non aveva veduto che fosse necessario. Ma che intendendosi ora nuove del forte di Tunisi, stimava di comunicarle in quel consiglio, per consultare quello che si giudicherà essere espediente. Indi fatto leggere dal suo segretario le lettere di Gabrio e del Sinoghera, soggiunse che in Palermo si trovavano quaranta galee di Napoli, venti di Sicilia, dieci di Spagna, de' particolari assoldate dal Re ventisei, del Papa, della religione di S. Giovanni e della Signoria di Genova dieci, che fanno il numero di centosei; nelle quali erano cinquemila Spagnuoli dei terzi del Padiglia e del Figueroa, e seimila Italiani dei Colonnelli Ottavio Gonzaga, Tiberio Brancaccio e Stefano Mottino; e che considerassero perciò quello che con queste forze far si potesse. E come sapeva Tiberio Brancaccio esser prattico del paese dell'Africa, a lui prima degli altri comandò che parlasse. Disse costui molte cose mostrando gl'impedimenti che sogliono accadere ai soccorsi, perchè non s'introducano, li quali son poi cagione che le fortezze si perdano; disse Camarta esser lontana sei miglia dallo stagno, al quale si va per campagna scoperta; ove facilmente dalla cavalleria degli Alarbi, ovvero da buon numero di fanteria ogni grosso soccorso si saria potuto disperdere. Conchiuse alla fine che egli stimava che fosse meglio di mandare il soccorso per la via d'Arais, sbarcandolo più vicino; e perciocchè presupponeva che i nemici, non avendo potuto pigliare il forte, si fosser con l'armata partiti per non tenerla a pericolo, e che avessero lasciato l'esercito alla espugnazione della fortezza; disse che avrebbe potuto il soccorso avvicinarsi al forte, e sopravvenendogli impedimento trincerarsi e fortificarsi nell'alloggiamento, aspettando l'occasione di entrare nella fortezza e di soccorrerla. Furono dopo questo sentiti diversi pareri; e D. Giovanni di Cardona disse che gli pareva bene, che si facessero mettere in terra colà duemila fanti, ma con buon ordine per non avventurare a perderli, avvertendo che non si potevano sbarcare di notte; e che quando egli soccorse Malta con seicento fanti, stette più di quattro ore a sbarcarli; però era da mandarvi Giovanni Andrea Doria con settanta galee rinforzate, e restarsi D. Giovanni a Palermo per non esporsi a qualche smacco, che l'armata nemica gli avesse potuto fare in Trapani, ovvero nel porto Austrio. Con più efficacia diceva il Duca di Sessa, che non ostante qualsivoglia pericolo, il soccorso si doveva mandare, allegando molti esempî seguiti in simili casi, e particolarmente quello di Arrigo Re di Francia nel soccorso di S. Quintino; onde approvava che si mandasse a questo effetto Giovanni Andrea con le sessanta galee, ma con piena potestà di fare quanto l'occasione gli avesse portato. Fu anche discorso assai se con quelle fanterie si poteva avventurare di combattere in terra con l'esercito de'nemici, e non mancava chi stimasse dover riuscir bene, contrappesando la moltitudine de'nemici col valore de'nostri soldati; ma non trovandosi modo da portarsi con quella brevità il vitto necessario, non era a proposito disputarne. Disse alla fine D. Giovanni che avendo le cose bisogno di espedita risoluzione, egli si determinava di andar subito con quelle forze a Trapani, e di là prender partito se con poche o con molte galee si dovesse andare al soccorso, non curandosi di affronto , che l'armata nemica gli avesse potuto fare in Trapani, poichè non aveva modo di combatterla , perchè giudicava egli che prudentemente si fosse portato Uccialì l'anno addietro a Modone, e che con questa risoluzione se n'era egli venuto da Lombardia. E sebbene a questo il Duca di Sessa gagliardamente si opponesse, pregandolo che da Palermo non si partisse , fu nondimeno eseguita l'andata.

Ma i Turchi intanto la mattina degli undici per tempo diedero un altro assalto generale , che durò quattro ore; e benchè la ferocia loro fosse grandissima , fu nondimeno dal valore de' nostri soldati superata , ed essi ributtati da tutti i baluardi, eccetto che nel Doria una quantità di Turchi che si fecero forti dietro ad alcuni ripari, che v'aveva molto alti , non si poterono mai scacciare dalla punta di esso; e vi morirono in questo assalto più di cento de'nostri soldati , ed altrettanti rimasero feriti. S'attese quella notte in cambio di riposo, a fare ogni riparo possibile; e seguendo il giorno di Domenica, stettero tutto quel dì gl'inimici scoperti con le bandiere spiegate, sempre fingendo di voler dare assalto, e lanciando molte palle e pignatte di fuochi artificiati, tennero i nostri in continuo travaglio. Ma venendo la notte, salirono con gran furia due cannoni alla punta del baluardo Doria , co'quali tirarono ai nostri ripari tutta la notte di modo che era molto più quello che essi rovinavano, che non quanto i nostri potevan rifare. Allora vedendo Gabrio che quella fortezza non potevasi più difendere, consultato con Salazaro e con gli altri Capitani, deliberò che la notte seguente si ritirassero tutti nell'isola dello stagno, ove Ferrante di Laguna con le barche portasse munizione e vittovaglia per un mese, riconoscendo l'acqua che vi era, e la capacità delle cisterne per portarvene dell'altra; e mandò un uomo a chiamare il Sinoghera, il quale venne con le barche e le rimenò cariche di grano , che a salvamento fu posto nell'isola. Ma la mattina che fu ai tredici nello spuntar dell'aurora, con maggiore sforzo che ancor mai avessero fatto, in un medesimo tempo assaltano i Turchi i tre soliti baluardi. Resistesi da' nostri soldati, che quantunque lassi, non perdono di vigore, e dal primo impeto col solito valore li ributtano ; e mentre il Serbellone , che come esperto capitano ai perigli maggiori si trovava sempre presente , vedendo il maggior impeto essere al baluardo Doria , ivi stava a rimettere ed a provvedere , vede che con orribil ruina nel baluardo del suo cognome una mina si spara. Accorrevi il povero vecchio , e vedendo che i soldati italiani e spagnuoli dal fuoco sparpagliati avevano tanto ceduto, che i Turchi per mezzo alla rovina eran saliti sulla piazza del baluardo, con la presenza sua li rincora, ed unitili insieme sì bravamente rimette contra a quei Turchi , che li ributta. Ma sentendo nel baluardo Doria di nuovo le voci ed i gridi più grandi, col medesimo ardire vi torna ; e con supremo dolore trova ivi infinita moltitudine di Turchi aver soffocato il valore de'miseri difensori, che non furono in questo assalto più di trecento , ove alla difesa di ciascun baluardo cinquecento per lo meno son necessarî. Quivi essendo Gabrio diligentemente cercato per ordine del Bascià , da alcuni Mori che lo conoscevano fu mostrato a certi Turchi, che con gran festa lo fecer prigione e subito a Sinam lo condussero. Il quale subito che lo vide villanamente lo prese per la barba, e domandandolo come avesse avuto tanto ardire di difendersi con un monte di terra da sì grande armata e da tante forze del suo Gran Signore, g'i diede una guanciata. De'soldati che erano vivi rimasti , molti furono uccisi allo stagno mentre procuravano di salvarsi , e circa a duecento si salvarono all'isola. Comandò pertanto il Bascià a Gabrio che dovesse scrivere al Sinoghera ed a Pagan Doria che erano nella torre dell'isola, quegli per guardarla, e questi per curarsi della sua infermità, che si dovessero rendere ; poichè non essendo quel luogo più forte di quello che fossero stati la Goletta e la fortezza di Tunisi, dovevano credere che non potrebbero lungamente resistere a tanta potenza risoluta di non partirsi, finchè non avesse intera vittoria del tutto ; il che fece Gabrio, e scrisse al Sinoghera di questa maniera :

« Poichè la Goletta e la fortezza di Tunisi non si sono

» potute difendere da questa potente armata turchesca , do-
» vete esser certi , che meno potrà cotesto minimo luogo
» difendersi molto ; e perchè il Serenissimo Bascià mi ha
» commesso che io scriva così a voi, come al Signor Pa-
» gano ed agli altri che si trovano costà, che volendovi
» rendere, vi accetterà tutti senza comportare che a niuno
» sia fatto dispiacere ; dove altrimenti facendo, è per prov-
» veder subito, che vi abbiate in ogni caso a pentire ; vi
» esorto e prego ad ascoltare il presente latore, e non com-
» portare che gli sia fatto dispiacere ; anzi per rispetto del
» Serenissimo Bascià e per amor mio fargli ogni sorte di
» cortesia. Ed a Vostra Signoria ed a tutti mi raccomando,
» pregando Iddio che v'ispiri il vostro meglio — Dalla ga-
» lea principale a' tredici di Settembre. » A questa lettera ne
fu aggiunta una dello stesso Bascià scritta nella medesima
lingua in questo modo : prima eran due segni tondi pieni
di lettere arabiche stampati con inchiostro, sotto a' quali si
leggeva — Zabà del Serenissimo Sinam Bascià, Zabà del Se-
nissimo Capitan Bascià — che sono sigilli, uno del Bascià di
terra e l'altro di Uccialì Generale dell'armata ; e poi seguiva
la lettera di questo tenore :

« A V. S. D. Giovanni , Signor Pagano Doria e voi
» altri Capitani e soldati, o siate marinari, che state dentro
» a codesta fortezza ed isola dello stagno. Veduta la pre-
» sente vi comando, poichè la detta fortezza, dove al pre-
» sente siete , non sarà più forte della Goletta e del ba-
» stione di Tunisi ; che subito subito dobbiate arrendervi
» per salvar le vostre vite, e non vogliate morire come be-
» stie. Non volendovi arrendere, vi piglierò con l'aiuto di
» Dio ; perchè non voglio partirmi di qui finchè non vi
» metto al basso ; e son venuto qui per fornire le mie galee
» di genti, acciocchè possa star più sicuro. Io ho lasciato
» sopra di voi il Re d' Algieri ed il Re di Tripoli col suo
» campo e con mille Giannizzeri miei, e similmente il Re
» di Tunisi con tutta la sua gente, e con dodici pezzi di
» artiglieria ; ed io in persona domani mi troverò all'asse-
» dio vostro. Se non piglierete la mia parola, vi giuro, pi-

» gliandovi, di fare una giustizia di voi, che sarete esempio
» a tutto il mondo ; e voi lo vedrete, poichè avendo avuto lo
» specchio della perdita della Goletta e del forte di Tuni-
» si , volete con una cosa da niente difendervi da un' ar-
» mata tanto potente e tanto grande esercito, quanto io ten-
» go. Non dirò altro. Dalla Goletta ai quattordici di Set-
» tembre. Io Sinam Bascià Generale dell' armata del Gran
» Signore. »

Al ricever di queste lettere quei della torre diedero
libertà ad un Rais, il quale era stato preso nello stagno ,
e per lui scrisse il Sinoghera al Bascià, che egli era stato
posto in quel luogo in servizio del suo Re , e che perciò
aveva fatto quanto aveva potuto per difenderlo ; e che per
non essere capace il luogo di molta gente , ha dato libertà
al presente con commissione di trattar seco l'accordo ; e
frattanto alzarono le bandiere di assicuranza come si suole. Andò con costui il Pagator regio ; e desiderando gl' i-
nimici di lasciar ogni cosa finita , e di partirsi presto per
essere il tempo molto avanti , ed aver da far lunga navigazione fino in Costantinopoli , si contentarono di prometter
larghi partiti , replicando Sinam un'altra lettera in questo
modo :

» Signori D. Giovanni e Signor Pagano Doria e Ca-
» valier Giordano e tutti Capitani , soldati , marinari , pic-
» cioli e grandi che si ritrovino nel presente forte. Abbia-
» mo con Alilè Rais ricevuto una lettera vostra, nella quale
» ci domandate grazia di tutta la gente, che nel forte vi
» trovate, in darvi passaggio, e lasciareste il forte. E per-
» chè il Signor Capitan Bascià mi v'ha domandato in gra-
» zia, io per amor suo e di voi altri che siete trecento
» uomini, ma che foste ancor mille, mi contento di farvi a
» tutti la grazia, non di questo, ma di maggior cosa an-
» cora, avendomi Iddio conceduto tanto alta vittoria di a-
» ver preso la Goletta ed il forte di Tunisi. Ma con que-
» sto, che voi dobbiate rinunziare tutta la facoltà che al
» presente si trova in detto forte, riserbate le vostre per-
» sone sole; le quali cose farete scrivere in Turchesco dal

» detto Mami, ed Alilè Rais, e similmente in Cristianesco.
» Nel nostro venire abbiamo preso due navi una Genovese
» e l'altra Ragusea, delle quali vi concediamo una, dove
» potrete andar salvi e sicuri per lo vostro cammino; e
» così vi dono la fede mia per amor del Sig. Capitan Ba-
» scià di non lasciarvi fare un minimo fastidio che sia al
» mondo. Non altro. Dalla Goletta a' quindici di Settembre.
» Io Sinam Bascià ec. Ucciali ancora rescrisse in questo
modo. « Questa mattina ho ricevuto la lettera vostra, e vi-
» sto quanto mi scrivete circa del voler andar salvi con la
» vostra gente; io subito sono andato dal Serenissimo Ba-
» scià, il quale per sua benignità me n' ha conceduta la
» grazia non solo di voi altri, ma che fosse maggior cosa
» ancora, con questo che le S. V. debbano andare con le
» lor persone libere, e tutta la facoltà scrivere in Turchesco
» ed in Cristianesco; acciocchè il Signor Bascià non abbia
» causa di dolersi di me, perchè con questo vi ho doman-
« dati in grazia, e mi v'ha conceduti; e vi si donerà una
» nave, con la quale potrete andare al vostro viaggio, e
» così sopra la fede mia potrete venire sicuramente. Il pre-
» sente latore vi sia raccomandato. Non altro. Dalla Golet-
» ta a' quindici di Settembre. Io Ucciali Bascià, Capitano
» dell' armata del Gran Signore.

Vedute queste altre lettere, si prese subito risoluzione
di adempire quanto conteneva. Ma mentre si preparavano di
andare a trovare il Bascià, Pagano essendo ancora infermo, e
temendo che non gli fosse osservato quello che gli si prometteva, si risolvè di piuttosto fidarsi di quattro Mori, a' quali
promise di dar diecimila scudi perchè lo conducessero salvo
in Tabarca, e travestitosi, in una piccola barca partissi con
essi; i quali venuti tra di loro in discordia, come di lor
natura sono infedelissimi, l'uccisero e gli tagliarono il capo, il quale, sperando d'averne gran premio, portarono al
Bascià. Ma veduto Ucciali morto l'uomo che vivo avrebbe
avuto carissimo, per esser fratello di chi appresso de' Turchi nelle cose del mare ha tanto gran nome, prese tanto
sdegno contra quei Mori, che procurò col Bascià Sinam

che crudelmente li facesse morire ; non meritando meno l'infedeltà loro dall'una parte e dall'altra, dolendo non tanto la morte di quel valoroso cavaliere, quanto la condizione di essa, a tutti quelli che l'avevano conosciuto. Il Sinoghera con tutti quegli altri se n'andò al campo nemico sbarcando al canale della Goletta, e condotto al padiglione di Sinam, il quale con molto fasto da tutti i principali dell'esercito era circondato, gli disse che sotto il pegno della sua parola era venuto liberamente con tutti coloro che stavano all'isola, e consegnolli de' denari regii quindicimila scudi. A cui disse il Bascià, che non intendeva di dar libertà, se non a quelli che prima della perdita del forte si trovavano nell'isola, pretendendo che gli altri erano suoi schiavi, e sotto della sua spada fuggiti. Replicava il Sinoghera e domandava l'osservanza delle promesse ; raccomandavasi a Uccialì ed a Malemaluc figlio del Re di Fessa, che era stato il segretario delle lettere ; ma alterato Sinam gli fece mostrare il capo di Pagano, e dire che se non taceva, avrebbe fatto far peggio a lui ; però che si spedisse di scrivere prestamente cinquanta di quelli, che erano venuti seco, i quali aveva già mandati a far tener prigioni in una nave. Onde fu egli costretto di andare a farne la scelta con grandissima compassione di quelli che doveano restare schiavi, onde s'udiva un lamento incredibile del Sinoghera, il quale non potendo soddisfare a tutti, si risolvè di scrivere cinquanta di quelli che da principio erano stati seco nell'isola. Nè patirono i Turchi che si partissero, mentre attesero essi a rovinar la Goletta, ed a spandere i trofei della vittoria e le spoglie de' Cristiani. Ma fattovi in due giorni ventisei mine, ed altre da poi, quando andò l'armata a spalmare a porto Farina, in un subito restò ogni cosa abbattuto di quello che trentanove anni s'era penato a fabbricare. Spalmossi in due giorni con mirabil prestezza, e navigossi subito alla volta di Capobono, ove fu liberata la nave dei Cristiani ; avendo ad istanza del Sinoghera Uccialì fattone liberare quattro altri, poichè egli a più potere si scusava del mancamento fattogli dal Bascià, dicendo che mentre egli era stato povero corsaro, avea sempre inviolabilmente osservato la parola. Si maravigliavano i Turchi come nella Goletta avesse il Re posto per Capitano un' uomo tanto inesperto come era D. Pietro, del quale facevano poco conto, facendogli mille scherni. Ma lodavano molto Gabrio, e gli portavan rispetto. Furono nondimeno tutti due levati dalla catena ad istanza di Uccialì, il quale mostrò a Sinam che non conveniva di trattar male uomini così principali.

Or mentre che a Trapani D. Giovanni sta discorrendo della qualità del soccorso che ha da mandare, e del modo che s' ha da tenere, ecco che la navetta che porta quei pochi liberati col Sinoghera vi arriva, ed intende dallo stesso Sinoghera tutto l' infelice successo di quelle fortezze, e legge anche le lettere stesse con che quei Bascià avevano seco trattato. Per il che ed egli e tutti quei Capitani che erano seco, attoniti e confusi rimasero. Parve però a D. Giovanni di mandare Marcello Doria a riconoscere gli andamenti dell' armata nemica, la quale andata in Malta al Gozo a far acqua, vi lasciò alcuni schiavi liberi, ed indi tranquillamente navigando, in pochi giorni al porto delle Gomenizze pervenne. Il che inteso che egli ebbe, deliberò di ritornarsene a Palermo; e quindi per aspettar avviso del Re di quello che dovesse fare dopo la perdita di quelle fortezze, a Napoli si ridusse. Così la fortificazione di Tunisi partorì questo male, che i Turchi, che già quietamente per lo spazio di tanti anni sopportavano nell'Africa il giogo della Goletta, la quale con tanta sua gloria aveva l' Imperador Carlo acquistata e munita; dal nuovo insulto svegliati l'una e l' altra fortezza spianarono in faccia di regni tanto possenti come è Napoli e Sicilia, che tanto negligentemente al bisogno l'abbandonarono; quasi che avesser piacere di sgravarsi della spesa, che in mantener quella tanta riputazione si faceva.

FINE.

NOTE

E

DOCUMENTI

NOTE

DEGLI EDITORI CASSINESI

⁂

(1) Selim II. ereditò l'Imperio, ma non la virtù di Solimano suo padre, il quale per le vittorie che riportò in Siria in Egitto in Persia in Ungheria e nel regno di Tunisi, e fino in Italia per mezzo del famoso corsaro Barbarossa, ma più per l'osservatissimo adempimento della giustizia e della temperanza in tempo di pace, si acquistò il nome di Grande. Quantunque non poco gli scemasse di gloria la crudeltà dell'animo suo, massime nella uccisione de' figliuoli, come appresso si narrerà, e nella strage che fece di oltre a 1500 prigioni dopo la famosa vittoria di Mohath sugli Ungheri, a' quali, i più di loro nobili cavalieri e fiore dell'esercito Cristiano, egli, fattone un gran cerchio, mandò mozzare il capo nel cospetto dell'esercito vincitore. Selim più che alla gloria delle armi attese a darsi bel tempo; e di lui si racconta, che avendo in sull'ascendere al trono addimandato un astrologo quanti anni di regno gli prenunciasser le stelle, ed avutone in risposta che soli otto, egli, o gli aggiustasse fede o no, si diè tutto in braccio a' piaceri, giacchè sì picciolo spazio gli era conceduto a goderne. Principale ministro delle sue voluttà era un Giovanni Miclié, che dal nostro Sereno è chiamato Giovanni Michel Marzano; il quale nato in Portogallo di famiglia Ebrea, per non essere costretto, secondo i regii editti a lavorar la terra, dall'Ebraica religione alla Cristiana avea fatto passaggio; e tramutatosi poi a Costantinopoli avea novellamente all'Ebraica fatto ritorno; e quivi maestro ch'egli era di ogni frode e d'adulazione, venne in grande stato appresso Selim. Al quale quando fu recata la nuova della battaglia di Lepanto, e della distruzione della sua armata, s'affrettò a conchiuder la pace co' Veneziani, e deposta la spada e lo scettro, s'andò a nasconder nel suo serraglio. Amò tanto il vino, che i suoi sudditi medesimi il chiamavano *Sarkok* e *Mest*, cioè: Ubbriacone. Nella parte più deliziosa dell'imperiale serraglio si fè costruire un Kiosk o loggia al lido del mare, dove gozzovigliando, tracannava colme tazze di vino, e di suo ordine si numeravano i bicchieri ch'egli bevea con altrettanti colpi di cannone. E fu appunto il buon vino di Cipro l'unica cagione che l'indusse, contra ogni giustizia e contro i patti da lui stesso pochi anni davanti giurati, a conquistar quel reame. Alla quale impresa non si rimase di sospignerlo con ogni suo potere Giovanni Miclié, tra per la vendetta che volea prendere de' Veneziani, da' quali, nel passar che avea fatto per la loro città, avea ricevuto men che onesta accoglienza; e per sua privata ambizione. Dappoichè un dì (*) Selim venuto mezzo ubbriaco, levatosi dalla mensa e fattosi dirimpetto al Miclié, che era poco lungi al medesimo desco a gozzovigliare con lui, salutatolo con gran reverenza, secondo l'usanza degli orientali: Salve, gli disse, o Re di Cipro, se il cielo vorrà favorire i nostri voti. Di che fu preso di cosiffatta febbre d'ambizione, che quasi avesse in pugno il regno di Cipro, si mandò la-

(*) De Thou *Hist. sui temp. lib. 49.*

vorare in mezzo ad un gran vessillo il suo stemma con sopravi un diadema reale ed intorno questa scritta — Giuseppe Re di Cipro — Chò questo nome avea preso nel riprendere la Giudaica religione. Ed avvegnachè poscia Selimo penti tosi della temeraria promessa , nol facesse più Re di Cipro , n' ebbe nondimeno in cambio il Ducato di Naxia con le isole che ne dipendevano. L' Impero Ottomano fu debitore del passeggiero splendore delle sue armi, non al valore dell' Imperadore , ma a quello de' suoi Generali. Selimo morì d' apoplessia nel cinquantaduesimo anno di età e nono di regno.

(2) La Rossa , che più comunemente vien chiamata dagl' istorici *Rosselana* o *Rosselane*, era una schiava sanese non tanto bella della persona quanto scaltrita d' ingegno , che seppe con le sue arti cattivarsi il cuore di Solimano II. Costui aveva già due figliuoli , Mustafà e Mehemet , di una schiava greca, quando gli fu presentata Rosselane , della quale restò preso per modo , che per lo spazio di venti anni non amò che lei sola , punto non curandosi delle altre sue Odalische , e della stessa Hassaki , titolo che si dà alla madre del primogenito del Gran Signore. Tutti i Sultani da Ottomano fino a Baiazette ebbero , oltre le schiave , le quattro mogli ancora che si concedono dall' Alcorano ad ogni Maomettano. Ma poichè la moglie di Baiazette fu tanto svillaneggiata da Tamerlano , si fermò per legge imperiale che dovesse il Gran Signore contentarsi per l' avvenire delle sole Odalische ; legge cui non derogò se non Amuratte II. per menar moglie la Despena Maria figliuola di Giorgio Dulcovvitz Despota di Servia ; e Solimano II. per favorire la sua Rosselane. Inperocchè quest'ambiziosissima femmina s'era posto in cuore non solo di torsi degli occhi i figliuoli dell'Hassaki , ma di essere ancora riconosciuta Sultana; a'quali due scopi finchè non fu giunta , non perdonò a stratagemmi e delitti. Incominciò dall'allontanare Mustafà , facendolo partire con sua madre pel Sangiaccato di Manissa; poi trascinò Solimano a dar morte ad Ibraim Visir Azem , il più prode e virtuoso suo ministro , cui aveva giurato il Sultano per l' anima di suo padre e per Maometto , che nel suo regno non l' avrebbe fatto morire. Gli appose la rea donna false ragioni di tradimento ; ma la sua vera colpa era il proteggere ch' ei faceva presso il padre l'assente Mustafà dalle calunnie della madrigna. In suo luogo fe' nominare Visir Azem suo genero Rustan Bassà , con l' aiuto del quale mostrò a Solimano finte lettere di Mustafà a Taemas Re di Persia , nelle quali il dimandava di soccorrerlo all' impresa di farsi signore dell' Imperio del padre. Avvampando d' ira a tal veduta l' ingannato Solimano, e temendo non avesse il figliuolo ad opporsegli con le armi , ragunato grosso sforzo , si condusse egli medesimo con l' esercito alla volta di Mustafà , facendo correr voce di voler rincacciare dentro a'loro confini i Persiani che aveano occupato la Siria. Giunto in Siria, e posto il campo in Aleppo , mandò chiamando a sè Mustafà , il quale sebbene dall' improvvisa venuta del padre con sì grande esercito in una provincia pacifica alcuna sospicione avesse conceputo nell' animo , pure confidando nell' innocenza sua , antipose alla propria sicurezza l' obbedienza al paterno comandamento ; e solo ed inerme venne al campo vestito di bianca veste. Prima di entrare il padiglione di Solimano, si scinse della cintura un pugnale, del quale non s'era prima avveduto, e, valico il limitare, fu con lieto viso e dimostrazioni di gran reverenza accolto dagli eunuchi , e portogli uno sgabello perchè s' assidesse mentre veniva il Re. Di che già andavasi il giovane riconfortando , quando veduti comparire improvvisamente sette muti (che chiamano *Disti* , e de'quali i Sultani ànno gran numero ne' loro serragli , come pure di nani , che sono detti *Geugi* , e se ne servono per uffi-

cio di spie, di giullari e di carnefici) balzando in piedi, e gridando: Diserto me! son perduto, non ebbe tempo a fuggire; ma afferrato da loro e trascinato fuori del padiglione, gli è posta al collo una corda d'arco; ed indugiando alquanto i manigoldi alle preghiere ch'ei faceva gli lasciassero dire non più di due parole al padre prima di morire, questi che dall'altro lato della tenda stavasi a riguardare così nefando spettacolo: A che si cessa, gridò, dall'adempiere i miei comandi, e toglier la vita a questo traditore? Le quali scellerate parole non aveva finito di pronunziare, che già il misero giaceva al suolo strangolato (*).

Spacciatosi per tal modo Rosselane dell'infelice Mustafà, e morto Mehemetto di sua naturale infermità, pensò ad uscire della condizione di schiava ed essere solennemente salutata moglie di Solimano. Il perchè infingendosi tocca di gran compunzione, e mossa da desiderio di soddisfare per qualche via a' suoi peccati, mandò per il Muftì, dicendogli d'aver fermato di spendere buona parte di sue ricchezze in un Almaratto, affinchè per questa buona opera e per le preghiere de' poveri e de' peregrini Iddio e 'l suo profeta Maometto volessero usarle misericordia. Ma udito da lui quello che già si aspettava, appartenersi cioè tutto l'avere di una schiava al suo Signore, e dover perciò l'edificio dell'Almaratto, che santissima opera era, passare in ragion di merito più a Solimano che a lei, ella dando vista d'essere desolata, siccome quella cui fosse tolto l'ultimo conforto di potere con l'elemosina redimere i suoi peccati, si fece prendere a tale una melanconia, che pareva la più infelice donna del mondo. Nè guari andò che Solimano fattosi accorto di così profondo dolore, nè potendone conghietturare la cagione, tanto le fu intorno pregandola a manifestargli l'animo suo, che Rosselane alla fine quasi fosse vinta dalle lunghe preghiere, e si lasciasse cavar per forza del petto il suo segreto, gli narrò per ordine ogni cosa. Di che il Sultano teneramente racconsolatala in pochi dì l'ebbe per pubblico istromento solennemente manomessa. Non dicono gli storici se la scaltrita femmina addivenuta libera fabbricasse poi l'Almaratto, sì dicono che dopo preso al primo lacciuolo Solimano, gli tese ancora il secondo, facendosi con ogni solennità innanzi a' due Kadileskieri di Natolia e Romania menare in moglie da lui. Al che pare il conducesse la devota e pietosissima femmina niegandosi, per amor dell'Alcorano che il vieta, alle sue voglie, finchè non fosse sua legittima donna. Due anni soli potè godersi tanta felicità fabbricatasi con tanti delitti; poichè la morte le troncò nel più bello la vita, innanzi che compiesse trentasette anni di età. Nel decimottavo secolo si parlò molto di Rosselane sui teatri francesi per opera di Favart, Belin, Chamfort. Intorno alla sua vita veggasi il Dupuy nella *Storia de' Favoriti e delle Favorite*, Abbondanza nel *Dizionario Storico delle Vite de' Monarchi Ottomani*, *Sultani Solimani Turcharum Imperatoris horrendum facinus in proprium filium, natu maximum Sultanum Mustapham, anno Domini 1553 patratum, auctore Nicolao Brugundo ec.*

(3) Questa battaglia di Moncontorno combattuta tra il Duca di Angiò e l'Ammiraglio Coligny fu la terza vittoria ottenuta da Carlo IX sopra gli Ugonotti. Vi morirono poche centinaia di Cattolici, e ben tredicimila degli avversari; e molto vi si segnalarono le milizie italiane governate dal Conte di Santa Fiora, che furono le prime ad assalire e le ultime a ritirarsi, e tolse-

(*) *Chronicorum Turcicorum lib. II. Francofurti ad Moenum. Tom. I. p. 97. et seqq.*

ro a' nemici ventisette insegne, che mandate dal Conte a Roma, furono da Pio V. poste in S. Giovanni a Laterano con una lapida di marmo. Se l' Angiò avesse spinto più vigorosamente innanzi la vittoria, sarebbe stata forse allora distrutta la parte Ugonotta; la quale quanto crudelmente lacerasse con civili discordie la Francia, e come patisse alla perfine un sanguinoso trabocco, non è chi ignori.

(4) Scrive il Munstero nella sua Cosmografia universale, parlando dell' isola di Cipro: (*) *Ex pilis etiam caprarum pannus conficitur, cui Zambellottum hodie nomen est.* Di cosiffatte stoffe di lana, bambace, seta ec. erano nel XII. e XIII. secolo in gran rinomanza le fabbriche di Oriente (**).

(5) Famagosta, in latino *Fama Augusta*, secondo il Ferrari, il Baudrand e gli altri Geografi, fu detta anticamente *Arsinoe*, poi *Hamacostos* o *Hamacusta*, parola derivata dal Greco, che vale — nascosta nell' arena — perchè, dice Stefano Lusignano nella sua Chorografia dell'isola di Cipro, *è tutta arena di fuori;* e non fu chiamata *Famagosta*, se non quando, morto Antonio e Cleopatra, l'isola di Cipro dal dominio de' Re d'Egitto tornò a quello de'Romani. È la prima città dell'isola dopo Nicosia, e la sola che avesse un porto. Era in antico sede di un Arcivescovo greco, infino a che la Reina Alisia moglie di Ugo III. Re di Cipro, mandata a governar quel reame dal marito ch'era a guerreggiare in Soria, impetrò da Papa Innocenzo III. di tramutare l'Arcivescovado in Nicosia e d'investirlo da' Greci ne' Latini.

Nella descrizione che qui fa il nostro autore dell'isola di Cipro, punto non tocca della istoria di questo reame. Noi rimettendo i leggitori principalmente a Stefano Lusignano, che più minutamente di tutti gli altri storici racconta nella sua Chorografia e Storia universale dell'isola di Cipro tutti gli avvenimenti di quell'isola fino all'anno 1572. in cui scrive; diremo solo del modo, con cui passò Cipro sotto al dominio de' Veneziani.

Giacomo di Lusignano bastardo di Giovanni Re di Cipro, dopo aver lungamente guerreggiato con Carlotta sua legittima sorella intorno al Regno, ne rimase finalmente Signore l'anno 1464. Da Andrea Cornaro nobile Veneziano che si trovava in Cipro Uditor Generale del Regno, era stato sovvenuto di molte migliaia di scudi per mantenere la guerra. Narra il Loschi ne' suoi — Compendi storici della Repubblica di Venezia e suoi stati — di aver letto in una curiosa istoria che un dì, fosse arte o caso, essendo Andrea col Re, nel trarsi della scarsella il moccichino, si lasciò cadere in terra una immagine di bellissima donzella eccellentemente dipinta; e addimandato dal Re di chi fosse quella effigie, gli rispose essere di una sua nipote Catterina Cornaro. Accortosi poi Andrea de' sentimenti che avea destati nell'animo di Re Giacomo la veduta di quel ritratto, senza porre tempo in mezzo gli fè offerire in moglie Catterina, donandogli insieme i denari che gli avea prestati con la giunta di centomila scudi di dote. Di che il Re si tenne contentissimo, e mandò fuori ambasciadori alla Signoria di Venezia per dimandar la figliuola di Marco Cornaro. Catterina prima d'essere consegnata agli ambasciadori di Giacomo, che con pompa reale la traghettarono in Cipro, ove fu con dimostrazioni di grandissima allegrezza incoronata Regina, fu da' Senatori condotta in Palazzo e fatta figliuola di San Marco; e poi, chiamati gli Ambasciadori, — vi conseguiamo, loro dissero, questa nostra figliuola, non come figliuola di Marco Cornaro, ma come figliuola di

(*) Lib. V. pag. 997.
(**) Michaud. *Storia delle Crociate lib. XVIII.*

S. Marco; e vi consegniamo ancora la sua dote in centomila ducati, che S. Marco le dà come a sua figliuola. Morto poi Giacomo nella fresca età di 33 anni, e due anni appresso il suo figliuol postumo, anch'esso nomato Giacomo, e tornati a nulla tutti gli sforzi della Regina Carlotta (') per ripigliare la signoria dell'isola, restò il regno in mano a Catterina, e per lei a' Veneziani che disponevano ogni cosa a loro talento. Finalmente condotta la Regina in Venezia l'anno 1489. sedici anni appresso la morte di Re Giacomo, fece in S. Marco presente alla Signoria del reame di Cipro, e n'ebbe in cambio per sè e suoi congiunti parecchie terre e castelli. Da quel tempo i Veneziani furono padroni dell'isola di Cipro fino al 1570. quando ne li spogliò Selimo, secondo si narra dal Sereno.

(6) La famiglia Savorgnano, nobilissima in Venezia, fu celebre nell'architettura militare. Oltre al Conte Giulio, che *nelle fortificazioni fatte per la Repubblica e in terraferma e nelle isole del levante, e singolarmente in quelle di Candia e di Cipro, aveva recati ad essa segnalati vantaggi, e a se stesso conciliato gran nome;* (**) il Conte Girolamo Savorgnano fu uno de primi che inalzasse trincee e cavalieri, di che diede il primo saggio intorno a Marano nel 1515; gran nome s'acquistò in Piemonte e in Francia, Germanico Savorgnano, massime nella difesa del castello di Osopo, e il medesimo fu molto adoperato da Arrigo IV. di Francia nella espugnazione della fortezza ; e finalmente Mario Savorgnano Conte di Belgrado scrisse con molta sapienza dell' *Arte militare terrestre e marittima, secondo la ragione e l' uso de' più valorosi Capitani antichi e moderni,* che compiuta e forbita da Cesare Campana fu pubblicata nel 1614. opera, a giudizio del Tiraboschi, *assai vantaggiosa all'arte della guerra, per gli ottimi ammaestramenti, ch'ei dà pel buon successo delle battaglie per terra e per mare, e per le ottime riflessioni, che ei va facendo sugli antichi, non meno che su' recenti combattimenti; nel che mostra che alla scienza militare era in lui congiunta non picciola erudizione dell'antica e moderna storia.* Il Conte Giulio richiamato da Cipro, fu mandato dalla Signoria in Dalmazia , quantunque il nostro Sereno non ne faccia menzione, con carico di Governatore Generale sopra la milizia, la qual provincia aveva già egli altra volta difesa dalle armi turchesche. (***)

(7) I Mori, che mandarono messaggi a Selimo per aiuto, erano in quel tempo assai stretti da Filippo II. di Spagna. Alcuni erano venuti al cristianesimo, e si chiamavano Morisci a distinguerli dai Mori che si vollero mantenere Maomettani. Ma e Cristiani e Maomettani, perchè Mori, furono aspreggiati dal Cattolico, in tanto che nel 1569. levatisi in armi sostennero lo sforzo di tutta la Spagna che li combattette, in fino a che nel 1571. di essi alcuni si sottomisero a Filippo, altri ripararono in Africa. Di questi fatti troverà copiosa notizia il leggitore presso Iacopo Augusto de Thou. (****)

(8) Monsignor Lodovico de Torres, uomo di gran prudenza e singolare de-

· (') *La Regina Carlotta cacciata del regno dimorò lungamente in Roma a spese del Pontefice; ove infine nella cappella di Sua Santità, presente il Papa col Sacro Collegio de' Cardinali, rinunziò i suoi diritti sull'isola di Cipro ad Amedeo Duca di Savoia suo cugino. Questa rinunzia fu pure letta in Bologna nella coronazione di Carlo V. al tempo di Paolo III. Carlotta fu dopo morte portata in Assisi, e seppellita nella Chiesa de' Frati Conventuali.*

(**) Tiraboschi. *Stor. della Let. It. T. VII. Par. I. lib. II.*

(***) Campana *Istorie del mondo lib. 1.*

(****) *Hist. sui tempor. Tom. II. lib. 48.*

sterità in trattar negozi, nacque in Malaga il dì 6 Novembre 1533. L'anno 1560 fu nominato Chierico Presidente della Camera Apostolica in luogo d'Alessandro Campeggi Vescovo di Bologna e Decano della Camera, promosso al Cardinalato. Nel Marzo del 1570. Papa Pio V. lo mandò Nunzio al Re Cattolico perchè trattasse la conclusione della Lega tra quel Principe e la Signoria di Venezia contro al Turco (*), e di là passasse in Portogallo a fare lo stesso ufficio col Re Sebastiano, e procacciare con ogni suo potere che quest'ultimo menasse in moglie madama Margherita sorella del Re di Francia, alla quale il Papa temeva non fosse dato per marito il Re di Navarra Ugonotto. Dell'opera sua si servì con grandissima soddisfazione il Re di Spagna in varl negozi di molta importanza, come pure il Pontefice Gregorio XIII. che a presentazione del Re, lo nominò Arcivescovo di Monreale l'anno 1573. Fu diligentissimo nell'officio pastorale e nella difesa delle giurisdizioni della sua Chiesa, alla quale appena giunto fu suo primo pensiere celebrarvi un Sinodo, che è dato alla stampa. Edificò un magnifico monumento a Guglielmo il Buono Re di Sicilia, fondatore della Chiesa di Monreale, e con solenni cerimonie vi ripose dentro le ceneri di lui che giacevano ignobilmente nel pavimento della Chiesa coperte da pochi mattoni. Molte altre opere fece di pubblica utilità, e fu gran benefattore de' luoghi pii. Alle cure pastorali della sua gregge intermise a quando a quando le pubbliche della Chiesa, confidategli dal Papa Gregorio XIII. per la sua sperimentata attitudine; e finalmente si morì in Roma di sue infermità l'ultimo dì dell'anno 1584. Vedi la sua vita tra quelle degli Arcivescovi di Morreale scritte dal nipote e successore suo nella medesima Cattedra, Cardinale Lodovico II. de Torres, che le pubblicò sotto il nome di Giovanni Luigi Lello suo segretario; ristampate poi con molte giunte da D. Michele del Giudice Priore Cassinese.

(9) Chi leggerà tutti questi modi adoperati da Papa Pio per raccoglier denaro, non ne prenda scandalo, quasi di simoniaci trattati; poichè gli uffici che ei vendette, erano magistrati urbani, e punto non riguardavano a benefici ecclesiastici. Ed anche a far questo fu il Santo Pontefice costretto dall'aver già vuotato l'erario con le tante sovvenzioni di denari e di milizie, con che aveva infine a quell'ora aiutato l'Imperadore, il Gran Maestro di Malta, il Re di Francia, la Regina di Scozia, i fuorusciti d'Inghilterra ed altri. Non mancò chi vedendolo in cosiffatte distrette, il consigliasse a conceder per prezzo il regresso ai Benefizi, mostrandogli potersi da sola questa concessione ritrarre fino ad un milione di scudi; cui egli con disdegno rispose, non esserci al mondo necessità veruna bastante a scusare alcun Principe dal valersi di argomenti più che onesti e legittimi. Ed a taluni che quando egli concedette al Re Cattolico la Crociata, l'Escusado, e la confermazione delle cento galee che per facoltà data da Pio IV. si pagavano de' beni ecclesiastici per la sicurezza de' mari d'Italia, gli rammentavano esser quello il tempo di demandare al Re o entrate o altri comodi per suoi congiunti; replicò, che egli non era di schiatta di mercadante; ma che concedeva cotali grazie per benefizio pubblico della Cristianità e non per privato interesse suo o di sua gente. Il perchè non volle mandare a Filippo la Bolla per uomo suo, ma la consegnò all'Ambasciadore di Spagna, perchè la mandasse al suo Signore (**).

(*) *Il Torres ebbe prima di partire tre istruzioni, una pubblica dai Cardinali preposti al negozio della Lega, un'altra particolare ed una privata dal Pontefice; le quali si leggono tra i documenti a piè del volume.*

(**) Catena *Vita di Pio V.* — *Vita Pii V, auctore Joan. Ant. Gabutio apud Bolland. Maji. T. I.*

(10) Fin dal Pontificato di Pio IV. s'era trattato di dare accrescimento di titoli a Cosimo de'Medici. La cagione che spinse Pio V. a dargli quella di Gran Duca variamente da varî autori è narrata. Altri scrivono essere stati i molti meriti di Cosimo verso la Chiesa ed il Pontefice, massime per le genti che mandò a militare in Francia contro gli Ugonotti sotto al Conte di Santa Fiore; altri l'imprigionamento del Protonotario Carnesecchi nobile Fiorentino, che per esser notato d'eresia fu da lui a semplice commessione di Pio preso e mandato a Roma, dicendo che se per simil cagione avesse voluto il Principe suo figliuolo, glielo avrebbe della buona voglia mandato in catene; altri finalmente il desiderio di terminare una volta la lite della precedenza lungamente agitata tra i due Duchi di Firenze e di Ferrara. Della elezione di Cosimo in Gran Duca fecero risentimento moltissimi Principi, essendo stati quasi soli il Re di Francia il Duca di Savoia e la Signoria di Venezia, che ricevessero lietamente i suoi ambasciadori con la novella della cresciuta dignità, e che nel rispondergli il nominassero col titolo di Gran Duca. Dopo all'Imperatore e al Re Cattolico, de' quali l'uno pretendeva che Cosimo fosse vassallo dell'Imperio pel dominio Fiorentino, e l'altro che per la Signoria di Siena fosse vassallo del Re di Spagna, quegli che più vive rimostranze fece a Pio fu il Duca di Ferrara, sì per l'antica gelosia con Cosimo, e sì per alcune controversie che avea col Pontefice intorno alla navigazione del Pò. Ma il Senato dei Veneziani, *per levar ogni intrico, mandando a Ferrara Gioan Formenti Segretario, uomo di molta prudenza, così fece, che fu il tutto quietato, e quel Duca restò in grazia del Romano Pontefice* (*).

Le cerimonie della incoronazione di Cosimo in Roma trovansi minutamente descritte in una relazione dell'Ambasciadore di Savoia al suo Duca, e che tratta dal Ch. Cav. Cibrario dall'Archivio di Corte, è stata di fresco pubblicata nel Saggiatore Romano — Anno II. Vol. II. num. 6. Quelle dell'entrata di Cosimo in Roma e delle accoglienze che gli furon fatte, sono con molti curiosi particolari narrate nel libro XV. del Supplemento alla Cronaca universale del mondo, raccolto dal Sansovino, e pubblicato in Venezia l'anno 1581.

(11) Intorno a quello che avvenne tra Marc'Antonio Colonna e Giovanni Andrea Doria per tutto il tempo che stette riunita l'armata fino all'Ottobre del 1570. il Signor Achille Gennarelli ha testè pubblicato ne' primi quaderni del Saggiatore quattro importanti scritture tratte da un MS. inedito colonnese. Sono tre manifesti, due del Doria (**) ed uno del Colonna, ciascuno a giustificazione sua; ed una minutissima *Informatione di quanto è successo nell'infrascritta armata doppo che s'intese esser mente di S. Maestà Cattolica che le sue galere si unissero con quelle di S. Santità.* La contenzione e rissa di *parole altercatorie,* cui accenna il nostro Sereno tra Marc'Antonio, e Giannandrea fu intorno all'autorità che affermava il Colonna essergli stata data dal Re su tutta l'armata, ed anche sul Doria e le genti sue, ed è stessamente narrata da quest'ultimo nel suo secondo manifesto (***); con la qual narrazione concorda appuntino quella che della medesima contesa tra il Colonna ed il Do-

(*) Doglioni. *Teatro de' Principi e delle Istorie del mondo. Parte VIII.*

(**) *De' due Manifesti del Doria dati per inediti dal Saggiatore il primo si trova già pubblicato nel I. Volume delle Istorie del Campana, il quale aggiunge essere da molti attribuito ad Ascanio della Corgna, del cui maturo consiglio molto si serviva Giannandrea.*

(***) *Saggiatore: Vol. II. num. 12.*

ria riportà il Costo (ʼ), dicendo di averla cavata da una lettera di D. Carlo d'A-valos scritta di Palermo al fratello D. Giovanni sotto il dì ventitrè di Ottobre. L'informazione di che abbiamo innanzi parlato, dopo narrato il fatto di D. Carlo, che con poco rispetto rispose al Colonna, segue con queste parole: » Et a » questo s'aggiunse quello che il Doria disse nella sua galera, cioè — Pensava » Marc'Antonio d'acquistar honore in Cipri con la roba mia. Et ancora che dicesse » ciò in sua galera senza che vi stessero presenti persone di fuori, non pare » conveniente dando Sua Maestà soldo alle sue galere, tenere per tanto tempo, » che habbiano a porre a rischio per lo suo servitio, per il quale effetto Sua » Maestà le paga e dà soldo ordinario, che costa alla Maestà Sua Cattolica cia-» scuna galera X. milia scudi l' anno, e le sue proprie non li costano X. mi-» lia e sono meglio armate » (ʼʼ).

Delle parole profferite da D. Carlo d'Avalos a poco onore del Colonna, dimandò questi il medesimo dì la debita punizione al Doria, scrivendogli che dovesse *ritenere la persona di esso Signor D. Carlo fin tanto che S. M. inteso quello che oggi è passato, comandi quel che le farà servisio.* (ʼʼʼ)

Orrenda fu poi la fortuna di mare che colse nel ritorno le armate de' Ve-neziani e del Pontefice. Il Doria nel suo secondo Manifesto dice quasi per ischerno che « *Andarono tempestando per mare e seminando galere* » Non così avven-ne a lui, il quale congedatosi da' collegati, s'era il cinque di Ottobre partito di Candia, e sbarcato in Puglia le genti che vi aveva prese, già ridotto con tutti i suoi legni nel porto di Messina.

(12) La cagione principale perchè fu tolto d'ufficio il Zane fu il non aver voluto andare in Cipro dopo la caduta di Nicosia. Dappoichè quando venne al-l'armata la novella che Nicosia era presa, ridottisi i Generali sulla galea del Co-lonna, e addimandato da lui Girolamo Zane che cosa gli paresse doversi fare, egli rispose non essere più tempo di dare alcun soccorso a quell'isola. Dello stesso consiglio era stato Sforza Pallavicino, il quale, seguitato in questo da Iacopo Celsi, avea proposto di *entrare nell'Arcipelago e condursi con l'armata allo stretto di Gallipoli, e far forza di prendere uno de' Dardanelli; che senten-dosi così vicina l'armata a Costantinopoli, forse il Turco aria fatto richia-mar di Cipro l'armata sua, e nel tornare essa, con meno disagio si poteva o combattere o far qualche acquisto d'importanza.* (ʼʼʼʼ) E n'ebbero l'uno e l'altro la medesima pena dal Senato. Pare oltre a ciò che il Zane trovandosi stretto dal bisogno non si guardasse troppo da certi soprusi, i quali sogliono poi alla fine ingenerare la pubblica malevoglienza. Così quando in Sitia il quindici di Settem-bre si fè mostra generale dell'armata, il Doria nel riveder minutamente le galee veneziane, avendo trovato che mancava *da un terzo della ciurma, e che fra' sol-dati, marinari buoni e tristi, l'una per l'altra non passava alcuna ottanta uo-mini;* com'egli stesso se ne duole nel suo primo manifesto del dì sedici Settembre 1570.(ʼʼʼʼʼ)racconta il Costo (ʼʼʼʼʼʼ) *essere ciò stato causa che'l Zane con usar qual-che violenza per quei luoghi a lor sottoposti, rimediasse in parte a quel gran man-camento.* Quanta fosse stata la colpa del Zane in tutte le cose che furongli im-putate a Venezia, e quale sarebbe stata la sentenza della Repubblica nel fatto suo,

(ʼ) *Compendio dell' Istoria del Regno di Napoli; lib. I.* (ʼʼ) *Saggiatore: Vol. III. num. I.* (ʼʼʼ) *Questa lettera è stata pubblicata nel Saggiatore; Anno II. vol. III. num. 6.* (ʼʼʼʼ) *Adriani: Storie de' suoi tempi.* (ʼʼʼʼʼ) *Saggiato-re: Vol. II. num. 10.* (ʼʼʼʼʼʼ) *Compendio dell' Istoria del Regno di Napoli: Parte III. lib. II.*

è ora difficile a diffinire, essendo egli venuto a morte mentre la causa si agitava. *Con tutto ciò parve che se ne sentisse bene, poichè il Senato concesse, che fosse onoratissimamente sepellito.* (*) Si legge inoltre nel Campana (**) che fu primo il Zane a chieder licenza e pregare il Senato che gli piacesse sottrarlo da così grave peso; *il che tanto fece più volentieri, quanto udiva per artificio de' suoi emuli crescere ogni giorno querele del suo governo appresso la Repubblica.* Nè furono soli questi tre il Zane lo Sforza ed il Celsi a portar le pene della mala riuscita delle cose veneziane in questo anno. Chè il Senato deputò per Inquisitori, che chiamavano col nome di *Sindici,* Niccolò Contarini, Giovanni Mocenigo e Federico Valaresso, perchè rivedessero l'amministrazione della guerra, e prendessero le debite pene de' delitti commessi sopra l'armata. I quali avendo avuto in questo autorità suprema, *subito fecero pubblicare, che a ciascun fosse lecito d'accusare chi in armata contra ragione avesse alcuna cosa operato a' danni o sia del pubblico o del particolare; da che furon molti nobili Veneziani sopracomiti accusati di diverse imposizioni, per lo più nate dall'avarizia e desio d'arricchire; de' quali alcuni furono rilegati, altri patirono prigionia, e molti anco, che provarono l'innocenza loro, furon liberati ed assolti.* (***)

(13) Entrò D. Giovanni nel porto di Napoli con sessantaquattro galee, essendo stato poco prima sopraggiunto da ventinove galee, comandate da D. Giovanni di Cardona Generale della Squadra di Sicilia, ed incontrato da D. Alvaro Bazan Marchese di Santacroce Generale delle Squadre del regno. Aveangli fatto levare un magnifico ponte sul Molo gli eletti della città nel luogo medesimo, dove soleansi fare ad ogni Vicerè, ma molto più nobile e bello. Sopra di questo ponte fu ricevuto dal Cardinal Vicerè, che sel pose a man destra, cavalcando innanzi a loro gran numero di Baroni e Cavalieri, oltre alla infinita moltitudine del popolo. E poichè in compagnia di D. Giovanni venivano i due Principi di Parma e d'Urbino, Alessandro Farnese e Francesco Maria della Rovere, gli Eletti della città furon costretti dal Cardinale a cedere ad essi per questa volta il più onorato luogo, dichiarandosi per iscrittura pubblica niun pregiudizio inferirsi con questo ai lor privilegi (****). Quivi Papa Pio mandò a D. Giovanni il bastone ed il vessillo del Generalato, in mezzo al quale era l'immagine del Crocifisso intessuta d'oro e d'argento con mirabil lavoro, e sotto dalla banda destra lo stemma di Re Filippo, dalla sinistra della Repubblica di Venezia, e tra l'uno e l'altro quello del Pontefice, e da questi pendeva per mezzo di talune catenelle lo stemma di D. Giovanni medesimo (*****). Questo stendardo gli fu consegnato con grandi cerimonie il quattordici di Agosto nella Chiesa di S. Chiara dal Cardinal Granuela, che in quell'atto come Legato Apostolico gli andò a mano diritta, avendo sacrificato solennemente Monsignor Terracina Vescovo di Calvi (******).

(14) Era il Marchese di Pescara D. Francesco d'Avalos uomo di molto fine giudizio e di grande ardire e valore, ed aveva il Re Cattolico fermato ch'egli dovesse essere il principal consigliero di D. Giovanni nella impresa della Lega, e già datane all'uno ed all'altro commissione. *Ma,* dice Tommaso Co-

(*) *Istorie del mondo di* Mambrino Roses, *lib. XIII.* (**) *Istorie del mondo, vol. I. lib. I.* (***) Doglioni. *Teatro universale de' Principi e delle Istorie del mondo, Parte VII.* (****) Parrino. *Teatro eroico e politico de' Governi de' Vicerè ec.* Costo. *Compendio dell'Istoria del Regno di Napoli.* (*****) Gabutius. *Vita S. Pii P. V. lib. V. cap. I.* (******) *Vedi i citati Costo e Parrino.*

sto (*) *vi s'interpose la morte*, con gran dolore a tutti. Quello che poi soggiugne lo stesso autore del ritorno in Napoli della famiglia del Marchese, sembra che non bene s'accordi con ciò che ne dice il nostro Sereno. Dappoichè quegli così segue a narrare: *Ora per condurre in quà la moglie, ch' era Donna Isabella Gonzaga, col Marchese del Vasto fanciulli, e' fratelli, s'ebbe ricorso a D. Giovanni, che da Napoli vi mandò le quattro galee di Negroni Genovese; poichè fattane istanza a Marcantonio Colonna aveva negato di mandarvi delle sue; di che tra i fratelli del Pescara e lui occorsero parole poco amorevoli. S'imbarcarono dunque su la Capitana di Negroni e la Marchesa ed i figliuoli e tre fratelli del morto Pescara, cioè D. Cesare D. Giovanni e D. Carlo, e venendosene corsero tal fortuna, che s'ebbono più volte a perdere: alla fine giunsero salvi a Napoli oltre a mezzo Agosto, tal che quelle galee si trovarono a tempo di poter seguir D. Giovanni d'Austria.*

Con la descrizione di tutti questi particolari, come poter dubitare non veramente le galee del Negroni riconducessero in Napoli la Marchesana di Pescara co' figliuoli e' cognati? Ma come d'altra parte dubitare del comandamento fatto dal Colonna ad Onorato Gaetano di mandare per lei a Palermo due galee, se il Sereno che questo riferisce si trovava presente in Messina, ed in su quelle medesime galee Pontificie? Come inoltre credere che l'animo generoso di Marcantonio rifiutasse di prestare questo servigio alla famiglia del Pescara, quasi per vendetta delle ingiuriose parole dettegli da D. Carlo d'Avalos sulla capitana di Venezia il 26 di Settembre, e da noi innanzi rapportate (Nota 11.)? Finchè altri documenti non chiariscano meglio questo fatto, pare che possano così conciliarsi le due narrazioni. Morto il Vicerè, i fratelli dimandarono il Colonna di due galee, le quali egli comandò ad Onorato Gaetano di mandare a Palermo come prima si fossero fatte padrone delle fuste turchesche, ch' erano intorno all'isola, e provvedute di vino in Melazzo, come narra il Sereno. In questo mezzo D. Giovanni da Napoli, risaputa la morte del Marchese, inviò per la moglie e' figliuoli le galee del Negroni, le quali giunte colà prima che da Melazzo vi venissero quelle del Papa, ricondussero in Napoli la Marchesana, secondo pone il Costo. Dal sapersi poi le poco amorevoli parole ch' erano prima passate tra il Colonna e D. Carlo, la dimanda di due galee fatta a Marcantonio, e la venuta della Marchesana su quelle di Genova, potè credersi facilmente averle il Colonna rifiutate al d'Avalos.

(15) Amida Re di Tunisi fu spodestato del Regno nel 1570. dal famoso corsaro Ucciall, di cui è tanto parola in questi Commentari.

(16) Questo Monsignore d'Angiò, che ponevano innanzi a D. Giovanni ad esempio di virtù militare, era figliuolo di Errico II. di Francia e di Caterina de' Medici. Molto virtuosamente aveva armeggiato contra gli Ugonotti nelle battaglie di Jarnac di Montcontour; in guisa che aveva levato di sé una splendida fama di egregio militare. Standosi all'assedio della Roccella nell' anno 1573, ebbe notizia della sua elezione a Re di Polonia; che governò per soli tre mesi, e che abbandonò per succedere al morto re Carlo IX. di Francia, nominandosi Errico III. Vada il lettore nel Sansovino (**) a vedere quali accoglienze e feste si avesse avuto costui in Venezia, allorchè scese in Italia. Forse quel vedersi proporre ad esempio Monsignor d'Angiò dovette ferir l'animo altero di D. Giovanni, trovando noi presso Tommaso Costo

(*) *Compendio dell'Istoria del Regno di Napoli, Parte III. lib. II.*
(**) *Aggiunta al supplemento delle Croniche. Lib. XV.*

(*) come l'anno dopo la vittoria di Lepanto, si volgesse a Monsignor d'U-
mena fratello dell'Angiò, che appresso si trovò come venturiere nell'armata
di Spagna, dicendogli: *Che pagherebbe egli il Duca d'Angiò di essersi trovato alla vittoria contro i Turchi?* E l'Umena rispose: *Quel che pagherebbe
Vostra Altezza di essersi trovato alle vittorie avute dal Duca d'Angiò.*

(17) Questo Capitano Muzio che dal Campana è chiamato Curzio Anti-
cozio, e che co' suoi soldati era stato posto sulla galea di Andrea Calergi nobile Cretense, è detto dal Doglioni *persona faziosa e scandalosa.* La contesa tra lui e le genti della galea incominciò con alcune parole ch'ei si lasciò
fuggire di villania e vitupero de' Veneziani, e finì con una mischia fra loro,
rimanendovi molti feriti, ed anche taluni morti. All'Ammiraglio mandatogli dal
Veniero con quattro compagni di stendardo, Muzio si oppose con le armi; e
ferì sconciamente di un'archibugiata nella spalla l'Ammiraglio, e furono nella zuffa ammazzati due de' compagni di stendardo. Di che è facile ad intendere
quanto altamente si turbasse il Veniero, e come s'inducesse a quella subita
e rigorosa giustizia che narra il Sereno. A questo si aggiunse che ito Paolo
Sforza Colonnello di que' soldati a parlar col Veniero, egli non pure non lo
volle ascoltare, ma il mandò minacciando che se non si fosse partito gli avrebbe fatto voltar contro l'artiglieria, ed affondare il battello ov'egli era (**).

(18) Chi voglia conoscere per minuto tutte le galee sì cristiane che turchesche delle due armate, può, oltre agli altri autori, leggere la Vita di S. Pio
V. di Girolamo Catena, il quale riporta in fine i nomi di ciascuna delle galee
e de' capitani che le comandavano.

(19) Della morte d'Alì molto variamente hanno scritto gli storici. Il Rev.
M. Bartolomeo Dionigi da Fano (***) il Campana (****) ed il Catena (*****) contano che ad Alì trovato nella sua galea mortalmente ferito di due archibugiate fu
da' soldati Spagnuoli spiccato il capo del busto, ed alzato in cima a un'arme
d'asta d'ordine di D. Giovanni. Narra poi il Doglioni (******) che preso Alì
mezzo vivo e condotto alla presenza di D. Giovanni spirò la disperata ed infelice anima, e che — « fece D. Giovanni ad Alì così morto spiccare via dal
» busto la testa, e gettando il corpo nel mare, fece quella porre sopra un'a-
» sta. » — Il Gabuzi (*******) aggiunge che le ferite di Alì furono cagionate
dalle schegge della sua medesima nave, spiccatene da una palla partita da una
delle galee Pontificie comandata da Alfonso Appiani. Ma la narrazione del Costo (********) sembra la più conforme alle voci sparse dagli Spagnuoli, contro alle
quali allega il nostro Sereno la fede di testimoni di veduta. Ecco le parole del
Costo — « Alla fine prevalse pur tanto la virtù de' Cristiani, che cedendo in
» tutto i nimici, fu presa la Reale de' Turchi, e mortovi Alì Bassà per mano
» d'un soldato spagnuolo, che ne presentò la testa a D. Giovanni, il quale con
» mal volto lo riprese della sua villania, perchè avrebbe voluto aver vivo quel
» Bascià nelle mani . . . . » —

(20) Della morte di Caracoggia, per quel crudelissimo corsaro ch'egli sempre per l'innanzi s'era mostrato a' danni de' Cristiani, molti attribuirono a sè

(*) *Parte 3. del Compendio dell'Istoria del Regno di Napoli. Lib. 2.* (**)
Campa. *Istorie del mondo, Vol. I. Lib. II.*—Doglioni, *Parte VIII.* (***) *Aggiunta
alla terza parte delle Ist. del mondo, Lib. I.* (****) *Delle Ist. del mondo, lib.
II.* (*****) *Vita di Pio V.* (******) *Teatro de' Principi e delle Istoria del mon-
do, Parte VIII.* (*******) *Vita Pii V. lib. V. cap. III.* (********) *Parte III. del
Compendio dell'Istoria di Napoli, lib. II.*

la gloria. Tutti convengono che prima della Grifona combattesse con Caracoggia la galea Speranza di Giambattista Benedetti Cipriotto, il quale, presa già la galea di Corcut, era sul punto d'acquistar anche quella di Caracoggia, montatovi sopra, se (giusta il Campana) — « non vi fosse stato ucciso nel colmo della sua vittoria; onde a lui sottentrando Onorato Gaetano su la galea » d'Alessandro Negrone, se la prese, facilitando in gran parte il frutto delle » sue con le altrui fatiche. » — Conviene il Doglioni nel porre la morte del Benedetti prima della presa della galea di Caracoggia, ma dice che — « egli » sulla galea del corsale saltato, venne con Caracoza a singolar certame, e do- » pò un'ostinata zuffa passollo da un canto all'altro con una stoccata morta- » le; ma mentre il Cipriotto spogliava il corpo dell'inimico ucciso, fu egli da » una frezza di lontano tirata colto in modo, che spirò in quell'istante, e così » amendue i combattitori, pareggiata la pugna, caderono l'un sopra l'altro » di questa vita privati. » — D'altra parte scrive il Rev. M. Bartolomeo Dionigi da Fano, che il Capitano Terenzio Olzignano gentiluomo Padovano, fatto poi pel suo valore Colonnello dell'Imperio dall'Imperador Ridolfo; raccontava, confermandolo con giuramento, essere stati i Padovani che con la galea di Pattaro Buzzacherino da Padova, sulla quale esso Capitano si rattrovava, aveano in compagnia del Benedetti assalito e morto Garacoggia. Comunque sia andata la cosa, non ci à dubbio alcuno che il frutto della vittoria rimase ad Onorato Gaetano ed alla sua Grifona.

(21) Di Benedetto Soranzo scrive il Doglioni, che mentre valorosamente si difendeva da cinque galee turchesche, assalito da altre quattro, non potè reggere al numero, essendogli stati quasi tutti i suoi uomini sì da remo che da spada ammazzati o dalle ferite malconci. Che tra i Turchi montati sulla sua galea uno « degli » altri assai più crudo e spietato, abbattutosi a mezza la galea nel Soranzo langui- » do per tre ferite di saetta, combattendo ricevute nella faccia, alzò la scimitarra » per ucciderlo; ma dicendoli un schiavo del Soranzo: Non far; ch'egli è Rais » (quasi noi dicessimo sopracomito), rispose il Turco infellonito: Anzi tanto più » per questo voglio farlo ... e così con un fiero colpo gli troncò via la testa. » Che allora lo scrivano della galea vedendo le cose disperate diede fuoco alla munizione, e così tutta la galea con le reliquie avanzate de' difensori e co' Turchi entrativi furiosamente arse in mezzo alle acque. Altri convengono, e sono i più, con l'autor nostro, che fu il Soranzo medesimo l'autor dell'incendio; ed alcuni infine raccontano che il medesimo Ucciali nel fuggir che faceva dopo la rotta dell'armata turchesca con un tiro d'artiglieria s'incontrasse a dare nella munizione di quella galea, e per tal modo l'abbruciasse.

(22) Il Barbarigo fu colto da una freccia nell'occhio destro, mentre nel maggior furore della battaglia, dopo di avere per lo ispazio di quasi un'ora fieramente combattuto, si toglieva lo scudo dinnanzi al volto, perchè fossero meglio udite da' soldati le parole, con che li rianimava alla pugna. Egli oltre al valor militare, era riverito ed amato da tutti per le ammirabili sue maniere, con cui più volte avea temperati i disparori tra' Generali; e con lui solo si piegò a trattar per le innanzi D. Giovanni quando per la uccisione del Capitan Muzio non volle più aver che fare col Veniero. « Dolse a tutta la Cristianità la morte sua, e fu anche uni- » versalmente dannosa; perciocchè se viveva, si crede, che senza alcun dubbio » si sarebbe seguitata la incominciata vittoria » (*). Ebbe prima di morire la consolazione della nuova certa della vittoria de' suoi, e ne rendè grazie a Dio, sollevando le braccia al cielo.

(*) Sansovino. *Aggiunta al supplemento delle Croniche, Lib. XV.*

(23) Incontanente dopo la vittoria di Lepanto, erano stati mandati i nunzi di così lieta novella a' Principi collegati, ed a ciascuno qualche stendardo preso ai principali capi de' Turchi. Al Sommo Pontefice, che già per divina rivelazione avea risaputa la vittoria nell'ora stessa in che accadde, e manifestala a' suoi dimestici (*), andò da parte di D. Giovanni il conte di Pliego, e da parte di Marco Antonio il Cavalier Ramagasso e Prospero Colonna Al Re Cattolico fu spedito Lopez di Figueroa, all'Imperadore Ferrando di Mendozza, ed a' Veneziani Pietro Zappada. Ma tutti costoro partiti sulla galea di Giovan Contarini, da fortuna di mare trattenuti per via, molto tardi arrivarono dov'erano inviati ; e la novella si sparse assai prima della loro venuta da' Veneziani, portata loro in dodici dì da Onfré Giustiniano di commissione del General Veniero. Non è a dire quali e quante dimostrazioni d'allegrezza si facessero dapertutto per così grande vittoria. Le accoglienze fatte al Giustiniano, e la festa menatane in Venezia sono assai minutamente descritte dal Rev. M. Bartolomeo Dionigi da Fano nel primo libro della giunta alla terza parte delle Istorie del mondo. L'Orazione latina recitata il 19 di Ottobre da Giambattista Rosario nel Tempio di S. Marco, innanzi al Doge, al Senato ed agli Ambasciadori de' Principi, è pubblicata nel volume IV. delle — *Orationes et Consultationes de Bello Turcico variorum auctorum*—raccolte dal Reusnero.

(24) La pelle del Bragadino, afferma il Loschi ne' suoi Compendi Storici della Casa Ottomana, --- ora in S. Giovanni e Paolo di Venezia per venerata memoria si conserva in un' urna di marmo, a gloria di quel costante tradito Provveditor di S. Marco — Anche Niccolò Grassi (**) asserisce essere stata posta in Venezia — *inter Venetae Reipublicae monumenta* — l'effigia del Bragadino con una lapida in sua commendazione. Il capo di lui insieme a quelli di Astorre Baglioni, di Luigi Martinengo, del Castellano e del Quirini fu posta in una cassa, e fattone da Mustafà un presente al suo Signore ; i quali capi narra di aver veduti nel bagno di Selim il P. Frat' Angelo Calepio di Cipro dell'Ordine de' Predicatori, Vicario Generale di Terra Santa, quando vi si trovava incatenato come spia del Pontefice. Ne ha lasciato costui due minutissime descrizioni una della espugnazione del regno di Cipro, ed un' altra della presa di Famagosta ; importantissime amendue, principalmente per essere l'autore testimonio di veduta, siccome quegli che era in Nicosia quando cadde questa infelice città in mano de' Turchi, e vi fu fatto schiavo egli stesso. Sono pubblicate queste due scritture a' piedi della Corografia ed Istoria di Cipro di Stefano Lusignano.

(25) Marcantonio Barbaro Bailo in Costantinopoli per la Signoria di Venezia, meritò grandemente della sua Repubblica in tutta la presente guerra. In sul cominciare delle ostilità fu posto in custodia, perchè non potesse per lettere avvisar cosa alcuna al Senato, ma — « fu poi tanta l'accortezza di un » tant'uomo, e così bene si seppe egli accomodare col tempo, che non ostante » la gran guardia e la gran pena, avendo presi con donativi alcuni de' prin- » cipali custodi, non pur aveva le più secrete nuove, ma di quelle mandava » anche avviso in zifra a Venezia così particolarmente e con tal verità, che è » mirabile a dirlo — (***) Fu molto amato da Mehemet Visir per la virtù sua ; e non solo era uomo di molte lettere, ma si dilettava ancora della pittura,

(*) *Vedi il Catena ed il Gabuzi nelle loro vite di S. Pio V.*
(**) *Elogia Patritiorum Venet. Dec. III.*
(***) Doglioni. *Parte VIII.*

scultura ed architettura , con le quali nobilissime arti addolcendo quegli animi barbari, ebbe con loro cosiffatta entratura da poter tanto giovare alla patria sua (*).

(*) Sansovino. *Aggiunta al Supplemento delle Croniche. Lib. XV.*

DOCUMENTI

ESTRATTI DALLE SCRITTURE DI CASA TORRES IN AQUILA

I.

NEGOTIATO, ET CONCLUSIONE DI LEGA CONTRA IL TURCO, TRA PIO V. SOMMO PONTEFICE, RE CATTOLICO ET SUA SIGNORIA DI VENETIA, SCRITTA DAL CLARISSIMO MICHEL SURIANO AMBASCIATOR VENETO L'ANNO MDLXXI. (*)

Dipoi che a persuasione di Pio V. sommo Pontefice il Serenissimo Rè Cattolico mandò la commissione alli Illustrissimi Cardinali Granvela et Pacecho et suo ambasciatore Don Giovanni de Zuniga; et la Serenissima Signoria di Venetia mandò la sua all' Ambasciator Suriano per trattare et concludere la lega tra il Papa Re et Venetiani, et furono riconosciuti li mandati et reputati sufficienti; il Pontefice al primo di Luglio, havendo fatto chiamare alla sua presenza i deputati del Rè et l' Ambasciatore di Venetia, fece con parole gravi et piene di prudenza un lungo discorso dello stato delle cose presenti, delle difficoltà che ha la Christianità, et delli uffici che ha fatti Sua Santità come Padre universale; et della necessità prima di ricorrere a Dio per placare l' ira sua mossa contro di noi per li nostri peccati, et poi di trattare di unire le forze delli Principi Christiani contra il comun nemico, et principalmente quelle del Rè et della Signoria; et che havendo fatto uffici per questa unione, et trovandola ben disposta, hora che ha giusta causa et manifesta di non fidarsi de' Turchi, ha poi mandato Monsignor de Torres al Re, il quale ha similmente trovato benissimo disposto; et havendo visti li mandati dell' uno et dell' altro Principe delle loro persone, li quali laudò molto di prudenza, di esperienza et di bontà, gli haveva fatti chiamare alla sua presenza, per eccitarli tutti, se bene crederia, che non fusse necessaria in tanta occasione, che parla da se stessa, a trattare et concludere con buon animo una lega et unione, delli loro Principi, per reprimere l' insolenza et furore di questo Cane: et per non lassarlo andare acquistando maggiori forze, per che siccome hora haveva mossa guerra contra la Signoria, senza alcuna ragione, così non pensava ad altro che di opprimere la Christianità a parte a parte, come ha fatto sin hora, che tutto quello che ha l' ha tolto a' Christiani. Considerò poi, che questa saria un' esempio glorioso presso li nostri posteri, li quali havrian questa cagione d' imputarne di negligenza per haver lassato passare un' occasion tale, dove havemo così manifesta la giustitia dal canto nostro, se bene sempre havemo giustitia contro un Infedele, et come sì ha quando si ha

(*) Si è conservata la ortografia dell' originale; nè abbiamo voluto indurre mutazione di sorte nelle parole, avvegnacchè spesso sceme di senso.

25 *

da fare con un Principe otioso, et pieno di defetti, che ha l'armata disunita, debbole, et esposta all'essere oppressa facilmente dalle nostre forze, o vero almeno fugata et vergognata. Seguì poi a dire del Regno di Cipri, che bisognava mettere ogni industria, per sostentarlo in poter de' Christiani, che era la sola via di acquistare il Regno di Gierusalem, et il Sepolcro di Christo, che quando fu acquistato l'altra volta, il che fu a persuasione di un semplice Fraticello, che mosse tutti li Principi et populi Christiani a quella impresa, bisognò condurre li eserciti per via di Constantinopoli; il che adesso saria impossibile: ma Dio Nostro Signore che non vuole abbandonare la Christianità, et che non continet in ira sua misericordias suas, ha mandato quest'occasion di conservar quel Regno, et acquistare degl'altri. Disse poi, che conclusa questa lega fra il Re e la Signoria, s'invitaria l'Imperatore per il primo d'autorità fra li Principi temporali; et disse, che ancorchè li Capitoli della lega non si possino esequire per quest'anno in quel modo che fossero accordati, che le preparationi siano tanto gagliarde, che congiunte le armate del Re Cattolico et della Signoria, si potria non solamente resistere alle forze del Turco, ma anco vincerle, et debellarle. Et fece un'officio quanto si possa fare più efficace per questa unione. Et alfine disse che se si conoscesse, che la persona sua potesse essere in alcuna parte utile a questa impresa, si contentaria d'andare a morire fra i primi per gloria di Dio et beneficio della Repubblica Christiana. Rispose Granvela, poi Pacecho, et poi l'Ambasciatore tutti in conformità, lodando Sua Santità con parole honoratissime, mostrando la pronta volontà del Re per la trattatione et conclusione del negotio, considerando il beneficio della Christianità. Et disse l'Ambasciatore, che havendo S. Maestà intesi gli officij fatti da S. Santità, et l'instanza della Signoria, haveva voluto condescendere a quello, che ella desiderava, se ben' non sapeva alcun' particulare in che potesse dar ordine a' suoi Agenti. Et dipoi fu detto da Granvela, che saria stato conveniente che fossero stati mandati al Re li partiti che s'havevano da proporre, perchè havria potuto dar ordine più resoluto; ma che loro dariano a sentir quello, che li fosse domandato, et responderiano, con dir però che havevano commisione sufficiente per trattare et concludere quanto occorresse. Disse poi ancora l'istesso Cardinale, che per quest'anno le forze erano assai sufficienti, per una lega diffensiva, et che quello che s'havesse a trattar saria per l'offensiva. L'Ambasciator di Venetia sospettò, che il Cardinale volesse inferire, che quest'anno si dovesse stare solamente sulla diffesa, il che causava molti incovenienti, per molti rispetti. Et parlando S. Signoria Clarissima al luogo suo, rispose, et considerò destramente et diffusamente come sua Santità s'era mossa con paterno amore charità ad invitare il Rè, et la Signoria ad una lega, et come haveva trovato l'uno et l'altro disposto secondo il desiderio suo; et che quando intenderà quello che si era proposto, risponderà in un modo, che et sua Santità et le Signorie loro conosceranno l'intentione della Signoria tutta esser volta a quello che sia beneficio commune. Disse poi che se mai fu occasione di offendere il Turco, era quest'anno, perchè se l'armata sua era divisa, come s'intese li giorni passati, essendo quella del Rè, et della Signoria unite, erano tanto superiori, che potevano sicuramente concluderla, et con speranza di Vittoria, la qual no' saria forse così facile in altro tempo; et s'anco fosse vero, che l'armata sua andasse tutta verso Cipri secondo gl'ultimi avisi, che maggior occasione si potria haver mai di mettere in disordine tutti gli stati suoi? La qual cosa fu poi replicata dal

Papa, con dar animo a quei Signori di fare una deliberatione resoluta, prima che si lasciasse passare questa occasione, et ricordò che nel fare danno al paese del Turco, non si facesse offesa alli sudditi Turchi, che si sollevano a favore di Christo. Sopra di che discorse anco il Cardinale Granvela; et fu parlato di questo, et di altri particulari intorno alle trattative di questa guerra con molta amorevolezza et concordia. Et essendo usciti della camera di sua Santità tutti insieme, l'Ambasciator di Venetia disse, che si come del 1537. nella prima congregatione fu publicata la lega per conclusa, et dati gl'ordini in ogni parte per l'esecutione che si haveva da fare, et che poi si trattorno li Capitoli; così si potria fare in questa, per che ad ogni modo, ogn'uno vuole con quei modi che si conviene, et non vi può esser difficoltà di momento, per che l'oppinione di tutti è la medesma. Onde saria gran bene dare fuori questa voce, et non lassar stare il mondo sospeso in aspettare questa resolutione; et pareva che Pacecho et l'Ambasciatore si sarebbono contentati: ma Granvela disse che altre volte gl'Ambasciatori erano stati molte volte insieme, et havevano trattati tutti i particulari et quasi conclusi, et sapevano bene dove erano le difficoltà, et come accomodarle, et che prima però bisogna intendere quello che era proposto.

Alli 2 di Luglio furono chiamati alla presenza del Papa li Agenti Regij, et l'Ambasciator di Venetia, a'quali S. Santità diede una Scrittura, che è la forma delle Capitulationi, che era stata trascritta per li deputati di sua Beatitudine, sopra le quali si prese tempo a considerare, per dire ciascuno il parer suo nella Congregatione, che era ordinata nella camera del Cardinale Alessandrino con la presenza di esso, et del Cardinal Morone, de Cesis, et de Grassi, et Aldobrandino deputati a questo per la parte del Papa.

Alli 4 essendo ridotti tutti gl'altri, eccetto Alessandrino che era indisposto, et l'Ambasciatore, col nome dello Spirito Santo fu dato principio al negotio, et l'Illustrissimo Morone co' parole gravi, et piene di prudenza et di affetto, considerò il bisogno presente della Christianità, et l'unico remedio di sostentarla, che era la Lega proposta, la quale con tutto che dovria trattarsi con tutti li Principi Christiani, come interessati tutti al comun' pericolo, tuttavia si trattava per hora fra il Papa, Re Cattolico et Signoria di Venetia, come quei che hanno li stati più esposti alli danni, et le forze più pronte al bisogno; et esortò tutti per nome di Sua Santità all'attendere a questo, che saria a gloria di Dio, et a comun beneficio: et fu confermato il medesimo da tutti con universal contento. Disse poi, che Sua Santità havea fatto proporre quella scrittura, la qual era come un disegno et una abbozzatura di quelle cose, che li pareva che potessero esser trattate nella consideratione presente; et che ogn'uno dicesse sinceramente il parer suo, accio che si concludesse questa consolatione alla Christianità et al mondo, che era aspettata dal valore, prudenza, et bontà di tanti Signori. Et così fu esclusa quella difficoltà, che pareva che potesse nascere, di chi dovesse essere il primo a parlare. Et fu fatta la causa publica della Christianità, et non particolare della Signoria di Venetia, se bene fu concluso da tutti che bisognava risolver presto questa et dare ogni aiuto alla Signoria per publico interesse.

Doppo questi Uffcj, Granvela cominciò ad esaminare li articoli della Lega, et per la prima cosa considerò li dodici, che erano espressi nella scrittura proposta; et ben che non facesse molta difficoltà in questo, mostrando che si saria accomodato alla volontà di Sua Santità et della Signoria; tuttavia fu discorso, che il tempo daria molte angarie all'impresa, et mala sodisfatione alli sudditi delli Principi confederati, et faria andare ritenuti li sudditi del Turco,

che havessero volontà di sollevarsi, et in breve assicureria li Turchi, et inte-
pidiria li Principi che hanno da entrar nella Lega; et dovendo havere questa intentione la Lega, di debilitare le forze del Turco, et si è possibile di
estinguerle, non si poteva dichiarare il tempo in una cosa, che non si sapeva quando havesse à terminarsi; et fu concluso da tutti che si facesse, secondo le capitulationi del 1537, la Lega senza tempo et perpetua; il che fu
approvato dal Ambasciator di Venetia, per non fomentare la suspitione che hanno molti, che la Signoria si contentava non per altro, se non per haver tempo,
et non altro fine che per haver adesso il soccorso dell'armata del Rè. Poi seguì la consideratione seconda del Cardinale, di far la Lega o ensiva o difensiva; et l'Ambasciator di Venetia voleva che si pensasse più all'offensione, perchè lo stare sulla difesa assai gosta et poco giova, et la vera difesa
è offendere il nemico et levargli il modo di poter offender altri; ma fu concluso che s'esprimesse l'uno et l'altro, come fu fatto nella Lega del 1537.
Venne poi la terza consideratione del Cardinale contro chi si faceva la Lega;
et voleva che fosse non solamente contro il Turco, ma contro tutti l'Infideli,
come conteneva il mandato del Rè. Et molti altri delli Cardinali deputati da Sua
Santità sentivano il medesmo, mossi dal rispetto della Religione, et da quello
che sanno che piace al Papa: et tra questi dissero espressamente Cesis et
Grassi, che pareva che non si potesse dire il contrario. Ma l'Ambasciatore
disse, che non erano chiamati a trattare se non contra il Turco, et che di
questo era stato scritto alli Principi, et che di questo egli haveva havuto
il mandato, et che chi nominava altri Infideli, disturbava il principal obietto, perchè non era bene mettere in sospetto quelli da i quali si potesse havere aiuto, ma più presto era da guadagnarli, et farli nemici de' Turchi.
Il Cardinale Morone, sentendo il medesmo, disse, che anche il Sophi era nel
numero dell'Infideli, et pur si sperava d'haver il suo aiuto. Granvela soggiunse che bisognava chiarire la Lega contro il Turco, et altri suoi dependenti, et confederati, et nominar li Mori di Barbaria, et il Sophi, essendo
questi Instrumenti de' Turchi, in far danno a' Christiani, allegando li tumulti
delli Mori in Spagna, et l'occupation de Tunisi, con li danni che sono fatti
continuamente in questi mari, et spetialmente nelle Terre della Chiesa, onde
non si conveniva totalmente pensare di far guerra in levante per servigio
de' Venetiani, et che il Papa, et il Rè di Spagna . . . .
. . . dicendo che loro, non potevano altrimenti concludere la Lega, senza
nominare questi; et che se l'Ambasciator di Venetia non haveva mandato
sufficiente, poteva farlo venire in pochi giorni. Et per che il Cardinale Aldobrandino interrompendo il parlar suo, disse, che domandando li Venetiani la Lega per essere aiutati, era conveniente che aiutassero gl'altri. Rispose l'Ambasciator della Signoria, che Sua Signoria Illustrissima non era bene
informata, per che la Signoria no' domanda Lega . . . .
Sua Santità come anco il Rè Cattolico. Et così confirmorno Morone, Cesis, et
Grassi. Et soggiunse l'Ambasciator che la Signoria haveva ben caro ogni
aiuto, et era per haverne obligo a Sua Santità et a Sua Maestà per questo;
ma che nella causa della Lega si trattava del beneficio pubblico, et non
dell'interesse della Signoria solamente, onde bisognava di vedere, di no' entrare in qualche pratica, che offenda tutto il negotio principale. Rispose poi
a quello che haveva detto il Cardinale Granvela del Sophi et de' Mori et
altri dependenti et confederati del Turco, che il primo obietto che s'haveva
in questa Lega era di contrastare alle forze del Turco, onde il condurre ar-

mata contra il Sophi , saria un' effetto tutto contrario ; et col trattare Lega
contro li Mori di Barbaria li metteria in troppo gran reputatione ; ma che sbat-
tendo le forze del Turco , tutti questi erano niente ; che no' si può temere
offesa dal Sophi et de i Mori che no' hanno armata ; che per le solitudini di
Spagna non sia dignità del Rè domandare aiuto d'altri ; che si concludesse pure
d'abbassare la potenza del Turco , che questi caderiano da per se ; che se pur
bisognasse vincerli per forza, all'hora saria tempo di trattare questo negotio, et
che la Signoria saria pronta ad aiutare il Rè con tutte le forze ; che se uscisse voce
che in una congregatione tanto honorata et dove si tratta d'abbassare la potenza
del Turco, che è cosa tanto importante, si concludesse una Lega contro li Mori
di Barbaria , et contra il Sophi ; per quello che può dare disturbo al Rè dentro allo stretto di Zibilterra . . . . Tuttavia Morone, et gli altri deputati di Sua Santità mossi dalle ragioni dette, parea che no' sentissero che si nominasse il Sophi, nè li Mori, ma bene quei luoghi che possedeva il Turco, cioè Algeri, Tunisi, et Tripoli, per non parere che
la Signoria fuggisse d'aiutare il Re et il Papa in questi Mari, come Sua Santità et sua Maestà aiutarono lei nelli suoi. Replicò l'Ambasciator, che facendosi
lega contro il Turco, et contra li stati suoi che possiede, senz'altra dichiarazione s'intende contenere Algeri, Tunisi, et Tripoli. Per queste difficoltà, et
per queste dispute fu deliberato di ponere tempo in mezzo, a risolversi di questo articolo, et fu comandata strettissima credenza, per reputation del negotio.
Et se bene l'hora era tarda, si continuò la trattatione per non parere che il
negotio restasse interrotto.

Quarto si venne alla dichiaratione delle forze, et fu concluso da tutti, dichiarare che l'impresa si facesse almeno con 200 galee, delle quali cento ne
desse la Signoria, et cento il Rè con 70 mila fanti, et 5 mila cavalli, come
nella capitolatione vecchia; et forse fu messa questa parola *almeno*, per che l'Ambasciator di Venetia voleva più forze di Mare et nò si contentava che fossero
deputate alla Signoria cento galere, per causa della spesa, fu dichiarato, che
nel fare la compartita, se la Signoria fosse troppo gravata nelle galere, fosse
rifatta nelle altre spese: et così fu licentiata la Congregatione, et l' Ambasciator
di Venetia instò che si publicasse la lega per fatta, et molti sentivano il medesimo : ma all' hora non fu deliberato altro.

A quttro si ridusse di nuovo la congregatione seguendo l'ordine che la prima consideratione fosse sopra la compartita della spesa. Una difficoltà disse il Cardinale Granvela, che il Rè suo era molto esausto per la spesa fatta nella
guerra, et per li travagli havuti in casa et fuori, et nominò molti accidenti
occorsi veramente grandi ed importanti negli ultimi tempi alla Spagna :
ma con tuttociò disse che s'obligava di contribuire, come già s'obligò l'Imperatore suo Padre, per la metà della spesa. L'Ambasciatore di Venetia allegò
parimente le grandi spese fatte dalla Signoria quest'anno, et quel che haveria
fatto oltre la sua portione nella lega in presidiare l'Isole, et Stati suoi, i
quali sono esposti a i danni de' Turchi, et che da soli questi stati travagliati
conviene cavare ogni aiuto, per sostentare questa guerra; onde ella non può
contribuire più della quarta parte. Restorno questi Signori tutti sopra di sè, et
Aldobrandino disse, che haveria creduto che la Signoria dovesse contribuire
quanto il Rè Cattolico. Morone disse, che non era alcuna cosa che l'havesse fatto
dubitare di questa trattatione più che la povertà de' Principi, per che sapeva che
tutti sono esausti per le molte spese, ma che però la Signoria stava meglio
de gl'altri, per che non havendo già tanto tempo fà havuto guerra, ha pagati

li suoi debiti, et ha potuto accumulare qual cosa, che non hanno potuto fare
gl'altri; et cercò di persuadere all'Ambasciator di Venetia, che bisognava superare ogni difficoltà, et fare anco l'impossibile per non mancare al commodo
particolare et al pubblico. L'Ambasciatore rispose, che se bene la Signoria era
stata senza guerra, haveva havuto però sempre gran spese; et oltre alle spese
ordinarie, per che non supplisce quello che ha d'entrata, le bisogna ogn'anno,
in tempo di pace mettere una decima a Venetia, et un sussidio alla Terra ferma, et l'è anco bisogno far una grossa armata ogn'anno per assicurare li suoi
populi, et per tenere in sospetto li Turchi. Che la Signoria vorria anco contribuire per tutta la spesa, et lo faria volentieri, ma che non bisognava abban-
donarla; et che se altra volta haveva contribuito per un terzo, non haveva al-
l'hora tante spese, et haveva più stato, et non haveva la guerra come ha al
presente. Furno fatte molte risposte et molte repliche per molto spatio, et non
volendo i Regij crescer niente della sua metà, nè l'Ambasciatore della sua quarta, vedendo egli tutti volti verso di lui, et che la Congregatione era in pericolo
di dissolversi senza concludere cosa alcuna, alla fine disse, che si pigliava autorità di conferire il terzo alla portione, se bene sapeva certo, che metteva la
Signoria in gran difficoltà per la strettezza grande in che ella si trovava, et
per le gravissime spese fatte quest'anno in tante galere navi et galeazze, et
tanti presidij per li suoi luoghi, che passavano 40 mila paghe; così si contentò
del terzo senza difficoltà alcuna. Nacque un'altra difficoltà della portione del
Papa, per che per l'altra lega contribuì per la sesta parte; hora facendosi
conto, che la Chiesa havesse 400 mila s. manco d'entrata, che no' haveva allora,
no' si potè trovar modo che contribuisse quella che gli toccava. Il Cardinale
Morone fece grandi officij con i Regij et con l'Ambasciator di Venetia, per che
si contentassero d'obligare li suoi Principi alla rata per quello che toccasse al
Papa, oltre dodici galere che si contentava di contribuire. Et il Cardinale Aldobrandino fece un conto così alla grossa, che la spesa secondo le forze che
erano deliberate importariano intorno a 600 mila scudi, et che ne potria pagare fino a 30 mila o 35 mila, et il resto si potria compartire tra il Rè et la
Signoria, secondo la rata già concertata. Et il Cardinale Granvela mostrò di
consentire, ma con speranza d'havere da Sua Santità la gratia della cruciata,
et altri aiuti del Clero, senza i quali disse, che non potria contribuire niente
alla lega. Ma l'Ambasciatore di Venetia stette sempre fermo in questo, che la
Signoria non poteva, et che s'haveva preso auttorità di promettere il terzo della
spesa, se bene per le sue instrutioni, non dovea passare il quarto; et che se
bene credeva, che la Signoria si contentaria di quello ch'egli haveva promesso,
però era certo, che non potria far niente di più, ma faria bene che accomoda-
ria Sua Santità di quei corpi di galere che bisognassero, et questo era quello
che più potesse fare. Per queste difficoltà ritornarono li Cardinali dal Papa, et
così anco gli Agenti Regij consigliaronsi separatamente, et poi unitamente per
spatio d'un hora; et alla fine si restò in questo, che si facesse una compartita giusta di quello che importasse tutta la spesa, et di quello che potesse
toccare a Sua Santità; et che fussero insieme li Regij et l'Ambasciator di
Venetia, et così sariano li Cardinali deputati da Sua Santità per trovar modo
di risolvere quel punto, il quale era tanto importante, che non si risolvendo
in bene, non poteva più unirsi la lega. Rispose l'Ambasciator di Venetia,
che quanto al far la compartita di questa spesa, et esser con li Regij, faria
volentieri quello che gli era comandato; ma che per parlar liberamente, come
è suo solito, et come doveva fare in questa trattatione, no' li bastava l'ani-

mo di promettere altro aiuto che quello delle galere, che no' è poco, per
che costano molti danari, et si consumano gli arnesi, et la Signoria perde il
frutto, crescendo con quelli la portion sua nell'Armata, della quale sperava
essere reintegrata in altre cose. Disse di poi il Cardinale Morone quello che
no' haveva voluto dire in Congregatione per non offendere i Regij, che la Signoria faceva questa spesa con molto interesse suo, no' havendo aiuto d'altri,
che dal suo proprio Clero; ma all'incontro il Rè faria quella spesa da' beni ecclesiastici dal sussidio Cruciata et altre gratie che haveva dal Papa, onde potria prendere anco sopra di se le parti di Sua Santità; che il Re haveva anco
questo avantaggio più della Signoria, che con questa Lega Sua Maestà mette
in sicuro tutti li suoi Regni, senza spender nelli soliti presidij, per che l'armata che si farà in Levante, li servirà per sua difesa; ma la Signoria oltre la
spesa grossa della Lega, li convien anco presidiare tutto il suo stato. Rispose
che tutte quelle cose erano state dette a i Regij da loro deputati, et che le
confessavano esser vere, ma che scusavano il Rè con la povertà, havendo im-
pegnati li Regni suoi, et no' potendo disporre in cosa alcuna de i Populi, anzi
che sta in pericolo di qual che moto, per le tante guerre; et che se quel Capitolo no' s'accomodava, gran difficoltà metteria in tutto il negozio.

A sette, si fece la Congragatione senza l'Ambasciator di Venetia, per che
tutta la trattatione passò tra li deputati di Sua Santità et gl'Agenti Regij, per
rispetto della Cruciata, et altre loro domande. Et intanto l'Ambasciatore fu
col Pontefice, per giustificarsi seco, havendo inteso che era mal sodisfatto di
lui, per che havesse fatto difficoltà di dichiarare la Lega contro li Turchi, et
altri Infedeli; et che non avesse voluto consentir d'obbligar la Signoria in qual
che parte della portione di Sua Santità: ma inteso di nuovo le ragioni dell'Ambasciator, restò di tutto ben sodisfatto. A gl' 8 si congregarono tutti secondo gli
ordini, et Granvela propose che si trattasse della compartita che s' havesse a
fare per la parte diffensiva: et per che l'Ambasciator di Venetia sentiva, che
non s'havesse da specificare se non quello che era descritto nella Lega del 1537,
continuò il Cardinale a dire, che sempre nella Lega difensiva si dichiarava con
che numero et qualità di forze un' confederato aiutarà l' altro, et che potriano
occorrere infiniti casi, che no' si potria fare altrimenti la guerra offensiva; et
che bisognava venire a questo, et che il volerlo terminare per all' hora, saria
troppo disordine, et danno di chi havesse bisogno; et domandò che si come
la Signoria è adesso aiutata dal Rè con 50 galere, così s'obligasse lei d' aiutar lui nelle sue occasioni con altrettante et con più, et non manco, secondo
le paresse meglio a proposito. Rispose l'Ambasciatore, che si sodisfaria solamente per la difesa, quello che s' imponeria; et con quell' istessa compartita,
si potria soccorrere a ciascuno che ne havesse bisogno, secondo l' occasioni.
Replicò il Cardinal, che non era honesto, nè per il Re, nè per la Signoria, che
concorresse alla diffesa con quella compartita, ma che volesse farne un' altra,
secondo la proportione dell'aiuto; et che il Re promette quest' anno alla Signoria
minor beneficio suo, per che nel capitolo della Lega la Signoria s' obbligava
a concorrere per terzo . . . . per che come il
Re aiuta la Signoria con 50 galere quest' anno che ella n'ha 150, così ella verria ad aiutare il Re, quando 150 con 50; quando 120 con quaranta; et quando
60 con 20, et quando più et quando manco; ma che però no' ascenderia al
quarto, onde s' havesse à fare la compartita in quel modo in che Sua Maestà ha-
vrebbe manco comodo, che no' haveria servando le capitulationi della Lega.
Replicò Granvela, che non voleva quella portione, ma numero di galere che

il Rè soccorreva la Signoria ne'suoi bisogni, et notò un capitolo di sua mano, che conteneva questo istesso senso. Rispose l'Ambasciator, che questo saria inconveniente , prima per essere le forze della Signoria impari a quelle del Re, l'altra , per che le diffese che havesse a fare Sua Maestà non sono di tanto momento , quanto quelle che ha da fare la Signoria, per che ella ha da difendersi da tutta la potenza del Turco , et il Rè una picciola parte: etiam sel'Rè fosse per caso offeso da tutta l'Armata d'Algeri, che è di 30 o' poco più galere, se la Signoria dovesse soccorrerlo con 50 galere, faria lei sola la spesa, et mandaria più forze in aiuto del Re che non faria di bisogno. Onde mosso il Cardinale , aggiunse di sua scrittura , che quello de'confederati che domandasse soccorso, havesse haver due volte tante forze in essere quanto era il soccorso. A questo furono allogati molti inconvenienti, a tale che il Cardinale dipennò tutto quello , che nella scrittura haveva scritto, et aggionse solamente , che dovessero haver maggiori forze , che no' era l'aiuto. Et l'Ambasciator di Venetia disse , che veramente no' si poteva far meglio, che stare nella capitulatione vecchia , per che chi voleva avertire tutti li casi, metteria confusione, et daria in qualche disordine , et quelle cose particulari impediriano l'esecutione della causa principale , per la quale si faceva la Lega : et questo disse ancora Morone, che li pareva che fosse meglio dichiarare la compartita della difensione. Disse Granvela, che questa cosa haveva espressa nella sua instrutione , che senza compartita, non poteva concludere la Lega. Soggiunse Pacecho , che bisognava dichiarare questo articolo ; et che oltre a questi aiuti, che fossero dati l'uno a l'altro , a spese del confederato , doveva esser messo quest'altro capitolo, il quale obbligasse li collegati , che fossero tenuti di accomodarsi l'un l'altro , di quello che havevano di bisogno, per li suoi danari; cioè se il Rè volesse galere, oltre all'obligo del suo aiuto , la Signoria fosse tenuta di dargliele ; et volendo la Signoria soccorsi, o altra cosa, fusse tenuto il Rè parimenti di accomodarla. Disse l'Ambasciatore, che di gratia si vedesse di no' interrompere il principal disegno , per il quale si fa la Lega , et quel domandare aiuto per l'impresa particolare, et altre cose fuori del primo oggetto, no' mettesse in disordine tutto quel trattato , et ne fece avertito Morone, Cesis, et Rusticucci ; i quali per che havevano hauto ancora essi questo sospetto pensarano di stabilire per l'impresa principale, et dichiarare espressamente, che per impresa offensiva contro il Turco, sia da lasciare da parte ogni altra : ma la cosa restò irresoluta per all'hora. Nella congregatione fatta alli ... l'Ambasciatore propose, che si facesse unire l'armata del Rè con quella della Signoria , considerando che ella era mandata a questo effetto dal Rè ; che chi tardava perderia qualche occasione utile , et honorevole. Che l'armata della Signoria era in ordine, et quella del Turco era in questi mari vicini, che no' è tanta per numero et per forze, che come siano congionte alle galere della Signoria quelle del Rè , non si potesse combatterla sicuramente et con vantaggio. Rispose Granvela , che l'armata si congiungeria a tempo. Replicò l'Ambasciatore , che questo era il tempo; che l'Armata della Signoria se n'era stata a Corfù per tutto il mese passato. Et furono dette et risposte molte cose , et alla fine il Cardinal con molte parole, dette con grand'amore, si sforzò di persuadere all'Ambasciatore di Venetia et a tutti, che di certo l'armata del Rè si congiungeria alla più longa, col primo aviso che venisse di Spagna, il quale non potria andar più che per San Giacomo; et si scusò che non poteva far altro , come sapeva ancora benissimo Sua Santità, et come sapevano tutti quelli Signori. Il medesimo ancora confermò l'Illustrissimo Cardinale Pacecho, et parimente l' Ambasciator Regio. Et si venne di poi alla trattatione della Lega; et per che si tornò a discorrere di poi sopra tutti gl'altri articoli, si parlò appresso de i luoghi di Barberia, cioè, d'Algeri, di Tunisi, et di Tripoli perchè gl'Agenti Regij facevano insistenza, che fosser quelli compresi nella Lega ; et se bene pretendevano anco nominare il Sophi et li Mori , tuttavia pareva che fussero per rimoversi, per che ogn' uno sentiva contro loro. Ma quanto a quei tre luoghi instavano , che fussero compresi nella Lega : et quanto al.' offensiva, essendone longamente disputato, rispose l'Ambasciatore di Venetia, che no' occorreria specificarli, per che erano compresi sotto il generale che dichiara la Lega, et lo stato che possiede. Di poi stando li Regij constanti in quello , affirmando che così havevano ordine espresso nelle loro instruttioni, 'Ambasciatore ci aggiunse a quel *generale* del Turco et delli stati suoi, che possiede così nel mare Mediterraneo et Africano , come altri in Europa; considerando che a volere specificare quei luoghi, conveniva anco nominare tutti gl' altri luoghi , che possiede il Turco , che saria ben cathalogo vano, et troppo longo ; altrimente parea che la Lega fosse stata fatta solamente contro quei tre luoghi. In queste difficoltà il Cardinale Granvela stette costante, con dire che bisognava ad ogni modo nominarli, et che bisognava nominare l'aiuto specificato, così nella offesa , come nella diffesa, secondo quello che vien dato al presente dal Rè alla Signoria che serve per offesa et per diffesa ; et che il Capitolo fosse dichiarato, et che il Rè fosse obbligato di aiutare la Signoria ancora nelli suoi acquisti; ma altrimenti cioè che un' anno si servi ad uno, et uno anno all'altro. Et per che l' Ambasciator di Venetia stava costante in non volere specificare altra impresa , che la generale, per la quale si faceva la Lega , et alla quale, che saria un gran smacco , se si mettesse per obbligo un altra impresa particolare, per molti inconvenienti che ne seguiriano in disfavore della Lega, che saria messo in disprezzo , et derisione , a gl' amici, et alli nemici. Però il Cardinale disse che si dichiararia, che questa impresa particolare si potesse fare all'hora , che non si facesse la generale ; et propose che quel Capitolo si mettesse in una scrittura a parte, per fuggire l' inconveniente , che l' Ambasciatore di Venetia allegava. Et per che egli non si lasciò vincere, adducendo sempre nuove raggioni incontro, che parevano di qualche forza, si ritirorno li dui Cardinali Granvela, et Pacecho, et l'Ambasciatore Regio, tutti tre in una camera a parte, et consultorno insieme un pezzo; et poi tornati alla congregatione dissero, che quanto a loro si accomoderiano volentieri ad ogni cosa , ma che havevano quella commissione espressa nelle loro instruttioni, di dichiarare nella Lega, che il Rè fosse aiutato nell' impresa d'Algeri, et altri luoghi di Barbaria; et voltandosi all' Ambasciator di Venetia dissero, che per la pratica che egli ha delle cose di Spagna può ben conoscere, come sta il Rè con quei populi, et che non può cavare aiuto da loro per altre imprese, che per quelle di Barbaria. Onde se in questa Lega no' fossero nominati espressamente Algeri con quei doi altri luoghi, il Rè nò havria quel aiuto che li bisognaria in ogni cosa, et senza questo non è possibile di poter concorrere alla Lega ; ma se saranno nominati, passerà ; et lo pregarono con molta instanza, che nò facesse difficoltà in questo, per nò disturbar tutto il negotio; et dissero, che si contentavano , che fosse espresso o nella Capitulatione , che sarà pubblica, o in Capitolo da porlo a suo arbitrio; et che fosse dichiarato che quelle cose particolari di Barbaria non habbino mai da impedire in cosa alcuna l'impresa principale, ma siano fatte quel anno e a quel tempo, che li principi conosceranno che nò si possa fare quella impresa principale , et che nò metta

26

conto di farla : et quanto all' aiuto, vorriano che fosse dichiarato, che fosse di
10 o di 60 galere, o di quello che la Signoria possa dare con sua comodità : et
all' incontro s' obbligavano d' aiutar ancora lei con altrettante galere, et quelle
più che potranno fare qualche impresa che ella voglia fare nel suo Golfo di
Venetia, fino a Durazzo esclusivo. Replicò l'Ambasciatore molte cose già dette;
che il pensare ad impresotte particolari, guasteria la principale, et che il fondamento è battere il Turco, dove è più potente ; che quest' altre cosette, bat-
tute le forze principali, cascariano da se medesime ; che il Re non ha bisogno
di Lega per le cose di Barbaria, come nò ha la Signoria per quelle del Golfo,
ma sì bene per vincere, et impedire chi gli sumministra le forze. Ma li Regij
si lasciarono intendere chiaramente che hanno le commissioni limitate in quella
parte, che nò possono condescendere a cosa alcuna senza questa espressa conditione, d' haver aiuto per l' Impresa di Barbaria, quando sia tempo opportuno
di poterlo fare, senza impedir l' impresa principale ; onde restò la cosa così
indecisa. Si parlò poi della compartita, et della portione del Pontefice, il quale
nò pare che sia in termine al presente di contribuire di più che della spesa di
dodici galere; et li Regij contentandosi di contribuire per Sua Santità alla rata
di quello che mancarà, et però la Signoria si contentava di contribuire per la
sua parte ; et di questo parlorno lungamente li Cardinali deputati con l' Ambasciator di Venetia. Et il Cardinale Morone fece ufficio dicendo, che se la
Signoria si mostra pronta, come hanno fatto li Agenti Regij, otterrà da Sua
Santità tutto quello, che ella può desiderare ; et che il Papa medesimo gli ha
detto, che si maravigliava, che la Signoria faccia difficoltà in questo ; et che nò
è mai ingrato a chi si mostra grato seco. Et per che l'Ambasciatore disse, che
nò mancaria modo a Sua Santità di fare la spesa, et che poteva fare di quelle
cose, che hanno fatto de gl'altri Pontefici, disse il Cardinale che Sua Santità
è di natura, che come vede d' haver impedimento in qualche operatione, et che
per levarlo, gli sia proposta qualche cosa che ella creda, che sia contra la conscienza, si persuade che Iddio non voglia che ella faccia quella operatione, et
l'abbandona del tutto. L' Ambasciator scusò la Signoria con la gran spesa che
ella ha, mostrando, che ella sia prontissima in gratificare Sua Santità non solamente in parte, ma anco in tutta la portione sua quando potesse ; et considerò di
nuovo che al Papa nò poteva mancar modo di supplire per la portione integra,
et che non era di sua dignità commorare in questa Lega con manco forze, per la
reputation dell'Impresa, et per l'esempio di quello che fece Paolo terzo.

Si parlò della contributione per la diffensiva come bisognava : non si può
dubitare d' essere invasi da nissuna parte, et se ben qualche corsaro o altra simil gente facesse qualche danno, non è cosa di tanto momento che non bisogni far per questo una Lega; che per l'armata d'Algeri solo il Rè non ha bisogno d' aiuto, et se le forze Turchesche voltassero da quella parte, serviria
l' obbligo della Lega. Si parlò poi del Generale nella congregatione delli XI.
et havendo proposto il Cardinale Granvela, che per l'onore del Rè et per la
portione delle forze che mette Sua Maestà più degl' altri, et che per le capitulationi che ha di valore et di esperienza et d'autorità, et per esempio della capitulatione del 1537. si conviene a Sua Maestà haver questa preheminenza che
il capo della sua armata sia Generale di tutta l'impresa, il quale però si contenta deputare con consenso del Papa et della Signoria. Rispose prima l'Ambasciatore di Venetia, lodando prima la buona Intentione, che era certo il Rè
Cattolico et che conosceva il lor Signore d' attendere al beneficio dell' impresa,
per comodo publico, et nò per interesse particolare solamente, et così faria la

Signoria la quale potria allegare molte cause , per le quali si conveniva giustamente domandare questa prorogativa senza offesa della dignità del Papa , o del Rè ; et quella fra l'altre , che la guerra è pubblicata contro di lei ; onde può giudicare l'impresa meglio delli altri; et che si ha da fare principalmente nelli mari di Levante, dove ella ha li suoi regni, et dove i suoi huomini sono in più numero di quelli del Rè Cattolico; et a chi ha più numero di galere sempre si dà il primo loco d'honore ; che li sudditi del Turco , che vogliono sollevarsi, si moveranno più per il stendardo della Signoria che per quello del Rè, o del Papa. Et ben che pareria che queste raggioni non havessero replica, tuttavia perchè in questo articolo li Regij premevano grandemente, disse l'Ambasciatore, che per removere ogni difficoltà , et ogni controversia , voleva fare dui considerationi, una della deliberatione, et l'altra dell'esecutione ; che quanto alla deliberatione, era conveniente, che si facessero da tutti tre li Generali, per la più parte devoti , in modo che di tutti tre li capi si faria una voluntà, et una risolutione sola ; et quanto alla esecutione , poi che elle havessero ad esser fatte secondo il voler delli tre, dove ogn'uno haveva la sua parte, si remetteria in questo , che fusse dichiarato dal Papa. Furno dette, et replicate molte cose ; ma li Regij andavano sempre riservati , per non mostrare di voler contradire al Papa, del quale aspettavano molte gratie, et molti favori; et nò fu resoluto l'Articolo per all'hora , et fu remesso a parlarne con Sua Santità. Ma il Cardinale Morone disse all'Ambasciatore di Venetia da parte, che li Regij vorriano nominare D. Giovanni d'Austria per Generale ; ma per che egli nò si trovaria sempre su l'armata, vorriano che suo Luogotenente, che sarà il Commendator maggiore di Castiglia fratello dell'Ambasciatore Regio, havesse tutte le preheminenze, che avrà D. Giovanni , se fosse presente. La qual cosa parve conveniente al Cardinale Legato su l'armata, per tener tutti uniti per servigio dell'impresa, così nelle deliberationi, come nelle esecutioni. Ma all'Ambasciatore non pareva bene , per che con questa via si levaria l'autorità al Generale mettendoli un superiore , et se gli levaria l'animo, con danno dell'impresa. Si toccò anco una parola nella Congregatione del Capitolo, quanto alla gente di Terra ; ma non fu fatto longo discorso, per che fu remesso ad un'altra volta. Fu poi parlato sopra gl'articoli brevemente , et ogn'uno si contentò, che quello delli contrahenti , che contribuiva qualche cosa più della portione sua sia rifatto dagl'altri in altre cose ; et che le tratte de' grani siano aperte per comodo di tutti a beneficio dell'impresa ; et che se li luoghi della Chiesa fussero offesi, siano difesi dalle forze de'confederati ; et che sia riservato honoratissimo luogo all'Imperator, Rè, et altri Principi, d'entrare nella Lega; et che il Papa facci uffici d'invitarli, et nominatamente quelli che possono essere di momento all'impresa, che nessuno delli confederati possa trattar pace , o accordo col Turco , senza partecipatione et consenso degl'altri confederati; che il Pontefice sia arbitro delle controversie che occorreranno per conto della Lega: et passò tutto questo discorso senza contrasto. Nel Capitolo delle tratte, disse l'Ambasciator di Venetia, che bisognava maggior dichiaratione, che non fu fatta nella Lega vecchia. Et in quello di trattar pace, nè accordo co' Turchi, disse il Cardinale Granvela alcune poche parole d'assicuratione, cioè di consignare le fortezze in mano del Papa. Et l'Ambasciator di Venetia disse che non bisognava parlar di questa indignità, et che bastava alli Principi la promessa della fede; et che ogni novità in queste trattationi è pericolosa. Et fu parlato dalli deputati da Sua Santità di formare un Capitolo , che chi manca alla Lega , s' intende cadere in censura Ecclesiastica , et che gl' altri confederati , siano obbligati a dichiararsi nemici ; et furno dette , et risposto alcune cose sopra questo , ma non fu concluso niente. Alli viij si ritornò nella congregatione a parlar sopra dui articoli, et per la molta contentione fu pericolo di rompere la pratica della Lega. La prima difficoltà fu sopra la contributione sopra la parte del Papa , per che trattandosi per che il Rè supplisse per 16 galere , et la Signoria per otto , et havendo risposto li Regij che si contentariano , s' anco la Signoria si contentasse ; et adducendo l'Ambasciatore di Venetia le spese che fa la Signoria per questa guerra , la diminutione dell' entrate pubbliche , per affittarsi li datij manco del consueto , il danno delli particolari per essere interrotti li traffichi di Levante , onde era impossibile a contribuire più del terzo, che già era stato concluso ; dissero li Cardinali deputati di Sua Santità, che esso non havendo modo di procedere per altra via, bisognava che si valesse delle Xme. del suo Clero, che haveva dissegnato di concedere alla Signoria, et che togliesse per quello che è proprio di S. Santità per servir in beneficio comune. A questo subito il Cardinale Granvela disse, che Sua Santità non pensasse di valersi dell' entrate del Clero delli altri stati, per che li Principi non lo consentiriano mai. Le quali parole offesero tanto quei Signori Cardinali, che Morone che suole stare sempre destrissimo et moderatissimo, rispose arrabiatamente al Cardinale Granvela et mostrò un grande et straordinario risentimento. Si ristrinsero poi li Cardinali deputati da Sua Santità insieme et parlarono un pezzo fra loro. Et il giorno seguente il Cardinale Rustieucci a parte cercò di persuadere l'Ambasciator di Venetia per nome del Papa che consentisse alle 8. galere, acciò che li Regij acconsentissero anco loro alle XVII. offrendo che Sua Santità faria sempre alla Signoria tutte quelle gratie et favori che potesse maggiori ; et il medesimo officio fece anco Morone. Et l'Ambasciator rispose che la Signoria faria tutto quello che potesse, ma che nò poteva metterla in obligo, per che conosceva d'haverla gravata troppo. L'altra difficoltà fu tra li agenti Regij et l'Ambasciator di Venetia per la parte diffensiva, et per la offensiva particolare di Algeri Tunisi et Tripoli. Et per che li Regij presentorno una forma di capitulatione di esser fatta a parte sopra quei doi articoli, et l'Ambasciatore sentendo in quella molte cose che l'offendevano così nella narrativa come nella dispositiva, si oppose a tutte le parti replicando le raggioni già dette in parte, adducendo delle altre. Et fra molte risposte et molte repliche, partirno dalla congregatione mezzo in rotta. Et fu sentito il Cardinale Granvela, che nell'uscire della Camera disse all'altri suoi colleghi, che se l'Ambasciator nò voleva acconsentire a quello non bisognava che manco loro acconsentissero alla lega. Onde non parendo all'Ambasciatore, che potesse piacere alli suoi Signori che per questo si rompesse il negotio, et havendo considerato che per le sue instrutioni poteva accomodarsi in alcune cose, formò una scrittura di poche parole, che comprende tutte due quelli articoli et modera la domanda di quei Signori; riducendola conforme a gli aiuti che vuol dar la Signoria al Rè quest'anno ; il che fece studiosamente parte per sollecitare gl'aiuti, et parte per rimuovere le difficoltà et l'ambiguità che erano ne i capitoli del Cardinale. La quale scrittura propose nella congregatione delli 9, et fu approbata dalli deputati del Papa. Et li Regij presero tempo a rispondere et no' fecero altra difficoltà, se non che haveriano voluto che si fosse dichiarato, che al Rè fosse dato in prestito dalla Signoria quel numero di galere che ella potesse dargli quando Sua Maestà ne havesse bisogno, oltre l'obligo dell'aiuto. Et l'Ambasciator domandò loro, in arbitrio di chi vorranno che sia, se può o non può accommodarla; et rispose, in arbitrio della Signoria. Et l'Ambasciator disse : Dunque no' era bisogno di mettere questo in capitolo di obbligo se doveva essere in libertà della Signoria ; ma era da restringer la Lega con amore et con affetto, per che haveria l'uno et l'altro sempre quello che volesse più facilmente senz'obbligo et per cortesia, che con obligo : et così fu esclusa questa lor domanda, et restorno più quieti. Et disse l'Ambasciatore, che havea proposto quei capitoli et quel modo, non con ordine della Signoria, ma con speranza che ella sia per acconsentire ; onde nò potria stabilirli senza nuova commissione. Et doppo la congregatione dolendosi con il Cardinale Morone a parte di tante difficoltà che erano messe in questo negotio, considerò il Cardinale Morone, che se bene li Regij cercavano d'haver qualche avantaggio, più metteva conto alla Signoria d'inserrare il Rè in ogni modo, per che l'anno presente et l'anno futuro l'impresa era tanto al beneficio della Signoria, che se si battesse il Turco quest'anno o l'altro, non si potria mancare di seguitare questa Impresa senza pensare ad Algieri ne a Tripoli ne ad altre cose di poco conto, et il Papa saria sempre favorevole all'impresa principale. Onde se bene la Signoria promette per il tempo . . . . ma se avenisse, che Dio guardi, che quelle prime imprese fossero dannose alla Christianità, in modo che ella restasse stracca et sbattuta, non si potria pensare a muovere impresa ; et se pure il Rè volesse pensarvi, la Signoria non potria essere astretta, ne valeria obligatione ne lega ne promesse ; per che chi non fa quello che non può fare, è sempre escusato.

A 15. fu portata in congregatione da i deputati del Papa una estesa de' capitoli della Lega, della quale ne fu data una copia a i Regij, et un'altra all'Ambasciatore di Venetia ; et fu detto dal Cardinale Morone, che questa era la resolutione del Papa, della quale Sua Santità non è per mutarsi, havendo provisto convenientemente a tutto quello che è stato trattato per ciaschuna delle parti. Risposero i Regij che considerariano la scrittura et dariano l'oppinione loro et poi la mandariano in Spagna, per dare al Rè notitia d'ogni cosa. Et l'Ambasciatore di Venetia disse, che no' era bene di mandare più in longo la publicatione della Lega ; che il tempo era hormai molto avanti ; che i Turchi non dormono ; che il mondo stà in espettatione di quella resolutione ; che il far tante congregationi et non concludere niente, levaria la reputatione al negotio, et a chi lo tratta ; et che se pur conviene tardare a risolvere la Lega, si faria bene a far venire l'armata cattolica quanto prima, accio che l'impresa non patisca, et che la Christianità non abbia danno. Fu risposto da gl'altri che no' doveva parer troppo 14. dì, che sono hoggi, in una trattatione di questa sorte ; et che la Lega del 1537. fu principiata d'ottobre et conclusa di febraro. Et quanto all'unione dell'armata, i Regij si scusavano, come dell'altre volte, di nò poter dar ordine nessuno sino alla venuta della risposta di Spagna, la quale aspettavano al principio della futura settimana. Et licentiata la congregatione, l'Ambasciator di Venetia fu all'audienza del Papa per commissione havuta da Venetia per lettere de i 13 ; et fece ufficio con Sua Santità per l'unione dell'armata, et per la conclusione della Lega et per che fossero remesse tutte le cautele et li particulari interessi, attendendo il principal obietto d'offendere il nemico con suo maggior danno. Et la risposta di Sua Santità fu che quanto all'unione s'era fatte sempre quanto s'era potuto, et che si continuava ancora, et quanto alla Lega, che li pareva che i Capitoli fossero accomodati in modo, che l'una parte et l'altra potesse contentarsi ; et ben che potesse parere che i Regij havessero qualche vantaggio, per l'espressione fatta di quei tre luoghi di Barbaria, però quell'imprese non s'hanno da fare se non in tempo, che nò si faccia l'impresa generale; et che la Signoria non habbia da temere invasion de Turchi dall' altra parte.

Nella Congregatione subsequente li Regij proposero alcune considerationi fatte sopra la scrittura proposta, et l'Ambasciator di Venetia alcune altre, non fatte solamente sopra la scrittura, ma anco sopra gl'aiuti de Regij, in questo modo: che la prima cosa il Cardinale Granvela voleva, che fosse dichiarato un capitolo distinto et separato da gl'altri, che la Lega s'intendesse essere offensiva et diffensiva, et perpetua; et l'Ambasciator di Venetia voleva, che in quel capitolo fusse, separato o unito con gl' altri, espresso questo senso : *Ad Turcharum vires destruendas, aut adeo frangendas, ut in posterum Christianis Principibus, et populis nocere non possint:* et questo voleva per fare esprimere questo essere la precipua causa et il vero fondamento della Lega, et per stabilir principalmente la parte offensiva, et l'Impresa di levante, et per moderare quel nome di perpetua, ristringerlo con questa limitatione et questo rispetto, seguendo il primo capitolo, dove si dice, che le forze de' collegati, siano in ordine l'anno del 1571. ne i mari di levante, et che il medesimo si debba fare nell'anno subsequente, come sarà consigliato da' Principi et concluso dalli suoi Ambasciatori in Roma. I Regij volevano dichiarare più particolarmente, che sia in potere de' capitani valersi di quelle forze secondo l'occasione, che il tempo porgerà a far maggior danno a nemici. et maggior utile, et commodo a i confederati, et alla Repubblica Christiana. Et l'Ambasciator di Venetia fu contento; ma volse che soggiungessero da poi quelle parole, che dicevano che il medesimo si doveva fare negl'anni subsequenti doppo l'anno 1571. Per stabilir poi la parte offensiva, et l'impresa principale volevano ancora i Regij aggiungere a quel capitolo per quello che s'ha da trattare l'anno 1571. queste parole: *Poterunt autem Principes confederati per suos oratores, Romae semper S. D. N. in autumno consulere de copiis sequenti vere omnibus deinceps annis comparandis aequalibus vel maioribus, vel minoribus, quemadmodum illis videbitur, habita ratione status eorum:* allegando che per evitare quello che fu fatto l'anno 1527. et per non incorrere in confusione et inconvenienti, massime dovendo la lega esser perpetua, era necessaria metter quest'ordine. Et all'Ambasciatore non pareva buono ne quel che era scritto nella estesa, ne quel che volevano aggiungere i Regij; et disse che quelle parole contradicevano al capitolo, che debilitava la parte offensiva, et che restringevano tutte le provisioni all'anno 1571. solamente. Replicò il Cardinale Granvela non poter concluder la Lega, senza quelle parole, per che no' pare in Spagna che si possa mai haver tempo di far l'impresa d'Algeri, et di quell'altri luoghi di Barbaria. Et l'Ambasciator di Venetia disse, che era necessario fermar la parte offensiva, che era il fondamento della Lega et non impedire l'impresa principale, per l'imprese particolari. Il medesimo sentivano i deputati del Papa, et per all'hora non fu concluso niente.

Nel Capitolo della compartita i Regij volevano che quel resto, oltre la promessa che fa Sua Santità, il Rè dovesse pagare tre parti, et la Signoria due; ma l'Ambasciatore di Venetia, scusando li suoi Signori per le gravissime spese loro, et nò volendo obligarli a quello, che nò pensava che si potesse ottenere, offrì solamente d'accomodare il Papa delle galere, considerando che nò era poco, per che per ogni viaggio peggiorava almeno 2 mila scudi l'una; et devendole dare ogn'anno saria grand'interesse; onde tutti restarono malcontenti, et i Regij dissero, che se la Signoria non contribuiva per la sua parte, manco loro volevano obligare il Rè per la sua. Rispose l'Ambasciatore di

Venetia che gli pareva molto strano, che loro volessero rompere già quello, che havevano accordato, et che l'impotenza d'altri nò era protesta conveniente, per il suo non contribuire; et che la Signoria non cercava alcuna scusa. Et per che fu detto da i deputati del Papa, che quando la Signoria non contribuisse, bisognava ch'egli pigliasse per se la decima del Clero che aveva bisognato concedere a lei, l'Ambasciatore non volse disputare in questo, se si dovesse, ò non dovesse, ricordandosi quello che seguì li giorni passati, per questo contrasto; ma considerò, che prestando a Sua Santità 35 galere, la spesa saria più di 70 mila scudi, che si può dire che sia quanto due decime. Et doppo molte risposte et molte repliche, non potendosi fare alcuna resolutione, si passò a quell'altro delle vettovaglie. Et i Regij volevano che si dicesse, come nella Lega vecchia, che le tratte stessero a parte per comodo de' confederati; et l'Ambasciator di Venetia se ne contentava, ma con dichiaratione che fossero libere, et senza spesa, il che ad un Rè nò era tanto gran cosa. Fu risposto da' Regij, che questo era il patrimonio del Rè, et che non potevano mettere le mani in quello; et che il Rè nò ha altre entrate libere da i Regni di Napoli et di Sicilia, se non le tratte, per che l'altre cose sono tutte obbligate, et allienate; et che bastava bene se accomodava il Capitolo, che nò si mettessero impositioni immoderate. Et disse il Cardinale Pacecho, che sapeva bene che bisognava accomodare la Signoria, et che ella non ha modo di prevalersi d'altra parte, havendo guerra in Levante, ma che loro non potevano metter le mani in questo. Replicò l'Ambasciatore che si contentava d'un prezzo limitato, et che nò se potesse ascondere, et che bisognava dichiararlo, et non lasciarlo in libertà de' ministri, acciocchè nò segua disordine, et acciò che la Lega nò sia per questa causa solamente rotta, come fu l'altra. Et questo era il più importante pericolo di tutti, nel quale se si mettesse difficoltà, ruineria ogni cosa. Risposero i Regij, che nò havevano autorità a determinar somma certa, senza ordine del Rè; ma che scriveriano a Sua Maestà. Et ogn'uno sentiva, che l'Ambasciatore di Venetia domandasse cosa raggionevole, et che senza questo non dureria la Lega. Ma per che all'hora restò questo Capitolo così indeciso, seguì poi il Capitolo della diffensiva, et quel dell'impresa d'Algeri, et di quei dui altri luoghi di Barbaria. Et i Regij volevano pure stendere il Capitolo della diffensiva, et aggiungere che nò si possa negare l'aiuto a questo chel'domanderà, et che nò sia messa alcuna difficoltà, se habbia, o se nò habbia bisogno; che sia creduto a lui, con conditione però, che habbia più forze in essere, che non è l'aiuto che domanda. Et l'Ambasciatore disse, che se havrà autorità da' suoi SS. di metter questo articolo, non farà difficoltà sopra questa aggionta, et massime dovendo il Capitolo esser dichiarato reciproco. Agl'altri capi degl'aiuti d'Algeri, et di quelli dui altri luoghi, i Regij ponderaranno molto quell'assecuratione, che i Turchi nò habbiano armata in Levante, et che la Signoria nò habbia a temere, parendoli che questo aiuto sele promettesse molto incerto; ma però non mossero altro, di quello che era scritto, senò dove si dice, *non timeant*, volevano che si dicesse, *verisimile sit eos invasionem a Turca timere non habere*. Et per che il senso è il medesimo, l'Ambasciatore nò fece difficoltà, solamente disse, che non poteva consentire al Capitolo, senza nuova commissione. Nè del Generale i Regij non volsero risolvere senz'ordine del Rè. Replicò l'Ambasciator di Venetia, quello che haveva considerato altre volte, delle ragioni, per le quali la Signoria havria potuto pretendere, che il General suo havesse havuto il primo luogo, ma che nò per quello, nè per altro. Ma haveva resoluto contendere sopra quello articolo , per mostrare di nò havere in consideratione altro , che il benefitio universale ; che nelle diliberationi , tutti tre i Generali havessero pari autorità , et nell' esecutione fusse fatto quello che placesse al Papa ; et poi che era nominato D. Giovanni d' Austria , si contentava per rispetto del Rè , et per honore della persona , et fece instanza che il Capitolo fosse riformato in questo modo. Et quanto al Generale di Terra ferma , disse , che nò haveva ordine nissino dalla Signoria , et che si potria rimetter questa resolutione a' Principi , da esser fatta a tempo più opportuno , et non restare per questo di nò concludere la Lega. Et ne fu fatto officio col Papa , et i Regij non fecero difficoltà , per che forsi il nominato , che era il Duca di Savoia nò piaceva manco a loro ; ma nò havevano ordine di recusarlo. Nella nominatione dell' Imperatore i Regij si contentarono di quello che era scritto ; ma l' Ambasciatore voleva che si nominasse espressamente il Re di Polonia , per che saria di gran momento in questa Lega ; et nò ne facendo mentione , se gli farria ingiuria. Fu fatta la difficoltà da i Regij per la competenza del luogo con Portogallo ; ma si contentarono poi , che si nominasse nel capitolo di quei Principi che il Papa ha da invitare , come ricercò l' Ambasciatore di Venetia.

Il Capitolo , nel quale si sottomette alle censure quello , che senza consenso degl' altri collegati trattasse pace , et accordo con Turchi , non hebbe difficoltà da i Regij , ma l' hebbe dall' Ambasciatore di Venetia , il qual disse , che quest' obbligo di censure , era insolito , et inconveniente , et che mettendolo a qualche capitolo separato dagl' altri , pensava che fosse per dar nota alla Signoria , per quello che seguì nell' altra Lega. Fu detto , che era messo per quello , che nò s' haveva voluto altra sorte di servitù , et che era stata reietta , et che era stato ordinato , che questo Capitolo fosse in luogo di quello. Onde l' Ambasciator di Venetia non senza qualche alteratione disse , che dunque bisognava metter quest' obbligo al capitolo delle tratte ; et fu subito inteso da tutti , che volesse riversare la colpa alle cose passate , a chi elle toccavano. Ma soggiunse poi , che dovendosi unire questi gran Principi in amicitia indissolubile , bisognava rimovere ogni difficoltà , et trattarla loro generosamente ; et che la Signoria ha fatto et farà sempre conoscere che è constantissima al benefitio della Christianità , et osservatione della sua parola , quando no' vien mancato a lei.

Si passò poi a gli altri Capitoli , i quali non hebbero difficoltà. Et l' Ambasciatore ricordò il Capitolo delle divisioni dell' acquisti , secondo la capitulatione vecchia , aggiungendo , che acquistando Algeri , Tunisi , et Tripoli , siano del Rè Cattolico , ma che sia data ricompensa conveniente a i confederati in altra parte , secondo la portione di ciascuno. I Regij si scusarono , che nò haveva la capitulatione ; et fu rimessa la causa ad un' altro giorno. Et l' Ambasciatore ricordò , a chi ordinava la scrittura , che nominasse la Signoria con i suoi titoli et con qualche honore di parole , et così fu detto che faria. Da poi il Cardinale Aldobrandino , parlando a parte con l' Ambasciatore disse , che haveva gran dubbio , che nò potriano indurre i Regij , a contentarsi di stabilire la parte offensiva , tanto ristretta , che nò sia mai manco , in arbitrio degl' istessi Principi di potere respirare a qualche tempo ; et per questo havria giudicato meglio esprimere un determinato numero di anni , come saria di 5 o 6 anni continui , per la guerra offensiva , che si saria ottenuto facilmente. Ma l' Ambasciatore rispose che pareva che si volesse fare una Lega , solamente diffensiva , et si consumariano le forze della Christianità senza frutto.

A' 16 di Luglio , fu proposta la scrittura , in alcune parti con le difficoltà che restavano ; et furono in questo di volere che negl' anni seguenti , doppo l'anno 1571 si deliberasse l'autunno da i Principi, per mezzo de' suoi Ambasciatori a Roma, di mettere o di non mettere insieme le forze per la primavera seguente, et di metterle o maggiori o minori; et consideravano che chi nò metteva questa aggionta al capitolo, ogni cosa andava con disordine; che nò si può adesso sapere quello che possa esser di quà a due o tre anni; et che una vittoria, o una perdita può far mutar tutti li disegni; che il deliberare de i Principi non pregiudica alla continuation della impresa; et così fu fatto l'anno 1537 che si trattò con l'Imperatore quella che era da farsi l'anno futuro; che se bene non fusse riservata per la capitulatione questa autorità a i Principi, nondimeno l'havevano da se stessi; et che essendo la Lega perpetua, era cosa impossibile a continuar sempre con le forze in Levante. All'incontro l'Ambasciatore di Venetia diceva, che questa aggionta contradicesse alla prima parte del Capitolo, che dove si tratta di fare la Lega perpetua si faria per l'anno 1571 solamente, et che dovendo trattare ogn' anno di nuove forze, et di nuove imprese, non si risolveria l'impresa, nè il Rè di Pollonia di rompere con Turchi, essendo in dubbio che la Lega nò dovesse durare più che un anno. Replicando li Regij che senza quel Capitolo a quel modo dichiarato, non si persuaderia alla Spagna di poter fare a qualche tempo le sue imprese di Barbaria, ne si potria indurre quel regno a dare al Rè alcun aiuto; rispose l'Ambasciatore di Venetia, che bisognava attendere a debilitare le forze del Turco, per che ogn' uno potria poi pensare alla sua impresa particolare. Replicarono li Regij che si ritornava alla difficoltà; et che loro nò potevano concludere la Lega, se nò concludevano l'impresa anco di Barbaria, cioè di poterla fare a qualche tempo con aiuti certi. Rispose l'Ambasciatore, che nò faceva difficoltà che nò potessino fare le sue imprese a tempo opportuno, ma che quello che volevano aggiongere guastava la principale, ch'è il fondamento della Lega, rivoca in dubbio la prima parte del Capitolo, et parlava di dissunire le forze, et di metter difficoltà in quello che era già scluso: et soggionse, che ancora che li Principi fossero d'accordo insieme, havendo autorità nò solamente di deliberare di non metter le forze concluse, ma anco di dissolvere la Lega et di ritrattare ogni cosa, tuttavia nò bisognava dichiararlo, per non debilitare la Lega, et per nò dare speranza alli nemici, et per nò levare l'animo alli Principi; che si potria accomodare il Capitolo senza quella parola, *diminuire le forze*. Ma non si fermò in questo: et fu detto dalli deputati di Sua Santità che si poteva pensare meglio, et trattare in parte del modo d'accordarsi; et si passò all'altra difficoltà della contributione della parte del Papa, nella quale fu detto altre volte. Et l'Ambasciatore di Venetia fece due considerationi, l'una che per dignità del Papa nò si conveniva, che in questa impresa tanto importante, dove egli era capo principale, havesse così poche forze, et che questo le levaria assai della reputatione presso del mondo. Et per che fu detto dalli Cardinali deputati da Sua Santità che non haveva modo di far più, et che non ha denari in essere, et che le decime d'Italia non importavano più di 150 mila s. in doi anni; disse l'Ambasciatore, che nò era alcun Principe al mondo, che havesse modi più facili et più pronti di trovar denari che il Papa; et disse quello che soleva dire Papa Sisto, che ad un Pontefice nò mancavano mai denari, se nò li mancava la mano et la penna. Fu detto del rispetto che haveva Sua Santità a non gravare la conscienza; et l'Ambasciatore rispose, che l'operationi sono buone et cattive secondo il fine, et l'intentione; et che il soccorrere la Christianità in tanto bisogno non può gravare la conscienza. Fu confermato tutto questo dalli Regij et dal Cardinale de Cesis, il quale ricordò che si facesse ufficio con Sua Santità, per che admettesse la renuntia delli benefitij, con li regressi, et se ne cavaria in poco tempo più di un mezzo miglione d'oro. Ma il Cardinale Morone, et altri dissero, che Sua Santità era stata tentata di far questo, et d'altre cose, ma che non voleva acconsentire. L'altra consideratione che fece l'Ambasciatore fu, che se pur la Signoria, dovesse contribuire per la sua parte del Papa, non doveva contribuire secondo la compartita della Lega, perchè era troppo gravezza per le spese che la Signoria ha, che nò ha il Rè, et per la disparità delli stati, et della potenza, ma secondo le proportioni delle gratie, et delli benefitij, che così il Rè come la Signoria haveva da Sua Santità; per che se il Rè ha cento, et la Signoria ha dieci, nò è conveniente che il Rè contribuisce 3 et la Signoria 2. A questo li Regij non dissero alcuna raggione in contrario, ma pur nò volsero acconsentire d'obbligare il Rè più delli dui quinti. Così restò questo Capitolo anco indeciso.

Nel Capitolo delle tratte, che è la terza difficoltà, li Regij non si volsero risolvere, senza licenza del Rè. Il Capitolo della diffensiva satisfaceva alli Regij, come è scritto, cioè a reciproco, et con aiuto certo di 10 galere, et con quelle riserve che sono dichiarate. Ma l'Ambasciatore di Venetia propose, che la provisione fatta per l'offensiva, assicurava anco per la diffensiva, per che nò si potria dubitare di offesa di momento, quando fossero preparate forze a fronte dell'armata nemica. Ma li Regij dissero, che questo era stato disputato altre volte, et nò accettato. Soggionse poi l'Ambasciatore, che anco per maggior sodisfatione, si saria potuto dichiarare, che quando fossero messe insieme le forze della Lega, quello che fosse offeso, potria valersi della sua parte delle galere e navi, et della metà dell'altre, se tante ne bisognasse per la difesa. Ma questo parve che havesse ancora più difficoltà, parte ch'averia potuto nascere confusione, et far disordine, et parte per che li Regij volevano al tutto limitare aiuto certo, adducendo ch'il Rè ancora dà quest'anno aiuto certo alla Signoria.

Nell'altro Capitolo del Generale dell'armata non fu concluso niente, per che li Regij volevano il parere del Rè loro per quel di terra. L'Ambasciator di Venetia propose il Signor Sforza Pallavicino, adducendo diverse raggioni per quello che ricercava la conditione dell'Impresa, che sia un capo prudente et animoso, prattico della guerra, conosciuto et temuto da' Turchi, et stimato da Venetiani; et ricordò in proposito quello che fu fatto nella capitulatione del 1537 che fu fatto Generale il Principe Doria che serviva l'Imperatore, et di Terra il Duca d'Urbino che serviva la Signoria: ma non fu concluso niente, per che li Regij volevano anco il parere del Rè in questo. Al Capitolo delle censure l'Ambasciator di Venetia disse, ch'è capitolo nuovo et insolito, che quando alla Signoria no' è necessario, per che stà nella sua constanza, et nella resolutione generosa, che ha fatto in questa occasione, havendo risposto così presto et resoluto al Chiaus, che sa che no' può fidarsi di chi gli ha rotto la fede; et per che li Principi s'obligano con la promessa della fede, et nò con paura delle pene come le persone private; che chi nò havesse rispetto all'honore, non haveria manco alle censure. Disse il Cardinale Grassi, che in una Lega fatta al tempo di Papa Innocenzo, vi è un simil Capitolo, et però nò era cosa nuova. Rispose l'Ambasciatore di non haver veduto questo trattato; ma se pur vi era questo Capitolo nò haveria fatto alcun frutto, et si può vedere dal successo, che non si sa che fosse fatta cosa alcuna notabile in quel tempo. Replicò il Cardinale Grassi, che in tutti gl'instrumenti si mette qual che obbligo alla parte per stabilimento del contratto. Rispose l'Ambasciatore, che dunque bisognava metter in obligo tutti, et no' la Signoria sola, et metter le censure a tutti li Capitoli della Lega et nò ad un solo. Fu detto che così haveva ordinato il Papa: et l'Ambasciator disse di volergli parlare.

Al Capitolo della divisione degl'acquisti, li Regij hanno detto di volervi pensare.

Al Capitolo delli Ragusei, i quali fu detto che erano aiutati dal Papa, li Regij non fecero difficoltà; ma l'Ambasciator di Venetia disse, che quanto alla Signoria non hanno da dubitare, per che se gli havesse voluto far danno, l'havria fatto prima che adesso; ma che bisognava bene avvertire, come si suol dire, che non sia nutrito il serpe in seno; et considero che sono avanzati del Turco; che sono spie; che no' si pensaria faria o' diria niente fra Christiani, che no' fosse fatto sapere a i Turchi, per che essi vogliono star bene con loro, et gratificarsi in ogni cosa; et che questo Capitolo et questa sicurtà li faria più insolenti. Et parlando col Papa dopo alquanti giorni sopra questo, disse che si potria fargli contribuire all'impresa, con navi che n'hanno molte, et con altre commodità, con che possono aiutare, et obbligargli a no' dare aiuto a Turchi. Et disse il Papa che ....., astringerli a scoprirsi contra Turchi, et a favore della Lega, saria un volergli ruvinare, perche potriano essere oppressi in questi principij facilmente, se si obligassero a no' dare aiuto a Turchi, et per questo a punto potriano essere astretti da Turchi a quello che nò pensano, stando come stanno; et soggionse, che haveria tolto sopra di se, che non fariano danno a Christiani, et che se lo facessero, Sua Santità saria prima a castigargli; et havendoli tolti in protetione, pregava alla Signoria a no' disfavorirli. Rispose l'Ambasciator, che se no' s'obligavano a no' favorire li Turchi, no' si poteva comprendergli nella Lega; che saria cosa di mal'esempio, et no' mai più occorsa in altro tempo, che si prendesse in protetione della Lega chi non aiutasse l'impresa in qualche cosa. Et essendo anco restato nella Congregatione questo Capitolo irresoluto, si parlò della unione della Lega armata; et li Regij dissero che no' poteva tardare a giongere il Cardinale di Spagna con la risposta. Et l'Ambasciator di Venetia si doleva che si perdesse di grandi occasioni di fare qualch'impresa, ora che l'armata Turchesca era debbole, et piena di paura. Et il Cardinale di Cesis, credendo di dir bene, ricordò che si poteva far l'impresa di Tunisi quest'anno, per che non s'havveria da dubitar d'alcun impedimento, mentre che li Turchi stanno in levante; et che il tempo era hormai inanzi per unirsi coll'Armata, et che saria una gran diversione. . . . . Et l'Ambasciatore di Venetia con parole gravi fece risentire il Cardinale, il quale anco di poi separatamente dai suoi colleghi fu avvertito. Ma li Regij dissero che l'armata s'uniria certo, et che l'ordine del Rè non poteva tardare. Et l'Ambasciatore di Venetia fu consigliato che andasse trattenuto nel sollecitare la conclusione della Lega, fin che si veda che l'Armata si muova, per che questo e il sol beneficio che si possa aspettare per quest'anno, et il mettere un poco di gelosia nelli Regij potrà forse più sollecitargli.

Alli 27. giunse il Cardinale di Spagna, con la resolutione, che l'armata del Rè si congiungesse con quella della Signoria, sotto l'obbedienza del Generale del Papa; et alli 28. nella Congregatione l'Ambasciator di Venetia fece officio, che li Regij mostrassero di riconoscere questa resolutione del Rè per opera loro. Et il Cardinale Granvela fece un poco di parole per quello che ha inteso che si ragiona in Venetia, che egli tratti la Lega con discepoli, et con vantaggio, come si trattasse con suoi inimici; et che non faria peggio che se fosse provisionato dal Turco; et seguitando con mostrare sempre più risentimento, fu cercato da tutti di quietarlo. Et l'Ambasciator di Venetia si sforzò di persuaderlo che nelle sue lettere havesse fatto sempre buon officio, et che quei Signori che sono al governo si sono mostrati sempre sodisfatti, et che no' bisognava tanto conto tenere di voci di piazza, che sono di tutti gl'uomini otiosi, et che nò hanno parte nelli consigli, et nel governo, et che quelli strapazzano l'attioni dei Principi che l'intendono manco. Si passò poi alla trattatione et a quello che restava in difficoltà, et fu parlato del primo Capitolo: et li Regij instavano constanti in volere che si aggiungessero quelle parole, che li Principi diliberino l'autunno di preparare le forze, et di prepararle ò maggiori ò minori. Et l'Ambasciator replicò molte cose delle già dette, mostrandoli l'inconveniente che seguiria per quelle parole, che contradicono a quello che è già concluso; et di dove la lega è dichiarata perpetua, si ridurria ad incongruità di tempo et incerta, onde non si potria indurre l'Imperatore, ne il Rè di Pollonia a rompere col Turco. Et tutto questo fu anco trattato a parte col Papa et con alcuni Cardinali deputati, et furono levate via quelle parole, *di non preparare le forze*, le quali manifestamente contradicevano al Capitolo già concluso. Et se bene Sua Santità et gl'altri tutti sentivano, che il Capitolo staria meglio senza quella aggionta, tuttavia vedendo la instanza de Regij, pareva che non si dovesse fare molta difficoltà. Et disse il Papa, che come l'Impresa principale sia incaminata, che incomincia l'anno presente, l'anno futuro non sarà mai nissuno così dishonesto che pensi di voler trattare impresa particolare finché le forze de' nemici saranno in essere: et soggionse che è anco di consideratione, che essendo Lega perpetua non saria forse a proposito, che paresse che si volesse consumare sempre con le medesime forze, per non spaventar quei che hanno da entrar nella Lega. Ma l'Ambasciator, secondo l'ordine che ha da Signori suoi, stette sempre fermo in questo che non bisognava metter dubbio alcuno nell'impresa principale, et che questo è il fondamento della Lega, et no' l'impresa particolare.

Nell'articulo di supplire alla portione del Papa, fu parlato nella Congregatione longamente; ma niente fu concluso. Et l'Ambasciator di Venetia fece offitio con Sua Santità; et vedendo di nò poterla indurre che supplisse al suo proprio, ne che mettesse tutto il peso sopra il Rè per conto delle gratio che li faceva, sendo messo in dubbio che li Regij volessero obligare il Rè alla sua rata, se anco la Signoria non si obligava per la sua; et trattandosi di accomodar le cose delle gratie et delli aiuti, et con quell'obligo o senza, per no' minuir le forze della Lega, et per levar ogni difficoltà et impedire quelle resolutioni che potessero fare maggiore difficoltà nella conclusione della Lega, ossia a Sua Santità che la Signoria armaria 24. galere, otto a spese proprie, et sedici a spese del Rè, da essergli rifatte in altre provisioni della guerra, et che questo era quel più che potesse fare la Signoria, et che la superava anco la sua possibilità per la sodisfation di Sua Santità, di che il Papa mostrò di restare ben sodisfatto; et disse che riparlaria con li Regij. Et per che alcuni Cardinali deputati da Sua Santità dissero che li Regij nò obligariano il Rè più che per la parte delli tre quinti d'ogni spesa, come nella contributione presente della Lega, disse l'Ambasciatore che questa contributione per la parte di Sua Santità nò ha da esser fatta per quella della Lega, ma secondo la portione degl'aiuti, che così il Rè come la Signoria hanno dal Papa; et che per cento milia scudi che ha hauto la Signoria, il Rè havrà forse un milion d'oro.

Nelli dui Capitoli della diffensiva et dell'impresa d'Algeri, et di quelli dui altri luoghi furono dette molte cose, come nella congregatione presente, ma non fu fatta alcuna resolutione. Et l'Ambasciator di Venetia fece officio col Papa che fossero risolute, come havevano trattato nella Congregatione; et Sua Santità rispose, che stando fermi li Regij di volerli, et essendo li Capituli tanto limitati, et con tante circonstanze, non si poteva dubitar che si facesse pregiuditio alcuno di ciò all'impresa principale.

Nel Capitolo delle censure, l'Ambasciatore disse da parte alli Regij, che guardassero bene ciò che facevano, che questa era una mala instruttione, che il Papa obbligasse a censura li Principi, et di mal esempio, et che potria partorire molti inconvenienti. Et parlando col Papa disse questa raggione, che haveva detto nella congregatione; et che quel Capitolo poteva far molti mali, et nissun bene, et che bisognaria renovarlo, per che dove la Lega ha da generare confidenza fra Sua Santità et gl'altri Principi, genera diffidenza, et sospetto. Rispose Sua Santità, che il Capitolo non offenderia chi havesse animo di continuar nella Lega; et che la Signoria si renderia sospetta facendoli tanto contrasto. Rispose l'Ambasciatore ch'era sforzato a contradirsi, per che si diceva che era messo per la Signoria. Disse il Papa, che li Regij vogliono mettere qualche obligo alla Lega, per che duri, et per assicurare gl'altri Principi che vorranno collegarsi, et che se ricusassero, si verria a qual che altro, che havria maggior difficoltà. Replicò l'Ambasciatore, che i Principi si obligavano con la promessa della fede, et non con paura delle pene; et che la Signoria non dimanda questa sicurtà al Rè, onde nò deveria anco esser domandata dal Rè.

Nel Capitolo delli Ragusei l'Ambasciator longamente col Papa allegando le raggioni dette nella Congregatione precedente, doppo molte risposte et molte repliche, disse Sua Santità, che non poteva mancare d'havere in protetione quel populo, per essere molto Cattolico, et obediente, et massime nelle cose dell'inquisitione, allegando diverse cose fino quando Sua Santità era in minor fortuna.

Nelle altre congregationi che furono fatte, et in quella alli xiiij d'Agosto, che fu l'ultima, fu trattato generalmente sopra tutti gl'articoli, et sopra la scrittura particolarmente della capitulatione riformata; ma alla fine restorno come prima indecise. Onde ancor che si trattasse d'accordarsi insieme a dire che la Lega si teneria per conclusa, però non fu concluso niente, et forse nò tanto per che non si potesse facilmente accomodare la difficoltà, quanto per che ogn'uno stava fermo nella oppinione sua, et nò voleva cedere niente; et li Regij havevano resoluto di mandare la capitulatione in Spagna, et rimettersi al Rè in alcun Capitolo, et l'Ambasciatore di Venetia si volse rimettere alla Signoria in alcun'altri. Onde nò si potendo risolvere il negotio senza la risposta delli Principi, et nò servendo più le Congregationi a niente, fu deliberato di non congregarsi. Et le difficoltà che restorno nelle ultime congregationi furono, prima nel Capitolo principale di quella aggionta, che vogliono li Regij et li Principi, che per mezzo de' suoi Ambasciatori a Roma diliberino l'autunno le forze da prepararsi per il primo tempo maggiori, o minori, et l'impresa da farsi. Et per che l'Ambasciatore di Venetia disse molte raggioni per che s'accomodasse, tuttavia per le contraditioni delli Regij, che volevano più presto ampliar quella che levarla, et per quello che mostravano di credere molti Cardinali delli deputati dal Papa che questa aggiunta nò pregiudicasse all'impresa principale, restò la cosa in quel modo indecisa.

L'altra difficoltà, fu della contributione per la portione della parte del l'apa, per che nò ostante l'offerta fatta a Sua Santità delle 24 galere già notate nella scrittura, come prima, cioè che il Rè contribuisse per tre quinti, et la signoria per li doi quinti, restò anco questo indeciso.

La terza difficoltà fu nel Capitolo delle tratte, perchè instando l'Ambasciatore di Venetia, che si limitasse quel prezzo dell'Impositione, o vero si rimettesse all'arbitrio del Papa, li Regij si scusorno di non poter far niente, senza ordine del Rè loro.

La quarta difficoltà fu sopra il Capitolo della diffensiva, et quell'altro di dar aiuto al Rè per l'impresa d'Algeri, et degli altri luoghi di Barbaria; per che se bene li Regij si contentavano delli capitoli come erano notati, però l'Ambasciatore di Venetia si scusò di non poter senza nuovo ordine approvargli.

La quinta difficoltà fu nel capitolo del Generale, nel quale li Regij volsero aspettare il parere del Rè; come anco nel capitolo della divisione degl'acquisti.

L'ultima difficoltà fu nel capitolo degli Ragusei, et in quello delle censure, perchè all'Ambasciatore di Venetia non piaceva nè l'uno nè l'altro.

Fu poi mandata la scrittura a Venetia alli 6 d'Agosto, et in Spagna alli 9 con quella del Papa, il quale mandò una instruttione al Nuntio con tutto il trattato; et li Regij scrissero particolarmente al Rè le difficoltà che l'Ambasciatore di Venetia havea fatto alli capitoli proposti. Et essendo venuta prima da Venetia la resolutione della Signoria con lettere delli xvij, fu levata la suspensione, et l'Ambasciatore trattò col Papa di far rimovere il Capitolo delle censure, et regolare quello dell'offensiva principale, et accomodare gl'altri. Sua Santità fece qualche difficoltà, come fece ancora il Cardinale Morone; ma finalmente restò persuaso di voler sodisfare alla volontà della Signoria; et scrisse in Spagna, et fece officio quà con li Regij di levar via il Capitolo delle censure. Intanto successe un'accidente d'importanza, che essendo la Signoria mal sodisfatta del suo Ambasciatore Suriano, persuaso da varie conietture, che egli havesse acconsentito a' diversi articoli contra la commission sua, et massime a quel delle censure, delle quali la Signoria non voleva che parlasse in modo alcuno, et che nò havesse impedito di mandare la scrittura in Spagna, come se però da quello si potesse arguire, che la fosse stata mandata d'accordo, et conclusa; pensò prima di revocarlo, et si risolse di mandare il magnifico Giovanni Soranzo per collega con ordine, che non trattasse niente l'uno senza l'altro, in questo negotio. Questo accidente disturbò grandemente l'animo del Papa, et insospettì li Regij, li quali sapendo quanto havea fatto l'Ambasciatore Suriano, per tirar via quel Capitolo delle censure, et sapendo ancora che la scrittura non era mandata in Spagna, come conclusa, anzi era stata mandata insieme con le conditioni fatte da lui a tutti gli altri articoli che erano in controversia, et spetialmente a quello delle censure, entrorno in oppinione, che la Signoria non fosse d'animo d'attendere alla Lega, et che havesse preso questo pretesto per rompere la pratica, sendo mal sodisfatta dell'Ambasciatore, non per che egli havesse acconsentito a quel che nò doveva, per che sapevano tutti che nò vi haveva acconsentito, ma per che havesse sollecitata la conclusion della Lega con più studio, et con più affetto di quello che le fosse stato commesso: et sì confirmavano in questa oppinione ancora per la parola del Cardinale Cornaro, il quale oltre che molte volte s'era lassato intendere che la guerra non faceva per la Signoria, et che si trattava d'accomodare le cose col Turchi per accordo, anco all'hora diceva pubblicamente, che l'Ambasciator nò haveva inteso l'ordine della Signoria, per che ella nò haveva animo di concluder la Lega, ma solamente trattase d'havere aiuto dal Rè, per poter con questo nome più facilmente avantaggiare nella pace. Et per che il Cardinale avvisava et era avvisato da Venetia, dove havea molti parenti nelli Magistrati principali, le sue parole havevano gran fede; ben che l'Ambasciator, vedendo il disordine, si lassò intendere molto vivamente con il medesimo Cardinale, et con altri, che la Signoria voleva la Lega, et che le commissioni sue erano chiare, et che l'imputatione che gl'era data, ch'egli havesse acconsentito a quegli articoli che non dovea, sebene era falsa, era però informata da testimonij, et da accidenti tali che la Signoria non poteva mancare di nò crederlo, et di mostrarsi mal sodisfatta, per che era scritto pubblicamente da Roma, et detto in Venetia dalli Agenti di Fiorenza, et dall'Ambasciatore di Ferrara, che la Lega era conclusa con quei Capitoli, ancorchè il Nuntio del Papa sentendo tanti romori, et pensando forse di giovare all'Ambasciator Suriano, disse in collegio, che egli havea simulato mostrando di acconsentire a quegli articoli, per ottener l'union dell'armata, ancor che non bisognava alla Signoria cercar maggior giustificatione di fatto, poi che era affirmato da Ministri tanto principali, li quali benchè erano ingannati per non saper la trattatione che era passata sempre secretissima, però la Signoria nò doveva restare per rispetto di un suo servitore o ministro, ancor che innocente, di nò mostrare risentimento di questo, che quando fosse stato vero, meritamente l'havria offeso. Questa cosa l'Ambasciatore lo diceva pubblicamente con tutti, non attendendo tanto a giustificarsi, quanto a rimuovere quei sospetti che erano nati, che la Signoria non volesse la Lega; et per che il testimonio del Cardinale Cornaro, era reputato di gran momento, et havria causato inconvenienti d'importanza, tenne diversi mezzi per debilitarlo, et per levarli la fede.

A 20 di Settembre venne l'Ambasciatore Soranzo a Roma, et alli 28 di Settembre venne il corriere di Spagna con la resolutione del Rè. Che per quanto poi s'intese si contentava di levare il Capitolo delle censure, et d'accomodare gl'altri, che erano in difficoltà; et alle 20 hore si ridusse la congregatione nel loco consueto, dove nò intervenne l'Ambasciatore Suriano, per essere in letto con la gotta, ma il Soranzo solo. Parlò prima il Cardinale Morone, esortando tutti alla resolutione, et conclusione della Lega. Seguì poi il Cardinale Granvela, che si era ridotto con li suoi colleghi per questo effetto; et che il Rè suo se ne contentaria, che haveva la risposta con l'autorità espressa di concludere senza altrimenti più scrivere in Spagna. Et domandato poi l'Ambasciator Soranzo, che se ben era solo per il compagno indisposto, però diceva, che l'animo della Signoria era l'istesso che quel del Rè, che si termini questa santa Lega; poichè si tratta dell'interesse di tutta la Christianità, a honore et esaltatione di Dio, et della santa Fede. Soggiunse l'Ambasciatore di Venetia, che per venire alla conclusione, poi che havevano la risposta di Spagna, dicessero quello che conteneva, per che saria col suo collega, et li daria risposta. Il Cardinale Granvela rispose, che questo nò conveniva, ma che toccava a lui dire la difficoltà, che ha nelli capitoli, per che si trattaria d'accordargli. Disse l'Ambasciatore che questo non poteva, nè doveva fare, ma che toccava a loro a proponer prima; et che doppo tre mesi che havevano hauto di tempo d'aspettare questa risposta, dovevano manifestarla. Questo così duro parlare commosse tutta la congregatione grandemente, et il Cardinale Morone voltandosi all'Ambasciatore disse, che toccava a lui a proponere la difficoltà per haverne risposta. Et l'Ambasciatore disse, che era stato là per sentire ciò che contenea la risposta, et sopra quella prender poi la resolutione che fosse conveniente. Disse il Cardinale Granvela, che la Signoria havea pur mandato gli gravami, che ella ha sopra gl'articoli; il che confirmò l'Ambasciatore. Et il Cardinale soggiunse, che dunque dicesse li gravami che ella ha sopra gl'articoli, che gli risponderiano, per che hanno la commissione in ampla autorità di terminare ogni cosa; ma nò volevano altrimenti dirne quel che havevano, per che il Rè ha fatto, come si suol fare in simili casi, che ha rimesso molte cose a loro arbitrio. Disse l'Ambasciatore, poi che sapevano che la Signoria haveva mandato al Rè quel che l'offende nelli capitoli che qui pretendono, questo l'ha fatto per avanzare il tempo, acciò che il Rè intendendo l'oppinion della Signoria prima che venisse ad alcuna resolutione, potesse dar ordine, che il tutto si risolvesse bene, et con sodisfatione comune. Et fu fatto di ciò l'officio col Rè di Spagna; il quale udì l'Ambasciatore benignamente, come è suo solito; et poi fattosi dare un Memoriale le disse, che lo faria consigliare, et gli daria risposta; onde la Signoria è stata aspettando questa resolutione di Sua Maestà, la quale no' par che habbia hauto fine a quest'hora. Rispose il Cardinale, che nò accaderia che la Signoria aspettasse altra risposta dal Rè, per che l'ha mandata quà alli suoi; et se vole cosa alcuna parli con loro che li risponderanno. Seguirno a questi tutti gl'altri in conformità, dicendo, che se l'Ambasciatore stava in questo o per che la Signoria non volesse Lega, o per che volesse stare a vedere quello che seguisse di Cipri, et quello che faceva l'armata, non era raggionevole nè honesto. Rispose l'Ambasciatore, che il procedere della Signoria era stato sempre sincero et leale, et che era intrato in questa guerra col Turco volontariamente con la spesa, et con le forze che sono note; che era stata proposta dal Papa la Lega per publico beneficio, et per honor di Dio; che la Signoria si è offerta prontissimamente et sta constantissima in questo, nè mai ha pensato a quello che se li oppone; che promise sempre largamente, et che nò è mancato da lei di concludere la Lega in XV. giorni, se bene sono stati molti mesi di tempo; et che hora che è venuta la risposta dal Rè dovevano lassarsi intendere, acciò che si potesse venire alla conclusione . . . . per che havendo fatto fare ufficio col Rè in questo proposito, et havendo il Rè accettato il memoriale, et detto di farlo consigliare per rispondere alla Signoria che è stata aspettando la risposta, et nò essendo venuta, nò ha potuto fare alcuna resolutione. Et voltatosi al Cardinale Granvela disse: Voi Monsignore, dite che il Rè ha mandato la risposta per dare alla Signoria, nè io penso altramente, per che almanco Sua Maestà haveria detto all'Ambasciatore, nò occorre ch'io dia altra risposta; se adunque è venuta, lasciatene intendere quale ella si sia. Alle quali parole rispondendo il Cardinale Granvela un poco gagliardamente, et li deputati del Papa ancor loro, tra quali Morone, li disse quello che era venuto a far lì, se nò voleva proporre. Cesis si lasciò intendere che più nò si sariano congregati, se nò vi fosse stato il collega: et così si sciolse la congregatione senz'alcun frutto.

Alli 23 d'Ottobre scrisse il Soranzo a Venetia le difficoltà che haveva havute nella sopradetta congregatione, nella quale i Regij mostrorno al Soranzo il memoriale dato dall'Ambasciatore della Signoria in Spagna al Rè che si contentasse di persuadere al Papa, che volesse dare le forze che diede l'anno 1538 Papa Paolo Terzo. Et in esso memoriale vi erano le difficoltà del primo capitolo che tratta « dell'Autunno a Roma; di esser cresciute, o diminuite le forze; la difficoltà dell'offensiva particolare dell'impresa di Barbaria; et della contributione per il Papa; et quello delle tratte; prezzo delle robbe; delle censure; et de' Ragusei ». Si scusò poi il prenominato Ambasciatore Soranzo col suo collega ammalato, la onde si risolse Sua Santità che più nò si facessero congregationi senza il Suriano guarito, overo a San Marco.

Fra tanto venne aviso della perdita di Nicosia alli 9 di Ottobre, ed alli 2 di Novembre la risposta di Venetia, che si continuasse la trattatione della Lega, essendo già nata sospitione a Nostro Signore et alli Spagnuoli, per le parole già dette dal Soranzo, che li Venetiani nò dovessero più attendere alla pratica, di modo che alli v, vj et vij furono fatte diverse congregationi, et messi in contrasto tutti li capitoli. Ma finalmente per gratia dell'Onnipotente Iddio, bontà di Nostro Signore, ordine del Rè Cattolico, et prudenza del Suriano, fu conclusa la santissima Lega, et in scrittura distesa, come sta nelle capitulationi, eccetto il Capitolo del Capitan Generale, che fu resoluto doppo molto tempo, e del Luogotenente. Et per tal conto fu spedito al Rè dalli suoi ministri, et a Nostro Signore ancora; nel che usorno eziandio arte li Regij, mandando il corriero doppo molti giorni, acciò forse per stracchezza li Venetiani, et il Papa, che secondo l'oppinion de' Spagnuoli, stava duro in volere il Signor Marc'Antonio Colonna per compiacere a' Venetiani, non removessero. Finis. —

Domenica a venti di Maggio 1571 doppo molte controversie, fu conclusa et terminata la Lega tra li deputati di Sua Santità, del Rè di Spagna, et Republica di Venetia.

Poi Venerdì seguente 25 del detto mese in Consistorio secreto fatto nella sala di Costantino, fu stipulata et iurata.

CONSISTORIO.

Per concluder con ogni solennità, et stipular la Lega, ha fatto Sua Santità hoggi Consistorio, il quale fu misto, imperò che hebbe del secreto, et del pubblico. Non mancò quasi Cardinale di quelli che vi si poterono trovare. Venne giù Sua Santità alquanto tardi, doppo haver fatto colatione. Et per che si giudicò che si proporrebbero alcune Chiese, secondo che ferono instanza Farnese et Orsino; et che con questo, et alcune audienze, et con l'istessa ceremonia, et atto della stipulatione della Lega, et lettura de' Capitoli durarebbe assai il Consistorio, si erano apparecchiate le tavole, et da far colatione secondo l'usanza. Imperò subito che entrò Sua Santità, comandò che si dicesse: *Extra:* et così serrato il Consistorio senza audienze nè provisioni, cominciò subito a dire, quasi lacrimando: Che alfine Iddio benedetto non voleva sempre essere in ira con noi, ben che li nostri peccati fossero tali e tanti, che l'havevano violentato, et violentavano a permettere, che l'impio Tiranno fosse venuto tant'oltre, et si potesse sempre temer di peggio; ma che ancor la Sua D. Maestà con permettere il gran male dell'anno passato, et per il quale il Turco ha quasi occupato tutto il Regno di Cipro, n'haveva causato questo bene, che si erano col commune pericolo desti gli animi d'alcuni buoni a pensare con una santa Lega a romper le corna a così indomita bestia, la quale con tanta impietà haveva rotta quella fede, che poco prima haveva data, et giurata alli Signori Venetiani; et che però la Santità Sua haveva, hora fà l'anno, deputato homini gravi et prudenti, sì come anco il Serenissimo Rè Cattolico, et l'inclita repubblica di Venetia haveva fatto, a trattar Lega, et confederatione contra questo comun nemico; la qual doppo molte et molte dispute, non essendo cessato il demonio di seminar le sue zizzanie, s'era conclusa con le conditioni che intenderiano. Et soggiunse che si come con tutto lo sforzo non si era per mancare alle provvisioni temporali, così s'haveva con ogni pietà et religione a ricorrere alli spirituali. Et che per far ciò haveva pensato col voto

27

loro mandar fuori un Giubileo ; et Domenica prossima nella Chiesa di S. Pietro publicar la Lega , et far cantar la messa dello Spirito Santo, il Lunedì poi partire processionalmente da S. Pietro a S. Spirito; il Mercordì dal medesimo luogo a S. Giacomo delli Spagnoli ; et il Venerdì, per dar manco fatica a' Cardinali, dalla Minerva a S. Marco ; et che il Sabbato secondo il solito nò si faccia la processione , per essere la Vigilia della Pentecoste , et giorno di Cappella et Vespro. Persuase alli Cardinali che si ricordassero che nel prendere il Giubileo , et in ogni altra loro azione, doveriano essere specchio a tutto il mondo ; et che però si preparassero con le famiglie loro a far fatti , et dare esempi tali, che placassero l'ira di Dio, et edificassero la Christianità.

Espose poi S. B. di mandar legati alli cinque Principi de' Christiani, che sariano l'Imperatore, il Rè di Spagna , il Rè di Francia , il Rè di Pollonia, et quel di Portogallo ; ma che bastavano tre soli , potendo quello dell' Imperatore supplire a Pollonia, et quel di Spagna a Portogallo, rimettendo la pubblicatione delli soggetti al primo Consistorio. Et essendo sopra questo votato , disse Trento, il quale era il primo questo giorno, che saria stato bene mandarne a più Principi, *et etiam ad Principes haereticorum*, per animarli a questa santa impresa. Il Cardinale d'Augusta fu nel suo voto , ma nò però che se ne mandassero agli eretici. Gli altri Cardinali quasi tutti lodorno il mandare a più Principi , ma ad *Chatholicos tantum*. Gli Cardinali Ileano , et Montalto , dissero che era indegna cosa, che in quel luoco si parlasse di mandar legati Apostolici ad heretici, et soggiunse Montalto che questo *quodam modo* era anathema.

Finita questa parte del Consistorio , secretamente fu chiamato dentro il Datario et gli Ambasciatori D. Giovanni de Zuniga del Seressimo Rè Cattolico , et il Soriano , et Soranzo, dell' inclita republica di Venetia, insieme con loro Secretarii, con li quali ancora vi entrorno a poco a poco molti cortigiani di qualità , che si trovorno lì , et furono chiamati espressamente il Governatore et Auditore della Camera. Il Datario lesse la scrittura della Capitulatione, con li mandati delli Principi collegati , et nò vi fu da dir niente , eccetto che quando si venne a dir del luogo che si lasciava a gli altri Principi , et di quelli che dovevano esser invitati ad entrare nella Lega , Sua Santità nò intese , o dubitò : alla qual soddisfece il Cardinale Paceccho, che stava attento a tutto. Quando si venne a finir la lettura, et si nominò per l' accettatione et giuramento , Sua Santità fece l' atto , *apposita manu pectori, et capite inclinando*, dicendo le solite parole al Cardinale Paceccho, che sedeva tra gli altri in suo ordine , et a gli Ambasciatori che stavano dietro li banchi. Portò il Maestro di Cerimonie il libro delli sacri Evangelij coperto di cremesino , et così giurorno per suo ordine , mettendo la mano sopra il libro , et stando inginocchioni.

Doppo queste cose, finita di leggere la scrittura, vennero gli prefati deputati degli Principi a baciar li piedi a Sua Santità , che si portò humanissimamente. Furono testimonij rogati a quest'atto della Lega, che è la più insigne che si sia fatta nella Christianità quanto alla quantità delle forze marittime, il Governatore Montevalente, l' Auditor della Camera Alessandro Riario, D. Luigi de Torres Chierico di Camera, il Maestro di Camera Alessandro Casale, et Teodosio Florentio Cameriero secreto , et li secretarii Antonio Barba Osorio del Rè di Spagna, Marco Antonio Dodino, et Francesco Vianello degli Venetiani. Un'altra volta doppo fecero li deputati il medesimo atto di giuramento , sopra li medesimi sacri Evangelij, uno per uno, et così dissoluto il Consistorio, partitasi Sua Santità, li Cardinali per la maggior parte ferono le congratulationi con gli Ambasciatori.

Dimane tirarà il Castello et si faranno fuochi. Domenica, come si è detto, si dirà la messa dello Spirito Santo dal Cardinale d'Augusta nella Cappella di S. Pietro, et Aragonia Referendario, farà la oratione, et si leggeranno pubblicamente i Capitoli; et l'Ambasciator di Spagna in casa sua farà pasto a tutti gli Cardinali et Ambasciatori deputati.

Domenica 27 fu detta la Messa in San Pietro, et fatta l'oratione, et letta la Lega per il sopradetto Monsignore d'Aragonia.

Lunedì 28 si fece la processione da S. Pietro a Santo Spirito, dove disse la messa il Cardinal Crivello.

Mercordì 30 venne la processione da S. Pietro a S. Giacomo delli Spagnoli; disse la messa il Cardinal Cervantes.

Venerdì primo di Giugno, andò la processione dalla Minerva a S. Marco; disse la messa il Cardinale Amulio.

Erasi pubblicato il Giubileo amplissimo.

INSTRUMENTUM FOEDERIS.

Invocato Dei omnipotentis Nomine, Patris, et Filii, et Spiritus Sancti. Amen. Anno ab ejusdem D. N. Jesu Xpi Nativitate millesimo quingentesimo septuagesimo primo, Pontificatus vero Beatissimi in Xpo Patris et D. N. D. Pij Divina providentia Papae Quinti anno sexto, die vero vigesima quinta mensis Maij, Romae in Palatio Apostolico in Aula residentiae sacri Consistorij ejusdem SS. D. N. Papae, ac Rev. D. D. S. R. E. Cardinalium infrascriptorum ibidem presentium atque adsistentium, quorum nomina sunt videlicet etc.

Cum idem SS. D. N. accepto nuntio quod immanissimus Turcarum Tyrannus magno belli apparatu Cyprum Insulam, omnibus locis Christianae ditioni subjectis Terrae Sanctae, in qua D. N. Jesus Xpus natus, passus, ac mortuus est, propinquiorem, barbara quadam immanitate invadere minaretur, juxta Ezechielis Prophetae vocem, venientem gladium annuntians populos, Principesque Christianos ad resistendum communibus hostibus communi consilio, atque ope excitare studuisset; ob eamque causam Ser. Philippo Catholico Regi, Ill. Duci Senatuique Veneto, auctor fuisset, ut secum pro Reip. Christianae defensione, ac ejusdem sevissimae Turcarum gentis offensione foedus inirent, utrosque ad hoc hortatus, tum ex eo quod uterque omnipotenti Deo fideique ac religioni Christianae deberet, tum et gravissimi communisque periculi, et utilitatis nomine; cumque praefatus Serenissimus Rex Catholicus majorum suorum in clita memoria Regum vestigiis insistens, et a veteris suo erga commune Christianae religionis bonum studio non discedens, prompte admodum ad Rev. D. D. Cardinalem Antonium Granvelanum nuncupatum, et Franciscum Cardinalem Pacecchum, et Ill. D. Jo. de Zuniga suum apud illius Sanctitatem oratorem, mandatum misisset, quo eis, vel altero eorum legitime impedito, duobus ex eis de eo ipso foedere agendi illudque concludendi potestatem fecit; similique idem Ill. Dux ac Senatus Venetus, de Reip. Christianae salute ac dignitate in maximum discrimen adductae, pro antiqua eorum erga Deum Omnipotentem pietate solliciti eiusdem foederis tractandi, concludendique mandatum Ill. Equitibus D. Michaeli Suriano, et Joanni Superantio, suis apud eamdem Sanctitatem oratoribus misissent; atque per aliquot dies ea de re actum esset inter Sanctitatem suam, et ab ea deputatos, et Dominos Procuratores, et oratores; tandem juvante potentissimo omnipotentis Dei auxilio, ad hanc conclusionem et conventionem deventum est. Hoc est, quod praefatus Serenissimus Rex Catholicus per eosdem Dominos procuratores etc. Rev. Dominum Franciscum Cardinalem Pacecchum, et Ill. Dominum Joannem de Zuniga, absente in Regno Neapolitano Ill. D. Antonio Cardinale Granvelano, ipsius de successorum suorum nomine contrahentes, seque obligantes, et ad maiorem firmitatem, ac sine prejudicio praesentes purae stipulationis, et obligationis ejusque executionis pro eo promittentes, illum pro se, successoribusque suis omnia quae in presenti Instrumento continentur, infra tempus quatuor mensium rata habiturum, et publicum ratihabitionis Instrumentum caeteris confoederatis habiturum, et praefatus Ill. Dux Senatusque Venetus per eosdem clarissimos oratores procuratoresque suos, ejusque Ill. Ducis ac Senatus, successorumque suorum, ac Reip. nomine contrahentes, seque obligantes pro quibus, similiter promittunt eos cuncta, quae hoc instrumento continentur, infra idem tempus rata habituros, et publicum ratihabitionis Instrumentum caeteris confoederatis tradituros, virtute dictorum suorum mandatorum, quae ibidem in publica et authentica forma in manibus mei Datarij ab eis exhibita, et coram eodem SS. D. N. Pio Divina providentia Papa V. praesente et assistente, volente, et consentiente, sacro Rev. Dominorum S. R. E. Cardinalium Collegio nomine Sedis Apostolicae, successorumque contrahente, ad gloriam SS. et individuae Trinitatis, Patris, et Filij, et Spiritus Sancti, et ad ejus sanctae fidei Catholicae exaltationem, tale inter se foedus inierunt, eo modo, eisque conditionibus, quae infrascriptis capitulis continentur.

Et primo, quod hujusmodi foedus, quod ad ejusdem Turcarum immanissimae gentis vires, Deo omnipotente adjutore, destruendas, praedicti contrahentes inter eos initum esse voluerunt, sit perpetuum, et non solum ad ipsorum contrahentium, et eorum qui eidem conventioni ac foederi adherebunt, statuum, Dominiorumque ab earum Turcarum gente defensionem, etiam ad ipsius gentis ab omni terrae marisque parte offensionem, atque invasionem, Algerio, Tuneso, et Tripoli etiam comprehensis.

Ad ejus autem foederis executionem et observationem, inter eos convenit, ut copiae tam maritimae quam terrestres, quibus in hac expeditione utendum sit, ducentis triremibus, centum onerariis navibus peditibus Italis, et Hispanis, et Alemanis, quinquaginta millibus equitibus, levis armaturae quatuor millibus et quingentis, constent, et constare debeant, adjuncto idoneo bellicorum tormentorum numero, una cum munitionibus, reliquisque rebus necessarijs atque singulis annis mense Martij, vel ad summum Aprilis in mari orientali praedictae copiae omnes comparatae, coactaeque omnino inveniantur, quibus copijs earum duces ad ea, quae illi pro occasionum temporumque ratione expedire magis videbuntur, utantur ad communis hostis majus damnum et detrimentum, vel ad majorem confoederatorum Principum, et Reip. Christianae utilitatem. Quum autem fieri posset, ut dum expeditio adversus aliqua hostis loca mittatur, teneantur Duces hoc casu vel de copiarum parte necessaria defensione eorum locorum providere, vel etiam, si opus fuerit, relicta ea expeditione, vires omnes convertere ad ea loca defendenda, quae a copijs Turcicis invaderentur.

Teneantur autem Principes confoederati per suos oratores Romae cum SS. Pontifice singulis annis autumnali tempore statuere de expeditione sequenti anno suscipienda, et de copijs sequenti vere comparandis, majoribus vel minoribus, vel de eo quod pro statu rerum agendarum videbitur.

Super communem vero impensarum faciendarum collationem inter eosdem foederatos, ita convenit praefatus SS. D. N. suo et S. Apostolicae Sedis nomine una cum Rev. Dominorum Cardinalium consilio et assensu pollicetur, in hanc ipsam expeditionem tam defensionis, quam offensionis, causa suscipienda duodecim triremes omnibus rebus necessarijs instructas , ut inferius dicetur , conferre, adjunctis pro sua portione terrestrium copiarum tribus millibus, equitibus ducentis septuaginta. Praefati vero Procuratores et oratores Serenissimi Regis Catholici Majestatis suo suorumque successorum nomine promiserunt illum totius impensae in eamdem expeditionem faciendae tres sextas partes collaturum, Oratores vero Reipublicae Venetae , qui supra nominati sunt Ill. Ducis Senatusque Veneti, ac successorum, et Reipublicae nomine promiserunt eos totius praedictae impensae duas sextas partes collaturos.

Praeterea ijdem praefatorum Regis , et Venetorum Procuratores eorumdem Principum suorum, ut supra, nomine promittunt se alterius sextae partis impensae, cui conferendae Apostolica Sedes in foedere anni 1537. obligata erat, residuum illud esse collaturos, quod SS. D. N. et Sedes Apostolica supra propositam collationem suppositam conferre non potest, ita videlicet,ut eo residuo in quinque partes diviso, Serenissimus Rex Catholicus partes tres, Venetorum Resp. duas solvere teneantur , hoc modo videlicet, quod pro dictis duobus partibus Resp. viginti quatuor triremes, omnibus rebus necessarijs instructas contribuet ea conditione , ut si hoc ad integras illas duas partes non sufficerit, teneatur id quod defuerit, supplere; si vero superaverit, ipsis a praefato Serenissimo Rege Philippo alijs in rebus reficiatur.

Ad haec ijdem Oratores Veneti pollicentur, eundem Ill. Ducem , Senatumque Venetum SS. D. N. ac Sedi Apostolicae, si S. suae ejusque successoribus placuerit praefatas Xij triremes omnibus navilibus instrumentis tormentisque bellicis, et alijs ad eorum tormentorum usum necessarijs rebus instructas commodare, quas idem SS. D. N. eis restituere debeat, pro ut salvae fuerint. Item quia in praefatarum triremium naviumque numero, alijsque rebus expeditioni necessarijs a Rege Catholico et Republica Venetorum comparandis quemlibet illorum plus conferre oportebit earum rerum, quarum illi major copia et facultas fuerit; idcirco inter eos convenit, ut quidquid quisque illorum plus harum, vel illarum rerum contulerit , quam pro rata impensae ad eum spectant, teneretur id eo ab altero alijs in rebus reficiatur.

Item victualia quae quotidie consumantur, si ea defuerint in aliquo loco aliquibus ex confoederatis, possint capi ex terris et locis illorum apud quos fuerint, honesto tamen pretio;et teneantur extractiones apertae ad beneficium expeditionis, quatenus necessitas ipsorum locorum, unde pro provisione suarum copiarum confoederati extrahere velint, ferre poterint, praesertim cum quilibet confoederatorum statim majorem copiam quam pertulerit victualium hujusmodi comparare debeat. Ne autem aliud quam vera necessitas ab hac obligatione excuset, nulli concedi debeat extrahere ex illis locis, in quibus ejusmodi necessitas praetendatur, aliquam victualium quantitatem, nisi prius confoederatis ex eisdem locis provisum fuerit, pro suarum copiarum maritimarum et terrestrium indigentijs; ita tamen ut Catholico Regi liberum sit ex Regnis Neapolitano et Siciliae victualia Goletae, Melitae, et suae classi prius providere ; quibus autem in locis pro exportatione
. . . . id
certam quandam honestam pretij summam ne excedere possit , sicut in Regno Neapolitano, non amplius pro cursu solvant, quam ducati quindecim monetae illius Regni, quantumvis hanc summam . . . quae alijs fiat recedat ; si vero minor impositio erit, minorem tantum sicut alij solvant confoederati. In Regno vero Siciliae pro extraordinaria impositione non amplius pro qualibet salma solvant quam aureos duos illius monetae, quantumvis major impositio alijs imponatur; si vero minus, minorem, sicut alij, solvant, neque eo-

rum causa in utrius Regno augeri possit, quoties confoederatos frumenti causa pro provisione suarum copiarum eo ire, vel mittere contigerit.

Item ut quotiescumque praedictus Ser. Rex Catholicus a Turcis et nominatim etiam ab Algerio, Tuneso, et Tripoli, et videlicet tempore quo aliqua communis foederatorum expeditio non fiat, invasus fuerit, praedictus Ill. Dux Senatusque Venetus Majestati suae Catholicae quinquaginta triremes bene instructas atque armatas subsidio mittere debeat; sicut Majestas Cat. anno praeterito eidem Ill. Duci, Senatuique Veneto subsidio misit; quod idem praedictus Serenissimus Rex Catholicus pari casu facere debeat, quotiescumque ipsi Ill. Veneti invasi fuerint, ita tamen ut invaso, cui ea de re credi debeat, petenti hoc subsidium negari non possit, dummodo pro sua defensione majores auxiliaribus quas petierit copias suis sumptibus habeat: neque tamen hujus capituli provisione his quae de generali defensione in primo Capitulo continentur, derogatum esse intelligatur.

Praeterea si ita contigerit, ut praedictus Ser. Rex Catholicus Algerinam vel Tunetanam, vel Tripolitanam expeditionem susceperit aliquo anno, quo neque aliqua communis foederatorum expeditio suscepta sit, neque Turcarum classis talis extiterit, ut verisimile sit praedicta Venetorum Resp. sibi ab invasione Turcarum timere deberet, praedicto Ser. Regi Catholico quinquaginta triremes bene instructas atque armatas subsidio mittere debeant; sicut Majestas sua Catholica anno praeterito, eidem Ill. Duci Senatuique Veneto auxilio misit. Et vicissim idem Ser. Rex Catholicus pari casu et conditionibus idem auxilium Reip. Venetorum praestare teneatur, quandocumque Resp. aliquam expeditionem intra sinum Adriaticum ab Appollonia, vulgo Velona nuncupata, Venetias usque susceperit, primo tamen loco auxilium debeatur Regi, deinde Reip. nisi Rege non petente Resp. petierit, quo casu sequenti loco auxilium Regi debeatur.

Item si contigerit terras, et loca quaecumque SS. D. N. et Sanctae Sedi Apostolicae subjecta invadi, praedicti confoederati teneantur omnibus eorum viribus praedicta loca, et SS. D. N. juvare, et defendere, salvis tamen in alijs quibuscumque eorum erga Sanctitatem suam Sanctamque Sedem Apostolicam obligationibus. In belli administratione omnibus consiliis habendis et deliberationibus faciendis tres Generales Duces confoederatorum convenire, ac interesse debeant: quodcumque ipsorum trium major pars probaverit, haec communis omnium sententia censeatur, et per eum qui foederis Dux Generalis fuerit, etiam si eum unum ex illis ipsis tribus esse contigerit, ad effectum adducatur.

Sit autem Generalis Dux classis et copiarum terrestrium, quae classi inservituræ sint, Illust. D. Joannes d'Austria, qui voto suo cum votis generalis Triremium Suae Sanctitatis et Generalis triremium Ill. Dominorum Venetorum adnumerato, id exequatur quod majori eorumdem parti visum fuerit expedire, juxta ea quae in capitulo proxime antecedenti praescripta sunt. Quod si ille quocumque impedimento et causa, aut non venerit, aut eo tempore quo classis jam instructa navigatura fuerit, absens sit, aut alia quacumque de causa expeditioni praesens non adfuerit, sit Generalis Illust. Dominus Marcus Antonius Columna Dux Paliani, a M. Cat. nominatus, et ab alijs confoederatis approbatus, et si eundem vel Pontificiae, vel Cat. Regis, vel Illust. Dominorum Venetorum classis Generalem esse contigerit, ea cum auctoritate atque imperio, quod in Apocha omnium confoederatorum manu subscripta plenius continetur. Quicunque autem foederis hujus Dux Generalis fuerit, is proprio vexillo non utatur, sed tale quale ejusdem foederis commune sit, seque ejusdem foederis Generalem Ducem nominet. Si vero expeditio aliqua particularis, eo modo quo supra conventum est, fiat, ejus expeditionis Dux Generalis sit is, quem volent esse ij, in quorum favorem eadem expeditio fiet.

Item hujus ineundi foederis honoratissimus locus Ser. Maximiliano Electo Imp. Christianiss. Regi Francorum, Portugalliaeque Regi relinquatur, quibus huic foederi adherentibus ea pars impensae, quae ad ipsos adherentes pertinebit in augendas foederis vires, conferatur.

Item ut SS. D. N. paternis exhortationibus excitare debeat Serenissimum Maximilianum in Imper. electum, Christianissimumque Francorum regem, Poloniae Regem caeterosque Reges, et Principes Christianos, qui SS. hanc expeditionem juvare possunt, ut omnibus eorum viribus illi adesse, communique Christianorum saluti consulere velint; quam quidem ad rem Ser. quoque Rex Catholicus, Dux, ac Senatus Venetus, omnem opem, operam auctoritatemque suam conferre debeant.

Item quod partitio eorum locorum quae hujusmodi foederis armis acquirentur, fiat inter confoederatos juxta id quod in foedere anni 1537 conventum est, dictis Tuneto, Algerio, et Tripoli exceptis, quae ad praedictum Ser. Regem Catholicum pertineant; tormenta vero bellica, ubicumque acquirentur, pro rata cujusque foederatorum parte, inter eos dividentur.

Item Ragusium cum universo ejus territorio, locis, rebusque omnibus, nullo damno, molestiave a confoederatis, eorum copiis maritimis, vel terrestribus, affici, neque aliquod ab eis detrimentum pati debeat, nisi ex aliqua justa causa SS. D. N. ejusque successoribus videbitur.

Item hujus S. foederis stabilitati providentes convenerunt, ut nulla controversia, quae ex quavis causa ad hujusmodi foedus pertinente inter praefatos confoederatos oriretur, oririve possit, impedimento esse possit, quo minus haec ipsa expeditio foedusque continuetur; quarum quidem controversiarum omnium, et quarumcumque arbitrium, et judicium ad SS. D. N. ejusque successores pertineat.

Eademque ratione convenerunt, ut nemo ex Principibus confoederatis, per se vel alium possit agere de pace, aut de induciis, aut de concordia cum Turcarum Tyranno ineunda sine caeterorum confoederatorum scientia, participatione, et consensu, atque omnia quae in singulis supradictis Capitulis continentur, Principibus confoederatis bona fide observari debeant, ut Reges et Principes Christianos decet, et adversus ea vel aliquid illorum a nemine fiat. Quas omnes et singulas conventiones, et Capitula praedictus SS. D. N. suo, et sanctae Sedis Apostolicae nomine; Mandatarij vero, et procuratores praedicti suorum quisque principalium nomine, bona fide, omni dolo et fraude remotis, exequi, et inviolabiliter observari, et a suis principalibus observatum iri; nec quisque adversus ea attentatum iri, solemni stipulatione intercedente, promiserunt, et promittunt, ac jurejurando S. Sua, manibus pectori appositis, in verbo Rom: Pontificis; Mandatarij vero, et procuratores praedicti in anima suorum Principalium, videlicet R. D. Franciscus Cardinalis Pacecchus, tacto manibus pectore, praedictus vero Illustr. D. Jo: Superantius, tactis, ad delationem mei Datarij, sacrosanctis Scripturis, confirmaverunt, et confirmant, obligantes ac hypotecae supponentes propterea mutuo et vicissim, videlicet SS. D. N. de consilio pariter, et assensu R. S. R. E. Cardinalium, omnia et singula S. R. E. et Camerae bona temporalia, stabilia, et mobilia praesentia, et futura; Mandatarij vero et procurares Ser. Regis Cat. omnia et singula Regna, status, et bona stabilia et mobilia praedicti Ser. Regis; et Mandatarij ac procuratores Ill. Ducis et Dominij Venet. bona quaecumque stabilia et mobilia; et in horum fidem et testimonium, foedus hujusmodi et capitula, quae supra continentur, propriis eorum subscriptionibus, cum sigillis vim publicae scripturae et contractus solemniter stipulati habere censeantur, atque ita inviolabiliter observentur; super quibus omnibus, et singulis petierunt dicti contrahentes a me Antimo Marchesano praedicti SS. D. N. Papae Datario, unum vel plura confici instrumenta.

Acta fuerunt haec in Aula Consistorij ut supra, praesentibus ibidem Rev. Patribus Dom. Monte de Valentibus Almae Urbis Gubernatore, Alexandro Riario electo Patriarcha, et Camerae Apost. Audjtore; Ludovico de Torres ejusdem Camerae Apost. Clerico; Alexandro Casalio Magistro Camerae, et Theodosio Florentio Cubiculario secreto ejusdem SS. D. N., ac Mag. Antonio Barba Osorio Cath. Maj. apud SS. D. N. legationis Secret. Marco Antonio Donino, et Francisco Vianello, Illust. Venetorum Dominiorum Secretariis, et R. Dominis Cornelio, et Ludovico de Firmanis Magistris caeremoniarum ejusdem SS. D. N. Testibus ad praemissa omnia et singula habitis, vocatis, et rogatis.

Tenor vero mandatorum, quorum superius fit mentio, et primo mandati Ser. Philippi Regis Cath. ex Hispana in latinam linguam fideliter translati, est qui sequitur:

Philippus Dei gratia Rex Castellae, Aragonum, utriusque Siciliae, Hierusalem, Ungariae, Dalmatiae, Croatiae, Legionis, Navarrae, Granatae, Toleti, Valentiae, Galitiae, Maioricarum etc.

Quandoquidem SS. D. N. Pius V. servitio Dei Domini Nostri, honori sui sancti nominis, incremento suae Fidei, publico Christianitatis zelo addictus, intelligens quam sit necessarium, ut Principes, et Potentatus Christiani in unum conjungantur, uniantur, et conligentur ad resistendum, et se opponendum, et offendendum, et invadendum Christianitatis ipsius communem hostem Turcam ac caeteros infideles, qui tam continuis, tamque magnis classibus, et exercitibus eam infestant et damno afficiunt; Nos fuit hortatus, et a nobis petijt, et injunxit, ut ligam et confoederationem et unionem cum Illust. Venetorum Republica iniremus. Nos, perspecto sancto fine, et intentione atque ipsius justa exhoratione, in hac parte convenimus, et condescendimus, ut de dicto foedere atque unione pertractetur, atque ad ipsius conclusionem deveniatur; et ut hoc majori brevitate fieri possit, et evitentur dilationes, quae possent incidere, si ea de re in nostra curia ageretur, aut ex ea ad id persona mitteretur; et propter fiduciam quam habemus de prudentia, dexteritate, Christianitate, de singulari animo, et devotione, de voluntate, quam erga nostrum servitium habent multum R. in Xpo. Patres D. Antonius Perenoctus, Cardinalis Granvelanus, Archiepiscopus Macliniensis, et Dominus Franciscus Cardinalis Pacecchus de Toledo, Episcopus Burgensis, nostri multum chari, et multum dilecti amici, et Dominus Joannes de Zuniga et noster Orator Romae, decrevimus eos constituere ac facere, ut per praesentes literas constituimus, creamus, ac facimus nostros Procuratores, et actores legitimos, ac veros; et eis damus nostram commissionem et facultatem, ac nostrum mandatum plenum, integrum, sufficiens, et amplissima forma, quanto majus ac melius de Jure possit, ac debeat esse ad hoc, ut convenientes omnes tres, aut ex ipsis duo, existente altero juste et legitime impedito, cum deputatis et commissarijs praedicti Ill. Dominij, et alijs personis, quae ab ejus Sanctitate fuerint constitutae; cujus sancta auctoritate et interventu res tota transigenda est, possint pro nobis, et nostro nomine, ac sicut nos ipsi possemus, tractare, capitulare, concordare, resolvere, ac concludere id, quod ad ipsum foedus, unionem ac confoederationem attinuerit cum ipsa Illust. Venetorum Rep: aut cum alijs personis cum conditionibus, legibus, pactis, constitutionibus, et sub obligationibus, firmitatibus, et vinculis, et poenis, quae eis videbuntur, ac bonae visae fuerint, etiam si sint tales, atque ejus qualitatis, ut expressa, aut speciali mentione egeant, quia in omnibus, et ad omnia volumus quod habeant, et teneant; utantur, et possint uti praedicto mandato et commissione, ac promittimus in nostro verbo Regio custodire, nos impleturos, et observaturos id quod per praedictos nostros Procuratores et Oratores nostro nomine erit contractum, capitulatum ac concordatum in eo quod attinet ad dictam ligam, unionem, et confoederationem, ac non ituros, neque venturos, sed neque consensuros, ut eatur, aut veniatur pro nostra parte contra praedicta in toto, neque in parte, et quod ratificabimus, approbabimus, et ratum, gratum, et firmum habebimus totum, quod sic per praedictos nostros Procuratores fuerit tractatum, et stabilitum, ac de eo mandabimus, si necesse fuerit, confici solemne instrumentum, et scripturam manu nostra subscriptam, et nostro sigillo signatam — In cujus fidem mandamus dari has nostras literas, nostra itidem manu subscriptas, et sigillo nostro signatas. Dat. in Civitate nostra Hispalis xvj Maji 1570.

  EGO REX.

          Antonius Perez.
          ✠ Locus Sigilli.

 Sequitur tenor mandati Illust. Ducis et Venetorum Senatus.

 Aloysius Mozenigo Dei gratia Dux Venetorum.

 Cum magis magisque in dies animadverteremus Turcarum Tyranni vires atque audaciam augeri, remque Christianam in maximum vel dignitatis, vel salutis suae discrimen adduci, cum ad ejus perniciem suas ille omnes cogitationes intendat, eamque aggredi modo ex una, modo ex alia parte nunquam desinat, ut eam hoc pacto debilitatam facilius everteret, et quod uno ictu non potest, multis vulneribus ad interitum, quoad ejus fieri possit, redigeret; statuimus ab antiqua Reipublicae nostrae in Deum O. M. pietate non discedere, atque animum cum omni cogitatione ad Remp. Christianam defendendam, atque augendam transferre, ut communis hostis omnes conatus irritos faceremus, et facilius ipsius structae atque exageratae opes everti deprimique possint. Qui nulla pacis, quam nobiscum confecerat, nuperrime sancitae, nulla jurisjurandi sui habita ratione, nostra loca illico multo milite invadere, Cyprumque insulam nostram instructissima classe, atque ingentibus copijs aggredi ausus est, quam, omni pudore remoto (tanta est ejus regnandi libido) prius a nobis petijt, ut ultro ei dare vellemus. Itaque cum SS. D. N. Pio V. Divina providentia Pontifice maximo, qui nos ob ejus incredibile in Remp. Christianam studium, prudenter, sane, atque amanter est adhortatus, cum Ser. Philippo Hispaniarum Rege Cath. quem ad bellum pro religione nostra gerendum egregie excellenterque animatum esse scimus, cumque caeteris Principibus Christianis, qui nobiscum in societatem venire volunt, foedus inire instituimus; quo non solum reprimere possimus acerrimi hostis impetus atque conatus, sed etiam injurias ab eo illatas ulcisci, et aliquando Christianam Remp. in eum, unde temporum iniquitate delapsa est, amplitudinis et dignitatis gradum restituere. Quam ob rem de Senatus nostri sententia, dilectissimos nobiles nostros Michaelem Surianum et Joannem Superantium Equites oratores nostros apud Pontificem Maximum, quorum virtus et integritas perspecta nobis jampridem cognitaque est, pro nobis nostrisque successoribus, ac Venetorum Rep. Procuratores nostros syndicos, ac legatos fecimus et creavimus, hisque legibus facimus et creamus, ut cum SS. D. N.

Pio Pontifice Maximo, vel ejus Procuratoribus legitimis, et cum ijs qui a Catholica M. potestatem idoneam habebunt, cumque caeteris Christianorum Principum Procuratoribus hujusmodi foedus, tam ad defensionem, quam ad offensionem contra Turcas tractare, firmare, sancire, confirmareque possint, omniaque nostro nomine promittere, agere, transigereque possent, etiam si fuerint ejusmodi, ut de his singulatim mentio facienda esset, eisque in animam nostram jurandi, nos successoresque nostros quibuscumque conditionibus obligandi facultatem damus. Pollicemur enim quaecumque ab eis in ejusmodi foederis consensione, pacta approbata et firmata fuerint, nos ea rata grata et firma habituros, et quidquid denique ij promiserint, esse praestituros — Dat. in nostro Ducali Palatio die octava Septembris indictione Xiiij. 1570.

Nos Aloysius Mozenigo Dei gratia Dux Venetiarum.

Quod quidem mandatum erat munitum plumbo appenso cordula canapina.

Et quia ego Antimus Marchesanus praedicti SS. in Chr. Patris D. N. Pij Divina providentia Papae V. Datarius, praemissis omnibus et singulis, dum sic ut praemittitur, fierent, agerentur et promitterentur, una cum praenominatis testibus praesens fui, et de eisdem rogatus suprascriptum Instrumentum alterius manu scriptum, exinde publicavi, in fidem, robur, et testimonium omnium, et singulorum praemissorum.

Ita est, M.

ANNULUS PISCATORIS.

Fr. Car. Pachecco	Sigillum Car. Pachecchi.
Don Juvan de Zuniga	Sigill. Or. Ser. Regis Catholici
Michael Surianus Orator	Sigill. Orator. Suriani.
Jo: Superantius Eques Orator	Sigill. Orator. Superantii.

INSTRUTTIONE PER MONSIGNOR DE TORRES CON SUA MAESTA' CATTOLICA.

II.

Giunto che sarete al Rè Cattolico, et presentato a Sua Maestà il breve credentiale di N. S. appresso la benedittione che Sua Santità le manda con affetto paterno, gli esporrete accuratamente quel tanto, che la Santità Sua vi ha commesso di bocca, et che vi sia da qui in scritto sommariamente per vostra instruttione, cioè:

Che Sua Santità intende ogni dì con suo grandissimo dispiacere li preparamenti di armata potentissima che fa il Turco; et seben si crede che habbia la mia solamente all'Isola di Cipro, et altri luoghi de' Venetiani, non ostante la pace, che ha con quei Signori, nondimeno si deve temere, che minacci generalmente a tutta la Christianità, secondo la occasione che li può venire di offendere in qualunque parte; la qual cosa ammonisce sua Beatitudine a star sollecita et zelosa, per l'offitio che Dio le ha dato; onde ha risoluto di mandar voi a far intendere a Sua Maestà Cattolica l'animo, et desiderio suo per benefitio pubblico.

In prima ricordarle et farle instanza per parte di Sua Santità, che voglia quanto più presto inviar le sue galere verso Sicilia, in quel più numero ch'ella può, comandando che si mettano all'ordine con prestezza tutte le altre sue, et che faccino il medesimo li suoi provisionati et confederati, che hanno galere in Italia, atteso che una provision tale fatta per tempo, potrà con l'aiuto di Dio, divertire et impedire assai ogni dissegno dell'inimico, et tanto più si deve accelerare questa provisione per Sicilia, quanto che per l'interesse commune potrà haver lingua et intelligentia con l'armata de' Venetiani, et obbligarsegli. Ma come si sia, direte a Sua Maestà che N. S. presuppone in ogni modo, che ella non sia per mancare di detta provisione, così per sicurezza de' suoi stati marittimi, come ancora per complire a quanto Sua Maestà Cattolica è tenuta per le concessioni de' frutti ecclesiastici di Spagna, fattegli in tempo di Pio IV. di s : m : per questo conto proprio di tener cento galere armate per simili occorrentie, a fin che questi mari siano sicuri; il che facendo Sua Maestà osserverà quanto ha promesso, et si mostrerà grata verso questa Santa Sede et verso sua Beatitudine, la quale così prontamente le ha confermata la gratia con tal conditione. Havete poi d'aggiongere, che N. S. havendo già disposto i Venetiani per il ben publico et proprio, desidera di condurre una Lega tra quella Signoria et la Maestà Sua Cattolica, così a diffesa comune, come a offesa; la qual Lega sia perpetua, o a tempo, come parerà più espediente; et per questo effetto ancora vi manda a Sua Maestà, acciò che proponendolo per parte di Sua Beatitudine questa buona occasione, la esortiate ad abbracciarla, come giusta, utile et honorevole, et sopra tutto necessaria tanto, che le pare impossibile che ella non l'accetti senza replica, ringraziando Dio benedetto che le manda una tale occasione, con la quale potrà unir le sue forze et de gli amici, et havrà modo più facile di offender il nemico commune con speranza d'acquisto, che non ha in diffender sola li suoi liti marittimi, per ordinario. Per tanto rimettendosi la Signoria di Venetia circa il trattare et concludere della Lega liberamente all'arbitrio di sua Beat. farete instantia che la Maestà Sua faccia il medesimo, et mandi potere et autorità, o persona espressa con mandato sufficiente, acciò che Sua Santità possa attendere a stabilire questa santa opera, et non si perda tempo in aspettar le risposte et repliche sì lontane di Spagna, assecurandola che Sua Santità per sua coscienza procederà con la bilancia giusta, di sorte che nissuno potrà tenersi gravato.

Non pare che convenga di estender molte ragioni, con le quali per voi si debba persuadere la Maestà Sua a reputar questa unione et Lega per buona, utile, santa et necessaria, come si è detto, et in somma per un dono proprio che Dio benedetto gli manda di sua mano, in tempo opportunissimo, perchè Sua Maestà per se stessa le può discorrere per sua prudenza, et voi pur, bisognando, potrete conformarvi con li ricordi che vi si danno a parte, per non fare questa scrittura più longa.

Al partir vostro con buona resolutione, come si spera, procurarete che Sua Maestà mandi commissione a' suoi ministri d'Italia et di Sicilia, che siano pronti nelle occorrenze, che possono avenire, di fare a' Signori Venetiani ogni honesta commodità, et spetialmente conceder tratte di grani et panatiche per l'armata di quella Signoria, potendo fare senza danno delle provincie et di populi suoi, che tutto sarà gratissimo a sua Beatitudine, oltre all'obbligarsi gli amici per ogni via—Di Roma a'12 di Marzo 1750.—Fr. M.B.Cardinalis Alex.

AGGIONTA DI COMMISSIONE DI N. S.

Potrete ricordare ancora a Sua Maestà, che oltra l'obbligo detto di sopra di tener cento galere alla diffesa di questi mari, lo deve far tanto maggiormente per coscienza, sì per la natura de' frutti de' beni ecclesiastici, i quali a questo fine solo li furono concessi, sì ancora per la causa di detta concessione, cioè per l'evidente pericolo, che continuamente soprasta, et la perdita de infinite anime christiane, lassandosi il mare così libero et aperto alla potenza del nostro inimico commune — Fr. M. B. Cardinalis Alex.

INSTRUTTIONE PARTICOLARE PER MONSIGNOR DE TORRES.

Si ricorderà Monsignor de Torres di ringratiar Sua Maestà del favore che ha fatto ai figlioli del signor Agnolo de Cesis di b: m: rappresentandoli la devotione che haveva quel Signore verso Sua Maestà, et di nuovo in nome di Sua Santità glie li raccomandarà.

Nostro Signore vuole ancora che si faccia officio con Sua Maestà per Monsignore Illust. di Pisa, per la Chiesa di Palermo, dicendole in nome di Sua Santità, che esso vuol ridurre a vivere et morire a casa sua, quando lo possa fare con occasione honorata, come sarebbe questa.

Quando sarà domandato per viaggio della commissione sua, potrà dire in generale quello che li parerà, senza venire a' particolari. Havrà ancora a communicare con l'Ambasciatore di Venetia in quella Corte il suo negotio, senza dar però sospetto al Rè.

Et con Monsignor Nuntio principalmente dovrà conferire il tutto; ma quanto al negotiare, faccia o solo o accompagnato come meglio le parerà.

Dovrà spedir commessari spesso, quando le parerà che il negotio lo ricerchi, rimettendosi in questo Sua Santità alla discretione di Monsignore prefato.

Il tornare ancora si rimette a lui, finito che havrà di negotiare la commission sua.

Il passaggio similmente da Genova in Spagna potrà farlo in fregate a commodità sua.

Che ringratij il Rè della prontezza usata da Sua Maestà in mandar soccorso di danari alla Regina di Scotia, facendole fede in nome di Nostro Signore, che un dì prima che venisse questo aviso, Sua Santità haveva havuto in animo di scriverle sopra questo particolare, et così gliene scrisse anco dipoi.

Col Rè di Portogallo si havrà da procedere con temperamento, per che essendo Sua Maestà tanto obbediente, quanto si sa, a Nostro Signore, si può credere farebbe sempre prontamente ciò che Sua Santità gli scrivesse, ancor che fosse con molto incommodo suo; onde per questo rispetto per nò metterlo in spesa, non accaderà parlargli del negotio della Lega.

Quanto all'alloggiare per viaggio et altrove, faccia quello che gli sarà più commodo.

Ma sopra tutto si ricordi di metter in consideratione a Sua Maestà di havere a mandar persona espressa alla futura Dieta Imperiale, per le cause che ha inteso da N. S. et stia sano — Di Roma a' 5 di Marzo 1570 — Fr. M. B. Car. Alex.

INSTRUTTIONE PRIVATA PER MONSIGNOR DE TORRES.

Il Papa è obbligato più d'ogni altro, per l'autorità et carico che tiene, di trattare con questa congiuntura l'unione tra Venetiani et il Rè Cattolico, per che a Sua Santità principalmente appartengono simili negotiationi, et da lei deve riceversi ogni buon ricordo con obedienza et carità filiale.

Oltra di ciò, è tale il Papa di sua natura, che nessun Principe può haver ombra che da Sua Beatitudine gli sia machinato contra.

Non è Principe alcuno che possa divertire et rimuovere gl'impedimenti d'altri Principi, quanto può Sua Beatitudine, che ha le armi spirituali ancora.

Et hora pare a punto che Dio mandi di sua mano occasione di trattar detta unione, chè i Venetiani, a' quali vien rotta la guerra dal Turco, non possono haver soccorso di momento per mare da altri, che dal Rè Cattolico, et per se stessi nò sono bastanti a longo andare. Il Rè Cattolico solo non ha modo di haver armata bastante per la difesa delli Regni suoi mediterranei; nè sono più sicuri i liti di Sua Maestà, che quelli de' Venetiani, non sapendosi che resolutione possa pigliare l'armata Turchesca, et essendo in suo potere voltarsi in un momento ove le pare. All'incontro, se queste due potentie si congiungono, sono bastanti per mare alla difesa et all'offesa.

Però resta dubbio, chi più debbia desiderare l'unione, o Venetiani, o Spagnuoli, ma è ben chiaro, che questa congiuntura di tempo invita et quasi sforza l'uno et l'altro alla detta unione, massime proposta e trattata dal Papa.

Di utilità grande sarà simile unione ad ambe le parti, per il pericolo et spesa che evitaranno, per il commodo che ne sentiranno, et per la speranza dell'acquisto.

Evitaranno pericolo di perdere qualche luogo di momento, sminuiranno spesa, per che molto meno spenderanno havendo insieme armata forse superiore alla Turchesca, et potente ad offendere, che non spenderanno in star soli su la diffesa de liti loro.

Gran commodo havranno per la quiete et sicurezza de gli stati di Lombardia, et per l'utilità che possono trarne i sudditi loro.

Havranno ancora speranza d'acquisto, per che con la spesa che hoggidì fanno ordinaria per la diffesa, potranno tenere armata bastante ad intraprendere imprese segnalate.

Continuando, come potranno continuare, in tener detta armata, daranno animo a' sudditi del Turco di molte cose, che ora non ardiscono, non vedendo speranza di soccorso.

In somma, armata potente alleggerisce spesa, et assicura da ogni pericolo di casa sua, et porta gran speranza d'acquisto in casa d'altri, et congiunge le provincie lontane, et le lor forze, quasi come un ponte, et le Historie antiche et moderne ne mostrano la prova.

Et facendosi questa unione, ella sarà secura et stabile, nè deve il Rè temere de' Venetiani, nè Venetiani del Rè, mancando hoggidì quei sospetti dei tempi passati.

L'una parte et l'altra è invasa da Turchi, et il commun pericolo deve fargli amici et confidenti.

La natura dell'uno et degli altri è di ben vicinare et di attendere alla conservatione, senza aspirare a Monarchia.

L'uno non può senza l'altro resistere a' Turchi, et per propria salute non può abbandonare il compagno.

Quanto habbia a contribuire ciascuna delle parti, non pare che possa recare molta difficoltà, perchè il bisogno di mare è uguale, et il modo di tenere armata è anco uguale, et ci è essempio del passato.

Similmente pare, che non possa recare difficoltà la divisione di acquisto, che si facesse, per che deve esser proportionata; et Nostro Signore sarebbe arbitro bonissimo, et senza alcun sospetto, di questa et d'ogni altra difficoltà.

Luogo da entrare in questa unione dovrebbe non solo lassarsi a gli altri Principi, ma anco invitarli, facendo capo alla Maestà Cattolica.

Ma per che il pericolo è presente, et ha bisogno di subita provisione, per tanto non è hora tempo di trattare della contributione sopradetta, nè della divisione dell'acquisto, nè del modo d'introdurre altri Principi Christiani nella medesima unione, ma è necessario attendere per hora con Spagna, che tiene armata, et poi di suo concerto haver pratica con gli altri Principi.

Dunque deve subito procurarsi, che il Rè, che per proprio suo servitio, et per diffesa de' suoi Regni et della Goletta et Malta, dovrà mandar l'armata verso Sicilia, la mandi effettualmente, et venda quello che è forzato à donare, cioè la mandi a intercession del Papa, et a soccorso de' Venetiani; et ciò servirà per occasione et principio di legar per sempre Venetiani con la Maestà Sua, con cui maggior vantaggio potrà poi tutto stabilirsi.

Alla natura del Rè che è . . . . ma generoso, sarà raggione di gran momento a muoverlo, il mostrare, che il Turco intraprende guerra contra Veneziani, persuaso che Sua Maestà non ardisca, nè possa soccorreli, impedito da pochi Mori rebelli.

Non deve il Re tollerare che il Turco nuovo Signore, et pieno di fasto conduca questa impresa à buon fine, perchè così crescerebbe ardire et forza ai Turchi, et si levarebbe a' Cristiani.

Può anco mostrargli quanta gloria riceverà soccorrendo Venetiani, che potranno forsi diffendersi da se stessi; non dimeno l'honore si darà tutto a S. M. ascrivendosi ogni buon successo alle forze, che li saranno aggiunte da lei.

Può similmente mostrarsi alla M. Sua l'obbligo che tiene di haver armata, et impiegarla a difesa de' Christiani per la concessione havuta de' frutti de' beni ecclesiastici in Spagna, et con questa espressa conditione.

Se Venetiani non soccorsi fossero astretti a perdere o ad accordarsi, tutta la piena si volterebbe contro gli stati del Rè.

Se anco Dio sarà servito di dar vittoria a' Venetiani, non mette conto al Rè, che gli acquistino tanta reputatione et forza, senza participatione di Sua Maestà.

Quando ben S. M. non havesse proprio interesse alcuno con Turchi, nondimeno per la pietà sua, et per il zelo che ha sempre mostro verso la conservatione de' Christiani, dovrebbe congiungersi con Venetiani, atteso che le due forze loro congiunte, sono bastanti, con tener armata continua ad assicurare la Christianità per mare dalle forze del Turco; il che non può farsi per altra strada.

Ma la principal nimicitia de' Turchi è contra il Rè Cattolico; et ad esso mette conto implicar Venetiani per quanto tempo può nella nimicitia medesima, per havergli quasi per antemurale, et ridurre la guerra a casa loro più esposta, et più propinqua a' Turchi.

Unendosi il Rè con Venetiani, viene ad assicurare con le forze d'altri in gran parte gli stati suoi, et il Christianesmo tutto, et a debilitare il suo nimico.

Et non è da temere che Venetiani non restino sempre uniti con S. M. per che è ragione che così sia, per il bisogno loro, gratitudine verso il Rè, et per la infideltà di questo Turco, che l'anno passato fece con loro pace solenne, et quest'anno la rompe senza alcuna occasione — Di Roma alli 12. di Marzo 1570. Fr. M. B. Car. Alex.

RELAZIONE DI MARC' ANTONIO COLONNA ALLA MAESTA' DEL RE NOSTRO SIGNORE INTORNO A QUEL CHE AVVENNE IN QUEST' ARMATA POSCIA CHE EGLI FU PARTITO DA ANCONA FINO A' 27 SETTEMBRE, QUANDO LE ARMATE... SI DIVISERO.

Riseppi dal Santo Padre per lettere, che di Roma mi scrisse a' 27 di Luglio, come V. M. avesse fermato di affidare a lui le quarantanove galee, che in Italia teneva a servizio de' Veneziani. Le quali seguendo le bandiere di lui dovessero essermi soggette; e Giovann' Andrea che ne avrebbe il comando, senza por tempo in mezzo, con le armate del S. Padre e de' Venetiani, a quelle si congiungesse. Perciò io, sebbene avessi dovuto rendermi in Candia per Balmasia, con queste galee del S. Padre mi determinai, costeggiando il mare, di condurmi ad Otranto. Vi giunsi a' 6 d' Agosto, e fino a' 20 aspettai Giovann' Andrea, il quale, al dir di molti, e come per se manifesto appare, troppo lento fu nel viaggio al soffio di prosperi venti: e ciò mostrarono le galee di Napoli, che tra due dì furono a Messina. Sia detto ciò a dimostrare siccome fin dal primo dì covasse mala voglia di procedere innanzi, o di far altro di meglio; e come avesse a poco conto l'ordine che V. M. gli dette su la mia persona. Ed in vero nè la notte del suo arrivo, nè il dimane fu a visitarmi nella galea ancorata in porto. Mandai Pompeo Colonna a scambiar questo urbano ufficio; anzi io stesso, poste da banda queste vanità, mi resi quindi a poco a compirlo fin nella sua galea. Ed avvegnachè fossi certo, che Generale o Tenente Generale non era nell'armata di V. M., non però di meno gli resí onor da Generale ; che io sapeva esser più proprio del General Veneziano, che al suo comando numerava ben centoquaranta galee Al che fui condotto e per l'esempio che agli altri ne ridondava, e massimamente pel miglior servigio di V. M., imperocchè da quell'atto onta non potea venirmi.

La stessa mattina del giorno ventuno, in cui mi condussi alla galea di Giovann'Andrea, quivi trovai il Marchese di Santacroce e D. Francesco di Cardona. E come tutti fummo al basso della coperta, Giovann'Andrea l'animo suo aperse dicendo : Ricevere egli sì bene comandamento da V. M. di veleggiare sotto il vessillo del Santo Padre : ma corrergli ad un tempo l'obbligo di serbare intatta l'armata di V. M. : il tempo esser già gran fatto inoltrato da non poter senza gravissime difficoltà raggiungere in Candia l'armata Veneziana : e per ultimo la sua flotta trovarsi troppo mal in acconcio per sostener l'impeto della guerra ; e più altre difficoltà mostrò che l'impedivano di adempiere gli ordini di V. M. — D. Francesco di Cardona si uniformò al detto da D. Giovann'Andrea ; il Marchese di Santacroce non disse come avvisasse : ed io pressochè in simil sentenza ragionai : Avvegnacchè V. M. comandasse, che esso Giovann'Andrea militasse sotto la bandiera del S. Padre, esser non pertanto ben convinto della poca espertezza di lui nelle cose del mare : tutto ciò farsi più veramente per tribuir testimonianza di onore al S. Padre, che per altro ; e per mettere altresì alla pruova la divozion mia nel servizio di V. M. ; che nulladimeno a lui sempre si farebbe da ognuno omaggio, e in sommo conto sarebbesi tenuta la sua volontà, tra perchè così era di dovere, e per il comando che V. M. me ne facea ; quanto alle difficoltà poi che allegava non parermi quello buon tempo da esaminarle ; epperò sendo chiaro il volere di V. M. che le armate si unissero, dover noi senza altra dimora ciò adempiere ; e dapoichè saremmo congiunti, e udito quel che i Veneziani chiedessero, rispondere e adoperarci nel servizio di Dio e in quello di V. M. — Seguirono poi altre repliche di Giovann'Andrea ; ma consentì finalmente alla gita in Candia, e richiesemi, che ben tosto al General Veneziano una fregata spedissi, affinchè ad incontrarci verso il Zante l'armata sua ci mandasse, ciò convenendo a difenderci dalla nemica. Ma il Marchese di Santacroce significò come rattrovandosi l'armata Veneziana in Candia, e la Turchesca settecento miglia oltre le saline di Cipro, non vi fosse uopo a questa difesa, tanto più che da Cipro tale armata sarebbe scoperta. Giovann'Andrea nulladimeno perseverò nel primo avviso ; sicchè mi decisi inviare al General di Venezia la fregata, che lo mettesse nell'espettazione del nostro armistizio, perchè a nostra sicurezza spedisse alquante sue galee. Così feci ; non mi parendo convenevole di domandargli tutta l'armata, come sentiva Giovann'Andrea ; e sì mandai una fregata, che ebbi dal Marchese di Santacroce. Ma Giovann'Andrea come riseppe della galea prestatami dal Marchese, meco si lamentò, che ricevessi cosa di quell'armata per altre mani, che per le sue. Il perchè mandai giustificarmi appo lui, dicendo non aver posto mente a ciò, e assicurandolo, che quindi innanzi di nulla più mi sarei prevalso, senza far capo da lui. E mi accorsi che ciò facesse meglio per conservarsi il carico, che V. M. gli affidava nell'armata, che per giovarmi ove abbisognassi di lui.

A' 22 partimmo con le 49 galee di V. M. e le 12 di Sua Santità, e fino alla Suda, porto di Candia (dove trovammo l'armata Veneziana ; l'ultimo giorno di Agosto) navigossi, e tutto fecesi a talento di Giovann'Andrea ; che per tema di essere ravvisato, salì tanto in alto mare, che poco andò non potesse più approdare in Candia. E ciò nonostante una mattina tanto vicini ci trovammo del Capo Matapan, che alla fine fummo veduti. Nel qual tempo il mare stette per due giorni in bonaccia, senza vento alle prue, mentre alquante galee del Papa di fresco armate abbisognavano di essere rimburchiate. Il che parendomi necessario, il significai a Giovann' Andrea in tempo che le galee de' particolari erano preste a farlo, essendo che per questo tutta l'armata di V. M. in pericolo si trovava. In fatto una notte vicino della Suda poche miglia, soffiarono così fieri venti, che ebbi a comandare all'armata di V. M. che seguisse un picciol fanale della sua capitana posto nel calcese. Nè per questo era da maravigliare, perocchè avendo fatto in tutta la navigazione il volere di Giovann' Andrea, non dovea poi l'armata aver due guide, contro il volere di V. M.

Giunti alla Suda, che come dissi, non fu prima dell'ultimo dì di Agosto, ci venne a rincontro il General Veneziano con circa 80 galee. E, ricambiati i colpi di saluto, venne con Sforza Pallavicino, e con i due Procuratori Colle e Canale nella mia galea, e così uniti entrammo in porto. Il Generale mandò poi i due Procuratori a visitare Giovann' Andrea; ed io avendogli insinuato esser convenevole che egli medesimo con essi si andasse; risposemi come non essendo Giovann' Andrea nè Generale nè Luogotenente nell'armata di V. M. non gli sembrava che il General di 140 galee, qual era egli, dovesse usargli preferenza. A questo soggiunsi, come usarla al Generale o Luogotenente di V. M. sarebbe stato suo debito; ma nel caso presente era piuttosto in riverenza della bandiera di V. M. il quale senza obbligo e con tanto incomodo quell'armata aveagli mandata. Così persuaso, v'andò; e con questo atto la precedenza di Giovann' Andrea fu quindi innanzi per sempre stabilita. Ed avendomi detto quest'ultimo come avesse necessità di spalmar le sue navi, lo feci noto al General Veneziano, per intendere se per ventura vi fosse tempo da ciò: ed in risposta ebbi che soli tre giorni v'avesse; a Giovann' Andrea per altro due soli bastarono.

L'altro dì che fu il primo di Settembre mi condussi al Generale Veneziano con animo solo di fargli visita, non per trattare alcuna bisogna; ma non sì tosto egli mi vide, che mandò per Sforza Pallavicino, e per i due Procuratori Colle e Canale. E quì sappia V. M. come la Signoria di Venezia richiedeva che nulla il suo Generale potesse conchiudere, senza prima aver chiesti i voti di questi tre personaggi; i quali se si accordavano nella sentenza contro di lui, egli era tenuto uniformarvisi; se poi si fossero divisi due per ciascuna sentenza, fosse a seguirsi quella, che riportava il voto del Generale. Adunque come furono riuniti questi tre, cominciarono tra loro a trattare intorno a ciò che fosse da fare. Ed io li lasciai senz'altro parlare. Sforza e Colle abbracciarono un partito; il Generale e Canale un altro. Quelli dicevano che si veleggiasse per la volta delle castella del Turco di Costantinopoli, per tenere l'armata esercitata a combattere; questi che il corso si dirigesse verso Cipro per battere direttamente l'armata nemica. Tanto più che il General Veneziano teneva con sè lettera del Doge del ventisei Luglio con la quale chiaramente questo medesimo gli comandava. In questo dissentire dimandarono il mio avviso. Risposi non essere venuto a ciò parato; e richiedere ogni ragione che in siffatta discussione non pure Giovanni Andrea, ma i Capitani eziandio dell'armata di V. M. delle galee di Napoli e Sicilia fossero presenti. Non contradisse alla mia proposta. Io radunai subitamente la stessa notte i tre anzidetti, e loro apersi qual animo avessero quei Signori, e come fossi certo, sì per l'ordine della Signoria di Venezia, sì ancora perchè i due voti, tra'quali era quello del Generale, riporterebbero vittoria ; che la decisione sarebbe di dover andare a combattere i Turchi in Cipro. Per la qual cosa era mestiere prima pensassero e posatamente considerassero. E tutti risposero vi penserebbero. Dopo ciò manifestai al General Veneziano, che poteva radunare il Consiglio per udire i pareri nostri. Appresso mandai per i tre sopradetti, e due di loro mi espressero quel che sentivano. Giovanni Andrea e D. Francesco si accordarono in dire, che non pensavano di gir oltre, nè combattere l'armata nemica. Il Marchese di Santacroce, che non era, nè potevasi trasandare l'uno e l'altro : ma in questo sopravvennero i Veneziani. Il Generale manifestò esser pur forza di andare in Cipro a combattere l'armata turchesca, come unico mezzo di difesa per quel regno. Al che consentì di buona voglia, sì perchè la mia flotta e per numero e per qualità de' vascelli era superiore, e sì anche perchè essendo venuti per aiuto di quel regno, sarebbe stato riprensibile il ritenermi dal farlo. E il danno poi che quindi avrebbe potuto seguire, sarebbe stato attribuito all'armata di V. M. la cui reputazione col ricusar la battaglia sarebbe notabilmente scema ; il che quanto pregiudichi alla fortuna delle guerre, niuno è che non sappia. Laonde non pure era da desiderare l'effetto con sì manifesto nostro vantaggio, ma inoltre a mio corto intendimento, in nessun conto da tralasciarne l'esecuzione. E per fermo all'uopo rividi tutta l'armata, con quel maggior rinforzo che il General Veneziano ebbe potuto aver da quell'isola per la sua. Con questo divisamento, radunati insieme, ci demmo a passare in rassegna tutta l'armata nella maniera seguente. La mattina de' ventuno Settembre fu riveduta l'armata di V. M. da me, da Giovann'Andrea, da Sforza Pallavicino, dal Procurator Veneziano Colle ; il medesimo giorno fecesi lo stesso a quella de' Veneziani per Giovann'Andrea e Sforza da una banda, e dall'altra ad un tempo pel General di Venezia e per me, pel Marchese di Santacroce e pel Capitano delle galee. Rividero poi quest'ultimo, D. Francesco di Cardona, il Governator delle galee de'sforzati, Marcotto d'Oria, il Capitan del Golfo e D. Alfonso de Bazan. Ma ciò sendo fatto, come dissi, tutto ad un tempo, venne in dubitanza Giovann'Andrea, non forse i Veneziani avessero operato con frode. Epperò il consigliai facesse girare alquante fregate con persone di sua fiducia, che i sospetti gli togliessero. Il fece ; ma nulla mi disse aver potuto ritrovare. Non fu possibile rivedere tutta l'armata, e dovemmo star contenti alle relazioni de're-visori.

Quanto poi a' diversi pareri, Giovann'Andrea e D. Giovanni persistettero ne' già presi ; nè però il Marchese di Santacroce ed io ritrattammo i proprii. A tel proposito sappia V. M. come non poche difficoltà anch'io interposi per la gita di Cipro ; di maniera che ove il General Veneziano avesse l'animo rivolto ad altra impresa, di miglior grado l'avrei secondato.

In fatto molte cose dissi in consiglio, molte altre ne ripetei in iscritto ; e ne invio copia a V. M. e poichè Sforza non consentiva alla gita di Cipro, gli feci stendere il voto suo in iscritto, onde trovar modo da rimuovere il Generale Veneziano dal suo preponimento. Ma però sembravami che quando i nostri richiedevano, offriva forse più ardue difficoltà, che non il divisamento del General Veneziano ; di che rimetto copia a V. M. Ciò feci a mia sicurezza per qualunque evento ; ed anche perchè Giovann' Andrea e gli altri medesimamente si persuadessero, che se io assentiva di andare ad affrontare l'armata nemica, ciò non era, perchè non antivedessi le molte difficoltà; ma anzi, che ad onta di queste non si dovea, nè si potea per le anzidette ragioni ciò tralasciare.

Ma alla fine partimmo il dì diciannove. Furono disarmate parecchie galee e navi, a maggior rafforzamento delle rimanenti ; e perciò la flotta si componeva di 180 galee e 12 galeazze, cioè 192 galee e 6 grosse navi. Giovann' Andrea partissi con noi ; ma non sono certo se con animo di seguirci fino a Cipro a combattere l'inimico, ovvero alla Finiza, dove si pensava di tendere le prime insidie a quell'armata ; e di là andare in busca di lei, se in quel luogo non si trovasse, nè le giungesse notizia del nostro avvicinamento ; nel qual caso v'era buona speranza di sbaragliarla. E però dissi a Giovann' Andrea, che oltre le nuove che ci aveano recate le due galee venute da Cipro, ne avrei altre più recenti; prima di trasandare la Finiza. E ciò, perchè così parevami pel meglio dell' impresa, e per menarla onoratamente ad effetto, senz' acquistar nota di codardia; la qual ci sarebbe venuta se avremmo lasciati quei Signori senza venire a battaglia, avendo un'armata sì poderosa e con occasione tanto vantaggiosa. Questa circostanza ne procacciò copia di maggior notizie intorno all'armata del nemico. E furono, che era ridotta a 150 galee, e che mai ne contò 161; nè mai Ucciall e i Corsari di ponente ad essa si unirono.

Qui sappia V. M. siccome Giovann' Andrea radunasse parecchie volte consiglio, senza che io vi fossi chiamato ; il che per fermo nemmeno potea fare senza D. Carlo d' Avalos e gli altri.

Ma fatta la risoluzione di camminare innanzi, Giovann' Andrea richiese tre cose al General Veneziano. In primo che desse quanto biscotto bisognasse alle sue galee in tutta la navigazione ; poi che mai non dovesse viaggiar di retroguardia per non venire in necessità di dar soccorso a qualche galea ; e finalmente voler occupare con tutte le galee di V. M. il fianco dritto nella battaglia senza tramischiarsi col rimanente dell'armata ; il che era per appunto quel tanto che il General Veneziano desiderava ; e me ne avea fatto particolar dimanda.

Il General Veneziano delle tre gli concesse cortesemente la prima, anticipandogliene benanche una parte : il medesimo fu della seconda, purchè in qualche maniera volesse soccorrere le sue galee ; e non darsi cura di ciò era cosa molto strana, perocchè componendo essi una sola armata, troppo giusto era, che la retroguardia egualmente si compartisse. Da ultimo accettò la terza inchiesta, a patto che in cambio del fianco dritto concedevagli il manco, e che la sua armata alquanto discosta dalla rimanente si stesse. Una tal condotta di Giovann' Andrea pose tra esso e 'l General Veneziano un tal poco di cattivo umore; massimamente su i timori di quello pei danni provenienti dal combattimento. Onde mi fu mestiere parlar per toglier via le male intelligenze, e sì calmai gli animi già troppo annuvolati. Ma non siffattamente che il Generale Veneziano come per disprezzo non offrisse polizze di cento scudi, con che Giovann' Andrea potesse soccorrere a' danni che dalla battaglia gli venissero. Il che come riseppi, esposi al General Veneziano, che mal rimunerava le obbligazioni contratte con V. M. tanto indecorosamente usando con i suoi ministri ; perocchè V. M. spedito avea quell' armata a fine solo di esser loro di aiuto , non per negoziatura di vili guadagnerie; epperò lo scongiurai, che, poste giù le ire , avesse per un bel nulla le gare con Giovann' Andrea. Ciò fatto, demmo le vele al vento, e fino a'ventuno, giorno di S. Matteo, si navigò con tutta l' armata unita ; ma spirando non prospero vento si dette fondo in Calamata ; dove non sembrando a Giovann' Andrea luogo sicuro , gittò l' ancora a mare aperto , ad onta che tutti ne lo assicurassero del sito , e 'l vento che di là ci toglieva ne spingesse sul nostro cammino.

Tra questo tempo tornarono le due galee ite a saper nuove in Cipro , e portarono la perdita di Nicosia, seguita il nove del mese di Settembre. Per questo il General Veneziano mandò dicendomi , come dopo tal notizia era da discorrela insieme radunati. Il che feci noto a Giovann' Andrea , perchè non si dipartisse. E rispose (come potrà V. M. leggere nella lettera di lui) che se la notte soffiasse più gagliardo il vento , avrebbe sciolte le vele pel suo viaggio , non si curando di lasciar tutti in quella confusione , ed al cospetto del vincitore nemico ; il che non pure a' Veneziani , ma e a noi tutti molta maraviglia cagionò. Dice pertanto in quella lettera, siccome non secondando le sue voglie , avessi a niun conto i suoi disegni; nel mentre di essi feci sempre gran caso , eccetto quello di andare a combattere l' armata nemica , sul quale fummo discordi.

Il giorno appresso de' ventidue , sendo il tempo abbonacciato , tutti insieme ci radunammo , salvo Giovann' Andrea , che vogò meglio di venti miglia in alto mare. Il General Veneziano , chiamati tutti a consulta , si fece a smentire coloro che avevano recato la presa di Nicosia ; il che essi non si rimanendo di asseverare , mandai per Giovann' Andrea , pel Marchese di Santacroce , pe D. Francesco di Cardona e Pompeo Colonna.

Ciò fatto , il General Veneziano dal suo parere non si distolse; nè Giovanni Andrea e D. Giovanni dal loro. Il Marchese di Santacroce considerò quant'animo si fosse fatto l'inimico con la presa di Nicosia, e quanto tempo già fosse corso velocissimo e sventurato per noi ; e come l' inimico fatto signore di tutta l' isola di Cipro , fuor che di Famagosta , non potesse in nessuna maniera venire in penuria di vettovaglie, che in Nicosia e in tutta l' isola troverebbero a dovizia: e che volendo venire a battaglia, potrebbe ricevere dal Bascià per terra tutto quel rinforzo di gente che gli fosse bisognato. E dippiù , che dopo tanti giorni scorsi dalla riportata vittoria , erano da supporre quietati i tumulti della presa città ; e i tempi esser tali da non poter profittare delle nostre navi e galee. E come un tale avvenimento al certo non avea messo forti spiriti nell' animo de' nostri , epperò che molti di mala voglia sarebbero iti ad affrontar la battaglia. Per le quali ragioni diceva non doversi spingere l'armata fino a Cipro. Il qual partito per cosiffatte ragioni abbracciammo io e gli altri. Ma in questo sopravvenne nella mia galea il General Veneziano , e quei del suo consiglio , avvisando che per le ragioni or tocche fosse da rimetterci sul fatto cammino senza più tentare gli eventi della zuffa col nemico. Questo fine ebbe la consulta senza che mai avessi avuto necessità di aprir chiaramente l' animo mio circa questa impresa , ma solo mettendo in mezzo le difficoltà , che ostavano nel procedere innanzi: e questo medesimo feci tutte le volte che venimmo a consiglio.

Presa dunque questa deliberazione, il General Veneziano propose , che almeno non potendo altro, si dovesse cagionare qualche danno al nemico; e considerando la brevità del tempo , fu determinato, che niun' altra impresa potevasi tentare se non se una vicina a noi, e lontana il più che fosse possibile dall'armata nemica. Tale si stimò la presa di Durazzo e del Valero; cui Giovann' Andrea consentì, e si offerse con l'armata di V. M.; senza che in questa sua deliberazione facesse alcun conto di me. Adunque accettato da tutti il partito, si veleggiò per alla volta di Scarpanto. Dal che se altro vantaggio non dovea seguire, mi venia la soddisfazione che almeno l'armata di V. M. avesse tentato il possibile; e, venuto a soccorso di questi Signori Veneziani, avesse se non altro eseguito, quanto ad essi medesimi fu in grado. Ma fuori ogni necessità venne talento a Giovann'Andrea di operare, come or sono per dire, e che V. M. in fede di questi Signori più schiettamente saprà. Cioè mandò dirmi, lui volersene andare per l' Arcipelago, senz' altro toccarmi circa la deliberazione pur dianzi presa di espugnar Durazzo e Velona. A siffatta ed inaspettata nuova mi recai senza metter tempo in mezzo al General Veneziano, e gli esposi con buoni colori la decisione di Giovann' Andrea; facendo sembianza che la stagione fosse troppo avanzata pel lungo viaggio che a lui rimanea da fare, epperò non prendesse a male il repentino suo dipartirsi. Risposemi com' egli avrebbe avuto in bene tutto che a noi fosse paruto; ma non poter passarsi in questa congiuntura, come avendogli V. M. tanti favori concessi, quest' ultimo altresì gli si potea accordare di non abbandonarlo fino che giunti fossero al Zante, donde Giovann'Andrea poteva liberamente andarsene pel suo cammino; affinchè l' armata nemica nol sopraffacesse alla Cala. Conciossiachè dovendo egli lasciare di alquante galee in Candia con bastevol numero di soldati a guardia di quell' isola, non ricevessero poi danno nel rimanente viaggio. Palesai a Giovann' Andrea il desiderio del generale Veneziano; ma egli venuto a me, disse che trovassi modo da far che il General Veneziano radunasse suo Consiglio, nel quale, presenti noi due, basterebbe a sè l'animo a farci comprendere, che non avessimo più mestiere delle sue forze. Ma veniva ciò dalla brama che da gran pezza vagheggiava di far rappresaglia di genti nell'Arcipelago. Le quali peraltro erano alla perfine, al par di noi, essi pure Cristiani. E sappia V. M. che il General Veneziano prometteva di non dimorare oltre a due giorni nella città di Candia.

Questo è tutto quello che occorse, siccome V. M. potrà per bocca di ciascuno ascoltare, e raccorre comecchessia da questa relazione; la quale quantunque le minute cose, che intervennero, punto non racconti, non però di meno ne contiene la sustanza. Veda però V. M. quanto mal a proposito allegando Giovann' Andrea di aver comandi particolari di V. M. disgustasse l'animo dei Veneziani, a me esponesse per il rovescio il volere della M. V. e cosiffattamente ragionasse da render poi ardito D. Carlo d'Avalos di profferir senza ragione parole tanto disconvenevoli, e fare il volere di V. M. tanto inonestamente. E posto che Giovann'Andrea avea fermamente in animo di oprar altramente da ciò ch'io stimava, l' avesse almen fatto senza trascorrere in parole tanto disamorevoli alla presenza de'Signori Veneziani. Con sì brutti modi non pure ricusò di venire ad una con noi sino al Zante, ma il divisamento eziandio di prender Durazzo e Velona agli effetti mancò.

Dapoichè tutto ciò successe, il dì ventisei avendo egli voluto ancorare fuori del porto perdè quattro galee. Poi partitomi col General Veneziano più nol rividi, nè seppi del Marchese di Santacroce; finchè venuti a Scitia, presentossi quest'ultimo a raccogliere le sue galee; il quale mi disse Giovann' Andrea esser passato in Candia; dove questa notte, primo Ottobre, noi pure dirigeremo il cammino.

Or credami V. M. come sopra niun' altra cosa più mi dolse la condotta di Giovann' Andrea, quanto sul darmi a credere che V. M. intorno a questo affare avesse a lui affidati segreti che a me non palesò ; il che io avendo di certo per falsissimo, non aggiusterei fede ad uomo del mondo. Del resto mi dò a credere come non sappia il niun conto in che egli ebbe gli ordini di V. M. ma essendo il riferito da me il puro vero, nuove notizie potrà raccogliere V. M. se egli per ventura raccontasse altrimenti le cose.

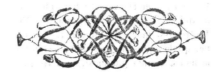

Lightning Source UK Ltd.
Milton Keynes UK
UKOW07f1434311215

265483UK00006B/191/P